U0917122

北京工业年鉴

BEIJING INDUSTRY YEARBOOK

2017

（总第27卷）

北京市经济和信息化委员会　编

北京出版集团公司
北　京　出　版　社

图书在版编目（CIP）数据

北京工业年鉴．2017 / 北京市经济和信息化委员会编．— 北京：北京出版社，2017.12

ISBN 978-7-200-13621-0

Ⅰ．①北… Ⅱ．①北… Ⅲ．①地方工业经济—北京—2017—年鉴 Ⅳ．①F427.1-54

中国版本图书馆CIP数据核字（2017）第282867号

策　　划　于　虹
责任编辑　白　珍
特约编辑　杨秀珍
责任印制　宋　超
装帧设计　盛天果

北京工业年鉴 2017
BEIJING GONGYE NIANJIAN 2017
北京市经济和信息化委员会　编
*
北京出版集团公司
北京出版社　出版
（北京北三环中路6号）
邮政编码：100120
网　址：www.bph.com.cn
北京出版集团公司总发行
新华书店经销
北京华联印刷有限公司印刷
*
889毫米×1194毫米　16开本　30印张　插页28　1009千字
2017年12月第1版　2017年12月第1次印刷
印数1—1000

ISBN 978-7-200-13621-0
定价：280.00元

质量监督电话：010-58572393

本书附同版本 CD-ROM 一张，光盘内容以书面文字为准

《北京工业年鉴》编纂委员会

顾　问

阴和俊

主　任

张伯旭

副主任

王学军	樊　健	续　栋	毛东军
孔　磊	李瑞涛	刘京辉（女）	任世强
姜广智	邹　彤（女）	陈志峰	陆恭超
徐　斌	邱　钢		

委　员

（按姓氏笔画排序）

于吉顺	马建勋	王　岩	王　哲	王志刚
王建国	王晓华	史硕致	朱　晟	任亚光
刘文超	祁增华	孙　凯	苏志民	杜　伟
李　节	李　玎（女）	李　辉	李元涛	李同智
李国庆	杨　秋（女）	吴　立	吴神赋	何建吾
陈　平	周怀明	胡小兵	胡东升	胡宝琛
姜　武	姜德义	徐和谊	高玉清	郭　洪
郭钧岐	唐鑫炳	黄　侃	梅　群	梁　胜
靳　伟	翟立新	燕　瑛（女）		

《北京工业年鉴》编辑部

主　　编　张伯旭

副 主 编　李　辉　　郭钧岐

执行主编　杨秀珍（女）

特约编审（按姓氏笔画排序）

王　佐	王晓元	王跃生	尤　靖（女）
艾　滨	仝海威	刘　霞（女）	刘国伟
苏联波	李　渊	李　蛟	李　强
杨靖国	何宝森	张　晶	张占锋
张宇航	邵明红（女）	金成山	周　冲（女）
周　斌	侯　颖（女）	耿　磊	顾瑾栩
徐艳阳	高　展（女）	唐建国	常德志
彭其贵	彭雪海	潘　锋	

编　　审（按姓氏笔画排序）

王玉婵（女）	刘一鸣（女）	刘乃清	杨秀珍（女）
吴　琼（女）	张松林	赵延文	潘会楼

《北京工业年鉴》组稿人员

（按姓氏笔画排序）

于凌燕（女）	王　伟（女）	王　志（女）	王　锦（女）
王利民	王秋丹（女）	尹亚昌	尹志东
冉玉容（女）	代　蓉（女）	朱宝刚	刘　浩
刘　宸（女）	关佳洁（女）	李　远	李淑敏（女）
李童瑶（女）	吴芳芳（女）	吴国健	吴明晓
宋盈熹（女）	宋慧宇（女）	张　健	张一鸣
张中来	陈元良	陈宗河	罗向东（女）
周德发	郑　雪（女）	胡跃平	侯燕京
贾岩琦（女）	徐博非（女）	高　帅	高建敏（女）
黄　旭	黄永波	常　江（女）	葛　冰
蔡　琍（女）			

编辑说明

一、2017版《北京工业年鉴》由北京市经济和信息化委员会主办，北京市产业经济研究中心承办。

二、本年鉴是一部反映北京工业经济全面情况的大型工具书和资料性年刊。通过大量资料、数据、图片，真实地记录了北京市2016年工业经济的发展情况，对于全面、系统地了解和掌握北京工业经济发展所取得的成就，研究北京工业经济运行和重要行业、重点企业的发展变化及规律，指导下一年度的经济工作具有重要的参考价值。

三、本年鉴采用文章和条目两种体裁，以条目体为主。辟有特载、大事记、总述、产业、区工业、开发区、企业、协会组织、产品、人物、法规政策文件、工业数据、附录共13个一级栏目。

四、本年鉴所载内容由相关部门和企业单位提供，经供稿单位主管负责人审核。全市性数据由北京市统计局提供。

五、本年鉴选用资料的时限为2016年1月1日至12月31日（个别内容根据实际情况略做调整）。

六、《北京工业年鉴》自1991年起编辑出版，本年鉴为第27卷。一直得到全市工业系统及协作单位各级领导和编辑工作者的大力支持，我们深表感谢。

七、欢迎各界读者继续关注年鉴、收藏年鉴、使用年鉴，并对年鉴的不足之处给予指正，帮助我们进一步改进年鉴的编纂工作，以期更好地为读者服务。

八、《北京工业年鉴》编辑部联系方式：

电　　话　(010) 85235624/85235643

电子邮箱　bianjibu@bjeit.gov.cn

地　　址　北京市朝阳区工体北路6号凯富大厦5层510室

邮政编码　100027

综　述

Overview

2016 年，全市工业系统在中共北京市委、市政府的坚强领导下，深入学习贯彻习近平总书记视察北京重要讲话精神和《京津冀协同发展规划纲要》，牢固树立新发展理念，认真落实首都城市战略定位，积极推动京津冀协同发展，着力推进供给侧结构性改革，加快疏功能、转方式、促协同，努力抓好“瘦身健体”和“提质增效”，实现“十三五”良好开局，取得新突破。

全市规模以上工业总产值 18087.3 亿元。电子信息制造业规模以上工业总产值 2019.9 亿元，下降 4.3%；汽车及交通运输设备产业规模以上工业总产值 5163.1 亿元，增长 21%；装备制造产业规模以上工业总产值 2298.1 亿元，下降 5.6%；生物与医药产业规模以上工业总产值 814.4 亿元，增长 11.1%；都市产业规模以上工业总产值 1574.6 亿元，增长 0.9%；基础与新材料产业规模以上工业总产值 6217.2 亿元，下降 2.0%。

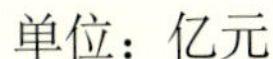

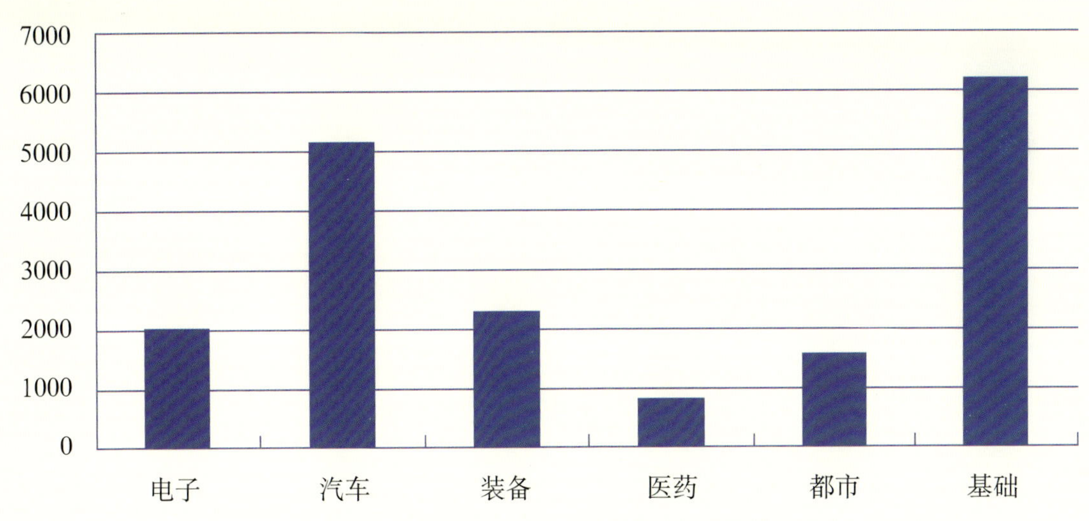

2016 年北京市规模以上工业六大产业总产值

协同发展

Collaborative Development

1月18日，工业和信息化部、北京市人民政府、河北省人民政府签署“基于宽带移动互联网的智能汽车与智慧交通应用示范”合作框架协议

4月21日，14家北京企业入驻曹妃甸现代产业发展试验区

5月16日，三元河北工业园在石家庄新乐市经济开发区开园投产，年产4万吨乳粉和25万吨液态奶

7月29日，北京·沧州渤海新区生物医药产业园企业获得首张异地生产许可证

9月12日，“京张‘中国数坝’峰会暨阿里巴巴张北数据中心启动仪式”在河北省张北县举行。图为一号园区外观

10月18日，北京现代四工厂竣工投产

12月22日，京津冀大数据综合试验区建设启动大会召开

科技创新

Science & Technology Innovation

6 月 30 日，首批首个国家制造业创新中心——国家动力电池创新中心正式落户北京

7 月 23 日，中关村智造大街开街。工业和信息化部、北京市签署“关于共同推进建设北京市人工智能与智能硬件创业创新平台的合作框架协议”并为“北京市人工智能与智能硬件创新中心”授牌

8 月 17 日，北汽自主品牌 Factory 100 万辆整车在顺义下线

9月，北京工业大数据创新中心成立揭牌仪式举行

11月9日，神雾环保“蓄热式电石生产新工艺成套技术开发及产业化示范”通过国家级科技成果鉴定

11月18日，由北京广利核系统工程有限公司研制、具有自主产权、被称为核电站“神经中枢”的核级数字化仪控系统（DCS）——和睦系统正式交付

高精尖

Advanced Technology

1月14日，北京高精尖产业发展基金发布。11月，北京高精尖产业发展基金荣列中国政府引导基金TOP20

2月26日，中芯国际首推28纳米SoC芯片

1月13日，北京市企业北斗导航芯片项目首获国家科技进步奖

4月17日，京产自主品牌长安汽车完成2000公里无人驾驶测试

8月1日，北京市自主研发的全球首支手足口疫苗全面启动接种

10月10日，福田汽车集团在北京与百度签署战略合作协议

11月18日，拜耳处方药北京工厂综合扩建项目在北京经济技术开发区举行项目竣工仪式

高精尖

Advanced Technology

10 月 20 日，北京时装周拉开序幕，开启北京建设“国际时尚之都”新征程

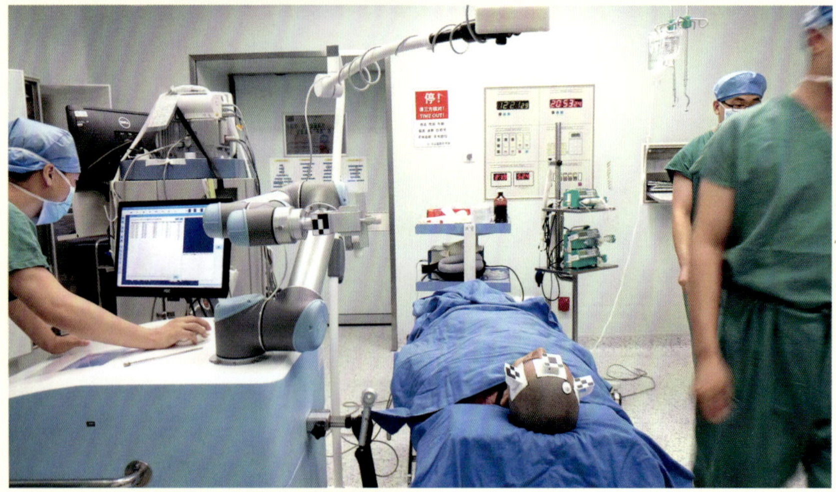

柏惠维康研发的神经外科导航定位机器人已在 301 医院、天坛医院、宣武医院等多家医院参与近 200 例神经外科手术

交控科技自主创新的基于无线通信的列车自动控制系统（CBTC），在中国第一条无人驾驶地铁线路——燕房线示范应用

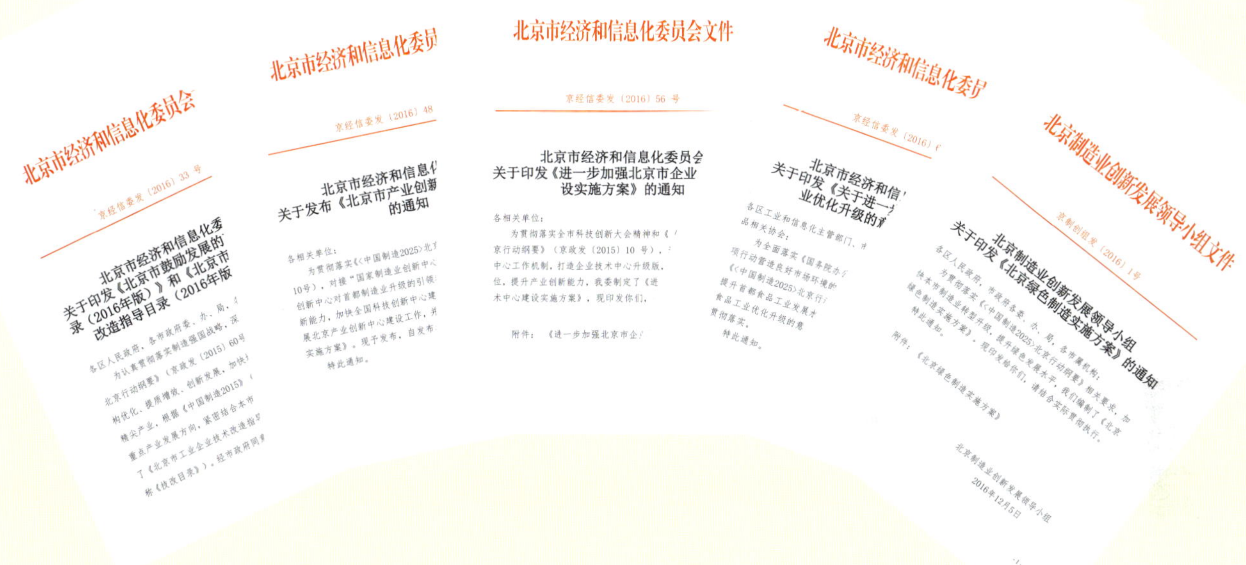

《北京市鼓励发展的高精尖产品目录（2016 年版）》和《北京市工业企业技术改造指导目录（2016 年版）》

《北京市产业创新中心实施方案》

《进一步加强北京市企业技术中建设实施方案》

《关于进一步推进北京食品工业优化升级的意见》

《北京绿色制造实施方案》

调整疏解
Adjustment

2 月，2022 年北京冬奥组委办公地落户首钢老厂区

6 月 8 日，北京市召开清理整治违法违规排污及生产经营行为工作现场部署会

大众创业 万众创新

Entrepreneurs Innovation

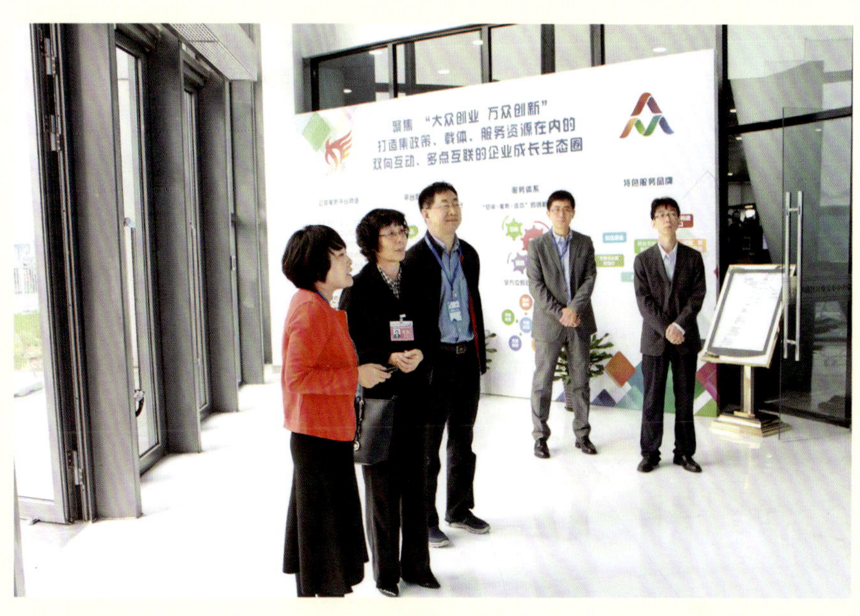

2016 年“全国大众创业万众创新活动周”期间，北京市中小企业公共服务枢纽平台举办“让企业成长更简单”主题双创系列活动，吸引超过 3500 家企业、1 万余人次参加

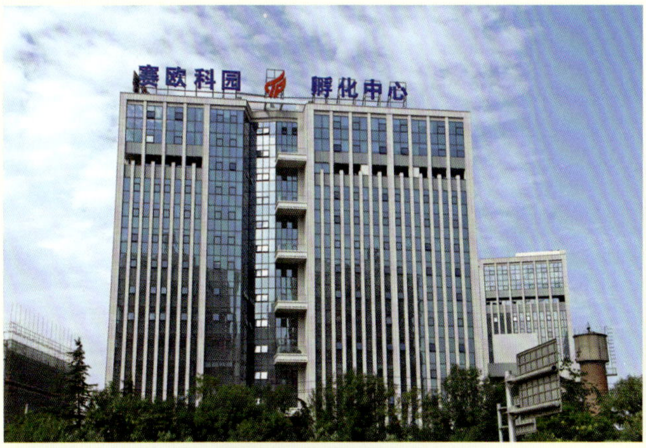

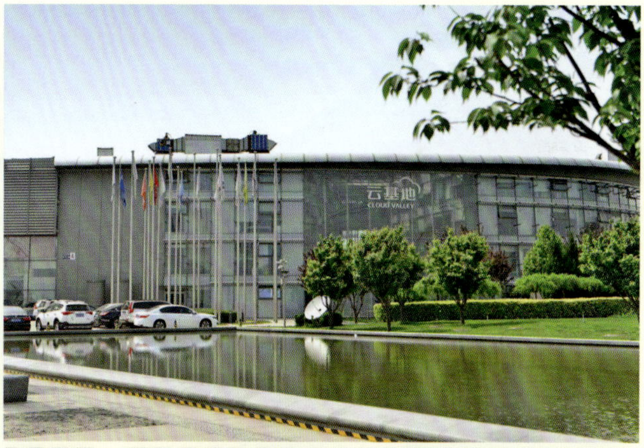

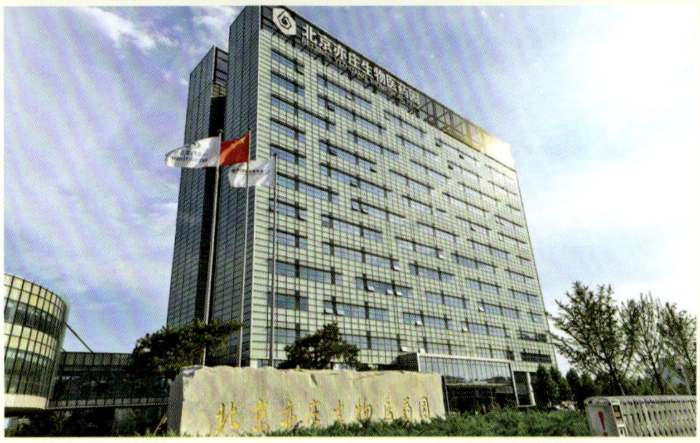

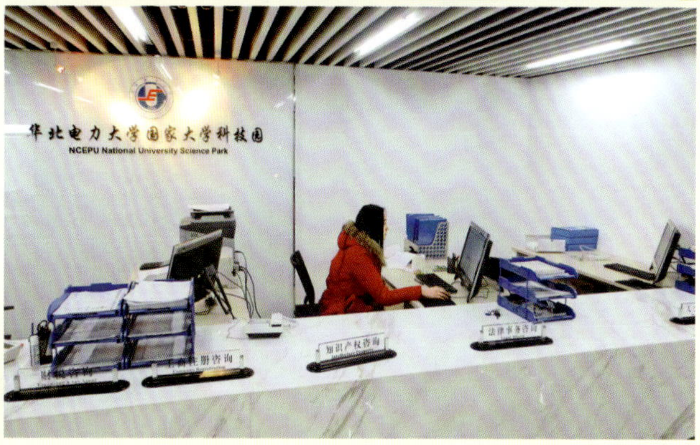

截至 2016 年，北京市 4 家小企业创业基地被授予“国家小型微型企业创业创新示范基地”称号。图为赛欧科园孵化中心、北京亦庄生物医药园、云基地、华电科技园

服务保障

Service Assurance

2016 年，应急企业停限产措施落实情况现场督查

10 月 27 日，北京市第五届减轻企业负担政策宣传周现场咨询活动举办

10 月，市经济信息化委领导带队走访重点央企和金融机构

2016 年，“一带一路”暨国际产能合作对接现场

目　录

特　载

大事记

总　述

产　业

区工业

开 发 区

企 业

协会组织

产 品

人 物

法规政策文件

工业数据

附 录

索 引

彩色插页

Contents

Special Issues

Chronicle Events

Overview

Industry

District Industry

Development Zones

Enterprises

Associations Summary

Products

Personages

Policy Documents

Industrial Data

Appendix

Index

Catalog of Color Inserts

特 载

加快疏解谋发展 深化调整促提升 谱写经济和信息化转型发展新篇章

——在2017年北京市经济和信息化工作会上的报告

北京市经济和信息化委员会主任 张伯旭

（2017年1月23日）

同志们：

这次会议的主要任务是，深入贯彻党的十八大和十八届三中、四中、五中、六中全会，中央经济工作会议，全国工业和信息化工作会和市委十一届十二次全会精神，总结2016年工作，部署2017年重点任务，动员全系统进一步凝心聚力、真抓实干、开拓创新。一会儿，隋振江副市长还要做重要讲话，请大家认真领会落实。下面，我代表市经济信息化委报告工作。

一、2016年工作回顾

过去一年，在市委、市政府的坚强领导下，全市经信系统深入学习贯彻习近平总书记视察北京重要讲话精神，认真落实《京津冀协同发展规划纲要》，牢固树立新发展理念，认真落实首都城市战略定位，积极推动京津冀协同发展，着力推进供给侧结构性改革，坚持以疏解带动协同发展，以创新驱动提质增效，以信息化改善城市治理，圆满完成年度主要发展目标任务，实现了“十三五”良好开局。初步统计，全年规模以上工业增加值同比增长5.1%，软件和信息服务业增加值增长11.3%，均超额完成年度指标，工业和软件信息服务业占全市GDP比重26.4%，同比增长0.1个百分点。规模以上工业万元增加值能耗下降10.7%，利润增长5.7%，全员劳动生产率提高8.2%，达到36.5万元/人，创历史新高。智慧城市总体建设水平持续提升，北京市成为全国宽带普及示范城市，连续两年被评为亚太区领军智慧城市，“首都之窗”连续多年位列全国省级政府网站绩效评估榜首。经济和信息化各领域“十三五”规划正式印发，市制造业创新领导小组成立，高精尖产业培育政策措施更加完善，《〈中国制造2025〉北京行动纲要》从政策制定阶段全面转入行动落实阶段。

一年来，我们主要做了以下工作：

（一）大力疏解退出，全面对接协作，京津冀协同发展多点开花。牢牢把握疏解非首都功能是京津冀协同发展“牛鼻子”的要求，细化疏解退出工作方案，会同市财政局出台“疏解整治促提升”引导资金政策。全年关停退出一般制造和污染企业335家，近4年累计关停1341家，提前1年超额完成1200家的任务目标。组织开展违法违规排污及生产经营行为清理整治工作，通州、丰台等区主动扩大清理整治范围，全市共整治“散乱污”企业4477家，超额完成年度任务。全年规模以上工业从业人员减少5.7万人。加强顶层设计，发布实施石家庄（正定）集成电路产业基地和正定科技新城建设规划，签署京津冀信息化协同发展合作协议以及“智能汽车与智慧交通应用示范”部省合作框架协议，深化三地在产业、信息资源、北斗导航位置服务等各领域合作。推动政策协同和机制创新，生物医药产业异地监管模式正式实施。加强产业对接合作。根据河北方面提供的数据，经初步整理，2014 年至 2016 年北京转移投资河北的工业和软件信息服务业竣工、开工项目共计 507 个，涉及总投资 5826 亿元。加快合作园区建设。北京（曹妃甸）现代产业发展试验区签约新项目 15 个，开工建设 7 个。北京 · 沧州生物医药园签约北京企业 53 家，开工建设 14 家。北京 · 张北云计算产业基地阿里数据中心投入运营。精进电动年产 50 万台新能源汽车驱动总成项目在正定高新区落地开工，北京现代沧州四工厂、三元新乐工业园等重大项目竣工投产。累计推动 20 余家北京电商企业落户天津武清。启动建设京津冀大数据综合试验区，三地共同设立大数据产业投资基金，共建大数据协同处理中心和应用感知体验中心。推进京津冀信用体系合作共建，实现三地公共信用信息服务平台对接。

（二）深化创新驱动，转换发展动能，高精尖产业培育成效渐显。牵头制订创新型产业集群与示范区建设方案，出台高精尖产品目录、工业企业技术改造目录、工业和科研用地项目供地联审工作规则等配套政策，中关村管委会出台了促进智能机器人产业和虚拟现实产业创新发展的政策措施，市统计局研究制定了高精尖产业指标体系，顺义、怀柔等区率先实施产业项目全要素评价，加快推进产业创新发展。探索建设新型产业创新体系，成功争取首个国家级制造业创新中心落户北京，全市国家级产业创新平台达 119 个、企业技术中心达 71 个，主动布局 3 家市级产业创新中心、75 家企业技术中心，配合市教委推动高等学校高精尖创新中心建设，规模以上工业企业创新活跃度居全国之首。积极推动三大科学城建设，支持中关村智造大街打造创新创业生态圈。完善中小企业公共服务平台网络，成功举办“双创周”北京会场主题展，推动昌平区成为国家小微企业创业创新基地示范区。高效运作高精尖产业基金，已设立 15 支子基金，管理规模达到 135 亿元。统筹推进 28 个市级高精尖重大项目建设，涉及总投资 1628 亿元。完成工业重点产业投资约 386.5 亿元，同比增长 4.2%。全球首个 5G 大规模天线设备、国际唯一脊柱全节段手术机器人系统、打破国外垄断的糖尿病抗体新药等一批高精尖产品集中面世，京东方新产品在国际高端市场占有率接近四成，中芯国际 28 纳米产品产能达到 2 万片 / 月，小米手机核心芯片开发取得重要进展，北汽自主品牌第 100 万辆车下线，全市纯电动汽车产量增长 1.7 倍，高精尖产业正逐渐成为发展新动能。

（三）加快结构调整，深化融合发展，产业转型升级步伐加快。坚持在调整中提升，制订实施绿色制造实施方案、大数据和云计算行动计划、“互联网 + 制造”指导意见等政策文件，实施绿色制造升级工程和京津冀联网智能制造示范行动，推进工业园区生态化建设，引导存量企业向绿色化、智能化、服务化升级。推动制造业与互联网融合发展，成立两化融合服务联盟，建成北京工业大数据创新中心，稳步推进北京国际大数据交易中心建设，金山公有云等一批重大云应用加速发展。支持北人集团盘活腾退厂房，成功举办 2016 世界机器人大会，推动时尚控股、金隅集团等所属传统企业向文化时尚、科技平台和环保企业转型。推动智能制造发展，支持超同步等企业建设数字化车间和智能工厂。推进军民深度融合，积极参与中国航空发动机总部建设，推动航空发动机研究院在京发展，支持海淀、大兴、顺义等区军民融合园建设。

（四）推动汇聚共享，促进信息惠民，智慧城市建设示范引领。坚持以方便群众生活、提高政府效率、降低社会成本为出发点和评价标尺，加快建设智慧北京。瞄准国际一流，围绕系统级最优目标，汇集众多高端智库和企业团队，初步完成城市副中心智慧城市示范区顶层设计，规划水准达到国内领先。完善全市信息基础设施，实现 4G 网络城乡覆盖，完成铜缆网络光纤化改造，宽带平均可用下载速率提高 31%，在 395 个公共场所为公众提供免费无线上网服务。出台市级政务云管理办法，正式运行六里桥市级政务云，已迁移整合 57 个政务单位、162 个信息系统，实现行政审批等领域数据共享和业务协同。海淀等区依托自身政务云强化电子政务集约化发展，取得显著成效。加强智慧便民服务，启动实施路侧停车及车载智能收费管理信息化工程，“北京数字学校”成为中小学生在家自主学习的主平台，全市所有的三级医院和 60% 的二级医院开通了网上预约或 App 挂号服务。依托“北京网”和“北京服务您”，整合十大类近千项便民服务，极大方便市民在线办事。拓展“北京通”卡服务功能，累计发卡 1225.9 万张，一站式政务 App“北京通”上线试运行，融合了 20 多种政府公共服务功能。累计发放“法人一证通”证书 118 万张，覆盖全市 85% 以上的法人用户，有力支撑了“营改增”“五证合一”等业务开展。朝阳区发放首张电子营业执照，企业注册实现“无纸化”。全市累计建设星级智慧社区 1672 个，占社区总数的58%。加强社会信用管理，基本建成全市公共信用信息服务平台，依法向社会提供了信用信息查询公示服务。建立统一社会信用代码制度和“双公示”机制。推动45个部门签署失信企业协同监管和联合惩戒合作备忘录，深入开展对严重失信主体的联合惩戒。北京已连续4个月在全国城市信用环境状况监测中名列第一。

（五）坚持依法行政，推进简政放权，“放管服”改革深入推进。清理规范4项非行政许可审批事项并转为行政许可事项，取消10项行政审批中介服务事项，梳理并公布市经济信息化委7类职权事项权力清单和责任清单。会同市发展改革委、工商局、统计局等部门，出台《关于推进工商登记材料共享促进政府部门协同的工作意见》和《制造业条目工商登记环节有关说明》，实现企业工商登记信息共享，帮助符合条件的企业顺利、便捷注册。配合市政务服务中心建设网上政务服务大厅，实现市区两级工业和信息化项目协同审批管理。强化行政执法培训和队伍建设，积极落实“双随机”工作要求，推进监控化学品、信息安全等领域的监督检查、行政执法和行政处罚，实现新的突破。深入开展涉企收费、涉企保证金清理规范工作。抓好工业和软件信息服务业安全生产指导工作，加强无线电管理，联合相关部门打击“黑广播”“伪基站”。圆满完成重大活动和重要节假日无线电、通信和信息安全服务保障工作。

尤为重要的是，全系统自身建设取得了新的进展。我们深入学习贯彻党的十八届六中全会精神，全面落实从严治党要求，切实增强“四个意识”，压紧压实主体责任，认真开展“两学一做”学习教育，做好市委巡视整改工作，强化党员队伍和基层党组织建设。严格落实中央八项规定，坚决抵制“四风”，深入治理“为官不为”“为官乱为”。从严从实抓好思想教育、源头治理、执纪执法等重点环节工作，落实“一岗双责”，推进廉洁建设和反腐败斗争。扎实推进科学决策，加强政务公开，主动接受各界监督。聚焦中心工作，全面加强新闻宣传和舆论引导，外树形象，内聚力量。围绕新形势新任务，主动优化调整内设机构和职能，抓好战略、规划、政策和标准，干部队伍业务素质和管理水平显著提升，全系统凝聚力、战斗力不断增强，整体面貌焕然一新。

这些成绩的取得，是市委、市政府正确领导和工信部精心指导的结果，是各兄弟委办局大力支持与帮助的结果，更是各区政府、开发区及广大企业共同努力的结果。在此，我代表市经济信息化委，对各界的支持和帮助，表示衷心的感谢和崇高的敬意！

同时，我们也清醒地认识到，工作中还存在一些突出的问题和不足。一是产业疏解退出进入攻坚期，成片集中治理任务越来越重，涉及的利益主体和利益诉求更加复杂，亟须有针对性地完善疏解方案和政策机制，加大统筹落实力度，实现更大突破。二是京津冀协同发展迈向政策创新、公共服务和基础设施同步发力的新阶段，需要下更大力气协调保障，优化产业要素资源配置，引导形成内生性的产业协同环境，要在产城融合等方面取得实质性成效。三是稳增长风险加大，战略性新兴产业总量偏小，工业增长主要依靠汽车产业单点支撑，亟须培育发展新动能。四是产业创新体系还不完善，系统整合产业创新资源的能力不够强，有国际影响力的产业化创新成果还不够多，体现供给结构优化的高精尖产品还未形成奔涌之势。五是全系统认识、适应和引领新常态的能力还有待增强，推进供给侧结构性改革、解决深层次发展问题的办法还不够多。我们要本着高度负责的态度，以改革驱动、政策创新为动力，采取有效的措施，切实加以解决。

二、2017年重点工作安排

2017年是实施“十三五”规划的关键一年，也是落实《京津冀协同发展规划纲要》的重要一年。全市经济和信息化发展既面临着难得的历史机遇，也存在诸多挑战。我们要深刻领会、认真贯彻落实市委、市政府的工作部署，全面落实以疏解非首都功能为重点的京津冀协同发展战略，充分认识到疏解非首都功能，实际上就是供给侧结构性改革，就是调结构、转方式，就是腾笼换鸟，就是提升城市发展质量，就是改善人居环境，就是缓解人口资源环境的突出矛盾，就是更好地履行作为国家首都的职责。尤其是对产业而言，疏解就是发展，我们要坚持将疏解与发展一体谋划、一体推动，通过抓疏解更好地推动发展，通过抓发展更好地促进疏解，切实做好在疏解功能中谋发展这篇大文章。要持续统筹落实加强科技创新中心建设战略和《〈中国制造2025〉北京行动纲要》，聚焦抓好疏解促提升，聚焦培育产业发展新动能，聚焦优化供给结构和提升供给质量，聚焦打造创新型产业集群，坚定不移实施“三四五八”行动计划，确保一张蓝图干到底。要按照量化、细化、具体化、项目化的要求，坚持建首善、创一流、立标杆、树旗帜，不断开创发展新局面。

今年全市经济和信息化工作的总要求是：全面贯彻落实党的十八大和十八届三中、四中、五中、六中全会和中央经济工作会精神，以习近平总书记视察北京重要讲话精神为根本遵循，认真落实《京津冀协同发展规划纲要》，践行新发展理念，坚持稳中求进工作总基调，以供给侧结构性改革为主线，落实首都城市战略定位，加快疏解功能谋发展，全力推动京津冀协同发展、产业创新、新型智慧城市建设等各项工作再上新台阶，以优异成绩迎接党的十九大胜利召开。

全市经济和信息化发展主要预期目标是：产业结构持续优化，推动实现有序疏解非首都功能取得明显进展，京津冀协同发展取得显著成效。保持经济平稳运行，规模以上工业增加值增长 3% 左右，软件和信息服务业营业收入增长 10% 以上。质量和效益不断提升，规模以上工业全员劳动生产率提高 3.5% 左右，万元工业增加值能耗下降 3.5%，工业用新水零增长。信息化服务水平明显提升，“北京通”应用全面推广，智慧城市建设实现新突破。

2017 年，我们将着重抓好以下工作。

（一）统筹推进产业疏解，加快京津冀协同发展。落实市政府疏解腾退空间管理使用的政策意见，研究制定一般制造业疏解转移政策，优化调整产业空间布局，强化疏解政策的统筹协调和疏解任务的统筹推进，完成年度疏解退出工作任务和京津冀协同发展阶段性目标。

加快疏解退出步伐。严格执行禁限目录，确保禁限项目“零准入”。修订落实污染行业淘汰退出目录，对目录范围内应退未退的企业开展集中清理，确保按期实现退出。加大工作力度，全年疏解退出 500 家一般制造企业，引导支持有发展需求的企业向津冀地区转移。完成 2570 家“散乱污”企业整治任务。会同市规划国土委等部门，全面清理整治镇村产业小区和工业大院。这里特别强调，以上各项工作，各区都肩负着主体责任，要根据全市统一部署，按照属地为主、层层落实的原则，尽快制订完善工作方案，切实抓好落实。特别是南部大兴、通州、丰台、房山 4 区，要以更大的决心和力度推进相关工作。

健全协同发展政策机制。落实国务院批复的京津冀全面创新改革的试验方案，强化协同创新政策的统筹规划，加强三地产业政策衔接，推动建立汽车改装车公告管理、质检互认等制度，加快药品生产异地监管政策实施，在曹妃甸等重点区域探索推进政策改革试点。统筹建立市区两级和京津冀三地产业协同发展工作机制，加强共建园区和产业转移项目统计监测，主动协调属地政府做好配套服务，实现企业有序转移、精准对接、健康发展。

继续抓好园区共建。完善协同发展产业示范区体系，做大做强一批示范性强的市级共建园区，规划指导一批区级共建产业园区，引导支持一批市场主导的产业新城。推动北京（曹妃甸）现代产业发展试验区签约项目尽快开工，加快城建重工、金隅冀东装备等项目建设步伐，推动曹妃甸产城融合发展。促进北京 · 沧州生物医药产业园签约项目尽早建成投产。推进北京 · 张北云计算产业基地建设“中国数坝”。加快石家庄（正定）集成电路产业基地发展，推动京津合作示范区产业发展，支持天津滨海 – 中关村科技园打造特色化创新服务平台。探索在“4+N”合作平台共建一批创新创业载体。研究出台重点协会联系制度，调动协会商会服务京津冀协同发展。认真做好援藏、援疆、援青等对口支援工作，推进京沈产业合作，加强张承保特定区域的产业扶贫。

推动各领域全面协同发展。加快京津冀大数据综合试验区建设，围绕科技冬奥、环保、交通等重点领域，探索大数据创新应用。持续推进北京国际大数据交易中心建设，推动形成京津冀一体化数据资产交易市场。实施京津冀北斗卫星导航区域应用示范项目，促进北斗导航与位置服务产业联动发展。推进京津冀联网智能制造示范行动。加强政策协调、平台共建，推动京津冀信用体系、中小企业服务和信息化应用协同发展，带动京津冀经济和信息化发展水平整体提升。

（二）推进供给侧结构性改革，加快构建高精尖产业体系。认真落实市政府推进供给侧结构性改革的相关政策措施，以推动产业高端化发展为重点，加快发展高精尖产业，扩大高端有效供给。

加大产业结构调整升级力度。坚决退出低端无效供给，支持首钢集团化解外埠产能，退出处理危险废物以外的全部水泥产能。实施绿色制造工程，支持企业实施 100 项以上绿色制造技改项目，推动建设 10 家绿色工厂、10 家能源管理中心、1 家 ~2 家绿色创新中心以及 2 家 ~3 家绿色（生态）设计中心，努力构建绿色制造体系。落实促进总部经济发展的政策措施，加快发展工业设计、销售服务、融资租赁等生产性服务业，推动传统生产企业向总部研发、科技服务和文化创意等企业转型，优化提升总部经济。

加快构建高精尖产业体系。制定高精尖产业分区发展指南，指导推动各区进一步明确特色化、差异化发展方向，优化高精尖产业空间布局。开展八大专项产业领域标准体系研究，加强设计、材料、工艺、检测等标准衔接，创制高品质产品。整合各方资源，主动布局一批科技含量高、辐射带动强的龙头项目。加快推进新能源智能汽车创新园、机器人产业创新基地、集成电路产业园等重点项目建设。高水平筹办2017年软博会，吸引一批龙头软件和信息服务企业落地发展。推动工业文化发展，总结应用第十七届工业和信息化职业技能大赛成果，弘扬工匠精神。各区要结合自身优势和重点发展方向，创新项目落地政策，提前做好空间储备，“一企一策”配套一揽子服务，抓好项目建设。

提升高端有效供给水平。继续落实工业稳增长调结构增效益重点任务分工方案，加强监测分析和精准调度，确保实现年度经济发展目标任务。抓住智慧城市、新机场、城市副中心建设以及大气污染防治等带来的重大市场需求，支持本市企业借势发展。着力推进雾霾防护、污水处理、垃圾消纳等领域的技术成果转化，打造一批价格亲民、群众满意的拳头产品。推动电子信息领域高价值知识产权培育运营工作，支持企业开展公共安全信息领域试点示范和推广应用。编制本市《关于开展消费品工业“三品”专项行动营造良好市场环境的实施意见》，促进消费品工业“增品种、提品质、创品牌”。落实外贸稳增长各项措施，加强工业出口监测调度，帮助企业开拓国际市场。抓住“一带一路”建设契机，探索在沿线国家建设科技和产业园区，推动本市工业和信息服务企业集群式“走出去”。各企业要加强市场分析，紧跟发展变化，主动开发新产品，拓展新市场。

深入推进“放管服”改革。推进简政放权，落实国家要求，取消环评等审批前置条件，加强事中事后监管。继续清理行政审批中介服务事项，提高服务质量和效能。加强市区两级审批项目跟踪监测，完善各区经信部门投资审批项目月报制度，加强协调调度。配合市政务服务中心大力推行网上审批。继续推动减轻企业负担。加大政务公开力度，做好全委权责清单的动态更新和公开工作，实现全系统“双公示”。梳理公共服务事项，编制统一规范的公共服务事项办事指南。

（三）加快产业创新发展，支撑科技创新中心建设。完善落实创新型产业集群与示范区建设工作方案，加快构建新型产业创新体系，强化产业项目组织推动，年内形成2个千亿级高端引领型产业集群、5个市场占有率领先的高精尖产品，让北京的创新资源和重大创新成果切实落地。

培育具有国际竞争力的产业创新体系。搭建企业为主体的创新载体，支持企业集团在京津冀合理布局研发、孵化、制造、售后等环节，形成协同创新产业链。编制北京企业利用全球创新资源分布地图，推动企业开展海外技术并购，形成50个左右海外研发节点。加快产业创新中心建设，在石墨烯、工业大数据等领域创建10家左右产业创新中心，争取新增1家国家级制造业创新中心、2家~3家国家级企业技术中心，按照新标准创建100家企业技术中心。制定市级工业设计管理办法，加强工业设计中心建设。加快国家机器人检验检测等公共服务平台建设。加强中小企业双创服务。推进中小企业公共服务平台网络协同，实现各区窗口平台、产业集群平台互联互通。会同相关部门摸清全市各类创新创业载体底数，优化创新创业载体布局。发布实施《北京市促进小微企业创业创新成长的若干措施》，培育壮大一批中小企业。

优化产业创新要素配置。加强市区两级联动，完善项目落地协调机制，优化土地、人才、资金等要素资源配置，加强对高精尖项目的重点保障。整合政金企智多方资源，促进国有和民营资本融合、产业和金融资本融合，健全支持高精尖产业发展的投融资体系。优化高精尖产业基金布局，统筹高精尖基金、中小基金、工美基金，用好国家和市、区相关产业基金，探索建立满足高精尖企业不同成长阶段、不同资金需求的基金支持体系。围绕重大项目资金需求，研究母基金股权直投方式。聚焦产业疏解和京津冀协同发展，探索与国家相关投资平台、外省市政府引导基金以及北京市各区国有投资公司的联投联动。推进高精尖企业投贷联动试点，推动战略合作银行组建“银团”，为高精尖企业提供信用贷款、企业债、融资租赁等全方位融资支持。

打造具有全球影响力的创新型产业集群。依托龙头企业，以技术创新为核心，以大工程和大项目为牵引，重点推动八大专项创新型产业集群发展。对接强基工程、产融试点、双创示范等国家战略，启动健康大脑、大数据深度学习等3个~5个引领性大工程，在14纳米集成电路工艺装备、汽车动力电池等方向布局30个左右重点项目，加速推进重大科技成果产业化。加强“城一区”对接，促进创新链、产业链、资本链在三大科学城与各区之间的良性互动。制订亦庄创新型产业集群发展示范区建设方案，支持创建“中国制造2025”示范区；支持丰台区建设军民融合创新中心，加快推进轨道交通、应急救援等特色产业发展；支持石景山区打造全国传统工业转型升级示范区和国家绿色低碳示范园区；支持房山区建设中关村新兴产业前沿技术研究院等创新平台和北京圣谷智汇医学检验所（基因测序）等一批高精尖项目；支持通州区汇集高端创新创业要素，为城市副中心高起点、高标准、高质量建设提供支撑；支持顺义区推动中国航空发动机研究院发展，加快中国科学院联动创新产业园和第三代半导体材料及应用联合创新基地等建设；支持延庆区建设冬奥会零碳排放试验区及能源互联网产业示范区。

（四）深化制造业与互联网融合发展，培育壮大新业态新模式。把推进制造业的数字化、网络化、智能化摆在促进制造业创新发展的突出位置，落实好“互联网 + 制造”指导意见，聚焦智能制造主攻方向，培育融合发展新生态，促进新动能发展壮大。

全面推进两化融合管理体系建设。落实工信部即将出台的推进两化融合管理体系工作的指导意见，绘制本市两化融合发展数据地图，组织企业开展两化融合自评估、自诊断、自对标，分行业遴选申报一批贯标示范企业。大力推广工业云、工业大数据、工业电子商务等行业应用示范，加快突破个性化定制、服务型制造、网络化协同的系统解决方案，组织实施重点领域智能化提升、产业组织模式培育、两化深度融合试点示范等六大行动，实现北京市两化融合发展水平指数提升 5 个百分点。

推动智能制造创新发展。启动实施“智造 100”工程，支持组建产学研用联合体，组织实施 20 个左右智能制造新模式应用项目。支持标准团队搭建试验验证平台，合作开展 10 项左右智能制造基础共性、关键技术和行业应用标准研究。高水平筹办 2017 世界机器人大会，打造具有全球影响力的智能机器人协同创新平台。加快建设亦庄智能机器人、增材制造产业创新基地和海淀智能机器人创新中心。推动京仪集成电路洁净机器人、北航大型金属构件增材制造成套装备等项目建设。

推进军民深度融合发展。贯彻落实中央推动经济建设和国防建设融合发展的总体部署，研究制定相关政策，建立完善工作协调机制，统筹推进军民融合和央地合作。利用好在京军工集团的创新资源和创新能力，不断发掘高精尖技术和产品，促进军工科技成果转化和产业化。加快推进石墨烯、航天云网、超材料等领域项目合作，推动中国航发创新链建设，促进中船工业海洋装备创新园、顺义航天产业园、中车北京基地、中航通飞“爱飞客”综合体等项目实施。

（五）推进新型智慧城市建设，不断加强信息惠民服务。将建设新型智慧城市作为破解“大城市病”、提升市民获得感的重要手段，进一步加强统筹协调和整体推进，在智慧民生等领域实现更大突破。

加快城市副中心智慧城市建设。坚持国际标准、中国特色、高点定位，完成城市副中心智慧城市规划和行政办公区信息化建设总体设计，高质高效实施好副中心智慧城市建设。推动设立智慧城市发展基金，促进政企协同，充分利用社会资源加快智慧北京建设。完成行政办公区政务云中心机房等工程，启动电子政务内网、云计算数据中心建设，做好信息化系统迁移工作，保障首批搬迁行政单位入驻。加快综合管廊、政务大数据、窄带物联网应用等建设，在全国形成新的引领示范，将副中心建成全国智慧城市样板。

全面推进“北京通”实现整合突破。推动各部门、行业领域公共服务与“北京通”深度对接，新增发放“北京通”卡 500 万张以上。完善“北京通”数据服务平台功能，推进全市各类公共服务数据的后台整合和汇聚，建立健全相关数据采集及服务的标准规范。加强“北京通”卡与“北京通”App 的线上线下贯通，建成卡与 APP 融合的服务体系，打造具有北京特色的政务服务。完善“法人一证通”功能，作为法人应用整合接入“北京通”平台，持续推进数字证书服务体系建设。

加快政务大数据管理平台建设。推动印发《北京市政务信息资源共享汇聚管理办法（试行）》，强化政务大数据管理平台功能，加快配套制度体系、工作机制以及相关标准规范建设。重点在交通、环保、人口以及产业发展等领域，实现行业大数据应用的阶段突破，为政府科学决策提供有力支撑。加强对社会数据的采集，通过购买服务等方式，努力营造政企协同、数据融合的大数据生态。切实加强数据管理，加大数据共享、汇聚、开放的考核力度。

深化智慧政务和智慧民生融合发展。编制印发《北京市深入推进“互联网 + 政务服务”实施方案》，推动“一号一窗一网”全面深入落地，实现 80% 的涉民服务网上办理。加强六里桥政务云和密云灾备云建设管理，完成通州政务云建设，形成“两地三中心”的市级政务云部署格局。落实好市级政务云管理办法，推动除公安、安全系统外，新建系统全部上云，已建系统加快迁移。深入落实云计算和大数据行动计划，加快实施云计算“祥云工程”3.0 版，推进交通、教育、医疗等领域智慧化项目建设。

继续推进“提速降费”。在“全光纤网络城市”基础上，推动宽带平均可用下载速率提高到 15 兆。推进 4G 网络深度覆盖，启动 5G 试点工作。新增 400 个公共场所提供免费无线上网服务，推动市级与海淀、亦庄等区级免费上网平台相互认证。结合城市副中心建设和新技术发展等需求，对政务专网进行重新规划和改造，推进政务物联数据专网运营模式改革。

抓好社会信用体系建设。加快社会信用体系建设地方立法，推动《北京市行政机关归集和使用公共信用信息管理办法》颁布实施。完善全市公共信用信息的整合机制，实现与市场监管和审批的重要平台统一对接。扩大公共信用信息征信范围，实现与社会面信用信息的对接协作，逐步形成覆盖社会成员的完整记录，全面开通信息主体申请查询公共信用信息的便民服务。深入推进统一代码制度和“双公示”机制建设，实现存量机构全部换发加载有统一社会信用代码的新照。落实北京市联合奖惩制度建设的实施意见，规范各行业领域的典型守信主体红名单和严重失信主体黑名单制度。

做好网络安全监管和保障工作。推进建立信息安全多部门联合检查机制，强化安全风险通报，加强政务云、大数据、城市运行、工控系统以及副中心智慧城市等重点方向的安全支撑和服务保障。开展应急演练，抓好新修订的无线电管理条例落实，确保全市重要政务信息系统和网站不发生重大信息安全事件。全力做好党的十九大等重大活动期间的无线电安全、信息安全和应急通信保障。

做好全年工作，必须切实加强党的领导，抓好自身建设，提高履职水平。一是全面落实从严治党的要求。以党的十八届六中全会精神为指引，切实增强“四个意识”，向核心看齐，严守政治纪律和政治规矩。严肃党内政治生活、强化党内监督，厚植全面从严治党的政治基础。建设忠诚干净担当、为民务实清廉的干部队伍，营造风清气正的政治生态。二是深入推进依法行政。努力提高运用法治思维和法治方式推进各项工作的能力。加强行政执法，各区经信部门要切实担起属地执法责任，实现市区两级经信部门行政执法取得新突破。继续完善全系统安全生产“一岗双责”工作体制，依法依规推动工业和软件信息服务业安全生产指导工作，加强军工与民爆领域的安全生产监管。三是着力加强战略研究。将谋划具体项目与解决深层次问题相结合，将做好本系统工作与服务京津冀协同发展相结合，开展专业化、针对性、综合性的政策研究，提高疏功能、转方式、治环境、补短板、促协同的战略谋划能力。继续举办好推动高端产业发展专题研讨班。四是不断加强工作统筹。牢固树立全市经济和信息化工作一盘棋的思想，推进市区两级创新资源、信息资源、疏解资源的统筹利用、统一布局，形成工作合力。积极采用市场化手段调动社会力量，统筹利用社会资源推进各项工作。五是着力增强担当意识。要担负起新一年任务与责任，必须鼓足干劲、振奋精神，必须保持良好、饱满的精神状态，必须发扬艰苦奋斗的工作作风。各项工作在操作上都要坚持稳中求进，把握好稳与进关系，问题不回避，任务要完成，推进要平稳，将工作做细做实。六是切实加强宣传引导。注重抓好意识形态工作，积极利用主流媒体，多渠道宣传全市经济和信息化建设成果和典型经验，深入解读重要政策，及时回应社会关切。

同志们，做好今年工作，意义重大、任务艰巨。我们要在市委、市政府的坚强领导下，攻坚克难、奋发有为，撸起袖子加油干，谱写经济和信息化转型发展新篇章，为建设国际一流的和谐宜居之都贡献更大力量，以优异成绩迎接党的十九大胜利召开。

疏解非首都功能 加快京津冀产业协同发展

北京市经济和信息化委员会主任 张伯旭

2014 年以来，在市委、市政府领导下，市经济信息化委深入学习贯彻习近平总书记系列重要讲话和对北京工作的重要指示精神，认真贯彻落实《京津冀协同发展规划纲要》及北京市贯彻纲要的意见，以疏解非首都功能、破解“大城市病”为出发点和落脚点，统筹协调、攻坚克难，在调整疏解一般制造和污染企业、推动京津冀产业协同发展方面不断加大工作力度，取得了积极成效。

一、加快调整疏解不符合首都城市战略定位产业

以发展的思维深刻认识疏解非首都功能对实现北京可持续发展的重要意义，将调整疏解不符合首都城市战略定位的产业作为推动产业结构升级的必由之路和重要契机，以壮士断腕的决心，持续关停、转移疏解一般制

北京市经济和信息化委员会
主任 张伯旭

造和污染企业。

明确产业调整疏解的总体思路，会同发展改革、环保等部门，发布实施《新增产业的禁止和限制目录(2014年版及2015年版)》《工业污染行业、生产工艺调整退出及设备淘汰目录（2014年版)》《工业企业调整退出奖励资金管理办法》《进一步规范污染扰民企业搬迁政策有关事项的通知》等政策文件，实施新的排放标准和差别电价政策，综合施策确保禁限项目“零准入”，推动相关企业主动调整退出。加强市区协调联动，加快一般制造和污染企业就地关停，2015年关停326家，超额完成全年任务，2013年至2015年累计关停1006家，初步测算共减少用工约5万人，削减主要大气污染物排放约1.7万吨。结合企业关停退出工作，强化工业节能减排，近3年累计压减约200万吨工业燃煤，完成5240蒸吨工业企业燃煤锅炉清洁能源改造，2015年组织实施环保技改项目144项，总投资约17亿元。

细化一般制造业转移疏解方案，明确4类功能区调控方向以及开发区差异化、特色化、生态化发展要求，推动产业“退城入园”，向19个市级以上开发区聚集。组织市级以上开发区生态化改造工作，完成首批10家生态工业园区认定。推动核心区高端制造业向远郊区梯度布局，支持远东仪表、北京二机床等10多个高端制造项目迁至大兴、房山等区。

坚持一手抓疏解，一手抓发展。结合落实《中国制造2025》，着眼建设全国科技创新中心，制定出台《〈中国制造2025〉北京行动纲要》，提出了“三四五八”发展战略，以“正面清单”的方式，向社会回应了北京发展什么和如何发展的问题，为北京市未来5至10年高精尖产业的发展提供了明确指导。

二、加快京津冀产业协同发展

跳出“一亩三分地”的传统思维，坚持以共建一批差异化、特色化产业园区作为京津冀产业协同发展的突破口，努力实现错位、对位和集中发展，坚决避免新一轮的全面开花和无序竞争。在园区选址建设和项目布局过程中，注重发挥当地比较优势、注重政策机制创新、注重产业双向促进。

秉持“共建、共管、共享”理念，市经济信息化委牵头完成北京（曹妃甸）现代产业发展试验区产业发展规划编制工作，并于2015年9月正式对外发布。梳理了拟向试验区疏解的产业项目40余个，其中首钢京唐二期已于2015年8月正式开工。秉持“组团入驻、统一规划、集中监管”建设管理模式，加快北京·沧州生物医药产业园建设，签约入驻项目达38个，其中康辰制药、协和药厂等10个项目已开工建设，实现投资11亿元，全部投产后实现年产值将超过150亿元，吸纳当地就业超过8000人。同时，会同市食药监局，共同争取尝试突破现行的医药产业监管政策，采取异地监管模式，得到国家食药总局正式批复同意。加快建设张家口大数据产业聚集区，打造“中国数坝”。市经济信息化委与河北省工信厅签署《关于张北云计算数据中心产业基地建设的战略合作框架协议》，发挥张北地区在区位、能源、气候、土地、交通等方面的优势和北京的信息资源优势，共同建设张北云计算产业园，打造国家级云计算产业基地。已确定合作项目9个，总投资约800亿元，建设规模达150万台服务器。其中，张北云联数据中心项目一期已于2015年3月正式开工建设，数据港张北数据中心项目一期已于2015年6月正式开工建设，中都草原数据中心项目计划2016年4月开工建设。以上3个项目由阿里巴巴集团牵头实施，每个项目总投资均为60亿元，建设容量均为10万台服务器，总体将建成阿里北方云计算基地，形成1个示范展示点和3个互相备份的数据中心布局。

加强产业转移对接。累计组织百余次产业对接活动，推动北京现代四工厂、新乐三元工业园等一批项目开工建设或签约落地，四方继保保定基地、精雕科技廊坊基地等一批项目建成投产，并形成100余个拟转移项目储备。其中，现代四工厂于2015年4月开工建设，新乐三元工业园项目厂房建设已完工。2015年11月，在工信部统筹下，组织了京津冀产业转移对接系列活动，20个京津、京冀合作的工业园区类和高端装备制造类重点项目集中签约。

（摘自2016年2月京津冀产业协同发展系列讲话）

当好新经济的发动机

中关村科技园区管理委员会主任 郭 洪

一、中关村正在成为中国新经济的发动机

中关村科技园区管理委员会主任 郭 洪

发展新经济是党中央国务院关于经济发展的重要论断和重大决策。习近平总书记在 2014 年国际工程科技大会上强调："信息技术成为率先渗透到经济社会生活各领域的先导技术，将促进以物质生产、物质服务为主的经济发展模式向以信息生产、信息服务为主的经济发展模式转变，世界正在进入以信息产业为主导的新经济发展时期。"李克强总理在今年政府工作报告中指出："当前我国发展正处于这样一个关键时期，必须培育壮大新动能，加快发展新经济。"

在中关村工作中，我们深切体会到，新一轮技术革命和产业变革在全球范围内兴起，世界由 IT 时代进入 DT 时代，进而进入到 AI 时代。新经济是一片看得见的"新大陆"，引领新常态要靠新经济，发展新经济要靠创新驱动。2013 年 9 月 30 日，中央政治局第九次集体学习主题是创新驱动发展战略，选择在中关村举行，这是政治局迄今为止唯一一次走出中南海举办学习活动。习近平总书记发表重要讲话，明确指出实施创新驱动发展战略最为紧迫的是破除一切束缚创新驱动发展的观念和体制机制障碍，并提出了"五个着力"的任务要求。总书记强调，中关村已经成为中国创新发展的一面旗帜，面向未来，中关村要加大实施创新驱动发展战略力度，加快向具有全球影响力的科技创新中心进军，更好地在全国实施创新驱动发展战略中发挥示范引领作用。这是对中关村提出的新的更高要求。

中关村作为中国科技创新的重要源头和新兴产业策源地，在新旧动能转换中，发挥科技第一生产力、创新第一动力的作用，催生了以互联网跨界融合创新和分享经济为代表新经济现象，正在成为中国新经济的发动机。主要体现在四个方面：

一是引领新技术发展潮流。中关村拥有高度密集的高等院校 40 余家、科研院所 200 余家和 300 余家跨国公司研发中心，人工智能、石墨烯、靶向免疫等很多技术创新与全球同步甚至领先。在一定意义上讲，跨国公司研发中心的创新活动就是与全球同步的。跨国公司有很多重大的技术是在中关村的实验室研发和产生的。比如，微软在中关村成立了亚太研究院，同时还办了创投加速器。加速器成立 3 年时间，成功培育 126 个创新团队，七成以上的团队具有云计算、物联网、大数据、人工智能、机器学习、虚拟现实、增强现实等世界前沿技术竞争力，毕业企业整体估值超过 380 亿元。伴随新技术扩散，2015 年中关村及北京市技术合同成交额达 3453 亿元、占全国 35.1%，80% 以上技术辐射京外地区。新技术支撑了新经济、创造了新需求、增加了新价值、拉动了新就业，驱动经济向中高端迈进。

二是引领新模式发展潮流。在众创方面，涌现出以创新工场等 78 家创新型孵化器为代表的众创空间。中关村科技创新高度活跃，2015 年新创办科技型企业 2.4 万家，平均每天诞生 66 家；今年 1 月至 9 月，中关村新创办科技型企业 1.2 万家，平均每天诞生 45 家，其中 90% 以上是民营企业。在众包方面，涌现出以百度、小米、京东等为代表的"知识众包""研发众包""O2O 众包"等众包模式，京东众包平台征集兼职配送人员，日配送量突破 50 万单，配送员达 10 万人。在众扶方面，中关村创业大街整合了法律、金融、知识产权、人力资源等专业化服务资源，领军型大企业创办了联想之星、百度开放云、航天云网等 30 余家众扶平台。在众筹方面，中关村建设全球股权众筹中心，涌现出天使汇、36 氪等一大批股权众筹平台和全国首家股权众筹行业组织，催生了滴滴出行、美团点评等一批上市前估值超过 10 亿美元的"独角兽"企业。滴滴出行并购优步中国后，估值达 360 亿美元。

三是引领新业态发展潮流。"高精尖"经济结构加快构建，"互联网 +"战略率先实施，中关村企业占"2016

年中国‘互联网+’产业创新企业100强”一半以上，涌现出了滴滴出行、好大夫在线、小猪短租、今日头条、天使汇等一大批分享经济领军企业。中关村互联网和大数据促进各行业特别是传统产业转型升级，大北农“互联网+农业”、广联达“互联网+建筑”、用友软件发展为用友网络等，深刻改变所在行业；前沿技术研发、商业模式创新和科技金融创新相结合不断催生新业态，互联网出行、智慧医疗、互联网教育等发展壮大；制造业与服务业融合发展，一方面制造业服务化趋势凸显，另一方面促进了新一代信息技术与制造业深度融合、先进制造业发展迅速、传统产业得到改造提升、智能制造成为主要方向，工业互联网和消费互联网结合演化为产业互联网，对《中国制造2025》起到了支撑引领作用。2015年，中关村高新技术企业总收入4.08万亿元，是2010年的2.6倍，“十二五”年均增长20.7%，高新技术企业实现增加值5557.4亿元，比2010年翻一番，占全市生产总值的24.2%，对全市地区生产总值增长贡献率为36.8%，实现了从示范引领到引领支撑的转变；2016年1月至9月，规模以上企业总收入2.88万亿元，同比增长14.3%。其中，现代服务业实现总收入1.8万亿元，占示范区总收入63.8%，同比增长16.3%；电子信息、生物医药、新材料等六大高新技术领域总收入2.2万亿元，占示范区总收入近80%。

四是引领新金融发展潮流。新经济呼唤新金融。新金融不单是互联网金融和金融科技，更主要的是适应创新创业需求的天使投资、创业投资、股权私募等。中关村天使投资、创业投资高度活跃。全国80%的天使投资人活跃在中关村，今年上半年发生379起天使投资案例、占全国46.3%，披露金额23.4亿元、占全国45.1%；发生创业投资403起、占全国31.9%，涉及金额283.9亿元、占全国48.5%。企业通过并购掌握创新主导权。前三季度，中关村企业发起并购交易案例335起，披露并购金额1604.6亿元、同比增长28.2%，其中境外并购案例30起，比上年同期增加8起。互联网金融蓬勃发展。涌现出拉卡拉、融360等一批互联网金融领军企业。上市公司总数291家，2015年年底上市公司总市值达到4.8亿元，同比增幅54%。

二、中关村的思考和做法

新经济本质上是创新型经济。当前，国内外宏观经济下行趋势压力加大，我们既要推动形成新的增长点又要加快转型发展，必须以新经济引领新常态。发展新经济是挑战更是机遇，抓得住就是机遇，抓不住就是挑战。我们主要有4点认识和体会：

第一，发展新经济需要新思维。我们是在传统产业为主导的条件下发展新经济的，需要解放思想、更新观念，才能赢得发展主动权。比如，对于创新的本质规律需要不断深化认识。真的是技术决定一切吗？成本越低越好吗？投入越多越好吗？“大鱼”吃“小鱼”吗？创新比创业重要吗？有些答案可能是否定的。再比如，要树立开放、共享、链接边际成本为零、去中心化的互联网思维。很多人都知道中关村电子卖场，2000年至2006年是中关村电子卖场发展的黄金时间。随着“互联网+”、电子商务迅猛发展，中关村电子卖场时代已经不在了。现在电子卖场已经转型为中关村智能硬件创新中心，成为找人、找钱、找市场的创业生态圈了。再比如，对新事物要有包容的态度，探索建设新的制度，支持打破旧的利益格局。为什么滴滴等分享经济领军企业诞生在中关村而不是其他地方，这与中关村鼓励创新的氛围是分不开的。贵州积极争取Uber数据中心落户，不仅体现了对新事物的包容，他们也看到了数据中心背后的交易中心和结算中心。

第二，把握时代特征、树立全球视野。世界科技产业发展日新月异，远远超出我们的认知和想象。树立创新引领的思维和战略，以此判断一个产业代表过去还是代表未来，实际上也代表了成败。不久前，我和滴滴出行的程维先生交流时，他演示了一段未来智能纯电动车的DEMO。看了之后让人很难想象，在分享经济发展下，未来到底谁买车？甚至“车”未来到底还叫不叫“车”？它可能就是一个移动的会议室、移动的电影院，甚至形状都可能变了，那么它对于材料、结构和相关行业必然带来全新的需求。我们只有坚持创新引领战略，始终瞄准世界科技创新前沿趋势超前布局，才能应对、适应乃至引领新变化。5年前，中关村开始布局和发展大数据，今天大数据已经成为国家战略。未来科技创新趋势是什么？我们认为将是人工智能，比如计算机视觉、机器深度学习、自然语义分析、智能电动车、智能机器人；将是颠覆性原创新材料，比如石墨烯、碳纳米管等纳米材料、液态金属；将是靶向免疫、微生物等生物科技，等等。

第三，持续优化创新创业生态系统。近30年来，中关村涌现了几代具有鲜明时代特征的创新创业人才，如PC时代的陈春先、柳传志、王选、王小兰、陆致成；互联网时代的杨元庆、李彦宏、张朝阳、王文京、王志东；移动互联网时代的雷军、贾跃亭、孙陶然、庄辰超、龚宇等。如今，在分享经济时代，涌现了滴滴打车的程维、柳青，36氪的刘成城，58同城的姚劲波，今日头条的张一鸣，美团网的王兴等领军人才，为什么众多分享经济的标志性人物同时出现在中关村？为什么在中关村创新创业代有人才出？现象不是偶然的，背后原因就在于中关村通过多年不断的深化改革，构建了有利于创新创业的体制机制和生态系统。我们体会，培育新经济增长点，政府既不能“赤膊上阵”，更不能无所作为，关键是要优化创新创业生态系统。一粒种子生根发芽、长成参天大树，需要适宜的生态系统，包括阳光、空气、土壤和水。发展新经济同样需要良好的生态系统，包括行业领军企业、高校院所、高端人才、天使投资和创业金融、创新创业服务业、创新文化六大要素，以及市场环境、法治环境、政策环境三大环境。持续优化由各种要素相互关联、有机作用的创业生态系统，让怀揣创业梦想的人到中关村实现梦想，这是一代代中关村人接续在做的事情，也是中关村的核心竞争力和基本经验。

第四，构建政府市场社会“联合治理”格局。发展新经济，需要坚持市场在资源配置中起决定性作用和更好地发挥政府作用。中关村管委会作为市政府派出机构，主要职能是“调研、规划、统筹、协调、督办、服务”12个字，没有行政审批权和执法权。我们积极探索厘清政府、市场、社会的边界，实现三者优势互补、有机作用。比如，在实施“瞪羚计划”中，管委会负责组织和监管实施、提供贷款贴息及担保补贴；中关村科技担保公司负责受理企业担保申请和资格认定；中关村企业信用促进会和信用评级机构负责信用管理和评定；协作银行负责向获得担保的“瞪羚企业”发放贷款。中关村各类产业技术联盟和行业协会组织超过200家，发挥着重要作用。中关村企业家顾问委员会有职有权。

以上是我们对发展新经济的4点思考和认识，基于这些思考和认识，我们下功夫抓了4件事：

一是当好先行先试改革试验田，率先实现由科技体制改革转变为全面创新改革。中关村第一阶段改革主要在科技体制范围内进行，重点围绕促进科技成果转移转化展开，发挥创新资源优势。比如，争取国务院支持了“1+6”先行先试政策，推动出台“京校十条”“京科九条”等市级创新政策，在科技成果使用处置收益管理改革、研发费用加计扣除、科研项目经费管理改革等方面取得重大突破，很多政策已推广到全国。随着改革进入深水区，我们发现束缚创新的体制机制和政策障碍，不仅有科技体制自身方面的，更有经济社会领域管制方面的，这是制约创新驱动发展的症结所在。为此，我们提出并推动全面创新改革。针对开放创新的障碍，率先实施了企业境外并购外汇管理和外债宏观审慎管理改革试点；针对新业态发展的障碍，向国家发展改革委、中央编办提出了“双创”综合改革和简政放权试点政策建议；针对协同创新和跨界融合创新的障碍，推动组建了协同创新研究院、中关村大数据研究院等一批市场化创新平台。

二是实施“创业中国”引领工程，打造最具吸引力的创业中心。会同科技部火炬中心，实施“创业中国”引领工程，着力支持高校成为青年创业者的大本营，支持90后创业者、领军企业骨干创业者、连续创业者、留学归国人员创业者等成为中关村创业“新四军”，支持天使投资人、创新型孵化器及创客组织形成创业新生态，引领创新创业呈现六大新趋势：第一个是创业社区兴起。YOU+青年创业社区、回龙观“双创社区”整合办公、生活、展示、居住等功能，使创业者不再漂泊，创业社区不只是创业者的精神家园，更成为实实在在的创业者之家。第二个是“天使投资+合伙人制+股权众筹”成为主流创业模式。特别是合伙人制，在制度层面表明“人”是最重要的因素，改变了传统的公司治理的模式。企业发展的上限不再由资本和能力短板决定，而是集众智汇众力发挥各自优势实现共赢。第三个是大企业内部创业成为必然选择。软通动力与中关村发展集团共建领创空间，鼓励员工回乡创业，用市场、技术、资金吸附人才，保持创新活力。联想、百度、京东、亚信等纷纷建立内部创业孵化机制，建立创业孵化基地，鼓励员工内部创业。第四个是股权奖励取代股权激励成为吸引人才的主要手段。越来越多的企业通过预留股份吸引比自己更优秀的人才加盟。第五个是产业链让位于创业生态圈。通过互联网跨界融合创新，初步打造出开放式的创新创业生态圈。比如，小米、京东、百度、乐视以核心业务为牵引构建互为支撑、具有高度弹性的企业生态系统。第六个是尖端技术创业不断涌现。实现从Copy to China到To China Copy甚至To Copy China的转变，比如旷视科技（face++）3名创始人均为85后，团队的15个成员中6人获得国际信息学奥林匹克竞赛金牌，其金融级精确人脸识别技术已为蚂蚁金服、平安银行、小米金融等机构所应用。

三是落实“放管服”要求，加强对领军企业和潜力企业的精准服务。我们梳理出了京东、小米、百度、联想、京东方、紫光、乐视、奇虎、中芯国际等10家领军企业和滴滴、美团、碧水源、神州高铁、乐普医疗、三聚环保、利亚德、爱奇艺等10家潜力企业。针对领军企业、潜力企业提出的服务需求，统筹协调相关委办局、各区政府形成合力，加大对中关村领军企业与潜力企业的服务力度，研究制定企业服务政策，精准发力、精准服务、精准施策，实行“一企一策”，解决企业需求。支持领军企业和潜力企业，在未来城市、人工智能等前沿技术领域牵头筹建国家实验室，抢占科技创新制高点。深化中关村民营企业与市属国企合作，成立了“中关村京企云梯科技创新联盟”。

四是坚持开放创新，打造连接全球创新网络的关键枢纽。围绕整合利用人才、技术、资本等国际高端创新资源，重点抓了以下几件事：第一件事是争取公安部出台了支持北京中关村创新发展的20项出入境政策措施。主要针对外籍高层次人才、创新创业外籍华人、外国青年学生等三类群体，为其提供签证、出入境、居留等三方面的便利化服务。目前，已设立公安部中关村外国人永久居留服务大厅，8个月以来，政策直接惠及800余名外籍人才，其中申请永久居留证（绿卡）223人。第二件事是支持企业加快走出去、设立跨国研发机构。设立了中关村企业国际化发展专项资金和300亿元中关村并购母基金；支持中关村发展集团在美国设立中关村硅谷创新中心，并与斯坦福大学理论物理学家张首晟教授合作设立丹华基金，首期募集资金5000万美元，已挖掘并投资40个前沿项目；支持百度、小米、乐视等近700家企业在境外设立分支机构。第三件事是与国际知名创业服务机构建立合作关系。微软、英特尔、Plug & Play、TechCrunch等全球知名的创业服务机构在中关村落地。

当前，北京正在加快建设全国科技创新中心，中关村也在加快建设具有全球影响力的科技创新中心，我们肩上的担子更重、责任更大。希望大家通过这个交流平台，进一步整合优化国有企业资本和资源优势与中关村民营企业的技术和创新优势，共同推动北京和中关村创新发展再上新台阶。

（摘自2016年在市委党校国企和中关村企业家培训班上的授课提纲）

在京津冀协同发展中发挥好先锋队作用

首钢总公司董事长　靳　伟

首钢总公司董事长　靳　伟

一、搬迁调整使首钢完成了从“山”到“海”的跨越，推进钢铁业实现了转型升级

首钢进入河北较早，从1958年在迁安建设矿山基地，再到近年来搬迁调整陆续建成了首秦、迁钢和京唐公司。可以说，首钢本身就是京津冀区域协同发展的先锋队，与河北省各级政府人脉相通、相互了解、相互信任，更熟悉河北的历史文化、资源禀赋、发展思路。

2001年北京申奥成功后，按照党中央、国务院的战略决策，首钢实施了钢铁业向河北的搬迁调整，形成2000万吨钢铁生产能力，为成功举办奥运会做出了巨大贡献，同时也带动了河北经济社会的发展和产业提升。目前首钢在河北省注册企业有50余家，资产规模1684亿元，销售收入851亿元，职工3.46万人。从2003年搬迁以来，累计在河北投资1378亿元（包括钢铁、矿业、港口、装备制造、房地产开发等项目）、上缴税金200余亿元。

在搬迁调整过程中，首钢坚持“三高”“四个一流”，积极探索，艰苦奋斗，京唐钢铁厂被业内人士称为“中国钢铁人的梦工厂”。搬迁调整使首钢完成了从“山”到“海”的跨越，使首钢的钢铁业实现了转型升级。特别是随着首钢京唐公司建成投产，首钢在疏解非首都功能过程中的示范引领作用逐步凸显出来，在京津冀协同发展中的示范引领作用逐步凸显出来，在曹妃甸建设发展过程中的示范引领作用逐步凸显出来。2014年2月26日，习近平总书记视察北京时的讲话中提到的唯一一个企业就是首钢，指出“首钢搬迁到曹妃甸就是具体行动。要继续坚定不移地做下去。”这既是对首钢全体干部职工的高度肯定，也是巨大的鞭策和鼓舞，使我们更加感到肩上沉甸甸的责任。

二、立足发挥曹妃甸的优势和首钢已形成的产业基础，成为实施京津冀协同发展战略的平台和纽带

习近平总书记强调京津冀协同发展是个大思路、大战略。面对京津冀协同发展的新机遇、新要求，首钢充分发挥先锋队作用，在疏解非首都功能、建设曹妃甸示范区上做出新贡献，成为北京市率先落实京津冀协同发展战略的实施主体，成为实施京津冀协同发展战略的平台和纽带。

按照北京市、河北省签署的《共同打造曹妃甸协同发展示范区框架协议》，2015年1月，首钢与曹妃甸发展投资集团有限公司共同出资，组建了京冀曹妃甸协同发展示范区建设投资有限公司，作为示范区开发建设主体。目前，曹妃甸示范区建设开局良好，各项重点工程稳步推进；确定了以PPP为主的区域开发建设模式；产业先行启动区已签约15个项目，投资总额达到283亿元，占地308万平方米，已开工5个项目。公共配套教育、医疗等产业发展服务项目落地工作也同步进行。友谊医院、安贞医院已与曹妃甸区政府签订了合作协议，景山学校将在示范区建设12年一贯制学校，北京市优质社会服务资源正在形成区域聚集态势。

为解决协同发展的资金来源，在北京市委、市政府的支持下，我们设立首钢京冀协同发展产业投资基金，重点投向非首都功能疏解和多地协同发展产业、综合服务配套及首钢老工业区重振等领域。2015年8月，由首钢基金、京冀资本、唐山曹妃甸投资有限公司、招商银行共同发起设立曹妃甸发展基金，基金总规模100亿元，一期投资于交通基础设施，已完成10亿元投资；二期投资于医疗及公共服务事业，基金规模4亿元；三期投资于节能环保产业，基金规模4亿元。未来还将根据区域发展需求和北京市企业外迁需求逐步设立，为曹妃甸区基础设施建设和北京市外迁企业在曹妃甸区域发展提供长期支持。

我们把北京首钢老工业区开发和曹妃甸园区开发结合起来，协同联动，实现共赢。目前，首钢老工业区开发建设从明确规划政策、管理体制等转入基础设施建设和项目落地实施阶段，长安街西延、污染土壤修复、重点合作项目等全面展开。北京冬奥组委成为第一家入驻单位；世界侨商创新中心落户园区，其他项目正在有序推进。

三、积极利用首钢累积的技术优势和经验，在区域环境治理上更加有所作为

生态环境保护是京津冀协同发展要率先突破的重点领域。首钢环境治理水平多年来处于全国钢铁业先进行列，为了还首都一片蓝天，首钢进行史无前例的搬迁调整，在实现钢铁业转型升级的同时，按照“减量化、再利用、资源化”原则，建设“节能减排和发展循环经济的标志性工厂”。京唐公司一期工程环保投资75.96亿元，占总投资的11.21%，集成应用“三干”技术、海水淡化、水电联产、烟气脱硫脱硝等一系列节能减排技术，实现资源节约、环境友好和为社会提供资源等功能。特别是正在建设的目前中国运行规模最大的海水淡化项目，日产水量5万吨，节省了大量淡水资源。未来京唐公司将采用国际首创、首钢自主开发的热膜耦合海水综合利用技术，进一步扩大产能，除满足钢铁厂自身使用外，还可向曹妃甸地区提供淡水，为唐山地区盐场、碱厂供应高浓度含盐水，有利于解决中国北方城市严重缺水的局面，不仅有可观的经济效益，更有明显的社会效益。

积极利用首钢已有技术、人才优势和经验，承担首都热点难点设施建设和管理。我们组建了环境产业公司，主要从事生活垃圾焚烧发电、建筑垃圾资源化利用、污染场地修复、环境及节能检测等业务。2013年年底，建成了亚洲单体规模最大的生物质能源发电厂，日处理生活垃圾3000吨。2015年垃圾处理量为104万吨，发电量2.94亿度。该项目是北京市重大民生工程，被国家发展改革委正式批复，作为全国首家城市固废处理的示范基地。

为解决城市“停车难”问题，大力发展静态交通产业。成立了专业化停车产业公司，为城市提供静态交通全产业链服务。成功开发了“互联网＋停车＋充电”的智慧停车云平台管理系统——“慧停车云平台”；设计制造了首钢医院、儿童医院、碧桂园小区、贵州六盘水龙城广场等立体车库项目；建设北京静态交通研发示范基地，建成了第一家公交立体示范车库。还研制了与立体车库配套的新能源汽车充电设备，开发城市防护防撞桩和城市景观护栏。努力让城市更美好，为城市经济发展做贡献。

推动京津冀协同发展是一项长期、艰巨、复杂的系统工程。首钢作为京津冀协同发展的先锋队，长期的实践使我们深刻地认识到，企业作为落实京津冀协同发展战略的重要主体和产业载体，一是必须坚持服从大局、敢于担当，自觉地将企业发展与国家战略、时代要求、社会进步紧密结合，在解决国家社会关注的难题中实现企业发展；二是必须坚持解放思想、真抓实干，自觉用开放的视野、创新的思维、一流的目标引领企业发展，积极围绕战略目标聚合资源、攻坚克难，把挑战变为机遇，把机遇变为现实；三是必须坚持创新驱动、科学发展，自觉地把思想和行动统一到“创新、协调、绿色、开放、共享”新发展理念上来，围绕新的发展理念，推进供给侧结构性改革，在更大的区域范围内合理配置资源、优化产业结构、贯通产业链条、推进体制机制创新；

四是必须坚持产业协同、合作共赢，自觉地以产业一体化为支撑，立足比较优势，推进资源优化整合，推动产业转型升级；自觉跳出“一亩三分地”的圈子，走目标同向、措施一体、作用互补、利益相连的路子，一起做好一加一大于二的加法。

（摘自 2016 年 6 月 18 日在“京津冀产业创新协同发展高端会议”上的发言）

不忘初心 砥砺前进 解放思想 改革创新
为把北化集团建设成为国内知名的创新型企业集团而奋斗

北京化学工业集团有限责任公司董事长 刘文超

北京化学工业集团有限责任公司
董事长 刘文超

“十二五”是北化集团“二次创业”历史进程中很不寻常的 5 年，迈出了建设一个百亿级新型产业集团的坚实步伐，谱写了化工集团发展改革的新篇章。“十三五”是北化集团顺应大势、谋求变革，在疏解、调整中实现集团公司产业布局优化、体制机制创新，实现升级改造、促进提质增效的一次重大战略机遇期。今后几年的发展状况，事关化工集团的长远发展和生存，必须苦干实干巧干、抓紧抓实抓好，团结带领干部职工为把北化集团建设成为国内知名的创新型企业集团而奋斗。

一、深刻把握大局，科学决策发展思路

“十三五”时期，正值中国全面建成小康社会的决战决胜阶段，更是我们顺应大势、谋求变革，在疏解、调整中实现集团公司产业布局优化、体制机制创新，实现升级改造、促进提质增效的一次重大战略机遇期。我们对当前和今后一段时间面临的严峻挑战和现实困难有充分的认识，对调整的紧迫性、工作的复杂性、任务的艰巨性、条件的不确定性有充分的思想准备和措施准备，在疏解中做好衔接、在调整中实现增长、在转型中推动创新、在阵痛中砥砺前进，这不是一件简简单单的事情，更不是一朝一夕就能达到的，需要学习和弘扬伟大的长征精神，直面问题、主动迎战，逢山开路、遇河架桥，拿出拼搏的精神、坚定的信心、坚韧的毅力、创新的思路、科学的办法，去谋划和推动各项工作。我们确定了总体发展思路：坚持安全发展、绿色发展，全面实施“十三五”发展规划，强力推进“一二四八”发展战略，壮大集团综合实力。

二、加快转型升级，构建发展新格局

实业是我们的立身之本，专业化是产业发展之要。适应环境要求，壮大产业实力，促进提质增效，提高核心竞争力，将主导产品在细分领域里做到国内领先地位，是我们建设国内知名的创新型企业集团的中心任务。

（一）全力推进“京外布局”，夯实制造业发展基础

以市场、技术、资本、人才“四嫁接”为手段，聚焦区域市场，加大投入力度、加快技术改造、促进产品升级，将我们目前具有相对比较优势或战略价值的 5 大主导产品系列（工程塑料、以锂电池电解液为代表的电子化学品和高纯试剂、聚氨酯胶粘剂、丙烯酸酯乳液、高等级橡塑乳胶制品）做大做强，在细分领域达到国内领先水平，打造具有核心竞争力的产品集群，形成集团公司发展的强有力制造业支撑。围绕乙烯、丙烯等石化产品链，积极培育技术含量高、市场容量大、盈利能力强的若干优势产品，构筑更多增长强劲的产业支点。围绕产品点的布局，深入开发拓展产业链上下游，逐步形成具有集聚效应的制造业发展平台。

（二）全力推进都市生产性服务业发展，夯实京内产业发展基础

解放思想、主动作为，统筹谋划、深化合作，充分发挥我们的专业优势和技术能力，在医用及工业气体、水处理、溶试剂收集利用、固废处理、土壤修复、大气治理、化学专业应急救援等领域，为首都发展及城市安全运行提供更加广泛深入的产品与服务，真正把支撑集团公司京内发展的生产性服务业做实做强做大。积极参与“全市危化品集中管理体系”建设，打造一站式、管家式的多领域危化品服务保障新模式。开阔发展视野、优化发展

方式，促进检验检测、创新孵化、劳务供给等社会化服务产业发展，提升竞争力和可持续发展能力。做实做强化学品贸易板块，促进与上下游客户的战略合作，增量与增效并举，管理与业务同进，形成长期稳定支撑集团公司发展的能力。按照“自主转型一部分、规划建设一部分、持续经营一部分”的基本思路，跟踪区域规划、融入区域发展，推进京内存量不动产的转型升级和改造发展，积极培育新产业、新业态。

三、全面深化改革，激发发展新活力

改革是活力之源，有利于破除体制机制弊端、调动人的积极性、解放和发展生产力。要坚持市场化方向，以增强活力、提高效率为中心，进一步推进企业改革。这是建设一个国内知名的创新型企业集团的根本保障。

（一）深化“三项制度”改革

企业是市场竞争的主体，我们的全部产业都处于强竞争领域，必须要遵循市场经济规律和企业发展规律办企业、管企业，必须坚持市场化方向深化企业改革。要认真贯彻落实党中央、国务院和市委、市政府关于深化国有企业改革的决策部署，现阶段我们尤其需要重点推进干部、人事、分配“三项制度”改革，真正实现“干部能上能下、人员能进能出、收入能增能减”，进一步激发各层面人员的潜能和干事创业动力。要继续加大市场化选聘企业领导人员力度，推进职业经理人制度，更好地发挥企业家作用。积极推进现有领导人员的工作责任制和任期制，健全领导人员调整退出机制。以提高绩效为导向，深化收入分配制度改革，鼓励干好多得、能干多得，进一步完善与工作业绩相适应的差异化薪酬分配制度和多元化激励机制。

（二）进一步完善现代企业制度

按照中央，市委、市国资委部署要求，完善公司法人治理结构，健全各负其责、协调运转、有效制衡的决策执行监督机制，要把党的领导融入公司治理各环节，把企业党组织内嵌到公司治理结构之中，明确和落实公司党委在公司法人治理结构中的法定地位，并充分支持发挥董事会的决策作用、监事会的监督作用和经理层的经营管理作用。继续深化董事会建设并发挥应有作用，不断完善二级公司分类分步依法落实董事会聘任经理层、预算制定、业绩考核、薪酬管理等职权。强化集团与企业的定位，体现不同职责、优化管控边界、改进管理流程，充分发挥总部与企业的各自职能作用和上下两个积极性，激发共促发展活力，提高整体管理效能。

（三）积极促进混合所有制经济发展

国有资本、集体资本、非公有资本等交叉持股、相互融合的混合所有制经济，是中国基本经济制度的重要实现形式，有利于国有资本放大功能、保值增值、提高竞争力，有利于各种所有制资本取长补短、相互促进、共同发展。贯彻落实市委、市政府《关于全面深化市属国资国企改革的意见》精神，不断提高国有资本证券化水平。要加快推进华腾新材料公司的上市进程，并积极培育其他有条件和潜质的上市目标企业（新项目），促进更多的企业迈向资本市场，加快集团核心业务资产的上市步伐。要以新项目为契机，积极推动老企业的混合所有制改革，转变经营机制，激发发展活力。按照国务院文件精神和市国资委统一部署，我们将优先支持科技型混合所有制企业的科研人员、经营管理人员和业务骨干开展员工持股试点，加快形成资本所有者和劳动者的利益共同体。

四、提高创新能力，增强发展新动力

习近平总书记指出，“创新是引领发展的第一动力”。“创新”位居五大发展理念之首。京外布局需要创新，京内转型也需要创新，深化改革就更需要创新，创新变革是唯一的出路。面对经济发展新常态，面对激烈的市场竞争，面对自身的劣势和短板，我们要紧紧抓住供给侧结构性改革的契机，加快推动科技创新、商业模式创新和管理创新，把创新作为打造国内知名的创新型企业集团的不竭动力之源。

（一）加快实施“科技创新工程”

要认真贯彻国务院批准的《北京加强全国科技创新中心建设总体方案》，积极参与科技创新中心建设，分享科技创新成果。加快研究组建“化工集团中央研究院”，统筹推进全系统研发机构管理体制和运行机制改革，以博士后科研工作站、重点实验室、企业技术中心为基础，设立若干研究室和技术转移转化中心，强化创新成果转化，关注产品链发展，拓展产品应用领域，积极构筑“统分结合、上下贯通、双层推动、多元激励、顺畅高效”的集团科研开发体系，力争在较短的时间内实现重点产品从技术跟随到技术引领的跨越，并积极参与大气污染防治、固废处理、污水处理、城市精细化管理等城市公共服务领域的科研创新项目。积极“走出去”，促进与产业链上下游企业的合作研发，紧盯新产品前沿发展，跟随工程放大和投入产品规模化，为拉伸加厚产业链形成强有力的科技支撑。建立容错机制，完善科技创新项目管理、科技成果转化及收益分配办法，充分调动科研人员的积极性和创造性。

（二）积极推进商业模式创新和管理创新

商业模式创新和管理创新，是一个创新型企业集团的重要内容和必然特征。伴随着“互联网 +”、大数据、云计算等新理念、新技术、新手段的快速发展，传统制造业与服务业正面临着一场深刻的冲击与变革。我们只有迎接创新、拥抱变化才能拥有未来。面对京外布局、京内转型带来的新变化，面对市场、技术的新发展，我们必须提高资源禀赋使用的能力、捕捉市场机遇的能力、适应变化的能力，推动企业由生产制造型向生产服务型转变，由提供产品向提供系统解决方案转变，创新商业盈利模式，同步推进管理创新，提升价值创造能力，追求超值价值，重塑企业核心竞争力。

五、加强和完善党的领导，加强和改进党的建设，坚定不移地推进全面从严治党，为打造国内知名的创新型企业集团提供坚强保障

（一）强化理论武装，加强思想建设

我们要认真学习贯彻六中全会精神和国企党建会议精神，主动学、用心学，真正学深、学透，武装头脑、内化于心。要以中央提出的一系列新思想、新论断、新要求为指针，全面引领和推进化工集团各级党组织、全体党员和干部职工的思想理论建设，与深入开展“两学一做”学习教育相结合，创造企业发展改革的新业绩，为加快建设国内知名的创新型企业集团注入强大思想动力和作风保障。

（二）着力抓好领导班子建设、领导干部队伍建设和人才队伍建设

建设国内知名的创新型企业集团，关键在班子、在干部、在人才。我们要认真贯彻落实六中全会和国企党建会议精神，落实中央和市委坚持党的领导、加强党的建设的相关文件精神，把企业党的建设各项任务落到实处。强化班子建设，树立正确选人用人导向。把坚持党管干部原则和发挥市场机制作用结合起来。坚持党管人才原则，实施人才强企战略。

（三）进一步加强组织建设和制度建设，不断增强党建工作生机与活力，全面提高党组织战斗力

党的基层组织是党的全部工作和战斗力的基础。全面从严治党要在国有企业落实落地，必须从最基本的东西抓起，从基本组织、基本队伍、基本制度严起，在打牢基础、补齐短板上下功夫。坚持服务生产经营不偏离，严格落实党建工作责任制，适应集团公司产业布局、改革调整、转型发展、党员流向的新变化，做到党建工作“四同步”，实现“四个对接”，坚持从严治党、思想建党、制度治党。

（四）严明党的纪律，加强党内监督，为发展改革营造风清气正的良好环境

严明党的纪律，把纪律挺在前面，用铁的纪律从严治党、从严治企，是建设一个国内知名的创新型企业集团的基本保障，坚持从严治党、从严治企。认真落实党的十八届六中全会通过的《中国共产党党内监督条例》，加强党内监督，牢固树立党风廉政建设的“两个责任”意识。建立健全廉政风险防范制度，整合审计、法规、监事会等多种监督力量，形成监督合力。

（五）凝心聚力、众志成城，形成推动集团公司事业发展的强大合力

要紧密围绕集团公司发展改革的新进展，结合企业调整转型的具体情况，注重用发展的主题凝聚职工、用改革的思维教育职工、用正确的舆论引导职工、用先进的典型激励职工，不断增强思想政治工作的实效性。加强企业文化建设，塑造统一企业形象，充分发挥文化引导塑魂作用，为企业改革发展提供强有力的精神动力。认真做好工会、共青团、老干部、统战、保密、国家安全等方面的工作，营造和谐稳定的良好环境。

我们坚持问题导向，既肯定成绩又找准问题；我们坚持实事求是，既把握规律又结合实际；我们坚持战略思维，既抢抓机遇又沉着应战。对于形势，我们的认识是一致的、思想是统一的，对于发展的方向是坚定的，对于实施的路径是清晰的。越是困难越需要坚定信心，越有挑战越需要创新求变。只要我们更加紧密地团结在以习近平同志为核心的党中央周围，坚守理想、不忘初心，高举化工大旗，肩负历史责任，我们就一定能够做到企业有发展、集团有希望、职工有盼头、青年有未来。只要我们坚定信心、奋发有为，不忘初心、砥砺前行，我们就一定能够开拓新境界、进入新阶段，早日实现建设一个国内知名的创新型企业集团的目标！

附注：

"一"即"瞄准一个方向"：建设一个国内知名的创新型企业集团；"二"即"发展两大产业"：专用化学品制造和化学专业服务；"四"即"专注四项任务"：京外布局、京内转型、升级改造、提质增效；"八"即"实施八大工程"：企业改革工程、调整转型工程、能力提升工程、科技创新工程、人才聚集工程、制造业提质工程、服务业增效工程和新业务培育工程。

（摘自 2016 年 11 月在北京化工集团第三次党代会上所做报告）

找准转型升级突破点
打造隆达控股可持续发展新格局

北京隆达轻工控股有限责任公司总经理　张德华

党的十八大以来，以习近平同志为核心的党中央围绕全面建成小康社会提出了一系列新理念新思想新战略。习近平同志指出，新常态下，中国仍处于发展的重要战略机遇期，经济发展长期向好的基本面没有变，经济韧性好、潜力足、回旋空间大的基本特质没有变，经济持续增长的良好支撑基础和条件没有变，经济结构调整优化的前进态势没有变。深入学习贯彻习近平同志重要讲话精神，对于我们用新的发展理念引领和推动经济发展，推动企业健康可持续发展，具有十分重要的指导意义。

北京隆达轻工控股有限责任公司
总经理　张德华

一、把握隆达控股发展特点，找准转型升级突破点

（一）把握隆达控股发展特点

隆达控股健康持续发展，无论如何，不能丢掉公司发展特点。2010 年至 2015 年，隆达控股抓住"小、散、弱"企业布局这个发展特点，依托团队力量和智慧，采取对内经济联合、对外战略合作、降低经营风险、推动经营亏损企业整体改制、寻求政策支持等综合措施，实现了连续 6 年利润总额过亿元、经营业绩评价为 B 级的经营成果，体现了隆达经营团队和全体职工辛勤劳动的成果。

2017 年至 2019 年，面对经济转型升级日益紧迫、出资人发展要求越严越实、4 个产业被限制发展、经营要素总体处于中低端、发展空间被压缩"五重压力叠加"新情况，疏解非首都功能与构建"高精尖"经济结构并举新形势，隆达控股的生存与发展将面临前所未有的压力和挑战。从公司发展特点中挖掘和培育经济增长新动力，着力于传统优势创新，是隆达控股疏解非首都功能和步入"高精尖"经济结构发展轨道的重要前提。

（二）找准转型升级突破点

1. 破解政策性减利问题。按照"高精尖"经济结构发展要求，要认真梳理经营要素所处档次，在"产品、物业、人力、贸易"4 个经营上厘清思路、实现突破。按照疏解非首都功能的工作要求，要主动疏解低端产能、低端客户；要立足战略合作，支持中高端客户健康发展；要居安思危、眼睛向内、提质增效、高效精干，把"损失利润"补回来。

2. 破解低端经营要素退出迟缓问题。在疏解非首都核心功能的工作上，远离能源、运输、劳动、硬件密集，远离污染和低端产品（业态），远离高杠杆、高库存、高应收账款的价值取向，坚持好京内做强、京外扩张的发展思路，打好转型升级、提质增效、可持续发展三大攻坚战。

3. 破解主业不强、企业不专、管理不精问题。要围绕自身主业特点，着力于打造高端老产品、高端老厂区、高端管理、高端人和高效精干的"五高"特色企业；要以国家级高新技术企业发展要求为标杆，建立高新技术企业的思维方式，在知识密集、技术密集、专利成果运用上下功夫，在团队建设与领军人物上高端，在高风险防控上出业绩；积极探索与实践高新技术·创意服务发展模式，努力走上传统加工企业向长期立足北京“高精尖”经济结构的发展轨道。

4. 推动经营要素集中管理上中高端，提高企业经营风险管控能力。加强经济联合体建设，让优势资源向优势企业或优秀经营团队流动；加强经营要素集中管理，逐步解决隆达控股公司“小、散、弱”企业布局问题；坚持用战略思维理解隆达、用创新思维发展隆达、用敬业精神呵护隆达，坚定履行好经济、社会和政治责任。在整体发展上，不能触碰从严治党、依法治企、国有资产保值增值、安全环保、非首都核心功能“五条带电的高压线”。在企业经营上，固守企业不亏损、风险不增加、劳动不密集、创新不懈怠、业绩不降低的五大经营底线。在高端老厂区建设上，坚持安全、合规、绿色、品牌、可持续的转型思路。在团队建设上，要全面落实出资人的发展要求，倡导干实事、做成事、谋大事工作作风，养成守纪律、按制度、依程序的工作习惯，坚持依法、依规、依程序、依民意的工作原则，确保经营管理各项工作持续走在安全的轨道上，不断提高企业经营风险管控能力。

二、把握未来发展趋势，全面落实出资人发展要求

习近平同志指出，实现京津冀协同发展，是面向未来打造新的首都经济圈、推进区域发展体制机制创新的需要，是实现京津冀优势互补、促进环渤海经济区发展、带动北方腹地发展的需要，是一个重大国家战略，要坚持优势互补、互利共赢、扎实推进，加快走出一条科学持续的协同发展路子。按照疏解非首都功能与构建“高精尖”经济结构并举的发展要求，坚持从严治党、依法治企、创新发展，以提高经济运行质量为中心，以瘦身健体谋发展、减量增效提能力、精细管理挖潜力、管控风险创业绩为工作目标，推动各项工作跨上新台阶、创造新业绩、打造新格局。

（一）把握未来发展趋势

面对经济转型升级日益紧迫、出资人发展要求越严越实、4 个产业被限制发展、经营要素总体处于中低端、发展空间被压缩的“五重压力叠加”新情况，疏解非首都功能与构建“高精尖”经济结构并举新形势，隆达控股作为典型的传统加工企业，2017 年加快推进非首都功能疏解和传统加工企业转型升级任务十分艰巨。要牢固树立创新、协调、绿色、开放、共享五大发展理念，牢牢把握首都城市功能定位，以提升市属国有经济发展质量效益为中心，紧扣国资国企改革目标和国有经济“十三五”规划任务要求，打好未来三年疏解非首都功能攻坚战。在 2017 年至 2019 年期间，推动各二级企业步入“高精尖”经济结构转型发展轨道，梳理好资产结构调整、人力结构优化、老厂区改造升级、化解历史负担、保持整体稳定等诸多工作脉络，努力履行好经济、社会、政治 3 个责任，就企业转型升级、提质增效、可持续发展深层次问题进行深度思考，勇于探索高新技术·创意服务发展模式，自我加压，推动各项工作跨上新台阶、创造新业绩、打造新格局。

（二）积极推进重点任务

聚焦去产能、去杠杆、去库存、降成本、补短板五大任务，做好增量、盘活存量、主动减量，着力改善供给结构、扩大有效需求，坚决打好提质增效攻坚战。建立现代企业制度、完善法人治理结构、加快产业结构升级、推动有效资源整合、深化内部 3 项制度改革、加快解决历史遗留问题。完善 2017 年至 2020 年企业退出工作计划，通过兼并重组、产权转让、关闭破产等方式，分类处置“僵尸企业”和长期亏损企业。继续加大经济联合体建设的力度，加快改变“小、散、弱”的企业布局，不断增强国有经济活力、控制力、影响力、抗风险能力，为首都建设国际一流的和谐宜居之都做出更大贡献。

（三）落实好从严治党、依法治企、创新发展工作任务

深入贯彻落实党的十八届六中全会精神，切实增强政治意识、大局意识、核心意识、看齐意识，坚决在思想上政治上行动上同以习近平同志为核心的党中央保持高度一致。在中央经济工作会及市委十一届十二次会议精神指引下，按照出资人的发展要求，坚持从严治党、依法治企、创新发展，努力做好 2017 年各项工作。

1. 坚持从严治党。抓思想从严，坚定隆达控股特色发展自信、绩效优良自信、转型升级自信。抓管党从严，最重要的是落实到全面深化改革中“啃硬骨头”和“涉险滩”的行动上。抓执行从严，努力履行好经济、社会、政治 3 个责任，坚持党委会对经济工作的指导，坚决执行董事会决议，在经营管理重要事项党政联席会中落实好集体决策与团队知情。抓干部从严，打造一支善团结、守纪律、重绩效、受尊重的经营团队。抓作风从严，坚持

干实事、做成事、谋大事的工作作风，推动依法治企、结构调整与创新发展。抓廉政从严：按照中央八项规定内容、《关于新形势下党内政治生活的若干准则》《中国共产党党内监督条例》等有关规定，做好廉洁自律工作。

2. 坚持依法治企。坚持依法治企，最重要的是要求经营团队从日常工作的点滴做起，养成守纪律、按制度、依程序的工作习惯，在经营管理上，遵循“依法、依规、依程序、依民意”的工作原则开展各项工作。在日常工作上，要有制度、定规矩、见文字，把风险管控顶在前面。在重要工作上，坚决落实党委、董事会的决策，坚持经营管理重要事项党政联席会决议制度，坚持按照工作分工实施联签，把集体决策与团队知情顶在前面。

3. 坚持创新发展。坚持创新发展，是实现经营业绩、经营安全、整体稳定同比向好总目标的重要支撑，是经营团队立足全局、坚定改革创新自信的思想基础。隆达控股坚持创新发展，主要是从集中管理、思路创新、结构调整、高端人和高端管理 5 个方面寻找创新空间与动力。

4. 坚持疏解与构建并举。疏解非首都功能要充分体现远离能源密集、运输密集、劳动密集、硬件密集，远离污染产业、低端产品（客户），远离高杠杆、高库存、高应收账款的价值取向。在老厂区工业资产转型升级结构调整的工作中，加快退出力度，特别是严禁违章建筑、低端业态与低端人群聚集。构建“高精尖”经济结构是企业实现长期立足北京“高精尖”经济结构并可持续发展战略目标的重要一步。一是千方百计，努力完成用中低端的经营要素创造中高端经营业绩的工作任务，力保企业处于整体稳定状态；二是从打造高端老产品、高端老厂区、高端管理、高端人和高效精干发展格局入手，确保企业经营业绩、经营安全、整体稳定同比向好的发展态势；三是有序推动经营要素从中低端向中高端转型升级，确保企业形象跟上城市发展步伐。

5. 坚持 4 项工作同步推进。结合自身发展特点，把瘦身健体、减量增效、精细管理、管控风险 4 项工作同步推进，有序落实。一是瘦身健体谋发展。要根据企业发展特点与现实情况，练好内功，推动企业向“五高”特色方向发展。二是减量增效提能力。企业要努力培育投入减量、产出增效的管理能力。三是精细管理挖潜力。在企业内部实践好企业健康盈利、员工健康成长的经营理念。四是管控风险创业绩。要把管控企业经营风险放在最重要位置，创造经营风险可控的经营业绩。

三、把握经济工作总要求，打造企业可持续发展新格局

（一）打造特色企业新布局

按照国资委批复意见，特种印刷与特种新材料为隆达控股的主业。按照首都功能定位以及国有企业必须履行好 3 个责任的发展要求，隆达控股在探索高新技术·创意服务发展模式过程中，目前的贸易经营与物业经营企业，在走上中高端发展之路后，将成为主业企业的重要组成部分，并在相当长的时期内支撑主业企业发展、服务整体稳定大局。按照主业企业发展要求，聚焦瘦身健体谋发展、减量增效提能力、精细管理挖潜力、管控风险创业绩 4 项工作，在打好三大攻坚战中，找准战略定位、确立发展地位，用典型案例诠释传统加工企业如何实现向特色企业的转型升级。

（二）打造集中管理新合力

根据隆达控股印发《向集中管理要工作合力促进企业提质增效指导意见》的总体思路，把企业经营要素集中管理与有序推进结构优化、结构调整紧密结合起来，在资源集中的过程中，摒弃“一亩三分地”的惯性思维，主动聚集优势资源、优秀品质、优势能力，形成推动企业加快发展的工作合力。

（三）打造思路创新新动力

在疏解非首都功能与构建“高精尖”经济结构并举的新形势下，着力于发展思路与工作思路的创新。一是要主动、积极地摆脱工厂化惯性思维，全面推进隆达控股从工厂经济到公司经济向智力经济的转型升级主脉络，从中汲取思路创新的营养与动力。从工厂经济角度，强调“生产规模与产品质量”，承担无限责任。从公司经济角度，强调“生产、经营、质量、效益、治理结构”，承担有限责任。从智力经济角度，强调“企业可持续发展与员工健康成长”的和谐发展，“经济责任、社会责任、政治责任”的统一。隆达控股最终将走生产经营·资产经营·人力经营有机结合的发展之路。二是要从结构优化入手，聚焦瘦身健体谋发展、减量增效提能力，主动研究生产、经营、库存、应收账款、人力资源等最佳规模与结构，从中不断拓展思路创新空间，推动结构优化落到实处。

（四）打造风险可控新能力

企业经营业绩持续增长是经营团队追求的目标。在转型发展期，经济形势变化大、发展快，我们要追求风险可控的持续增长，这是未来几年我们必须遵循的基本准则。在坚持依法治企的基础上，要以2016年经济责任审计整改为契机，把切实完成整改工作作为提高避险能力的有效途径。

（五）打造高端人和新潜力

2017年至2019年是隆达控股疏解非首都功能的攻坚期，各种发展难题将超出目前的预期。破解经营难题，必须进一步凝聚经营团队与广大干部职工的力量与智慧。要落实好“五大发展理念”，实践好“两个健康”经营理念，着力于创造新增改革发展成果，让广大员工分享改革成果，让经营团队分享经营成果，以此进一步凝聚广大干部职工的力量与智慧，使之成为隆达控股可持续发展最大的潜力。

（摘自2016年11月7日在隆达控股第121次经理办公会上的讲话）

大 事 记

1月

7日 联想集团有限公司和美国谷歌公司举行 Project Tango 发布会，宣布双方共同推出全球首款采用 Project Tango 技术驱动的智能手机。

9日 北汽新能源美国底特律研发中心成立。底特律研发中心是北京新能源汽车股份有限公司在海外设立的第三家研发中心，其重点业务是研发、吸收“高精尖”的电机驱动、电力电子、智能控制技术，以及引进掌握核心技术的高端人才和推进与北美汽车研发领域的合作。

12日 北京两化融合成果展在北京经济技术开发区开幕。展示企业优秀成果，交流两化融合实践经验，共同探讨北京市工业和信息化发展之路。

同日 北京工业电子商务创新发展联盟成立。联盟立足首都北京，辐射京津冀，致力于推动工业电子商务创新发展，构建工业电子商务集成发展的“政产学研用”合作机制。

14日 北京高精尖产业发展基金发布。首批 11 支合作基金，总规模 55 亿元，重点聚焦于新一代移动互联网、自主可控信息系统、新一代健康诊疗、云计算与大数据、通用航空与卫星应用、新材料、现代都市等投资领域。

18日 工业和信息化部、北京市、河北省在北京经济技术开发区签订“基于宽带移动互联网的智能汽车与智慧交通应用示范”合作框架协议。

29日 2016 年北京市经济和信息化工作会在北京会议中心召开。会议总结了“十二五”期间全市经济和信息化的发展情况和 2015 年工作，部署了 2016 年重点任务；宣读了 2015 年获得工信部两化融合管理体系贯标评定证书的企业名单并颁发了证书。

30日 博奥生物集团有限公司开发出寨卡病毒 30 分钟快速恒温扩增检测试剂，有效应对在世界蔓延的寨卡病毒疫情。

本月 根据《工信部关于公布 2015 年国家级工业设计中心认定及复核结果的通告》，认定北京市小米科技有限责任公司工业设计中心、北京全路通通信信号研究院设计院集团有限公司为国家级工业设计中心，2013 年认定的联想(北京)有限公司创新设计中心、北京洛可可科技有限公司通过工信部复核。至此，北京市共有 4 家国家级工业设计中心。

同月 北京京城惠通环保有限公司与北京市通州区市政市容管理委员会签订“通州区有机质资源生态处理站”项目开工建设。该项目总投资 2.59 亿元，是市政府“十二五”规划重点项目和通州区折子工程。

2月

24日至25日 北京市经济和信息化委员会与河北省工信厅共同推动的京张新能源、节能环保装备制造产业对接活动在河北省张家口市举行。

26日 中芯国际集成电路制造有限公司推出 28 纳米 SoC 芯片。

29日 北京沧州渤海新区生物医药园第二批 10

个重点医药项目开工，项目计划投资 21.7 亿元。

同日 根据工信部《关于公布 2015 年工业企业知识产权运用标杆名单的通知》（工信部科函〔2016〕82 号），首钢总公司等 8 家单位被认定为 2015 年工业企业知识产权运用标杆单位。

本月 冬奥组委办公地落户首钢老厂区，位于首钢老厂区最北端西十筒仓区域，总占地约为 6.7 万平方米，属于建筑高度和风貌要求相对严格的原貌保护区，办公区及周边有多处强制性保留工业遗产。

3 月

4 日 北京市国防科技工业办公室对在京民爆生产、销售企业进行全国“两会”前的安全督查，全覆盖督查北京民爆企业安全生产。

24 日 中国人民政治协商会议北京市委员会组织召开京津冀协同发展中产业疏解配套政策企业专题座谈会。会议对首钢总公司、北京金隅集团有限责任公司、北京京城机电控股有限责任公司等参会企业在京津冀协同发展中的疏解转型工作给予充分肯定，希望继续探索将产业链往津冀地区延伸布局，推动企业产业疏解和布局优化调整，实现产业在三地协同发展。

29 日 北京市第四届职业技能大赛暨第十七届北京市工业和信息化职业技能竞赛全面启动。

30 日 根据工业和信息化部《关于公布 2015 年工业品牌培育示范企业名单的通告》（工信部科函〔2016〕124 号），北京中软国际信息技术有限公司、汉柏科技有限公司获得工信部 2015 年工业品牌培育示范企业称号。截至 2016 年 3 月，北京市共 11 家企业获得工信部工业品牌培育示范企业称号。

4 月

6 日 北京（曹妃甸）现代产业发展试验区汽车产业园区首家企业——北京城建重工有限公司正式签约落户。

12 日 由北京市经济和信息化委员会主办、工业和信息化部电子科学技术情报研究所承办的 2016 年首场新理念、新模式“一带一路”暨国际产能合作宣贯会在电子一所举办。

15 日 北京三聚环保新材料股份有限公司和北京华石联合能源科技发展公司联合开发的超级悬浮床（Mixed cracking treatment，MCT）工业示范装置在河南省鹤壁市一次开车成功。

17 日 北京长安公司生产的睿骋车型改装而成的无人驾驶汽车完成 2000 千米无人驾驶测试，成为中国首家实现长距离无人驾驶的汽车。

18 日 全球十大制药公司之一默沙东中国研发中心在北京投入运营。该项目是北京市经济和信息化委员会 2010 年牵头引进的重点项目，总面积达 4.7 万平方米，重点开展临床研究、药品注册和针对中国重大疾病的药品创新研究。

20 日 乐视公司在北京乐视体育生态中心正式发布首款无人驾驶超级汽车 LeSEE。

同日 北京北大先锋科技有限公司的“一种黄磷尾气的脱磷催化反应工艺和催化剂”项目获得国家发明专利授权证书。

21 日至 23 日 北京市市长王安顺一行赴唐山市，就加快推进曹妃甸协同发展示范区建设进行调研。14 家企业、单位入驻北京（曹妃甸）现代产业发展试验区。

22 日 国家发展和改革委员会基因检测技术应用示范中心建设项目启动，博奥生物集团有限公司旗下 16 家检验所获得批准。

24 日 首个“中国航天日”主题活动在北京航空航天大学举行。2016 年 3 月，经中央批准、国务院批复，自 2016 年起将每年 4 月 24 日设立为“中国航天日”。

同日 CFDA 首批抗肿瘤药，北京双鹭药业股份有限公司的来那度胺优先审评发布。优先审评理由为“临床急需、第一家申请生产”。

27 日 中石大石油工程研究中心股份有限公司成立，北京中石大新元投资有限公司占 10% 股权。

同日 北京三维时尚设计研究院发起人会议暨一届一次理事会议在北京爱慕时尚工厂召开。北京三维时尚设计研究院是民办非企业组织，由三维时尚（北京）咨询有限公司联合知名时装企业、时尚传媒和知名设计师发起设立。业务范围包括衣着消费品和家居用品产业研究、流行趋势预测、产品设计创新等内容。

29 日 是《禁止化学武器公约》正式生效 19 周年，也是国际社会确定的首个禁止化学武器组织日。北京市经济和信息化委员会组织开展“履行公约，维护和平”禁化武公约生效 19 周年和首个国际禁止化学武器组织日的宣传工作。

本月 北京东方百泰生物科技有限公司申报的“一类新药糖尿病治疗药物 JY09 Exendin-4 融合蛋白”获得国家食品药品监督管理总局（CFDA）临床批件。

5 月

11 日 由北京市科学技术委员会、北京市总工会支持，北京发明协会等主办的第十届北京发明创新大赛召开，博奥生物集团有限公司和清华大学联合申请的授权发明专利——一种微纳升体系流体芯片的检测系统及检测方法获得大赛金奖。

14 日 北京市经济和信息化委员会与中国科学院微电子研究所签订战略合作协议。协议围绕集成电路、物联网、智能制造等技术领域，共同构建“政产学研用”协同创新产业生态。

同日 卡尤迪生物 Mini8 检测平台在首都国际机场 T2 航站楼首次检出北京市第一例输入性寨卡病例。

同日 首都国企开放日正式启动，一轻、二商等 40 余家首都国企及下属百余家企业向社会敞开大门，市民可预约参观，亲身感受国企的巨大变化。

16 日 三元河北工业园在石家庄新乐市经济开发区开园投产。该项目是北京三元食品股份有限公司在京津冀协同发展下，实施“走出去”战略的首个落地项目。项目总投资 18 亿元，年产 4 万吨乳粉和 25 万吨液态奶。

20 日 北京品驰医疗设备有限公司的植入式迷走神经刺激脉冲发生器套件和植入式迷走神经刺激电极导线套件获得系列脑起搏器的产品注册证。

24 日 工业和信息化部发布《道路机动车辆生产企业及产品公告（第 284 批）》，北京宝沃汽车有限公司及宝沃牌多用途乘用车产品位列其中，北京宝沃汽车有限公司成为北京市第八家拥有乘用车资质的汽车生产企业。

31 日 北京金隅股份有限公司与唐山市人民政府国有资产监督管理委员会、冀东发展集团有限责任公司签署《关于冀东发展集团有限责任公司之增资扩股协议》，北京金隅股份有限公司将持有冀东集团 55% 的股份，成为其控股股东。

6 月

1 日 在第四届京交会闭幕仪式上，北京市经济和信息化委员会、北京市商务委员会、朝阳区人民政府与特斯拉共同签署电动汽车产业合作备忘录。特斯拉拟将中国区运营总部落户北京。

同日 《北京市产业疏解政策研究》由北京市经济和信息化委员会组织编写，北京工艺美术出版社正式出版发行，全书 8 万字。

6 日 北汽新能源公司与新乡动力电池研究院在亦庄注册成立北京匠芯电池科技有限公司，注册资本金 2000 万元人民币，双方各持股 50%。

8 日 全市清理整治违法违规排污及生产经营行为现场部署会召开。按照工作要求，在全市范围内深入开展环境污染执法、整治无证无照违规经营、打击违法用地违法建设、安全生产整治等专项行动，集中清理整治违法违规排污及生产经营行为。

15 日 在第五届中国轻工企业家高峰论坛暨轻工百强企业颁奖盛典会上，有研半导体材料有限公司的“200 毫米重掺硅单晶抛光片技术”获得中国有色金属工业科学技术一等奖。

15 日至 19 日 在哈尔滨市举行的“2016 年第四届中国国际新材料产业博览会”上，北京展团共获得 4 项大奖，其中北京市经济和信息化委员会获得“优秀组织奖”和“优秀设计奖”；北京航空材料研究院的石墨烯铝导线产品和北京八亿时空液晶科技股份有限公司的薄膜晶体管液晶（TFT-LCD）用液晶显示材料获得大会产品金奖。

16 日 北京奔驰全新一代 E 级长轴版在北京奔驰后驱车工厂总装车间下线。这是戴姆勒全球首款为中国市场专门打造的 E 级车型，其外观、尺寸、内饰等配置全方位提升。

20 日 北京医药行业协会在亦庄召开第四届第四次、第五届第一次会员大会。大会选举产生了第五届理事会领导成员，选举产生常务副会长、副会长、常务理事共 78 人。

23 日 北京三维时尚设计研究院成立。研究院是由三维时尚（北京）咨询有限公司联合知名时装企业、时尚传媒和知名设计师、学者发起设立的时尚产业智库和创意促进机构。

24 日 北京市、河南省新乡市联合成立的动力电池工程化协同创新中心——北京匠芯电池科技有限公司在北京经济技术开发区正式揭牌。

26 日 北京工艺美术大师精品投资基金启动。该基金规模为 1 亿元，重点投资于传统工艺美术保护传承、产业发展基础体系、跨界融合产品、创新企业培育等领域，支持和加快工艺美术品的创新和发展。

27 日 北京市经济和信息化委员会承编的北京市第二轮地方志《北京志 · 工业志（初审稿）》通过北京市地方志编纂委员会办公室专家评审。

29 日 北汽福田公司与国网电动汽车服务有限公司签署战略合作协议。双方将在电动汽车充电基础设施规划建设、车辆定制及运营、车联网平台、电动汽车租赁等领域开展全面合作。

30 日 全国首批首个国家制造业创新中心——国家动力电池创新中心正式落户北京。国家动力电池创新中心以“公司 + 联盟”的模式组建，将形成以国联汽车动力电池研究院有限责任公司为核心、股东单位为主体，行业骨干企业、国内高校科研机构、关联企业为重要成员的国家动力电池创新平台。

7 月

4 日 北京现代四工厂入选工业和信息化部《车辆生产企业及产品公告》，取得车辆生产资质。

6 日 北京星昊医药大兴生产基地项目正式开工，该项目总投资 5 亿元。

11 日 同方威视 200 余台安检设备正式入驻里约奥运会场馆，为 2016 年里约奥运会顺利举办保驾护航。

12 日 2016 世界机器人大会新闻发布会在中国科技会堂召开。北京市人民政府、工业和信息化部及中国科学技术协会主办，中国电子学会、北京市经济和信息化委员会及北京经济技术开发区管理委员会承办，于 10 月 21 日至 25 日在北京亦庄亦创国际会展中心举行。

同日 由工业和信息化部指导，中国电子信息行业联合会主办的 2016 年中国电子信息百强企业发布会在贵州省召开。北京地区 10 家企业入围，其中联想集团有限公司、中国电子信息产业集团、北大方正集团有限公司进入前十位，京东方科技集团股份有限公司、小米科技有限责任公司、紫光集团有限公司、航天信息股份有限公司、同方股份有限公司、大唐电信科技股份有限公司进入前二十五位，华胜天成科技股份有限公司位列第九十七位。

22 日 中国首条面向柔性显示的 OLED 生产线——京东方第六代 AMOLED 生产线主体封顶。

同日 同仁堂博物馆在圣马力诺孔子学院揭牌，这是同仁堂在境外建成的第二家博物馆。

23 日 工业和信息化部、北京市签订《工业和信息化部、北京市政府关于共同推进建设北京市人工智能与智能硬件创业创新平台的合作框架协议》。

同日 北京市人工智能与智能硬件创新中心授牌。中心旨在依托北京创新资源聚集优势，推动技术创新和商业模式创新的智能硬件创新创业生态体系。

同日 中关村智造大街启动。中关村智造大街位于海淀区五道口，北起双清路，南至成府路，全长 380 米。

27 日 北京纺织控股有限责任公司宣布更名为“北京时尚控股有限责任公司”，简称“北京时尚控股”。

29 日 北京 · 沧州渤海新区生物医药产业园企业获得首张异地生产许可证。

30 日 北京北大先锋科技有限公司新开发的油气回收提标技术项目完成中试，装置实现了既能达标又能长期稳定运行的预期效果，开始进入市场推广。

8 月

9 日 时尚工美子基金投资发布。“时尚工美基金”是由北京市财政局、北京市经济和信息化委员会出资，并引导社会资本共同参与设立的工艺美术产业专项投资基金。

17 日 北京北大先锋科技有限公司的“一种具有高效气流分布的径向床设计方法及其径向床”项目获得国家发明专利授权证书。

18 日 北京市自主研发的全球首支手足口疫苗全面启动接种。

同日 北京两化融合服务联盟在京成立。联盟经北京市民政局批准成立，会员单位主要为提供两化融合的技术咨询、软件服务、平台资源的企业和机构。联盟的成立，将充分发挥北京市创新资源优势，形成“政府＋社会”的两化融合推进格局，推动北京市产业结构转型升级，构建“高精尖”产业体系发挥作用。

23 日 金风科技 121/2500 机组获得由国际权威机构 DNV—GL 颁发的 A 类型式认证证书。

同日 博奥生物集团有限公司与重庆两江新区签署合作协议，将投资 4 亿元建立博奥生物重庆产业化基地。

25 日 北京同仁堂科技发展集团所属同仁堂科技通过欧盟 GMP 认证，获得欧洲市场通行证。

28 日 由国务院、北京市人民政府、中国航空工业集团公司、中国商用飞机有限责任公司共同出资组建的中国航空发动机集团公司在海淀区挂牌成立，注册资本 500 亿元。

本月 由工业和信息化部开展的 2016 年工业企业“质量标杆”评选活动名单揭晓，北京市泰德制药的“实施产品全生命周期质量风险管理的经验”入选全国“质量标杆”。

9 月

9 日 “G20 工程三期”及“十大疾病科技攻关三期”启动。“G20 工程”是北京市推动生物医药产业发展的重要举措，启动三期工程，将进一步根据不同企业的发展阶段，采取有针对性的支持手段，同时推进高端制造业与服务业的融合发展。

10 日 北京工业大数据创新中心成立。成员单位包括清华大学、昆仑智汇数据科技（北京）有限公司、冶金自动化研究设计院、中石油规划总院、金风科技股份有限公司、三一集团有限公司等 19 家企业、科研院所及高校，集聚数据科学顶级专家和工业领域精锐之师，致力于打造中国乃至全球的工业大数据创新基地。

26 日 北京制造业创新发展领导小组第一次工作会议召开。会议审议通过《北京市工业和科研用地项目供地联审工作规则》和《北京绿色制造实施方案》。

27 日 北京北方微电子基地设备工艺研究中心有限责任公司与北京七星华创电子股份有限公司在北京经济技术开发区举行重组发布仪式。

10 月

10 日 北汽福田汽车股份有限公司在北京与百度签署战略框架协议，将就车联网、大数据、智能汽车和无人驾驶全面合作，共同打造面向未来的智能互联网商用汽车。

18 日 北京现代第四工厂在河北省沧州市竣工投产。

同日 北大创业孵化营 4 家孵化人工智能企业入围新智能 top100“未来中国最具影响力及潜力的人工智能企业名单”。

20 日至 25 日 以“共创共享共赢，开启智能时代”为主题的 2016 世界机器人大会在北京经济技术开发区亦创国际会展中心举办。12 个国家的 149 家企业参会，集中展示了世界机器人领域的最新科研成果、应用产品和解决方案。

23 日 北京工艺美术大师精品投资子基金首个重点项目——景泰蓝《友谊之船》典藏版项目启动。

11 月

2 日 中冶京诚工程技术有限公司自主研发的国内第一条高速粉末连续喷涂板卷生产线在山东科瑞钢板有限公司热试成功。

4 日 中共中央政治局委员、国务院副总理马凯分别来到有色金属研究总院、北京航空航天材料研究院和钢铁研究总院，就新材料研发和产业化进行调研。

6 日 北京高精尖产业发展基金获得中国政府引导基金 TOP20（第十四名）。

7 日 北京纺织行业首家海外独立设厂企业——缅甸华勃时代纺织服装有限公司揭牌。总占地面积约 2 万平方米，现有工人 1200 人。

8 日 中关村石墨烯产业联盟成立。该联盟是由丰台区与北京大学和北京烯碳石墨烯科技研究院等多家单位发起，经由中关村科技园区管理委员会和北京市民政局批准成立。

10 日 北京市首个智能政务综合服务机器人小海在海淀区政务中心上岗为市民服务。

17 日 北大资源集团与 LG 集团在北京方正大厦签署战略合作协议，将在智慧社区、新型建材、环保能源等领域展开全方位合作，推进产品系统解决方案的共同研发和项目试点。

同日 北京奔驰汽车有限公司 100 万辆整车下线。

18 日 由北京广利核系统工程有限公司研制，具有自主产权，被称为核电站“神经中枢”的核级数字化仪控系统（DCS）——和睦系统正式交付。

同日 拜耳处方药北京工厂综合扩建项目在北京经济技术开发区竣工。

21 日 启迪新材料集团成立，成为启迪控股发展新材料产业的创新型综合业务平台。

12 月

4 日 中关村智能制造创新产业投资基金揭牌，总规模拟 100 亿元。

15 日 北京市中小企业发展基金首支区域型基金——昌平中小微企业双创发展基金正式启动。

16 日 同方康泰产业集团有限公司收购韩国领先的生物制药上市公司 BinexCo. Ltd. 29% 的股权，共同打造国际生物制药产业。

21 日 北京工艺美术博物馆新馆正式开馆。全新升级的北京工艺美术博物馆集“博物馆会展功能、文化休闲娱乐、专业技艺体验街区”三大功能于一身，为北京工艺美术行业搭建专业服务和教育宣传平台。

22 日 京津冀大数据综合试验区建设启动。旨在将京津冀区域打造成为国家大数据产业创新中心、应用先行区、改革综合试验区和全球大数据产业创新高地。

24 日 中关村军民融合“军地对接平台”在中关村示范区展示中心揭牌。平台将通过构建“军地双方协调机制，军民先进技术发现、对接和验证机制，军民先进技术成果转化机制”，形成深度融合的工作机制，拓展军地协同创新路径，推动民口企业的技术和产品与国防需求无缝对接。

同日 博奥生物集团有限公司呼吸道病原菌碟式芯片系统入选 2016 年中国医药生物技术十大评选名单。

28 日 中国航空发动机研究院在顺义区挂牌成立。研究院定位于“两机”专项基础研究管理重要支撑单位，承担航空发动机发展战略与规划研究、基础与应用技术研究、共性技术研究、仿真技术研究、研发体系建设、信息化体系建设、对外合作等具有战略性、前沿性和基础性的工作职责。

年内 北京联合大学成立机器人学院，是全国首个设立机器人专业的全日制本科二级学院。

年内 聚来科技（北京）有限公司为中科院定制的国内首台高通量扫描电子显微镜在中关村亦庄园下线。

总 述

2016年北京工业发展综述

2016年，全市工业系统在市委、市政府的坚强领导下，贯彻落实《京津冀协同发展规划纲要》，牢固树立新发展理念，着力推进供给侧结构性改革，坚持以疏解带动协同发展，以创新驱动提质增效，超额完成年度任务。全市规模以上工业产值17609.4亿元，同比增加2.8%，工业增加值3884.9亿元，同比增长5%，工业固定资产投资718.5亿元，同比增长7.0%，实现“十三五”良好开局。

产业规划。年内，市经济信息化委实施《〈中国制造2025〉北京行动纲要》，编制发布《北京市鼓励发展的高精尖产品目录(2016年版)》和《北京市工业企业技术改造指导目录(2016年版)》，指导存量技改升级和增量发展高精尖产业。成立以主管副市长为组长、相关市直部门和各区政府为成员的“北京制造业创新发展领导小组”，领导小组印发实施《北京绿色制造实施方案》《北京市工业和科研用地项目供地联审工作规则》。市政府印发《北京市大数据和云计算发展行动计划2016—2020年》，市经济信息化委印发实施《推进“互联网+制造”的指导意见》，大力推进两化融合发展。市经济信息化委联合石家庄市政府、中关村管委会发布实施石家庄（正定）集成电路产业基地和正定科技新城建设规划。

产业政策。年内，市经济信息化委聚焦税收、土地及人员安置，专题调研代表性区及典型企业，研究提出三大类共12项政策建议并上报市政府，对2016年4月1日市地税局和市国税局联合制定下发《疏解非首都功能产业的税收支持政策（试行）》起到了推动作用；会同市财政局出台“疏解整治促提升”引导资金政策，引导各区加大一般制造业关停退出力度；会同市发展改革委、市工商局、市统计局等部门出台《关于推进工商登记材料共享促进政府部门协同的工作意见》和《制造业条目工商登记环节有关说明》，实现企业工商登记信息共享，帮助符合条件的一批企业顺利注册。

固定资产投资。年内，全市完成工业重点产业投资387.7亿元，同比增长4.5%，超额完成市政府下达的全年350亿元的任务指标。其中，高技术制造业完成投资193.9亿元，同比增长61.3%。推动注册资本500亿元的中国航发总部项目在京落地，加快推进中芯国际12英寸集成电路生产线、北京奔驰前驱车和发动机工厂等一批重大项目建设。全球首个5G大规模天线设备、国际唯一脊柱全节段手术机器人系统、打破国外垄断的糖尿病抗体新药等一批高精尖产品集中面世，京东方新产品在国际高端市场占有率接近四成，中芯国际28纳米产品产能达到2万片/月，小米手机核心芯片开发取得重要进展，北汽自主品牌第100万辆车下线，全市纯电动汽车产量增长1.7倍。

重大项目建设。年内，高精尖项目库建立。对标《〈中国制造2025〉北京行动纲要》梳理产业重大项目，建立分级管理机制。列入2016年重大工业项目库的项目共计87个，总投资2115亿元，固定资产投资1023亿元，达产后新增产值2282亿元。在重大项目库中精选了投资体量大、行业代表性强的28个项目列入市政府关注的高精尖项目库，涉及总投资1628亿元，固定资产投资828亿元，预计新增产值1391.5亿元。加强重大项目协调调度。按月召开市经济信息化委系统经济运行及重大项目投资协调调度会，推进项目投资建设进度。组织开展重大项目督察，联合市发展改革委召开项目建设协调会，采取“建立机制”“一事一议”等多种方式协调解决项目存在的问题。2016年全年完成投资超过360亿元，超额完成市政府下达全年350亿元的任务指标。推动工业和科研用地项目供地联审。会同市发展改革委、市科委、市规划国土委、市环保局、市水务局、中关村管委会等部门开展工业和科研用地项目供地联审，累计审核通过五批次19个工业用地项目，涉及总投资290.6亿元，拟用地199.4万平方米，其中已有7个项目实现供地。进一步规范联审制度，编制完成《北京市工业和科研用地项目供地联审工作规则（暂行）》，并以北京市制造业创新领导小组名义下发，建立市经济信息化委项目审查机制。

对外投资。年内，北京市对外直接投资155.1亿美元，增长62.3%。3月2日，北京控股集团完成对德国EEW废物能源利用公司100%股权的收购，为中国固废处理及环保行业带来先进技术、管理经验和理念，提升了中国节能环保企业的整体水平和国际影响力。8月24日，北京信威集团收购以色列唯一卫星运营商SCC公司（Space-Communication Ltd）100%股份，成为中国以海外并购方式获取卫星轨位稀缺资源的中国民营企业。年内，市经济信息化委会同工信部电子科学技术情报研究所分别于4月、9月组织2次政策宣贯活动，8月、11月组织2次企业与“一带一路”沿线国家的对接交流活动。4次活动均以“新理念，新模式”为主题，宣贯国家和北京市对外投资的相关政策，帮助企业了解国家、北京市对外投资相关政策、法规及典型做法，推介“走出去”优秀项目，交流典型企业经验，与“一带一路”国家外商进行对接，增进相互之间的了解，为企业“走出去”投资奠定基础。累计各领域企业代表500余人次参加活动。2次对接会邀请拉脱维亚、马其顿、阿尔巴尼亚、波兰、斯洛伐克、黑山、塞尔维亚、俄罗斯、埃及、沙特阿拉伯等20余国家代表参加。

推进工业出口。全年，北京市工业出口交货值累计946.9亿元，占工业产值5.4%；工业出口交货值同比下降11.9%，降幅较2015年回升12个百分点（2015年全年工业出口交货值同比下降23.9%）。其中，2016年12月当月工业出口交货值实现94.1亿元，同比增加13.1%。从产业分布看，2016年北京市电子产业出口交货值实现545.7亿元，同比下降13.6%；装备制造产业实现211.0亿元，同比下降7.2%；都市产业实现66.8亿元，同比下降12.0%；汽车产业实现57.9亿元，同比下降11.9%；基础产业实现52.4亿元，同比下降17.1%；医药产业实现13.2亿元，同比增加13.5%。从重点企业看，2016年北京市工业出口交货值前十名企业为：北京索爱普天移动通信有限公司、北京京东方显示技术有限公司、威讯联合半导体（北京）有限公司、中芯国际集成电路制造（北京）有限公司、小米通讯技术有限公司、北汽福田汽车股份有限公司、北京京东方光电科技有限公司、冠捷显示科技（中国）有限公司、航卫通用电气医疗系统有限公司、瑞萨半导体（北京）有限公司。在前十名企业中，4家企业同比下降；威讯联合半导体（北京）有限公司、中芯国际集成电路制造（北京）有限公司、北汽福田汽车股份有限公司、航卫通用电气医疗系统有限公司、瑞萨半导体（北京）有限公司5家企业继续保持同比增长；小米通讯技术有限公司1家企业同比持平。全年北京市工业出口交货值前十名企业仍然以电子产业为主。

创新中心建设。年内，首批首个国家制造业创新中心——国家动力电池创新中心落户北京。跟踪服务国家汽车动力电池产业创新中心，组织协调各方力量推进石墨烯创新中心、增材制造创新中心、北京－新乡新能源电池创新中心等创新中心建设。推动北京市产业创新中心建设，印发《北京市产业创新中心实施方案》；创建北京工业大数据创新中心，成员单位包括清华大学、北京大学、昆仑数据、金风科技、三一集团、陕鼓集团、山东临工、雷沃重工、台达电子、中国软件测评中心等19家企业、科研院所及高校，致力于打造中国乃至全球的工业大数据创新基地，该中心已经发布一批创新成果，其中包括昆仑数据发布自主研发的国内首款机器大数据管理分析平台KMX。打造企业技术中心升级版，印发《进一步加强企业技术中心工作的方案》。年内，认定京东方科技集团股份有限公司、悦康药业集团有限公司、大唐电信科技股份有限公司3家公司为国家技术创新示范企业。截至年底，全市共有国家技术创新示范企业19家，共有国家级企业技术中心71家。促进设计服务型制造发展，推进北京市高精尖产业创新中心建设。落实工信部国家级工业设计中心创建，重点跟踪联想（北京）有限公司、北京洛可可科技有限公司等国家级工业设计中心建设情况。截至年底，北京市共4家国家级工业设计中心，其中，2家为工业设计企业，2家为企业的工业设计中心。启动北京市高精尖产业设计中心实施方案编制，与北京市产业设计中心、企业技术中心共同构成北京市高精尖产业创新体系。推进服务型制造发展。完成市政协第十二届委员会第四次会议“关于培育设计服务型制造业，实现‘中国制造2025’”党派提案。联合中关村管委会、市科委、市教委共同制定了推动北京市设计服务型制造发展的回复，并以此为契机，在人才、环境、创新创意方面进一步形成合力，推动北京市制造业企业与设计创意产业融合发展、设计服务型制造业发展。启动北京市高精尖产业设计中心实施方案编制。研究制订北京市高精尖产业设计中心实施方案和推动全市服务型制造业发展的实施意见，与北京市产业设计中心、企业技术中心共同构成北京市高精尖产业创新体系。开展2016年中国优秀工业设计奖征集申报。覆盖北京市制造企业和工业设计企业，征集范围包括各企业技术中心、参加过2012年中国优秀工业设计奖的企业、北京工业设计协会会员单位等各类组织企业，基本覆盖全市所有与工业设计相关的企业。经过专家评审，申报24个公司的72件产品。经过工信部专家审核，全市共20家企业的49件产品进入复赛，企业进入复赛比率达到83%，产品进入复赛比率为68%，小米、乐视、圣宝地公司的3件作品进入终评阶段。小米公司的小米净水器获得金奖，成为国家9个金奖获得者之一。开展工业产品生态（绿色）设计示范企业创建工作。2015年市经济信息化委征集推荐了北京汽车股份有限公司、北京碧水源科技股份有限公司、北京雅昌艺术印刷有限公司等7家企业申报第二批工业产品生态（绿色）设计示范企业。为推进申报企业生态设计创建工作，年内组织相关企业参加工信部组织的培训会，邀请专家帮助并辅导申报企业完善生态（绿色）设计示范企业创建工作方案。截至2016年年底，北京市共有北京雅昌艺术印刷有限公司、北京中科博联环境工程有限公司等6家生态设计试点企业。推进企业绿色制造系统集成建设，开展2016年绿色制造系统集成工作，支持北汽新能源申报绿色制造系统集成建设项目。

绿色制造体系建设。年内，本市规模以上工业总能耗1481.3万吨标煤，规模以上工业万元增加值能耗下降11%。年内，市经济信息化委紧密围绕工业污染治理和绿色制造两大主题，着力推动一般制造和污染企业关停退出、“散乱污”企业清理整治、压减工业燃煤、工业绿色制造方案编制等重点事项。牵头组织开展“散乱污”企业清理整治工作，全年全市清理整治4477家，完成年度任务。全年关停退出一般制造和污染企业335家，下达污染企业退出奖励资金2.1亿元。2013年至2016年累计关停退出1341家，超额完成清洁空气行动计划4年退出1200家企业的总任务。继续推进压减工业燃煤工作。全年全市共拆除停用工业燃煤设施1137蒸吨。2013年至2016年累计压减工业燃煤约250万吨，累计下达清洁能源改造奖励资金2.4亿元。推进工业企业清洁生产和技术改造。会同市发展改革委、市环保局制定并发布2016年工业清洁生产审核名单，共推动132家工业企业开展清洁生产审核，配合市发展改革委和市环保局做好工业企业清洁生产审核评估。年内，61家工业企业通过清洁生产审核评估，其中强审23家、自愿审核38家。推进工业领域实施绿色制造。落实《〈中国制造2025〉北京行动纲要》，对接国家“绿色制造工程”，研究制订《北京绿色制造实施方案》，并通过北京制造业创新发展小组审议正式印发。会同市环保局继续推进百项环保技改工程。

工业品牌建设。年内，市经济信息化委部署落实工信部和北京市质量品牌工作，制定并印发《“北京市经济和信息化委员会2016年质量品牌建设工作方案”的通知》（京经信委发〔2016〕19号），连续4年与市质监局等单位共同制订《北京市贯彻质量发展纲要实施意见2016年行动计划》。开展创先争优活动，培育11家工信部品牌培育试点企业。2012年至2016年，北京市共有145家工业品牌培育试点企业，已建成11家工业品牌培育示范企业。年内，北京市推荐的北京泰德制药和福田康明斯被评为2016年工信部“质量标杆”。截至年底，北京市共有佳讯飞鸿、和利时等12家质量标杆企业，占全国获得此称号企业总数的11.3%。开展征集产业集群区域品牌建设示范的申报和征集工作；开展工信部产业技术基础公共服务平台的征集，北京市共有10家单位被工信部认定为产业技术基础公共服务平台。组织开展第四批工信部工业产品质量控制和技术评价实验室征集，中国食品发酵工业研究院等3家单位被工信部认定为工业产品质量控制和技术评价实验室。北京市共有40家工信部工业产品质量控制和技术评价实验室，占到全国数量的五分之一。完成2012年首批工业产品质量控制和技术评价实验室复核工作，北京航空航天大学“智能无人飞行系统先进技术工业和信息化部重点实验室”等26家重点实验室，占全部53家实验室的49%。开展2016年度北京市人民政府质量管理奖组织征集工作，与市质监局共同拟定《北京市人民政府质量管理奖评价办法（2016年版）》。组织北京质量协会承担工信部2016年质量品牌建设重点项目，项目成果获得好评。做好质量考核迎检工作。根据国家质检总局关于2014年至2015年度省级政府质量工作考核结果的公告（2016 年第 44 号），北京市获得 A 类考核结果。开展质量品牌服务和培训。与中关村管委会、市质监局、市工商局、市知识产权局等单位共同推进中关村软件与信息产业质量品牌建设；对联想（北京）有限公司、北汽福田汽车股份有限公司、小米科技有限责任公司等 9 家企业调研帮扶，与企业面对面现场交流。组织开展品牌培育管理体系培训、咨询服务、首席质量官、品牌经理以及全面质量管理方法的培训。支持北京质量协会开展第七届北京知名品牌，第 68、69 次 QC 小组、北京市第二届质量信得过班组、北京质量奖、北京知名品牌等活动。1 月 12 日，在北京经济技术开发区大族企业湾启动首都优秀工业品网上行暨名特优产品促销季活动，由市经济信息化委指导，工业电子商务创新发展联盟组织，天猫超市、京东和苏宁易购等 B2C 平台，1688、慧聪网和敦煌网等 B2B 平台，以及京粮点到网和同仁堂天然淘等自建平台企业，联合近千家京籍工业企业共同推出，围绕年货、智能家庭和大健康等主题，打造市场参与度高、品牌影响力大、辐射范围广的首都工业电子商务网上购物活动。

央企服务。年内，大唐半导体设计有限公司、中国电子科技集团公司、中国石化集团北京燕山石油化工有限公司、长安汽车股份有限公司、中国航空发动机集团公司等 25 个项目总投资 813.6 亿元，其中开工在施项目 11 个、前期手续办理项目 14 个。电子信息产业方面，国网智能电网研究院、中国电子科技集团公司第 45 所、中国钢研科技集团、中科院光电研究院、大唐电信集团等央企在京研发及产业化项目申请财政资金约 1 亿元；中国移动通信集团公司、中国电信集团公司、工信部电信研究院、普天通信有限责任公司、中国科学院微电子研究所等单位申报“新一代宽带移动通信网络”国家重大科技专项。生物与医药产业方面，华润医药大兴产业园继续建设；中国医药集团及中国通用技术集团下属医药企业申报国家工信部的中药材专项；组织企业参加政策培训会，协调安排专家对项目进行现场考评和专项评审，形成报告，按中央要求做好项目的组织和服务；联合市公安局、市食药监局协调解决中国医药健康产业公司办理麻黄草收购相关手续；年内组织工作小组对企业麻黄草种植基地进行现场检查，多次召开专题会对麻黄草管理模式进行研究，形成报告；加强与工信部对接。年内邀请工信部领导来北京市专题调研生物医药产业，落实工信部关于开展低价短缺药品生产的相关工作要求，开展创建小品种集中生产基地工作，按工信部要求推动注射用鱼精蛋白等短缺药物恢复生产，保障了全国供应，全年共对中央在京单位进行 20 余次高精尖产业政策的宣传活动，协调企业遇到的困难，形成较为可行的工作办法。在基础与新材料产业方面，推进产业创新中心建设，组织北京航材院联合北京大学、清华大学等 5 家单位联合申报国家石墨烯产业创新中心；协调推进中关村石墨烯产业联盟的组建和北京航材院石墨烯科技成果在京产业化，初步形成创新中心“一体两翼”的框架格局；推进第三代半导体、稀土功能材料和 3D 打印创新中心建设；推进有研亿金特种金属功能材料及其制品升级扩建项目、中国石化润滑油 53 万吨 / 年润滑油搬迁改造项目、中国石油化工股份公司北京燕山分公司连续重整联合装置油品升级改造项目、北京矿冶研究总院稀有金属涂层材料及智能制造与云服务应用项目等重大项目实施；推进三峡华软基金等 3 家投资机构申报北京高精尖产业政府引导基金合作机构，协调推进中国风险投资公司、乐视文创投资中心申报中小企业创投引导基金合作机构，中国风投和乐视文创 2 支创投引导基金正式成立；协调钢研九鼎新材料产业并购基金完成 LP 变更、受益分配方式调整等变更事项，协调基金开展项目并落实首个投资项目。在装备制造产业方面，推动同方威视先进安检装备技术研发与全球服务基地、瑞维通国家铁路大型养路机械国际科技合作中心等项目落地，协调办理相关手续；推动赛迪研究院机器人检验检测实验室项目入驻机器人产业园；加强与工信部协调，推荐北京新联铁集团股份有限公司等企业参与编制国家 2016 年智能制造专项申报指南；组织机械科学总院中机生产力促进中心与北人集团对接，筹划建设增材制造产业技术基础平台，提供标准创制、检验检测和认证等服务；落实“一带一路”战略部署，推进国际产能和装备制造合作，推动同方威视技术股份有限公司等中央企业与国家开发银行、中国进出口银行及丝路基金等平台对接，争取低息贷款等优惠政策，推动企业开拓俄罗斯等“一带一路”沿线市场，并在拉美、中东、东南亚布局；组织首瑞（北京）投资管理集团有限公司、北京新联铁集团股份有限公司、北京四方继保自动化股份有限公司等在津冀地区布局生产制造环节的企业，启动编制京津冀联网智能制造行动方案；推动中电科装备集团与张家口地区对接，引导部分新能源中央企业参与津冀地区重大工程建设；推荐中国电子技术标准化研究院、中国石油化工股份有限公司、中机生产力促进中心等 8 家中央单位申报国家智能制造综合标准化专项。

禁止化学武器履约。年内，北京市围绕履约和监控化学品管理，完成6家企业、9个宣布厂区2015年度监控化学品宣布数据的采集、审核和上报；完成3家企业11个批次监控化学品进口许可的审核；按照《国家禁化武办关于开展第二类监控化学品专项监督检查工作的通知》要求，组织各区开展相关企业调查核实，对其中一家涉嫌违规企业进行立案调查，依法对该企业下发限期整改通知书并督促企业落实整改；按照市反恐办的有关工作要求，协助开展地铁防范沙林毒剂等有害物质恐怖威胁等事项；组织开展“履行公约，维护和平”禁化武公约生效十九周年和首个国际禁化武日的宣传工作。

企业减负。年内，按照国务院减轻企业负担部际联席会议的工作部署，市经济信息化委牵头制订北京市企业减负工作方案，与市财政局、市发展改革委组织全市涉企收费清理情况专项检查，接受国务院涉企收费清理情况实地检查；会同市财政局在全市范围内清理涉企保证金；开展减轻企业负担政策宣传周、企业负担问卷调查等活动；落实全国减轻企业负担专项督查要求，对全市减轻企业负担和惠企政策落实情况进行总结梳理。

安全生产管理。年内，市经济信息化委履行政府职能，不断完善“党政同责、一岗双责、齐抓共管”工作体系，有序推进安全生产各项年度考核任务。落实安全生产责任。年内，组织落实《北京市生产安全事故隐患排查治理办法》《进一步加强火灾事故预防和处置工作》以及《北京市生产经营单位安全生产主体责任规范》等文件要求；传达、部署公共安全形势分析会、市安委会全体会议以及消防工作联席会议精神；根据法定职责，从行业指导、行业监管和安全管理3个方面制订2016年度安全生产、火灾防控工作计划，编制市经济信息化委年度安全工作考核任务分工；组织召开经信系统年度安全生产工作会，明确安全生产工作思路，解决区经信部门安全生产工作突出问题；搭建市区经信部门安全工作交流平台，根据区经信部门需求，开展实地指导。加强安全生产管理。年内贯彻《北京市生产安全事故隐患排查治理办法》，配合市安全监管局启动全市工业企业事故隐患“三项行动”，协助安监部门稳步开展涉爆粉尘、涉危使用、白酒制造企业的隐患排查治理；推进北京市民爆企业全面贯彻落实《隐患排查治理办法》，强化企业隐患排查治理的主体责任；编制《北京地区民爆行业安全生产标准化考评指导意见》《北京市国防科工办民用爆炸物品安全监管手册》；定期举办安全生产培训班，邀请行业专家对市军工、民爆企业进行专题培训，中国爆破器材行业协会年均组织培训30余次，北京市民爆企业年均参报60余人次；组织军工领域安全生产应急联合演练、反恐防爆和消防演练、办公场所餐厅应急演练等活动。针对北京地区民爆企业的特殊性和高危性，坚持“标本兼治、综合治理、源头管控”的原则，采取“双随机”的检查方式（随机抽查民爆企业、随机委托民爆专家），开展重大节假日和重要活动期间的专项督查，注重日常监管和暗查暗访，对于发现的安全隐患和问题，督促企业按照人员、责任、措施、时限和预案“五落实”要求逐一整改；开展岁末年初安全生产指导及检查专项行动，制订《北京市经济和信息化委员会关于开展安全生产指导及检查的工作方案》，明确安全生产指导及检查工作的时限、任务分工和工作要求。推进安全生产诚信管理制度，印发《关于贯彻落实全国社会信用体系建设会议精神的通知》，建立安全生产主管部门行政许可和行政处罚7日公示制度，相关信息归集市企业信用信息公示系统；开展2016年全市企业诚信创建活动，配合市安全监管局推进安全生产领域信用体系建设，推进市民爆企业安全生产诚信制度建设。根据年内市政府办公厅印发的《关于集中开展清理整治违法违规排污及生产经营行为有关工作的通知》精神，及时发布相关实施细则，制订专项工作方案，在全市范围内开展环境污染执法、整治无证无照违规经营、打击违法用地违法建设、安全生产整治等专项行动。截至年底，全市完成50个重点区域、200个重点行政村和5000家以上违法违规企业的清理整治目标。

人才培养与职业技能培训。年内，全市经信系统继续加强培训。3月29日，市经济信息化委组织召开北京市第四届职业技能大赛。市经济信息化委委员刘京辉出席会议并讲话。竞赛活动各承办单位负责同志和工作人员共50余人参加会议。会议宣读了《关于举办“北京市第四届职业技能大赛暨第十七届北京市工业和信息化职业技能竞赛”的通知》，对本届技能竞赛相关工作进行了安排和部署；竞赛网络平台软件开发公司对北京市工业职业技能竞赛分平台系统的运行应用进行了培训。刘京辉围绕当前高技能人才队伍建设的新形势、新任务、新要求，对本次技能大赛提出了“转变观念，积极适应经济发展新常态对高技能人才的迫切需要”“找准定位，大力支持和培养高技能人才队伍发展”“注重协同，促进京津冀高技能人才一体化建设”3点希望和要求。同时，第十七届北京市工业和信息化职业技能竞赛工作全面启动。11

月 25 日至 27 日，由工信部、人力资源和社会保障部、教育部共同举办的“2016 年中国技能大赛——‘埃夫特 · 栋梁杯’全国工业机器人技术应用技能大赛”在北京举办。市经济信息化委委员刘京辉受邀参加 27 日上午的闭幕式并为获奖选手颁奖。本届大赛是工业机器人领域的首届国家一类竞赛，分为学生组和职工组两大类，由理论考试和实际操作两部分组成，重点考察参赛选手操控工业机器人完成指定任务的理论和技术水平。根据《工业和信息化部、人力资源和社会保障部、教育部关于举办 2016 年中国技能大赛——全国工业机器人技术应用技能大赛的通知》（工信部联人函〔2016〕225 号）要求，市经济信息化委举办了北京赛区选拔赛，经过层层选拔，6 名优秀选手（职工组 3 名、学生组 3 名）脱颖而出，代表北京市参加了本届大赛，并取得了 1 个一等奖、3 个三等奖、团体总分奖的优异成绩。其中，北京工业技师学院李志获得学生组一等奖；北京信息职业技术学院朱梦婷获得学生组三等奖；北京奔驰汽车有限公司李东获得职工组三等奖；北京信息职业技术学院李琪获得职工组三等奖，市经济信息化委获得优秀组织奖。年内，市委研究室和市人力社保局联合组织 2014—2015 年度全市调查研究工作先进单位和优秀调研成果评审。市经济信息化委参评的调研成果《京津冀协同背景下首都高端产业发展研究》获得一等奖，《构建高精尖产业体系研究》获得二等奖。

社会组织管理（社团管理）。年内，市经济信息化委业务主管的社会组织 71 家，包括社会团体 70 家，其中行业协会、商会 58 家，其他性质社团 12 家；民办非企业单位 1 家。2016 年召开工业和信息化领域社会组织党建工作部署会，积极推进社会组织党建工作，具有党组织或功能型党组织的社会组织 40 家，党建工作覆盖率 56.3%。推进行业协会、商会与行政机关脱钩，北京软件和信息服务业协会等 6 家行业协会参加第一批脱钩试点。

两会建议提案办理。年内，市经济信息化委承办的人大建议、政协提案共 121 件，其中市人大建议 55 件、市政协提案 65 件和全国政协提案 1 件，相比 2015 年总量增加 20%。其中，主责件 30 件，包括市人大建议 10 件（含参考件 2 件）、市政协提案 20 件（含党派提案 2 件、界别提案 1 件），比去年增加 10%。两会提案具有信息化领域建议提案占比大、大气治理领域建议提案快速增长、中小企业和都市产业发展仍然受到关注等 3 方面特点，其中共有 55 件建议提案涉及信息化建设，约占总量的 45%，集中体现在“互联网 +”“电子商务”“基础数据公开”“信息化设施建设”等方面；大气治理领域建议提案共 18 件建议提案，约占总量的 14%；中小企业和都市产业发展仍然受到关注，共有 12 件建议提案涉及中小企业发展、9 件建议提案涉及都市产业，与去年基本持平。截至 2016 年 9 月 30 日，91 件会办件均提前完成会办意见并反馈至相应的主责单位；30 件主责件按时将答复意见上传至建议提案系统并寄（送）代表委员，代表委员提出的意见建议得到充分采纳，得到代表委员的肯定，并逐步落实。

北京市经济和信息化委员会内设机构与职能调整

2016 年，为适应近年来首都工业和信息化发展面临的新形势、新任务，更好地履行市政府赋予市经济信息化委的职责，推进京津冀产业协同、装备制造、绿色制造、生产性服务业发展、智慧城市建设、两化融合、物联网、大数据发展及社会信用体系建设等工作，经市编办《关于同意调整市经济信息化委部分内设机构有关事项的函》（京编办行〔2016〕141 号），对市经济信息化委内设机构进行了调整，整合 6 个处室为 3 个处室；新设 3 个处室，对 8 个处室名称或职责进行了调整。

整合 6 个处室：整合基础与新材料产业处（北京市履行《禁止化学武器公约》事务办公室）、节能与环保产业处，设立绿色制造与节能环保处；整合经济社会信息化处、电子政务与信息资源处，设立智慧城市建设处；整合军工综合处、军工运行处（核应急处），设立军工产业服务处。

新设 3 个处室：增设产业结构调整处，加挂区域合作处牌子，规划布局处不再承担产业布局、产业结构调整、区域合作与对口支援相关工作。将原经济社会信息化处加挂牌子的信用管理处独立设置，并更名为社会信用体系建设处。将原规划布局处加挂牌子的行政审批服务处独立设置。

调整 8 个处室名称、职责：将规划布局处更名为产业规划发展处。将装备产业处更名为智能制造与装备工业处，并增加“研究拟定并组织实施本市智能制造发展战略，负责智能装备和智能产品发展，推进制造过程智能化”等职责。将汽车与交通设备产业处更名为汽车与交通产业处，加挂航空航天产业处牌子，划入原航空航天产业处（军民结合推进处）承担的航空航天产业管理职责。将航空航天产业处（军民结合推进处）更名为军民融合促进处，同时将原经济运行处加挂的央企服务处牌子挂在该处，划入央企服务等职责。科技标准处加挂新材料产业处牌子，划入原基础与新材料产业处承担的新材料产业促进职责。软件与信息服务业处加挂工业化信息化融合推进处牌子，划入原经济社会信息化处承担的促进两化融合职责。信息化基础设施处增加负责本市物联网建设管理工作职责。将经济运行处“承担本市工业、软件和信息服务业安全生产监管工作”职责调整为“承担本市工业、软件和信息服务业安全生产管理工作”。

2016年，按照中央编办《关于城镇集体企业资产和财务监管部门职责分工的意见》（中央编办发〔2011〕48号），为推进本市城镇集体企业改革和发展，经市编委《关于明确本市城镇集体企业资产和财务监管部门职责分工的意见》（京编委〔2016〕51号）批复，市经济信息化委负责本市城镇集体企业清产核资相关工作，指导推进城镇集体企业改革，牵头会同有关部门研究拟定促进城镇集体企业规范和发展的相关政策和措施，协调解决改革中涉及的重大问题。经市编办《关于调整市经济信息化委中小企业处（镇村企业处）职责和编制等事项的通知》（京编办行〔2016〕169号）批复，中小企业处（镇村企业处）承担“负责本市城镇集体企业清产核资相关工作，指导推进城镇集体企业改革，牵头会同有关部门研究拟定促进城镇集体企业改革发展的相关政策和措施，协调解决改革中涉及的重大问题”。调整后，市经济信息化委内设机构28个。各处室职责：

办公室：负责机关政务工作；负责文电、会务、机要、档案等机关日常运转工作；承担信息、信访、议案、安全保卫、保密和后勤保障等工作；承担重要事项的组织和督查工作。

研究室（政策法规处）：承担全市工业、软件和信息服务业、信息化方面重大问题的调查研究，并提出相关政策建议；承担综合性重要文稿的起草工作；负责机关推进依法行政综合工作；起草工业、软件和信息服务业、信息化方面的地方性法规草案、政府规章草案；负责行政执法工作的监督、指导和协调；承担行政复议、应诉的有关工作；承担机关行政规范性文件的合法性审核和有关备案工作。

新闻宣传处：负责全市经济和信息化对外宣传与新闻发布工作；组织开展舆情监测及应对处置工作；承担政府信息公开工作。

财务处（审计处）：负责制定机关及所属单位财务管理规章制度并组织实施；负责组织编制机关年度预决算及会计档案管理工作；依据相关规定，对大额专项资金使用、管理中存在问题提出意见和建议；负责对机关及所属单位的财政收支、财务收支及其他经济活动开展审计和审计调查工作；负责机关及所属单位财务人员的业务培训。

产业规划发展处：组织拟订全市工业、软件和信息服务业、信息化发展规划和产业政策，并组织实施；提出工业和信息化固定资产投资规模和方向的建议；按照规定权限，核准、备案和上报规划内和年度计划规模内工业和信息化固定资产投资项目；组织重大信息化项目的技术论证、评估验收工作。

经济运行处：监测分析全市工业、软件和信息服务业、信息化运行态势，统计并发布相关信息，进行预测预警和信息引导；协调解决运行发展中的有关问题并提出政策建议；参与研究拟订物流业促进政策和措施；开展相关产业国内经济协作和对外交流合作；承担全市工业、软件和信息服务业安全生产管理工作。

行政审批服务处：负责拟订全市经济和信息化行政审批制度改革方面的政策措施并组织实施；负责全委行政审批项目的统筹、协调工作，组织拟订行政审批项目的办理流程、审批标准、质量标准及规范；承担相关行政审批事项的受理、转办、督促、送达以及政策咨询、业务查询和信息发布工作。

产业结构调整处（区域合作处）：负责研究提出推进全市工业、软件和信息服务业、信息化领域产业结构调整和优化升级的政策建议，指导产业布局和产业转移；组织开展工业、软件和信息服务业、信息化领域京津冀协同发展重大问题的研究，组织落实相关重大项目和重大改革措施；组织开展相关区域合作和对口支援工作。

科技标准处（新材料产业处）：负责推进全市工业、软件和信息服务业、信息化创新体系建设，研究拟订推进企业技术创新、产业技术进步的政策措施；组织实施行业技术标准和规范；指导行业质量管理工作；组织协调工业科技重大专项的实施，推动技术创新和产学研相结合；研究拟订新材料产业中长期发展规划和重点产业调整、发展方案及政策措施；监测、分析产业经济运行态势；组织协调和推进行业重大项目的实施；参与推进相关领域文化创意产业发展工作。

智慧城市建设处（大数据应用处）：负责推进全

市智慧城市建设相关工作；统筹协调社会信息化和信息化公共服务工作，推动城乡一体化中的信息化建设发展；组织拟订信息化公共服务、电子政务和信息资源开发利用的发展规划、年度计划和相关政策；负责信息资源基础设施建设，审核电子政务和公共服务领域信息化升级改造及运行维护项目；负责国家机关在互联网上注册域名的管理工作；负责国家机关网站管理（除市政府门户网站政务信息内容管理外）和电子政务绩效考核工作；协调推进全市市民服务一卡通系统建设与应用相关工作；负责大数据应用相关工作，推动跨部门、跨行业、跨领域数据信息的互联互通和共享。

军工产业服务处（核应急处）：负责北京地区国防科技工业的综合协调和武器装备科研生产运行的服务保障；负责武器装备研制、生产和军工特殊产品的市场准入和监督管理；指导军品科研生产单位的国防科技基础工作；负责民用爆炸物品生产、流通的监督管理；负责军工固定资产投资管理；负责北京地区地方单位军工科研项目和国防科技成果管理；负责军工安全生产监督管理；负责核应急管理；承担履行《禁止化学武器公约》的组织协调工作。

军民融合促进处（央企服务处）：负责指导军民两用技术开发与产业化工作；研究拟订和推进落实服务中央在京企业的有关政策，协调有关部门做好服务中央在京企业、推进项目建设等工作。

绿色制造与节能环保处：负责全市工业、软件和信息服务业、信息化领域绿色制造体系建设，推进资源高效循环利用；拟订并组织实施工业、软件和信息服务业、信息化领域能源节约和资源综合利用、清洁生产促进政策；组织拟订工业节能节水标准；组织协调相关重大示范工程和新产品、新技术、新设备、新材料的推广应用；研究拟订基础产业中长期发展规划和重点产业调整、发展方案及政策措施；监测、分析产业经济运行态势；组织协调和推进行业重大项目的实施；组织实施污染扰民工业企业搬迁工作；依法承担农药生产的行政审批和监督管理工作。

电子信息产业处：研究拟订全市电子信息产业中长期发展规划和重点产业调整、发展方案及政策措施；监测、分析产业经济运行态势；组织推进专业化招商引资工作，引导和组织相关企业开拓国内外市场，开展国际化经营和国内外交流合作；组织协调和推进行业重大项目的实施，推进重大技术装备国产化，指导引进重大技术装备的消化创新；组织产业的地区配套和产业链构建，推进相关生产性服务业的发展。

智能制造与装备工业处：研究拟订并组织实施全市智能制造发展战略，负责智能装备和智能产品发展，推进制造过程智能化；研究拟订全市装备产业中长期发展规划和重点产业调整、发展方案及政策措施；监测、分析产业经济运行态势；组织推进专业化招商引资工作，引导和组织相关企业开拓国内外市场，开展国际化经营和国内外交流合作；组织协调和推进行业重大项目的实施；推进重大技术装备国产化，指导引进重大技术装备的消化创新。

汽车与交通产业处（航空航天产业处）：研究拟订全市汽车与交通运输设备制造业的行业中长期发展规划和重点产业调整、发展方案及政策措施；监测、分析产业经济运行态势；组织推进专业化招商引资工作，引导和组织相关企业开拓国内外市场，开展国际化经营和国内外交流合作；组织协调和推进行业重大项目的实施，推进重大技术装备国产化，指导引进重大技术装备的消化创新；组织产业的地区配套和产业链构建，推进汽车及零部件物流等相关生产性服务业的发展；研究拟订本市航空航天及配套产业中长期发展规划，参与制定相关的促进政策；协调推进航空航天产业基地和重大项目建设；负责航空航天产业分析汇总工作；参与航空航天产业、企业的调整和重组。

都市产业处（食品产业处）：研究拟订全市都市产业、食品产业中长期发展规划和重点产业调整、发展方案及政策措施；监测、分析产业经济运行态势；组织推进专业化招商引资工作，引导和组织相关企业开拓国内外市场，开展国际化经营和国内外交流合作；组织协调和推进行业重大项目的实施；指导食品产业布局及结构调整，统筹协调食品加工基地建设；指导协调食品产业的技术开发、装备更新、标准化建设等工作；指导工业资源的开发利用。

生物与医药产业处：研究拟订全市生物与医药产业中长期发展规划和重点产业调整、发展方案及政策措施；监测、分析产业经济运行态势；参与推动医药物流发展；组织推进专业化招商引资工作，引导和组织相关企业开拓国内外市场，开展国际化经营和国内外交流合作；组织协调和推进行业重大项目的实施；会同有关部门拟订中药产业促进政策。

软件与信息服务业处（工业化信息化融合推进处）：指导全市软件和信息服务业发展；研究拟订并组织实施软件和信息服务业中长期发展规划；组织实施软件和信息服务业的技术规范和标准；组织推进软件和信息服务业基地、园区建设；负责软件企业认定和软件产品登记；推进软件服务外包；组织拟订工业与信息化融合的政策措施，协调推进相关试点示范工作。

中小企业处（镇村企业处）：指导和促进全市中小企业、镇村企业发展；会同有关部门拟订促进中小企业、镇村企业和非国有经济发展的相关政策和措施；推动中小企业和镇村企业服务体系和信息化建设；会同有关部门负责北京市中小企业创业投资引导基金使用的决策、监督和管理；指导城镇集体企业改革，协调解决有关重大问题；负责镇村产业监测、统计和运行综合分析；负责镇村产业生产集中地（农民就业产业基地）发展和“一村一品”建设；指导镇村企业的技术进步和技术改造；负责组织减轻企业负担工作；组织开展镇村企业人才培训；负责全市城镇集体企业清产核资相关工作，指导推进城镇集体企业改革，牵头会同有关部门拟订促进城镇集体企业规范和发展的相关政策和措施，协调解决改革中涉及的重大问题。

社会信用体系建设处：负责统筹协调全市社会信用体系建设工作；研究拟订社会诚信体系建设中长期规划和年度计划，并组织实施；会同有关部门拟订信用服务行业发展规划及相关法规政策、标准，推进社会信用制度建设；指导信用服务行业的发展；组织、协调、指导信用信息资源的开发和共享；负责信用产品市场培育和应用推广；推动建立面向个人和企业、覆盖社会经济各领域的社会诚信体系。

信息安全协调处（应急处）：负责全市网络和信息安全管理工作；协调全市信息安全和信息安全保障体系建设；指导监督政府部门、重点行业的重要信息系统与基础信息系统的安全保障工作；指导协调信息安全技术开发；协调处理网络与信息安全的重大事件；承担全市通信保障和信息安全应急指挥部办公室的具体工作。

信息化基础设施处：负责全市信息化基础设施的规划和管理工作；参与统筹规划公用通信网、互联网、广播电视网和部门专用通信网；负责与国家通信主干网、军工部门及其他部门专用通信网的协调工作；指导和协调本市各行业、各部门专网建设；促进电信网络、广播电视网络和计算机网络融合；负责本市物联网建设管理工作。

对外交流合作处：负责具体组织协调全市工业、软件和信息服务业、信息化方面的国内外交流合作，招商引资工作；负责机关及所属事业单位的外事工作。

人事教育处：负责机关及所属单位的人事、机构编制和队伍建设工作；负责相关领域人力资源的合理配置，会同有关部门拟订人才队伍建设规划和有关政策措施，组织相关人才培训。

机关党委：负责机关及所属单位的党群工作。

工会：负责机关及所属单位的工会工作。

离退休干部处：负责机关及所属事业单位离退休人员的管理与服务工作。

聚焦北京工业专述

京津冀产业协同发展。年内，市经济信息化委深入贯彻落实《京津冀协同发展规划纲要》，全力推动区域产业协同发展。抓统筹，强化总体设计。贯彻落实京冀“1+6”合作协议，配合国家发展改革委和工信部编制《“十三五”时期京津冀国民经济和社会发展规划》和《京津冀产业转移指南》，联合中关村管委会、石家庄市政府发布实施石家庄（正定）集成电路产业基地和正定科技新城建设规划。建立京冀产业主管部门协调机制，随时沟通，推动解决重大问题。建园区，实现集中突破。立足高端装备和重化工产业，着眼同城化和自由港，重点建设北京（曹妃甸）现代产业发展试验区。城建重工专用车及新能源汽车生产基地、中恒复印材料等 15 个项目签约落地，涉及总投资 587 亿元。立足生物医药产业，着眼共建共管共赢，全力建设北京·沧州生物医药园。在国内率先开创异地监管模式，朗依制药、北陆药业等 4 家企业获得由北京食药监局核发的《药品生产许可证》。立足大数据产业，着眼市场主导优势互补，加快建设北京·张北云计算产业基地。阿里张北云联数据中心一期、阿里数据港张北数据中心一期 2 个项目已运营，启动建设京津冀大数据综合试验区。立足集成电路产业，着眼融合创新，启动建设北京·正定集成电路产业基地。搭平台，促进务实合作。分别与天津市经济信息化委、武清区、西青区、临港经济技术开发区和河北省工信厅、石家庄市、唐山市、保定市等津冀部门和地市（区）进行产业对接。4 月、6 月和 11 月，分别组织相关处室和企业赴唐山市曹妃甸区、石家庄市正定县和行唐县、张家口市张北县实地调研产业协同发展情况。北京现代沧州工厂、三元新乐工业园等项目相继竣工投产。优环境，推动一体共进。京津冀三地信息化主管部门签订《京津冀信息化协同发展合作协议》，在推动信息基础设施共建、促进信息数据共享等方面加强合作。市经济信息化委与津冀发展改革委签署《2016年京津冀社会信用体系合作共建工作要点》，京津冀信用合作共建机制已经建立，公共信用信息服务平台对接完成，“信用京津冀”专栏开通上线。年内，推动水泥窑协同处置固体废物，促进京津冀地区生活垃圾处置。3月9日，工信部节能司在北京市琉璃河水泥厂召开现场座谈会。节能司司长高云虎、市经济信息化委副主任李洪、河北省工信厅副巡视员王建分参加座谈，参会的还有财政部经建司、河北省财政厅、保定市工信局、房山区经济信息化委、区市政市容委、金隅集团、冀东水泥相关负责人。会上，李洪介绍了北京市水泥行业在产能压减、资源综合利用和转型升级等方面的情况，金隅集团汇报了旗下3家水泥企业协同处置危废、飞灰、污泥等固废情况。参会各方就北京市与河北省在利用水泥窑协同处置生活垃圾的可行性和项目落地等方面进行了探讨。高云虎希望能够推广琉璃河水泥厂经验，同时希望结合京津冀协同发展，利用水泥行业转型契机，推动资源综合利用领域绿色发展。3月15日，工信部节能司在北京召开京冀水泥窑协同处置固体废物座谈会。会议对京冀两地利用水泥窑协同处置固废进行了探讨交流，形成初步合作思路。京石产业合作对接。3月16日，市经济信息化委与河北省石家庄市政府就加强京石产业合作事宜进行座谈。4月21日至23日，北京市政府与河北省政府就加快推进曹妃甸协同发展示范区建设召开座谈会。会议期间14家企业单位入驻曹妃甸示范区签约，其中产业类项目11个、综合类项目3个，总投资206.65亿元，涉及专用车制造、军民融合、装备制造、基础材料等方面。4月21日至23日，北京市与唐山市就加快推进曹妃甸协同发展示范区建设召开座谈会。北京市市长王安顺指出，在京冀两地密切协同、务实合作下，曹妃甸协同发展示范区建设取得积极进展，建设管理服务体系基本形成，配套设施建设全面展开，产业集聚发展态势良好，取得的成绩来之不易。下一阶段，要按照京津冀协同发展“三个率先突破”的要求，两省市聚焦曹妃甸，引导产业集聚发展，加快产业高端发展，推动产业错位发展，推动示范区在产业对接转移方面走在全国前列；要坚持按照产城融合的原则，推动功能合理布局，完善配套基础设施，促进优质公共服务资源向示范区配置，让示范区既宜业又宜居；要坚持创新驱动发展战略，推动北京科技资源与示范区产业资源紧密结合，引导科技成果向示范区转化，创新支持政策措施，推动示范区在协同创新上实现新突破。北京市要与河北省携起手来，加快创新体制机制，加强组织领导和顶层设计，建立定期沟通协调机制，共同争取国家重大产业项目优先在曹妃甸布局；发挥首都智力资源优势，推动科技成果优先在曹妃甸落地转化、相关优惠政策向曹妃甸延伸，吸引更多创新创业资源向曹妃甸聚集发展，形成共促示范区健康持续发展的整体合力，努力把示范区规划好、建设好、管理好、发展好，为推动京津冀协同发展做出贡献。调研期间，王安顺一行实地考察了曹妃甸协同发展示范区建设投资有限公司、映美复印材料生产项目、首钢京唐二期项目、首钢朗泽新能源科技有限公司、北京友谊医院曹妃甸合作医院、北京景山学校曹妃甸分校、曹妃甸生态城先行启动区、华北理工大学新校区等新入驻项目，了解推进情况并慰问员工。曹妃甸协同发展示范区作为承接北京非首都功能疏解的主平台，示范区顶层设计已大体完成。6月2日至4日，市经济信息化委与石家庄市、张家口市政府就进一步推动京冀产业协同发展进行对接。6月14日，市经济信息化委组织召开曹妃甸签约项目落地建设专题调度会，协调推进首钢集团、城建重工、奥瑞金包装、中恒复印、宏福集团、诚志北分、滨海无人机等一批项目加快建设。7月19日，市政府办公厅主办的“市民对话一把手·京津冀协同发展”大型系列访谈节目，特邀市经济信息化委主任张伯旭，以“产业协同”为主题，重点介绍了“协同共发展，三地产业整体升级”“聚焦高精尖，三地产业协同创新”两方面内容。7月22日，以“产业协同、合作共赢”为主题的京津冀开发区创新发展联盟（曹妃甸）产业合作研讨会在曹妃甸举办。北京中科晶电集成电路、北京百信仓储物流、北京类钻石纳米材料生产基地等一批项目与曹妃甸区现场签约。

创新体系建设。1月12日，北京市成立工业电子商务创新发展联盟。联盟立足首都北京辐射京津冀，致力于推动工业电子商务创新发展，构建工业电子商务集成发展的“政产学研用”合作机制，推动工业电子商务不断普及和深化应用，完善工业电子商务支撑服务体系，突破工业电子商务深度应用的技术和模式瓶颈，提升工业企业竞争力，壮大电子商务服务业，优化市场资源配置和产业链协同水平，助推京津冀产业转型升级。工业电子商务创新发展联盟由首都典型工业电子商务应用企业，知名工业电子商务平台企业，金融支付、网络安全、信息技术等工业电子商务支撑服务企业、科研院所和高等院校等企事业单位，本着“平等自愿、诚信至上、优势互补、合作共赢”原则自愿组成的非营利社会组织。工信部电子科学技术情报研究所担任理事长单位。工信部信软司高林副司长、市经济信息化委委员任世强等领导参加联盟成立揭牌仪式。各区经济信息化主管部门、各相关企业参加。6 月 30 日，国家动力电池创新中心成立。由工信部批复同意组建国家动力电池创新中心，标志着《中国制造 2025》提出的国家制造业创新中心首批首个正式落户北京。国家动力电池创新中心以“公司 + 联盟”的模式组建，将形成以国联汽车动力电池研究院有限责任公司为核心，股东单位为主体，行业骨干企业、国内高校科研机构、关联企业为重要成员的国家动力电池创新平台。创新中心围绕动力电池技术经济性和产品质量，结合动力电池产业发展的重大需求，以研发设计、测试验证、中试孵化和行业服务为主要任务，并通过人才培养、成果扩散和国际合作等方式，加快实现科技成果的产业化应用，实现中国动力电池产业竞争力的跨越式提升。9 月 10 日，北京工业大数据创新中心成立。以“创新驱动产业未来”为主题的“北京市产业创新中心政策发布会暨北京工业大数据创新中心成立大会”在中关村智造大街举行。工信部信软司副司长高林、市经济信息化委委员姜广智、中国工程院院士孙家广等领导、专家及 100 余位业界领袖与专家学者出席会议。会议发布了《北京市产业创新中心实施方案》及《2016 工业大数据行业白皮书》，北京工业大数据创新中心携 19 家成员单位首次亮相，分享发布了工业大数据最前沿的实践经验。会议发布了成员单位首批工业大数据产品和应用成果，其中昆仑数据发布了自主研发的国内首款机器大数据管理分析平台 KMX；金风科技、三一重工、山东临工、中石油规划院、台达电子、陕鼓动力、冶金自动化院等成员单位分享了“风电数字化转型路线”“工程机械智能运维平台”“油气长输管网的远程监测与运行优化”“全流程质量分析与在线调控”等在工业智能化与大数据应用方面的经验与阶段性成果。北京工业大数据创新中心成员单位包括清华大学、昆仑数据、冶金自动化院、中石油规划总院、金风科技、三一集团、陕鼓集团、山东临工、雷沃重工、台达电子、诚益通、中国软件测评中心、机械科学研究总院、北京大学、中国人民大学、北京航空航天大学、北京理工大学、北京邮电大学、复旦大学等 19 家企业、科研院所及高校，集聚数据科学顶级专家和工业领域精锐之师，致力于打造中国乃至全球的工业大数据创新基地。9 月 26 日，北京制造业创新发展领导小组召开第一次工作会议。副市长、领导小组组长隋振江出席会议并讲话，领导小组各成员单位分管领导出席会议。会议审议通过《北京市工业和科研用地项目供地联审工作规则》《北京绿色制造实施方案》2 个文件，为全市制造业转型升级和绿色发展提供重要保障。会议肯定了《北京市鼓励发展的高精尖产品目录 (2016 年版)》和《北京市工业企业技术改造指导目录 (2016 年版)》《北京市产业创新中心实施方案》《进一步加强北京市企业技术中心建设实施方案》4 个已发布实施的《〈中国制造 2025〉北京行动纲要》的重要配套政策文件的作用和意义，要求各相关单位继续做好相关政策体系的完善，并抓好落实。隋振江对北京制造业创新发展工作做出重要指示：要统一思想，提高认识，始终保持推动北京制造业创新发展的战略定力。要从全国科技创新中心的定位出发，聚焦产品创新、技术创新、源头创新和产业链、价值链中高端，发挥引领作用。要抓住新一轮科技革命催生的窗口期，坚定不移推动产业创新升级。要聚焦重点，突破难点，切实做好《北京行动纲要》重点任务的落实。要毫不动摇抓创新，加快提升产业自主创新能力；要坚定不移抓项目，加快培育打造高精尖产业集群；要持之以恒抓环境，加强对高精尖产业的要素保障。要建立机制，明确责任，努力形成创新发展工作齐抓共管的强大合力。要强化责任担当，细化工作重点，抓好任务落实；加强信息沟通，做好协调配合，实现协同促进；加大督导力度，做好跟踪检查，确保工作见效。相关委办局、各区、企业等主体要共同参与，共筑制造业创新发展的强大合力。

两化融合。1 月 12 日，由市经济信息化委指导、北京企业转型升级服务联盟主办的“北京两化融合成果展”在北京经济技术开发区大族企业湾开幕。展会本着“展示两化融合工作成果，引领首都企业转型升级”的主题，展示企业优秀成果，交流两化融合实践经验，共同探讨北京市工业和信息化发展之路。参展企业包括长安汽车、福田康明斯、燕山石化、曲美家具、康比特等 10 余家工业企业，以及数码大方、京东、世纪纵横、软交所等 20 余家信息化支撑服务企业。8 月 18 日，“2016 北京两化融合服务联盟成立仪式暨两化融合发展论坛”在北京举办。中国工程院院士李伯虎、中国科学院软件研究所供应链管理中心主任韩永生、中国企业联合会副理事长柏东海、中国两化融合服务联盟秘书长周剑、北京两化融合服务联盟理事长闫同柱等专家做主题演讲。各界专家领导、嘉宾、企业代表就两化融合管理体系贯标、智能制造发展趋势、实现制造业强国目标的路径和模式、企业互联网融合创新之路等议题进行深入探讨。北京两化融合服务联盟经市民政局正式批准成立。主要发起机构为世纪纵横、浪潮集团、太极计算机、曲美家居、用友软件、天河智造、北京炜衡律师事务所、高迈致远信息技术、谷雨时代教育科技、清易德科技、力行节能技术、国网信通埃森哲信息技术、北京东械科技、欧联中商务咨询中心等62家，会员主要为提供两化融合的技术咨询、软件服务、平台资源的企业和机构。联盟的成立，将充分发挥北京市创新资源优势，推动聚合社会力量，提高服务能力，形成"政府＋社会"的两化融合推进格局，推动北京市产业结构转型升级，构建"高精尖"产业体系发挥作用。"十二五"期间，北京市两化融合工作整体发展水平处于全国领先位置，形成了一批诸如"北京工业云""中航联创智能制造"等有影响力的创新平台，树立了一批诸如长安汽车、福田康明斯、燕山石化、曲美家居等标杆示范企业，企业关键环节信息化应用普及程度显著提升，有力地支撑企业提高经营管理水平，创新发展模式。年内，市政府印发《〈中国制造2025〉北京行动纲要》《关于积极推进"互联网＋"行动的实施意见》，市经济信息化委印发《推进"互联网＋制造"的指导意见》，鼓励企业开展智能制造、工业云、工业大数据、工业电子商务等创新应用，大力推进两化融合工作，助推产业转型升级。

重要会议。1月29日，2016年北京市经济和信息化工作会在北京会议中心召开。各区、各委办局、各控股公司、重点企业、金融机构和新闻媒体等400人到会。副市长隋振江到会并讲话，市政府副秘书长朱炎主持会议。市经济信息化委主任张伯旭在报告中总结了"十二五"全市经济和信息化的发展情况和2015年工作，布置了2016年重点任务。会议宣读了2015年获得工信部两化融合管理体系贯标评定证书的企业名单，并颁发了证书。海淀区、金风科技股份有限公司、乐视集团分别就创新发展、跨界融合等领域的典型经验进行了交流发言。隋振江要求，全市工业和信息化系统认清形势任务，明确发展方向，切实增强引领新常态的机遇意识、责任意识和担当意识，增强大局观念，密切工作协同，增强工作合力。在2016年的工作中聚焦主要矛盾，突出工作重点，着力抓好疏解转型、产业创新、智慧城市建设和推动京津冀协同发展等重点工作。"十二五"时期，全市经济和信息化系统主动谋求发展方式转变，深度推进产业结构调整，产业结构深入调整。在京津冀区域内主动谋划产业转型，持续推动产业结构向高端化、服务化、集聚化、融合化、低碳化方向升级。5年来，产业结构深入调整，节能减排大力推进，创新驱动效应显现，智慧城市建设提速，改革创新持续深入。2015年，北京工业和信息化系统围绕京津冀协同发展战略，抓住产业调整疏解、结构升级、布局优化等中心任务，高精尖产业体系构建取得新突破，京津冀产业协同发展迈出新步伐，信息化建设结出新硕果，发展环境实现新提升。"十三五"时期是北京市落实首都城市战略定位、加快建设国际一流和谐宜居之都的关键阶段。北京工业和信息化领域要突出抓好技术创新、标准创制、品牌创建、政策创造，实现"在疏解中发展、在调整中提升"，在更高水平上推动北京经济和信息化科学发展。2016年，北京工业和信息化领域将加快产业调整疏解，推动京津冀协同发展；贯彻落实《北京行动纲要》，加快构建高精尖产业体系；提升企业技术创新能力，增强发展新动能；加快信息化建设，打造智慧城市升级版；瞄准智能制造主攻方向，推动两化深度融合。

高精尖产业发展。1月14日，北京高精尖产业发展基金发布。市经济信息化委联合市财政局在中关村国家自主创新示范区展示中心，召开以"政府资金携手社会资本，助力构建高精尖产业结构"为主题的北京高精尖产业发展基金发布会。副市长隋振江、市经济信息化委主任张伯旭、市财政局副局长王婴共同启动北京高精尖产业发展基金。会上宣布了高精尖产业发展基金首批11家拟合作机构和首批10家战略合作银行。首批11支合作基金，总规模55亿元，重点聚焦于新一代移动互联网、自主可控信息系统、新一代健康诊疗、云计算与大数据、通用航空与卫星应用、新材料、现代都市等投资领域；首批10家战略合作银行，为高精尖产业基金及项目提供2400亿元配套资金以及全生命周期融资解决方案、金融服务绿色通道、投贷联动和跨境并购等综合性金融服务。5月31日，北京高精尖产业发展基金精准医疗专场召开。由市经济信息化委主办，市经济信息化委技术市场发展中心承办的"北京高精尖产业发展基金系列研讨会——精准医疗发展和高精尖产业投资专场"研讨会在市经济信息化委技术市场发展中心召开。会议重点对《〈中国制造2025〉北京行动纲要》提出的"三四五八"发展战略进行解读，并就如何认识高精尖产业的内涵、政府在促进产业发展中的作用以及对生物医药产业的理解等进行了分享。8月25日，2016年高精尖基金战略合作银行与投资机构工作对接会召开，10家云计算与大数据、智能制造系统与服务、新一代健康诊疗与服务、新能源智能汽车、现代都市等领域有融资需求的投资机构进行募资路演，北京银行、浦发银行、招商银行、中国银行、民生银行、农业银行北京分行、建设银行北京分行、兴业银行北京分行、工商银行北京分行、交通银行北京分行共10家战略合作银行出席会议并进行了配资工作对接。11月6日，中国母基金联盟主办的国家级私募基金行业盛会“2016中国私募基金峰会”在北京国际会议中心举行，北京高精尖产业发展基金获得本次峰会发布的中国政府引导基金TOP20（第十四名）。

产业疏解专项。3月24日，市政协经济委召开京津冀协同发展中产业疏解配套政策企业专题座谈会。市国资委汇报了国企疏解有关情况，市经济信息化委组织首钢集团、北京金隅集团有限责任公司、北京首都农业集团有限公司、北京京城机电控股有限责任公司、北京燃气集团有限责任公司等企业参加座谈会。会议听取了京津冀协同发展中企业搬迁转型面临的困难及配套政策建议情况，并与委员进行了交流座谈。委员们对参会企业在京津冀协同发展中疏解转型工作给予充分肯定。6月1日，《北京市产业疏解政策研究》出版发行。

“一带一路”。4月12日，由市经济信息化委主办、工信部电子科学技术情报研究所承办的2016年首场新理念，新模式“一带一路”暨国际产能合作宣贯会在电子一所举办。首钢股份公司、北京汽车国际发展有限公司、同仁堂集团、京粮集团等以国有制造业企业为主体的50余家“走出去”典型企业，共计70余位代表参加活动。宣贯活动旨在提升全市工业和信息化领域企业国际化水平、经营意识与能力，加快融入“一带一路”沿线国家或地区经济发展体系，为国家“一带一路”倡议和国际产能合作的实施发挥作用。荷兰合作银行北京分行行长赵丽就如何“获取金融资本支持，添翼海外之路”做主旨演讲；北京汽车国际发展有限公司项目总监王贺丰分享了北汽打造国际合作战略平台的成功经验；同仁堂集团主任马建平对企业如何创造海外发展机遇提出见解；北京市汇京律师事务所李欣然律师对企业如何运用法律服务支撑“一带一路”建设进行解读。8月16日，由市经济信息化委主办、工信部电子科学技术情报研究所承办的“新理念，新模式——2016北京市—中东欧‘一带一路’国际产能合作对接活动”在欧美同学会报告厅举办。来自阿尔巴尼亚、白俄罗斯、拉脱维亚、立陶宛、马其顿、波兰、俄罗斯、塞尔维亚、斯洛伐克等国家驻华使馆代表和中方包含工业、信息化、协会/联盟三大类，涉及基础、装备、汽车、电子、都市、医药等多个行业，近百家企业共计130余位代表参加活动。工信部国际合作司处长黄颖致辞。他表示，当前世界经济仍在复苏中寻找新的增长动力，经济格局面临新一轮结构性调整，面对新形势，各国需要携起手来，增进了解、加强交流、深化合作，共同应对机遇和挑战。相信本次活动，能够推动北京市企业与在座国家对接合作项目、激发商业智慧、开拓市场机遇、实现互利共赢。市经济信息化委对外交流合作处处长王佐在致辞中介绍了中国对中东欧经贸情况、北京高精尖产业发展展望以及加强北京与中东欧合作发展的建议。阿尔巴尼亚、白俄罗斯、马其顿驻华使馆的官员们介绍了自己国家的概况、优惠政策以及想要引商投资的项目；波兰、斯洛伐克驻华使馆代表分别介绍了国家投资概况、优势产业以及所需的投资领域。中外企业投资对接活动是中国企业走向世界的平台、外国机构吸引中国投资的门户和与会各方开展国际双边与多边投资合作的平台，将使企业在最广泛的范围、最短的时间内，找到了最合适的投资项目与合作伙伴。9月28日，市经济信息化委主办、工信部电子科学技术情报研究所承办的“2016一带一路暨国际产能合作宣贯会（第二场）”在电子一所举办。市发展改革委、北京天竺综保区、中白工业园区、北京京泰实业（集团）的有关领导和专家出席，北京市内40余家国有企业50余位代表参加宣贯会。此次宣贯活动旨在提升北京市工业和信息化领域企业国际化发展水平，为主动融入“一带一路”建设，推动企业国际产能合作发挥作用。市经济信息化委介绍了全市工业企业“走出去”基本情况、主要思路和拟采取的主要措施；市发展改革委通报了北京市参与国家“一带一路”建设，对外投资的基本情况及未来开展的工作；北京天竺综合保税区围绕发挥天竺综保区的功能优势，助推临空经济创新发展主题做了阐述；中白工业园区开发有限公司介绍了白俄罗斯的投资环境，希望有意向、有实力的企业入住中白工业园；京泰实业（集团）公司介绍了京泰实业的发展和运营情况，表示将为推动北京市相关企业走向海外搭建桥梁、提供咨询与服务。11月30日，市经济信息化委主办的“新理念，新模式——2016北京市—西亚北非‘一带一路’国际产能合作对接会”在北京凤皇社举办。来自沙特阿拉伯、巴林、埃及、土耳其、叙利亚、利比亚、津巴布韦、肯尼亚等国家驻华使馆代表和北京金隅集团、方正国际、大华无线电、雪迪龙科技公司、太极计算机、北京市阀门总厂、中国铝业、中国国机重工集团、北京北辰集团、北京首都创业集团、中非重工投资公司、渣打银行、阳光基金、投联网、中关村高新技术企业协会、中小商业企业协会等130余家企业、180余位代表出席活动。本次活动旨在推进北京市工业和信息化领域企业进一步融入“一带一路”相关国家或地区经济发展体系，与西亚北非沿线国家地区的政府、园区、社会组织及企业，在产业、政策、技术、项目等方面进行沟通。市经济信息化委对外交流合作处处长王佐首先致辞。他表示，中国政府高度重视发展与西亚北非国家地区在各个领域的合作，北京与西亚北非国家交往频繁、渊源深厚，在一带一路背景、国际产能合作框架下，两地产业合作、技术交流、工程承包具有很大市场空间，运用各种优惠政策和便利条件，按照优势互补原则，共同推动发展。巴林、埃及、土耳其、沙特阿拉伯驻华使馆的官员们介绍了各自国家的概况、产业定位、产业优势、优惠政策和投资环境等情况。北京金隅集团介绍了水泥产业、循环经济和环保产业，实施“走出去”战略后所取得的成果和经验。中合泰信投资公司与在座嘉宾分享了企业如何利用优质产业及国际转移平台，进行海外市场拓展的见解。

服务保障。6月8日，副市长林克庆、隋振江在通州区召开全市清理整治违法违规排污及生产经营行为工作现场部署会。12个委办局、16个区政府主管领导参加会议。会议听取了市经济信息化委主任张伯旭关于《清理整治违法违规排污及生产经营行为专项行动实施细则》的有关要求，市城乡接合部建设领导小组办公室、通州区、大兴区、房山区分别进行典型发言。隋振江强调，各区要加强统筹，首都功能核心区、功能拓展区、城市发展新区、生态涵养区要分别有工作侧重，要摸清底数，对企业按照保留提升、疏解转移、淘汰退出进行梳理。各部门要给予各区执法支持，主动对接，同时要给予土地、规划等方面的政策支持，帮助各区产业提质增效。林克庆指出，要紧抓机遇，整治全覆盖，清理零容忍；要坚持属地负责原则，部门联动，联合执法；要探索创新；要做好宣传发动，形成社会共识。按照工作要求，在全市范围内深入开展环境污染执法、整治无证无照违规经营、打击违法用地违法建设、安全生产整治等专项行动，集中清理整治违法违规排污及生产经营行为。截至2017年年底，全市要完成50个重点区域、200个重点行政村和5000家以上违法违规企业的清理整治目标。6月17日，为配合全国节能宣传周宣传活动，推动工业企业绿色发展，推广先进节能技术经验，市经济信息化委组织召开“2016北京市工业企业空压机节电技术应用经验推广会”，市发展改革委、部分重点用能企业和节能服务公司相关负责人及有关专家近40人参加会议。压缩空气系统作为工业领域中应用最广泛的动力源，是电机系统中耗能占前三类的设备之一，能源消耗占到全部电力消耗的15%～35%。绝大多数空压机系统运行中普遍存在着泄漏、系统控制不当等诸多问题，节能改造空间巨大。会上对京东方5代线空压机改造经验进行了重点推介，通过运用物联网和大数据等先进技术实施系统改造后，项目节能率可达到13%以上，每年可节约电费成本330万元以上。相关专家和有关节能服务机构也在会上介绍了空压机节能技术情况。7月29日，市经济信息化委赴海淀区开展第二轮清理整治“小散乱污”企业督查及安全生产指导，提出：务必加快清单编制效率，及时印发工作方案，大力推动各部门开展工作；根据区政府专题会议纪要要求，提高工作调度频次，发函督促相关部门在规定时限内报送企业清单；会同重点乡镇摸排相关企业情况，进一步完善企业台账，提升数据收集效率。8月18日，市经济信息化委召开“北京市工业企业节水先进技术应用推广会”。会议重点推广工业企业节水新技术、新产品，交流节水减排经验。来自市节水管理中心，中国轻工业清洁生产中心，饮料、酒类企业以及技术服务机构的代表和行业专家等40余人参加会议。北京燕京啤酒集团公司、红牛维他命饮料有限公司就本单位在节水和技术改造方面的成效和经验谈了体会；北京碧水源科技股份有限公司、上海问鼎环保科技有限公司、北京易达嘉节能技术有限公司、北京泰宁科创雨水利用技术股份有限公司分别介绍了包括膜处理技术、雨洪利用技术等多项工业节水先进技术和产品；市节水管理中心主任李会安、中国轻工业清洁生产中心副主任吕竹明分别介绍了工业企业节水和用水管理等工作安排和相关技术、政策。9月12日，市经济信息化委组织召开清理整治违法违规排污及生产经营行为现场调度会。副市长隋振江专项督查了清理整治违法违规排污及生产经营行为，观看了大兴区黄村镇狼垡拆除腾退现场，通报了前期清理整治工作整体进展，对下一步清理整治工作提出具体要求。市相关部门，各区主管区长、经济信息化委、环保局负责同志参加现场调度会。市经济信息化委副主任李洪通报了前期清理整治工作开展情况。截至8月，各区均已向指挥部办公室报送清理整治工作台账，经指挥部办公室审定，符合要求的市级台账有4800余家，已完成1799家，其中通州区完成584家、房山区完成344家、大兴区完成265家、朝阳区完成263家。隋振江强调：要抓住重点，加快推动整治工作。高度关注排污企业，紧紧盯住使用小煤炉、冒黑烟、无组织排放的小企业、小作坊，有目标、有对象、有计划地持续推进。要整合各方力量，确保整治工作落到实处。有效整合环保、工商、安监、质监、城管、规划国土、综治、公安等部门的执法资源，强化协同联动和联合执法，多管齐下，综合施策，坚决遏制各类违法违规问题蔓延。要严防严控，确保违法违规生产行为无反弹。完善联防联控机制，对违法用地、违规出租行为杜绝二次违规，坚决堵住散、乱、污企业流窜通道，确保整治一家，见效一家。要及时总结，建立长效工作机制。在向乡镇、街道、村逐级传递压力的同时进行政策创新，切实调动基层工作积极性，确保清理整治工作持续有效。

（市经信委绿色环保处）

编辑出版专述

《北京市产业疏解政策研究》一书出版发行。 6月1日，《北京市产业疏解政策研究》一书由北京工艺美术出版社出版发行。该书全面梳理产业疏解相关理论政策和国内外经验，总结近年来北京市产业疏解的典型做法、成效以及存在的问题，分别从税收政策、要素资源、土地、人员安置、资产处置、承接环境6个方面逐一梳理了政策现状、不足和建议，为深入推动非首都功能疏解和京津冀产业协同发展工作提供了参考。该书由副市长隋振江、工业和信息化部总工程师朱宏任等领导担任顾问，市经济信息化委主任张伯旭担任主编。

《北京市“十三五”时期工业转型升级规划》编制完成。 年内，市经济信息化委为推进工业创新发展，构建高精尖经济结构，按照国家对北京市建设“四个中心”的要求，依据《京津冀协同发展规划纲要》及北京市落实意见、《中国制造2025》及北京行动纲要、《“十三五”国家科技创新规划》《京津冀协同发展产业升级转移规划（2015—2020年）》《北京市国民经济和社会发展第十三个五年规划纲要》《北京加强全国科技创新中心建设总体方案》等文件精神，编制完成《北京市“十三五”时期工业转型升级规划》（报审稿）。《规划》对“十二五”时期，全市工业贯彻落实中央和市委市政府决策部署，加快转变发展方式，推动产业结构调整，工业整体保持稳步增长，质量效益实现提升等方面进行了回顾。发展质量稳步提升。2015年，全市工业实现增加值3710.9亿元，比“十一五”末提高34.3%，“十二五”时期年均增速为6.1%；规模以上工业实现利润总额1597.7亿元，比“十一五”末提高55.4%；规模以上工业全员劳动生产率达到33.3万元/人，比“十一五”末提高50%。北汽集团、首钢集团两家市属国企进入世界500强，北汽新能源纯电动汽车销量连续三年位居全国第一，联想、紫光等一批企业实施海外并购，产业全球影响力和资源配置能力进一步提升，为全市经济平稳运行和“科技创新中心”建设做出重要贡献。产业结构深化调整。主动适应经济发展新常态，把下行压力转化为结构调整动力，持续推动产业结构向高端化、服务化、集聚化方向转型。2015年，现代制造业和高技术制造业占全市工业增加值的比重分别为49.4%和21.3%，分别比“十一五”末提高10.1个百分点和2.6个百分点。以电子信息、汽车、生物医药为代表的高端产业占工业增加值比重达到40%，比“十一五”末提高了9个百分点。生产性服务业增加值达到12160亿元，占全市地区生产总值的比重为52.9%，比“十一五”末提高5.4个百分点。创新驱动效应初显。实施创新驱动发展战略，工业自主创新能力明显增强。2015年，全市市级及以上企业技术中心数量达到612个，是“十一五”末的2.23倍。规模以上工业企业中有研发创新活动的占32.2%，较“十一五”末提高17.1个百分点；规模以上工业企业专利申请量达到20024件，较“十一五”末增长1.3倍；规模以上制造业每亿元主营业务收入有效发明专利数达到1.6件。12英寸28纳米刻蚀机、离子注入机等集成电路核心设备实现规模化生产，京东方自主研发的液晶面板生产工艺技术达到国际先进水平。绿色发展成效显著。“十二五”期间，全市多措并举加大工业节能减排力度。2015年，全市万元工业增加值能耗为0.486吨标煤、万元工业增加值水耗为10.5立方米，分别比“十一五”末下降47.5%和43.2%[①]；规模以上工业企业从业人员为110.4万人，比“十一五”末下降11%，实现了以较少的资源消耗支撑“十二五”时期工业总产值27.3%和增加值34.3%的增长。生态工业园区建设取得新进展，北京经济技术开发区成为国

① 按现价计算。

家级生态工业示范园区，10家市级以上开发区完成生态化改造，绿色发展水平明显提升。融合发展不断深入。两化融合水平进一步提高，“十二五”末期，全市两化融合发展总指数达到91.6，比“十一五”末提高21.5。二三产业融合互动趋势明显，制造业服务化特征更加突出，金风科技股份有限公司、三一重工股份有限公司等一批企业开始由产品制造商向服务提供商转型。军民融合深度推进，中关村丰台园依托新兴际华军工资源，集聚应急产业链条，成为首批国家应急产业示范基地；“军转民”和“民参军”双向提速，涌现出无人机、北斗导航等一批高精尖新产品，全力推动中国航空发动机集团筹备建设。产业集聚态势明显。开发区作为全市工业承载主体的地位显著增强，2015年，市级以上开发区实现工业总产值10184.8亿元，占全市工业总产值的比重为58.4%，较“十一五”末提高13.4个百分点。全市开发区工业总产值土地产出率达到95亿元/平方千米，工业用地集约利用水平进一步提高。以业控人初见成效。严格执行《北京市新增产业的禁止和限制目录》，禁限项目实现“零准入”，涉及人员零增长。加快一般制造企业调整退出，2013年至2015年累计关停1006家，涉及人员约5万人。在主动调整疏解和机器换人等作用下，全市规模以上工业从业人员呈逐年下降态势。规模以上工业企业从业人员从2010年的124.15万人减少至2015年的110.44万人，占全市常住人口的比重从2010年的6.3%下降至2015年的5.1%。区域协同步伐加快。落实京津冀协同发展战略，重点依托“4+N”产业合作平台，推进产业疏解转移。推动首钢集团、金隅集团、北京现代汽车有限公司、北京三元乳业有限公司等重点企业在津冀布局。启动共建产业园区建设，《北京（曹妃甸）现代产业发展试验区产业发展规划》正式对外发布，首钢京唐二期、城建重工等一批产业项目签约落地；引导22家北京市生物医药企业将原料药生产环节转移至北京·沧州渤海新区生物医药园，推进9家企业开工建设；推动张北云计算产业基地建设，打造国家级云计算产业集聚区；支持河北正定、天津武清等区域打造一批差异化、特色鲜明的产业园区。“十二五”时期，北京工业发展水平虽然稳步提高，但仍不能满足全市构建高精尖经济结构的要求，主要表现为：现代制造业和高技术制造业比重还不够高，高精尖产业仍处于培育期，尚未对全市工业转型发展形成有效支撑；制造业创新能力与打造全国科技创新中心的要求还有较大差距，创新动能尚未充分释放，以创新驱动为特征的新增长模式还没有形成；产业布局有待进一步优化，市级以上开发区差异化定位不明显，产业能级与集聚度水平不高；两化融合、军民融合水平有待提升，工业与生产性服务业仍需进一步融合；京津冀产业协同发展工作需要进一步丰富内涵，协同发展需从资源配置、优势互补、政策共享等方面向更高层次推进。

第二轮地方志书《北京志·工业志》通过初审评议。6月27日至28日，第二轮地方志书《北京志·工业志》（以下简称《工业志》）初审评议会在市经济信息化委召开。市地方志办主任陈玲、《北京志》副主编王铁鹏、戴卫、周继东、顾兖州，市地方志办市志指导处处长运子微，市地方志办责任审稿出席会议。市经济信息化委主任张伯旭与市地方志领导、专家进行交谈，副局级领导陈志锋，原市经委委员、离退休总支书记朱鼎恒，行业专家、工业志鉴编辑部及相关修志人员等参加会议。市经济信息化委研究室主任唐建国主持会议。会议听取了市产业经济研究中心主任张一平关于《工业志》初稿编纂工作情况的汇报，与会专家就《工业志》篇目结构、概述、大事记、正文等内容进行了评议，对初稿给予较高评价。《工业志》克服了在组织协调、篇目设计、资料收集、志稿撰写等诸多方面存在的实际困难，将首轮20部分志合编为一部志书，是“传承工程、责任工程、奉献工程”的体现。与会专家认为，《工业志》资料工作扎实，入志资料具有较高的存史价值；善于运用志言志语，行文朴实，成果可圈可点。同时，与会专家指出了如概述结构设计层级过多，大事记中的大、新、特、要内容不够突出，工业企业的入志标准不明确，冗余资料过多，总体篇幅过大等问题。建议增加体制改革、国防科技工业相关内容。陈玲对市经济信息化委在组织编纂工作中的突出表现给予高度评价，强调要站在全市角度，把握方向，保证质量。陈志峰对专家评议组的指导表示感谢，对修志人员付出的辛苦表示慰问，表示市经济信息化委一定认真研究，充分吸收专家意见，进一步修改完善，按照总体进度保质保量地完成编纂任务。

（市经信委）

综 述

2016年，全市规模以上工业企业3449家，实现工业总产值18087.3亿元，同比增长3.7%。其中，电子信息产业实现工业总产值2019.9亿元，下降4.3%；装备制造产业2298.1亿元，下降5.3%；汽车交通产业5163.1亿元，增长21%；生物医药产业814.4亿元，增长11.1%；基础原材料产业6217.2亿元，下降2.0%；都市产业1574.6亿元，增长0.9%。

产业发展增减有序。现代制造业增加值2007.2亿元，占全市工业增加值的比重为49.8%，比2015年提高3.8个百分点；基础和都市产业中不符合首都功能定位的产业增加值下降7.4%。减人增效成果显著。规模以上工业从业人员101.4万人，同比减少6万人；全员劳产率达35.9万元/人，约为全市平均水平的1.7倍。规模以上工业综合能耗1751.3万吨标煤，下降1.9%；万元增加值能耗0.4吨标煤，下降6.6%。

结构布局持续优化。京津冀协同不断深化，北京·沧州生物医药园签约北京企业53家，开工建设14家，生物医药产业异地监管模式实施；北京现代沧州四工厂、三元新乐工业园等重大项目竣工投产。城市发展新区引领增长，实现产值8909.3亿元，增长6.9%，占全市规模以上工业的比重达到49.3%。

创新动能加快形成。产业创新投入加大。全市大中型企业研发经费支出203.9亿元，增长2.9%；有效发明专利数1.51万件，增长1.3%。新技术新产品不断涌现。国际唯一脊柱全节段手术机器人系统等一批高精尖产品集中面世，中芯国际28纳米产品产能和良品率达到国内最高水平，百度发布人工智能平台级解决方案“天智”。产业融合创新发展。首个国家级制造业创新中心落户北京市。中国航空发动机研究院落地揭牌，石墨烯创新中心组建有序推进。

年内，市经济信息化委出台、落实《北京市工业稳增长调结构增效益重点任务分工方案》。统筹构建高精尖产业结构、调整疏解、京津冀产业合作等工作，加快实施《〈中国制造2025〉北京行动纲要》、坚持创新驱动发展、优化产业空间布局、促进产品质量和结构升级等6个方面26条稳增长政策措施。指导各区工业主管部门结合区域定位制订具体实施方案。做好各项政策措施的督促落实，为全市工业增速稳步回升提供了有力支撑及保障。

年内，市经济信息化委通过多种形式和途径开展宣传和解读《北京市关于加快落实应急产业发展的实施意见》（京政办发〔2015〕59号）（简称《实施意见》），推进落实《实施意见》中的重点事项；联合各部门合力推动应急产业发展；推动中关村丰台园应急产业示范基地建设；办理市政协“关于设立市区两级应急救援培训演练中心”提案；加强骨干应急企业调研和帮扶；落实工信部相关部署及配合市有关部门；编写《北京市重点应急企业及应急产品目录》。

（市经信委经济运行处）

电子信息产业

【概况】2016年，北京电子信息制造业实现工业产值2019.9亿元，下降4.3%，实现工业增加值185.2亿元，完成出口交货值550亿元，较上年下降9.2%；实现主营业务收入2715.1亿元，较上年增长7.8%；利润总额88.6亿元，较上年增长38.9%。全年完成固定资产投资126亿元，同比增长1倍。产业结构进一步优化。从规模上看，移动通信产业基本稳定，占比保持在50%左右；传统的台式计算机制造业逐步萎缩，占比从去年的16%下降至13%；以核心元器件制造为龙头的数字电视产业进一步提升，占比从去年的18%上升至20%；重点打造的集成电路产业稳步推进，占比从去年15%上升至17%。从运行质量上看，行业运行质量进一步提升，下半年，随着电子元器件行业市场需求回暖，行业增加值率显著回升，在月度产值负增长的情况下，增加值增速转正且逐月提升，产业提质增效明显。

（市经信委电子信息处）

【“智能汽车与智慧交通应用示范”协议签约】1月18日，“基于宽带移动互联网的智能汽车与智慧交通应用示范”合作框架协议签约会在北京经济技术开发区举行。工信部副部长怀进鹏、北京市副市长隋振江、河北省副省长张杰辉出席会议并签署协议。市经济信息化委主任张伯旭，副主任王学军、段润保，委员姜广智；北京经济技术开发区管委会主任梁胜参加签约仪式。20余家企业，5所高校科研机构以及中央电视台、新华社、中国电子报、北京日报、北京电视台等60余家新闻媒体，共计200余人参加会议。签约仪式由市经济信息化委与北京经济技术开发区共同组织，智能交通技术和设备交通运输行业研发中心、中国信息通信研究院、乐视控股公司、北汽新能源汽车公司、河北长城汽车公司等单位共同编制“基于宽带移动互联网的智能汽车与智慧交通应用示范”总体方案，并经工信部电子信息司、交通运输部运输服务司、北京市经济和信息化委员会、河北省工信厅、北京经济技术开发区五部门联合组织的专家评审会一致通过评审。同时，为加快推进部市（省）应用示范区共建工作，市经济信息化委与工信部电子信息司、河北省工信厅共同草拟三方合作框架协议，并经市政府法制办审查通过。此次签约活动包括应用示范工作研讨会和合作协议签约会。张伯旭介绍智能汽车与智慧交通应用示范进展情况，并报告了市经济信息化委牵头创建智能汽车与智慧交通联合创新中心、未来车联网基金有关工作。随后方案编制组汇报了“基于宽带移动互联网的智能汽车与智慧交通应用示范”总体方案；6位专家分别从5G通信、智能汽车、国外智能交通、国内交通、北京交通、无人驾驶等方面进行了专题演讲。姜广智主持媒体发布会。会议向媒体详细介绍了方案提出的绿色用车、智慧路网、智能驾驶、便捷停车、快乐车生活、智慧管理等六大应用示范内容，并发布了“基于宽带移动互联网的智能汽车与智慧交通应用示范”北京市2016—2020年行动计划。怀进鹏、隋振江、张杰辉代表三方政府部门签订部省市“基于宽带移动互联网的智能汽车与智慧交通应用示范”合作框架协议，随后由百度、大唐电信、乐视、北汽福田、北汽新能源、千方科技、长城汽车、中国信通院等15家企事业单位签订智能汽车与智慧交通联合创新中心发起成立协议，由北京亦庄国际投资发展有限公司、北京千方科技集团有限公司、乐视网信息技术（北京）股份有限公司、北汽福田签订10亿元未来车联网基金发起协议。隋振江讲话指出，三方聚焦一个专业领域共同签署合作协议是第一次重大创新，在车联网领域的应用示范、科技创新、产业创新方面，搭建了政府服务平台、区域协作平台以及资金政策支撑平台。企业、科研院所的联合创新中心是构建高精尖结构的产业端，彼此协同合作创新的平台，为技术创新、模式创新提供支撑。未来车联网基金的创建是整合业界资金、社会资金以及政府引导基金，通过政府+企业+社会基金的新方式，用资金链引领创新链，引导产业链。北京市高度关注平台的建设，在未来的五年内，集中精力打造创新平台、协同平台、应用平台、示范工程，通过平台整合资源，创建新的标准和法规，打通创新产业到应用的渠道，让中国在智能汽车、电动汽车、电子信息、智能交通领域从产业到应用，实现和国际并行发展。

（市经信委电子信息处）

【国内首条LTPS液晶面板6代线试生产】2月10日，国内首条采用LTPS（低温多晶硅）技术的液晶面板六代线在武汉华星光电试生产，标志着国内已成功攻克第六代LTPS生产核心技术，初步具备高端小尺寸显示屏生产能力，打破了国外产品在中国高端小尺寸显示屏市场上的垄断。第 6 代 LTPS 液晶面板生产线项目是由 TCL 集团旗下的华星光电投资建设，相比传统的非晶硅液晶显示面板，低温多晶硅可以使显示器的反应速度更快、亮度更高、稳定性更强，同时使产品的重量更轻、厚度更薄，工作寿命更长并耗能更少。武汉华星光电批量生产后，每年可实现生产高端智能手机及移动 PC 显示面板约 8800 万片，产值超百亿元。

（市产研中心）

【智能硬件大型创新创业活动举办】4 月 28 日，北京富士康在东升大厦举办智能硬件大型创新创业活动——“梦富菁英会”，市经济信息化委委员姜广智应邀参加并为活动致辞。“梦富菁英会”是富士康聚焦智能硬件领域，谋求转型升级，将富士康先进制造能力与创业创新项目相结合的创业孵化活动。活动邀请了清华 X-LAB、创新工厂、洪泰 A+lab、中信资本、亦庄创投会、黑马会等创新机构和孵化器参加，共有 30 个来自美国硅谷、13 个来自国内的创业团队展示了 3D 食品打印、智能篮球、智能服饰等创业产品，其中 14 个团队进行了现场路演。

（市经信委电子信息处）

【与中科院微电子所签约】5 月 14 日，在以“智能化趋势下的集成电路技术及产业发展”为主题的第三届“中国科学院微电子研究所科技开放日”活动中，市经济信息化委与中国科学院微电子研究所举行战略合作协议签约仪式。按照“优势互补、信息共享、诚实守信、互利共赢”的原则，围绕集成电路、物联网、智能制造等技术领域，共同构建“政产学研用”协同创新产业生态，以微电子所科研成果作为技术源地，结合政策支持、产业协作，大众创业、万众创新，促进北京高精尖产业发展，形成具有“芯”动力的“北京创造”产业格局。

（市经信委电子信息处）

【小米公司成为全球第二大可穿戴智能设备商】5 月 16 日，市场研究公司 IDC 公布 2016 年第一季度可穿戴行业市场销售数据。报告从市场占有率、第一季度产品销量、同比增长率等方面对可穿戴设备各品牌进行了比较。小米出货年增 42%，370 万支，市场占有率为 19.0%，超过苹果成为全球第二大可穿戴智能设备商。

（海淀区经信办）

【2016 年中国电子信息百强企业发布】7 月 12 日，由工信部指导，中国电子信息行业联合会主办的 2016 年中国电子信息百强企业发布会在贵州省安顺市召开。大会发布了“2016 年（第三十届）中国电子信息百强企业”名单，华为技术有限公司连续第九次夺得第一位；联想集团、中国电子信息产业集团有限公司分列第二、第三名；海尔集团、中兴通讯、TCL 集团、四川长虹电子、海信集团、北大方正、比亚迪紧随其后分列第四至第十位。数据显示，本届百强企业共实现主营业务收入 2.96 万亿元，总资产合计达到 3.4 万亿元；2015 年共生产手机 3.7 亿部、计算机 3160 万台、彩电 11530 万台和集成电路 430 亿块，占全行业比重分别达到 20.3%、10.1%、71.1% 和 39.6%。此次百强企业中，北京地区共有 10 家企业入围，其中联想集团、中国电子信息产业集团、北大方正进入前十位，京东方、小米、紫光、航天信息、同方、大唐进入前二十五位，华胜天成位列第九十七位。北京 10 家企业除中国电子信息产业集团（产业在京外），9 家企业实现主营业务收入 5756 亿元，占百强企业比重为 19.4%。此次会议发布了电子百强 30 年创新发展领军企业，北京 6 家企业上榜，分别是联想集团、中国电子、京东方、紫光、北大方正、大唐电信。

（市经信委电子信息处）

【签订推进人工智能与智能硬件框架协议】7 月 23 日，在中关村国际创新周开幕式暨中关村智造大街启动仪式上，工信部副部长怀进鹏、北京市副市长隋振江签署《工业和信息化部、北京市人民政府关于共同推进建设北京市人工智能与智能硬件创业创新平台的合作框架协议》。协议提出要广泛调动“政产学研用”创新资源，指导和建设北京市人工智能和智能硬件创业创新平台，打造产业创新发展新高地；要突破关键共性技术，推进高端产品产业化，建设场景式体验中心，开展行业应用示范；要探索政策机制创新，打造产业基金、产业联盟，构建人工智能与智能硬件产业生态体系。工信部电子司司长刁石京、副司长乔跃山，市经济信息化委主任张伯旭、委员姜广智等有关部门领导共同见证此次签约。

（市经信委电子信息处）

【人工智能与智能硬件创新中心授牌】7 月 23 日，在中关村国际创新周开幕式暨中关村智造大街启动仪式上，市经济信息化委为北京市人工智能与智能硬件创新中心授牌。在工信部副部长怀进鹏、北京市副市长隋振江等领导的见证下，市经济信息化委主任张伯旭向创新中心首席科学家李德毅院士、筹建单位代表中科创达董事长赵鸿飞颁发北京市人工智能与智能硬件创新中心铜牌。北京市人工智能与智能硬件创新中心是北京市在人工智能与智能硬件领域构建的产业创新中心，旨在依托北京创新资源聚集优势，整合产业链各环节创新资源，面向消费需求和产业升级需求，以创新智能硬件供给能力和需求体系为核心，持续推动技术创新和商业模式创新，发挥北京地区科技、人才和资本等资源优势，辐射京津冀，引领全国，在全球具有重要影响力的智能硬件创新创业生态体系，推动中国智能硬件产业规模化、体系化、高端化、生态化发展。

（市经信委电子信息处）

【中关村国际创新周开幕】7 月 23 日，中关村国际创新周开幕式暨中关村智造大街启动仪式在海淀区举办。工信部副部长怀进鹏，工信部电子信息司司长刁石京、副司长乔跃山，北京市副市长隋振江，北京市政府副秘书长刘印春，市经济信息化委主任张伯旭、委员姜广智，市科委主任闫傲霜，中关村科技园区管委会主任郭洪，海淀区委书记崔述强，海淀区委副书记、区长于军等出席启动仪式及相关活动。张伯旭在大街启动仪式上指出，中关村智造大街要成为产业转型升级的智慧源泉，把中关村传统互联网软件优势和北京制造业深度融合；要成为产业创新要素聚集平台，对接企业转型的急迫需求和科研院所的技术成果，抓住北京高端人才优势发挥行业引领作用；要成为产业创新成果的展示平台，展示最新的产业创新成果，快速实现样品试制，提供产品设计、产品中试、检测验证等服务。中关村智造大街位于海淀区五道口，北起双清路，南至成府路，全长 380 米。大街以“创意转化和硬件实现”为目标，以全链条服务和创新育成为特色，涵盖了敏捷制造、工业设计、技术研发、检测认证、小批量试制、科技服务、市场推广，形成支撑创新的北斗七星产业生态，通过平台化的服务“一站式”解决创新企业的服务需求。

（市经信委电子信息处）

【乐视收购美国电视巨头 Vizio】7 月 27 日，乐视宣布以 20 亿美元现金收购美国当地最大彩电品牌 Vizio，后者将成为乐视的全资子公司，这是迄今全球彩电行业金额最大的一桩并购案。Vizio 是 10 余年前在美国创立的电视品牌，在美国每年的销量达到 800 万台，已成为美国销量仅次于三星、位居第二的品牌。

（市产研中心）

【小米发布首款笔记本电脑产品】在 7 月 27 日的新品发布会上，小米科技创始人雷军发布了小米成立以来的首款笔记本电脑产品“小米笔记本 Air”，售价 3499 元起。此次小米笔记本通过内置独立显卡和可扩展硬盘试图解决传统轻薄本的两个痛点。小米笔记本由纬创资通、英业达代工。小米笔记本 Air 比苹果 MacBook Air 最厚处薄 13%；同样屏幕尺寸下，小米整机比苹果小 11%；重量上比苹果轻 15%。

（市产研中心）

【8 英寸集成电路研发产业化项目启动】9 月 27 日，北京电控所属燕东微电子公司 8 英寸集成电路研发产业化及封测平台项目打桩仪式在北京经济技术开发区举行，标志该项目建设工程正式启动。该项目计划建设 8 英寸芯片生产厂房、研发楼、动力厂房等配套设施，其中芯片生产厂房包含一条 BCD 兼容工艺的 8 英寸芯片生产线。未来拟生产产品为显示驱动 IC(LCD/OLED)、功率器件 (含 RF)、电源管理类数模混合集成电路和高可靠器件等；显示驱动电路，包括：LCD/OLED 驱动电路；电源管理集成电路 DC—DC、AC—DC、LDO 等；功率器件 MOSFET、LDMOS、IGBT 等新一代功率器件等；高可靠应用 IC，电源管理电路、场效应晶体管、VDMOS、MEMS 等；封测产品，SIP 封装、高可靠器件封装、CSP 封装。

（北京电控）

【2016 北京微电子国际研讨会举办】9 月 27 日，“2016 北京微电子国际研讨会暨中国新能源汽车电子高峰论坛”在北京亦庄亦创会展中心举办。研讨会的主题是“联动融合，创新共赢，推动产业跨越发展”。研讨会每年定期在北京举办，2016 年是第十七届。本次会议围绕中国集成电路产业发展与资本运作、创新创业环境营造、产业高端要素整合以及新能源汽车电子关键技术创新等话题，邀请国内外重要嘉宾对中国及北京市集成电路与新能源汽车电子产业发展建言献策，共商合作发展大计。市经济信息化委委员姜广智在致辞中表示，北京集成电路产业将紧抓北京建设全国科技创新中心的重大契机，以创新促进集成电路产业全面升级；深入贯彻中国制造 2025、“互联网 +”行动计划，紧抓智能互联时代历史机遇，实现北京集成电路产业跨越式发展；同时，围绕北京新能源汽车产业规模化发展，全力突破并构建汽车电子产业体系。他表示，衷心希望产业界抓住北京建设全国科技创新中心的机遇，以打造完整产业生态为目标，开展全方位的合作，促进集成电路产业及汽车电子的发展。本次会议得到国家发展改革委、科技部、工信部等单位的大力支持，国际半导体设备及材料协会（SEMI）、美国华美半导体协会（CASPA）、高通、仙童半导体、恩智浦、中芯国际、京东方、北方微电子等百余家国内外知名微电子及新能源汽车电子相关单位参加研讨会并举办“集成电路和汽车电子展览”。集成电路企业

家代表，中芯国际董事长周子学，国家集成电路产业投资基金总经理丁文武，SEMI 全球副总裁兼中国区总裁居龙，中科院微电子所所长、国家 02 专项专家组长叶甜春等业界代表结合自身企业和行业发展做相关报告。本届研讨会还举办新兴领域集成电路市场趋势论坛、先进 IC 制造与技术论坛、集成电路投融资和并购论坛、中国新能源汽车电子核心关键技术发展论坛，详细解读集成电路及新能源汽车电子产业的发展现状、动态及未来。会议期间，北京北方华创微电子装备有限公司举行整合发布仪式；中国新能源汽车电子产业创新发展联盟成立，中国电子科技集团公司总经理樊友山当选联盟首届理事长。

（市经信委电子信息处）

【第 10.5 代 TFT-LCD 生产线完成封顶】 11 月 29 日，全球最高世代线 BOE（京东方）合肥第 10.5 代 TFT-LCD 生产线完成封顶。该生产线投建于 2015 年 12 月，总投资 400 亿元，主要生产 65 英寸以上 8K 超高分辨率液晶显示屏，设计产能为每月 9 万片玻璃基板（3370 毫米 ×2940 毫米）。

（北京电控）

【中芯北方项目建设】 年内，市经济信息化委实施国家“910”工程，全力推动并保障中芯北方项目建设，推动 B2 项目资本金全部到位，产线建设进展顺利，28 纳米工艺规模量产，月产能达到 18000 片；瞄准 14 纳米工艺研发及产业化，落实 B3 项目资金来源，已完成项目立项，集成电路厂房已封顶。

（市经信委电子信息处）

【和芯星通获国家科技进步二等奖】 年内，和芯星通科技（北京）有限公司完成的“多系统多频率卫星导航定位关键技术及 SoC 芯片产业化应用”成果获得国家科技进步二等奖。该项成果攻关并突破基于北斗的多系统多频率卫星导航芯片设计技术，实现真正的多系统融合，作为世界上首颗支持全部现有卫星导航系统的 GNSS 芯片，填补了国际和国内空白，并在关键技术指标上赶超国际一流水平。

（海淀区经信办）

汽车与交通设备产业

【概况】 2016 年，北京汽车及交通运输设备制造业工业总产值 5163.1 亿元，比上年增长 21%。汽车制造业实现产值 4771.6 亿元，比上年增长 22.9%。年内，累计生产汽车 264.3 万辆，比上年增长 18.1%，累计销售汽车 262.5 万辆，比上年增长 15.7%。北汽集团公司市场占有率为 10.2%，与去年持平，继续稳居全国第五位。北京现代公司销售汽车 114.2 万辆，比上年增长 7.5%，乘用车市场占有率为 4.7%，较去年下降 0.3 个百分点，前进至全国第五位。北汽福田公司销售汽车 50.1 万辆，同比增长 2.2%，商用车市场占有率为 13.0%，稳居全国第一。其中，福田中重卡产品销售 8.4 万辆，比上年增长 6.1%，中重卡市场占有率为 9.6%，保持全国第五位。北汽股份公司销售汽车 36.4 万辆，比上年增长 44.8%。北京奔驰公司销售汽车 31.7 万辆，比上年增长 26.7%。北汽有限公司销售汽车 3.4 万辆，比上年增长 112.9%。北京长安公司销售汽车 22.5 万辆，比上年增长 15.7%。

（赵守鹏）

【首家企业落户北京（曹妃甸）汽车产业园区】 4 月 6 日，市经济信息化委与河北省工信厅、唐山市政府、北京汽车行业协会共同举办北京城建重工有限公司入园签约仪式暨北京（曹妃甸）现代产业发展试验区承接北京市专用车企业转移推介会。市经济信息化委副主任樊健出席会议并讲话。河北省工信厅副厅长童腾飞、唐山市副市长税勇、北京汽车行业协会副会长马童立以及来自北京市 10 家专用车企业的代表参加会议。北京城建重工有限公司与曹妃甸区政府正式签订项目投资协议，成为入驻曹妃甸汽车产业园区的第一家北京市专用车企业。樊健充分肯定了城建重工对首都专用车产业疏解及京冀共建曹妃甸的支持与贡献，鼓励其他企业审时度势及早搬迁疏解，要求北京汽车行业协会为企业做好服务，希望曹妃甸区政府继续完善企业服务。市经济信息化委将在信息沟通、协调服务、政策落实等方面继续对汽车产业园区建设给予支持。北京（曹妃甸）现代产业发展试验区汽车产业园区占地 350.7 万平方米，其中城建重工项目占地 40 万平方米，计划投资 20 亿元，主要生产纯电动物流车等产品。

（赵守鹏）

【京产自主品牌汽车完成无人驾驶测试】 4 月 12 日，长安无人驾驶汽车从重庆出发，历时 6 天，途经四川、陕西、河南、河北等多个省市后，于 4 月 17 日抵达北京，累计行程 2000 公里。此次用于无人驾驶的汽车由北京长安公司生产的睿骋车型改装而成，该车成为中国首家实现长距离无人驾驶的汽车。

（市经信委汽车交通处）

【乐视首款无人驾驶超级汽车亮相北京】4月20日，乐视公司在北京乐视体育生态中心正式发布首款无人驾驶超级汽车 LeSEE。该车是一款概念样车，采用纯电驱动，主打智能互联概念，可以实现自动驾驶功能，实现自我学习，具备人脸识别、情绪识别、环境识别和路径识别等功能。车身及内饰采用流线造型；前后配有超大LED显示面板，可向行人提示车辆状态。后排动态智能座椅可根据乘客身材自动调节至最佳位置并记忆用户喜好。“花瓣式”可伸缩方向盘科技感十足，当车辆进入自动驾驶模式时，方向盘自动收缩，为乘客提供最大舒适空间；当转换为驾驶模式时，方向盘会像花瓣一样伸展、绽放。车内搭载5块显示屏，内含乐视生态全部内容，并能与手机、电视等其他移动智能终端实现互联。该车采用电磁感应式充电技术，比传统充电方式更加简单、便利。此次乐视发布的无人驾驶超级汽车是本市首款真正意义的纯电动智能网联汽车。

（市经信委汽车交通处）

【北汽首款纯电动SUV上市】4月，北汽新能源推出的首款纯电动SUV车型EX200宣布上市。新车分为乐酷版与乐活版两款车型，售价分别为21.69万元和20.69万元。以北京补贴为例，EX200乐酷版补贴后售价12.69万元、EX200乐活版补贴后售价11.69万元。EX200的续航能力为200公里，在快充模式下只需30分钟就可以充至80%的电量，达到160公里的续航能力；在慢充模式下也仅需4至5小时即可充满，保证了车辆的高利用性。

（市产研中心）

【宝沃汽车取得车辆生产企业及产品公告】5月24日，工信部发布《道路机动车辆生产企业及产品公告（第284批）》，北京宝沃汽车有限公司及宝沃牌多用途乘用车产品位列其中，成为北京市第8家拥有乘用车资质的汽车生产企业。北京宝沃汽车有限公司乘用车技术改造项目总投资47亿元，其中新增投资17.5亿元，技改升级北汽福田北京多功能汽车厂，在不新增产能的情况下，使北京宝沃汽车有限公司拥有年产“宝沃”品牌10万辆轿车和8万辆其他乘用车（包含新能源汽车产品）的生产能力。项目于2015年6月开工，项目达产后产值将达到308亿元。

（市经信委汽车交通处）

【北京匠芯电池科技有限公司注册成立】6月6日，北汽新能源与河南新乡动力电池研究院在亦庄注册成立北京匠芯电池科技有限公司，注册资本金2000万元人民币，双方各持股50%。公司将基于两地互补优势，对标世界一流水平，建设国家级动力电池工程化协同创新中心，重点在现有体系及下一代全新电池的电芯、BMS、PACK等方面实现工程化突破和产业化。6月24日，北京匠芯电池科技有限公司正式揭牌。新乡市市长王登喜、市经济信息化委副主任王学军等出席揭牌仪式。市科委及北汽集团有关负责同志参加。两地领导共同为北京匠芯电池科技有限公司揭牌，两市联合推动的动力电池工程化协同创新中心正式落地。市经济信息化委将加快推动匠芯公司在现有体系动力电池及下一代全新电池的电芯、BMS（电池管理系统）、PACK（电池包）等方面实现工程化突破和产业化。

（市经信委汽车交通处）

【20台100吨矿用自卸车订单首台车下线】6月7日，二七机车公司与紫金矿业集团20台100吨矿用自卸车订单首台车下线仪式隆重举行，龙岩市委书记李德金、中国中车集团公司副总经理贾世瑞、紫金矿业集团股份有限公司副总裁林泓富、二七机车公司总经理杨永林等领导出席并讲话，二七机车公司党委书记马建勋主持仪式。3月8日，二七机车公司与紫金矿业集团股份有限公司签署20台100吨矿用自卸车采购合同，合同价超过1亿元。合同签订后，二七机车公司凭借在矿山装备方面的人才、技术、制造等综合优势，加快推进项目进展，保证了首台车顺利下线。

（二七机车公司）

【金刚化工涂料生产线调整搬迁】6月8日，市经济信息化委副主任王学军带队赴金刚化工（北京）有限公司，协调涂料生产线调整搬迁事宜。顺义区常务副区长于庆丰与区经济信息化委、区环保局及北汽集团、北京现代等单位负责同志参加调研。金刚化工公司汇报了发展情况及面临调整搬迁存在的问题，王学军指出，金刚化工作为北京现代及其配套企业核心的油漆供应商，整体供应份额占现代汽车整个体系的80%以上，其涂料生产线调整搬迁影响巨大。在新的发展形势下，北京现代、金刚化工应加大投入，适应环保要求，顺义区政府、北汽集团、北京现代应及早拿出解决方案，确保企业生产平稳进行，减少对汽车工业的影响。

（赵守鹏）

【北汽福田与国网电动汽车服务公司签署协议】6月29日，北汽福田公司与国网电动汽车服务有限公司签署了战略合作协议。市经济信息化委副主任王学军出席签约仪式并致辞。国网电动汽车服务有限公司是国家电网全资子公司，承担国家电网公司有关电动汽车充换电设施建设及运营等业务。北汽福田是国内品种最全、规模最大的商用车生产企业，在新能源客车、电动物流车等领域保持领先。双方将在电动汽车充电基础设施规划建设、车辆定制及运营、车联网平台、电动汽车租赁等领域开展全面合作。王学军充分肯定了双方的战略合作，希望双方立足自身资源优势，在系统解决方案、服务保障、市场开拓、“互联网＋出行”等方面紧密合作，为推动本市新能源汽车发展、构建高精尖产业体系及建设和谐宜居之都做出贡献。市经济信息化委将全力配合，做好相关服务。

（市经信委汽车交通处）

【北京现代四工厂取得车辆生产资质】7月4日，北京现代四工厂入选工信部《车辆生产企业及产品公告》，正式取得车辆生产资质，标志着四工厂投产前准备工作基本结束。北京现代四工厂作为北京市落实京津冀协同发展战略的重要举措，于2015年4月3日正式开工，该项目总投资74.5亿元，达产后可实现年营业收入361亿元，利润总额为28.9亿元人民币。四工厂建设基本完成，设备冲压、车身、涂装设备试运行完成，总装设备、发动机设备正在进行试运行。

（赵守鹏）

【北汽无人驾驶迈向商用化】7月6日，北汽集团新技术研究院与辽宁省盘锦市大洼区政府在北京举行无人驾驶汽车战略合作协议签约仪式，双方将在“红海滩国家风景廊道”合资合作共同开发建设无人驾驶体验项目。项目将在景区内建起一个22公里长的封闭区域，无人驾驶车辆在其中各个景点之间做摆渡。项目车辆使用北汽现有的三种成熟车型，均为纯电动汽车，搭载无人驾驶技术，车辆不设方向盘，时速在30公里以下。首批将有20辆车上线，之后陆续增加至约50辆。游客可以买票乘坐不同大小、不同类型的无人驾驶汽车，欣赏自然风光。这是北汽无人驾驶汽车商业化项目首次落地。根据合作协议，双方将共同注册成立一家新公司。

（市产研中心）

【新能源汽车联席会议召开】7月20日，副市长隋振江主持召开北京市新能源汽车联席会议，听取了市科委、市交通委、市发展改革委、市质监局等单位汇报的本市新能源汽车总体情况、公共领域新能源汽车推广应用、充电基础设施建设、新能源汽车产品及基础设施检查等情况；北汽集团等企业汇报的新能源汽车业务发展规划等情况；市经济信息化委重点汇报的本市新能源智能网联汽车产业发展情况及下一步工作安排。副秘书长刘印春、市新能源汽车联席会各成员单位、房山区等有关区政府、北京理工大学、北汽集团等主要企业负责同志参加会议。隋振江肯定了本市新能源汽车发展成果，传达了副总理马凯座谈会精神，要求各单位要重点做好本市新能源汽车安全保障，打造覆盖安全技术、安全标准、安全监控、安全责任、安全法规的新能源汽车五大安全体系；要加快新能源汽车创新发展，加大研发投入，攻克关键核心技术，建立全球一流的新能源汽车技术创新平台，加快新能源汽车高端产品自主研发，打造本市中高端新能源整车制造基地；要精准扶持，集成政策资源，提前研究下一阶段支持政策，确保本市在新能源汽车研发、生产、示范应用等方面走在全国前列。

（市经信委汽车交通处）

【北汽自主品牌百万辆下线】8月16日，北京汽车自主品牌第100万辆整车正式下线。从2011年自主品牌第一辆“威旺”产品问世到今天第100万辆车——纯电动高端商务轿车EH400下线，北汽自主品牌用五年的时间完成了百万量级的跨越。

（市经信委汽车交通处）

【央地企业携手共筑“一带一路”对接会召开】9月28日，由市经济信息化委、中国对外承包工程商会和市商务委联合主办，北京汽车行业协会、北京国际经济技术合作协会、北京总部企业协会协办，北汽福田汽车股份有限公司承办的央地企业携手共筑“一带一路”——对外承包工程与北京汽车出口示范区企业“抱团出海”专题对接交流活动在北京会议中心举行。市经济信息化委副主任樊健在致辞中指出：全市工业和信息化系统正积极贯彻市委市政府的各项工作部署，全力落实首都“四个中心”功能定位，积极推动京津冀协同发展，着力构建高精尖产业结构。北京汽车产业将以新能源智能网联汽车专项为契机，推动产业向绿色化、自主化、智能化、国际化方向发展，推动企业加快产品结构升级和产能转移，提高产品质量和服务水平以及网络建设，适应全球竞争，努力成为北京高精尖产业国际化发展的标杆。希望北京汽车企业要抓住机会、主动作为、加强对接，深入了解需求，注重提升产品质量、优化服务，维护北京汽车产品的品牌形象和北京出口示范区形象。同时，也希望中央、北京工程企业，支持北京汽车企业发展，带领北京企业走出去，优先采购北京汽车产品，为央地合作树立典范。

（市经信委汽车交通处）

【北京现代第四工厂竣工投产】10月18日，北京现代第四工厂竣工投产仪式在河北沧州举行。河北省委书记赵克志、北京市副市长隋振江、工信部总工程师张峰、市经济信息化委副主任樊健、韩国现代汽车集团会长郑梦九以及国家发展改革委、沧州市政府、中国贸促会、北汽集团等单位负责同志出席仪式。隋振江在致辞中表示，北京现代第四工厂是最近两年落户河北的最大体量产业协同项目，它的竣工投产是北京市和河北省共同贯彻落实习近平总书记视察北京重要讲话精神、推进京津冀协同发展战略所取得的重大战略成果，既能帮助北京现代调整产能结构，又能带动沧州相关产业快速发展，形成以整车制造为核心的汽车产业集群，促进地区经济发展，希望以北京现代第四工厂为核心的汽车产业园建设成为京津冀协同发展的示范园区。他指出，“十三五”是京津冀协同发展的重要时期，北京市委市政府将继续秉持“创新、协调、绿色、开放、共享”的发展理念，深入落实京津冀协同发展纲要与河北省、天津市一道推进京津冀协同优化布局各类产业，融合互动、协同发展，共同推动可持续的繁荣。同日，北京现代发布一款全新经济型轿车——悦纳。

（赵守鹏）

【北京首个智能汽车园揭牌】 10月24日，北京首个智能汽车园——“北京顺义智能新能源汽车生态产业示范区”在顺义区揭牌。该示范区总体规划面积10平方千米，包括研发聚集地、整车与服务聚集地和核心部件聚集地3个基地，将承载研发设计、智能制造、汽车金融等六大功能为一体的产业集群，北京富电科技有限公司、乐电出行汽车租赁（北京）有限公司等知名企业15家，投资总额近100亿元。示范区将引进特斯拉、宝马、奔驰等设计研发机构，构建产业科技创新平台。依托国家汽车质量监督检验中心、中国特种设备检测研究院，吸引行业检测机构，形成国家级检验测试综合平台。以乐电出行等项目为载体，发展电动出租车、智能停车场、公共充电桩、新能源分时租赁等业态，打造应用示范区。

（市产研中心）

【中国首个超级卡车全球创新中心在京成立】 11月4日，“福田汽车集团北京超级卡车创新中心”在北京宣告成立。这是中国首个超级卡车全球创新中心，是福田汽车工业4.0的示范基地。

（怀柔区经信委）

【驭势科技助推智能网联汽车产业】 11月5日，国内智能驾驶研发公司驭势科技（北京）有限公司在房山区中关村新兴产业前沿技术研究院举行驭势科技智能汽车示范运营启动暨智能网联汽车产业发展战略合作签约仪式。会上，驭势科技智能汽车示范运营正式启动，并与房山区政府签订《智能网联汽车产业发展战略合作协议》，全面启动与房山区政府共同打造智能汽车示范运营的战略合作。驭势科技（北京）有限公司成立于2016年2月，专注智能驾驶，用人工智能和大数据解决十亿级别人群的交通和物流问题。公司已完成首轮融资。

（刘晓会）

【北京奔驰百万辆下线】 11月17日，北京奔驰汽车有限公司举行100万辆整车下线仪式。市经济信息化委主任张伯旭及市政府外事办、北京经济技术开发区管委会、北京海关等单位领导出席活动。仪式上同时宣布北京奔驰获得来自中国整车制造企业的首个“2016年度全球卓越运营最佳工厂——最佳大规模制造厂商”奖项。张伯旭对北京奔驰实现整车百万辆表示祝贺，对北京奔驰取得的成绩以及在北京高精尖产业的发展中发挥的作用给予充分肯定。张伯旭指出，北京市将围绕加快建设全国科技创新中心，全力推进供给侧结构性改革，深入落实《〈中国制造2025〉北京行动纲要》，加快实施八大产业专项，构建高精尖产业结构。其中，新能源智能汽车被列为第一大专项，将举全市之力，建设国际一流的新能源汽车科技创新中心和以汽车数字化绿色工厂为代表的“中国制造2025示范基地”。加快汽车产业向绿色、高端、自主、智能等方向调整升级，将汽车产业打造成为首都高精尖产业的主导产业。重点支持高端品牌发展，推动提高在国内高端车市场的占有率，不断丰富产品谱系；推动存量企业从材料、工艺、制造过程到价值实现的深度升级。以北京奔驰为代表的高端整车，在未来仍将是北京汽车产业发展重点和支撑力量。将坚持协调、共享理念，加快推动京津冀产业协同发展，拓展北京汽车产业发展空间，完善北京汽车产业发展布局，推动京津冀汽车产业整体升级。他希望，北京奔驰在未来立足“百万千亿”，主动适应中国汽车市场的变革和发展趋势，丰富产品谱系，不断引入和发展适合国内市场特点、富有竞争力的产品，特别是纯电动汽车产品；同时推动在建项目尽快投产。希望北京经济技术开发区加强与企业的沟通，为加快北京奔驰前驱车二期等在建项目进度做好服务。

（市经信委汽车交通处）

【北京奔驰发动机二厂区奠基】 12月2日，北京奔驰发动机工厂二厂区奠基仪式在北京经济技术开发区举行。6月13日，北京汽车股份有限公司与戴姆勒股份公司正式签署框架协议，增资40亿元，进一步扩建北京奔驰发动机工厂。新建的发动机二厂将为北京奔驰整车产量进一步提升、整车产品平台扩展提供条件。北京奔驰发动机机加工自动化率高达95%以上，生产的缸体、缸盖和曲轴三大发动机核心部件还返销德国，用于戴姆勒全球发动机的装配；发动机整机在满足自身需求的同时也供应福建奔驰。

（市产研中心）

【新能源汽车产业发展】年内，北京匠芯电池科技有限公司成立。作为北汽新能源与新乡电池研究院成立的合资公司，定位于突破下一代锂离子动力电池及新体系动力电池核心技术、动力电池回收利用技术等，通过构建自主可控的动力电池产业链，打造国际领先的新能源汽车正向研发体系，满足北京市对动力电池的需求。支持国家动力电池创新中心建设。为加快动力电池领域的技术攻关，支持国联汽车动力电池研究院吸引各方力量，建设国家动力电池创新中心。推动北汽新能源创建智能中心与升级改造采育工厂。为提升北汽新能源公司研发能力与生产产能，协调北京经济技术开发区、北汽新能源、微软公司开展三方谈判，如期实现土地交割，推动北汽新能源与亦庄投资总公司就资产入股事宜召开了沟通会。

（市经信委汽车交通处）

【传统企业转型升级】年内，市经济信息化委协调推进北京奔驰重点项目建设。协调发动机二工厂项目的可研和环评、规划、能评、园林、人防等手续的审批事项，推动项目取得建设工程规划许可证；协调北汽股份赵全营二期项目，项目涉及电力、水评价、危废品处理等问题，多次召开协调会予以协调解决；推进长安升级调整项目，针对长安提出的项目手续快速审批、资金支持、新能源汽车租赁牌照、电动车地方补贴以及公租房等入区条件，分别向国土、规划、财政等部门发函征询意见，并对项目条件专题研究后上报市政府。

（市经信委汽车交通处）

【招商引资】年内，北汽福田宝沃项目通过市发展改革委评审，并在工信部完成产品备案，同时完成环保验收现场审查工作以及生产一致性审查；吸引特斯拉汽车国产化项目落地北京，带领特斯拉赴亦庄等地实地考察，落实项目选址相关事宜，并由北京经济技术开发区等相关部门介绍区位优势、备选地块情况以及优惠政策。

（市经信委汽车交通处）

装备制造产业

【概况】2016年，北京市规模以上装备制造企业1154家，其中产值10亿元以上企业43家。规模以上装备企业累计实现产值2298.1亿元，同比下降5.6%，占全市工业12.7%；实现收入2591.8亿元，占全市工业13.1%；实现利税266.7亿元，占全市工业16.6%；完成固定资产投资32亿元，同比下降19.8%。

推进产业平稳发展。年内，市经济信息化委加强与工信部装备司、中关村管委会等单位联系，收集企业相关信息，加强分析、总结，协助企业解决相关问题。组织的重点监测企业35家做好数据直报工作，保证产业运行平稳。梳理机器人、增材制造等智能制造装备企业运行情况，协助并推动北京艾捷默机器人系统有限公司、北京星和机器人自动化技术有限公司等符合条件的企业入统。督导昌平区、延庆区做好清理整治违法违规排污及生产经营行为等工作，两区均提前超额完成整治任务。会同昌平区、延庆区经济信息化委做好空气重污染期间停限产企业督查工作，确保应急措施执行到位。

（市经信委智能装备处）

【京冀地区装备产业协同发展座谈会召开】为推动京冀地区装备产业协同发展，加快实施京津冀联网智能制造工程和推广应用新能源、节能环保等重大技术装备，1月26日，京冀地区装备产业协同发展座谈会在市经济信息化委召开。市经济信息化委副主任王学军、段润保，河北省工信厅副厅长童腾飞和金风科技股份有限公司、北京四方继保股份有限公司、北京碧水源科技股份有限公司、德威华泰（北京）科技有限公司等7家企业代表参加会议。会议介绍了京冀地区产业现状、近期重点工作和推动智能制造创新发展的规划思路。企业代表介绍了在河北布局生产制造环节、参与重大项目建设的基本情况、相关需求和工作建议，并就推动产业协同发展、推广智能制造模式进行了讨论。童腾飞希望北京市重点装备企业积极参与河北省能源结构调整升级、工业园区环境治理、向重点地区转移生产制造环节和推广应用智能制造新模式新业态等工作，段润保希望北京市企业把握京张两地共同举办冬奥会的契机，参与推动张家口国家再生能源示范区建设。王学军要求，相关企业要加强调研、摸清底数、细化需求；装备处要做好服务对接工作，尽快组织企业赴河北调研考察，推动工作落实。

（市经信委智能装备处）

【大唐4号机组高效亚临界增容改造并网成功】2月1日，北京巴威公司完成大唐国际托克托发电有限公司4号机组高效亚临界增容改造并首次并网成功，实现供电煤耗300克/千瓦时，达到燃气轮机最低排放标准，标志着全国首台600兆瓦高效亚临界机组综合改造项目圆满完成。

（京城机电）

【京张新能源、节能环保产业对接活动举行】为抢抓京张两地共同举办绿色冬奥会和张家口国家可再生能源示范区建设契机，推进京冀地区新能源、节能环保装备制造产业协同发展，2月24日至25日，市经济信息化委和河北省工信厅共同推动的京张新能源、节能环保装备制造产业对接活动在河北省张家口市举行。市经济信息化委副主任王学军、段润保，河北省工信厅副厅长童腾飞，以及张家口市常务副市长武卫东、副市长白龙出席活动。中关村能源互联网产业联盟、中电科装备集团、金风科技集团、北京碧水源科技股份有限公司、德威华泰（北京）科技有限公司等9家单位负责人与张家口市工信局、发展改革委、财政局等部门领导就关心的该市产业发展规划、国家可再生能源示范区建设方案、园区布局、支持政策等进行了交流。王学军希望北京市相关单位要抢抓机遇，结合区域优势尽快完善对接方案；要形成合力，加强对接沟通共同推进区域产业协同。同时，他要求市经济信息化委装备处和河北省工信厅、张家口市相关部门尽快形成定期沟通机制，推进落实工作进展。对接活动考察了国网公司风光储输示范基地、运达风电制造基地和张北云计算产业园。

（市经信委智能装备处）

【金风科技与张家口市签署战略合作协议】6月18日，金风科技、张家口市政府和张家口市经济技术开发区三方签署战略合作协议，就合作共建国家可再生能源示范区达成关键共识，启动生产基地、风光电场以及微网示范应用项目建设，项目计划投资超过100亿元，预计实现产值超过150亿元。

（市经信委智能装备处）

【星和众工与高碑店市签署战略协议】6月18日，星和众工与高碑店市政府签署“机器人及智能制造产业园项目”战略合作框架协议，建设研发中心、实验室和职教中心等设施，并孵化培育机器人及相关领域企业。

（市经信委智能装备处）

【北京智能制造创新发展座谈会召开】为推动北京市智能机器人、3D打印及智能制造创新发展，推进产业高精尖转型，7月6日，市经济信息化主任张伯旭主持召开座谈会，邀请机械工业仪器仪表综合技术经济研究所所长欧阳劲松、中国机械工业集团中央研究院院长郝玉成、中国电子科技集团科技部主任高德平、清华大学机械工程系教授林峰、中冶赛迪集团副总经理干永革、机械工业自动化研究所副所长谢兵兵、三帝打印公司董事长宗贵升、哈工大机器人集团（北京）公司总经理唐霄汉、天智航医疗装备股份有限公司副总经理王彬彬等11位装备制造领域的知名专家、企业家座谈交流。市经济信息化委副主任樊健、委员姜广智参加会议。会议听取了《〈中国制造2025〉北京行动纲要》的主要内容和北京市装备制造发展情况，与会专家围绕着北京发展装备制造的重要意义、产业基础、核心领域和措施办法进行了讨论交流。专家们一致认为，装备制造符合首都功能定位，北京应发挥高端人才聚集、新一代信息技术实力领先和互联网产业基础雄厚等优势，把握京津冀协同发展和建设科技创新中心的有利时机，深化信息技术与制造业高度融合，占领装备制造控制层面的高地；要围绕共性技术需求加强研发创新和标准创制，掌握发展装备制造的话语权；要聚焦发展智能机器人、3D打印等智能装备，打牢建设装备制造系统的基础；要围绕产品创新设计、网络协同制造和产品支持服务，发展装备制造服务等高端环节；要搭建政产学研用发展平台，推动装备制造创新资源聚集；要参与京津冀产业转型升级和智慧城市建设等重大工程，拓展装备制造新模式应用的市场。张伯旭对专家的意见建议表示感谢，指出要充分发挥北京市软件信息服务业的优势，抓住系统创新、软件创新构建系统级网络协同智能制造体系；加大人才培养力度，培养精通制造、网络和管理的装备制造系统解决方案总设计师，提升北京市系统集成服务能力；加强政策引导，搭建产业发展平台，汇聚整合创新人才和优势资源；强化产品设计创新，加强制造能力建设，实现先进性和灵活性的融合，推动装备制造更高层次发展。

（市经信委智能装备处）

【2016世界机器人大会新闻发布会召开】由工信部、市政府、中国科学技术协会主办，中国电子学会、市经济信息化委、北京经济技术开发区管委会承办2016

世界机器人大会于10月21日至25日在北京经济技术开发区亦创国际会展中心举行。大会举办3场主论坛，22场专题论坛，全球300余位机器人领域知名专家、企业领袖开展高水平的学术交流，参会听众超过2万人次，在线观看直播超过440万人。大会博览会总展览面积4万平方米，来自美国、德国、日本等12个国家的149家企业，集中展示世界机器人领域的最新科研成果、应用产品和解决方案，现场总人数超过22.8万人。大会举办了无人驾驶挑战赛、无人机飞行极限挑战赛、国际水中机器人大赛等6项赛事，集聚了15个国家和地区的634支代表队，共计2300余人参赛。

（市经信委智能装备处）

【金风科技获国内首张型式认证证书】8月23日，金风科技121/2500机组获得由国际权威机构DNV-GL颁发的A类型式认证证书。该型式认证按照IEC（International Electrotechnical Commission，国际电工委员会）标准，对机组的设计、运行、制造能力，型式测试进行了充分验证，是DNV-GL首次向中国整机制造商颁发符合IEC标准的风机整机A类型式认证证书。GW121/2500机型适用IEC标准三类风区，具有永磁直驱路线一贯的技术优势，延续了金风科技2.5兆瓦平台的成熟特性，并能适应低温、高海拔、高温风沙、沿海及海上不同环境。截至目前，GW121/2500机型已经在国内取得优异的运行业绩，并在国际市场不断获得新订单，包括泰国Pakphanang项目（10兆瓦）、巴基斯坦Thatta项目（100兆瓦）和澳洲White Rock项目（175兆瓦）等。其中，在澳洲中标的White Rock项目（175兆瓦容量）第一批机组已经完成车间内组装，其在同等容量产品中的市场份额排名全球第一。

（市经信委智能装备处）

【全球首款石墨烯电池产品“烯王”发售】9月9日，东旭光电接连发布3份签订战略合作协议的公告，宣布和6家公司达成战略合作关系，在石墨烯的一些应用研发、产品采购、建设生产线等领域达成战略合作，同时宣布世界首款石墨烯基锂离子电池产品“烯王”正式全球发售。“烯王”可在5℃条件下，实现不到15分钟的快速充电，仅为普通充电产品的1/24；可在-30℃至80℃的环境下工作，循环寿命更高达3500次。

（市产研中心）

【数控机床项目获得机械工业科技奖一等奖】10月23日，北一机床股份有限公司与北京工业大学联合申报的“面向新能源行业的数控超重型桥式龙门五轴联动车铣复合系列机床”项目获得机械工业科学技术奖一等奖。该项目紧密结合国家重大基础装备要求，实现了多项技术突破，在国际上尚无对应的产品可供对比，是国内机床自主装备新的标志。

（京城机电）

【天智航骨科手术机器人系统获得许可证】11月16日，由北京天智航医疗科技股份有限公司和积水潭医院、北航联合开发，国际上唯一可以开展脊柱全节段螺钉内固定术的骨科机器人“天玑”系统，获得国家食品药品监督管理总局（CFDA）颁发的医疗器械注册许可证，其适应症范围及定位精度处于世界领先水平。

（市经信委智能装备处）

【中国首套自主化核电站DCS设备交付】11月18日，由广利核公司研制，被称为核电站“神经中枢”的核级数字化仪控系统（DCS），具有自主产权、国际领先的和睦系统正式交付阳江核电站，结束了过去国内该系统一直依赖进口的局面。

（市经信委智能装备处）

【北京智能机电创新中心成立】11月29日，北京智能机电创新中心成立大会暨颁牌仪式在北京联合大学机电学院举行。智能机电创新中心是由北京市机电产品标准质量监测中心、北京联合大学机电学院、北京市机械局技术开发研究所、北京市工贸技师学院、北京市机电研究院共同联合发起成立，核心业务是：突出机电行业智能领域“高精尖”原创自主知识产权、智能化二次开发及使用的核心技术、相关应用技术集成等核心业务，辅以参与和制定战略先导产业标准、智能检测、大数据应用等现代化服务领域。

（京城机电）

【京仪赛拉弗200兆瓦光伏组件生产线投产运行】12月28日，京仪赛拉弗200兆瓦光伏组件生产线在京仪涿鹿光伏基地投产运行，生产线第一块电池组件板通过质检合格下线。该组件生产线项目由京仪涿鹿公司和江苏赛拉弗公司共同投资建设而成，总投资1亿元。

（京　仪）

【推动产业京津冀协同发展】截至年底，北重、北锅区域内北京重型电机厂、京城新能源公司、北京锅炉厂等企业制造环节完成疏解，将80%的辅机生产实现外包，协商分流员工150人。京仪集团加快启动京仪大兴仪器仪表基地建设，年内完成电力、消防工程改造，为罗蒙斯特、远东仪表等企业生产制造环节搬迁疏解做好准备。年内，市经济信息化委会同通州区经济信息化委完成22家规模以上装备企业实施调整疏解工作。推动星和众工与高碑店市签署“机器人及智能制造产业园项目”战略合作框架协议，建设研发中心、实验室和职教中心等配套设施，并孵化培育机器人及相关领域企业。推动中材叶片河北邯郸产业基地、精雕科技廊坊产业基地（三期）、合纵科技（天津）生产基地等项目开工建设。

（市经信委智能装备处）

生物与医药产业

【概况】2016年，医药制造业坚持稳生产、扩需求、强帮扶、推项目，推进京津冀协同发展工作，全年完成工业总产值814.4亿元，同比增长11.1%；实现利润总额153.5亿元，同比增长18.9%；完成固定资产投资总额38亿元。

（市经信委生物医药处）

【北京·沧州渤海新区生物医药园建设】2月29日，北京·沧州渤海新区生物医药园第二批10个重点医药项目开工,项目计划投资达21.7亿元。截至2月底，园区签约企业达48家，计划总投资超过百亿元，已开工项目20个。6月6日至7日，市经济信息化委生物医药处赴河北省沧州市就北京·沧州渤海新区生物医药产业园发展建设情况进行实地调研，北京国际工程咨询公司、北京工业设计院有关人员参加调研。截至5月，产业园连片建设初具规模，园区签约北京医药企业37家。在北京市化学原料药生产环节集体转移的基础上，津冀鲁等地医药企业考察和入驻园区；园区基础设施不断完善，规划道路已经通车使用，污水、雨水管网正在加紧建设，针对医药产业特殊需求的专业化污水处理厂已经完成论证，北京大道15千米亮化工程年内启动；园区的建设得到工信部、北京市和河北省领导高度重视，药监监管政策进入细化阶段，河北省在制定专项扶持政策。截至2016年年底，累计有53家企业签约，14家企业开工建设，累计投资额达20亿元。与市食药监局共同选址，将河北滦南及天津蓟县上仓开发区作为中药产业扩大产能的备选地，按照沧州模式，实现异地监管。2015年11月30日，国家食药监管总局正式批复同意北京市产业发展相关政策，支持北京市开展药品跨区域生产试点，2015年开工10个项目，完成投资11亿元。

（市经信委生物医药处）

【北京医药展团参展全国药交会】4月18日，第七十五届全国药品交易会在上海国家会展中心开幕。本次交易会展示产品覆盖十大类、十几万品种，涵盖化学药、中成药、中药饮片、OTC、生物制药、营养与保健品、家用医疗器械、医用耗材等，同时10余场高峰论坛和研讨会、100余场专题演讲。全国30余个省市和地区2000余家医药厂商参会代表齐聚上海，共创共赢。北京医药企业组成的北京医药展团，采用政府资助、协会组团、集中参展，共同打造“京药”品牌的参展模式，延续“用北京药放心”理念，亮相药交会。从特装区到普装区，展台区域集中，设计风格统一，“用北京药放心”标识贯穿整个北京展区。

（市经信委生物医药处）

【默沙东中国研发中心在京投入运营】4月18日，默沙东公司举行仪式，庆祝位于望京的中国研发中心投入使用。默沙东全球高级副总裁Roy Baynes博士专程来京参加仪式并表达总部对在华业务的高度重视。市经济信息化委副巡视员张兰青、市科委、朝阳区政府相关领导出席仪式。默沙东中国中心总面积达4.7万平方米，将整合公司在京研发、办公等管理部门，建立600人的研发队伍，重点开展临床研究、药品注册和针对中国重大疾病的药品创新研究。默沙东中国研发总部是美国本土以外全球第二大研发中心和全球三大数据管理中心之一。该项目是市经济信息化委2010年牵头引进的重点项目。在项目引进过程中，市经济信息化委联合市卫生局和药监局共同开展招商，并协助企业开展总部资格认定、重点产品进入北京市医保目录等事项，坚定了美方的投资意愿，最终促成项目落地。

（市经信委生物医药处）

【双鹤药业来那度胺入选首批抗肿瘤药审评】4月24日，国家食品药品监督管理总局药品审评中心（CDE）发布公告：根据CFDA《关于解决药品注册申请积压实行优先审评审批的意见》，CDE于2016年4月20日组织专家，按照《药品审评中心优先审评工作程序（试行）》，对申请优先审评的用于抗肿瘤适应症的药品注册申请进行了审核论证。 双鹭药业的来那度胺拟纳入优先审评程序，优先审评理由为“临床急需、第一家申请生产”。双鹭药业的来那度胺适应症为多发性骨髓瘤（MM）与骨髓增生异常综合征（MDS），其治疗效果显著，是唯一批准用于MM适应症的药物。

来那度胺属全球化学药物重磅产品，公司在原研方专利期内提出新的专利点，已在美国、欧洲、韩国、日本、澳大利亚、印度等国家和地区申请专利，部分专利已在美国、欧洲、韩国、日本、澳大利亚获得专利授权。

（市经信委生物医药处）

【长效糖尿病生物一类新药获临床批件】 4月，北京东方百泰生物科技有限公司申报的一类新药长效糖尿病治疗药物JY09 Exendin−4融合蛋白，获得国家食品药品监督管理总局（CFDA）临床批件。JY09是东方百泰研发团队集中多位海归博士等顶尖技术力量，自主研发的生物制品一类新药，用于治疗Ⅱ型糖尿病。该药物7天至10天的注射给药方式突破了传统需要频繁注射的技术瓶颈，从1天3次注射到7天至10天给药1次，极大地缓解患者的痛苦和不便性，能够平稳地控制患者的血糖水平，降低低血糖发生的风险，提高患者用药的安全性。

（市经信委生物医药处）

【博奥生物发明专利获大赛金奖】 5月11日，由市科委、市总工会支持，北京发明协会等主办的第十届北京发明创新大赛召开，博奥生物集团有限公司和清华大学联合申请的授权发明专利——一种微纳升体系流体芯片的检测系统及检测方法获大赛金奖。该项专利技术应用于博奥生物自主研制的恒温扩增微流控芯片核酸分析仪。该分析仪采用微流控芯片和恒温扩增相结合的创新技术，具有检测速度快、灵敏度高、结果准确、多指标并行检测等特点，可广泛应用于生命科学与医学前沿科研、食品安全、临床医疗、卫生防疫等领域。恒温扩增微流控芯片核酸分析仪已推出包括用于临床医疗领域的台式RTisochipTM−A，用于食品安全、卫生防疫领域的台式RTisochipTM−B以及用于户外/家庭等特殊领域的便携式RTisochipTM−C系列产品。

（万 玮）

【清华品驰迷走神经刺激器获得准产上市】 5月20日，国家食品药品监督管理总局发布医疗器械产品的准产批件通知，北京品驰医疗设备有限公司的植入式迷走神经刺激脉冲发生器套件和植入式迷走神经刺激电极导线套件在列。迷走神经刺激术（Vagus nerve stimulation，VNS）主要用于药物难治性癫痫、各种原因无法进行开颅手术，或者进行开颅手术切除后仍发作的癫痫患者。相比于其他治疗癫痫的手术，VNS具有创伤小、无须开颅、效果随时间延长会越来越好等多方面的优势，经过多年的临床应用，VNS技术作为一种治疗癫痫的“电子药物”，越来越广泛地被医生和患者接受，全球植入患者超过10万人。北京品驰医疗设备有限公司专注于神经调控领域，与清华大学、首都医科大学附属北京天坛医院等“产学研医”紧密合作，获得系列脑起搏器的产品注册证，三年时间内为帕金森病及运动障碍疾病患者带来帮助，总植入量近4000例次，累计为患者节约超过2亿元。品驰公司的迷走神经刺激器产品，是“产学研医”紧密合作的重大成果。

（市经信委生物医药处）

【北京医药行业协会召开换届大会】 6月20日，北京医药行业协会在亦庄组织召开第四届第四次、第五届第一次会员大会。市经济信息化委、市发展改革委、市民政局、市科委、市商务委、市中医局北等部门相关领导出席本次大会。大会审议通过章程修改草案及换届选举办法，选举产生了第五届理事会领导成员：会长梅群、监事长叙文利、秘书长周玉兰，会议同时选举产生了常务副会长、副会长、常务理事共计78人。

（市经信委生物医药处）

【医疗器械企业与亦庄和大兴生物医药基地对接】 为加快高端医疗器械创新成果转化落地，拓展医疗器械企业在京发展空间，6月28日，市经济信息化委会同市食药局和中关村管委会组织13家医疗器械企业赴北京经济技术开发区和大兴生物医药基地进行对接。北京经济技术开发区和大兴生物医药基地相关负责同志详细介绍了园区的基本情况；随行企业家实地参观了汇龙森孵化器、经海产业园、中关村医疗器械产业园和生物医药基地孵化器；企业重点围绕生产成本、基础设施、供地条件和支持政策等问题与园区进行对接，园区表达了积极对接、谋求合作的意向。

（市经信委生物医药处）

【北京星昊医药大兴生产基地项目动工】 7月6日，北京星昊医药大兴生产基地项目开工。北京星昊医药股份有限公司自2000年成立以来，以研发优势为依托，发展成为以药品研发为主导，集研发、生产和销售为一体的研发驱动型医药企业。2007年8月，公司在深圳证券交易所中关村三板挂牌。现资产总额约6.8亿元，员工总数700余人。公司自设立以来一直专注于药物的研发，以科技创新为主导，以实现国际新型制剂产业化为目标。为扩大产能，2014年11月，公司在大兴生物医药产业基地购买土地15万平方米，建设3个先进的固体制剂生产车间，作为公司未来在北京发展的重要基地。该项目总投资5亿元。

（市经信委生物医药处）

【双鹭药业进入国家认定企业技术中心名单】 7月，市发展改革委发布第二十一批享受优惠政策的国家认定企业（集团）技术中心名单公告，按照市发展改革委同期发布的汇总名单，国家认定技术中心数量达到1098个，其中药企共计78家。双鹭药业被列入国家认定企业技术中心名单。北京双鹭药业股份有限公司11月获得国家食品药品监督管理总局核准签发的依诺肝素钠原料药和注射液“药品注册批件”。

（海淀区经信办）

【同仁堂科技通过欧盟GMP认证】8月25日，北京同仁堂科技发展集团历经近4年的精心准备后，通过欧盟GMP认证现场检查，成为同仁堂系内首家获得欧洲质量权威认可的单位，迈出了进军欧洲市场的关键一步。欧盟（European Union）是世界上最大的药品主流市场之一，欧盟GMP认证是国际公认的最为严格的认证之一。欧盟近30个成员国之间的GMP认证检查结果彼此互认，这使得欧盟GMP认证检查在全球范围内的影响越来越大。此次同仁堂科技发展集团欧盟GMP认证现场检查历时3天，检查现场包括亦庄分厂片胶车间的片剂生产线和通州分厂提取车间的提取物生产线，检查内容包括生产车间、库房、公共设施和实验室等硬件，以及质量体系、变更、偏差、CAPA、风险管理、供应商管理、验证确认、批记录和各项文件等软件。

（市经信委生物医药处）

【中药产业促进政策出台】9月1日，按照《国务院办公厅关于转发工业和信息化部等部门中药材保护和发展规划(2015—2020年)的通知》(国办发〔2015〕27号)精神，落实市领导的指示，市经济信息化委会同市中医局、市发展改革委等部门于2016年9月1日正式印发《北京市中药产业发展实施方案(2016—2020年)》(京经信委发〔2016〕52号)。

（市经信委生物医药处）

【“G20工程三期”及“十大疾病科技攻关三期”启动】9月9日，“G20工程三期”及“十大疾病科技攻关三期”召开启动会，市科委主任闫傲霜、市经济信息化委委员任世强、市卫计委委员郑晋普出席会议。任世强在启动会上宣布“G20工程三期”企业名单，并为入选企业和院所授牌。“G20工程”是北京市推动生物医药产业发展的重要举措，由市科委、市经济信息化委、中关村管委会和市投资促进局在“十二五”期间共同启动，至今已完成2期工程，支持了一批企业、技术、产品和人才队伍。“十三五”期间，通过G20三期工程实施，北京生物医药产业规模将实现1800亿元，医药行业利润率继续保持全国领先；培育10家以上国际先进技术水平的创新引领企业；加快培育一批具有自主知识产权的创新药和创新医疗器械；加强布局重大新药研发，支持创新生物制药、化学药、中医药加快临床前研究、临床研究、生产工艺研究，支持大品种开展国际临床研究，拓展海外市场，加快国产新药转化应用。加强高端医疗器械研发，重点支持基因检测系统、数字诊疗装备、医疗辅助机器人、精密植入物等领域开展新技术、新产品研发及转化应用。

（市经信委生物医药处）

【康仁堂与神农架聚能公司签署协议】11月14日，北京康仁堂药业有限公司与神农架聚能药业有限公司签署《战略合作框架协议》。合作框架协议明确，双方在互惠互利的基础上，整合资源优势，共同调研产地药材品种特性，实现中药材资源共享、共同发展；在中药材收购方面，神农架林区生产的44种中药材中，具有道地性药材的品种和一定种植面积的品种优先，其他野生资源品种根据实际情况进行确认。协议要求，双方未来计划开展的战略合作方式包括业务层面的合作与资本层面的合作，康仁堂药业将凭借自身的技术优势、产业优势，凭借上市公司资本运作的经验和优势，与聚能药业联合神农架林区政府，结合地域资源优势，筹划适应双方企业发展需求，能够推进当地经济发展的特色项目，共同开发当地药材资源与文化资源，共同创造多赢互利的发展模式。神农架林区是北京市对口援助地区之一，是南水北调重要的水源涵养区。为加强两地医药企业合作，推进北京产业跨区域协作发展，2016年，市经济信息化委分2批组织北京同仁堂、康仁堂、修正药业等多家北京医药企业赴神农架林区开展生物医药产业专项对接活动。

（市经信委规划发展处）

【拜耳处方药北京工厂综合扩建项目启用】11月18日，拜耳处方药北京工厂综合扩建项目正式启用。作为拜耳全球最大的处方药包装基地，扩建后的北京工厂将实现心血管、糖尿病等治疗领域产品的稳定供应，帮助更多中国医患获得高质量的治疗方案。

（市产研中心）

【中关村生命科学园医药科技中心项目开工】12月5日，中关村生命科学园医药科技中心项目开工建设。该项目由中关村生命科学园发展有限责任公司投资，总投资约21.4亿元，拟建成医药科技企业孵化器，以医药科技项目的研发、实验和中试为主，依托北京大学国际医院优质资源，聚集中小医药科技企业入驻，打造中小医药科技企业发展中心。项目位于生命科学园二期CP00-1803-0013地块，总用地面积为7.75万平方米，其中建设用地面积5.67万平方米，代征绿地面积1.37万平方米，代征道路面积7105.50平方米。根据规划条件中关于建设控制规模的要求，确认该项目总建筑面积为19.98万平方米，其中地上控制建筑面积12.48万平方米，地下建筑面积7.5万平方米，该地块出让宗地规划用途为B23科研设计用地。

（万　玮）

【舒泰神苏肽生产品规模突破10亿元】年内，舒泰神（北京）生物制药股份有限公司生产的舒泰神苏肽生产品规模突破10亿元。该公司是以研发、生产和销售生物制品为主的制药企业。公司主要产品是自主研制开发的国家Ⅰ类新药——注射用鼠神经生长因子“苏肽生”，是国内神经生长因子领域的第一个国药准字号产品，使中国成为世界上第一个批准注射用鼠神经生长因子上市的国家。获批的适应症主要为视神经损伤和正己烷中毒性周围神经病。苏肽生在国内神经生长因子领域，5年平均复合增长率为43.62%。2015年营业收入12.48亿元，其中苏肽生占比88.6%。公司除了此产品以外还主营国内唯一具有清肠和便秘两个适应症的清肠便秘类药物—聚乙二醇电解质散剂“舒泰清”，生产阿司匹林肠溶片、格列齐特片和萘丁美酮胶囊等3种药品。

（市经信委生物医药处）

【重大项目建设】年内，市经济信息化委重点推进北京泰德制药有限公司健康产业园建设项目、同仁堂产业园建设项目、北京双鹭生物技术有限公司大兴产业基地建设项目、北京星昊盈盛药业有限公司国际药物制剂生产线建设项目，协调工程相关手续办理。推动拜耳医药保健有限公司北京工厂综合扩建项目于11月18日竣工投产；推动默沙东亚太研发中心投入使用，项目经过近3年时间建设，上半年竣工并投入使用。启动对国家及北京资金支持项目的检查验收和复审工作。完成2个国家中药材扶持项目、1个工发资金项目、5个中小企业发展专项资金项目的验收以及1个国家中药材扶持项目的中期评价；组织专家对5个国家中药材扶持项目进行绩效考评，对正在进行的2个国家中药材扶持项目进行交叉绩效评价；3个北京市中小企业发展专项资金项目，2个项目材料复审并获得国家支持，5个项目材料初审完毕；2个项目报送国家财政部评审中心检查。

（市经信委生物医药处）

【同仁堂大兴生产基地建设项目落成】12月31日，北京同仁堂股份有限公司大兴生产基地建设项目在大兴区生物医药基地落成，总建筑规模约9.9万平方米。

（大兴区经信委）

都市产业

【概况】2016年，北京都市产业规模以上企业全年实现工业总产值1574.6亿元，比上年增长11.1%，占全市工业总产值的比重为8.7%；实现主营业务收入1939.2亿元，比上年增长2.4%，占全市工业总体主营业务收入的比重为10%；实现利润总额106.3亿元，比上年增长13.4%。北京工美集团有限责任公司、北京燕京啤酒有限公司、北京顺鑫农业股份有限公司、北京爱慕内衣有限公司、北京三元食品股份有限公司等品牌龙头企业实力不断增强。都市产业8个细分行业中的食品工业、服装纺织、印刷包装、工艺美术4个行业是重要的支撑行业。其中，食品工业实现产值850.7亿元，比上年增长4.4%，占都市产业的54%，是都市产业的第一支柱行业。服装纺织行业实现产值133.0亿元，比上年下降6.5%，占都市产业的8.4%。印刷包装行业实现产值169.6亿元，比上年下降2.1%，占都市产业的10.8%。文体工美行业实现产值137.8亿元，比上年增长15.4%，占都市产业的8.8%。以上四大重点行业产值合计1291.1亿元，占都市产业的82.0%。

（市经信委都市产业处）

【京津两地政府召开产业对接会】为进一步推进京津冀产业协同发展，把握战略机遇，实现优势互补和产业协作，1月28日，市经济信息化委与天津市西青区政府在京共同召开产业对接会。市经济信息化委副巡视员张兰青、天津市西青区副区长刘启阁和50余家企业负责人参加会议。天津市西青区相关人员详细宣贯西青区的产业政策、区位优势、资源优势、园区特点、产业导向；刘启阁讲解企业关心的优惠政策、服务能力等相关问题，并表示全力做好疏解企业的服务保障，欢迎北京市企业参观考察及投资合作。张兰青通报了北京市落实京津冀协同发展的重点工作成效，解读了北京市关于京津冀协同发展的相关政策，强调北京、天津作为京津冀协同发展的主要引擎，要进一步强化京津联动，深入拓展合作，瞄准产业创新制高点，着力构建高精尖产业体系，共同发挥高端引领和辐射带动作用，加快协同发展。

（市经信委都市产业处）

【市保健品企业赴河北开展产业对接】2月24至26日，北京保健品协会组织17家骨干企业，25位主要负责人前往河北省沧州、滦南、玉田等市县开展产业协同对接。沧州市副市长陈平、唐山市副市长李钦峰等领导接待企业家一行。北京市企业家实地考察了3市县的开发区，了解当地社会经济整体环境、园区配套设施和产业定位，并走进同仁堂集团、蒙牛集团、北京北陆药业股份有限公司等入区企业。北京保健品协会会长谢海京介绍了北京市保健品行业整体情况，企业代表着重询问了当地监管政策、生产成本、基础设施、供地条件等具体问题。保健品行业是北京市特色行业，全国共颁发保健品批准文号近1.2万张，北京市企业拥有其中三分之一左右文号。随着产业结构调整力度加大，北京市保健品产业进一步聚焦新产品开发和市场营销等环节，企业有意愿将一般制造环节迁往具有比较优势的周边地区。市经济信息化委会同市食药监局启动产业协同工作，打造北京保健品产业新集群，提升北京市保健品行业技术水平、拓展新的发展空间。

（市经信委都市产业处）

【中国国际时装周在京开幕】3月25日，中国国际时装周(2016/2017秋冬系列)在北京开幕，全国政协副主席林文漪、中国纺织工业联合会会长王天凯、国家工信部消费品司副司长曹学军、市经济信息化委副巡视员张兰青等相关部门领导出席，共同启动2016梅赛德斯—奔驰中国国际时装周。本季时装周于2016年3月24日至4月2日举行，以“设计+”为主题，鼓励自我创新，助推自主品牌，以设计为核心，广泛联系整个产业链和市场需求，进一步推动产业结构调整和时尚文化创新。本季时装周为期7天，共举办各类专业活动70余项，其中来自海内外的55家品牌和机构、38位中外设计师和近70位设计新秀将在751D·PARK、北京饭店等场地举办46场专场发布和1项专业大赛；另有70余位中外设计师参与2016（春季）DHUB设计汇和10+3SHOWROOM两个展会，同时，还将举办新闻发布、沙龙论坛、专业讲座等专题活动20余项。参加本季时装周的55家中外时装及时尚品牌，包括国内品牌和机构49家，分别来自北京、福建、浙江、江苏、上海、广东、山东、香港、湖北和宁夏，其中参与发布的北京品牌10个。国外品牌和机构6家，分别来自英国、日本、荷兰、哈萨克斯坦和韩国。中国国际时装周一直致力于以设计为先导，推动中国时尚产业乃至中国经济的发展，自1995年创办至今，已逐步发展成为具有国际影响力的创意集合平台，并成为中国好设计与世界沟通的桥梁。按照市政府提出北京要大力推进“时装之都”建设的要求，市经济信息化委与中国纺织工业联合会、中国服装设计师协会等协会共建“时装之都”。其中，“中国国际时装周”是共建北京“时装之都”的重要内容之一。

（市经信委都市产业处）

【与邯郸市举办食品行业协同发展产业对接会】为加快推进京津冀协同发展，促进京冀两地食品工业交流合作，4月26日，北京市与邯郸市举办了食品行业协同发展和产业对接洽谈会。市经济信息化委副巡视员张兰青，河北省工业厅副厅长童腾飞，邯郸市委常委、副市长王进江以及两地近100家食品企业负责人参加对接活动。童腾飞在致辞中介绍了京津冀协同发展的相关政策，并通报了北京、河北两地开展产业合作的总体概况，对两地开展合作提出希望要求。王进江重点推介了邯郸市的历史文化、经济社会发展和招商引资政策。参会双方企业开展了有针对性的务实对接。据初步统计，双方有三对企业在技术、资源和产品方面有合作意向。

（市经信委都市产业处）

【北京三维时尚设计研究院发起人会议召开】4月27日，北京三维时尚设计研究院发起人会议暨一届一次理事会议在北京爱慕时尚工厂召开。会议表决通过了《北京三维时尚设计研究院章程》和理事、监事名单，选举产生了三维时尚设计研究院理事长、院长和监事长，会议还就《三维时尚设计研究院机构设置方案》等进行了讨论。市经济信息化委副巡视员张兰青、市商务委委员邓洪波出席会议。北京三维时尚设计研究院是正在筹备过程中的民办非企业组织，由三维时尚（北京）咨询有限公司联合知名时装企业、时尚传媒和知名设计师发起设立。业务范围为衣着消费品和家居用品产业研究、流行趋势预测、产品设计创新等。

（市经信委都市产业处）

【工艺美术国礼推广活动开幕】4月28日，北京工美集团与中国书画大家梁永和通过强强联手，共同举办庆祝中国共产党建党95周年梁永和书画展暨工美国礼大赏活动开幕式，首都文明办主任滕盛萍，市文物局副局长向德春，市经济信息化委副巡视员张兰青，以及文艺界、影视界的行业和企业代表出席开幕式。本次活动以梁永和大师的书画和北京工美集团近5年来的工艺美术珍精品为载体，展现了中华美学的博大精深，源远流长，通过传播、推广中华文化，表达对中国共产党的无限热爱与崇敬，向中国共产党95华诞致敬。北京工美集团此次参展作品包括北京奥运会金镶玉奖牌，献给新中国60华诞的工艺美术“四大名旦”——雕漆《鼎盛中华》、牙雕《九州欢腾》、錾胎掐丝珐琅《太平有象》、珊瑚玉雕《九龙浴佛》，2014年APEC会议领导人及配偶礼品《四海升平》景泰蓝赏瓶，2015年纪念抗战胜利暨反法西斯战争胜利70周年阅兵元首礼品《和平欢歌》景泰蓝赏瓶，亚洲基础设施投资银行开业礼品，2015年被评为市级工艺美术珍品的大型和田青玉玉雕《大道之行》等众多工艺美术珍精品。

（市经信委都市产业处）

【中国新中装产业联盟筹备成立】4月28日，中国新中装产业联盟在北京筹备成立。该联盟筹备计划建立三院为一体——服装学院、研究院、科学院，跨越民族服饰、文化、艺术、科技、科学、哲学、金融七大领域，以“民族、民生、民意”为文化定位，旨在创建一个以民族服饰为基础，集合企业、科研单位、设计部门、产业内外人员智慧和创新的跨界平台，为全国从事纺织、服装、饰品的开发设计、贸易、生产、产品检测和研发设计机构提供服务。

（时尚控股公司）

【“国企开放日”感受老字号的传承与创新】5月14日，首都国企开放日正式启动，北京粮食集团、北京首都开发控股（集团）有限公司、北京首都农业集团有限公司、北京一轻控股有限责任公司、北京二商集团有限责任公司等40余家首都国企及下属百余家企业向社会敞开大门，学生、在职及退休职工和各类市民代表近万人分成百路走进企业，亲身感受国企的巨大变化。在北京二商展览馆内，展览分岁月篇、改革发展篇、责任篇和展望篇四大部分，向市民展示着北京二商传统老商业企业从计划经济到市场经济的发展历程。北京二商集团旗下拥有六必居、王致和、月盛斋、金狮、龙门、天源酱园、白玉、京华、京糖、三十四号等16个中华老字号和大红门、京糖、京酒、宫颐府、北水等一批知名品牌。

（市经信委都市产业处）

【三元河北工业园开园投产】5月16日，三元河北工业园在石家庄新乐市经济开发区正式开园投产。该项目是三元食品在京津冀协同发展下，实施“走出去”战略的首个落地项目。项目总投资18亿元，年产4万吨乳粉和25万吨液态奶，将成为北方地区最先进的奶制品生产基地。工业园占地40万平方米，园区总建筑面积达45.3万平方米，是当地引进的规模最大的单体项目。2014年3月13日正式签约，项目签约180天后奠基，从开挖第一铲土，到如今矗立起一座现代化工厂，仅用18个月。工业园采用最高安全等级的配置，按照医药级厂房标准设计建设。

（市经信委都市产业处）

【北京服装产业聚焦冰雪运动助力北京冬奥】为落实《北京市人民政府关于加快发展体育产业促进体育消费的实施意见》和《关于加快冰雪运动发展的意见（2016—2022年）》精神，5月16日，市经济信息化委召开北京服装产业“聚焦冰雪运动，助力北京冬奥”座谈会。北京服装纺织行业协会，北京纺织控股有限责任公司、北京爱慕内衣有限公司、北京杰奥制衣有限公司、北京东尚服饰股份有限公司等行业专家及服装企业代表参加会议。会议提出，企业应借助冬奥会商机和即将到来的冰雪运动热潮，推出户外滑雪、保暖运动等系列商品，并为冬奥会相关工作提供服务保障，推进企业品牌发展。

（市经信委都市产业处）

【第四届北京传统工艺美术评委会议召开】5月26日，市经济信息化委组织召开第四届北京传统工艺美术评审委员会全体会议，研究第八届北京工艺美术大师和民间工艺大师评审工作。市经济信息化委牵头，工艺美术促进中心、北京工艺美术行业协会共同完成起草《第八届北京工艺美术大师和民间工艺大师评审认定工作实施方案》《第八届北京工艺美术大师和民间工艺大师评分细则》等相关评审规则。会议研究并表决通过了以上文件。

（市经信委都市产业处）

【北京时尚产业转型升级】6月6日，市经济信息化委副巡视员张兰青带队赴北京纺织控股有限责任公司、《时尚北京》杂志社、北京时装之都文化传播有限责任公司，对北京时尚产业发展和转型升级进行调研并召开座谈会。会议听取了北京纺织控股有限责任公司副总经理、北京时装之都文化传播有限责任公司董事长贠天祥关于北京纺织控股积极发展自主品牌、科技纺织、高端定制及文化创意产业情况以及企业转型升级为“时尚控股”的相关情况，以及北京服装纺织行业协会副会长王文生汇报的《时尚北京》杂志运营、人、财、物管理情况及拟开展的工作。张兰青指出，时尚产业是对人们生活方式的一种引导，北京要完成传统向时尚产业转型升级，制订长远的规划和抓准当期的着力点，通过智能化升级和互联网＋等方式，实现“三品”战略，即“增加品种、提升品质、培育品牌”；在新形势下，面对企业转型和二三产业的相互渗透，协会要加强行业数据统计，形成对行业发展的有力支撑；《时尚北京》杂志作为集中行业优势资源的专业杂志，有别于一般媒体，是充分市场化运作的时尚媒体，意识形态领域的重要阵地。北京服装纺织行业协会作为杂志主要主办单位，需建章立制，加强对杂志人、财、物的管理，责任到位，责任到人。

（市经信委都市产业处）

【2016年北京市食品安全宣传周启动】根据全国食品安全宣传周活动方案的统一部署，以“尚德守法 共治共享食品安全”为主题的北京市2016年食品安全宣传周于6月13日在北京语言大学正式启动。市政府副秘书长徐志军宣布宣传周启动，市食药监管局局长从骆骆部署宣传周活动安排，市经济信息化委副巡视员张兰青及市食品药品安全委员会成员单位等参加启动仪式。按照《国务院食品安全办等17部门关于开展2016年全国食品安全宣传周活动的通知》（食安办〔2016〕7号）要求，北京市于6月13日至6月27日在全市范围内开展食品安全宣传周活动。宣传周活动由市食品药品安全委员会办公室联合全市31个部门、16个区同步展开，采用多媒体联动的形式，通过科普音视频资料、公益短片以及微博、微信等新媒体进行宣传。同时，从15日开始，“进社区”“进校园”活动将陆续开展，向公众宣传政策法规、食品安全常识，提高公众食品安全科学认知水平。在旅游景点、建筑工地设立咨询台，提高观光游客、建筑工人食品安全意识，防范食物中毒。在“公众开放日”活动中，邀请市民参观食品安全检验检测机构，体验食品安全快速筛查活动。

（市经信委都市产业处）

【北京三维时尚设计研究院成立】6月23日，北京三维时尚设计研究院成立大会在园博园依文城堡举行。市经济信息化委主任张伯旭、副巡视员张兰青、市商务委委员邓洪波、丰台区副区长张婕，中国青年创业就业基金会、中国纺织工业联合会等有关部门，时尚传媒、时尚领域企业家、学者、著名设计师等有关人士出席活动。北京三维时尚设计研究院理事长、时尚传媒集团董事长刘江主持会议并介绍了北京三维时尚设计研究院的组织架构及理事成员，院长王庆介绍北京三维时尚设计研究院创建的背景及筹备情况。市商务委委员邓洪波，中国青年创业就业基金会有关领导，联合发起人代表、依文集团董事长夏华等有关人士相继致辞。张伯旭强调：时尚设计是北京构建高精尖产业结构的重要组成部分，北京三维时尚设计研究院的成立占据了天时地利人和，应运而生，大有可为；研究院的定位不仅是创意交流平台、品牌展示平台、时尚商务平台，更重要的是产业发展平台，要成为北京市乃至全国的示范性平台，创新一种推动产业发展的模式，实现专业化运作，发挥智库和产业创新促进作用；北京已出台《〈中国制造2025〉北京行动纲要》，实施“三四五八”战略，努力实现“北京制造”向“北京创造”转变，大力发展时尚设计产业，支撑名优民生产品的打造，是其中一项重要内容。研究院应发挥积极作用，推动创建一批国际一流品牌，努力把北京建设成为世界第六大“时装之都”。本次成立大会以时尚创意促进、产业研究和专业服务作为社会责任，同时举办“创新与传承”主题演讲，邀请了北京著名高级定制设计师郭培、知名品牌设计师阿尤、深圳著名设计师梁子，与依文中国手工馆共同举办“传统工艺与时尚创意成果展”和“创作者匠心沙龙”，旨在构建引领全国的时尚创意高地。北京三维时尚设计研究院是由三维时尚（北京）咨询有限公司联合知名时装企业、时尚传媒和知名设计师、学者发起成立的时尚产业智库和创意促进机构。以“时尚”为研究对象，从经济、文化、社会多角度观察时尚现象，重点关注新产品、新方式引发的大众行为趋向。

（市经信委都市产业处）

【北京工艺美术大师精品投资基金启动】6月26日，北京工艺美术大师精品投资基金启动仪式在北京荣会艺术馆举行，市经济信息化委副主任樊健，北京工美集团有限责任公司董事长李节、总工艺师郭鸣，北京工业发展投资管理有限公司副总经理朱正华，北京工美国礼投资管理有限公司总经理刘惠英，以及数百位工艺美术界专家、工美大师、北京市珐琅厂等工美行业重点企业负责人等有关人士出席本次活动。樊健强调：北京工艺美术大师精品投资基金是省市级政府成立的第一支工艺美术基金，吸纳社会资本，再由政府部门跟进。要严格按市场化程序运作，让传统工艺美术绽放出璀璨的光芒，在这个过程中政府基金会给予全力支持。基金启动当天，“寻找珐琅之美——首届中国珐琅艺术大展”同时举行。参展的100余件作品是从全国应征的近千件作品中遴选出来的，中国工艺美术大师张同禄、米振雄、戴嘉林、霍铁辉、钟连盛及数十位省市级工艺美术大师均有作品参展，业内众多实力企业拿出代表性作品参展。涵盖了铜胎掐丝珐琅、瓷胎画珐琅、金胎珐琅、银胎珐琅、铸胎珐琅、掐丝珐琅画及跨界融合的珐琅作品，从陈设器、装置、家具、生活艺术品到艺术首饰、珐琅钟表等。为进一步促进工艺美术产业健康发展，转变政府资金使用方式，充分调动社会资源投资工艺美术行业，促进传统技艺保护传承和人才培养，同时带动一批中小企业成长，2014年，北京市人民政府批准成立了中国第一支政府引导型工艺美术基金——北京工艺美术发展基金。该基金联合社会投资管理机构共同发起设立的子基金“北京工艺美术大师精品投资基金”规模为1亿元人民币，重点投资于传统工艺美术保护传承、产业发展基础体系、跨界融合产品、创新企业培育等领域，支持和加快工艺美术品的创新和发展，为股东和社会创造投资收益和财富。

（市经信委都市产业处）

【“三品工程”高级研修班举办】 6月27日至7月1日，为落实市政府工作报告中关于“增品种、提品质、创品牌”的工作任务，辅导一批食品、医药、轻工、纺织等行业“三品工程”专业技术人才和政府行业管理人员，促进消费品工业提质增效，由人力资源和社会保障部、工信部主办，工信部人才交流中心承办的“三品工程”高级研修班在青岛举办。本次研修班共持续5天时间，来自北京、上海等省、自治区、直辖市工业和信息化主管部门等相关单位的74名干部、企业管理人员及高级技术人员参加。研修班采取课堂面授、现场教学、交流研讨等多种形式，让学员能够透彻学习本行业最前沿的理论知识产业政策，了解国内、外相关行业的发展现状和技术方向；亲临现场，深度、直观了解标杆企业的管理模式和生产经验，为日后的工作提供更切合实际的理论和实践指导。研修班邀请了工信部消费品司、中国信息通信研究院、海尔海创汇、西北工业大学、中国工商联等众多专家进行授课。专家们结合自己的研究和实践，解读了“三品工程”对提升消费品企业核心竞争力的重要性，“三品工程”的意见和政策以及智能化技术的发展对“三品工程”实施的现实应用及促进作用。现场教学安排学员赴青岛正大食品有限公司，学习该企业落实“三品”工程的做法和经验；参观了企业的生产、物流现场，并就落实“三品工程”过程中的经验和问题与该企业负责同志进行研究和探讨。

（市经信委都市产业处）

【北京纺织控股更名】 7月27日，“北京时尚·创享未来”北京时尚控股有限责任公司主题发布会举行。在此次发布会上，“北京纺织控股有限责任公司”宣布更名为“北京时尚控股有限责任公司”，简称“北京时尚控股”。与此同时，北京时尚控股还发布以“凤凰引领”为主题、以“时尚蓝和时尚红”为主色彩的新标识。此次更名标志着以北京时尚控股等一批企业为代表的北京服装纺织产业，将迎来历史性的发展新机遇，意味着北京时尚控股将在推进北京时装之都建设、提升北京国际时尚度和文化软实力的过程中，注入新的活力。北京时尚控股将以服装品牌运营与运营服务为核心，以文化创意与文创服务、城市应急与信息科技服务为两翼，构建“时尚、科技、服务”三位一体的发展新格局，在首都时尚产业发展中发挥引领、辐射、带动作用。

（市经信委都市产业处）

【时尚工美子基金投资发布会举办】 8月9日，时尚工美子基金投资发布会暨工美文化产业投融资项目对接会举办，市经济信息化委副巡视员张兰青、民盟市委专职副主委宋慰祖等领导同志出席发布会，政府相关部门领导、政府引导基金相关代表、文化产业知名投资人、银行代表、权威艺术名家、优秀工艺美术企业代表100余人参会。张兰青在致辞中对北京市工艺美术产业发展状况、扶持政策和政府引导基金产业的相关趋势做了简要说明，对“时尚工美基金”探索新模式进行了肯定，提出政府部门希望为企业搭建平台，创造环境，使工艺美术产业成为北京构建“高精尖”经济的新亮点和新的经济增长点，希望社会各界投资人与企业积极参与，共同创造北京工艺美术更好的明天。本次会议以“工艺北京 创新原力”为主题，围绕工艺美术行业及相关文化产业投融资的热点问题展开，“时尚工美基金”发起人介绍了基金自设立以来不断整合工美文化领域的产业链资源，与设计师、工艺大师、投资者、政府携手，形成“投资、设计、生产、销售、推广”为一体的整合平台，共同打造时尚工美投融资生态圈。中国艺术研究院手工艺研究所所长、研究员邱春林，北京如果文化集团创始人吴向峰，北京汉艺煌景泰蓝工艺品有限公司总经理王靖伟等嘉宾分别做了精彩演讲。时尚工美子基金对筛选的优质工艺美术项目进行了路演分享，众多文创产业投资机构、基金代表、银行代表与项目负责人就有关投融资的热点问题展开对接讨论。

（市经信委都市产业处）

【北京茶叶博物馆开馆】 8月18日，中国北方规模最大的茶叶博物馆——北京茶叶博物馆开馆。北京茶叶博物馆位于西城区广安门外马连道14号京华茶业大世界4楼，面积近900平方米，由北京二商集团出资企业北京二商京华茶业有限公司独立承建，历时3年建成，是北京市唯一一家国有企业出资兴建的茶叶博物馆，是中国北方面积最大的茶叶博物馆。京华茶业将打造为北京的科普教育基地、中国茶文化主题实践基地，成为茶文化研讨交流和知识普及的重要平台。自8月18日起，北京茶叶博物馆每周二至周日9：00—17：00免费向公众开放，周一及法定节假日闭馆。

（市经信委都市产业处）

【2016北京时装周落幕】 9月29日，由市经济信息化委指导，北京服装纺织行业协会、北京时尚控股有限责任公司、《时尚北京》杂志共同主办的“2016北京时装周”闭幕式暨颁奖典礼在莱锦文化创意产业园举行，雪莲2017—2018年秋冬羊绒针织服装流行趋势发布会同步举办。原市人大常委会副主任金生官，国家工信部消费品工业司副司长曹学军，中国纺织工业联合会副会长陈大鹏，市经济信息化委主任张伯旭、副巡视员张兰青及市委宣传部、市旅游委、市文资办、市国资委、朝阳区政府、中国服装设计师协会、北京服装学院等相关部门领导出席闭幕式。张伯旭在闭幕式上发表讲话。他表示，北京时装周演绎了一场时尚与文化的盛宴，通过高质量、高水平、有特色的多场时装品牌发布会、时装秀、北京时尚高峰论坛、时尚北京创意展，集中展示了北京时尚产业的发展成果，是打造北京时尚产业发展平台的有益尝试。对如何进一步促进北京时尚产业跃升，他指出，要推进理念创新，促进时尚科技、时尚品牌、时尚消费的融合发展；要大力发展以时尚设计为核心的生产性服务业；要关注高端科技和多元审美引领时尚产业发展的新模式；要通过“设计、会展、互联网”3个抓手实现跨越式发展；要通过京津冀时尚产业分工合作、优化布局、互补共赢，做大做强时尚产业链。闭幕式上，北京时装周与北京国际设计周、北京时尚控股旗下雪莲工坊与刘薇等4位优秀设计师代表分别签署商业合作协议。同时颁发时装模特奖、时装设计师奖、时装品牌风格奖、紫禁城品牌大奖等奖项。

（市经信委都市产业处）

【红螺食品老字号体验基地揭牌】 10月9日，红螺食品非遗体验基地和红螺食品老字号体验基地在圣泉山景区揭牌。红螺食品与圣泉山景区协商决定，在该景区设立体验基地，向游客展示果脯等传统食品制作，让非遗技艺和老字号文化走进人们生活。红螺食品拥有百年历史，是北京果脯传统制作技艺非文化遗产代表性项目保护单位，多年来挖掘整理历史文化的同时，持续组织参与各类活动，让大中小学生了解、感受和体验非物质文化遗产和老字号文化。

（怀柔区经信委）

【北京工美大师精品投资子基金首个重点项目启动】 10月23日，市经济信息化委指导，北京工美集团、中外珐琅美术馆联合主办的“国品宝船·璀璨起航——大型景泰蓝《友谊之船》发布会暨中外珐琅美术馆开馆盛典”在人民大会堂举行，景泰蓝《友谊之船》典藏版作为北京工艺美术大师精品投资子基金首个重点项目正式启动。市经济信息化委副巡视员张兰青出席活动并致辞，中国轻工业联合会副会长兼秘书长杜同和，中国国际文化传播中心党组书记、执行主席龙宇翔，北京工艺美术行业协会会长、北京工美集团董事长李节，中国珠宝玉石首饰行业协会副会长、北京工美集团总经理魏连伟，故宫博物院、国家博物馆等部门以及工艺美术行业企业、大师、从业人员等300余人出席活动。此次启动仪式正值大型景泰蓝《友谊之船》作为国礼赠送英国女王伊丽莎白二世一周年之际。《友谊之船》由北京工美集团设计制作，以景泰蓝、金属錾刻和铸造多种工艺结合制作而成，以中国古代伟大的航海家、外交家，曾七下西洋开拓海上丝绸之路的郑和所率的宝船为原型，寓意中华民族开放进取、和平友好、交流合作、经略海洋和敢为天下先的传统美德，彰显中国打开国门走向世界进行文化交流的自信。《友谊之船》典藏版项目作为北京工艺美术大师精品投资基金首个重点项目，旨在向人们展现中国景泰蓝艺术在当今世界舞台上国礼风采，传承国粹文化、发挥工匠精神，带动以景泰蓝为代表的中国传统艺术在全球范围影响力，通过基金对项目的大力推动和资金保障，确保在“一带一路”大背景下，紧抓时代机遇，进一步推动工艺美术产业的稳步、快速发展。

（市经信委都市产业处）

【雪莲高级定制工坊在京成立】 10月27日，雪莲高级定制工坊成立。中国第一个羊绒服饰品牌“雪莲”作为本市老字号，充分发挥企业在产业、技艺、品牌等方面的优势推出高级定制工坊，从本土优秀历史文化和传统手工艺中汲取灵感，成为推进产品创新、文化提升和品牌升级的重要创新之举。雪莲高级定制工坊已与京绣、苏绣及缂丝等多位传统手工艺专家签约，共同致力推广传统手工艺文化、复兴非遗手工技艺，占领高级定制市场，创造高端效益。

（时尚控股公司）

【北京国际浆纸交易中心上线运行】 11月18日，北京京纸集团有限公司与北京一轻控股有限责任公司共同出资，经市政府批准成立的国内浆纸行业的大宗商品交易综合服务平台——北京国际浆纸交易中心上线运行。该中心服务于全球造纸、印刷产业，致力于打造行业现货交易中心、信息数据中心、价格指数中心，以现代化、集成化的专业服务整合优势资源，推动浆纸市场流动性，保障交易结算安全性，监督市场运作规范性，全力推进行业规范健康持续发展。

（一 轻）

【北京工艺美术博物馆新馆正式开馆】12月21日，北京工艺美术博物馆新馆举行开馆仪式。市文化局局长陈冬，市政府外事办公室巡视员殷飞，市旅游委副主任曹鹏程，市经济信息化委副巡视员张兰青，市国资委副巡视员荀永利以及北京工艺美术行业大师和企业代表近百人出席仪式。北京工艺美术博物馆创建于1987年，隶属于北京工美集团有限责任公司，是全国第一家由企业创建的专业性工艺美术博物馆，馆藏历代工艺美术珍精品3000余件，许多作品曾长期陈列在中南海、人民大会堂、天安门贵宾厅，受到党和国家领导人和国际奥委会领导人的赞誉。在馆藏品中，集中了北京近、现代传统工艺美术近百年来几代名师创作的一批富有时代精神的珍品佳作，在材质、价值、工艺技巧、艺术品位上均达到国内同类博物馆的最高水平。北京工美集团根据“十三五”战略规划对老馆进行全新升级。“升级后”的北京工艺美术博物馆分为珍宝馆、临展区、销售区、社教宣讲多功能厅等区域，建筑面积5000平方米，以展示北京近、现代传统工艺美术“四大名旦”牙雕、玉器、景泰蓝、雕漆为主。全新升级的北京工艺美术博物馆集“博物馆会展功能、文化休闲娱乐、专业技艺体验街区”三大功能于一身，为北京工艺美术行业搭建专业服务和教育宣传平台。

（市经信委都市产业处）

【2016北京文化消费品牌榜正式发布】12月29日，第四届北京惠民文化消费季总结表彰会暨2016北京文化消费品牌榜发布活动在中华世纪坛举行，市委副秘书长郭广生，市委宣传部副部长余俊生，市经济信息化委副巡视员张兰青以及市发展改革委、市文资办、市文化局、市新闻出版广电局、市文物局等联合主办单位领导出席活动。此次活动总结了2016年第四届北京文化消费季活动取得的重要成果，正式对外发布评审出的“十大文化创意产品”“十大文化旅游线路”“十大文化消费地标”“十大文化体育赛事”“十大文化展演项目”等2016北京文化消费品牌榜单，北京市珐琅厂、北京工美集团新奥工美文化发展分公司、北京洛可可科技有限公司等企业榜上有名。

（市经信委都市产业处）

【家具产业京津冀合作协同初现成效】年内，北京家具企业将生产环节外迁至津冀工业园区，将研发和营销留在北京，将总部设在北京。北京黎明文仪家具有限公司等家具企业入驻天津武清，依思蒙沙（北京）家具有限公司等入驻天津宝坻，北京金隅天坛家具股份有限公司等入驻河北大厂，意风家具有限公司等入驻河北芦台，北京可爱多家具有限公司等入驻河北汉沽，东方宏业等入驻河北深州。

（市经信委都市产业处）

【工美两支子基金设立】年内，北京工艺美术发展基金完成时尚工美子基金、玖尊工美子基金两支子基金设立、首期认缴出资和首批项目投资事项。北京工艺美术发展基金计划初期规模3亿元，其中政府出资1亿元，社会融资2亿元，投资重点应用于传承与创新领域、服务体系领域、跨界融合领域、产业提升领域四大领域。

（市经信委都市产业处）

【推进京津冀产业协同发展】年内，协调推动三元河北工业园开园投产。工业园项目投资18亿元，引进全世界最先进的生产工艺和加工设备，可实现年产婴幼儿配方乳粉4万吨及各类液态奶25万吨，将成为中国北方地区最先进、处理能力最强的奶产品生产线项目。做好家具行业疏解与对接。推进保健品行业协同发展。针对北京市保健品行业计划在津冀建设产业基地的需求，推动北京保健品协会与唐山市政府相关部门对接。支持保健品协会带领行业企业在唐山市滦南县、玉田县等地考察投资环境，打造“北京·唐山保健品产业基地”。

（市经信委都市产业处）

【名优民生产业发展】年内，全面落实《国务院办公厅关于开展消费品工业“三品”专项行动营造良好市场环境的若干意见》（国办发〔2016〕40号）、《〈中国制造2025〉北京行动纲要》（京政发〔2015〕60号）等相关文件精神，进一步提升北京食品工业发展水平，编制下发《关于进一步推进北京食品工业优化升级的意见》，明确食品产业发展方向和重点，京津冀协同发展、重构食品大产业链列为首要任务，推动北京食品工业“增品种、提品质、创品牌”作为发展重点，把科技创新、两化融合、互联网+应用，加快构建具有首都特色的食品工业新型产业体系。借助惠民文化消费促进名优民生产品消费。支持举办“第四届北京惠民文化消费季”，以“惠文化慧生活”为主题，以“文化惠民”为核心主旨，以“一条主线、两大举措、六大板块、十大园区、十六区联动”为整体格局，扩大文化产品供给，创新消费服务，丰富消费业态，提升消费品质，改善消费环境。支持企业通过各种渠道参加消费季活动拓展市场，扩大品牌影响力。支持名优民生产业重点企业发展。推动京粮集团稳步发展，在粮油储备安全保障、品牌建设等领域做精做深，在京津冀地区推进一体化协同发展；推动京粮集团在京部分围绕粮源采购、储备物流、生产加工和市场渠道等领域，以电子商务为突破口，以“互联网＋应用”为核心，做好升级发展。推动二商集团稳步发展。上半年，二商集团创新研发新产品 78 种，积极投放市场，通过创新适应新的消费需求，增强内涵式发展驱动力；鼓励二商集团下属企业采取自建或利用第三方电商（京东、天猫和酒仙网等）线上业务。

（市经信委都市产业处）

【传统产业转型升级】年内，推进北京纺织控股转型升级。协调推动北京纺织控股有限责任公司更名为“北京时尚控股有限责任公司”，由传统服装产业向时尚产业转型，推进理念创新，筹办北京时装周，开展产业援疆；支持北京时尚控股集团重点围绕品牌、创意、设计、标准、质量等方面，挖掘时尚产业、时尚文化内涵，夯实时尚产业发展基础，优化资源配置，实现跨越式发展。推动奥瑞金包装股份有限公司（简称奥瑞金）在京部分转型升级品牌化发展。支持奥瑞金在京老厂区升级改造，建设研发中心、食品安全可追溯平台以及互联网展示中心，深入开展制造业服务化，增强设计研发能力，为客户提供从内容物开发到市场销售的一条龙服务，主动向产业链上下游扩展，增强制造业服务化能力；推动奥瑞金以冰球体育产业为切入点，进入文化创意领域，为参与 2022 年冬奥会做准备，推进品牌推广。推进家具行业环保升级。根据《木质家具制造业大气污染物排放标准》（DB11/ 1202–2015），从 2017 年开始，北京家具行业不再使用溶剂型的涂料和胶黏剂，全部采用水性涂料和胶黏剂。截至年底，曲美家居等企业已全部采用水性涂料，黎明文仪等 10 余家企业购买了水性喷涂流水线，完成或正在进行技改。

（市经信委都市产业处）

【北京时尚产业发展】年内，指导推动中国国际时装周（2017 春夏系列）、2016 北京时装周举行，中国国际时装周（2017 春夏系列）共举办 78 场专场发布、3 项专项大赛。来自国内外的 70 余位设计师、90 余家中外品牌和机构参与本季发布。支持北京 24 个服装品牌和北京服装学院参加时装周活动。其中，爱慕、雪莲等北京品牌参加专场发布 16 次，北京新锐原创设计师 9 个品牌参加了 DHUB 设计汇“罐妆时尚”交易展示活动，展示了品牌原创设计，扩大了品牌影响力。指导支持北京时尚控股有限责任公司、北京服装纺织行业协会、《时尚北京》杂志共同主办 2016 北京时装周，通过高质量、高水平、有特色的多场时装品牌发布会、时装秀、2016 北京时尚高峰论坛、时尚北京创意展，集中展示北京时尚产业的发展成果，打造北京时尚产业发展平台。支持“时尚北京”主题展亮相第十一届文博会，北京时尚控股有限责任公司、北京服装纺织行业协会、《时尚北京》杂志主办“时尚北京”主题展，亮相第十一届中国北京国际文化创意产业博览会，聚焦“时尚、创意、科技、文化”，以品牌文化、潮流科技、品牌展示、动态发布、精彩回顾为主要内容，展示北京时尚控股品牌建设与时尚产业发展的初步成果。支持时尚产业智库和创意促进机构发展，北京三维时尚设计研究院成立。该研究院由知名品牌、学术机构、行业组织联合发起，重点关注时尚新产品、新方式及产业化推动，发挥智库和社会组织的专业服务能力，打造首都时尚创意和生活文化交流平台，构建以创新促进为核心的专业服务体系。通过专业分析和深入研究，发挥智库和产业创新促进作用，加快推动北京时尚产业和文化创意产业发展。

（市经信委都市产业处）

【工艺美术行业发展】北京传统工艺美术保护发展资金自 2003 年以来至今，资金支持额度已累计超亿元，支持项目 279 个，支持企业近 200 家，共吸引各界投资 6 亿元，促进新增销售收入超过 13 亿元，新开发产品近 15 万件。截至 2015 年底，北京工艺美术行业共有在世大师 244 位，其中中国工艺美术大师 35 人，占全国总数的 9.5%。通过大师评审认定和大师带徒等方式，实现大师队伍北京工艺美术技艺的全覆盖和队伍的年轻化，涵盖北京工艺美术“燕京八绝”及民间工艺等近 40 个工艺品种。发挥财政资金的导向作用，2016 年北京传统工艺美术保护发展资金支持重点聚焦于重大国礼的设计开发、工艺产品创新发展、技艺保护传承、工艺美术平台建设、人才培养及行业建设等方面。组织大师评审，加强人才队伍建设。年内，组织开展了第八届北京工艺美术大师评审认定，评审工作经过集中申报、笔试、作品评审等环节，完成第八届大师的评审认定。举办工美大展，推动市场交易。

举办第十一届北京文博会第十届北京工艺美术展，参展企业 50 余家，展出作品 1000 余件，累计接待超过 20 万人次参观，展会现场销售额 500 万元以上，意向交易额超过 3000 万元。展览围绕文博会“激发文化活力，引领产业创新”的主题，全方位展现北京工艺美术的精品和最新成果，并组织京津冀行业论坛及项目对接活动，为工美企业搭建展示交易平台。

（市经信委都市产业处）

基础与新材料产业

【概况】 2016 年，全市基础与新材料产业规模以上工业企业工业总产值 6217.3 亿元，同比下降 2.0%；工业增加值 1228.0 亿元，同比增长 0.8%；主营业务收入 6478.2 亿元，同比下降 2.4%；利润 578.0 亿元，同比下降 18.2%；工业固定资产投资完成 24.9 亿元，同比增长 8.2%。

全年基础产业主要行业中，石油加工、炼焦及核燃料加工业增加值 157.5 亿元，同比下降 13.2%。化工原料及化工制品制造业增加值 77.9 亿元，同比增长 10.2%；主营业务收入 328.2 亿元，同比下降 7.2%；利润 10.1 亿元，同比下降 18.3%。黑色金属冶炼及压延加工业增加值 4.7 亿元，同比增长 103.8%；主营业务收入 110.1 亿元，同比增长 3.2%；利润 -2 亿元。非金属矿物制品业增加值 83.1 亿元，同比增长 23.4%；主营业务收入 462.8 亿元，同比增长 2.6%；利润 13.6 亿元，同比下降 8.1%。

协调推进重大项目建设。北方国能石墨烯杂化物吨级中试生产装置项目、矿冶总院稀有金属涂层材料项目、首钢智能停车研发总部基地项目静态交通研发示范基地立体车库（含公交车库）已建设完成；微纳星源碳纳米管项目、安泰科技新能源汽车用高性能稀土永磁制品产能扩大项目、有研亿金高性能功能材料及其制品升级扩建项目、燕化公司连续重整联合装置油品升级改造项目、中石化润滑油 53 万吨 / 年润滑油搬迁改造项目正在建设期；奥德赛电子封装新材料项目、东方雨虹新材料装备研发总部基地项目正在办理前期手续。

（市经信委绿色环保处）

【北京材料基因工程创新联盟成立】 1 月 28 日，北京材料基因工程创新联盟成立仪式暨第一次全体会员大会在中科院物理所举行。北京材料基因工程创新联盟的建立是在北京范围内建立的材料基因组工作平台。联盟未来的工作宗旨围绕“开展材料基因组研究，加速新材料的研发过程，最终将开发周期和成本降低一半；发展急需的新材料，建立和完善新材料产业体系、振兴制造业，支撑创新驱动发展战略的实施”全面展开。

（海淀区经信办）

【冬奥组委办公地落户首钢老厂区】 2 月 18 日，市委书记郭金龙、市长王安顺前往位于首钢老厂区的 2022 年北京冬奥组委办公区进行实地调研，调研时强调首钢要加强问题导向，认准前进方向，加快转型发展，与有关部门配合推进冬奥组委办公地点落户老厂区。北京冬奥组委办公区位于首钢老厂区最北端西十筒仓区域，总占地约为 6.7 万平方米，属于建筑高度和风貌要求相对严格的原貌保护区，办公区及周边有多处强制性保留工业遗产。2015 年 11 月 23 日，王安顺主持召开市政府专题会议，研究确定北京冬奥组委入驻首钢老厂区。2015 年 12 月 15 日，2022 年北京冬奥组委正式宣布成立，其中设有 28 个专业部门，另外还有延庆和张家口两个赛区运行中心。

（市经信委科技标准处）

【北控收购德国最大垃圾发电公司】 3 月 2 日，北京控股公司宣布以 14.38 亿欧元收购德国 EEW 废物能源利用公司 100% 股权。EEW 公司是德国乃至欧洲唯一一家专注于垃圾焚烧发电的企业，在装备标准、运营效率、技术水平、排放指标等方面均代表世界一流水平。EEW 在德国及周边国家有 18 个垃圾焚烧发电厂，提供电力、区域供热和工业蒸汽，2015 年垃圾实际处理量 440 万吨，在德国垃圾焚烧发电市场占有率约 18%，排名第一。

（市产研中心）

【纪念首个禁止化学武器组织日】 4 月 29 日是《禁止化学武器公约》正式生效 19 周年，也是国际社会确定的首个禁止化学武器组织日。《禁止化学武器公约》是迄今为止第一个关于全面禁止、彻底销毁一整类大规模杀伤性武器——化学武器的多边条约，是当今唯一拥有严格核查机制和无限期有效的国际军控条约，对维护国际和平和安全具有重要意义。北京市十分重视禁化武履约工作，监控化学品管理、年度数据宣布、应对国际禁化武核查等各项履约工作顺利开展，为中国禁化武履约工作做出了应有的贡献。

（市经信委军工服务处）

【燕山石化产出高品质航空汽油】 5 月 3 日，燕山石化正式产出 100LL 高品质航空汽油，各项指标满足标准要求，具备工业化生产条件。100LL 航空汽油具有清洁环保、铅沉积量低、硫含量超低、无腐蚀、热值高等特点，广泛用于通用航空领域，燕山石化是系统内首家推出这种高端油品的炼化企业。

（燕山石化）

【工业废水处理技术研发中心成立】 5月4日，由高能环境与中国科学院化学研究所联合成立的工业废水处理技术研发中心在中科院化学所举行签约仪式。双方一致同意联合建立工业废水处理技术研发中心，构建长期、全面、深入的战略合作关系，充分利用各自优势资源与发展平台，共同推动先进工业废水处理技术的研发和成果转化，以实现工业废水绿色、高效、达标处理和“分质资源化”的目标。

（海淀区经信办）

【金隅股份成冀东集团控股股东】 5月31日，金隅股份与唐山市政府国有资产监督管理委员会、冀东发展集团有限责任公司举行战略重组签约仪式，签署了《关于冀东发展集团有限责任公司之增资扩股协议》，金隅股份将持有冀东集团55%的股份，成为其控股股东。副市长隋振江，河北省委常委、唐山市委书记焦彦龙，河北省副省长张杰辉，市政府副秘书长刘印春，市经济信息化委主任张伯旭和有关领导出席签约仪式。金隅股份与冀东集团是京津冀区域内最大的两家水泥企业，合并后水泥熟料产能将超过1.1亿吨，排名将为全国第三位。本次金隅股份与冀东集团战略重组是在京津冀协同发展国家战略政策背景下的一次强强联手，是贯彻落实“供给侧结构性改革”的有力举措，也是国有大型企业集团规范市场秩序、提高盈利能力、实现国有资产保值增值的有益探索，并且符合京津冀协同防治大气污染、改善生态环境的民生需求。重组完成后，金隅、冀东水泥业务将进一步得到优化，充分发挥协同效应，降耗增效，创新升级，同时将规范区域水泥市场秩序，促进区域水泥行业健康有序发展。

（市经信委科技标准处）

【第四届新博会北京展团获得4项大奖】 由工信部、黑龙江省政府共同主办的2016年第四届中国国际新材料产业博览会（以下简称新博会）于6月15日至19日在哈尔滨举行。本届新博会主题为“新材料、新装备、新时代”，参展新材料产品共计152类、2000余种。北京展团由市经济信息化委副主任王学军带队，北京航空材料研究院、北京北方国能科技有限公司、北京隆源成型有限责任公司、北京达博贵重金属焊料科技有限公司、北京金隅集团、石化新材料产业基地6家单位参展。工信部副部长辛国斌听取汇报，并对北京市在推进新材料产业发展方面所作工作表示肯定。本届新博会上北京展团共获得4项大奖，其中市经济信息化委荣获“优秀组织奖”和“优秀设计奖”；北京航空材料研究院的石墨烯铝导线产品和北京八亿时空液晶科技股份有限公司的薄膜晶体管液晶（TFT-LCD）用液晶显示材料荣获大会产品金奖，约占全国产品金奖总数的5.5%。北京展团组织工作由基础与新材料产业处牵头，市经济信息化委经济技术市场发展中心承办。

（市经信委科技标准处）

【北京华盾雪花公司停产】 8月31日11时38分，随着土工车间最后一台设备停机和最后一卷土工膜产品下线，华盾马家楼厂区塑料产品生产实现平稳安全关停，北京华盾雪花公司马家楼厂区的停产为有着30余年历史的老厂区生产历史画上句号。

（隆达公司）

【北京纳米能源与系统研究所园区项目开工】 9月29日，中国科学院北京纳米能源与系统研究所园区建设项目开工仪式在怀柔新城13街区项目现场举行。项目选址于怀柔雁栖经济开发区，规划用地面积为4.47万平方米，总建筑面积为10.79万平方米。项目计划投资10亿元，将建设成为集研发、展示、交流、产业转化等于一体的、国际一流纳米能源全球创新中心。

（怀柔区经信委）

【中铝国际铝材科技产业有限公司落户海淀】 9月，中铝国际铝材科技产业有限公司在海淀区设立，注册资本为9500万元。该公司是由国资委管理的央企，中国铝业公司的工程技术板块中铝国际工程股份有限公司全额投资的全资子公司。新设立的中铝国际铝材科技产业有限公司主要从事新材料技术开发及推广，铝材产品的研发、投资及产业化。

（海淀区经信办）

【金隅集团与城市副中心签署框架协议】 10月21日，北京金隅集团与北京城市副中心行政办公区工程建设办公室在通州区工程现场指挥部签署战略合作框架协议。根据协议，双方就北京城市副中心行政办公区工程使用建筑材料的供应和质量等方面展开全面合作，共同研究解决产品供应和使用过程中的重大课题。

（金　隅）

【首个机器人产业孵化器挂牌】 10月，国内首个助力机器人产业发展的北人壹创基金和北人亦创孵化器在亦庄挂牌。智能机器人产业投资基金——北人壹创基金由北人集团和壹创投资本共同发起并出资设立。该基金分3个板块：面向机器人、无人机、3D打印、高端医疗装备等早期项目的智能成长基金；面向高端智能装备、工业4.0等中期发展项目的智能发展基金；装备制造产业、新材料产业、传统产业转型等产业项目的智能产业基金。北人亦创孵化器，将利用北人集团现有的技术、资金、平台、人才、人脉优势，借助壹创基金组织的专业运营管理团队和庞大社会资源，依托亦创智能机器人创新园产业基地等，引进机器人与装备制造等高端装备领域的创新项目和企业，为其提供高效便捷的创新创业服务。

（市产研中心）

【中央领导调研北京新材料产业】11月4日，国务院副总理马凯先后前往有色金属研究总院、北京航空航天材料研究院和钢铁研究总院，就新材料研发和产业化进行调研。国资委主任肖亚庆、国家发展改革委副主任林念修、工信部副部长怀进鹏以及科技部、财政部、质检总局、银监会、国防科工局等有关负责同志参加调研。副市长隋振江、市经济信息化委主任张伯旭陪同调研。马凯认真听取了调研企业的情况介绍，对北京市新材料产业取得的成绩给予高度肯定，并提出殷切期望，他强调，要认真贯彻落实中央决策部署，推进科研体制和机制创新，加快创新平台建设，提升自主创新能力和技术水平，着力在一些关键新材料领域取得更大突破，提升行业综合服务能力，加大成果转化力度，为实现《中国制造2025》制造强国发展战略发挥更加重要的作用。

（市经信委科技标准处）

【燕山石化首次生产调和京标Ⅵ标准汽油】12月25日，燕山石化首次生产调和的98号京标Ⅵ汽油出厂输送至北京石油长辛店油库，从2017年1月1日起供北京市场，以满足北京市第六阶段排放要求。燕山石化作为京标Ⅵ标准汽油制定资源配置单位，每月将向北京市场供应25万吨高品质、低排放油品，每年可提供300万吨，约占北京汽油使用量的四分之三。

（燕山石化）

【重大项目建设】年内，北方国能石墨烯杂化物吨级中试生产装置项目、矿冶总院稀有金属涂层材料项目、首钢智能停车研发总部基地项目静态交通研发示范基地立体车库（含公交车库）建设完成；微纳星源碳纳米管项目、安泰科技新能源汽车用高性能稀土永磁制品产能扩大项目、有研亿金高性能功能材料及其制品升级扩建项目、燕化公司连续重整联合装置油品升级改造项目、中石化润滑油53万吨/年润滑油搬迁改造项目正在建设期；奥德赛电子封装新材料项目、东方雨虹新材料装备研发总部基地项目正在办理前期手续。

（市经信委智能装备处）

【首钢工业遗址公园启动建设】年内，新首钢高端产业服务区经过5年准备，进入快速建设阶段，首钢工业遗址公园的首个景观改造项目启动，项目及基础设施建设规模约30万平方米，涉及资金20余亿元。新首钢高端产业服务区共规划了建筑规模350万平方米的项目，其中近240万平方米的项目将启动开发建设，园区内近90千米路网的主次干路将整体建设完毕。

（市产研中心）

国防科技工业

【概况】2016年是国防科技系统实施“十三五”规划的开局之年，是国防和军队全面实施改革发展、军民融合战略深入发展的关键之年，更是产业结构深度调整和转型的关键之年。在市委市政府的决策指导下，北京市国防科技工业系统创新思路、凝心聚力、圆满完成全年工作任务。

协调保障任务顺利完成。以重型运载火箭、载人航天、深空探测等重大科研项目为载体，把握重点、综合保障、全面协调，完善了武器装备科研生产条件保障长效协调机制。

安全管理有序推进。始终将保密工作放在重要位置，狠抓安全保密责任，加大保密检查力度；研究编制了2016年度北京军工与民爆安全生产工作要点，宣管结合，强化安全监管体系建设，组织安全生产检查及民爆行业安全生产专项整治行动；进一步完善核应急预案体系，开展核应急演练和宣传，着力加强核应急救援力量建设，强化应急处置能力。编写了《北京市“十三五”时期核应急工作要点》，明确了北京市“十三五”时期核应急工作的发展方向和目标。

政府职责切实履行。深入落实军民融合战略，以保障北京地区军品科研生产为主线，提升综合服务水平，积极推进军品市场准入工作；加强维护军品市场秩序；做好特殊目标安全保密工作，着力建设规范化制度管理体系，不断提高认证质量和效率，全面提高军品科研生产保障能力。规范军工固定资产投资项目备案、审查、验收各环节工作。

军民融合深度发展。落实构建高精尖经济结构要求，服务中国航发总部在京落地，推进中船工业海洋装备创新园等高精尖重点项目建设，研推卫星遥感等技术在冬奥会中的深度融合式应用。加强对小型航空器生产企业的监督检查和宣传引导，督促企业落实停飞等管控措施。落实军民融合的各项推进举措，推进军民融合产业园建设，深入开展与军工集团交流合作，推进军工科技成果转化。组织推荐民口配套企业参加第二届军民融合成果展，拓宽民参军渠道。

（市国防科工办）

【市核应急座谈会召开】 1 月 14 日，为落实北京市核应急委员会第一次成员会议精神，市核应急办邀请核应急专家，就进一步细化核应急预案工作进行交流研讨，市经济信息化委副主任李洪主持座谈会并讲话。会议要求要打破固有框架，创新工作，拓宽思路。在对核设施及周边态势做充分调研的基础上，研究制定市核应急预案细化办法，确定不同响应级别下各应急组织和力量的具体任务及行动方式。要强化预案的科学性、操作性和实用性。通过实地走访、考察，弄清本市核设施营运单位周边 5000 米范围内的自然与社会环境状况，做好响应和处置的现场布点工作。加强与核设施营运单位的协调沟通，实现场内、场外联动对接和预案相互衔接，健全和完善预案体系。专家代表在会上提出了建设性意见。

（市经信委军工服务处）

【市军工项目验收获国防科工局高度评价】 按照财政部和国防科工局的年度工作计划，2 月 29 日至 3 月 2 日，国家国防科工局财务与审计司组织专家组对航天九院军工固定资产投资项目进行了竣工验收复查。检查组对项目竣工验收工作程序及规范性、项目建设成效、财务管理及核算、项目建设现场等多个方面进行了检查，验收复查结果符合国家军工固定资产投资项目验收标准。该项目于 2015 年 12 月通过由市国防科工办会同航天科技集团公司组织的竣工验收，是复查 2015 年验收项目中唯一没有查出问题的项目，得到了局领导的表扬，希望上报国防科工局，在全国军工行业进行推广。

（市经信委汽车交通处）

【全覆盖督查北京民爆企业安全生产】 3 月 4 日，市国防科工办军工运行处对在京民爆生产、销售企业进行了全国两会前的安全督查。督查组实地核查了生产现场及危险品库房，对存在的安全生产标准化问题和安全隐患与企业交流了意见，提出了整改要求。督察期间，督查组听取了企业在全国两会召开期间的各项安全保卫工作安排，要求企业要将主体责任落实到位，确保两会期间安保工作的有效开展。督查组就企业安全生产现场管理等内容与企业安全管理人员进行座谈，指出，在京民爆企业有其特殊性，尤其是在各类大型会议召开期间，在京民爆企业更要高度重视各项安保工作，做好危险品作业现场收工清理、各类危化品、剧毒物品封存保管、停产停工前的员工综合安全教育、放假期间施工作业管理、各项应急预案准备等方面的工作。停工期间要执行领导带班制度，加强危险品工库房的巡视值守工作，确保不发生突发事件，为全国两会在京顺利召开提供良好安全环境。

（市经信委军工服务处）

【非公经济参与国防科研生产座谈会召开】 3 月，为鼓励非公经济参与国防科研生产，国防科技工业局组织召开了非公经济参与国防科研生产座谈会。科工局副局长张克俭、有关司局负责人，市经济信息化委副主任李洪，北京米波通信技术有限公司等 10 家非公企业参加了座谈。会议针对非公经济参与国防科研生产的重要意义；当前非公经济参与国防科研生产存在的突出问题，遇到的困难和障碍；更好地促进非公经济参与国防科研生产的政策建议等方面听取了企业的意见和建议。李洪结合北京市军民融合发展的实际情况，指出了非公经济参与国防科研生产的有利条件和存在问题，提出 3 点建议：要从国家层面统筹制定鼓励非公经济参与国防科研生产的指导意见；武器装备的采购及需求项目、相关信息应进一步向非公经济企业开放；要对非公经济参与国防科研生产的过程加强保密和质量管理。

张克俭指出：要进一步鼓励非公经济参与国防科研生产，建设充满活力的国防科技工业系统，推动国防科技工业加快发展。

（市经信委军工融合处）

【军工固定资产投资项目】 3 月，国防科工局组织专家组对航天 230 厂军工固定资产投资项目进行竣工验收复查，评分为本次项目竣工验收复查第一名，要求总结管理经验和工作方法，在全行业推广。根据国防科工局相关文件，军工固定资产投资项目调整为由军工集团会同地方科工办验收。年内，军工集团及各项目主管部门会同市国防科工办共计完成 72 项军工固定资产投资项目竣工验收工作；办理招投标备案 104 项、职业病危害评价备案 15 项；按照计划完成对中国建材研究院、中科院理化所、钢铁研究总院承担的 3 项军工固定资产投资项目监督检查，形成检查报告报送国防科工局。根据《国防科工局关于非国有企业申报军工固定资产投资项目有关事项的通知》（科工计〔2016〕35 号）要求，完成北京北冶功能材料有限公司军工固定资产投资项目的报备，通过了国防科工局组织的项目评估，评估认定项目投资估算 4300 万元。该项目是国内首家完成评估的非国有企业军工固定资产投资项目。协同国防科工局对北京晨晶电子有限公司和北京北分仪器技术有限责任公司承担的2项军工固定资产投资项目部分建设内容进行调整；组织完成北京七一八友益电子有限责任公司军工固定资产投资项目初步设计评审工作以及北京七星华电科技集团有限责任公司、北京摩擦材料厂和北京矿冶研究总院承担的3项军工固定资产投资项目档案验收；完成北京宇翔电子有限公司军工固定资产投资项目提前启动报备。推进中船工业海洋装备创新园项目建设。项目总投资36亿元，新增用地20万平方米。其中，中船电子科技有限公司、北京思睿投资发展有限公司在大兴区生物医药基地分别拿地10.93万平方米、4.73万平方米，主要发展大型水面舰船研制、航海运营服务、通用航空、海工装备等内容；中船海洋装备创新园区投资有限公司拿地4.27万平方米，主要发展中船工业集团层面的贸易、投资、金融等业务。

（市经信委军民融合处）

【首个“中国航天日”主题活动举行】4月24日，首个“中国航天日”到来之际，习近平总书记做出重要指示，向60年来为航天事业发展做出贡献的同志们表示崇高敬意，强调广大航天科技工作者要牢牢抓住战略机遇，坚持创新驱动发展，勇攀科技高峰，谱写中国航天事业新篇章，为服务国家发展大局和增进人类福祉做出更大贡献。国务院总理李克强做出批示向航天战线的全体同志致以崇高敬意。当天上午，国务院副总理马凯出席在北京航空航天大学举行的主题活动，宣读了习近平重要指示和李克强批示并致辞。“航天元勋”孙家栋院士、探月工程三期总设计师胡浩、北京航空航天大学学生戚亚群分别作为航天老、中、青代表发言。俄罗斯联邦航天集团公司卡马洛夫总经理代表国际航天界同行致辞，祝贺“中国航天日”设立。国务院副总理马凯、工信部苗圩部长等领导向“月球探测载荷创意设计征集活动优秀创意奖”获奖代表颁奖。副市长隋振江和市经济信息化委副主任李洪出席主题活动，并陪同参观了“九天揽月——中国航天日科普展示”。2016年3月，经中央批准、国务院批复，自2016年起将每年4月24日设立为“中国航天日”。

（市经信委航空航天处）

【中国航空发动机集团公司成立】8月28日，中国航空发动机集团公司成立大会在京举行。中央和国家机关、中央军委、北京市有关部门以及有关企业、高校代表出席成立大会。国务院副总理马凯、国务委员王勇、工信部部长苗圩、国家国资委主任肖亚庆，市长王安顺、副市长隋振江、市经济信息化委主任张伯旭出席成立大会。同日，中国航空发动机集团公司在海淀区挂牌。中国航空发动机集团公司是中央管理的特大型国有控股集团公司，是实施航空发动机专项的法人责任主体。1月，国务院正式批复中国航发集团的组建方案；5月，集团完成工商注册。中国航发注册资本500亿元，由国务院、北京市人民政府、中国航空工业集团公司、中国商用飞机有限责任公司共同出资组建。其中，市政府出资100亿元，第一期33亿元已于8月1日到位。会后，王安顺、隋振江召开会议，研究推进中国航发后续工作，市经济信息化委、海淀区、国管中心参加会议。习近平指示，党中央做出组建中国航空发动机集团公司的决策，是从富国强军战略高度出发，对深化国有企业改革、推进航空工业体制改革采取的重大举措。希望你们牢记使命、牢记责任，坚持国家利益至上，坚持军民深度融合发展，坚持实施创新驱动战略，大胆创新，锐意改革，脚踏实地，勇攀高峰，加快实现航空发动机及燃气轮机自主研发和制造生产，为把中国建设成为航空强国而不懈奋斗。李克强指出，组建中国航空发动机集团公司是党中央、国务院做出的重大战略决策。航空发动机是国之重器，是装备制造业的尖端，尽快在这一领域实现突破，对于增强中国经济和国防实力、提升综合国力具有重大意义。要牢固树立新发展理念，坚持军民融合发展战略，以建设世界一流航空发动机企业为目标，依靠改革开放，立足自主创新，弘扬工匠精神，集众智推众创，并借鉴国外经验，着力攻克核心关键技术。希望同志们牢记使命，不负重托，努力做航空动力的保障者、制造强国的建设者和创新驱动发展的践行者，为保障国防安全、培育壮大新动能、促进经济社会持续健康发展做出积极贡献。马凯指出，要认真学习习近平总书记和李克强总理重要指示批示精神，全面贯彻党中央、国务院和中央军委决策部署，坚决落实重大专项实施方案工作要求，坚持创新发展，走出一条航空发动机自主发展道路；坚持深化改革，打造一个充满活力的崭新现代企业；坚持军民融合，更好地服务国防建设和经济社会发展；坚持人才为本，培养造就一批创新领军人才、科技专门人才和高技能人才，实现航空发动机从测绘仿制到自主创新的战略转变，实现中国由航空大国向航空强国的战略转变。

（市经信委航空航天处）

【民口配套企业参加第二届军民融合成果展】为拓宽民参军渠道，市国防科工办组织推荐民口配套企业参加第二届军民融合成果展。10月19日，习近平总书记和中央政治局常委参观此次成果展，展览共在全国遴选87家优势民参军企业参展，北京市推荐的海兰新、中航智、神州普惠等25家企业入围，占总数的29%。利用国家军民融合公共服务平台，组织推荐上报威亚特装、博华安创共18个单位、44项民参军技术产品信息，为平台发挥作用建言献策。配合中国军民两用技术创新应用大赛组委会办公室，在中关村创业大街举办电子信息技术、高端机床领域的复赛。按照军委装备发展部通知要求，组织协调北摩高科、安达维尔、威标至远等8家民参军企业做好展示武器装备和技术的准备，高质量完成第十一届珠海航展参展审核任务。

（市经信委军工服务处）

【中关村军民融合军地对接平台揭牌】 12月24日，中关村军民融合军地对接平台暨军方联络处在海淀区正式揭牌启动，同时启动了中关村军民融合创新学院，发布中关村军民融合评价标准体系。

（海淀区经信办）

【中国航空发动机研究院成立】 12月28日，中国航空发动机研究院在顺义区挂牌成立。副市长隋振江、中央军委科技委副主任贺福初、中国工程院副院长田红旗，中央军委装备部、中国科学院、清华大学、北京航空航天大学、上海交通大学等单位领导出席成立仪式。中国航发研究院成立，是中国航发集团落实习近平总书记关于实施“两机”专项重要指示，加快实现中国航空发动机及燃气轮机从测绘仿制到自主创新发展战略转变的实质性举措。中国航发研究院定位于“两机”专项基础研究管理重要支撑单位，承担航空发动机发展战略与规划研究、基础与应用技术研究、共性技术研究、仿真技术研究、研发体系建设、信息化体系建设、对外合作等具有战略性、前沿性和基础性的工作职责，同时承担研究院下设协同创新中心、仿真中心、标准化中心、研发体系建设中心、信息化中心等实体的建设任务。

（市经信委军民融合处）

【军工科研生产运行协调保障】 年内，北京军工以重型运载火箭、载人航天、深空探测等重大科研项目为载体，完善了武器装备科研生产条件保障长效协调机制。9月，针对中国航空发动机集团有限公司5个在京军工建设项目开展协调事项，保障由中航工业到中国航发的过渡。

（市经信委军工服务处）

【核应急管理】 年内，市国防科工办组织专家到北京市2个核设施进行实地调研，摸清了辖区内核设施与核活动的事故特征及周边自然与社会环境，研究修订了《北京市核应急预案》，组织研究《北京市“十三五”时期应急体系发展规划重点工作委内分工方案》的落实措施，制定《北京市“十三五”时期核应急工作要点》。定期组织紧急出动演练、战备演练和带背景的应急处置演练，针对重要时期开展核与辐射突发事件应急处置专项演练。10月28日，市核应急办在38军防化团训练场组织开展“2016年北京市核恐怖袭击事件应急演练”。此次演练达到练组织、练指挥、练协同、练队伍的目的。

（市经信委军工服务处）

【北京与河北共建京冀通航产业园】 年内，依托平谷马坊石佛寺机场，北京市与河北省三河市共建京冀通航产业园，在马坊开展通用航空机场跑道改造和机库建设，开展皮拉图斯、P750飞机复装，泰克南、钻石等机型的运维服务保障等业务。石佛寺机场已完成临时等候滑行区等保障设施建设。机场选址方案列入中部战区空军审批程序。机场新建联络道、渣土清理完工，净空改造完成，通航基地与华瑞联合航空、泊鹭通航签订战略合作协议，引入瑞士皮拉图斯飞机、美国海王飞机的销售中心、旅游营地等产业形态。

（市经信委军工服务处）

【军品配套科研项目管理】 年内，市国防科工办组织专家对北京有色金属研究总院、北京玻璃研究院2个单位的3个结题科研项目进行验收；组织具有许可证的单位对2016年国防基础科研项目和军用关键材料进口替代专项科研项目需求信息进行了研讨和论证。

（市经信委军工服务处）

【军民融合产业发展】 年内，北京市通过支持军民两用特色园区建设，深化军民融合，形成创新要素和产业聚集，有力支撑科技创新中心建设，带动区域产业转型升级。航天科技集团五〇二所及所属公司在顺义区投资建设航天产业园，发展光电类产品和新型推进系统等宇航产业，以及高端芯片、软件评测、特种机器人、视觉敏感器等航天技术应用产业。航天科技集团九院十三所在大兴区投资建设航天精密光机电与先进信息技术产业园，集中发展新型精密传感器产业、特种精密测量系统产业、物联网应用系统产业、系统集成产业、国家惯性技术产品质量检测中心等五大产业能力。中船工业集团在大兴区投资建设中船工业海洋装备创新园区，集中发展智慧海洋研究、智能船海装备研发、智能软件开发与系统集成、金融贸易服务为一体的“智慧海洋”特色产业。中船重工集团在昌平区投资建设船舶产业园，围绕船舶与海洋工程装备软件工程、船舶自动化系统工程、船舶光纤检测系统工程等高新技术推进产业化应用。共同推进科研院所和产业联盟建设中关村军民融合产业园、北理工军民融合创新园、玉泉慧谷信息安全产业园、北斗与空间信息服务产业基地、永丰新材料产业基地等专业特色园区建设，打造军民融合产业聚集区和创新示范区。全国87家优势民参军企业参加民口配套企业参加第二届军民融合成果展，北京市入围企业25家，占总数的29%。北京推荐上报18个单位、44项民参军技术产品信息，24家企业、2个团队共32个项目参赛中国军民两用技术创新应用大赛，8家民参军企业参加第十一届珠海航展，5家民企申报军贸出口立项。

（市经信委军民融合处）

【军工及民爆行业安全管理】 全年共开展各种形式的安全生产检查20余次，基本覆盖辖区内的重点军工科研生产单位和民爆生产销售企业，推动企业安全生产制度化、标准化和规范化。年内，对于申请更换《民用爆炸物品销售许可证》的企业，取消提供环评报告和验资证明，简化行政许可程序，强化事中事后监管，激活企业安全生产原动力，联合建立管理全方位、监管全过程的安全生产综合治理体系。全年对第一轮安全生产标准化达标单位进行随机抽查，共涉及北京卫星制造厂、北京航空材料研究院和核工业北京地质研究院等9家军工科研生产单位；23家军工科研生产单位通过各级安全生产标准化评审或复评。北京地区民爆生产销售企业和军工科研生产单位达标率100%。年内，为进一步做好军工危险化学品监管工作，市国防科工办结合北京地区军工科研生产特点，制订了《北京地区军工危险化学品安全专项整治实施方案》，印发《关于开展军工危险化学品相关情况摸底调查工作的通知》，开展为期5个月的军工危险化学品专项整治工作。

（市经信委军工服务处）

中小企业

【概况】 2016年是深化落实《北京市促进中小企业发展条例》的一年，也是推进大众创业万众创新，引导中小企业转型升级，向“高精尖”发展的关键年。中小企业紧紧围绕首都功能定位，促进产业结构调整；不断转变政府职能，重改革、稳发展、促就业、保民生，在优化发展环境、改革服务模式和创新工作机制等方面取得成效。全市新设科技型企业占全部新设企业数的比重超过1/3，增长22%。新三板挂牌企业数量达1479家，占全国的14.9%。

强化政策保障，优化中小企业发展环境。贯彻落实《北京市促进中小企业发展条例》，重点放在政策保障、融资促进、创新创业、公共服务等关键环节，初步构建起有利于中小企业创新发展的服务生态体系。年内，市经济信息化委落实《北京市促进中小企业发展条例》，细化任务分工，分解形成7大方面62项重点举措，并督促领导小组责任单位定期开展落实情况自查；系统梳理中小企业支持政策，梳理国家和北京市中小企业政策1762条；开展政策宣贯，举办各类政策服务活动73场，服务企业3915家次。落实《关于大力推进大众创业万众创新的实施意见》，根据任务分工，明确由市经济信息化委承担的7项牵头任务，10项配合任务的委内主责及配合处室，按季度跟进各项任务进展情况，协调解决重点难点问题，形成半年度及年度任务落实报告。年内，市经济信息化委牵头会同国税局、地税局制定并印发《关于全面推开营改增试点后中小企业信用担保机构免征增值税有关事项的通知》（京经信委发〔2016〕42号），符合条件的担保机构从事中小企业信用担保或者再担保业务取得的收入可免征增值税，并采取备案管理方式，简化程序。编制《北京市促进小微企业创新成长的若干措施》，聚焦新技术、新产品、新模式、新业态（简称“四新”），通过建立“四新”小微企业培育库、提升中小企业公共服务平台网络服务功能等方式加快培育和促进小微企业成长。

着力融资促进，破解企业发展“卡脖子”难题。市经济信息化委负责的6.65亿元中小企业发展专项资金，重点支持了中小服务体系建设。其中安排中小企业发展基金增资3亿元，昌平中小微企业双创发展基金首批出资1.5亿元，中小企业公共服务平台和小企业基地资金8825万元、创新融资资金1.18亿元，评审、绩效评价等相关费用815万元。截至年底，北京市中小企业发展基金规模已达25.2亿元，包括创投引导基金、债权融资基金和风险补偿基金，其中创投引导基金协议出资总规模约72.52亿元，已从16家参股创业投资公司完成退出，退出金额约4.78亿元已回拨至引导基金专设账户；支持昌平区设立中小企业双创发展基金（规模9亿元），探索市区两级共建基金的新模式。年内引导银行业金融机构加大小微信贷投放，力促小微企业贷款实现“三个不低于”,全面推开“银税互动”。依托多层次资本市场，扩大企业直接融资规模，中小板创业板上市企业居全国首位，截至年底，共134家中小板、创业板上市企业，全年融资金额841.11亿元。新三板市场融资规模保持领先，2016年度挂牌企业股权融资351亿元，居全国第一；累计挂牌1479家，居全国第二。四板市场地位日益突出，截至年底，服务企业累计4199家，实现融资累计约131.05亿元。通过小微企业信用担保代偿补偿资金激发担保机构支持小微企业担保贷款的积极性，全年已备案500万元以下小微企业担保贷款业务2545笔、小微企业累计获得贷款25.9亿元。推动北京首家民营银行（北京中关村银行，由用友网络科技股份有限公司、北京碧水源科技股份有限公司等11家优质民营企业出资40亿元发起设立）批筹，提升小额贷款公司金融服务，117家小贷公司，实现全市16个区全覆盖。开展投贷联动试点，丰富了中小企业融资渠道和模式。

加强平台基地建设，完善中小企业服务生态体系。年内，基本建成全覆盖的“1+16+N”中小企业公共服务平台网络，聚合全市33个委办局、138家机构的服务资源，辐射带动2000家服务机构。完成16家区级联网窗口分平台升级改版工作，初步实现平台网络间通知公告、热点信息、活动信息、政策咨询的互联互通；已开通16个区窗口首期视频直播系统，能够支持600人同时观看网络直播，500人同时在线观看网络课程；平台与重点合作机构在知识产权、技术转移和成果转化等专业性强的技术服务方面达成合作，完善平台系统服务功能的同时引入专业模块。根据工信部《关于推荐第二批国家小型微型企业创业创新示范基地的通知》（工厅企业〔2016〕535号）文件要求，市经济信息化委推荐的4家基地全部通过审核。截至年内，北京市有国家小企业创业（示范）基地8家，共认定市级基地53家；支持昌平区获得2016年小微企业创业创新基地城市示范；76家授牌“北京市众创空间”科技孵化器等载体蓬勃发展，为小微企业提供规范化、集约化的生产经营场地和各项服务。根据工信部、财政部相关要求，市经济信息化委会同市财政局开展北京市中小企业公共服务平台网络项目的整体验收，对市级枢纽平台及16个区、31个产业集群共47家窗口平台进行了验收。按照2016年全国双创周北京会场筹备组的安排部署及副市长隋振江的工作要求，依托北京市中小企业公共服务平台网络，通过1+16+N协同互促的方式，聚焦“发展新经济，培育新动能”的双创主题，开展政策解读、创业沙龙会、项目路演等各类特色活动共计105场，吸引3600余家次企业、1万余人次参加；组织中国·北京创新创业大赛季、“中国创翼”青年创业创新大赛北京赛区等系列创业大赛，激发中小企业创新活力。

促进开放发展，增强中小企业对外交流合作。推进优质创投资源向津冀倾斜，明确规定本市中小创投引导基金参股创投企业投资京津冀区域需占70%以上；强化创业孵化服务对津冀地区的辐射带动；利用“京交会”“京津冀一体化”会议推进京津冀行业协会商会交流对接，在产业转移、服务资源对接等方面初步建立联络机制。推动服务业扩大开放综合试点工作；通过北京惠民文化消费季、2016年北京市文化融合发展项目合作推介会、北京邮政跨境电商出口峰会等专题活动支持中小企业消费对接。带领北京市中小企业“组团出海”，组织企业参加APEC小企业会议、中国国际中小企业博览会等活动，帮助企业拓展市场、对接资源。

（市经信委中小企业处）

【助力昌平区设立中小企业双创发展基金】5月，昌平区被国家财政部、工信部等五部委认定为“全国小微企业创业创新基地城市示范”。为助力昌平区开展“小微企业创业创新基地示范城市”建设工作，12月，经市政府批准，市财政局、市经济信息化委与昌平区政府共同发起设立昌平中小微企业双创发展基金，规模9亿元，资金计划分3年到位。昌平中小微企业双创发展基金是北京市中小企业发展基金下设的第一支区域型中小基金，将有效引导和促进各类创业创新资源向昌平聚集。

（市经信委中小企业处）

【中小企业公共服务平台获奖】7月20日，第四届中国中小企业投融资交易会在北京国家会议中心拉开帷幕。由中国中小企业协会和人民日报社人民网联合主办的2016年全国“小企业大梦想”论坛暨大众创业万众创新国际高峰论坛同期召开。来自全国各地的政府平台、中小企业协会、产业园区、双创基地负责人、创客等超过5000人参会。市经济信息化委中小企业处选送的“北京市中小企业公共服务平台打造创业创新资源共享服务平台”案例在来自全国14个省市、6个领域的中小企业创业创新服务案例中脱颖而出，获得“2016全国中小企业创业创新服务典型案例最佳案例奖”。

（市经信委中小企业处）

【小微企业创业创新城市示范及服务平台建设】为进一步做好对昌平区小微企业创业创新基地城市示范的

指导及支持工作，8月2日，市经济信息化委委员任世强带队赴昌平区腾讯众创空间就双创基地城市示范及公共服务平台建设工作与昌平区进行了对接。任世强一行调研了腾讯众创空间，并与昌平区副区长贺军及相关委办负责同志进行了座谈。昌平区经济信息化委、园区管委、昌发展公司分别就区中小企业公共服务平台建设工作、双创工作、中小双创发展基金设立方案等情况进行了汇报。中小企业处、规划布局处分别就双创城市示范、平台基地建设、融资担保服务、区域基金设立等工作进行了沟通。贺军表示，昌平区高度重视双创城市示范工作，将统筹全区资源，明确的实施方案和计划目标，做好城市示范的落实工作。任世强肯定了昌平区的区位优势、产业优势和科技优势，表示将进一步做好双创城市示范的指导和支持工作，并对昌平区双创城市示范及服务平台建设等工作提出3点建议：希望昌平区要将充分利用双创城市示范这一工作抓手，吸引政策、复合资源；要建设和运营好区中小企业公共服务平台，利用平台整合联通政府和社会的服务资源，逐步积累形成全区中小企业数据库，并利用实体平台做好中小企业创业创新发展的成果展示；做好中小双创发展基金工作，注重基金的后期管理，不单纯以基金保值增值作为考核指标，应综合考虑基金对昌平区小微企业创业创新发展的经济和社会效益的贡献。6月，财政部、工信部等5部委正式批复同意将昌平区纳入2016年小微企业创业创新基地城市示范。

（市经信委中小企业处）

【双创示范基地及中关村智造大街建设】为进一步做好海淀区双创示范基地及中关村智造大街的支持与服务对接工作，8月5日，市经济信息化委到中关村智造大街与海淀区经信办、海淀园管委会科技处、北京海东硬创科技有限公司进行对接。听取了海淀园管委会科技处关于海淀区双创示范基地的基本情况及工作方案；海东硬创科技有限公司关于中关村制造大街的基本情况、整体规划、运营模式及后续建设运营方案；介绍了市经济信息化委中小企业资金支持、服务体系建设、投融资服务、中小发展基金等相关政策情况，对双创示范基地及智造大街的后续建设工作提出了建设性意见，并表示要做好海淀区双创示范基地及中关村智造大街的支持及服务工作。双方就双创示范基地及中关村智造大街下一步工作安排进行了座谈。5月9日，国务院办公厅发布《关于建设大众创业万众创新示范基地的实施意见》（国办发〔2016〕35号），将海淀区列入全国首批双创示范基地。作为海淀区双创示范基地的重点建设项目，中关村智造大街已于7月23日正式启动。

（市经信委中小企业处）

【开展“双创周”特色活动】10月12日至18日，按照2016年全国双创周北京会场筹备组的安排部署，平台网络通过“1+16+N”协同互促的方式，聚焦“发展新经济，培育新动能”的双创主题，开展政策解读、创业沙龙会、项目路演等各类特色活动共计105场，吸引了3600余家次企业、1万余人次参加，成效显著。其中，市级枢纽平台举办活动43场，区级平台25场，联网窗口平台37场。枢纽平台组织的高精尖系列路演活动中，蓝色传感、3D打印等26个项目达成融资意向1.78亿元。此次双创活动周期间平台网络共同举办的系列活动，新华网、人民网、北京日报等主流媒体均进行了报道。

（市经信委中小企业处）

【首台个人公共信用信息社会查询服务终端开通】11月30日，北京市个人公共信用信息社会查询服务终端正式开通，北京市中小企业公共服务平台服务大厅作为北京市首批设立的信用信息查询的网点，正式开始为前来进行信用信息查询的个人提供服务。个人信用信息系统归集了登记信息、违约信息、行政处罚等七类个人信用信息，农业银行、宁波银行以及一批互联网金融平台等15家金融服务机构作为首批采信合作单位，将在信贷信用评级业务中采用个人公共信用信息，同时逐步共享失信信息。截至年底，已经开通枢纽平台服务大厅、西城区综合行政服务中心、东城区人民政府建国门街道办事处服务大厅等3个查询网点。

（市经信委中小企业处）

【引导基金协议出资总额72.52亿元】截至年底，已签订投资协议的中小企业创业投资引导基金参股创业投资公司共9批41家，创投引导基金协议出资总规模（协议出资总额）约72.52亿元，财政资金实现超4倍的放大效果。

（市经信委中小企业处）

【引导基金进行股权投资】截至年底，中小企业创业投资引导基金合作创业投资机构对中小企业进行470项股权投资。所有项目全部投资于新一代移动互联网、智能制造系统和服务、新一代健康诊疗与服务等高精尖领域中的科技型、创新型中小企业。

（市经信委中小企业处）

镇村工业

【概况】2016 年，北京市镇村企业按照稳步推进京津冀一体化协同发展战略实施，全力疏解非首都功能，主动适应新的首都城市功能定位的总要求，适应增速趋缓、结构优化、效益提高、质量提升的经济发展“新常态”，在经济总量和总体规模大幅缩减的前提下，实现了企业提质增效，创新能力和市场竞争能力有所提升，可持续发展能力有所增强。年内，北京镇村企业 124487 家，比上年减少 3.4%，其中规模以上企业 1652 家，比上年减少 1.3%，规模以上工业企业 1156 家，比上年增加 8.9%；从业人员 862308 人，比上年减少 12.5%；完成营业收入 4886.96 亿元，比上年下降 0.8%；完成利润总额 292.94 亿元，比上年增长 1.5%；实现增加值 859.65 亿元，比上年下降 3.5%；实现工业增加值 490.68 亿元，比上年下降 0.1%；完成出口产品交货值 84.18 亿元，比上年下降 15.0%；上缴税金 223.16 亿元，同比增长 4.2%；提供劳动者报酬 397.38 亿元，同比增长 11.1%；人均劳动者报酬 46083 元，同比增长 26.2%；私营以上企业资产总额 8574.73 亿元，同比增长 28.3%；私营以上企业负债总额 5593.62 亿元，同比增长 25.5%；私营以上企业资产负债率 65.2%，比上年降低 1.5 个百分点。

（市经信委中小企业处）

【经济总量有所下降】年内，受首都城市功能定位和发展战略布局调整影响，京郊镇村企业经济总量呈现负增长，营业收入和增加值均有所下降。全市镇村企业累计完成营业收入 4887 亿元，同比下降 0.8%，其中工业营业收入 2696.7 亿元，同比下降 2%；实现增加值 859.7 亿元，同比下降 3.5%，其中工业增加值 490.7 亿元，同比下降 0.1%。

（市经信委中小企业处）

【经济效益有所提升】年内，京郊镇村企业经济总量有所下降，利润总额和企业利润率双双提高，经济效益有所提升。全年镇村企业累计实现利润总额 292.9 亿元，同比增长 1.5%；镇村企业利润率为 6%，同比提高 0.1 个百分点。镇村工业企业实现利润总额 205.2 亿元，同比增长 26.2%；镇村工业利润率为 7.6%，比上年提高 2.2 个百分点。

（市经信委中小企业处）

【产业结构保持稳定】年内，北京镇村企业（私营以上）完成增加值 754.9 亿元，其中一产增加值 7.4 亿元，占 1%，所占比重比上年提高 0.6 个百分点；二产增加值 516.9 亿元，占 68.5%，所占比重比上年提高 0.3 个百分点；三产增加值 230.6 亿元，占 30.5%，所占比重比上年下降 0.9 个百分点。与上年相比，一产和二产比重略有上升，三产比重略有下降，产业结构基本保持稳定；除企业个数外，二产各项主要经济指标所占比重均超过 60%，继续保持着较为显著的主体地位。

（市经信委中小企业处）

2016 年北京镇村企业（私营以上）主要经济指标产业分布情况统计表

	增加值（亿元）	企业个数（个）	职工人数（人）	营业收入（亿元）	利润总额（亿元）
合计	754.9	16818	549982	4391.4	242.5
一产	3.5	660	12614	66.5	-1.3
比重(%)	1.0	3.9	2.3	1.5	-0.6
二产	516.9	8379	360082	2772.4	175
比重(%)	68.5	49.8	65.5	63.1	72.2
三产	230.6	7779	177286	1552.5	68.8
比重(%)	30.5	46.3	32.2	35.4	28.4

【空间布局更加合理】年内，随着首都城市功能布局调整的不断深化，北京镇村企业空间布局和区域结构更加趋于合理。城市发展新区作为全市镇村经济的主体，镇村企业（私营以上）营业收入 3098.7 亿元，占全市镇村企业（私营以上）的 68.4%；利润总额 204.4 亿元，占全市镇村企业（私营以上）的 65.6%；增加值 563.8 亿元，占全市镇村企业（私营以上）的 70.3%；工业增加值 412.5 亿元，占全市镇村企业（私营以上）的 86.1%；出口产品交货值 69.7 亿元，占全市镇村企业（私营以上）的 83.6%，所占比重均在 70% 以上，主导地位更加显著。

（市经信委中小企业处）

2016 年京郊镇村企业主要经济指标区域分布情况统计表

	营业收入（亿元）	利润总额（亿元）	增加值（亿元）	工业增加值（亿元）	出口产品交货值（亿元）
合 计	4391.4	242.5	754.9	467.7	81.1
城市功能拓展区	874.1	24.7	115.4	8.6	0.5
所占比重 %	19.9	10.2	15.3	3.4	0.6
城市发展新区	3098.7	204.4	563.8	412.5	69.7

续表

	营业收入（亿元）	利润总额（亿元）	增加值（亿元）	工业增加值（亿元）	出口产品交货值（亿元）
所占比重％	70.6	84.3	74.7	86.1	86.0
生态涵养区	418.6	13.4	75.7	46.6	10.9
所占比重％	9.5	5.5	10.0	10.5	13.4

说明：城市功能拓展区包括朝阳区、海淀区、丰台区；城市发展新区包括通州区、顺义区、大兴区、昌平区、房山区；生态涵养区包括门头沟区、密云区、怀柔区、延庆区、平谷区。

【镇村工业仍占主体】年内，北京市稳步推进京津冀一体化协同发展，大力疏解非首都功能，加大工业小区、工业大院清理力度，镇村工业规模大幅缩减，但在镇村企业中仍占据主体地位。年内，京郊镇村工业企业14267家，比上年减少11.6%；职工人数377596人，比上年减少15.9%；完成营业收入2547.9亿元，比上年下降2.7%；实现增加值490.7亿元，比上年下降0.1%；实现利润总额179.1亿元，比上年增长25.7%。镇村工业企业数占镇村企业总量的11.5%、职工人数占总量的45.6%、营业收入占总量的53.2%、增加值占总量的55.2%和利润总额占总量的49.4%，在镇村企业产业结构中继续占据主体地位。

（市经信委中小企业处）

2016年北京镇村工业企业主要经济指标完成情况统计表

	企业个数（个）	职工人数（人）	营业收入（亿元）	增加值（亿元）	利润总额（亿元）
私营以上	7680	317956	2426.1	467.7	168.1
个体户	6587	59640	121.8	23.0	11.0
合　计	14267	377596	2547.9	490.7	179.1
所占比重（%）	11.5	36.9	52.1	57.1	61.1

【规模企业健康发展】年内，京郊镇村规模企业，特别是规模工业企业持续健康发展，各项主要经济指标在镇村企业中所占比重有所提高，在镇村经济中的主导地位和带动作用日益突出。全年镇村规模企业1652家，比上年减少1.3%，占镇村企业总数的1.3%，所占比重比上年提高0.1个百分点。其中，规模工业企业1156家，比上年增长8.9%，占镇村工业企业总数的8.1%，所占比重比上年提高1.5个百分点。镇村规模企业职工人数302420人，比上年减少3.8%，占镇村企业职工总数的35.1%，所占比重比上年提高3.2个百分点。其中，规模工业企业职工人数203893人，比上年增长7.8%，占镇村工业企业职工总数的54%，所占比重比上年提高11.9个百分点。镇村规模企业营业收入3214.5亿元，比上年下降2.3%，占镇村企业营业收入的65.8%,所占比重比上年提高0.4个百分点。其中，规模工业企业营业收入2092亿元，比上年增长22.9%，占镇村工业企业营业收入的82.1%，所占比重比上年提高17.1个百分点。镇村规模企业增加值572.1亿元，比上年增长9.8%，占镇村企业增加值的66.5%，所占比重比上年提高8个百分点。其中，规模工业企业增加值390.1亿元，比上年增长29%，占镇村工业企业增加值的79.5%，所占比重比上年提高18个百分点。镇村规模企业利润总额205.1亿元，比上年增长25.9%，占镇村企业利润总额的70%，所占比重比上年提高13.6个百分点。其中，规模工业企业利润总额150.2亿元，比上年增长64.5%，占镇村工业企业利润总额的83.9%，所占比重比上年提高19.8个百分点。

（市经信委中小企业处）

【固定资产投资下滑】年内，京郊镇村企业固定资产投资下滑明显，施工项目332个，比上年减少77个，降幅为18.8%；新开工项目161个，比上年减少19个，降幅为10.6%；投产项目125个，比上年减少63个，降幅为33.5%；新增固定资产52.7亿元，比上年下降36.7%。

（市经信委中小企业处）

【节能减排成效显著】年内，镇村工业企业转变经济增长方式，调整产业结构，淘汰落后产能，加快推进产业升级，发展资源节约型和环境友好型的绿色低碳产业，节能减排工作取得显著成效，能源结构趋于合理，资源消耗量明显下降。年内，全市1156家镇村规模工业企业消耗水资源2492万吨，比上年减少5.6%；消耗电能20.2亿千瓦时，比上年减少9%；消耗原煤36.9万吨，比上年减少41.2%；消耗焦炭698吨，比上年减少80.1%；消耗成品油65.5万吨，比上年减少58.3%；消耗天然气20235.5万立方米，比上年增长26.5%；消耗液化石油气22.7万吨，比上年增长72%。

（市经信委中小企业处）

【园区清理初见成效】年内，北京市加快疏解非首都功能，清理郊区镇村工业小区和工业大院，取得初步成效。镇村工业园区数由上年的79个减少到76个，园区内年末实有企业2141家，比上年增长8.8%；园区内年末从业人员177516人，比上年减少42.3%；园区内企业完成总产值1587.7亿元，比上年增长10.8%。

（市经信委中小企业处）

【职工素质继续提升】年内，全市开展镇村企业职工素质提升工程，多层次、多渠道、多形式地开展镇村企业职工教育培训，职工素质进一步提升。年内，全市镇村企业职工培训人数30652人，比上年增长7.4%；年末镇村企业职工中具有大专及以上文化程度的人数156270人，占镇村企业职工总数的18.1%，所占比重比上年提高0.6个百分点；具有中级及以上技术职称的人数61856人，占镇村企业职工总数的7.2%，所占比重比上年提高0.4个百分点。

（市经信委中小企业处）

【外贸出口形势严峻】年内，受国内外经济环境及各种不利因素影响，京郊镇村企业外贸出口面临较大困难，全年出口企业数和出口产品交货值均呈现负增长，外贸出口下滑明显。年内，镇村出口企业302家，比上年减少24家，降幅为7.4%。其中，年出口交货值500万元（含）以上企业180184家，比上年减少4家，降幅为2.2%。全年累计完成出口产品交货值84.2亿元，比上年下降14.9%，其中年出口交货值500万元（含）以上企业出口交货值72.7亿元，比上年下降18.8%。出口产品交货值占营业收入的比重为1.7%，比上年降低0.3个百分点。

（市经信委中小企业处）

【社会贡献不断加大】年内，京郊镇村企业支付职工劳动报酬397.4亿元，比上年增长11.1%；镇村企业职工人均劳动报酬46083元，比上年增长26.2%；上缴税金223.2亿元，比上年增长4.3%。京郊镇村企业吸纳农民就业，增加农民收入，支持郊区新农村建设，推动郊区农村经济社会发展，推进首都城乡一体化进程的作用更加突出。

（市经信委中小企业处）

民政工业

【概况】北京市民政工业总公司是市直属福利企业的管理部门。按照北京市政企分开的要求，2002年以来市民政局所办经济实体与市局实现脱钩，所属福利企业全部由总公司管理，总公司代行国有资产出资人的各项权利和职能，承担福利企业管理、国有资产保值增值、集中安置残疾人就业和保障残疾人生活的社会责任。2006年12月，北京市社会福利事务管理中心成立后，总公司及所属企事业单位由市民政局划归中心直接管理。截至2016年，共有企业50家，其中市属福利企业34家、直属企业15家，主要涉及日用化学用品制造、印刷包装及纸制品加工制造、专业设备制造、房屋土地资产经营、医药制造、建筑工程及装饰装修、物业管理、餐饮住宿等领域。全系统职工总数8034人，其中在职职工2093人、离退休职工5941人、残疾职工3066人（占职工总数的38%）。2016年，总公司完成工业总产值1.56亿元、营业收入4.3亿元、利润总额110万元。

（张　磊）

【推进福利企业改革调整】年内，北京市民政工业围绕市政府、市民政局、中心的工作部署，以保稳定、惠民生、谋发展为主要任务，以转变发展方式和加快结构调整为主线，以发展战略为指导，以资产经营为手段，全面深化改革，推进民政研发生产基地建设，加大资源整合、规范管理、开拓市场，增强企业可持续发展能力和市场竞争实力，提高企业职工特别是残疾职工收入水平，扎实推进福利企业改革各项工作。启动清产核资相关工作，认真收集梳理40余篇国企改革、清产核资等相关文件，制定了总公司改革工作安排，完善改进清产核资各项工作，尽职调查报告与清产核资报告初稿已完成。推动完善市属福利企业产业布局。按照资产同质、经营同类、产业关联的原则，设立4个事业部和5家子公司，加快企业调整重组和资源整合，推动现有资本向资本管理公司集中，形成具有核心竞争力的福利企业集团。年内持续整合土地资源类企业，7月，香山橡胶厂并入定福庄园艺场构成资产经营事业部雏形，10月，西北旺福利园艺场与定福庄园艺场完成整合。资产经营事业部初具规模，管理土地面积约88.5万平方米。

（张　磊）

【开展扶残助困送温暖系列活动】年内，总公司把扶残助困作为一项重要事项来抓，开展多种形式的扶残助困活动，肩负起福利企业的社会责任。开展扶残助困送温暖系列活动，落实各项惠民举措，重大节日期间走访慰问，发放慰问品慰问金，举办文体活动、建立健全职工之家等，累计支出约90万元，普惠职工约5000人次，保障了职工的基本生活和各项合法权益。为28名离休干部发放健康休养费、团拜费。在重大节日和特殊时期走访慰问老干部，为老干部祝寿28次、探病5次。做好离休干部急救呼叫器升级更换。针对老干部年老多病的情况，组织51人参加健康体检。

（张　磊）

【做好安全生产稳定】按照“安全第一、预防为主、综合治理”的方针，全年总公司全力做好安全稳定各项工作。建立安全管理制度，总公司与直属企业签订《安全稳定工作目标管理责任书》，建立安全工作长效机制，强化隐患排查和整改制度；加强实时监控，实行安全信息月报制度，各单位共上报安全信息118期；制定总公司《安全保卫管理办法》。部署安全防范事项，总公司系统召开安全保卫工作会议181次，签订各类安全责任书1576次，组织各类安全检查806次，组织安全保卫工作培训65次，参加培训1017人次。加强安全宣传教育，张贴各类安全教育宣传画1564张，开展交通安全教育培训68次，参加安全教育培训936人次。做好矛盾纠纷排查调查处理，建立完善信访工作“一把手”责任制。节日期间严格执行领导到岗带班制度。重大节日和敏感时期，仔细排查不稳定因素，对重点人群启动四级联动预案。联合会专家组调研总公司所属福利企业的重点部位、重点设施、应急救援物资及安全生产制度，排查隐患并提出改进措施，帮助企业提高安全生产标准化管理和应急能力建设。

（张　磊）

私营个体工业

【概况】2016年，市工商联持续深入学习贯彻习近平总书记3月4日重要讲话精神和党的十八届六中全会精神，全面启动全市非公经济领域“七五”普法，开展法律“进企业、进商会、进机关”活动。建立在京异地商会会长联席会制度，成立了京津冀工商界金融服务联盟、法律服务联盟、职业教育联盟。开展服务非公企业“大走访”活动，编辑制作服务非公企业工商联+“小助手”。年内，东城、西城、朝阳、石景山、海淀、昌平、大兴、平谷8区工商联被确认为2015年度全国“五好”县级工商联，即领导班子好、会员发展好、商会建设好、作用发挥好、工作保障好。截至年底，各区工商联换届工作基本完成。

（市工商联）

【调研推进参政议政取得丰硕成果】4月，市工商联召开2016年北京市工商联调查研究工作会议。会议通报了2015年全国工商联优秀调研评比表彰成果，市工商联《北京市非公有制经济发展政策环境报告》获得一等奖，《打造商会发展联盟，助力京津冀协同发展》获得二等奖。在市政协优秀提案评比表彰中，市工商联《关于强化民营企业“走出去”公共服务工作的提案》被评为优秀提案。在市委统战部优秀调研成果评比表彰中，市工商联被评为理论研究与调查研究优秀组织奖，《新常态下首都非公有制经济领域统战工作研究报告》获得一等奖，《北京市民营企业“走出去”调研报告》获得二等奖。会议发布了《北京市工商业联合会关于开展参政议政优秀成果评选表彰工作的实施意见》。市工商联副主席王报换，全国工商联有关同志、16区工商联分管调研工作的领导及工作人员，以及部分监测企业代表共60余人参加会议。年内，协助全国工商联在北京开展民营企业知识产权保护状况调研，完成《北京民营企业知识产权保护状况调研报告》。10月，市工商联与中关村民营科技企业家协会共同举办“携手京津冀、共谋新发展”暨京津冀民营经济发展报告研讨。京、津、冀三地工商联、中关村民营科技企业协会、北京天津企业商会、北京河北企业商会及三地民营企业80余人参加会议。市工商联副主席王报换向与会者发布《2015—2016年京津冀民营经济发展报告》。会议期间京津冀三地工商联领导、干部和部分企业家一行来到中关村天合科技成果转化促进中心学习考察。年底，着力做好参加市政协十二届四次会议的2份团体提案、1份大会口头发言和6份大会书面发言。团体提案中，《关于盘活低效工业用地，促进产业转型升级的提案》得到市委书记郭金龙和副市长陈刚等市领导的批示，由市国土局、规划委、财政局等部门牵头办理。调研成果《北京市民营企业“走出去”调研报告》《打造京津冀商会联盟，助力京津冀协同发展》《北京民营企业知识产权保护状况调研报告》《2015—2016年京津冀民营经济发展报告》《促进首都非公有制经济领域“两个健康”调研报告》《北京民营企业应用转化科技成果模式研究》印刷成册。

（市工商联）

【京冀两地工商界联动签署多项协议】4月，市工商联与河北省工商联在河北省廊坊市联合举办“贯彻落实京津冀协同发展国家战略北京民营企业廊坊行”活动。市工商联与河北省工商联发起成立“京津冀工商界金融服务联盟”“京津冀工商界法律服务联盟”“京津冀工商界职业教育联盟”，市工商联与廊坊市政府签署《友好合作协议书》，朝阳区工商联、大兴区工商联与廊坊市工商联签署《友好合作协议书》，北京市饮料食品行业商会与霸州食品产业园、北京投融资商会与大厂潮白河经济开发区、北京医疗器械商会与固安肽谷生物医药产业园、北京市汽车物流商会与廊坊龙河高新技术产业开发区、北京市木业商会与香河家具城管委会、北京市西城区什刹海商会与廊坊银行签署《友好合作协议书》。与会代表参观考察了廊坊龙河高新区和廊坊高新区。市委统战部部长戴均良，河北省人大常委会副主任王刚，市委统战部副部长、市工商联党组书记郑默杰，廊坊市委书记王晓东、市长冯韶慧，市工商联、北京市商会、河北省工商联相关副主席、副会长，廊坊市委市政府有关领导出席活动。北京市相关区工商联、商会及两地民营企业负责人共300余人参加活动。

（市工商联）

【推动盘活低效工业用地团体提案办理】5月6日，为推动市工商业联合会团体提案《关于盘活低效工业用地，促进产业转型升级的提案》的办理和落实，市国土资源局副局长谢俊奇及会办单位市规划委、市财政局等有关领导，在市工商联就提案办理工作进行协商座谈。市工商联副主席王报换主持会议，市工商联副主席、联东集团董事长刘振东参加座谈。谢俊奇介绍说，工商联是中国政治体制和经济领域中的重要组成部分，在政治工作和经济工作中发挥着重要作用。市委市政府高度重视工商联和各民主党派的团体提案，市委召开专门会议进行督办。根据在全国25个省市产业园区的调研发现，全国的开发区中，大约20%的企业贡献着80%的税收，80%的企业属于低效用地，其中有50%属于没有经营活动的“僵尸企业”。工业用地使用年限与工业企业生命周期不匹配、高额转让税影响企业土地转让积极性、相关政策不明确不协调、工厂建设过于个性不适用于其他企业等是造成低效工业用地盘活难的主要原因。王报换指出，提案办理的过程，既是破解低效用地难题的过程，也是进一步深入调研形成具体政策举措、推动低效用地合理高效配置的过程。应创新破解问题的思路和机制，用好非公企业的资源和智慧。工商联会努力做好政府和企业的中间人，全力配合好此项工作，共同推动提案办理由“答复型”向“落地型”转变，争取实现提案效果最大化。

（市工商联）

【“2016在京异地商会会长联席会”召开】10月25日，市工商联召开“2016在京异地商会会长联席会”。会议学习贯彻落实习近平总书记3月4日重要讲话精神和中央、市委统战工作会议精神，交流研讨新形势下在京异地商会如何按照首都城市战略定位的要求，发挥商会人才荟萃、智力密集的优势，鼓励引导非公经济人士有序政治参与，促进两地经济社会发展；发挥商会在经济发展新常态下的独特优势和应有作用，引导服务企业参与“一带一路”建设和京津冀协同发展，加快推进民营企业转型升级。会议围绕“整合本地域本行业资源、加强商会建设，创新发展理念、发挥商会作用，促进转型升级、加快两地建设”等内容深入交流，共商发展大计，分享了各自在服务企业、服务社会、服务两地发展等方面所开展的特色活动经验，并对加强工商联商会工作提出了意见和建议。市委统战部副部长、市工商联党组书记郑默杰出席会议并讲话。市工商联驻会领导班子成员参加会议。会议由市工商联秘书长林为民主持。市工商联有关处室负责人，以及24个省（自治区、直辖市）在京企业商会负责人或代表，共计80余人参加会议。

（市工商联）

【参加军民融合发展高科技成果展览】10月下旬，由军委装备发展部、教育部、工信部、国防科工局、全国工商联联合举办的第二届军民融合发展高科技成果展览在中国人民解放军装甲兵工程学院举行，市工商联承办10月30日全天的组织参观。市工商联会员企业神州数码信息服务股份有限公司、北京启明星辰信息安全技术有限公司、北京华力创通科技股份有限公司等单位设立展位，展示了北京市民营企业以高新技术报效祖国的责任担当精神和科技创新中心风采。各区工商联、异地商会、行业商会、亦庄科技商会、中关村智慧环境产业联盟、中关村军民融合产业联盟、中关村民营科技企业家协会、北京中关村卓越高成长企业创新联盟等530余家民营企业参观展览。

（市工商联）

【举办第七届首都非公经济金融服务推进会】11月22日，由市工商联、市金融局联合主办的首都非公经济金融服务推进会暨城市副中心建设项目推介会召开。本次金融服务推进会，聚焦民间投资与城市副中心建设，策划了城市副中心重点项目推介、金融产品和服务推广、专家主题演讲等多个环节。会上，民营企业发起倡议，成立了首都民间投资发展联盟，发挥大型民营企业、金融投资机构以及部分国有企业的资源优势，汇聚民间投资力量，对接各类科技创新、文化创新、服务创新和基础设施项目，积极参与到城市副中心建设中。会议正式上线开通了“北京市工商联金融服务小助手”App，聚集优质项目、投资机构和政策信息，整合各类投融资资源，促进“政、银、企、担、投、贷”等多方面信息沟通对接，打造成为创业者创新服务平台、中小微企业资讯资源平台、投资机构优质项目展示选择平台。市工商联与人民在线签订众云大数据信息服务平台战略协议，主要应用于监测经济运行，分析热点政策，预警风险事件，观察市场变动，并在企业战略规划、风险控制、项目评估、品牌管理等方面提供数据支持。副市长、市工商联主席程红出席会议并讲话。市委统战部副部长、市工商联党组书记郑默杰，市工商联副主席、市商会副会长，以及首都民营企业近500人参加此次活动。

（市工商联）

【借力京东集团优势启动“京商计划”】12月6日，由市工商联倡导推动的“京商计划”发布暨京东企业购与全国知名商会签约仪式在京东集团总部举行。市工商联副主席郑勇男、京东集团副总裁马健荣、宋春正出席仪式并致辞。20余家行业商会、在京异地商会及100余家会员企业参加发布会，并与京东集团正式签订战略合作协议，加入“京商计划”。“京商计划”是由市工商联与京东集团在创新创业思想分享会的基础上共同策划推出，旨在提升企业的集团消费能力和品质，促进首都的消费结构升级和消费能力提升，建立阳光、高效、高品质、低价格的“京东—商会—企业”采购专属平台，整合京东集团的电商、物流、金融、云计算、众筹等全方位资源，向商会及会员企业提供特惠、定制、专享的VIP服务，包括专属采购平台、服务绿色通道、特供特价专场、企业内购福利、采购专业培训、支持商会活动等六大专享权益，全面提升京东服务商会、企业的综合能力，打造京东、商会、企业共赢的生态圈。在“京商计划”中，京东集团将在电商系统、流程以及资金供应链等方面，为签约商会提供阳光、高效、简单、快乐的采购服务，实现京东和商会、企业的互利共赢、共同发展。市工商联将协助京东集团为每家签约商会搭建网上展示、销售商会企业特色产品的“商会京东馆”，以及签约商会会员企业之间优质优价的线上采购平台，并在湖北、广东等外省市全面推广，进一步拓宽企业的产品销售渠道，实现商会、企业之间的互利互惠。

（市工商联）

【举办创业创新思想分享会】年内，市工商联发挥首都企业家资源优势组织了系列创业创新思想分享活动。9月，中关村智慧环保产业联盟召开创业创新思想分享会，近60名企业负责人参加，6位企业家代表围绕企业创业创新主题，从企业经营管理之道、企业转型兼并经验、企业文化与品牌精神等方面，进行了演讲。10月，组织部分副主席副会长、执常委和会员企业代表到苏宁观摩交流，了解苏宁电器转型升级方向，现场开展案例剖析，分享创业创新智慧，带动民营企业树立现代企业经营理念，加快企业转型升级。11月，组织福建企业总商会、黑龙江企业商会、木业行业商会、商务服务业联合会等30余家商会走进京东奶茶馆，共享互联网电商，共商合作发展。12月，由市工商联倡导推动的“京商计划”发布暨京东企业购与全国知名商会签约仪式在京东集团总部举行，20余家行业商会、在京异地商会，以及100余家会员企业参加发布会，并与京东集团签订战略合作协议，加入“京商计划”，整合京东集团的电商、物流、金融、云计算、众筹等资源，向商会及会员企业提供特惠、定制、专享的VIP服务，提升京东服务商会、企业的综合能力，打造京东、商会、企业共赢的生态圈。

（市工商联）

【引导企业守法诚信经营】年内，在引导首批200家企业成为守法诚信承诺示范单位的基础上，以换届为契机，引导更多的企业守法诚信经营，自觉接受社会监督。完善政企沟通长效机制，发挥28个委办局特邀顾问单位的作用，推动相关委办局到工商联和企业调研，研究解决非公经济发展问题，搭建政府部门和非公企业、商会直接沟通交流的长效机制。建立信用信息共享机制。与市工商局对接，收集和保存非公企业的信用记录，将非公企业数据库与全市企业信用信息网无缝对接，帮助金融机构和其他企业了解企业的信用状况。完善法律服务协调机制。与北京知识产权法院合作，邀请企业家观摩庭审，甄选编辑并在市工商联官网上推出“商标权纠纷十大案例集”，增强北京非公企业知识产权保护意识。举办非公企业法律风险防范与管理培训班，引导更多的非公企业和商协会组织提升依法治企、依法办事、依法维权的能力和水平。

（市工商联）

【11家民企入围2016年中国民营企业500强】年内，北京11家民营企业入围由全国工商联主办，工信部、国家工商总局支持的2016年中国民营企业500强。11家民营企业包括：联想控股股份有限公司、京东集团、泰康人寿保险股份有限公司、北京建龙重工集团有限公司、百度公司、物美控股集团有限公司、北京运通国融投资有限公司、江河创建集团股份有限公司、中发实业（集团）有限公司、中昂地产（集团）有限公司、北京京奥港集团有限公司。联想控股股份有限公司、北京建龙重工集团有限公司、北京君诚实业投资集团有限公司入围中国民营企业制造业500强。京

东集团、泰康人寿保险股份有限公司、百度公司、物美控股集团有限公司、北京运通国融投资有限公司、中发实业（集团）有限公司、中昂地产（集团）有限公司入围中国民营企业服务业 100 强。

（市工商联）

校办产业

【概况】截至 2016 年年底，北京地区有 52 所高校参加普通高校校办产业统计。其中，教育部直属高校 25 所、其他中央部委属高校 8 所、市属市管高校 19 所。参加统计的 52 所高校所投资企业共 1853 家。其中，大型企业 63 家、中型企业 358 家、小型企业 1090 家、微型企业 342 家。年末资产总计 5030.60 亿元，流动资产合计 3259.54 亿元，非流动资产合计 1771.06 亿元；年末负债总计 3580.53 亿元，流动负债合计 1849.41 亿元，非流动负债合计 1731.12 亿元；所有者权益总计 1450.06 亿元，实收资本（股本）84.94 亿元，未分配利润 131.72 亿元，归属于学校方股东的所有者权益 466.34 亿元。营业收入 1735.37 亿元，其中主营业务收入 1733.44 亿元；营业成本 1591.29 亿元，其中主营业务成本 1428.47 亿元；销售费用 77.83 亿元，管理费用 120.29 亿元，财务费用 98.75 亿元；利润总额 128.51 亿元，净利润 99.04 亿元，其中归属于学校方股东的净利润 30.22 亿元。现金净流量 416.98 亿元，其中经营活动现金净流量 6.32 亿元，投资活动现金净流量 -192.31 亿元，筹资活动现金净流量 599.43 亿元。财政补贴收入 559.12 亿元；国有资本经营预算金 74.47 亿元；文化产业专项资金 0.62 亿元；科技创新资金 30.32 亿元；上交国有资本收益 1.96 亿元；企业实际缴纳税金总额 82.48 亿元，其中增值税 15.91 亿元，营业税 14.37 亿元，企业所得税 33.05 亿元，其他 19.15 亿元；当年上交学校利润金额 15.91 亿元。获授权的专利数 1113 项，登记的计算机软件及集成电路版权 228 项，获省市部委、国家级的奖项 330 项。接纳学生实习 8831 人次，学生累计实习 229 万小时，全年累计在培硕士研究生 771 人，全年累计在培博士研究生 103 人。年末职工总人数 120923 人，其中接受高等教育学历的人员 59284 人，研究开发人员 16998 人，专职管理人员 14106 人；已参加社保人数 96827 人。实际发放和支付的劳动工资总额 283.06 亿元，其中支付社会保险（含住房公积金）177.86 亿元。职工年教育培训经费 1 亿元。具有学校事业编制的员工人数 1841 人。

（宋慧宇）

【节能环保】1 月 7 日至 8 日，阳光获得“2015 中国光伏电站商业模式大奖”“2015 中国光伏电站新锐企业大奖”两项殊荣。1 月 21 日，以“重塑能源、服务创新”为主题的“2015 节能服务产业年度峰会”在北京召开，同方泰德被授予“十二五节能服务产业突出贡献企业”“2015 节能服务产业品牌企业”双项殊荣。节能服务产业年度峰会由中国节能协会节能服务产业委员会（EMCA）主办，被业内人士形象地誉为节能服务行业的“达沃斯论坛”。

同方荣膺“十二五首批最佳社会责任企业”殊荣。1 月 27 日，由中国互联网新闻中心主办的“2015 城市中国创新峰会”在京召开，同方股份获评“十二五首批最佳社会责任企业”，被誉为“绿色新标杆、社会责任新标杆、行业品牌影响力标杆”。3 月 25 日，太阳能热利用科学技术杰出贡献奖颁奖暨太阳能热利用专题报告会在清华大学罗姆楼召开。国家太阳能光热产业技术创新战略联盟正式授予清华大学教授、清华控股成员企业启迪控股旗下清华阳光首席科学家、清华阳光研究院院长殷志强“中国太阳能热利用科学技术杰出贡献奖”。7 月 28 日，由中国企业发展论坛组委会，《中国企业报》集团股份有限公司主办的第十三届中国企业发展论坛暨“长江大保护”战略央地对接峰会在四川宜宾市举行。博奥晶典、同方股份获得“2016（首批）生态文明建设典范企业”称号。10 月 19 日，第十三届精瑞奖颁奖典礼在京举行。同方泰德凭借“北京地铁 8 号线森林公园南门站空调节能改造项目”获得“人居智能化创新奖”。11 月 11 日，第七届中国绿色发展高层论坛在湖南省岳阳市举行，清华控股与中国电信、光大国际等十家企业获得“中国十佳绿色责任企业”称号。12 月 20 日，“第五届建筑电气与智能化节能技术发展论坛暨影响中国智能建筑电气行业 2016 年度优秀品牌评选颁奖典礼”召开，同方泰德连续 5 年获得“设备监控及能效管理行业”十大优秀品牌奖。

（宋慧宇）

【工业园区建设】1 月 12 日，清华控股成员企业清控人居集团与中信银行在京签署战略合作协议。根据合作协议，中信银行将以传统授信及基金、债券等创新形式向清控人居集团提供50亿元资金，支持清控人居集团在北京、上海、深圳等地的城市更新、水生态修复、低碳创新园区等人居项目投资建设发展。1月15日，启迪之星（沧州）孵化基地项目签约仪式在沧州高新区举行。继天津、南宫、保定之后，启迪之星（沧州）项目正式落地，再次助推京津冀协同发展。1月19日，河南首届“互联网＋教育”双创论坛召开，启迪之星（郑州）孵化基地在论坛上挂牌成立。1月22日，启迪控股与徐州市政府签署战略合作协议，双方按照“优势互补、相互支持、长期合作、共同发展”的原则，将共同推进徐州启迪科技城项目的投资建设和运营管理。1月30日，启迪协信与天津南开区政府合作签约仪式在南开区政府办公大楼举行，标志着启迪协信又一重磅项目落子天津，京津冀战略布局进一步完善。3月1日，启迪协信科技园“落地”龙岗区，为龙岗落实深圳“东进”战略拉开序幕。清华控股董事长徐井宏，启迪控股总裁王济武，启迪控股副董事长、启迪协信董事长吴旭，启迪控股常务副总裁陈鸿波等出席开工仪式。继总投资128亿元的启迪深圳协信科技城于3月1日启动开工建设后，3月4日，启迪TGN位于深圳蛇口网谷的启迪空间开业。TGN启迪深圳空间将与香港启迪科技园、广州启迪番禺科技园、肇庆启迪环保科技城、TGN启迪香港空间、深圳启迪协信科技城联动发展，构建起启迪控股在粤港地区初具规模的科技创新走廊。3月28日，清控科创与南阳市政府签署战略合作框架协议，清控科创旗下北京双创街投资管理有限公司与南阳市政府签署合作共建“南阳创业大街”协议。4月1日，启迪之星（徐州）开业典礼举行，启迪之星正式落地徐州市鼓楼区核心圈，成为继南京、苏州后，启迪之星孵化网络布局江苏的又一重要节点。清华大学幸福科技实验室（简称清华H＋Lab）4月16日在京宣布正式成立，标志着中国率先建成世界第一个将积极心理学研究成果进行产学研转化的科技创新孵化平台。7月6日，清华控股成员企业博奥生物集团旗下博奥颐和健康科学技术（北京）有限公司与位于成都温江区的成都医学城签约健康产业项目。本次签约将推动双方在健康产业落地实施等方面展开更加深入的合作，促进前沿医学的研发和应用，推动健康产业的发展。7月22日，由厦门紫光科技园发展有限公司投资的厦门紫光科技园暨展锐大厦奠基仪式在厦门火炬高新区举行。紫光集团董事长赵伟国，紫光集团全球执行副总裁、展讯通信董事长兼锐迪科董事长李力游等在奠基仪式上致辞，并与厦门市领导共同为大厦奠基。8月9日，合并后的紫光展锐实现了跨越式的发展，手机芯片市场份额稳居世界前三位，拥有亚洲第一位的射频前端产品以及中国最大的物联网芯片市占率，2016年，紫光展锐手机芯片出货量将达6.5亿套，销售收入预计超过20亿美元。8月23日，博奥生物集团与重庆两江新区签署合作协议。根据协议，博奥生物集团将在渝投资建立博奥生物重庆产业化基地，该项目总投资4亿元，预计2020年产值达12亿元。9月1日，启迪之星与天津钢管集团正式签约，将合作运营启迪之星天津“大无缝”众创基地。双方将整合各自在实业产业、创业孵化及投资等方面的资源和优势，深度帮扶创业企业在产业、资本方面的对接，同时激发天津钢管集团内部创新力，探索一条实现产业升级的国企改革新路子。11月18日，清华控股成员企业启迪控股旗下启迪科技园（洛阳）等园区举行开工奠基仪式。11月28日，2016镇江国际低碳技术产品交易展示会开幕，“低碳（环保）产业集群协同创新”主题论坛同期举行。论坛上，启迪科技城（镇江）焕新起航，镇江启迪清华校友活动中心和镇江启迪众创工社正式落户启迪科技城（镇江）。同日，新华三集团与合肥市政府签署战略合作协议，新华三将在合肥投资建设安全产品基地并成立安全信息技术公司。双方还将围绕云计算、大数据、核心芯片等核心领域的安全技术研发与产品销售开展全方位的合作。11月29日，启迪之星（嘉兴）开业典礼暨VR虚拟现实技术论坛在浙江清华长三角研究院举行。12月5日，生物芯片北京国家工程研究中心畜禽健康养殖研究分中心筹建签约仪式在清华控股成员企业博奥生物集团举行。12月12日，启迪控股与里约热内卢联邦大学科技园（PT-UFRJ）合作协议签字仪式在巴西驻华大使馆举行。启迪控股将与里约热内卢联邦大学科技园合作，分别在里约热内卢和北京建立“启迪之星巴西里约商务技术创新中心”和“里约热内卢联邦大学科技园中国北京技术创新中心”。12月22日，清控科创与湖南长沙高新区签订战略合作框架协议，双方将合作在长沙高新区尖山湖国际创新中心区域打造“清控创新基地（长沙）”项目。12月30日，由紫光集团联合国家集成电路产业基金、湖北省地方基金、湖北省科投共同投资建设的国家存储器基地项目，在武汉东湖高新区正式动工建设。该项目总投资240亿美元，主要生产存储器芯片，总占地面积131.2万平方米。

北大科技园包头园区。年内，北大科技园包头园区依托北京大学及北大科技园优势，着力打造品质园区，影响力不断扩大。围绕装备制造、新能源、新材料和环保产业积极开展产业引入工作，工业一期 5.5 万平方米厂房投入运营以来，签注率达 77.9%，园区引入企业及项目 20 个，涵盖无人机、石墨烯、机器人等行业，建立分类企业数据库，为园区后续产业引入发展打下坚实基础。引入“欧美同学会·中国留学人员联谊会留学报国包头基地”落户园区，获得“草原英才”工程第五批高层次创新创业人才基地、自治区级服务业集聚区、国家级众创空间等资质认定。年内，北大科技园稳步推进轻资产园区拓展与落地，围绕轻资产业务继续开疆拓土，与台州市政府、唐山市路北区政府达成合作意向，共建轻资产园区。各轻资产园区有序运营，金华北大科技园运营面积 1 万平方米，签注率达 86.88%，入驻企业 53 家，成功举办创启未来 2016 全球总决赛，提升地区创新创业氛围，荣获金华市十大软件与信息服务业众创空间、国家级众创空间认定；天津宝坻北大科技园运营面积 1.83 万平方米，签注率达 97%，入驻企业 101 家，高可信基础软件联合创新实验室、华农天时天津科技有限公司·院士工作站落地园区，助推地方产业转型升级；石家庄北大科技园运营面积 1.47 万平方米，签注率达 98.4%，入驻企业 51 家，荣获石家庄裕华区双创服务突出贡献奖、国家级众创空间认定；西安北大科技园 6 月投入运营面积 3400 平方米，签注率达 97.5%，入驻企业 24 家，积极开展产业论坛、技术培训、领袖学堂、主题沙龙、行业研讨等创新创业活动，敢为创业服务体系落地践行先锋。

（宋慧宇）

【启迪之星 3 项目签约津冀协同发展】 1 月 15 日，启迪之星（沧州）孵化基地项目签约仪式在沧州高新区举行。继天津、南宫、保定之后，启迪之星（沧州）项目正式落地，再次助推京津冀协同发展。沧州市长王大虎、副市长陈平，沧州高新区主任沈海生，清华科技园发展中心主任、启迪控股董事长梅萌，启迪控股副总裁、启迪之星董事长张金生等出席签约仪式。1 月 30 日，启迪协信与天津南开区政府合作签约仪式在南开区政府办公大楼举行，标志着启迪协信又一重磅项目落子天津，京津冀战略布局进一步完善。9 月 1 日，启迪之星与天津钢管集团正式签约，将合作运营启迪之星天津“大无缝”众创基地。双方将整合各自在实业产业、创业孵化及投资等方面的资源和优势，帮扶创业企业在产业、资本方面的对接，同时激发天津钢管集团内部创新力，探索一条实现产业升级的国企改革新路子。

（宋慧宇）

【获得荣誉】 1 月 21 日，以“重塑能源、服务创新”为主题的“2015 节能服务产业年度峰会”在北京召开，同方泰德被授予“十二五节能服务产业突出贡献企业”“2015 节能服务产业品牌企业”双项殊荣。1 月 22 日，由中国电子信息行业联合会、中国电子商会、中国软件行业协会联合主办的 2016 年中国电子信息行业发展大会暨高峰论坛在京召开。会上发布了“2016 中国电子信息行业创新能力 50 强企业名单”，同方股份有限公司入选该榜单。1 月 27 日，由中国互联网新闻中心主办的“2015 城市中国创新峰会”在京召开，同方股份获评“十二五首批最佳社会责任企业”，被誉为“绿色新标杆、社会责任新标杆、行业品牌影响力标杆”。3 月 14 日，由《电子工程专辑》举办的 2016 大中华 IC 设计成就奖颁奖典礼在上海举行，展讯通信以综合排名第一的优势获得 2016 年度十大大中华 IC 设计公司品牌。3 月 24 日，2016 中国半导体市场年会暨第五届中国集成电路产业创新大会在北京举行，紫光展锐获得“ 2016 年中国十大集成电路设计企业”。同日，由中国半导体行业协会和中国电子信息产业发展研究院主办的 2016 中国半导体市场年会暨第五届集成电路产业创新大会在北京召开。同方微电子的双界面金融 IC 卡芯片获得第十届（2015 年度）中国半导体创新产品和技术奖。在 5 月 2 日至 6 日美国拉斯维加斯举办的 Interop & Cloud Connect 2016“云鼎奖”颁奖典礼上，杭州华三通信摘得核心奖项“2014—2015 年度中国领先品牌奖”。5 月 11 日，由市科委、市总工会支持，北京发明协会等主办的第十届北京发明创新大赛结果揭晓，博奥生物集团和清华大学联合申请的授权发明专利——一种微纳升体系流体芯片的检测系统及检测方法荣获大赛金奖。7 月 12 日，根据 2015 年电子信息产业统计年报数据，中国电子信息行业联合会发布了新一届中国电子信息百强企业和“中国电子信息百强三十年领军企业”。紫光集团和同方股份，分别位列中国电子信息百强企业第 18 名和第 21 名；紫光集团还获得“中国电子百强三十年领军企业”称号。8 月 3 日，由工信部中国电子信息产业发展研究院主办的，主题为“洞悉融合之道 释放数据价值”2016 年中国大数据产业生态大会在京举行。新华三集团获得“2016 中国大数据企业 50 强”殊荣。8 月 8 日，以“信心与匠心”为主题的第十届中国品牌节在大连国际会议中心开幕。开幕式公布了“华谱奖”获奖榜单，清华控股与华为、阿里巴巴、海尔、京东、五粮液等25个中国品牌获得第十届中国品牌节“华谱奖”，清华控股荣膺“成熟稳健的中国力量”称号。11月5日，第18届中国国际工业博览会圆满落幕，北京北大先锋科技有限公司创新研发的黄磷尾气催化氧化连续脱磷技术获得本届工博会创新银奖。11月8日，第五届中印论坛在印度斋普尔举行，展讯通信被授予“中印榜样”荣誉称号。紫光集团揽获“IC CHINA 2016”各项大奖。同日，第十四届中国国际半导体博览会暨高峰论坛IC CHINA 2016在上海开幕。紫光集团荣获“最佳展台创意设计搭建奖”和“优秀组织奖”。此外，展讯通信LTE芯片平台SC9860、锐迪科微电子RDA5856双模蓝牙芯片、深圳紫光同创国产自主千万门级高性能FPGA（型号PGT180H）、西安紫光国芯内嵌自检测修复（ECC）DRAM芯片获得“优秀参展产品奖”。11月17日，由中国发明协会、发明者协会国际联合会主办的第九届国际发明展览近期在江苏昆山揭幕。同方威视3个参展项目“CT检查系统和检查方法”毫米波人体安全检查系统“拉曼检测仪”全部获得“发明创业奖•项目奖”金奖。11月24日，在2016中国集成电路产业促进大会暨第十一届“中国芯”颁奖典礼上，展讯通信、西安紫光国芯、北京同方微电子和紫光同创多款产品获得大会专家组评选的“安全可靠产品”“最佳市场表现产品”和“最具潜质产品”奖项。11月26日，第九届谈家桢生命科学奖颁奖典礼在武汉大学举行，清华大学医学院教授、生物芯片北京国家工程研究中心主任、博奥生物集团总裁程京院士获得本届谈家桢生命科学成就奖。12月12日，“2016年中国品牌价值评价信息发布会”在北京举行，博奥生物集团跻身自主创新品牌价值榜前列，品牌强度和品牌价值均处于领先地位。博奥生物集团总裁程京院士获得第九届谈家桢生命科学成就奖。12月20日，“第五届建筑电气与智能化节能技术发展论坛暨影响中国智能建筑电气行业2016年度优秀品牌评选颁奖典礼”召开，同方泰德连续5年获得“设备监控及能效管理行业”十大优秀品牌奖。

（宋慧宇）

【科技成果】 1月21日，受教育部委托，清华大学在同方威视密云产学研基地主持召开科学技术成果鉴定会，清华大学和同方威视共同完成的“10MeV/20kW返波型大功率辐照加速器技术研究”项目通过鉴定。2月2日，华三通信基于SDN&NFV的vBRAS资源池解决方案成功部署浙江电信城域网，是中国地区运营商第一次大范围NFV城域网商用实践。2月22日，展讯通信在2016世界移动通信大会（MWC）上宣布其八核64位LTE SoC平台——SC9860进入量产阶段。作为展讯中高端智能手机单芯片解决方案，SC9860具备高效移动运算性能，支持顶级多媒体配置，将为全球手机消费者带来极致的用户体验。2月29日，国家科技重大专项——高温气冷堆核电站示范工程的首台压力容器，在上海电气核电设备有限公司完成出厂验收。3月2日，首台压力容器正式发运山东荣成石岛湾高温气冷堆示范工程现场。3月20日，由清华大学核研院主持设计的全球首座模块式高温气冷堆示范工程（HTR-PM）首台主设备压力容器在山东荣成石岛湾核电站顺利吊装就位，标志着示范工程全面进入设备安装阶段，中国四代核电技术向工业实现迈进了一大步。3月20日，山东荣成石岛湾，在两台千吨级吊车共同努力下，一个直径约6米，高20多米的巨型“易拉罐”经历了离地50米、水平移动近百米后，稳稳地在一个水泥壳里“入座”。“易拉罐”内装核反应堆及相关设备。当天，全球首座模块式高温气冷堆示范工程的首台主设备压力容器吊装到位。3月29日，清华控股成员企业博奥生物旗下北京博奥晶典生物技术有限公司自主研发的7项RNA检测服务产品荣获北京市新技术新产品（服务）证书。4月20日，同方微电子在北京清华同方科技广场C座国际报告厅召开CC EAL5+颁证典礼，挪威SERTIT安全认证部主任Kjartan正式向同方微电子总裁段立颁发国际CC EAL5+安全认证证书，标志着同方微电子自主研发的双界面金融IC卡芯片THD88/M2064（简称THD88）成为国内唯一一款获得该认证的芯片产品。5月6日，中国首条具有完全自主知识产权的中低速磁悬浮商业运营示范线，正式在湖南长沙启用。标志着中国磁浮技术实现了从研发到应用的全覆盖，成为世界上少数几个掌握该项技术的国家之一。其中，新华三集团提供的CBTC车地无线通信系统网络解决方案为其通车运营奠定了坚实的基础。6月7日，同方股份旗下计算机产业本部应邀参加抉择科技有限公司发布会，并与该公司合作，致力于打造虚拟现实体验馆。首家虚拟现实体验馆于5月31日在北京悠唐购物中心正式营业，将布局全国各地的一流商圈。8月5日，“2016天翼智能终端交易博览会”在广州落幕。本届展会展示了当前前沿、创新的终端软硬件产品、创新技术及芯片技术。北京壹人壹本信息科技有限公司为安全移动政务打造的国密政务平板电脑K9首次亮相博览会。8月17日，第三届中国—亚欧安防博览会上，同方威视展示了包括即将亮相杭州 G20 峰会的毫米波人体安检系统等新产品、新技术及安检解决方案。8月，同方泰德将节能技术运用至北京8号线全线，进一步扩大节能运营的作用。11 月 1 日举行的 2016 英特尔亚洲网络峰会上，新华三集团向业界全方位展示了高性能的 vBRAS1000 产品及其全球首款商用版 NFV 管理编排器（MANO）vBRASSO，并分享了新华三实现 NFV 网元高转发性能的思路和经验。12 月 12 日，由辰安科技承建的贵州省应急平台正式开通。12 月 24 日，“中国医药生物技术十大进展”评选结果揭晓，博奥生物集团研发的呼吸道病原菌碟式芯片系统因“突出的技术创新性、具有显著的经济和社会效益、推动行业科技进步作用明显”，入选“2016 年中国医药生物技术十大进展”。在华北电力大学在第十八届中国国际工业博览会推出“智能电网终端采集设备”“智能售点整体解决方案”“DTR−1 型架空输电线路动态增容在线监测装置”等 10 项产品及科技项目成果。经过组委会及专家组的评比，华北电力大学和北京华电天仁电力控制技术有限公司申报的“新一代现场总线控制系统（VeScon-SDS）”获工博会高校展区“优秀展品奖特等奖”，华北电力大学“DTR-1 型架空输电线路动态增容在线监测装置”获得工博会高校展区“优秀展品奖一等奖”。北京科技大学工程技术研究院为企业开发高品质钢种。开发 0Cr5 抗二氧化碳腐蚀管线钢用于吉林油田；完成 863 高品质耐磨钢的开发，实现 NM500、NM550、NM600 的系列产品工业化生产及应用。进行 Fe-Cr-Al 不锈钢及 TWIP 钢等先进钢材的凝固特性与调控机制研究，与钢研总院、东北特钢、南京亿达等联合组建了“汽车尾气净化器载体用 FeCrAl 不锈钢工业化试制及应用推广”产学研用联盟。参与新能源汽车重点研发计划，获两子课题“超高强度钢汽车零部件成形与应用关键共性技术”和“多材料连接建模分析、疲劳设计与性能评价方法”，与奇瑞、国汽、云南神州航天、东风汽车开展技术合作；在安钢、柳钢、马钢、邯钢等开展技术攻关，推广热、冷轧板表面质量缺陷的成因分析及其控制技术；由邯钢、北科大共同完成的《高级别汽车板关键技术创新及应用》项目获得河北省科技进步奖一等奖。

（宋慧宇）

【自主创新】1 月 23 日，展讯通信推出面向智能手机及物联网等应用领域的紫潭安全解决方案，基于紫潭方案的中国首款搭载可控芯片及操作系统的双 OS 安全手机通过各项专业认证和性能测试，达到正式量产的产业化水平。1 月 30 日，博奥生物集团暨生物芯片北京国家工程研究中心仅用 3 天时间即开发出寨卡病毒（Zika virus）30 分钟快速恒温扩增检测试剂，该试剂将以微流控芯片形式实现对寨卡病毒的快速检测，有效应对在世界各地蔓延的寨卡病毒疫情。同时，博奥生物应用新技术高效制备出寨卡病毒的假病毒颗粒，可用于科研或产品开发的标准品或参考品。5 月 18 日，杭州华三通信技术有限公司在北京 751D-Park 发布了国内领先的新 IT 在线运营平台——新华三绿洲平台。9 月 23 日，北京北大方正电子有限公司与鲁迅文化基金会共同发布“方正鲁迅体”。今后，所有公益组织，包括企业的公益活动将可得到该款字体的授权免费使用。“方正鲁迅体”字库包含 9434 个汉字与常用字符，可以满足通常繁简文本的排版。其中，以鲁迅先生手稿为基础直接修改的字有 2614 个，其他则由设计师根据统一风格，用已有字部件设计，或者直接创制而成。10 月 26 日，展讯、锐迪科携手 YunOS 共同推出云芯片平台——锐连（Spreadlink）YoC（云芯片，YunOS on Chip）开发平台，进一步优化物联网开发生态系统，帮助客户快速推出创新性的产品。11 月 24 日，博奥晶典发布一款强大的生物医学大数据分析平台——“晶典云”。12 月 21 日，第四代核能技术 60 万千瓦高温气冷堆核电站技术方案在清华大学发布，该项目是 20 万千瓦高温气冷堆核电站示范工程的后续项目。建成后将成为国际首个商用高温气冷堆核电站。12 月 29 日，北京华清燃气轮机与煤气化联合循环工程技术有限公司（燃气轮机与煤气化联合循环国家工程研究中心）F 级重型燃气轮机（透平进口温度 1400℃）自主研制获得重大进展，燃烧室全温全压全尺寸试验取得圆满成功。

（宋慧宇）

【重点项目建设】2 月 23 日，继 2 月 22 日 TCL 公告与紫光集团共同发起设立产业并购基金之后，TCL 携手紫光集团在北京举行产业并购基金启动发布会。双方共同宣布，将充分利用双方在各自行业强大的影响力、产业上下游丰富的投资经验及横跨境内外的资本市场平台优势，协同打造百亿规模的产业投资平台。3 月 12 日，在清华大学与江苏省人民政府战略合作协议签约仪式上，清华大学与南通市人民政府签署战略合作协议，清华控股将与南通市人民政府共同设立总额 80 亿元的南通清华产业投资基金。双方将通过产业金融深度合作，致力于以资本为纽带推动南通地区产业升级和科技成果转化。5 月 4 日，紫光股份发布公告，宣布正式完成对华三通信技术有限公司（简称华三通信）51% 股权的交割手续，自 5 月 1 日起华三通信及其全资子公司（整合为新华三）纳入紫光股份合并报表范围。6 月 13 日，中德经济顾问委员会 CEO 圆桌会议在人民大会堂举行，清华控股董事长徐井宏作为中德经济顾问委员会成员代表出席会议，并参加了由国务院总理李克强、德国总理默克尔共同出席的中德经济顾问委员会座谈会及欢迎午宴。9 月 8 日，紫光股份（SZSE:000938）与美国西部数据（NASDAQ:WDC）举行紫光西部数据有限公司成立庆典活动。10 月 10 日，博奥晶典携手美国赛默飞世尔科技有限公司共同签署战略合作协议，双方合作建立的精准医疗协作中心（北京）正式挂牌。11 月初，由启迪控股主导，启迪科服集团、启迪科技城集团、启迪数字集团、启迪清洁能源集团共同出资创建的启迪新材料集团在北京清华科技园宣告成立，初期注册资本 2 亿元。11 月，北京北大先锋科技有限公司与印度第一大钢铁企业——京德勒西南钢铁公司（JSW）顺利完成合同签约，双方就高炉技改项目配套产量 15000Nm^3/h，纯度 93% 的 VPSA 制氧装置达成合作。由此，北大先锋承建该项目刷新了我国出口变压吸附制氧设备的最大规模记录，为我国变压吸附制氧技术发展里程碑再添一笔。12 月 5 日，生物芯片北京国家工程研究中心畜禽健康养殖研究分中心筹建签约仪式在博奥生物集团举行。该分中心以北京市科委重大项目“动物疫病公共检测服务平台建设及生物芯片的研制开发”为契机，依托北京农学院中关村开放实验室，借助生物芯片北京国家工程研究中心和北京农学院双方优势资源和人才队伍，促进生物芯片技术在畜禽健康养殖领域的应用和成果转化。12 月 8 日，由清华控股有限公司和南通国有资产投资控股有限公司共同主办的清控（南通）中小企业发展论坛暨中小企业发展基金（江苏南通有限合伙）启动仪式在南通举行。12 月 9 日，市司法局授予博奥生物集团旗下北京博奥医学检验所有限公司司法鉴定所司法鉴定许可证，标志着博奥生物正式进军司法鉴定行业。12 月 16 日，根据同方股份旗下产业同方康泰公告，同方康泰产业集团有限公司（股份代号：01312.hk）收购韩国领先的生物制药上市公司 BinexCo. Ltd.（股份代号：053030.ks）29% 的股权。12 月 17 日，启迪控股，娃哈哈集团、宁波市智能制造产业研究院、智昌集团、中信集团以及浙江省和宁波市政府代表就共同发起设立浙江机器人产业集团在京举行第一次筹备研讨会议。为确保 2016 年全国“两会”顺利召开，全力以赴筑牢首都安全屏障，同方威视承担了“两会”主会场人民大会堂、代表和委员入住宾馆及医疗保障等场所的安保任务，这也是同方威视连续第五年承担全国“两会”的安保任务。中国安检设备进驻里约奥运场馆。由同方威视生产的安检设备于 7 月 11 日起正式开始在里约奥运会开幕式场馆——马拉卡纳体育场进行安装和调试。整个赛事期间，200 余台从中国进口的安检设备将为奥运会顺利举办保驾护航。截至 2016 年年底，北大创业孵化营累计孵化优秀创业项目 142 个，在营孵化项目 80% 为科技型项目，获得投资比例高达 80%，融资累计金额 3 亿元，项目平均融资额约 630 万元，创业项目估值最高增长 18 倍。孵化营启动 FA 业务，签订融资顾问协议企业达 20 家，提供融资服务 71 次，推荐对接 100 家投资机构。孵化 OFO、未名企鹅、Teambition、e 精灵、佳格大数据等明星创业项目。年内，智能化科技服务平台一期上线运营，已服务用户近万余人，积累企业库 1119 家、项目库 789 个、专家导师库 140 人，服务表单达数万次，线上国家大学科技园的数据价值初步显现。以“校地合作、协同创新”为发展理念，北大科技园以科技成果资源引入与创新创业孵化服务输出为核心，获得来自市场合作方专业服务采购及园区开发与运营收益，确立企业科技与地产“轻重资产”相结合发展模式，致力于实现科技园区规模化扩展与跨越式发展。2016 年，与北大资源集团业务协同，对接青岛、盐城、上海青浦区、漳州等多个产业地产项目并取得实质性进展。北大资源集团高新区 35 亩项目于 8 月获取，位于国际城南、天府新城核心区新川板块，紧邻 57.67 万平方米新川之心世界级中央公园（在建）。项目总占地 2.32 万平方米，总建筑面积约 14.63 万平方米。项目定位为方正世纪西南区总部及研发中心，将成为北大资源“品质 + 资源”“产品 + 服务”新模式下产业融合的里程碑作品。北京中石大新元投资有限公司 4 月 27 日与非常规天然气研究院专家签署合作协议书，共同出资成立中石大石油工程研究中心股份有限公司。主营工程和技术研究与试验发展、技术开发服务、工程勘察设计、货物进出口、技术进出口、代理进出口。北京中石大新元投资有限公司深入推进与揭阳市大南海石化工业园合作项目。根据《大南海工业园区深化合作的工作进度表》，9 月续签《揭阳大南海石化工业区和中国石油大学全面深化合作协议书》，获支持资金 55 万元。

（宋慧宇）

【技术改造】10 月，北大英华大数据中心启动并通过数据底层拆分处理、法律信息数据建模等方式将各种信息资源通过字段等方式拆分重组，为后续大数据应用和行业数据资源利用打下基础。年内，北大英华技术团队进行新的北大法宝产品 V6.0 版本研发。旨在通过新的平台实现数据底层的统一处理，大数据环境的快速检索，已经通过传统机房与云平台的结合存储有效进行互联网风险防范。大法宝数据部通过对数据库重新梳理、整合，集中管理北大英华法律信息资源，同时为各条产品线以及不同的项目源源不断地输送数据资源并保证更新的统一、同步和及时性。

（宋慧宇）

【生产经营】截至年底，北京北大先锋科技有限公司承建的 10000 立方米 / 小时以上制氧项目共有 18 个，是中国承建中大型变压吸附制氧规模装置数量最多的气体分离设备供应商。“北大法宝”产品收入 3871 万元，利润总额 443 万元。

（宋慧宇）

区工业

综　　述

2016年，北京市区规模以上工业企业总产值18087.27亿元。其中，首都功能核心区工业总产值1291.88亿元，城市功能拓展区工业总产值3584.98亿元，城市发展新区工业总产值8909.33亿元，生态涵养发展区工业总产值1218.98亿元。工业销售产值17837.50亿元。其中，首都功能核心区1286.69亿元，城市功能拓展区3522.85亿元，城市发展新区8742.13亿元，生态涵养发展区1203.71亿元①。出口交货值956.80亿元。其中，首都功能核心区8.52亿元，城市功能拓展区148.78亿元，城市发展新区726.16亿元，生态涵养发展区73.34亿元。全市区规模以上工业企业单位个数3340家。其中，首都功能核心区83家，城市功能拓展区903家，城市发展新区1857家，生态涵养发展区497家。全市区规模以上工业企业资产总计43093.68亿元，主营业务收入19746.96亿元，利润总额1608.26亿元，应缴税金合计1195.68亿元，从业人员年平均人数1044464人。

（市产研中心）

东城区工业

【概况】2016年，东城区规模以上工业企业累计完成工业总产值185.79亿元，同比增长0.7%；累计实现工业销售产值180.70亿元，同比增长0.6%；产销率为97.3%，同比下降0.1个百分点。其中，大型企业完成工业总产值33.12亿元，同比增长1.4%；中型企业完成工业总产值132.27亿元，同比增长5.0%；小型企业完成工业总产值19.99亿元，同比增长2.9%；微型企业完成工业总产值0.42亿元，同比下降93.5%。

（黄　旭）

【节能宣传周】6月12日至18日，东城区举行以“节能低碳我先行”为主题的宣传周活动。在东城区政府、史家胡同小学、和平里医院、国家博物馆、肯德基和麦当劳门店等多家单位，开展了节能宣传“进机关、进企业、进社区、进公共机构”活动，营造了全民参与、践行节能低碳的良好氛围。

（陈志洲）

【重点用能单位节能考核】8月25日至9月27日，东城区委托专业机构成立考核工作组，对区内30家重点用能单位开展上年度节能目标责任评价考核。考核采取各重点用能单位提交节能工作自查报告、考核工作组审核评分与抽样现场核查相结合的方式，综合考查各单位年度节能目标完成和节能措施落实情况。参评单位中，7家优秀、15家良好、7家基本完成、1

①：统计范围为年主营业务收入2000万元及以上的工业法人单位；根据有关规定，国家电网公司、冀北电力有限公司的“工业总产值（当年价格）”“工业销售产值（当年价格）”由北京市统计局统一核算，以上“工业总产值（当年价格）”“工业销售产值（当年价格）”指标分区数据之和不等于全市合计数。

家未完成。

（陈志洲）

【中小企业发展】年内，东城区健全中小企业公共服务体系，出台《东城区中小企业服务分中心、小企业创业基地管理办法》。按照“总量控制、规模适当、严格标准”的原则，督促分中心、基地不断提高中小微企业创业、创新服务能力，健全东城区中小企业公共服务体系。截至年底，东城区已有13家小企业创业基地、4家中小企业服务分中心。各分中心、基地共吸引新增入驻企业378家，累计服务企业18469家次。共组织各类企业培训、活动378场，参加企业13071家次，培训人数23925人次，活动内容包括创业指导、投融资服务、上市辅导等。通过东城区中小微企业公共服务体系，为中小微企业解决融资人民币3.84亿元，美元2100万元。

（景少尉）

西城区工业

【概况】2016年，西城区规模以上工业企业完成工业总产值1091亿元，同比增长2.2%。完成工业销售产值1091.7亿元，同比增长1.9%；产销率达到100.1%。产销衔接良好，其中能源供应业是西城区工业经济支撑行业，生产、销售表现出较强优势，完成工业总产值995.2亿元，同比增长1.0%，占西城区规模以上工业产值的比重为91.2%。

（黄正洲）

【节能减排】年内，西城区能源消耗总量389.45万吨标准煤，单位地区生产总值能耗下降5.19%，单位地区生产总值二氧化碳排放下降6.2%，完成市政府下达的指标。单位GDP能耗为0.1102吨标准煤/万元，同比下降5.19%，单位GDP能耗低于全市单位GDP能耗0.2794吨标准煤/万元的水平。

（黄正洲）

【中小企业发展】年内，西城区开展中小企业认定25家；完成“不使用政府投资的工业和信息化固定资产投资项目备案”18项；协助工信部完成15家企业填写《企业负担问卷调查》等工作。

（黄正洲）

朝阳区工业

【概况】2016年，朝阳区实现地区生产总值5001.6亿元。其中，第一产业增加值1.1亿元，同比下降5.5%；第二产业增加值341.4亿元，同比下降0.5%；第二产业中的工业增加值283.7亿元，同比下降2.6%；第三产业增加值4659.1亿元，同比增长7.1%。三次产业结构为0.02:6.83:93.15。全区工业生产规模持续缩减。276家规模以上工业企业实现工业总产值674.6亿元，同比下降5.4%。高技术制造业企业工业总产值163.9亿元，同比下降3.2%，占全区工业总产值的24.3%。

（朝阳区）

【朝来高科技产业园区二期项目验收】2月，来广营电子城西区“北京朝来高科技产业园区二期项目”通过规划验收。该项目总建筑规模13.3万平方米，包括16栋科研楼及地下车库等配套设施。

（朝阳区）

【召开银企对接会】11月，朝阳区组织召开银企对接会，为区域内银行、中小企业搭建对接平台，缓解区域内中小企业融资难题。北京银行、工商银行、建设银行等9家银行向参会的60余家驻区中小企业介绍各自针对中小企业推出的特色金融产品，40余家企业与银行进行沟通、面谈，16家企业达成初步签约意向。

（朝阳区）

【产业发展】年内，朝阳区涉及的29个行业大类中，18个行业产值同比下降，10个行业同比增长，1个行业与同期持平。产值总量排名前五的支柱行业“一升四降”，累计实现产值458.8亿元，同比下降8.1%。其中，电力、热力生产和供应业发展稳定，以179.3亿元的累计产值排名第一，同比增长4.0%。开采辅助活动受重点企业业务量减少影响，累计产值同比下降31.8%。医药制造业企业全年产值71.7亿元，同比下降0.4%。计算机、通信和其他电子设备制造业全年产值61.2亿元，同比下降2.2%。电气机械和器材制造业受重点企业业务量减少的影响，低位运行，全年累计实现产值60.4亿元，同比下降8.1%。

（朝阳区）

【园区建设】年内，中关村朝阳园内中国电科太极产业园、金汉王研发中心等项目竣工，新增产业空间17万平方米。

（朝阳区）

【企业用工】年内，朝阳区对制造业、建筑业、批发和零售业、住宿和餐饮业等4个劳动密集型行业的86家样本单位开展用工调查。样本单位共有从业人员6.4万人，调查期内从业人员净流失0.2万人。被调查单位中，预计增加用工的企业8家、预计减少用工的企业22家、用工持平的企业56家，有减员计划的单位多集中在零售业和制造业。有8.1%的调查单位有外迁意愿。从需求人员类型看，普通技工需求最大，占调查企业的41.9%，42家企业的普工月底薪有不同程度增加，85.7%的单位认为涨薪对企业经营生产存在压力，64家单位存在招工难问题，求职者对薪酬期望过高和符合岗位要求的应聘者减少。

（朝阳区）

【企业减负】年内，朝阳区转变政府职能，落实企业减负工作。通过线上线下互动、传统新兴媒体结合、加大政策宣传力度，开展涉企收费专项检查，召开税收政策辅导会，助力企业“走出去”，落实小微企业税收优惠政策，落实“五证合一、一照一码”登记制度改革，推进“放、管、服”改革工作，降低工伤、养老、失业保险费率，减少企业支出。在全市率先实行全区新版营业执照，15个工商登记三级平台（工商所）对全区简易换照工作实行通办模式。

（朝阳区）

【完善中小企业服务体系】年内，朝阳区通过购买社会服务的方式，完善中小企业服务体系。组织针对中小企业的培训，建立政企沟通机制，构建中小企业服务机构库，制定中小企业名录，开设微信公众号。全年组织中小企业相关培训2期、中小企业座谈会2期、企业服务平台座谈会1期。

（朝阳区）

【中小企业扶持政策】年内，朝阳区根据《朝阳区促进中小企业发展引导资金管理办法》，安排中小企业发展专项资金1949万元，支持在产业升级、技术研发等方面获得银行贷款或通过集合信托融资的中小微企业，以及安置本地劳动力就业突出的中小微企业。其中，上半年安排资金1319万元，支持中小企业18家；下半年安排资金630万元，支持中小企业14家。

（朝阳区）

【工业企业综合能源消费】年内，朝阳区规模以上工业企业综合能源消费总量为235.0万吨标煤，同比增长0.8%。其中，占比85.7%的高耗能行业综合能源消费为201.5万吨标煤，同比下降1.9%，电力、热力生产和供应业综合能源消费量为189.3万吨标煤，同比下降2.0%。

（朝阳区）

【工业污染企业退出及疏解】年内，朝阳区对拟疏解腾退的工业企业进行两轮梳理，拟订了《2016年朝阳区工业污染企业退出工作计划》和45家市级拟退出企业名单。对不同类别的企业分类施策，通过建立联络机制、加强宣传疏解腾退政策、点位置换及现场认定等措施，协同推进疏解工作的开展。截至年底，朝阳区完成2013年至2016年工业污染企业退出任务，共退出企业138家。其中，2013年至2014年52家、2015年41家、2016年45家。

（朝阳区）

【企业非政府固定资产投资】年内，朝阳区完成内资企业不使用政府投资固定资产投资项目备案146项，涉及电子信息、通信设备、医药等多个行业，建设内容涉及以互联网为基础建设的研发平台、大数据服务、营销平台建设，提升企业研发能力的技术中心建设，小企业创业基地建设，中小企业服务平台建设，国家和北京市的工程实验室建设等多个领域，总投资额227.5亿元。

（朝阳区）

【空气重污染应急】年内，朝阳区确定27个街乡停限产工业企业名单，包括空气重污染橙色和红色预警期间工业停限产企业224家。按照《北京市空气重污染应急预案》和《朝阳区空气重污染应急预案》要求，在空气重污染橙色和红色预警时，对市级名单内企业措施落实情况逐一进行现场检查，并对其他企业进行抽查，对发现的问题及时督促整改。各街乡成立督查组对辖区内所有应急工业企业停限产措施落实情况进行督查检查。建立了工业停限产企业联系人制度、应急工作负责人和联系人备案制度，以保工业应急措施落实到位。

（朝阳区）

【社会信用体系“双公示”】年内，朝阳区根据市社会信用体系建设联席会议办公室关于深入推进行政许可和行政处罚等信用信息公示工作的要求，按照法律、行政法规、地方性法规和地方政府规章，结合“权力清单”和“责任清单”的推进落实，对各单位行使的行政许可和行政处罚职权进行全面梳理，汇总形成行政许可和行政处罚事项目录4636项，其中行政处罚事项目录4466项、行政许可事项目录170项。

（朝阳区）

【1 公司获科学技术进步二等奖】年内，中关村朝阳园高新技术企业北京超图软件股份有限公司参与的“国家数字城市地理空间框架技术体系构建与应用”项目获国家科学技术进步二等奖。该项目经过近 10 年的科研攻关，实现了与国家、省级地理信息公共平台的互联互通，建成了涉及 60 余个领域的 2500 余个应用系统。

（朝阳区）

【阿里企业入驻科技商务创新区】年内，阿里巴巴集团 11 家企业入驻大望京科技商务创新区，累计注册资金近 10 亿元，涉及软件、互联网 + 健康、互联网 + 物流等多个新兴产业。其上下游供应已陆续入驻望京 SOHO。

（朝阳区）

【苹果首家研发中心落户中关村朝阳园】年内，苹果公司在国内设立的首家研发中心落户中关村朝阳园，投资总额 3 亿元，注册资本 1 亿元。该中心聚合苹果公司在国内的工程和运营团队，致力于计算机软硬件、通信、音频和视频设备、消费电子产品技术及信息技术等先进技术的研发。

（朝阳区）

【铜缆网络光纤化改造】年内，朝阳区推进铜改光工程。共有 164.38 万户需要完成铜改光工作，占全市 20% 以上的比重。截至年底，基本完成全区共计 160 万户的铜缆网络光纤化改造任务，完成《宽带北京行动计划》任务分工。

（朝阳区）

【全国首个机器人学院成立】年内，北京联合大学成立机器人学院，是全国首个机器人专业的全日制本科二级学院，面向先进机器人、智能汽车、无人系统等人工智能和应用领域，开设软件工程（智能软件）、电子信息工程（智能硬件）和自动化（智能控制）3 个专业，首次面向全国招生。北京联合大学已在全国率先建立“德毅”机器人实验班和“智能车研究生科研实验班”。

（朝阳区）

【奥运场馆推进“互联网 + 体育”战略】年内，阿里体育与鸟巢、水立方分别签署全面战略合作框架协议，在信息集成及互联网应用、无形资产开发、大型赛事、文化娱乐活动、全民健身赛事等方面展开合作。

（朝阳区）

【阿里健康增资万里云公司】年内，阿里健康 2.25 亿元增资华润万东旗下万里云公司。阿里健康持股比例为 25%，双方将开拓第三方影像中心业务，开展 2B、2C（对企业、对消费者）远程医学影像诊断及相关服务。万里云医疗信息科技（北京）有限公司成立于 2009 年，核心业务为远程医疗影像服务业务发展及运营，其母公司万东医疗创建于 1955 年，为中国最早的医疗影像公司，也是全球第二大影像产品制造基地，先后为国内外医疗单位提供超过 8 万套医学影像诊断设备，每年服务患者数量超过 1.5 亿人次。

（朝阳区）

【国华北京热电厂转型发展文化产业】国华北京热电厂位于长安街延长线 CBD 核心区，总装机容量 40 万千瓦，供热能力约 2100 万平方米，2015 年 3 月 20 日正式关停生产机组。厂区占地面积 28 万平方米，年内，已腾退 10 万平方米建筑面积，用于打造国际文化交流中心。

（朝阳区）

【神华集团设立新公司】年内，神华国华（北京）分布式能源科技有限责任公司正式落户朝阳区，其为神华集团下属全资子公司，注册资金 5 亿元。公司的经营范围为天然气等新能源项目的投资建设与运营管理、热网及中小型配电网及智慧能源系统的投资建设及运营管理。

（朝阳区）

海淀区工业

【概况】2016 年，海淀区规模以上工业企业实现工业总产值 1753.9 亿元，同比下降 8.5%（剔除小米通讯后，同比下降 2.7%）。工业总产值在全市各区中排名第三，在城六区中排名第一；工业总产值累计增速排名位居第十六位。全年完成工业销售总产值 1728.8 亿元，同比下降 6.8%。实现出口交货值 101.8 亿元，同比增长 25.6%。工业总产值中高技术制造业产值占比 60% 以上。

六大产业的工业总产值同比增速两升四降，消费品产业和生物医药产业上升，电子信息产业、装备产业、基础与新材料产业、能源生产和供应产业下降。工业总产值排序在行业首位的是电子信息产业，实现工业总产值 897.9 亿元，同比下降 13.4%，占海淀区工业比重为 51.2%；实现出口 63.9 亿元，同比增长

87.7%。第二位是装备产业，实现工业总产值617.8亿元，占全区工业总产值的35.2%，同比下降3.8%；实现出口24.9亿元，同比下降19.6%。第三位是基础与新材料产业，实现工业总产值110.5亿元，同比下降5.6%；实现出口8.3亿元，同比下降28.1%。第四位是消费品产业，实现工业总产值73.7亿元，同比增长1.7%；实现出口3.9亿元，同比增长2.6%。第五位是生物医药产业，实现工业总产值42.7亿元，同比增长21.7%；实现出口0.8亿元，同比增长10.4%。最后一位是能源生产和供应产业，实现工业总产值11.3亿元，同比下降6.5%。

（郑 雪）

【3人获国家科学技术奖】 1月8日，2015年度“国家科学技术奖励大会”在人民大会堂举行，北京协同创新研究院理事会理事潘建伟院士获得中国自然科学领域最高奖——“自然科学一等奖”；材料学部领军人物杨槐教授、空间信息协同创新中心副主任晏磊教授均获得“国家技术发明奖二等奖”。

（郑 雪）

【北京（海淀）留学人员创业园秦皇岛分园】 1月20日，秦皇岛开发区与中关村科技园区海淀园创业服务中心签署合作共建协议，携手共建北京(海淀)留学人员创业园秦皇岛分园。北京(海淀)留学人员创业园秦皇岛分园为中关村海淀园在全国建立的首个分园，是秦皇岛开发区针对北京资源、人才、技术成果建立的产业转移、机制对接、创新合作的载体和平台，也是直属孵化机构。

（郑 雪）

【北京海淀中小企业协会成立】 1月28日，北京海淀中小企业协会取得了区民政局颁发的社团法人登记证书，这是北京市民政系统推行三证合一后区民政局批准成立的第一家社团组织。

（郑 雪）

【北京市科技奖海淀区占50%】 2月19日，2015年度北京市科学技术奖公布，共有188项成果获奖。其中，由驻海淀区单位主持完成的98个项目获奖，占北京市获奖项目总数的52%。海淀区获奖项目中，一等奖15项，占一等奖项目的52%；二等奖33项，占二等奖项目的61%；三等奖50项，占三等奖项目的48%。

（郑 雪）

【4家集成电路设计企业获奖】 3月24日至25日，在北京经济技术开发区举办的“2016中国半导体市场年会暨第五届集成电路产业创新大会”上，有16家企业获集成电路产品与技术类别奖，其中4家是海淀区集成电路设计重点企业。分别是北京中科汉天下电子技术有限公司的基于标准CMOS工艺的单芯片射频前端芯片HS8269，大唐微电子技术有限公司的指纹安全处理芯片DMT-FAC-CG4P，北京同方微电子有限公司的双界面金融IC卡芯片THD88，北京兆易创新科技股份有限公司的GD32F2系列高性能增强型MCU。

（郑 雪）

【北斗团队获得“影响世界华人大奖”】 3月25日，“世界因你而美丽——影响世界华人盛典”在清华大学揭幕。中国航天科技集团北斗卫星导航系统研制团队获得2015—2016年度“影响世界华人大奖”。

（郑 雪）

【海淀区入选国家首批双创示范基地】 5月12日，国务院办公厅印发了《关于建设大众创业万众创新示范基地的实施意见》，确定首批28个双创示范基地名单，海淀区入选。

（郑 雪）

【中国航发落户海淀】 5月，中国航空发动机集团有限公司（以下简称中国航发）正式落户海淀区。中国航发是国务院批复设立的国有控股商业类军工集团公司，下属企业包括中航工业所属从事航空发动机及相关业务的企事业单位共46家（在京单位9家），企业注册资金500亿元（北京市入资100亿元，占股20%）。

（郑 雪）

【中关村智造大街】 7月23日，中关村智造大街正式启动，全长380米，以“创意转化和硬件实现”为目标，以全链条服务和创新育成为特色，涵盖了敏捷制造、工业设计、技术研发等支撑创新的北斗七星产业生态，围绕智能硬件产业链、云智造、神州泰科、Plug and Play孵化器等第二批中关村智能硬件公共服务平台和中关村智能硬件孵化器挂牌。中关村创业大街入驻机构已达48家。入驻企业产值30余亿元。

（郑 雪）

【海淀区生物与健康产业协会成立】 7月，海淀区生物与健康产业协会成立，协会由海淀区专业从事生物与健康产业研究、产品开发、生产销售及成果转化、创业服务的企业、科研院所和服务机构作为骨干单位自愿联合发起成立，旨在发挥海淀区研发优势、区位优势，带动全国生物医药产业集群化发展、探索跨地区产学研模式。协会宗旨是积极促进政产学研用紧密结合，搭建科技共享平台，实现多领域科技创新，多维度促进科技成果转化，打造生物与健康产业的生态环，推动生物与健康产业的有机融合。

（郑　雪）

【海淀区政府与 2 集团签署战略合作协议】 8 月 4 日，海淀区政府与北京能源集团有限责任公司签署战略合作框架协议，双方将进一步推动优势互补、项目推进、产业升级、科技创新。9 月 19 日，海淀区政府与金隅集团签订战略合作协议，双方将利用金隅集团在西三旗和清河区域产业空间，共同打造智能制造创新中心。

（郑　雪）

【共建开放创新实验室】 9 月 21 日，中关村创业大街与英特尔公司正式签约，宣布联合成立开放创新实验室。双方将在智能硬件、机器人、AR、VR、物联网、大数据等前沿领域发挥各自的资源优势，共同推进技术创新和产业发展。

（郑　雪）

【中关村 TOP100 企业颁奖活动】 10 月 22 日，在京津冀产融协同"量子计划"启动暨中关村 TOP100 企业颁奖活动会上，2016 年中关村高成长企业 TOP100 榜单正式对外公布，TOP100 成就奖、科技伯乐奖等奖项也先后颁发。北京集创北方科技有限公司、北京碧水源净水科技有限公司等 10 家企业荣获"2016 中关村高成长企业 TOP100 成就奖"。

（郑　雪）

【"环球商机"论坛召开】 10 月 28 日，中关村海淀园管委会联合美国加利福尼亚州政府投促局在北京举办了"环球商机美国加州清洁能源商机"论坛。此活动针对海淀区清洁技术企业开拓国际市场需求，搭建国际资源对接桥梁，并借此机会促进海淀与美国加州政府之间的交流合作。

（郑　雪）

【首个智能政务综合服务机器人上岗】 11 月 10 日，北京市首个智能政务综合服务机器人小海在海淀区政务中心上岗为市民服务。小海除了具备导引、自动巡视、定点导航、人机对话等功能外，经过技术人员的不断开发，还能够从与公众的沟通中进行学习，丰富知识储备，越来越智能化。

（郑　雪）

【14 人入选科技北京百名领军人才】 11 月，市科委公布"入选 2017 年度科技北京百名领军人才名单"，共有来自 30 家单位的优秀人才入选，其中海淀区共有 3 所高校、2 所医院、2 所科研院所、7 家企业的 14 名优秀人才入选，占北京市入选总数的46%。7 家企业是：纳恩博（北京）科技有限公司、北京怡和嘉业医疗科技有限公司、北京中科汉天下电子技术有限公司、谱尼测试集团股份有限公司、北京市勘察设计研究院有限公司、航天恒星科技有限公司、北京文安智能技术股份有限公司。

（郑　雪）

【创新型企业走进北部对接会召开】 12 月 27 日，海淀区举行"创新型企业走进北部对接会暨北部地区空间和平台资源发布会"，展示海淀北部生态科技新区的产业发展总体情况以及未来的产业发展方向，通过"亮家底、绽魅力、绘蓝图、展胸怀、释诚意"的方式，展示海淀区加快南北创新要素融通速度、推动创新创业协同发展的新战略。

（郑　雪）

【园区建设】 年内，海淀园总收入约 1.8 万亿元，增速 10% 以上，占整个中关村示范区的 40% 左右，高科技企业研发投入同比增长 17.3%，企业研发投入强度达 4.7，高于全市平均水平。

（郑　雪）

【科技创新】 年内，海淀区专利申请量 70327 件，同比增长 19%，占北京市的 37.2%，其中发明专利申请量 46649 件，同比增长 16.7%，占北京市的 44.6%。海淀区专利授权量 34899 件，同比增长 11.9%，占北京市的 34.7%，其中发明专利授权量 17396 件，同比增长 11.4%，占北京市的 42.8%。企业发明专利授权量 7397 件，同比增长 24.4%。技术合同登记数 51104 件，技术合同成交总额 1523.9 亿元，同比增长 6.1%。海淀区驻区单位共有 37 个项目分获国家自然科学奖、国家技术发明奖和国家科技进步奖（通用项目），占北京市通用项目获奖总数的 52.9%，占全国通用项目获奖总数的 13.3%。

（郑　雪）

【节能环保】 年内，北京远方动力可再生能源科技股份公司（简称远方动力）为海淀区政府停车场设计、建设的一体化太阳能发电整体车棚投入使用。装机容量 20 千瓦，可实现年发电量在 2.45 万度电，年节约标准煤 8.8 吨，年二氧化碳减排量 24.5 吨，减少碳粉尘 6.7 吨。远方动力还在永丰产业基地建成光伏电站，累计装机容量 843 千瓦，可实现年发电量 100 万度，年节约标准煤 370 吨，年二氧化碳减排量 1000 吨，减少碳粉尘 280 吨。

（郑　雪）

【军民融合】 年内，海淀区推进四季青军民融合产业园、北理工军民融合创新园、玉泉慧谷信息安全产业园“一体三园”产业载体建设。四季青军民融合产业园已与17家企业签订入驻协议，总签约面积为1.32万平方米。玉泉慧谷信息安全产业园已与13家企业签订入驻协议，总签约面积为5800平方米。北理工军民融合创新园已与11家企业签订入驻协议，总签约面积1.6万平方米。在“一体三园”建设的基础上，推进中关村国防科技园、中关村航天科技创新园、中关村航空科技园等专业特色园区建设，打造覆盖全区的军民融合产业聚集区。

（郑 雪）

【重大项目落地】年内，海淀区围绕国家战略前沿实施产业布局，财政部首支PPP基金、京津冀协同票据交易中心等重大项目实现落地。央企中国航空发动机集团、中国航发资产管理公司、神州网信、优车股份等项目落户海淀。中国航发航材院石墨烯产业公司、北京天骄航空产业投资有限公司和紫光展讯新增投资项目、北大石墨烯研究院等创新要素类项目落地。大型低温制冷系统和梦之墨3D打印项目在海淀注册。清华大学与盖茨基金会合作成立的“全球药物研发中心”落地东升科技园。

（郑 雪）

【京津冀协同发展】年内，海淀区把握冬奥会筹办契机，发挥政府引导与市场机制作用，与延庆区、河北省张家口市签订了战略合作框架协议，搭建产业、功能转移承接平台。海淀园秦皇岛分园创新生态初步建立，19个项目入驻中科院成果转化基地，中关村意谷创想空间、海淀留学人员创业园秦皇岛分园等开业运营。前三季度海淀区企业对津冀两地投资次数增长46%，投资额增长1.4倍，居全市首位，成为京津冀地区重要的创新和投资辐射源头。

（郑 雪）

【产业疏解调整】年内，海淀区严格执行市级禁限目录，发挥联席会议机制作用，严把产业准入关，全区制造业、建筑业新设主体分别下降94.7%、99.5%。完成8家一般性制造业企业疏解，涉及占地20余万平方米。关停万家灯火、豫园城等27家有形市场，盛宏达市场疏解至河北燕郊。启动中关村大街改造提升工程，海龙、鼎好、中关村地下广场等西区6个楼宇腾退商业面积7.1万平方米，有17年经营历史的海龙电子城全面转型。出台海淀区菜篮子工程3年行动计划（2016—2018年），在市场整治的同时做好民生保障，关停市场周边累计新建和改造蔬菜零售网点121处。加强对疏解腾退空间的管控规划，通过政府统筹趸租腾退出的地下空间、群租房，用于完善社区文化活动场地、人才公寓等。

（郑 雪）

【高精尖产业发展】年内，海淀区印发“互联网+”行动实施方案（2016—2018年），累计设立产业并购基金、科技成果转化引导基金、知识产权运营基金、股权投资基金等40多支基金，撬动140多亿元社会资本。发挥中关村协同创新院在构建产学研创新体系中的作用，77项技术完成转移，在海淀区设立企业27家。中国国际技术转移中心集聚技术转移机构120多家，促成国际技术转移项目154项。

大数据产业。设立中关村大数据产业园，包含中关村软件园和清华科技园两个分园，吸引三一智造、明略数据等企业入驻。继续支持北京大数据研究院建设，初步形成科技创新驱动大数据落地的“北京模式”，研究院的“人才高地”“技术引擎”和“孵化器”作用显著。

集成电路设计产业。成立中关村芯园（北京）有限公司，建设集成电路公共技术服务平台。发布《关于促进中关村国家自主创新示范区集成电路设计产业发展的若干措施》《中关村国家自主创新示范区集成电路设计产业发展资金管理办法》。举办第十四届中国通信集成电路技术与应用研讨会高端论坛，打造具有国际影响力的品牌峰会。

生物工程和新医药产业。依托中关村医学工程转化中心，引进审评中心、专业服务机构4家及创新创业企业110家，引入专利技术成果343项，汇聚高端精英创业人才170余人，初步形成集科研临床开发及相关配套服务为一体的医药创新创业生态系统。推进建设北京海淀协同创新科技园。围绕脑科学、人工智能等五大板块，推动“北京脑科学与智能技术研究院”等重大协同创新项目落地。

节能环保产业。完成对弗瑞格林等两家公司股权投资1200万元。为8家煤改企业、39家节能降耗企业进行新技术新产品推广。国产F级300兆瓦重型燃气轮机、特大电网一体化调度和控制系统技术以及氢燃料电池发动机技术皆有重大突破。

导航与位置服务产业。重点完成海淀区北斗导航产业推介，完成北斗产业基金落地工作。完成中海新图等企业股权投资退出工作。

轨道交通产业，推动建立核心区轨道交通产业联盟，形成一批创新能力强、带动作用大、竞争力强的龙头企业集群，建立产品、技术供需信息库。开展在大上地建设核心区轨道交通示范线，打造“互联网+便捷交通”示范区的研究工作。

文化与科技融合产业。推动建设创意经济孵化、工业设计服务、创意数码转化等 3 个平台，累计孵化、合作项目 100 余项。互联网教育创新中心全部完成转型，清退不符合业态企业 245 家，引入企业 73 家。

智能硬件产业。依托中关村智造大街，打造具有全球竞争力的智能硬件产业集聚区。已吸引创新主体 21 家，产值 30 余亿元。加快海龙大厦等传统电子卖场转型升级，打造智能硬件创新中心。引入智车优行等 40 多家创新企业和创业孵化器。依托清河—西三旗区域打造北京市智能制造创新中心，形成《金隅天坛智能制造创新园产业规划方案》。

（郑　雪）

【永丰产业基地】年内，永丰产业基地完工项目 14 个、未开工项目 1 个、取消项目 1 个。永丰产业基地建设生态化工业园区共 16 个重点支撑项目，其中资源能源高效利用项目 5 个、新能源及清洁能源利用项目 4 个、建筑节能项目 4 个、产业升级项目 1 个、园区管理项目 2 个。

（郑　雪）

【中关村大街】年内，海淀区制定《中关村大街产业发展规划指南（2016—2017）》，提出在中关村大街打造国际化科技企业聚集区，创新创业核心功能区、国际化科技服务聚集区和国际化交流展示中心。中关村领创空间完成落户。中关村国际创客中心签约入驻企业 76 家，招商面积达到总建筑面积的 80%。中钢企业创新中心等央企创业平台落户西区。

（郑　雪）

【2 公司入驻中关村科学城北区】年内，拉卡拉总部入驻中关村壹号，中国航空发动机集团有限公司落地中关村科学城北区。

（郑　雪）

【生态园区建设】年内，海淀区软件园绿色交通建设和照明工程、东升科技园国家级重点实验楼项目及中关村翠湖科技园绿色生态示范区等 6 个生态建设工程类及园区类项目获得中关村专项资金支持 775.31 万元。

（郑　雪）

【中关村北部园区项目】年内，中关村三大园区开复工项目 33 个，开复工面积 317 万平方米。其中，中关村软件园的新浪总部研发楼、百度科技园二期等项目年初竣工，腾讯总部结构封顶。永丰基地的中关村壹号、四维图新、大唐电信等项目正在进行室内外装修施工，集成电路产业设计园正在进行结构施工。翠湖科技园的央行清算中心、国开行数据中心进入收尾阶段，农业银行数据中心、建行数据中心等项目正在进行装修和设备安装。

（郑　雪）

【中小企业发展专项资金】年内，海淀区组织区内企业第二批中小企业发展专项资金创新融资项目、服务体系建设申报，分别推荐 108 个、42 个项目。组织申报 2017 年第一批中小企业发展专项资金服务体系建设项目申报，推荐 32 个项目。

（郑　雪）

丰台区工业

【概况】2016 年，丰台区 179 家规模以上工业企业实现工业总产值 323.4 亿元，同比下降 3.6%，增速比上年同期下降 2.1 个百分点。在全市 16 个区及开发区中，丰台区工业产值所占比例约为 1.8%，排名第十二位，增速排名第十二位。全年工业企业销售产值 330.1 亿元，同比下降 2.4%。其中，内销产值 322.1 亿元，同比下降 1.4%；出口交货值 8 亿元，同比下降 31.8%。工业产销率为 102.1%。全区现代制造业全年工业总产值 173.6 亿元，同比上升 3.1%，占全区总产值的比重为 50.5%；高技术产业全年实现工业总产值 79.9 亿元，同比增长 4.8%。

丰台区六大产业产值呈现出“三增三降”态势，其中医药制造产业、汽车与交通设备产业和电子信息产业有较快增长，同比增速分别为 1.7%、9.0% 和 18.8%；基础与新材料产业同比下降 5.5%、装备产业同比下降 17.3%、都市产业同比下降 20.1%。

丰台区前十大行业总产值 265.3 亿元，占全区总产值比重为 82.0%。前十大行业呈现“四增六降”态势。其中，汽车制造业、有色金属冶炼和压延加工业、计算机、通信和其他电子设备制造业、医药制造业分别增长 36.9%、23.5%、18.5% 和 1.7%。

（吴芳芳）

【疏解非首都功能】年内，丰台区制定并印发《丰台区工业企业调整退出奖励资金管理办法》。按照调整疏解非首都功能的总体要求，全年计划退出工业污染企业 119 家，实际退出 144 家，超出计划 25 家。144

家工业污染企业中按照行业类型划分排名前三位的是建材行业44家，占比31%；人造板材及家具行业40家，占比占27%；机械行业26家，占比18%；按照企业经济类型划分，私营企业71家、集体乡镇企业62家、个体企业8家、国有企业3家。

（吴芳芳）

【企业转移至津冀】年内，丰台区共有北京凌云化工、北京榆构有限公司、北京城建重工有限公司、北京华盾雪花塑料集团有限责任公司、北京太尔化工有限公司、九州通医药京丰制药公司、北京谊安医疗系统股份有限公司、北京太空板业股份有限公司、北京亚新科天纬油泵油嘴股份有限公司、北京南方铜材厂等企业生产环节转移或开始转移至津冀地区。

（吴芳芳）

【落实产业限制政策】年内，丰台区落实北京市及区内有关新增产业的禁止和限制目录相关规定，控制不宜发展的产业增量。全年共完成固定资产投资备案31个，其行业均不属于限制目录的范围。

（吴芳芳）

【新兴产业发展】年内，丰台区支持谊安医疗、动力源等企业项目申报市经济信息化委“高精尖”储备项目，完成信息产业及节能环保和新材料产业两大新兴产业发展的课题研究，形成相关课题研究报告和微信电子宣传册。

（吴芳芳）

【清理整治违法违规企业】2016年至2017年全区市级清理整治违法违规排污及生产经营行为台账共125家，2016年完成近99%（123家）；2016年全区计划重点整治51家“小散乱污”企业，完成整治51家，完成率为100%；清理整治区级违法违规排污及生产经营行为台账4497家。

（吴芳芳）

【完善中小企业发展机制体制】年内，丰台区编制《丰台区“十三五”时期中小企业发展促进规划》，制定《丰台区关于鼓励乡镇楼宇建设“专精特新”企业创新创业示范基地的实施意见》，修订《丰台区“专精特新”企业管理办法（试行）》等政策文件。组织开展2016年度“专精特新”企业创新创业示范基地、中小企业创新创业公共服务平台、“专精特新”企业认定申报工作。建成丰台区中小企业创新创业促进中心。

（吴芳芳）

【服务中小企业发展】年内，区经济信息化委与区财政局联合印发《丰台区中小企业建行“助保贷”业务管理暂行办法》，设立5000万元政府助保金，首批安排2000万元资金；与建设银行丰台支行签订《丰台区中小企业建行“助保贷”业务合作协议》，正式发布“助保贷”产品；在《丰台报》开设“丰台区中小企业服务之——企业篇”专栏，对重点企业宣传报道；编辑形成《丰台区“专精特新”企业（2015）》《北京市丰台区中小企业创新创业促进会创刊号》，分别印刷并发放200册、500册。

（吴芳芳）

石景山区工业

【概况】2016年，石景山区完成工业总产值212.8亿元，同比下降5.9%，工业生产走势平稳回升。其中，高技术产业完成工业总产值4.99亿元，同比下降14%；现代制造业完成工业总产值30.93亿元，同比下降17.1%。全区严格落实《北京市新增产业的禁止和限制目录》和《北京市工业污染行业、生产工艺调整退出及设备淘汰目录》，推动一般制造企业及高端制造业中不具备比较优势的生产环节加快向津冀等地转移，促进了区域经济产业转型升级。

（代 蓉）

【疏解非首都功能】年内，石景山区重点开展了清理整治违法违规排污及生产经营行为专项行动，全年完成8家企业的关停疏解和2家企业的清理整治；在促进人口调控工作方面，制定了《石景山区经信委人口调控工作专项工作方案》，坚持以业控人，在严格执行《北京市新增产业的禁止和限制目录》、新增一般制造业项目为0的基础上，对现存低端产业进行有序清理和调整升级，促进低端产业加快调整退出，影响从业人员316人。

（代 蓉）

【提升空气质量保障工作】年内，石景山区围绕“清洁空气行动计划”等重点任务进行综合施策施治。加大对属地工业企业的监管力度，督促采取有效措施，实现污染物稳定达标排放。淘汰落后产能，提前超额完成2013—2017年度关停退出工业污染企业任务，到2016年年底，累计淘汰污染企业15家。强化空气重污染应急工作，修订空气污染应急预案工业分预案，调整停限产企业名单。全年共应对空气重污染红色预警1次，橙色预警3次，督促检查企业落实停限产措施。

（代 蓉）

【安全生产工作】年内，石景山实施安全发展战略，筑牢“红线”意识，聚焦“治乱、疏解、建高端”，紧紧围绕区委“四个立足”，注重推进工业企业和信息化企业的主体责任，加强对企业安全政策法规的指导和宣传，助推行业企业安全生产和消防安全保持良好态势。

（代 蓉）

门头沟区工业

【概况】2016年，门头沟区规模以上工业总产值78.5亿元，同比下降9%；营业收入77.8亿元，同比下降12.9%；利润7.6亿元，同比下降36.9%；出口交货值16亿元，同比下降23.7%。落实产业调整疏解工作目标，共调整疏解一般性制造企业10家。制订《门头沟区违法违规排污及生产经营企业清理整治专项行动工作实施方案》，完成6家市级挂账企业清理整治的年度工作任务。

（贾岩琦）

【中小企业融资服务】年内，门头沟区联合北京市中小企业公共服务平台，举办中小企业创新融资政策培训会，引导企业通过集合信托、融资租赁等创新融资模式进行融资。组织3家企业申报北京市中小企业创新融资贴息项目，实现创新融资1.47亿元，贴息276万元。“中小企业之友”微信公众平台共发布近300条政策、融资、就业等信息。

（贾岩琦）

【重污染日应急】年内，门头沟区按照《门头沟区工业领域空气重污染应急预案》，在空气重污染期间，启动并严格落实应急预案，督促重点企业严格执行停产或限产减排30%污染物的措施，减少污染物排放，并做好现场检查工作。

（贾岩琦）

房山区工业

【概况】2016年，房山区规模以上工业企业实现总产值751.2亿元，同比下降9.8%，完成工业税收123亿元，占全区税收总量的52.2%。其中，区属企业发展势头良好，实现产值217.3亿元，同比增长12.6%。

（刘晓会）

【低端产业调整退出】2013年至2016年，房山区调整退出污染企业总任务173家，其中2016年任务37家，实际完成47家。年内，全区范围内工业燃煤等高污染燃料锅炉清洁能源改造任务为820蒸吨，实际完成882.2蒸吨。2016年至2017年，清理整治“散、乱、污”企业总任务为1213家，其中2016年任务849家，实际完成1091家。完成4个镇村产业集聚区整治工作。

（刘晓会）

【双创载体建设】年内，房山区绿地启航国际一二三期、中关村新兴产业前沿技术研究院一期、北京互联网金融安全示范产业园一期等双创载体建成，加快建设天洋超级蜂巢、北京智汇时代广场等双创载体，中粮健康科技产业园即将开工建设。全区建成双创载体面积138万平方米，在建双创载体面积151.7万平方米。

（刘晓会）

【双创服务平台建设】年内，房山区创新谷获国家级众创空间、北京市众创空间、中关村特色产业孵化平台、中关村高端人才创业基地四项认定；三维六度、新金融创业港获北京市众创空间认定；智汇城科创园、青年创业园、首诚生物健康产业园获中关村特色产业孵化平台认定；优客工场、北大创业训练营、柠檬空间等22家众创空间单位获房山区众创空间认定。全年为19家双创服务平台争取2016年度中关村现代服务业创业孵化试点资金2376万元。

（刘晓会）

【高端项目人才集聚】年内，驭势科技无人驾驶技术、达闼科技云端智能机器人、锐视康PET/CT医学影像中心、海博思创新能源汽车动力电池检测系统等高精尖项目陆续入驻房山区，集聚10余名“千人计划”专家和20余名行业领军人才。北斗应用技术服务中心、中国源创科技基地、中关村房山智能制造公共服务中心、智能网联汽车公共服务平台等项目正在洽谈和推进。

（刘晓会）

【北京高端制造业基地】年内，房山区北京高端制造业基地的长安汽车、京西重工、奥祥通风等企业投产，航峰科伟等企业加快建设中。中关村新兴产业前沿技术研究院建成运营，驭势科技无人驾驶技术项目、达闼云端智能机器人项目和北航医工交叉创新研究院正式入驻。其中，驭势科技研发场所投入使用、达闼科技正在设计装修方案、北航医工交叉创新研究院正在装修中，生物医学工程和大数据精准医疗两个北京市高精尖中心和一批医工交叉研究机构即将入驻。

（刘晓会）

【北京石化新材料科技产业基地】年内，房山区北京石化新材料科技产业基地的环宇京辉工业气体、迅邦润泽工业仓储物流、DQ催化剂等53个重点项目建成投产，完成投资142亿元；八亿时空液晶显示材料、坤源碳酸酯、润滑油搬迁改造、脱硝催化剂等项目加快建设中；奥得赛电子封装新材料、中植医药公司重大多发性疾病通用名药物产业化、迅邦润泽公司石化产品包装服务中心等项目正在办理建设手续。

（刘晓会）

【海聚工程高科技产业园】年内，房山区海聚工程高科技产业园的飞航吉达航空材料、永华晴天设计包装和意中意教育装备3个项目竣工投产，2万平方米的海聚科技孵化中心正式运营，2万平方米的综合服务中心正在进行室内外装修。

（刘晓会）

【良乡大学生创业园】年内，智汇城科技创业园入驻中科泰纳、圣谷智汇等7家高新企业；与市教委合作的首个市级“大学生创业园”——北京高校大学生创业园（良乡园）正式揭牌，遴选引进大学生创业团队近50个；优客工场落户园区，已入驻萌熊科技、盒而特科技等双创企业33家。

（刘晓会）

【良乡物流基地】年内，天洋超级蜂巢国际创新示范区、中融安全印务基地、京煤化工总部基地3个项目入驻良乡物流基地。超级蜂巢国际创新示范区启动区占地18.4万平方米，规划面积43万平方米。

（刘晓会）

【两化融合】 年内，房山区软件和信息服务业产业规模达4500万元。打造“房山经济信息港”，推进“青云计划、助企腾飞”工程，实现关键信息化的规模以上企业比例达80%。开展“工业云”创新服务培训，提升了企业的产品创新能力和核心竞争力。推进中小企业发展电子商务，鼓励企业发展包括电子商务在内的企业信息化建设项目。

（刘晓会）

通州区工业

【概况】2016年，通州区工业经济稳步发展，区域工业完成总产值770.0亿元，同比增长1.7%；营业收入881.8亿元，同比增长0.5%；增加值206.0亿元，同比增长1.8%；利润总额61.5亿元，同比增长10.3%；上缴税金57.0亿元，同比增长9.2%。全区规模以上工业企业完成总产值630.2亿元，同比增长2.2%，低于全市平均增速0.6个百分点，占全市工业总量的比重为3.6%。

区域总体运行平稳，主要指标止跌回升。年内，工业5项主要经济指标全部实现正增长。都市、汽车与交通设备、生物与医药、装备四大产业发展形势较好。都市产业完成产值203.4亿元，同比增长3.2%，拉动全区规模企业产值增速提高1.0个百分点。汽车与交通设备产业完成产值119.6亿元，同比增长19.9%，拉动全区规模企业产值增速提高3.1个百分点。生物与医药产业完成产值42.6亿元，同比增长17.3%，拉动全区规模企业产值增速提高1.0个百分点。装备产业产值增速由负转正，微增0.4%。电子通信行业全年完成产值16.7亿元，同比下降40.9%，下拉全区规模企业产值增速1.8个百分点。“北京城市副中心”功能区建设致使部分企业停产退出，部分乡镇受影响较大，其中梨园镇全年产值增速比上年下降52.5个百分点；永顺镇全年产值增速比上年下降13.2个百分点；永乐店镇由于部分化工企业退出，全年产值增速比上年下降18.4个百分点；工业总量明显萎缩。

（朱宝刚）

【固定资产投资】年内，通州区投资1000万元以上的在建工业项目35个，计划投资总额12.8亿元。其中，亿元以上项目16个，计划总投资9.6亿元，完成投资8.9亿元。完成非政府投资工业固定资产投资项目90件(含两年到期未投资的重新备案项目)，总投资91.37亿元。

（朱宝刚）

【产业升级】年内，通州区通过开展生态园区建设，全力打造产业升级平台，引导企业向绿色化、智能化、服务化升级。北京佩特来电器有限公司、北京潞电电气设备有限公司、北京黎马敦太平洋包装有限公司等企业的技术中心通过了第十九批市级认定，中关村通州金桥科技产业基地、中关村通州园（东区、西区、南区）等园区通过了第二批市生态工业园区认定。

（朱宝刚）

【节能降耗】年内，通州区完成366家工业企业1314.2蒸吨、369台燃煤锅炉压减燃煤工作，基本实现全区工业企业“无煤化”。

（朱宝刚）

【疏解退出和清理整治】年内，通州区以高于国家和北京市现行产业禁限标准制定了“北京城市副中心”产业禁限目录，将全区5022家一般工业企业、950家非工业类“散乱污”企业列为疏解重点，淘汰落后产能、清理退出低端产业，1937家工业企业实现停产，其中1450家企业通过了调整退出验收（含市级下达调整退出42家企业），设备已拆除，无生产能力；43家镇村产业集聚区的整治工作达到验收标准（含市级8家整治任务）；完成1251家“散乱污”企业的清理整治工作。通过市场运作方式，加速外迁企业与外省市园区的精准对接。通州区已与河北、天津、山东、内蒙古、江苏等14个省市160余个园区进行了产业转移对接工作，先后组织百余次、500余家企业赴外地开发区实地考察，400余家企业与对接地签订了项目落地意向协议。

（朱宝刚）

【帮扶企业】年内，通州区利用区经济信息化委官方网站、区中小企业服务平台网站、通州中小微信公众号等多种手段，宣传国家级、市级、区级中小企业政策。根据每季度征集的中小企业培训需求，联合各类服务机构组织新三板、四板上市培训、人才引进相关政策培训、专利相关政策培训、产业对接转移培训等，共组织4次培训，培训企业103家次，培训人员130人次。为中小企业争取北京市中小企业发展专项资金创新融资贴息项目资金支持，共申请创新融资贴息项目11项，融资总额1.1亿元。

（朱宝刚）

【空气重污染应急工作】年内，通州区按照《通州区2016年清洁空气行动计划》和《任务分解》要求，在启动预警二级（橙色）、预警一级（红色）时，区内市级7家限产企业和325家区级企业停产。成立各级应急领导小组，编制了《通州区空气重污染应急工业分预案》《通州区空气重污染应急响应经信委内部工作体系及工作流程》。区经济信息化委组成总体组、应急启动组、督查组、宣传组、车辆保障组5个工作小组，督查期间共出动130人次、车辆46台次。启动应急预案以来，11个乡镇每日出动73个督查组，共计出动督查人员1280人次，车辆350台次，每日现场检查332家企业停产限产措施落实情况，332家企业均按要求落实了停产限产措施。与乡镇、街道和企业签订了《工业企业停限产工作督查确认单》三联单。

（朱宝刚）

【推进两化融合】年内，通州区推动“工业云”企业服务平台的推广运用，通过企业与云服务商的联合，形成联盟模式的“互联网＋制造”，提高企业市场应变能力，有8家企业与工业云联盟达成合作。推进企业信息化标准化的普及，推进两化融合对标工作在区内企业开展，促进企业认知，推动企业改造转型。截至年底，共有156家规模企业完成两化融合网上对标工作，6家企业成为北京市两化融合试点企业，其中李宁（中国）体育用品有限公司成为国家级两化融合试点企业。

（朱宝刚）

【社会信用体系建设】年内，通州区制订了《通州区社会信用体系建设工作方案》，印发全区执行。组织召开区社会信用体系建设工作大会，表彰第一批116家诚信“红榜”企业。在区政府门户网站上建立通州区行政审批行政处罚信用信息公示专栏，归集整理了通州区49家委办局的行政许可和行政处罚目录，归集整理公布了双公示信用信息数量10189件，其中行政许可信息5101项、行政处罚信息5088项。公布了三批诚信“红黑名单”，曝光一批失信典型企业。开展“3·15”等诚信主题实践活动，对联席会成员单位的诚信信息上报工作进行量化考核。印制并发放主题海报，扩大诚信体系建设社会面宣传。开展了以诚信为主题的文明加油站等活动，制定了“市民诚信公约”签字墙，提升百姓对诚信体系建设的知晓率和满意度。建立通州区信用信息专题网页，宣传诚信建设新闻信息240余条。对8个重点领域进行调研，对失信突出问题专项整治进行调研。布置安排了区煤炭公司诚信主题实践活动的试点工作，总结试点经验向全区推广。推进诚信示范点单位建设工作，推出百城万店无假货示范街，提升窗口服务形象。通州区诚信经营示范窗口71家，诚信经营示范店26家。7家市场入围北京市诚信市场评选，其中台湖图书城被评为国家级诚信市场。3家企业荣登了全国“守合同，重信用”企业名录。

（朱宝刚）

顺义区工业

【概况】2016年，顺义区366家规模以上工业企业完成工业总产值3112亿元，同比增长10.3%，占全市总量的17.7%。实现销售产值3096.6亿元，同比增长9.8%，产销率99.5%。其中，内销2874.7亿元，同比增长14.3%，内销占销售产值的92.8%，比同期提高3.4个百分点；出口交货值221.9亿元，同比下降25.5%。工业增加值602.4亿元，同比增长11.2%，占全区比重的38.5%。完成属地财税收入226.9亿元，同比下降6.2%，占全区总量的35.6%；完成一般公共预算收入39.6亿元，同比增长8%，占全区总量的28.8%。

（顺义区）

【六大产业】年内，顺义区六大产业产值增速四升两降。规模以上汽车与交通设备企业54家，完成工业总产值1980.4亿元，同比增长16.4%。全区生产汽车151.1万辆，同比增长16.7%，其中轿车80.7万辆，同比下降5%；运动型多用途乘用车（SUV）56.5万辆，同比增长82.2%。规模以上装备企业105家，完成工业总产值231.7亿元，同比增长9.9%。规模以上生物医药企业16家，完成工业总产值47.3亿元，同比增长6.3 %。规模以上都市企业116家，完成工业总产值279亿元，同比增长3%。规模以上电子信息企业15家，完成工业总产值313.9亿元，同比下降2.6%。规模以上基础工业企业60家，完成工业总产值259.6亿元，同比下降4.2%。

（顺义区）

【产业集中】年内，顺义区规模以上产值总量前30位企业完成工业总产值2643.8亿元，占全区总数的85%，同比增长11.6%；完成销售产值2630亿元，同比增长11.6%；实现出口交货值176.9亿元，同比下降29.1%。其中，汽车与交通设备企业13家，产值占前30位企业产值的71.6%；电子信息企业3家，产值占比10.8%；都市企业2家，产值占比4.8%；装备企业5家，产值占比5.3%；基础与新材料企业6家，产值占比7%；生物医药企业1家，产值占比0.5%。

（顺义区）

【产业转型】年内，顺义区出台《中共北京市顺义区委 北京市顺义区人民政府关于加快供给侧结构性改革推进产业转型升级的实施意见》，实施引进培育一批、升级转型一批、疏解转移一批、淘汰退出一批的系列措施，持续推进产业转型升级。严格执行禁限目录，把好项目准入关，全年共准入项目25个，总投资约150亿元。北京智能新能源汽车生态产业示范区项目全面启动，CATL动力电池、富电科技等优质项目加速集聚。

（顺义区）

【创新创业】年内，中科院联动创新产业园启动建设，7个高科技项目率先进驻；中关村医学工程产业化基地正式设立，高成长性创新企业相继落户；北京第三代半导体材料及应用联合创新基地建设初见成效，成功引进战略投资者清华启迪集团，荷兰代尔夫特大学中国研究院等项目孵化和创新正式启动；实施“创业摇篮计划”，建成“全要素、一站式”创新创业综合服务平台，包括优客工场在内的创新创业基地达到17家，孵化面积30万平方米，在孵项目120个。

（顺义区）

【重点项目】年内，顺义区共有投资5000万元以上的在批、在建重大产业项目102个，总占地面积494.27万平方米，总投资783亿元。制定了《顺义区重大产业项目调度促进与服务实施办法》，开展周调度、月调度以及行业调度等模式，形成对全区重大产业项目多层级、多角度、多覆盖的项目调度工作机制，全年竣工项目36个，完成固定资产投资132亿元。

（顺义区）

【疏解非首都功能】年内，顺义区坚持控增量、疏存量系统推进，全面实施产业项目全要素综合评价办法，累计否决不符合要求项目85个；调整退出工业污染企业50家，腾出土地超86.67万平方米，疏解从业人员约2800人，节能2.8万余吨标煤，减排500余吨；超额完成清理违法违规及生产经营性企业任务，累计完成103家；超额完成压减燃煤工作，工业领域累计削减燃煤30.9万吨，提前两年完成削减燃煤27.5万吨的任务；深化与河北怀来、威县等产业园的合作共建与项目对接，疏解一般制造业项目7个，腾出土地约26.67万平方米，腾出厂房7.5万平方米。其中，北京现代沧州工厂及配套项目总投资金额约120亿元，沧州工厂整车年生产能力30万辆，10月正式投产，首款新车“悦纳”正式下线；北京嘉寓集团投资7亿元建设的节能门窗幕墙及50兆瓦光伏分布式屋面电站一体化项目入驻威县·顺义产业园，11月嘉寓威县基地正式开业投产。

（顺义区）

大兴区工业

【概况】 2016年，大兴区规模以上工业实现产值741.2亿元，同比增长8.1%，高于全市平均增速5.3个百分点。其中，现代制造业完成工业产值362.8亿元，同比增长20.8%。高技术产业实现产值79.5亿元，同比增长14.9%。四大主导产业完成产值462.3亿元，同比增长13.8%。

（耿继昆）

【市经济信息化委赴大兴区对接清理整治“散乱污”】 6月21日，市经济信息化委生物医药督查组赴大兴区对接清理整治“散乱污”企业。督查组一行听取了大兴区经济信息化委清理整治工作汇报，现场查阅了相关资料，并就高标准完成清理整治工作提出具体要求。大兴区委、区政府和区经济信息化委高度重视，6月15日、17日、20日，大兴区副区长谢冠超带队分三片区到各属地召开清理整治工作会。会上对各属地上半年取得的成绩给予充分肯定，并对违法违规排污及生产经营行为清理整治工作提出三点要求：全面排查属地内排污及非法经营行为企业，强化已完成清理企业的监管工作防止反弹，不留死角、不留空白，从源头上堵住漏洞；各执法部门力量下沉，按照属地要求对辖区内存在非法经营行为的企业进行执法；各属地加大宣传力度，营造浓厚氛围。会后区经济信息化委根据领导指示精神定制了“工业锅炉改造、治理违法排污和违法经营行为”联络卡，以领导包片、全委工作人员包镇的方式督促各属地按时完成任务，并研究定制了周报报数、月报销账制度，动态跟踪各属地任务完成情况，及时发现并解决存在的问题，截至6月20日，大兴区已清理整治“散乱污”企业640家。

（市经信委生物医药处）

【六大产业】 年内，大兴区六大产业完成工业总产值741.2亿元，同比增长8.1%；四大主导产业完成工业总产值462.3亿元，同比增长13.8%。六大产业中，汽车及交通设备产业快速发展，全区规模以上汽车制造业企业共计21家，实现产值274亿元，实现增速27.1%，占规模以上产值的37%。其中，新能源汽车相关企业实现产值131.5亿元，占汽车产业比重为48%。生物工程和医药产业增长明显，22家企业实现产值64.6亿元，同比增长21%，占规模以上总产值的8.2%。其中，北京以岭药业有限公司完成产值13.9亿元，同比增长12.7%；北京联馨药业有限公司完成产值8亿元，同比增长61.5%；北京民海生物科技有限公司完成产值4.8亿元，同比增长42.6%。受疏解首都非核心功能、基础设施建设速度放缓、供给侧改革、生产产品市场大环境等因素影响，装备制造产业产值总量及增速双双下滑。实现产值119亿元，同比下降8.9%，占规模以上工业企业产值的16.1%。其中，北京威派格科技发展有限公司产值3.1亿元，同比下降8.4%；阿姆斯壮机械（中国）有限公司产值1.6亿元，同比下降20.4%。电子信息产业实现产值4.8亿元，同比下降30.7%，占规模以上工业企业产值的0.6%。其中，中钞信用卡产业发展有限公司实现产值3.4亿元，同比下降36.5%。都市工业产业实现产值196.6亿元，同比增长0.7%。基础与新材料产业实现产值82.3亿元，同比下降1.9%。

（耿继昆）

【优化产业结构】 年内，大兴区严格落实《北京工业污染行业、生产工艺调整退出及设备淘汰目录(2014)》，实施《大兴区关于强化依法管理服务企业发展促进工业调整疏解的支持办法》，通过政策引导、市场调节、拆迁拆除、依法治理等方式，调整退出工业污染企业70家，完成市下达任务。制订《大兴区清理整治违法违规排污及生产经营行为工作落实方案》，建立补奖体系，共清理整治违法违规排污及生产经营行为826家。

（耿继昆）

【产品创新】 年内，大兴区北京联众泰克科技有限公司“UD40全自动化学发光免疫分析仪”项目、北京快舒尔医疗技术有限公司“QS-M无针注射器”项目申报工信部中国优秀工业设计奖。

（耿继昆）

【重点项目】 年内，大兴区落实《北京市新增产业的禁止和限制目录(2015年版)》《北京市工业企业技术改造指导目录（2016年版）》要求，严把项目准入关，确保禁限项目“零准入”。怡展生物等10个重点项目开工，海纳川长鹏等12个重点项目竣工。实施非政府投资工业固定资产投资42.2亿元，同比增长0.3%。

（耿继昆）

【节能减排】 年内，大兴区制订“工业领域空气重污染应急预案”，落实空气重污染期间企业停限产措施。

贯彻落实清洁空气行动计划，全区共完成150蒸吨工业企业燃煤锅炉改造工作。

（耿继昆）

【中小企业服务】年内，大兴区组织申报“市级中小企业发展专项资金服务体系建设项目”5项，申请资金913万元；组织15家企业共计24个项目申报“北京市中小企业创新融资项目”。开展2016年工信部“中国制造2025”重大项目库申报工作，星光影视等3家企业项目完成入库登录和基本信息填报。

（耿继昆）

【园区基础设施建设】年内，大兴区基础设施建设资金采取“拨改投”方式，向北京电子商务中心区投资有限公司增资1亿元，向北京兴开国信投资有限公司注入资本金1亿元，向北京生物医药产业基地发展有限公司注入资本金5000万元。采取项目补助方式，支持重点镇基础设施建设资金5000万元。全区各工业园区年内实现基础设施投资4.1亿元。

（耿继昆）

【中关村园区建设】年内，成立大兴区中关村创新发展服务中心。新认定中关村高新技术企业93家。争取《中关村国家自主创新示范区一区多园协同发展支持资金管理办法》支持，大兴园供热厂区改造项目、金海虹氮化硅及华商置业生产厂房改造项目获得中关村存量土地及资源空间盘活改造项目专项资金支持，大兴园供热改造项目、星光影视园LED绿色光源节能改造项目获得中关村示范区生态园区建设项目资金支持，新媒体供热厂等8个现代服务业中小企业创业孵化试点项目共3506.99万元支持资金拨付到位。大兴园9个孵化试点项目再次获得财政扶持资金2100万元。大兴园华商创意中心、奥宇科技英巢、群英汇和鸿坤金融谷4家孵化机构获得中关村创业孵化集聚区认定，可按工位注册企业。

（耿继昆）

【镇村产业聚集区整治】年内，大兴区旧宫镇方仕工业园、金兆隆大院、跑马场工业园完成集中整治工作，聚集区内64家企业全部清理，建筑全部拆除。

（耿继昆）

【合作园区建设】年内，大兴区在河北省固安县及大清河经济开发区初步选址33.33万平方米土地，作为项目规划一期用地，用于中关村（大兴）生物医药基地固安合作园的开发建设。

（耿继昆）

【两化融合】年内，大兴区组织企业申报市级工业云试点用户，免费使用工业云资源。开展企业两化融合评估诊断和对标工作，全区96家规上企业参与填报，完成两化融合评估诊断工作。6家企业申报了两化融合贯标试点，其中国家级3家、市级3家，三元食品完成贯标工作。

（耿继昆）

【“十三五”规划编制】年内，大兴区发布《新区“十三五”时期信息化发展规划》，制订完成《新区“十三五”时期工业发展暨转型升级规划》。

（耿继昆）

【安全工作】年内，大兴区开展工业企业安全检查150家次。重点对印刷、家具、化学品等涉及粉尘类企业开展安全检查54次。开展有限空间作业“巡查季”工作，对移动、联通、电信、歌华等四大运营商有限空间作业安全生产情况进行巡查。组织10家试点企业参加安全生产事故隐患排查“一企一标准一岗一清单”编制。加强安全生产宣传工作，开展“安全生产月”及“双百谈心”活动，印制安全生产宣传单，发布安全预警提示短信，向属地工业主管部门及规模以上企业、在建施工单位等发送汛期暴雨预警、节假日期间安全生产工作提示等信息6000余条。

（耿继昆）

昌平区工业

【概况】2016年，昌平区300家规模以上工业企业完成产值875.5亿元，同比增长9.4%。工业经济总量位列5个城市发展新区中的第三位。完成销售产值870亿元，同比增长8%，实现产销率96.4%；完成主营业务收入981.6亿元，同比增长11.2%；利润总额73.9亿元，同比增长16.8%。工业固定资产投资29.8亿元，同比下降4.5%，占全区全社会固定资产投资594.5亿元的5%。工业出口同比增长2.4%。

（于凌燕）

【六大产业】年内，昌平区六大产业“三增三降”，即装备、电子信息、基础与新材料产业同比下降，生物与医药、汽车与交通设备、都市产业同比增长。其中，装备产业完成产值221.4亿元，同比下降1.7%；汽车与交通设备产业完成产值370.4亿元，同比增长

21.1%；基础与新材料产业完成产值115.4亿元，同比下降3.1%；生物与医药产业完成产值88.6亿元，同比增长15.4%；都市产业完成产值57.6亿元，同比增长13.2%；电子信息产业完成产值22.1亿元，同比下降2.5%。

（于凌燕）

【博奥生物发明专利获奖】5月11日，由市科委、市总工会支持，北京发明协会等主办的第十届北京发明创新大赛召开，博奥生物集团有限公司（简称博奥生物）和清华大学联合申请的授权发明专利——一种微纳升体系流体芯片的检测系统及检测方法获大赛金奖。该项专利技术应用于博奥生物自主研制的恒温扩增微流控芯片核酸分析仪。该分析仪采用微流控芯片和恒温扩增相结合的创新技术，具有检测速度快、灵敏度高、结果准确、多指标并行检测等特点，可广泛应用于生命科学与医学前沿科研、食品安全、临床医疗、卫生防疫等领域。恒温扩增微流控芯片核酸分析仪已推出包括用于临床医疗领域的台式RTisochipTM-A，用于食品安全、卫生防疫领域的台式RTisochipTM-B以及用于户外／家庭等特殊领域的便携式RTisochipTM-C系列产品。

（万　玮）

【医药科技中心项目开工建设】12月5日，中关村生命科学园医药科技中心项目开工建设。该项目由中关村生命科学园发展有限责任公司投资，总投资约21.4亿元，拟建成医药科技企业孵化器，以医药科技项目的研发、实验和中试为主，依托北京大学国际医院优质资源，聚集中小医药科技企业入驻，打造中小医药科技企业发展中心。项目位于生命科学园二期CP00-1803-0013地块，总用地面积77489. 155平方米，其中建设用地面积56732. 218平方米。

（万　玮）

【重点企业运行】年内，昌平区北汽福田产值同比增长，产品结构向中高端调整，奥铃、欧马可中高端轻卡比重增加，低端时代轻卡比重减少，企业产品总价上升；新能源大中型客车形势较好，价格较高的纯电动车同比增加较多。全年完成产值251.9亿元，同比增长24.5%，增量49.5亿元，拉动全区规模以上工业增长6.2个百分点。三一公司完成产值45.5亿元，减量16.3亿元，同比下降26.4%，拉动全区规模以上工业下降2个百分点。其中，重工完成产值26.7亿元，同比下降18.8%；重机完成产值6亿元，同比下降4.9%；重能完成产值12.2亿元，同比下降42.9%；电机公司产值0.6亿元。康明斯发动机完成产值76.9亿元，增量12.4亿元，同比增长19.2%，影响全区规模以上工业增长1.6个百分点。诺华制药药品生产调整，增加生产原倍博特、复代文、新山地明3种药，完成产值46亿元，增量4亿元，同比增长9.5%，拉动全区规模以上工业增长0.5个百分点。

（于凌燕）

【重点项目】年内，昌平区重点抓25个投资额在3000万元以上的重大产业项目建设，有18个项目开复工建设。其中，中科创新高技术产业园等5个项目竣工并投入使用，首科凯奇产业化基地等5个项目竣工，宏安润业标准化厂房等4个项目主体封顶，泰宁雨水综合利用研发及生产基地等4个项目主体厂房正在建设，水木清艺科研楼等7个项目正在办理手续。非政府投资的工业项目备案、核准等工作，共办理核准项目19个，总投资8.85亿元；办理备案项目46个，总投资39.66亿元；完成环保备案95个，意向总投资9.15亿元。年内，中国交通建设集团中交星宇科技公司等优质项目落户昌平区；北京大学医学部血管疾病社区防治中心落户北大医疗产业园。全年完成投资13.98亿元，超额完成年投资计划。北京颖泰嘉科研办公楼项目、北京世纪华盛C3文化娱乐项目、北大国际医院行政办公楼项目竣工，中关村生命科学园医药科技中心项目开工建设。

（于凌燕　万玮）

【科技创新】年内，北京贝瑞和康生物技术股份有限公司独立自主研发的“环化单分子扩增和重测序检测技术方法、试剂盒及其应用”获得国际专利，主要应用于遗传病检测和无创肿瘤检测；华能清洁能源研究院承担完成的“600MW超临界循环流化床锅炉关键技术研究与应用”获教育部科学技术进步一等奖；博奥生物集团有限公司和清华大学联合申请的“一种微纳升体系流体芯片的检测系统及检测方法”发明专利获第十届北京发明创新大赛金奖；新时代公司成为健康服务国家标准工作组组长单位，参与制定的国家标准属于国家中医药管理局《中医药保健服务标准研究》（SATCM—2015—BZ）[401]项目；百济神州（北京）有限责任公司在美国纳斯达克成功挂牌上市；北京品驰医疗设备有限公司的脑起搏器系统经过英国标准协会审核，通过欧盟CE认证入选G20工程；华能清能院在700℃技术研发中形成的“适用于超高汽温蒸汽参数的倒置煤粉锅炉布置结构”专利获得美国国家专利证书；爱博诺德（北京）医疗科技有限公司自主研发生产的普诺明肝素表面改性散光矫正型人工晶被批准为“创新产品”。

（万　玮）

【推进科技金融发展】年内，昌平区举办2016年企业知识产权金融培训会，为中小企业开展知识产权质押融资营造良好环境；成立昌平区"双创"金融服务联盟，促进区内外金融机构之间信息沟通和业务合作；协办2016北京·昌平金融峰会，探讨分析昌平区的资本市场、产业格局、投资环境等，健全昌平区金融生态体系，推动产业转型升级；成立昌平中小微企业双创发展基金，服务于全国双创示范城市的科技金融环境建设。

（万 玮）

【国企发展】年内，昌平区国资委监管企业资产总额306.46亿元，同比增长4.8%；负债总额191.24亿元，同比降低1.7%；所有者权益总额115.22亿元，同比增长17.6%；营业收入65.25亿元，同比增长116.8%。其中，昌房公司本部回迁楼项目收入增加，利润总额1.58亿元，同比增长71.3%。

（任 聪）

【国资监管】年内，昌平区完成4家企业董事会换届以及3家企业换届准备工作。对监事会进行调整，并组织监事到企业中列席重要会议，提出有针对性建议5条。完成资产评估核准2项，核准资产评估净值为5028.29万元。完成备案1项，备案资产评估净值为10.74万元。为昌建投公司和昌发展公司等7家企业办理了资本金变动，增加注册资本14.3亿元。办理了昌发展公司等企业产权占有登记8项，宏达兴等企业产权变动登记手续7个，区供销社等5家企业土地出租审批和房屋出租备案共66项。全年共派出560人次对监管企业进行安全检查，排查隐患228项，落实整改228项。

（任 聪）

【中关村昌平园】截至年底，中关村昌平园企业总数3778家，从业人员16万人，实现总收入3669.1亿元，同比增长8.5%，出口总额13.4亿美元，同比增长0.6%，上缴税费160.7亿元，同比增长11%，利润总额203.1亿元，同比下降24.1%，企业内部科技活动经费支出总额109.7亿元，同比增长15%，专利申请量6051件，同比增长22.1%，专利授权量3453件，同比增长1.2%。园区有亿元级企业233家；园区共有19家上市企业，总市值达1799.7亿元。

（万 玮）

【加大招商力度】年内，中关村昌平园盘活康比特信息技术公司、北京泰润创新科技孵化器有限公司等企业5个项目、土地资源8.87万平方米；启动"回+天通苑双创社区"建设，总建筑面积20万平方米，包括"宅创部落"和"极客丛林"2个项目；开放腾讯众创空间（北京），入驻创业团队200多家。

（万 玮）

【提高中小企业服务水平】年内，昌平区加快推进中小企业公共服务平台建设，完善企业服务平台微信版，改造服务大厅，形成网络、微信、线下同步服务模式。开展中小企业服务活动，举办"企业财税管理"培训3期，培训人员450人次；举办生物医药高精尖创新项目路演活动，参加项目路演10个。10家企业获市经济信息化委创新融资支持446万元，华北电力能源产业园获批国家级小微企业创业创新基地。参与国家小微企业创业创新基地城市示范申报工作，配合牵头部门，完成全区双创工作推进方案编制。合并调整了中小企业信用促进会与企业联合会，召开理事会及换届工作会。

（于凌燕）

【新增4家市级企业技术中心】年内，昌平区新增中信国安盟固利动力科技有限公司、北京慧聪国际资讯有限公司、中海阳能源集团股份有限公司、探路者控股集团股份有限公司4家市级企业技术中心，全区市级企业技术中心达到56家，国家级企业技术中心5家，国家技术创新示范企业4家。

（于凌燕）

【引导低端污染企业退出】年内，昌平区40家污染企业停产，减少外来务工人员1024人。推进工业大院清理改造，5个工业大院清理改造工作完成，完成合同梳理、无证无照清查、安全隐患排查等工作。有序推进工业领域燃煤锅炉清洁能源改造工作，完成20家工业企业125.5蒸吨燃煤锅炉清洁能源改造，压减燃煤3.4万吨。做好空气重污染应急保障工作，对全区117家工业企业采取停产或限产减排40%以上措施。

（于凌燕）

【京津冀协同发展】年内，中关村昌平园加速推进怀来分园建设，与河北省沙城经济开发区管理委员会签订《中关村昌平科技园怀来分园项目合作协议书》，取得约15.67万平方米土地用地规模指标，确定首批入园项目，完成园区规划建设初步方案和分园一期约33.33万平方米土地道路规划设计。

（万 玮）

平谷区工业

【概况】2016年，平谷区工业总产值266.4亿元，同比下降0.5%；销售收入298.6亿元，同比下降2.4%；实现利润10.1亿元，同比增长38.4%。全区规模工业企业(营业收入在2000万元以上)共有120家，截至年底，完成工业总产值245.6亿元，同比增长0.2%；工业销售产值245.3亿元，同比增长9.1%；产销率为99.9%，同比提升0.9个百分点；实现出口交货值6.3亿元，同比下降13.7%。

（白云红）

【固定资产投资】年内，平谷区31个工业固定资产投资项目开工建设，完成投资13.3亿元，超额完成年度计划2.6亿元，为年度计划的124.3%。建成联东U谷健康产业园和智能慧谷信息产业园，引进5家优质企业。

（白云红）

【中关村平谷园】年内，平谷园有中关村高新技术企业95家。运用中关村管委会“一区多园”统筹发展机制和政策，成立“中关村健源食品微生物产业技术创新战略联盟”。推广“助保贷”业务，缓解企业融资难题，为3家企业发放贷款840万元，为3家2016年挂牌企业申报补贴资金180万元。发布《关于进一步规范中关村平谷园注册企业准入管理的通知》，编制发布《中关村平谷园“十三五”规划》《中关村平谷园本部集中办公区企业入驻管理办法》等文件，提高入园企业质量。运用中关村政策服务园区企业，发展20家企业加入“瞪羚计划”。标新亚、祥辉电缆等7家企业在新三板挂牌。申报发明专利3项、商标2项，为峪口禽业、普析通用申报中关村开放实验室。

（刘建军）

【改善工业发展环境】年内，平谷区编制印发《关于疏解非首都功能产业专项资金使用办法》，起草《平谷区关于支持中小企业科技创新发展资金使用管理办法》，出台《关于平谷区产业项目招商引资全要素评价的意见》等政策文件。申报项目19个，其中市级项目2个、区内项目17个。申请扶持资金1579万元，拨付1379万元，评审中200万元。办理不使用政府投资工业和信息化固定资产投资项目备案7个，涉及总投资5.25亿元，其中固定资产投资4.76亿元。25个项目不符合发展要求不予备案。兴谷、马坊两个市级开发区完成生态化园建设工作，通过市经济信息化委、市环保局验收。

（李　远）

【企业融资】年内，平谷区设立小微企业担保基金，拨付谷诚融资担保公司额度1000万元。信用促进会发展会员企业17家，信用准备金240万元，共有运转资金620万元。开展融资培训40余场，1000余家企业、2000多人次参加培训。

（徐小菊）

【污染企业调整退出】年内，平谷区完成4家企业调整退出工作，完成谷丰化工制品公司20蒸吨燃煤锅炉清洁能源改造工作。全区27家规模以上企业燃煤锅炉基本完成清能源改造，共有燃煤锅炉42台计124.1蒸吨。区与乡镇政府（街道、开发区）签订了《2016—2017年工业企业燃煤锅炉改造工作目标责任书》。已报镇村产业集聚区整治工作验收的申请材料，待市经济信息化委及市环保局验收。全区范围内清理整治违法违规排污及生产经营行为，制定出清理整治企业计划和名单。落实《北京市空气重污染应急预案》应急措施，共检查14次，出动300余人次。预警期间80家企业按照要求全部采取了限产措施。

（李　鑫）

怀柔区工业

【概况】2016年，怀柔区规模以上工业企业173家，总资产601亿元，同比增长4.3%。其中，固定资产原值178.2亿元，同比下降5.1%。全年实现工业总产值484.8亿元，同比增长8.3%；实现销售收入592.9亿元，同比增长8.2%；增加值112.7亿元，同比增长26.1%；利润34亿元，同比增长76.7%；上缴税费31.5亿元，同比下降12.3%。43家企业实现出口交货值25.3亿元，同比下降13.1%。

汽车及零部件、食品饮料、包装印刷三大主导行业规模以上企业共90家，实现总产值404.3亿元，同比增长 12%；销售收入 501.3 亿元，同比增长 10.2%；工业增加值 87.2 亿元，同比增长 29.1%；完成利润总额 25 亿元，同比增长 111.3%；上缴税费 25.5 亿元，同比下降 12.1%。三大主导行业产值占全区规模工业同口径比重的 83.4%。

规模以上工业企业中，大型企业 4 家、中型企业 22 家。销售收入亿元以上 72 家，较 2015 年增加 6 家。其中，超百亿元企业 1 家，为北京福田戴姆勒汽车有限公司；10 亿～100 亿元企业 5 家，分别是玛氏食品（中国）有限公司、红牛维他命饮料有限公司、奥瑞金包装股份有限公司、北京统一饮品有限公司、北京福斯汽车电线有限公司；5 亿～10 亿元企业 10 家，分别为北京科高大北农饲料有限公司、北京二商穆香源清真肉类食品有限公司、北京罗麦科技有限公司、北汽福田汽车股份有限公司北京欧曼重型汽车厂、北京红星股份有限公司、北京博萨汽车配件有限公司、北京碧水源膜科技有限公司、同方泰德国际科技（北京）有限公司、北京广振商工汽车部件有限公司、北京世东凌云科技有限公司。

（范　铮）

【产业环境】6 月，正式发布《怀柔区“十三五”时期工业转型升级发展规划》《怀柔区“十三五”时期信息化发展规划》。年内，出台《怀柔区促进区域经济转型发展专项资金支持政策》及配套的提质增效、中小微企业发展、调整疏解等专项实施细则，印发《怀柔区工业用地产业项目全要素综合评价实施意见》。

（范　铮）

【3 企业农洽会获奖】9 月 6 日至 8 日，在 2016 年第十九届中国农产品加工业投资贸易洽谈会上，好亿家的无蔗糖添加栗子羹获得“金质产品奖”，红螺食品的冰糖葫芦、御食园的甘栗仁均获得“优质产品奖”。

（王　伟）

【北京超级卡车创新中心成立揭牌】11 月 4 日，福田汽车集团北京超级卡车创新中心成立，是中国首个超级卡车全球创新中心、福田汽车工业 4.0 的示范基地，是以智能驾驶、新能源、车联网等重大科技突破和产业革命为目标的世界级科技创新中心。

（王　伟）

【汽车及零部件业】年内，怀柔区共有规模以上汽车及零部件企业 36 个，从业人员 1.2 万人。福田戴姆勒全年生产整车 7.7 万辆，同比增长 14.5%。汽车及零部件业完成工业总产值 251 亿元，较上年增加 38.7 亿元，同比增长 18.2%；完成销售收入 262.7 亿元，同比增长 16.4%；完成税收 6.1 亿元，同比下降 3.1%。行业产值占规模工业总量的 51.8%。

（范　铮）

【食品饮料业】年内，怀柔区共有规模以上食品饮料业 45 家，从业人员 1.4 万人，其中销售收入 10 亿元以上企业 3 家。全行业实现工业总产值 125 亿元，同比增长 3.1%；实现销售收入 205.6 亿元，同比增长 4.2%；利润总额 14.8 亿元，同比增长 94.3%；上缴税费 16.8 亿元，同比下降 14.5%。行业产值占规模工业总量的 25.8%。

（范　铮）

【包装印刷业】年内，怀柔区规模以上包装印刷企业共有 9 家，完成工业产值 28.3 亿元，同比增长 2.5%；销售收入 33 亿元，同比增长 3.5%；利润总额 6.4 亿元，同比增长 33.2%；上缴税费 2.5 亿元，同比下降 15.6%。行业产值占规模工业总量的 5.8%。

（范　铮）

【生物医药业】年内，怀柔区规模以上生物医药企业共有 9 家，从业人员 1220 人，累计完成工业总产值 7.3 亿元，同比增长 12.8%；实现销售收入 7.9 亿元，同比增长 15.9%；利润总额 1 亿元，同比增长 51.5%；上缴税费 0.8 亿元，同比增长 9.2%。

（范　铮）

【产业疏解】年内，怀柔区加大非首都核心功能疏解力度，加强镇村产业集聚区整治、违法违规排污与生产经营行为清理整治等工作，推进低端产业调整退出，推动企业加快技改创新、淘汰落后工艺。全年退出和转移不符合区域功能定位的企业 14 家，清理整治镇村产业集聚区 3 个。

（范　铮）

【2 企业新三板挂牌】年内，北京安德建奇数字设备股份有限公司、京瑞恒诚电气（北京）股份有限公司 2 家公司在全国中小企业股份转让系统（新三板）挂牌。

（范　铮）

【帮扶企业】年内，怀柔区共组织服务活动 10 余次，先后为 50 余家企业输送各类人才 800 余人；推动北京银行“荐信贷”等创新融资产品落地，累计帮助企业融资 2.4 亿元；完成设立怀柔区 2 亿元中小企业产业引导基金，并与 10 余家企业进行对接、洽商。

（范　铮）

【品牌建设】年内，北京奥康达体育产业股份有限公司“OKSTAR”字母商标被认定为北京市著名商标。截至年底，怀柔工业企业共拥有中国驰名商标 4 件、北京市著名商标 24 件。

（范　铮）

密云区工业

【概况】2016 年，密云区实现工业收入 402.2 亿元，同比增长 14.4%；实现主营业务收入 385.8 亿元，同比增长 12.4%；实现总产值 354.3 亿元，同比增长 11.7%。其中，12 月完成工业总产值 40.2 亿元，为全年最高，环比增长 11.2%，同比增长 3.4%。

汽车及交通设备业发展势头强劲。在宝沃汽车带动下，实现快速增长，连续 5 个月保持两位数增长。完成工业总产值 189.6 亿元，占全区工业总产值的 57.9%，同比增长 34.9%；主营业务收入 212.4 亿元，同比增长 33.1%；利润 10.5 亿元，同比增长 25.1%。其中，汽车制造业产值同比增长 34.9%，铁路、船舶、航空航天和其他运输设备制造业同比增长 25.3%。

生物与医药产业平稳波动。全年完成工业总产值 19.3 亿元，同比增长 4.6%；主营业务收入 19.9 亿元，同比增长 9.9%；利润 3.8 亿元，同比增长 9.5%。其中，医疗仪器设备及器械制造业产值同比增长 14.1%，医药制造业同比增长 3.5%。

装备制造业增速趋缓。全年完成工业总产值 50.1 亿元，同比增长 0.1%；主营业务收入 54.8 亿元，同比下降 2.9%；利润 3 亿元，同比下降 33.8%。其中，电气机械和器材制造业同比增长 6.2%，通用设备制造业同比下降 3.2%，金属制品业同比下降 5.9%，专用设备制造业产值同比下降 6.4%，仪器仪表制造业同比下降 25.5%。

基础与新材料产业降幅收窄。全年完成工业总产值 21.1 亿元，同比下降 14.6%；主营业务收入 20.3 亿元，同比下降 7.4%；累计亏损 4.2 亿元，亏损额同比减少 9.1%。其中，燃气生产和供应业产值同比增长 74.4%，电力、热力生产和供应业同比增长 5.8%，水的生产和供应业同比增长 1.7%，黑色金属矿采选业产值同比下降 31.8%，木材加工和木、竹、藤、棕、草制品业同比下降 25%，非金属矿物制品业同比下降 6.4%，有色金属冶炼和压延加工业同比下降 5.1%，化学原料和化学制品制造业同比下降 2.7%。

都市产业降速保持平稳。全年完成工业总产值 47 亿元，同比下降 17.7%；主营业务收入 52.2 亿元，同比下降 13.9%；利润 599.6 万元，同比下降 98%。其中，其他制造业产值同比增长 28.4%，纺织服装业同比增长 10.8%，印刷和记录媒介复制业同比下降 32.9%，食品饮料业同比下降 24.8%，造纸和纸制品业同比下降 19.5%，橡胶和塑料制品业同比下降 3.9%。

（尹志东）

【首家网游文创企业登陆“新三板”】11 月 8 日，北京一骑当千网络科技股份有限公司举行“新三板”挂牌仪式，成为区内首家登陆“新三板”的网游文创类企业。该企业注册在密云区高岭镇，2016 年 9 月取得“新三板”挂牌许可，是文化部首批对外贸易扶持企业，也是“国家高新技术企业”“中关村高新技术企业”。公司采用自有引擎研发运营的两款游戏《一骑当千 OL》《新特种部队》分别取材于三国和军事反恐题材，销往中国港澳台以及东南亚、越南、韩国等国家和地区。其中，《一骑当千 OL》获得全球范围内苹果官方推荐超过 1.5 万次，并获得 2015 腾讯游戏风云榜最佳策略手游前五位提名。公司现有员工人数 78 人，90% 为大专及本科以上学历。公司共取得 11 项软件著作权、1 项美术著作权、1 项发明专利、1 项国际域名。

（尹志东）

【出口交货值企稳回升】年内，密云区规模以上出口企业出口产品交货值完成 24 亿元，同比下降 4.7%。其中，汽车制造业完成 13.3 亿元，同比下降 4.3%；纺织服装业完成 6.1 亿元，同比增长 23.5%；通用设备制造业完成 1.9 亿元，同比增长 25.9%。

（尹志东）

【工业固定资产投入】年内，密云区工业固定资产投入项目 26 个，完成投入 20.15 亿元，同比增长 1.27 倍。其中，经济开发区完成 14.82 亿元，同比增长 1.23 倍；区属老工业企业完成 2.14 亿元，同比增长 1.06 倍；乡镇企业完成 3.19 亿元，同比增长 1.68 倍。

（尹志东）

【疏解落后一般制造业】年内，密云区生产建筑涂料分散剂的诚志永昌公司现有项目迁至河北省，原厂区腾退；铜牛服装公司将生产线整体搬迁到山东，厂区改为总部和研发基地，2000 名员工通过转移山东就业、自动离职、经济补偿等方式安置；生产节能设备的华源泰盟科技有限公司，因生产工艺不符合环保要求，疏解到外省发展。

（尹志东）

【退出工业污染企业】年内，市经济信息化委下达退出任务 1 家，即鑫源百成铸钢厂；计划退出污染企业 6 家，即鑫源百成铸钢厂（穆家峪镇前栗园村东）、北京市密云区穆家峪春来水泥制品厂（穆家峪镇前栗园华云工业园区）、北京市密云新兴构件厂（穆家峪镇大石岭村）、北京北京军龙新型节能墙体材料厂（巨各庄镇丰各庄村东）、北京市化工建材厂（西田各庄镇国际游乐场南）、北京海利华陶粒砖厂（十里堡镇靳各寨村南）。通过政策宣贯动员部署、开展督查检查，6家污染企业退出工作全部完成，疏解人口146人，减少污染物排放47.1吨，年节约综合能源消耗2514吨标煤。

（尹志东）

【清洁能源改造】年内，密云区完成园区外工业企业47台115.7蒸吨燃煤锅炉清洁能源改造和注销，完成任务指标的385%。其中，北京汇源九龙沟绿色生态农业有限责任公司注销并拆除燃煤锅炉3台共35蒸吨，新建30蒸吨燃气锅炉投入使用，每年可减少用煤9800多吨，减少二氧化硫排放83.3吨、氮氧化物排放28.8吨、烟尘排放159.7吨。完成经济开发区15台230蒸吨燃煤锅炉清洁能源改造，压减燃煤64400吨，累计压减工业燃煤149126吨，累计完成市经济信息化委下达压减燃煤任务的298.2%。

（尹志东）

【清理整治违法违规排污及生产经营】年内，密云区制订《密云区清理整治违法违规排污及生产经营行为专项行动工作实施方案》。开展监督检查5644次，出动12346人次，检查15344家次，发现问题3829个，处罚159起，处罚金额113万元，要求停产停业关停185家，取缔24家，整改501家。其中，市级台账内企业113家大部分进行了清理整治，销账85家，完成年度任务的150.4%，完成总体任务的75.2%。

（尹志东）

【空气重污染应急落实到位】年内，密云区空气重污染频繁出现。其中，黄色预警4次累计12天，橙色预警2次累计6天。接到空气重污染预警通知后，黄色预警期间要求企业在达标排放的基础上进一步采取减排措施减少污染物排放；橙色预警期间由节能中心、产业科组成2个督查组，2位副主任带队，联合环保局对停限产企业应急措施落实情况开展督查检查，共出动62人次，检查59家次。33家应急企业应急停限产措施全部落实到位。

（尹志东）

【产业集聚区综合治理】年内，密云区拆除集聚区内燃煤锅炉30台；10家企业进行食堂油烟净化设施改造，29家企业生活污水定期运输到污水处理厂统一处理，13家涉及危废企业全部建立危废储藏室并签订《危废处理协议》，1家企业停止喷漆生产环节，1家污染企业停产退出。集聚区内无《北京市工业污染行业、生产工艺调整退出及设备淘汰目录(2014年版)》范围内的工业企业；工业企业环保设施健全，污染物排放符合相关标准。

（尹志东）

【环保技术项目改造】年内，密云区经济信息化委与环保局共同在全区范围内广泛宣传北京市大气污染防治技术改造项目奖励资金政策，鼓励排污企业开展大气防治环保技术改造工程。全年申报项目2个，分别为北京宝沃汽车有限公司涂装废气减排设施升级环保改造项目，实施年度2017年；北京慧缘有限责任公司喷漆车间废气治理项目，实施年度2015年。

（尹志东）

【规模工业企业发展】年内，密云区规模以上企业140家，完成工业总产值327.1亿元，同比增长12.1%；主营业务收入358.7亿元，同比增长13.3%；利润总额12.8亿元，同比下降12.5%。规模以上工业总产值增速指标在全市（含北京经济技术开发区）排名第2位，在5个生态涵养发展区中总量排名第二位，增速排名第二位。

（尹志东）

【年收入亿元以上企业】年内，密云区年收入亿元以上企业47家，共完成工业总产值243.3亿元，占全区工业的68.7%，同比下降0.5%。其中，年收入10亿元以上企业4家，完成工业总产值126.9亿元，占全区工业的32.1%，同比增长6.4%；年收入5亿～10亿元企业8家，完成工业总产值51亿元，占全区工业的14.4%，同比下降4.5%；年收入1亿～5亿元企业35家，完成工业总产值65.5亿元，同比下降9.0%。亿元以上企业中，增加产值5000万元以上企业12家，共增加产值53.8亿元，拉动全区工业增长20.7个百分点。

（尹志东）

【重点用能企业调控】年内，密云区28家重点用能监测企业综合能源消费量10.84万吨标煤，同比下降12.53%；万元产值能耗0.07吨标煤，同比下降14.13%。2家企业能耗同比增长，22家企业能耗同比下降。9家企业万元产值能耗同比增长，15家企业万元产值能耗同比下降。黑色金属矿采选业单耗同比增长，纺织服装、建材、汽车及零部件、食品饮料及其他行业单耗同比下降。

（尹志东）

【企业上市】年内，密云区9家上市资源企业挂牌“新三板”，7 家企业纳入上市资源企业。研究挂牌企业上市相关政策，组织专题业务培训 4 次，刊发上市动态 4 期、上市微信平台信息 7 期。全区累计上市企业 1 家，“新三板”挂牌 24 家，“新三板”挂牌企业总数位居全市生态涵养区首位。

（尹志东）

【举办企业上市（挂牌）培训】年内，密云区组织区内挂牌企业和拟上市挂牌企业专题培训，40 余家企业参加。举办上市（挂牌）企业经营管理专题培训，50 余家企业参加。

（尹志东）

【非政府投资核准备案】年内，密云区建立申报项目评审机制，开展核准备案业务专题培训 1 期，对备案项目实施台账式管理。共办理各类项目 15 项。其中，备案项目 4 项、撤销备案项目 1 项，发出征求意见函 6 个，出具市级审批项目初审意见 1 个，向市经济信息化委报送请示 2 个；备案投资总额 3.1 亿元。

（尹志东）

【中小企业服务体系】年内，密云区完善中小企业网，改版升级 10 大类服务模块，更新信息 350 余条，与 27 家服务机构签署合作协议；微信发布相关政策、通知公告等信息 200 余条。300 平方米窗口服务平台运行，与 5 家第三方服务机构达成入驻协议，并完成服务机构操作培训。

（尹志东）

【中小企业融资】年内，密云区协调市多家担保公司及再担保公司开展集合信托，为 4 家企业融资 7700 万元；与北京市融资租赁公司合作推行融资租赁新方式，为 3 家企业融资 1.50 亿元；与国元证券、中信信托公司合作，为 3 家企业融资额 2.2 亿元。协调金融机构与企业搭桥重点开展建行助保贷、农行厂房贷、四板、银座村镇银行快速贷、中国银行跨境撮合服务等，为 11 家企业 17 个项目申请贷款贴息 481.30 万元。

（尹志东）

【中小企业专项培训】年内，密云区以高新技术企业认定、研发费用新政策解读、营业税改增值税、所得税汇算清缴、企业工人技能鉴定等为主题，开展 6 期专项培训，840 余人次参加。

（尹志东）

延庆区工业

【概况】延庆区经济和信息化委员会（简称区经济信息化委）是负责本区工业经济和信息化产业管理工作的政府工作部门。2 月，区经济信息化委加挂北京市延庆区国有资产监督管理委员会办公室牌子，10 月，延庆区整合八达岭经济开发区管理中心和延庆经济开发区管理中心，成立中关村科技园区延庆园服务中心。11 月，区经济信息化委将中关村科技园区延庆园管委会具体业务移交至中关村延庆园服务中心。

2016 年，延庆区规模以上工业企业完成产值 70.5 亿元，同比增长 33.9%。新能源和环保产业完成产值 43.6 亿元，同比增长 85.6%，占规模以上工业总产值 61.8%。中关村延庆园完成纳税总额 21.2 亿元。

（高建敏）

【帮扶中小企业】4 月 6 日，区经济信息化委联合区财政局举办延庆区中小企业所得税汇算清缴培训会。63 家企业的 120 余人参加培训。

（高建敏）

【北玻院获批中关村标准化试点单位】5 月 13 日，中关村管委会网站公布了中关村国家自主创新示范区标准化试点示范单位名单。确定 88 家“中关村标准化试点单位”和 10 家“中关村标准化示范单位”，其中北京玻钢院复合材料有限公司获批“中关村标准化试点单位”。

（高建敏）

【举办“储能国际峰会 2016”专场活动】5 月 13 日，区经济信息化委联合中关村储能联盟，共同举办了“储能国际峰会 2016”专场活动——“储能产业论坛暨中关村延庆园推介会”。活动邀请了国内及韩国、澳大利亚等国家的近 30 家企业参加。与会嘉宾先后赴八达岭新能源谷智能电网、“中关村 · 长城脚下的创新家园”概念规划展览、延庆规划展览馆、世界园艺博览会场址等地参观考察，并就新能源产业发展前景、中关村延庆园发展愿景等议题进行了座谈交流。

（高建敏）

【举办信用工作培训会】6 月 16 日，中关村企业信用促进会在中关村延庆园举办中关村信用政策宣讲会——延庆信用工作平台专场，解读中关村科技金融政策，包括科技中介服务、融资租赁、小额保证保险等，延庆园 59 家中关村高新技术企业以及多家规模以上企业和区内银行等单位60余人参加。

（高建敏）

【清理整治违法违规排污及生产经营】6月29日，延庆区召开清理整治违法违规排污及生产经营行为工作会。截至年底，市级整治任务19家中，完成15家，完成目标任务的79%。区级整治任务770家中，完成485家，完成目标任务的63%。拆除违法建设2.97万平方米，完成目标任务的98.9%；整改11宗挂账督查规划卫片，完成目标任务的57.9%；整改119宗国土卫片新增建设用地，完成目标任务的78.3%。

（高建敏）

【高低压电器装配工初赛】7月22日，来自北京合锐赛尔电力科技有限公司的102名高低压电器装配工，参加了第四届北京市职业技能大赛初赛暨“我为世园做贡献”延庆区第一届职业技能大赛，比赛于八达岭开发区北京合锐赛尔电力科技有限公司进行。

（高建敏）

【举办“营改增”专题培训会】11月2日，由市经济信息化委主办，区经济信息化委承办的中小企业营业税改增值税专题培训会举办。培训内容重点围绕“营改增”常用统筹方法、风险防范和难点解析3部分。来自开发区及乡镇的46家企业、110人参加培训。

（高建敏）

【开展安全生产大检查】12月1日，对中关村园企业开展安全生产大检查。重点检查了北京卓文时尚纺织品股份有限公司和北京华润高科天然药物有限公司2家企业。发现安全隐患10余处，核发限期整改通知书。

（高建敏）

【重点项目】年内，延庆区备案项目11个，主要是转基因生物医药工程、特色新材料、食品检验检测等，计划总投资5.3亿元。一批重点项目建设取得进展，京仪远东等项目正在办理竣工验收，东方润泽项目建设进展顺利，美正生物、东晨阳光、北方大陆等项目正在办理开工前手续，国药手术机器人、纳通医疗器械等智能制造项目正在洽谈中。

（高建敏）

【节能减排】年内，延庆区清理整治违法违规排污及生产经营行为，19家市级任务及770家区级清理整治任务全部完成。协调推进工业企业燃煤锅炉改造工作，研究制订延庆区工业清洁空气行动计划方案，协调推进八达岭酒业等4家企业燃煤锅炉清洁能源改造。工业压减燃煤1820吨，完成年计划950吨的191.6%。应对环保督查及空气质量保障工作，形成《区经济信息化委关于2016年落实环保职责加强环境保护工作的报告》，规范整理环保台账。共启动12次应急保障工作，出动监督检查人员600余人次。开展宣传引导工作，向企业发放倡议书及《延庆区工业污染企业应急工作方案》。

（高建敏）

【中关村延庆园】年内，中关村延庆园完成机构改革，原有的2个开发区合并成立延庆园服务中心，并与延庆园管委会合署办公。产业发展规划已经基本编制完成，空间规划即“中关村·长城脚下的创新家园”规划正在完善，生态规划形成初稿。八达岭片区84.13万平方米土地一级开发项目正在办理立项手续，正在组建征地拆迁工作机制。延庆片区197等4个地块上市工作、地块控规编制工作已完成。服务体系建设逐步开展，明确了“1+3+1”的政策服务体系顶层设计思路，“1”是延庆区关于推动大众创业万众创新实施意见，“3”是制定构建完善创新创业生态系统、重点产业发展和空间开发建设3个资金支持办法，“1”是建立延庆园综合服务平台。建立了政策支持平台、融资担保平台、信用促进平台、招商推介平台。

（高建敏）

【企业疏解】年内，延庆区疏解工作始见成效，建立完善工业企业疏解台账。中材科技将8条生产线、400套产能转移到新建的河北省邯郸市生产基地。恒阳电缆厂计划将制造环节疏解到河北省涿鹿县，并签订了框架协议。

（高建敏）

【企业退出】年内，延庆区开展工业污染企业调整退出工作，初步确定调整退出企业39家，强制关停北京永振亮建材制品有限公司。

（高建敏）

【优化企业发展环境】年内，延庆区制订了安全生产工作方案，加大联合检查力度，开展安全标准化认定工作，共检查指导企业870家次，开展3家工业企业的标准化认定工作。举办“企业所得税2016年汇算清缴”和“中小企业2016年营业税改增值税”专题培训会，累计服务企业109家，培训人员217人次。举办延庆区高低压电器装配工的初赛、复赛，共有31名选手取得国家职业资格证书。其中，技师5人，高级6人、中级10人、初级10人。

（高建敏）

【新兴产业落地】年内，延庆区引进蜂赛鹰等12家软件服务企业，合计注册资金9000万元。新能源微电网示范区及能源互联网产业示范区项目上报国家能源局。

（高建敏）

【新能源和环保产业】年内，新能源和环保产业持续保持快速增长态势，完成产值43.6亿元，同比增长85.6%。重点企业：中材科技风电叶片股份有限公司完成产值31.7亿元，同比增长226.1%；北京京能清洁能源电力股份有限公司完成产值2.2亿元，同比增长40.4%;北玻院复合材料有限公司完成产值3.6亿元，同比增长20.3%；东晨阳光(北京)太阳能科技有限公司完成产值5812万元，同比增长138.9%；北京合锐清合电气有限公司受总公司财务制度调整，完成产值1.3亿元，同比下降37.3%。

（高建敏）

【重点园区工业运行】年内，中关村延庆园服务中心规模以上工业共完成产值66.7亿元，占全区规模以上工业产值的94.6%。其他区域规模以上工业完成产值3.8亿元，同比增长1.7%。

（高建敏）

【高新技术企业通过认定】年内，美科尔（北京）生物科技有限公司、北京阔野田园生物技术有限公司等20家企业通过高新技术企业认定审核，并取得高新技术企业证书；为15家证书到期企业换发中关村高新技术企业证书。全区市级高新技术企业累计达65家，其中国家级高新技术企业39家。

（高建敏）

【北玻院项目获得北京发明创新大赛金奖】年内，北京玻钢院复合材料有限公司“高性能复合材料杆塔”项目获得北京发明创新大赛金奖。复合材料杆塔采用仿生结构设计理论，计算机模拟优化设计结构，完成了高性能复合材料杆塔等刚度设计，大大降低了塔身重量，比同种型号的金属塔减轻30%，具有轻质高强、耐腐蚀、耐老化、绝缘性能好、成型工艺优越、可设计性好等多种优点。

（高建敏）

【空气重污染应急监督检查】年内，区经济信息化委加大空气重污染应急监督检查，重点督查企业空气重污染应急措施落实情况，检查了庆和食品、北玻院、大兆新元等企业空气重污染应急措施落实情况。派出6个空气重污染督查小组，对天立诚信、艾瑞机械等19家停产限产企业进行现场监督检查，共出动车辆7辆次、检查人员28人次。清理整治违法违规排污及生产经营单位，共出动车辆34辆次，人员343人次，对76家单位进行监督检查。

（高建敏）

开发区

综述

2016年，北京市开发区主要经济指标持续增长，企业经济效益明显改善，开发区招商工作取得明显成效，土地集约利用水平进一步提高。

开发区经济规模稳步扩大。年内，北京市开发区实现总收入5.2万亿元。其中，中关村国家自主创新示范区实现总收入4.6万亿元；北京房山工业园区、北京天竺空港经济开发区、北京林河经济开发区3个市级开发区实现总收入2229.2亿元。北京市开发区实现工业总产值1万亿元，占全市工业总产值的比重为55.6%。北京市开发区实现利润总额3956.2亿元。其中，中关村国家自主创新示范区实现利润总额3732.5亿元，3个市级开发区实现利润总额193.3亿元。

招商引资工作取得丰硕成果。自开始至报告期，北京市开发区招商项目共计60732个，项目总投资2.1万亿元，注册资本2万亿元，其中三资企业注册资本276.2亿元、外商实际投资268.9亿美元。中关村国家自主创新示范区招商项目47264个，项目总投资1.7万亿元，注册资本1.6万亿元，其中三资企业注册资本2111.8亿元、外商实际投资197.7亿美元。

土地开发建设进度逐步加强。年内，北京市开发区规划面积466.9平方千米。其中，3家国家级开发区规划面积454平方千米，3家市级开发区规划面积12.9平方千米。截至年底，全市开发区累计开发土地面积和累计供应土地面积分别为327.5平方千米和298.8平方千米，累计建成城镇建设用地面积269.9平方千米。全市开发区单位土地工业总产值产出率约为103.5亿元/平方千米。

（北京国际工程咨询有限公司）

中关村国家自主创新示范区

【概况】2016年，中关村国家自主创新示范区（简称示范区）牢固树立新发展理念，坚决贯彻落实党中央国务院和市委市政府关于实施创新驱动发展战略、京津冀协同发展战略、加强全国科技创新中心建设等决策部署，主动把握和引领经济发展新常态，编制完成《中关村国家自主创新示范区发展建设规划（2016—2020年）》，深化供给侧结构性改革和全面创新改革，优化创新创业生态系统，引领“双创”高端发展，加快构建“高精尖”经济结构，示范区建设实现了“十三五”规划的良好开局，为全国实施创新驱动发展战略发挥了示范引领作用。

邀请财政部、科技部开展股票期权税收专题调研，推动相关部委联合印发《关于完善股权激励和技术入股有关所得税政策的通知》，政策实现重要突破。3月，公安部支持北京创新发展的20项出入境政策措施正式实施，其中绿卡“直通车”、绿卡积分评估制度等10项政策为全国首创，在中关村先行先试，取得显著成效。截至2016年年底，已发放500多张绿卡，其中通过新政办理260多张，是近年平均发放绿卡数量的2倍多。通过绿卡积分评估制度拟推荐45名外籍高层次人才办理绿卡。在全国率先启动“投贷联动”试点，与国开行等首批试点银行签署合作框架协议，发布了支持“投贷联动”试点的10条措施，全国首个投贷联动项目落地中关村。北京市首家民营银行——中关村银行获批筹建。

支持示范区央企、市属国企、跨国外资企业、民营企业等大企业，依托行业领军优势，通过开放资源、协同创新、变革组织模式等方式，搭建双创平台，涌现出航天云网、中航爱创客等30余家大企业创新创业服务平台。推动“双创”国际化发展，美国微软、英特尔、Plug & Play，英国ARM，以色列Trend lines，荷兰毕马威创新创业共享中心等企业和国际顶尖孵化企业相继入驻中关村。中关村创新型孵化器在美国、德国、英国等国家设立了20余个分支机构。驱动型的硬科技创新型企业的原创、首创成果不断涌现，如“互联网+”“人工智能+”、移动VR交互、单克隆抗体药物等，科技硬实力显著增强。前沿技术研发、商业模式创新、科技金融创新相结合催生新业态，制造业服务化趋势凸显。涌现出滴滴出行、摩拜单车等分享经济新领军企业。

加强创新发展政策引导，出台智能机器人、虚拟现实创新政策。搭建高端协同创新平台，支持航材院建立石墨烯系列科技成果孵化转化平台，中国科技大学筹建北京研究院，支持北京大数据研究院发展，引导63家国企和民企组建“京企云梯科技创新联盟”。创新产业促进方式，以公开路演的方式，遴选发掘出人工智能、新材料、前沿生物技术等领域的36家“中关村前沿科技企业”。

海淀园引进高端要素，“中关村智造大街”7月正式开街，打造智能制造“生态圈”；朝阳园强化科技服务功能，引进阿里巴巴、苹果（中国）研发中心等大型企业入驻；丰台园着力聚集高端要素及载体，打造国际石墨烯中心。

提升创新功能。会同核心区建设中关村科学城，带动城区分园转型发展，高端项目郊区分园落地。怀柔园推动怀柔科学城建设，延庆园启动“长城脚下的创新家园”建设。打造跨京津冀园区链。聚焦“4+N”，印发实施《中关村示范区京津冀协同创新共同体建设行动计划》，天津滨海—中关村科技园区开工建设，已有45个项目集中签约，总投资规模超过350亿元。支持重点产业项目承接地建设，保定·中关村创新中心初具规模，签约企业75家，推动精进电动等重点项目落地石家庄（正定）中关村集成电路产业基地。全年，中关村企业在津冀新设分支机构900余家。

搭建国际创新合作平台。支持成立中关村“一带一路”产业促进会，打造具有全球影响力的国际合作服务平台。中关村企业加速“走出去”步伐，联想、百度等700余家领军型企业设立境外分支机构。搭建国际孵化和资本运营平台。中关村硅谷创新中心正式运营，中关村发展集团在德国海德堡设立了“中关村科技创新中心”。支持“中关村并购资本中心”发展，中关村企业境外技术并购30余起，涉及金额超过300亿元。

坚持政府引导。中关村投资引导基金发起组建基金72支，促进天使投资、创业投资高度活跃，投资案例数、金额约占全国1/3。坚持市场主导。中关村96家创新型孵化器绝大多数由市场主体自主创办，形成了企业加速模式、天使孵化模式、股权众筹模式、创客孵化模式、创业社区模式、创业媒体模式、智能硬件供应链模式、互联网生态圈模式、联合办公模式、跨境孵化平台十大孵化模式。坚持社会参与。听取采纳人大代表、政协委员、企业家顾委会意见，拥有产业联盟、行业协会等社会组织超过300家。

（中关村管委会）

【首款Project Tango手机推出】 1月7日，在2016年美国国际消费电子展(CES 2016)上，联想集团有限公司和美国谷歌公司举行Project Tango发布会，宣布双方共同推出全球首款采用Project Tango技术驱动的智能手机。手机的独特之处在于其屏幕能够变身为“魔力窗口”，实现虚拟与现实的融合。谷歌公司的Project Tango科技平台，通过电脑视觉、深度感应和移动跟踪技术，绘制出周围世界的3D模型，让用户能够通过智能设备探索真实空间。

（中关村管委会）

【北汽新能源底特律研发中心成立】 1月9日，北汽新能源美国底特律研发中心成立仪式在美国底特律市举行。底特律研发中心是北京新能源汽车股份有限公司在海外设立的第三家研发中心，其重点业务是研发、吸收“高精尖”的电机驱动、电力电子、智能控制技术，以及引进掌握核心技术的高端人才和推进与北美汽车研发领域的合作等，将为北汽新能源公司提供全新的自主研发基地和全球最佳资源的整合平台。同时作为北汽新能源公司开拓北美市场的跳板，在承担必要的技术研发之外，还将建立符合国际车辆、国际充电接口的各类标准，核心技术也将申请国外专利，从而实现技术、服务和商业运营模式的不断创新。

（中关村管委会）

【首个无人机遥感网上线】 1月15日，在2016年无人机航摄超微传感器与三维应用北京产品发布会上，北京捷翔天地信息技术有限公司推出首个无人机遥感网

www.uav-net.cn，旨在建设覆盖全国的无人机服务网络。遥感网已具备50架无人机规模，形成覆盖中东部地区48小时到达能力。同时，捷翔天地公司还与合作伙伴一起，推出50克3600万像素超小型传感器、100克8000万像素超轻倾斜摄影相机、航时50分钟轴距69厘米携带1.8亿像素倾斜相机多旋翼无人机，以及常规大白倾斜摄影无人机等新产品，使无人机遥感的便携性和效率大幅提高。

（中关村管委会）

【京微雅格公司发布首颗高性能FPGA芯片】1月19日，京微雅格（北京）科技有限公司在京召开“核高基”国家科技重大专项首颗高性能FPGA芯片暨京微雅格CME-C1（祥云）系列新品发布会，推出面向大容量FPGA市场的“云”系列首款FPGA芯片——CME-C1（祥云）。CME-C1采用TSMC的40纳米CMOS工艺，逻辑容量为30K ~ 200K。祥云系列产品使用全新的LUT6架构和32路全时钟网络，运行速度可达到700兆赫。针对高速大容量市场的应用需求，CME-C1还整合了高速Serdes接口，最高可达6.5G、1333Mbps的硬核DDR2/3控制器和硬核PCIe接口，以及36×18的DSP处理器。CME-C1可应用在广播通信、国防军工、金融安全、电力传输、仪器仪表等传统领域，也可使用在机器人、无人机、大数据等新兴领域。

（中关村管委会）

【首个投资机器人发布】4月12日，由北京因果树网络科技有限公司主办的2016因果树“AlphaGo+•全球首个投资机器人”发布会在中关村创业大街举办。市科委、市金融局、中关村管委会等单位有关负责人以及相关机构的代表参加。投资机器人的功能包括数据处理（建立数据库、跟踪分析）以及在此基础上进行分析建模、投资预测，可做4项工作：抓取互联网公司的信息，建立关于互联网企业投融资信息的数据库；每日跟踪并分析全网项目动态，记录企业成长轨迹；对项目分析建模，使用标签云来分析项目的商业模式并对项目进行归类，然后根据行业热度、机构热度、项目本身情况进行建模，对项目进行综合评分；通过模型运算，最终推选出近期最具有潜力的企业。在这个过程中，机器人加大了信息半径，通过对所有过往项目的回归训练来进行投资建模。此外，投资机器人还具备情感逻辑能力，可对优劣信息加以处理。

（中关村管委会）

【首套超级悬浮床开车成功】4月15日，北京三聚环保新材料股份有限公司在京召开新闻发布会，宣布经过5年多努力，公司和北京华石联合能源科技发展公司联合开发的超级悬浮床（Mixed Cracking Treatment，MCT）工业示范装置在河南鹤壁一次开车成功。装置于2月首次投料以来，已连续安全平稳运行1300余小时，无结焦，无磨损，无堵塞，悬浮床单元总转化率96%～99%，轻油收率92%～95%，实现了中国在重劣质油加工世界难题上的重大技术突破。MCT技术主要用于加工非常规原油（超重原油、油砂、页岩油）及渣油、催化油浆、焦油、沥青等重劣质原料，可大幅提升重劣质原料的转化率。采用传统的催化裂化重油加工技术，汽柴油收率为65% ~ 70%，延迟焦化汽柴油收率仅为50% ~ 55%。而采用超级悬浮床MCT技术，汽柴油收率较传统工艺提高20%以上，还可降低投资成本。该技术还可将低阶煤提质后的副产物煤焦油转化成轻质油和高附加的芳烃原料，实现煤炭的清洁、高值、高效利用。

（中关村管委会）

【2016中关村知识产权论坛举办】4月29日，由市知识产权局、中关村管委会、海淀区政府共同主办的2016中关村知识产权论坛在中关村示范区展示中心举行。论坛以“知识产权运营与保护”为主题，旨在庆祝第十六个世界知识产权日，汇聚专家共同探讨知识产权的运营与保护，以加强知识产权宣传普及，推进知识产权文化建设，优化海淀区良好的知识产权氛围。论坛还发布了2015年海淀区知识产权状况白皮书，启动了全国首家知识产权众筹平台和全国首家知识产权主题书店，举行了知识产权海外维权援助基地授牌仪式。国家知识产权局、北京市知识产权局、中关村管委会、海淀区政府等相关部门负责人，以及北京大学、中科院、海淀区高新技术企业、知识产权服务机构、知识产权律师队伍、技术转移机构的代表等近千人参加。

（中关村管委会）

【检出北京首例输入性寨卡病毒】5月14日，卡尤迪生物Mini8分子检测平台在首都国际机场T2航站楼首次检出北京市第一例输入性寨卡病例。卡尤迪生物科技（北京）有限公司研发的寨卡病毒检测系统，包括Mini8和“一步法”试剂，检测系统确保了检测的高敏感度和特异性，可对寨卡病毒实现实时定量分析。Mini8采用领先的光电技术、便携式设计，操作简便，可轻松完成实时荧光定量PCR的设置，可节省实验时间和成本。同时，实时荧光定量PCR仪可以使用12伏直流电源，可车载，可移动使用。2月20日，卡尤迪寨卡病毒检测系统在杭州检出全国第四和第五例输入性寨卡病毒感染病例。系统和产品还应用到北京西客站、北京国际旅行保健中心以及上海、深圳、浙江和辽宁等省市的出入境检验检疫局。5月30日，卡尤迪生物 Mini8 和 Mini8Plus 两款主打荧光定量 PCR 仪入选国家质检总局发布的 2016 年专用仪器设备采购目录。

（中关村管委会）

【首家标准化事务所成立】5月18日，在中国标准科技集团有限公司举办的标准化服务模式创新研讨会上，中国标准科技集团标准化事务所宣告成立。该事务所是中关村示范区首家标准化事务所，可为企业提供标准化信息咨询、实验验证、数据挖掘等专业化服务。

（中关村管委会）

【中关村双创大学成立】5月26日，由中关村科技园区海淀园创业服务中心主办的“中关村双创大学成立大会”在京举行。北京大学、中国国际招商引智网等单位的相关负责人参加。双创大学由海淀园创业服务中心、北京留学人员创业园、甲由田申文化机构、中国国际招商引智网共同创办，是一家由园区设立的以双创命名的开放型大学，将集聚中关村双创优势，为本园区及全国各地园区、企业乃至个人提供创新创业方面的指导和帮助。双创大学将成为传递“双创”理念和经验的基地和创业者交流互动的平台，是所有参与者分享心得、交流经验、碰撞智慧的课堂。海淀园创业服务中心主任赵新良担任名誉校长，甲由田申文化机构董事长宾春宇任校长。

（中关村管委会）

【高磁感取向硅钢产品及应用通过评审】5月28日，首钢股份有限公司“高磁感取向硅钢产品及超高压变压器应用”成果评审会在京召开。成果通过由中国机械工业联合会、中国钢铁工业协会组织的专家评审。首钢公司自 2005 年 9 月启动取向硅钢研发工作，完成了高磁感取向硅钢产品研发及产业化；掌握了低温板坯加热工艺生产高磁感取向硅钢技术，自主集成了高磁感取向硅钢全流程生产装备，突破了电磁性能、板形尺寸、涂层质量控制等核心技术，具备了年产 15 万吨高磁感取向硅钢产品的能力；实现高磁感取向硅钢产品牌号全覆盖，产品应用于 500 千伏超高压变压器生产制造；成为世界第四家全低温高磁感取向硅钢制造商。产品通过了中国计量科学研究院和沈阳变压器研究院的检测认证，技术指标全面达到同类产品的国际先进水平；采用首钢提供的高磁感取向硅钢制造的 500 千伏级电力变压器通过国家变压器质量监督检验中心认证，主要性能指标优良，应用效果与国际先进企业水平相当。

（中关村管委会）

【乐普公司入选全球医疗器械公司百强榜】6月1日，Qmed 网站发布 2015 年全球医疗器械公司百强排行榜，国内有 5 家企业入选。其中，乐普（北京）医疗器械股份有限公司以 2015 年总收入 3.562 亿美元、市值 40.863 亿美元排名第八十一位，成为唯一入选该榜单的示范区企业。

（中关村管委会）

【首家医药健康创业平台入驻中关村创业大街】6月12日，在第三届 Innoway 创新创业节开幕式上，药明康德新药开发有限公司宣布入驻中关村创业大街，成为创业大街上首家专注医药健康的企业。药明康德公司将在此建立以“VC+IP+CRO+OS”(风险投资、知识产权、研发服务、运营支持相结合)为特色的生物医药创业孵化平台。平台在全球寻找有创新构想的个人或企业，借由药明康德的研发平台进行孵化，帮助初创公司研发出具有自主知识产权的创新技术与产品。企业只需一个项目管理团队，整个项目执行可在药明康德平台上完成，帮助客户缩短研发周期、降低研发成本，助力初创公司成长。作为开放式全方位一体化研发平台，药明康德公司为全球范围内的相关企业和个人客户提供了实验室研发、生产服务以及推向市场等全过程的系列服务。

（中关村管委会）

【国内首家区块链孵化器落户望京】6月15日，中国首家区块链孵化器——亚洲区块链孵化器在京成立。孵化器位于朝阳区摩托罗拉大厦，由北京太一科技有限公司、侠客岛联合办公室共同建立，并与 IBM 中国实验室、亚洲区块链基金会、亚洲 DACA 区块链协会、德丰杰资本等企业、机构建立战略合作关系。旨在为区块链创业者和创业企业提供一个开放、共生、创新、发展的新环境，促进中国区块链的产业落地。孵化器面向个人、企业、产业组织、投资机构提供硅谷式的开放办公空间服务以及基于区块链节点的联合办公管理系统服务，还可提供区块链技术支撑、解决方案咨询、公共关系对接、产业资本对接等核心功能服务。入孵的区块链初创企业将在孵化器中获得管理咨询服务，其中包括一般性商务代理服务和制定战略、管理制度、人力资源管理制度、市场分析和专业知识培训等。通过联合 IBM 中国实验室、亚洲区块链基金会、亚洲 DACA 区块链协会等区块链业内高端资源，孵化器内还建立“区块链大学”人员培训机制，每 2 周举办 1 次区块链讲座，将举办各类公益性质的研讨、培训活动，太一科技公司和IBM实验室会对进驻孵化器的区块链团队给予在区块链技术方面的全面支持。太一科技公司、IBM实验室和侠客岛还将开发“岛链”创新孵化平台。依靠区块链技术，侠客岛联合办公室将建立区块链节点，为入驻企业提供区块链企业注册和股权登记、转让服务等，打造国内领先的基于区块链技术的联合办公和企业资源共享的众创新模式。

（中关村管委会）

【重掺硅单晶抛光片获奖】6月15日，在第五届中国轻工企业家高峰论坛暨轻工百强企业颁奖盛典会上，有研半导体材料有限公司的“200毫米重掺硅单晶抛光片技术”获中国有色金属工业科学技术一等奖。重掺硅单晶抛光片突破生长、切片、硅片背面处理等7项技术，在热场结构、加料方式、气体弥散方式和装置、腐蚀槽具及液流调控等方面进行技术创新，获授权专利23项，其中发明专利6项，实用新型专利17项。技术用于生产200毫米重掺硅单晶抛光片，产能为10万片/月。

（中关村管委会）

【3项目入选国家智能制造试点示范项目】6月28日，工业和信息化部发布《关于公布2016年智能制造试点示范项目名单的通告》，全国63个项目入选。其中，北京市3个项目入选，全部为示范区企业的项目，包括北京大豪科技股份有限公司（朝阳园）的“缝制设备远程运维服务试点示范”项目、北京康斯特仪表科技股份有限公司（海淀园）的“数字压力校验装置智能制造试点示范”项目和北京超同步伺服股份有限公司（密云园）的“智能伺服电机数字化车间试点示范”项目。

（中关村管委会）

【首批搭载华创动力系统电动公交车进入波兰市场】6月，由北京理工华创电动车技术有限公司、上海电巴新能源科技有限公司共同针对波兰客户的需求开发的第一批电动公交车交付波兰客户。产品搭载“华创动力”系统，包括智能辅助驾驶功能的整车控制系统、可实现功率和转矩最优分配的双电机驱动系统、智能化功率转换系统等，整车能够在动力系统全转速范围内进行高效驱动，单位载质量能量消耗量明显优于相应指标要求。

（中关村管委会）

【碧水源公司投建的地下式污水处理厂试运行】6月，由北京碧水源科技股份有限公司投建的地下式污水处理厂——太原市晋阳污水处理厂投入试运行。项目占地面积0.27平方千米，设计规模48万吨/日，其中完工的一期工程规模32万吨/日。处理厂采用碧水源公司的改良AAO工艺（厌氧—缺氧—好氧组合工艺）和膜生物反应器（MBR）膜法水处理技术。AAO工艺处理能力20万吨/日，出水水质达国家一级A排放标准；MBR膜法水处理技术处理能力12万吨/日，出水水质优于国家一级A排放标准。

（中关村管委会）

【中国首条柔性显示面板生产线封顶】7月22日，中国首条面向柔性显示的OLED生产线——京东方第六代AMOLED生产线主体封顶。京东方科技集团股份有限公司的第六代LTPS/AMOLED生产线项目位于成都高新西区，占地面积30余公顷，建筑面积67万平方米，总投资465亿元，计划2017年投产，主要产品为中小尺寸的柔性可弯曲AMOLED面板，其产品将被应用于高端手机及新一代穿戴显示系统。

（中关村管委会）

【20千瓦光伏微电网项目竣工】8月25日，清华大学“清芸阳光·梦之网”20千瓦四川阿坝县柯河乡中心校光伏微电网项目竣工。项目由北京清芸阳光能源科技有限公司、清华大学“清芸阳光·梦之网”实践支队共同完成，为解决偏远地区无电或电力不稳定问题搭建了新能源微电网。项目基于清芸阳光自主研制的微电网智能控制和管理系统，可根据预测信息对微电网进行控制，实现微电网的智能化运行管理，将保障学校微电网系统高效、平稳地运行。

（中关村管委会）

【京东无人配送车发布】9月1日，北京京东世纪信息技术有限公司宣布，由其自主研发的无人配送车进入道路测试阶段。无人车长、宽、高分别为1米、0.8米和0.6米，具备6个不同大小的载货舱，可以按照既定路线自动导航行驶，并具备路径规划、智能避障、车道保持、智能跟随等功能。无人车自动行驶到目标建筑的指定位置后，可通过京东App、手机短信等方式通知用户收货。用户到无人车前输入提货码就可以打开货仓，取走自己的包裹。

（中关村管委会）

【17项成果获得中国标准创新贡献奖】9月30日，质检总局、国家标准委印发《关于公布2016年中国标准创新贡献奖获奖名单的通知》，中关村示范区有17项成果获奖。其中，由中国电力科学研究院等单位王伟胜等完成的“GB/T 19963—2011风电场接入电力系统技术规定、GB/T 19964—2012光伏发电站接入电力系统技术规定等24项标准”、由中冶建筑研究总院有

限公司等单位岳清瑞等完成的“GB 50608—2010 纤维增强复合材料建设工程应用技术规范、CECS 146：2003 碳纤维片材加固混凝土结构技术规程等 12 项标准”、由中测新图（北京）遥感技术有限责任公司等单位李英成等完成的“GB/T 27919—2011 IMU/GPS 辅助航空摄影技术规范、GB/T 27920.1—2011 数字航空摄影规范第一部分：框幅式数字航空摄影等 8 项标准”的 3 项成果获一等奖，由半导体照明联合创新国家重点实验室等单位阮军等完成的“CSA 016—2013 LED 照明应用接口要求：自散热、控制装置分离式 LED 模组的路灯 / 隧道灯”等 4 项成果获二等奖，由京东方科技集团股份有限公司等单位张志刚等完成的“SJ/T 11459.2.2.2—2013 液晶显示器件 第 2-2-2 部分：显示器用彩色矩阵液晶显示模块详细规范、SJ/T 11459.2.2.3—2013 液晶显示器件 第 2-2-3 部分：便携式计算机用彩色矩阵液晶显示模块详细规范等 3 项系列标准”等 9 项成果获三等奖。

（中关村管委会）

【双创活动周北京会场主题展举办】 10 月 12 日至 18 日，第二届全国大众创新万众创业活动周北京会场主题展在中关村展示中心举办。活动以“发展新经济、培育新动能”为主题，展览分为构建创新创业新生态、新经济新动能、京津冀协同创新共同体等 5 个板块，展示了京津冀协调发展的新亮点和新趋势。共有来自京津冀三地的近 200 个“双创”项目参展，涉及人工智能、新材料、“互联网 +”等前沿技术和产业领域。参观及参加主题展览人数近 20000 人次。

（中关村管委会）

【全球创新路演举行】 10 月 16 日，中关村创新创业季——全球创新路演在中关村创业大街举行。来自英国、美国、韩国等 7 个国家的 9 支人工智能领域创新创业团队参加。路演项目主要集中于人工智能领域，与交通、医疗等实体产业紧密结合。其中，美国 5D Robotics 项目涉及智能交通领域，致力于无人驾驶传感器技术与解决方案；英国的 Medical Realities 项目是利用 VR/AR/AI 技术开发的一款医疗培训产品；Safe Patient Systems 是一套智能安全移动医疗 (SMC) 系统，产品可覆盖医疗保健的任何阶段，包括视频通话解决方案、文本型医疗解决方案和患者学习模块。最终，5D Robotics 获最佳团队奖，可享受创业大街提供的奖金和 6 个月落地孵化服务。

（中关村管委会）

【中关村全球创新论坛举办】 10 月 17 日，由科技部火炬中心、市科委、中关村管委会、海淀区政府、盛景网联集团联合主办的“2016 中关村全球创新论坛”在京举办。论坛以“全球创新 · 协同共享”为主题。来自中国、美国、以色列、欧洲等国家和地区的企业家、风险投资人、创新创业人士、行业专家等 500 余人参加。相关专家就“德国中小企业成功之道”“宏观经济近期发展趋势”等主题做了演讲。同时，举办了“中外著名风险投资人主题演讲”“激荡五十年——中国五个年代创新创业代表人物圆桌对话”“中国风险投资和新热点圆桌论坛”等活动。

（中关村管委会）

【北汽集团获得中汽科技奖】 10 月 28 日，在中国汽车工程学会年会上，北京汽车集团有限公司的“乘用车关键技术创新及其在绅宝系列化车型开发中的应用”“车内空气质量检测能力的创新性建设与提升应用”分获中国汽车工程学会授予的 2016 年中国汽车工业科学技术奖二等奖和三等奖。其中，“乘用车关键技术创新及其在绅宝系列化车型开发中的应用”在消化吸收引进萨博技术及知识产权基础上，通过体系创新、集成创新，打造出全新的支撑持续创新发展乘用车开发、供应商、质量等体系，实现系列化轿车、城市 SUV 同步规划、递进开发再创新模式，满足市场多元化需求的高性能轿车、SUV 车型。

（中关村管委会）

【二十国集团科技部长聚焦中关村】 11 月 5 日，二十国集团（G20）科技部长代表团赴中关村示范区展示中心参观双创成果展。作为 G20 科技创新部长会议的重要组成部分，此次活动向二十国集团科技部长展现了中国科技创新创业的蓬勃发展。代表团听取了示范区的创新发展情况介绍，并重点参观了佳格天地、芯视界、商汤科技、百济神州等企业的科技研发成果。

（中关村管委会）

【中发集团与旧金山智能制造产业战略合作签约】 12 月 4 日，由北京中发时代科技发展有限责任公司主办的中美智能制造战略合作启动仪式暨旧金山市长一行莅临中发时代参观交流活动在中发智能智造生态馆举办。北京市政府、美国旧金山市政府的有关负责人，以及来自中美企业界、投资界、研究机构的代表参加。中发时代公司与旧金山市政府签订《中发－旧金山智能制造产业战略合作协议》，双方将通过共同搭建国际智能制造生态服务平台、发起中美智能制造产业基金、在两地互设国际智能制造展示中心、创办国际智能制造博览会、建立互访机制等方式，共同促进中美两国间智能制造产业的合作与发展。

（中关村管委会）

【智能制造创新产业投资基金揭牌】12月4日，中关村智能制造创新产业投资基金揭牌仪式在京举行，北京中发时代科技发展有限责任公司、北京银行等单位的相关负责人参加。基金由中发时代公司联合纳米基金、北京本地金融机构、知名基金管理人共同发起筹建，总规模拟100亿元，首期募集规模拟20亿元。基金所募集资金将以股权投资形式投资国内智能制造企业，解决智能制造企业孵化、发展、扩大规模的资金需求及资源引进、配置问题。

（中关村管委会）

【83件专利获国家专利奖】12月7日，国家知识产权局印发《关于第十八届中国专利奖授奖的决定》，中关村示范区有83件专利获奖。其中，中国石油天然气股份有限公司的裂缝储层含油气饱和度定量计算方法、机械科学研究总院先进制造技术研究中心的无模铸造成形机、北京空间飞行器总体设计部的多约束多航天器飞行间距预示及碰撞规避方法3件专利获第十八届中国专利金奖，联想（北京）有限公司的笔记本电脑（U430s）获第十八届中国外观设计金奖，北京赛升药业股份有限公司的高纯度蛇毒纤溶酶的制备方法及其药物制剂等79件专利获第十八届中国专利优秀奖。

（中关村管委会）

【首批示范区投贷联动试点项目落地】12月16日，在中国银行投贷联动合作签约仪式上，中国银行股份有限公司与中关村管委会签署投贷联动合作协议，中国银行将根据签署的投贷联动合作框架协议，全面铺开投贷联动工作，打造“信贷工厂+投贷联动+跨境撮合”三位一体的科创企业服务模式。双方发挥各自在科技金融服务创新、行业引导扶持、风险分担与补偿等领域的优势，创新合作方式，加强多层次的互联互通，探索适合科技创新创业企业发展的金融服务新模式。中国银行还与中关村示范区企业北京高信达通信科技股份有限公司（通信服务集成商）、北京讯腾智慧科技股份有限公司（智能化运营解决方案提供商）签署投贷联动业务合作协议，标志着中国银行首批中关村示范区投贷联动试点项目落地。

（中关村管委会）

【军民融合军地对接平台启动】12月24日，由海淀区政府主办的中关村军民融合“军地对接平台”揭牌仪式在中关村示范区展示中心举行。副市长隋振江出席并讲话。军地领导共同启动中关村军民融合军地对接平台，为中央军委联合参谋部、中央军委后勤保障部、中央军委训练管理部、陆军、海军、空军、火箭军、战略支援部队、军事科学院、国防大学、武装警察部队、后勤学院、空军指挥学院13家军方联络处揭牌，启动中关村军民融合创新学院，并发布中关村军民融合评价标准体系。平台将通过构建“军地双方协调机制，军民先进技术发现、对接和验证机制，军民先进技术成果转化机制”，形成深度融合的工作机制，拓展军地协同创新路径，推动民口企业的技术和产品与国防需求无缝对接。来自部队系统、工业和信息化部、国防科工局、中关村管委会、海淀区政府等单位的相关负责人及有关企业的代表参加。

（中关村管委会）

【北方微电子公司深硅刻蚀设备进入海外生产线】年内，由北京北方微电子基地设备工艺研究中心有限责任公司研发的HSE/DSE系列8英寸深硅等离子刻蚀机进入马来西亚晶圆代工企业Silterra公司，为其提供MEMS和Power Device等工艺制程的解决方案，成为北方微电子首台进入东南亚主流晶圆代工厂的深硅等离子刻蚀设备。HSE/DSE系列深硅刻蚀机可实现高深宽比刻蚀工艺，刻蚀速率快，工艺性能优异，可满足MEMS领域刻蚀工艺要求。

（中关村管委会）

【国内首台高通量扫描电镜下线】年内，聚束科技（北京）有限公司为中科院某研究所特别定制的国内首台高通量扫描电子显微镜在亦庄园下线。显微镜是专门为生物样品3D重构应用设计的电子光学结构，具有高效率、高增益地进行BSE/SE收集的特点，同时还可以应对无人值守且连续几个月不间断工作的情况，并且可以扩展多机并行采集、同步数据处理。高通量电镜技术是多项技术综合应用的总称，包括浸没摇摆物镜、聚焦跟踪技术、荷电控制技术、高速图像采集系统等，可以完成大面积高精度扫描成像，综合成像速度是传统扫描电子显微镜的300倍以上。

（中关村管委会）

北京经济技术开发区

【概况】2016年，北京经济技术开发区完成地区生产总值1172.6亿元，比2015年增长8.1%；规模以上工业总产值2842.5亿元，同比增长11.2%；完成工业增加值718亿元，按不变价计算，同比增长9.1%；一般公共财政预算收入实现169.3亿元，同比增长25.5%；完成一般公共预算支出163.2亿元，同比增长12.3%；税收收入443.5亿元，同比增长14%；全社会固定资产投资386.7亿元，同比下降2.8%，其中工业投资213.5亿元，同比增长16%，占比55.2%；社会消费品零售额379.7亿元，同比增长7.1%；工业利润305.4亿元。PM2.5浓度下降13.8%，排名全市各区空气质量第三位。

开发区围绕高精尖产业定位，立足电子信息、生物医药、汽车及交通设备、智能装备四大主导产业，着眼文化创意、节能环保等新兴产业发展方向，发挥中芯国际集成电路制造（北京）有限公司、京东方科技集团股份有限公司等龙头企业引领作用，带动区内产业链上下游企业集群发展，培育创新型产业集群。年内，现代制造业实现产值2317.9亿元，同比增长13.9%。四大主导产业中，汽车及交通设备产业产值1159.8亿元、电子信息产业产值620.5亿元、智能装备产业产值452.2亿元、生物医药产业产值347.3亿元。

（开发区管委会）

【智能汽车与智慧交通产业创新示范区】 1月18日，智能汽车与智慧交通产业创新示范区成立发布会在开发区举办，工业和信息化部、北京市政府、河北省政府共同签署基于宽带移动互联网的智能汽车与智慧交通应用示范框架合作协议，旨在建立以4G/4.5G/5G宽带无线通信为基础，以“安全、绿色、高效、便捷、快乐”的汽车生活为最终目标的智能汽车与智慧交通产业创新应用示范区。北京中交兴路信息科技有限公司、北京亦庄国际投资发展有限公司、北京千方科技集团有限公司、乐视网信息技术（北京）股份有限公司等15家企事业单位发起设立智能汽车与智慧交通产业联合创新中心，北京亦庄国际投资发展有限公司、北京千方集团有限公司、乐卡汽车智能科技（北京）有限公司、北汽福田汽车股份有限公司4家企业发起设立北京未来车联网创新基金。10月，亦庄国投联合北京千方科技股份有限公司、法乐第（北京）网络科技有限公司、北京新能源汽车股份有限公司等9家公司在开发区共同出资设立北京智能车联产业创新中心有限公司，注册资本为6000万元，推动智能汽车与智慧交通产业先进技术的工程化、商业化和跨界融合应用。

（开发区管委会）

【北方微电子产品获奖】 2月18日，北京北方微电子基地工艺设备研究中心有限责任公司自主研发的exiTin H430 TiN金属硬掩膜物理气相沉积系统获“第十届（2015年度）中国半导体创新产品和技术项目奖”。exiTin H430 TiN金属硬掩膜物理气相沉积系统是面向28纳米～14纳米大马士革工艺中硬掩膜层沉积工艺所使用的物理气相沉积设备。设备采用新型溅射源和全新的辅助磁场发生装置设计，具有成膜均匀性好、应力低、操作简单、占地面积小、运行成本低和产能高等特点，其高效的靶材利用率、极佳的厚度和电阻均匀性获得了客户的高度认可。设备凭借其优异的工艺性能、量产能力和极具竞争力的CoO，被国内领军集成电路芯片制造企业指定为28纳米制程Baseline机台，并获得海外客户的订单，进入国际供应链体系，推动了国产高端装备的市场化进程。

（开发区管委会）

【10家企业获得科技奖】 2月19日，北京市科学技术奖励大会召开，京东方科技集团股份有限公司、北京同仁堂股份有限公司、易美芯光（北京）科技有限公司、北京云电英纳超导电力技术有限公司、数码辰星科技发展（北京）有限公司、中科晶电信息材料（北京）有限公司、北京京诚泽宇能源环保工程技术有限公司等10家企业的9项成果获奖，其中京东方的“基于自主技术平台的大尺寸平板显示核心技术研发应用”项目、云电英纳的“饱和铁心型超导限流器的关键技术研究”项目和同仁堂的“中药抗抑郁的物质基础与神经生物学机制研究”项目获得一等奖。

（开发区管委会）

【SDN控制器测试工具面世】 3月，由北京天地互连信息技术有限公司——全球SDN测试认证中心开发的SDN控制器测试工具OFsuite_Performance面世，填补SDN控制器系统性能测试市场空白，并在年内陆续对外发布《RYU控制器性能测试报告》《OpenDaylight控制器性能测试报告》和《ONOS控制器性能测试报告》，可对主流开源控制器RYU、OpenDaylight、ONOS的多项性能指标进行测试，并在报告中对测试结果进行可视化的呈现。全球SDN测试认证中心正式面向全球范围开展SDN控制器测试业务，为SDN控制器用户提供更多的性能分析方法和工具，以及数据支持，为网络用户选择高性能SDN控制器提供依据，加速SDN控制器的商用部署进程。

（开发区管委会）

【北生研bOPV投放市场】 4月，北京北生研生物制品有限公司的“口服Ⅰ型Ⅲ型脊髓灰质炎减毒活疫苗

(bOPV)”投放市场。北生研是该产品国内唯一生产企业，bOPV 具有生产工艺先进、产品质量稳定、小月龄婴儿服用方便、无菌制剂等优点。年内，世界卫生组织（WHO）实施全球消除脊灰病毒行动计划，bOPV 替代原“口服Ⅰ型Ⅱ型Ⅲ型脊髓灰质炎减毒活疫苗糖丸”，配合 WHO 完成脊灰疫苗免疫政策调整，也为中国 EPI 计划的实施提供了产品支持。截至年底，累计入库超过 1 亿剂次。

（开发区管委会）

【中交兴路“车旺智运”平台上线】 5 月 31 日，北京中交兴路信息科技有限公司自主研发的“车旺智运”平台正式上线。“车旺智运”是基于海量货运车源的业务应用系统，全面覆盖智能管车、运力管理、时效管理等主要业务范围，基于车源全覆盖的优势，进行行业对比，以定向开发、数据开放等多种方式，为用户提供全面、权威的行业解决方案，帮助企业优化产业链，节约成本，实现货运行业“互联网 +”的新模式。

（开发区管委会）

【北汽与戴姆勒公司签署协议】 6 月 13 日，在国务院总理李克强和德国总理默克尔的共同见证下，北京汽车股份有限公司与戴姆勒股份公司正式签署框架协议，双方共同增资 40 亿元，用于北京奔驰汽车有限公司发动机工厂的进一步扩建。12 月 2 日，北京奔驰发动机工厂二厂区奠基仪式在开发区举行，迈出北汽集团与戴姆勒股份公司在北京奔驰后百万时期继续深化合作的重要一步。

（开发区管委会）

【梅赛德斯 – 奔驰长轴距 E 级车下线】 6 月 16 日，北京奔驰汽车有限公司全新梅赛德斯 – 奔驰长轴距 E 级车下线。该车型拥有前沿科技配置和革新设计理念，集德国尖端工业精髓与中国工匠精神于一体，开启中国智造与智能驾驶的崭新时代。

（开发区管委会）

【PVFM 精密高分子滤材（滤芯）产品】 6 月，嘉纳尔科技（北京）有限公司自主研发一种工艺成熟、成本低廉的聚乙烯醇缩甲醛（PVFM）精密高分子滤材（滤芯）产品，该产品用聚乙烯醇、甲醛等为基本化工原料，并以特殊微粒产品为致孔剂，通过高分子合成反应和挤压制成具有微孔结构的高分子滤芯产品（阻挡 2.5 ～ 5 微米颗粒，达到 98% 以上），具有过滤精度高、机械强度好、无组织脱落、过滤面积大、适用性强等优点。该项目获得北京市中小企业创新基金支持 40 万元。

（开发区管委会）

【华夏芯 64 位高性能处理器发布】 8 月 22 日，华夏芯（北京）通用处理器技术有限公司在 2016 全球异构计算 HSA 峰会上发布一款达到业界先进水平的 64 位高性能处理器。该处理器基于全自主核心技术，支持 HSA 国际标准，面向移动通信、机器视觉、人工智能、智能终端、消费电子和物联网等多个领域。基于自主知识产权的指令集、微架构和工具链，提供 CPU+DSP+IVP（图像和视频处理）三合一的 Unity 处理器的 IP 核产品（包括深度定制）和 SoC 芯片集成设计服务，可显著提升性能、降低功耗、降低下游厂商的开发时间和成本，具有很强的市场竞争力。

（开发区管委会）

【创新工业节能减排新模式】 8 月，北京天诚同创电气有限公司与市发展改革委能源研究所开展“金风科技绿色供应链管理的运作模式、推进机制与案例研究”合作项目，以新疆金风科技股份有限公司为样板，摸索和研究基于绿色供应链、推动链上企业节能减碳的运作模式和推进机制，总结经验和实施模式，为中国制造业企业绿色转型升级提供创新工业节能减排新模式。该项目得到美国能源基金会 15 万美元的研究费用支持。北京天诚同创电气有限公司已协助欧伏电气、龙马重科、宁波日星铸业、中车永济电机、高澜股份等多家企业开展智慧能源解决方案建设。

（开发区管委会）

【中航国际北京公司国外 3 项目生效】 9 月 5 日，中国航空技术北京有限公司（简称中航国际北京公司）伊朗水泥熟料线总包项目正式生效。该项目为中航国际北京公司与德国洪堡公司在伊朗联合开发的第一个水泥生产线总包项目，将为伊朗水泥业主建设一条日产 3300 吨熟料水泥的生产线。11 月 1 日，中航国际北京公司委内瑞拉建材项目生效。该项目是委内瑞拉政府推出的民生系列工程之一，推动委内瑞拉“大住房计划”，为当地百姓改善居住条件，同时，促进国内建材产品出口。11 月 28 日，中航国际北京公司土耳其 KCS 余热发电项目生效，该项目是中航国际北京公司在土耳其开发的第二个水泥余热发电项目。

（开发区管委会）

【北方微电子与七星电子重组】 9 月 27 日，北京北方微电子基地设备工艺研究中心有限责任公司与北京七星华创电子股份有限公司在开发区亦创会展中心举行重组发布仪式，正式对外发布公司重组后的全新品牌：北方华创（NAURA）。北京北方华创微电子装备有限公司是北京七星华创电子股份有限公司的全资子公司，是国内唯一一家主营半导体高端装备制造的上市公司，专注于集成电路、半导体照明、功率半导体、微机电系统、先进封装、光伏电池、平板显示、光信息器件等泛半导体领域的高端装备产品研发和制造，提供刻蚀机、PVD、CVD、氧化/扩散炉、清洗机、自动转送移载系统、流量计等近80个系列产品。

（开发区管委会）

【4个集成电路重点项目启动】9月27日，开发区举行集成电路标准厂房、燕东8英寸特色工艺线、耐威8英寸MEMS芯片生产线、华卓精科半导体装备基地4个集成电路产业重点项目启动仪式,国家发展改革委、工业和信息化部、科技部、市经济信息化委等部门的领导出席。集成电路标准厂房（一期）项目定位于为国内外优秀集成电路设计企业提供稳定持续的产能保障和基础设施条件，打造成中国集成电路的标杆性工业园；燕东8英寸线项目通过与国际顶尖驱动电路、功率器件厂商合作，建成国内技术最先进的特色工艺产线；耐威MEMS 8英寸线项目引进国际主流技术的完整系统和管理技术，提高国内MEMS代工业务发展水平；华卓精科项目吸纳集成电路装备领域的高端科研技术资源，填补国内光刻机关键零部件研发和制造领域空白，为下一步开展光刻机整机研制奠定基础。

（开发区管委会）

【锤子数码发布新品】10月18日，北京锤子数码科技有限公司推出两款全新手机Smartisan M1、M1L，共发布M1（4G+32G全网通版）、M1L（4G+32G全网通版）、M1L（6G+64G全网通版）3个配置版本。本次升级新增与优化了200余项功能,推出“一步（One Step）”和“大爆炸（Big Bang）”两大全新功能。

（开发区管委会）

【首条高速粉末彩涂板生产线】11月2日，中冶京诚工程技术有限公司自主研发的国内第一条高速粉末连续喷涂彩涂板卷生产线在山东科瑞钢板有限公司热试成功。粉末彩涂与传统的溶剂型彩涂相比，具有高环保（生产及使用过程有害气体零排放）、高品质（加工性、装饰性和耐候性高）、高能效（单位成本优于传统溶剂型彩涂）等特点，粉末彩涂正成为彩涂板生产更新换代的技术。此次热试成功的板宽1250毫米粉末喷涂机组，连续生产速度可达80米/分钟，远超欧美发达国家同类粉末涂层机组的30米/分钟速度，已达到世界领先水平。

（开发区管委会）

【拜耳处方药综合扩建项目启用】11月18日，拜耳医药保健有限公司处方药北京工厂综合扩建项目启用。该综合扩建项目包括全自动物料处理的物流后勤区域、分析实验室和高速包装生产线等全球领先的生产设施。该项目包括高速包装生产线、全自动物流系统、复杂信息技术，并在设计和实施中秉持可持续发展理念，精益运营理念优化流程，未来产能提升2～3倍不用扩建厂房；机器人技术应用于物流和高速包装生产线，机器人自动组拍、机器人自动上盒；大量应用高效先进的供热通风与空气调节和电气系统，每年可节约能源12000兆瓦时。北京工厂综合扩建项目的启用使拜耳处方药北京工厂的整体产能提升一倍，将确保拜唐苹、拜新同及阿司匹林肠溶片等高质量药品在中国的稳定供应。

（开发区管委会）

【肠道病毒疫苗获新药证书】12月13日，国药中生生物技术研究院有限公司研发的国家一类新药肠道病毒71型灭活疫苗（Vero胞）获得新药证书。该疫苗采用先进的微载体生物反应器培养病毒，经过多步纯化工艺生产制备形成高纯度疫苗。疫苗接种后可产生高水平的保护性抗体，对由EV71所致的手足口病的保护率达90%以上，对重症病例的保护率达100%。

（开发区管委会）

【自主化高速受电弓】年内，北京中车赛德铁道电气科技有限公司承担中国铁路总公司科技研究开发计划课题“高速动车组受电弓关键技术研究——高速受电弓研制”。中车赛德自主研发设计出满足中国标准动车组（复兴号）高速运营要求的自主化高速受电弓。7月15日，中车赛德受电弓安装在中国标动CRH-0503车上，CRH-0503在郑徐高铁上完成420千米时速交会试验；8月15日，CRH-0503在沈大高铁上完成60万千米考核。

（开发区管委会）

【和利时多个重大项目开通运营】年内，北京地铁14号线中段工程开通运营，与14号线东段实现顺利贯通。和利时集团是14号线中段工程综合监控系统、变电所自动化系统和环境与设备监控系统的供货商和系统集成商；深圳地铁11号线开通运营，和利时为深圳地铁11号线工程的供货商和系统集成商，提供包含综合监控系统、变电所自动化系统、环境与设备监控系统、火灾报警系统、低压开关柜（MCC）系统、能源系统在内的六大系统。由和利时担任集成供货商的北京地铁8号线二期、昌八联络线和10号线二期综合监控系统工程项目同时通过最终验收。和利时与中海油能源发展装备技术有限公司共同承接的中海油17-2油田平台中控系统国产化改造项目通过投运验收。

（开发区管委会）

【产业产品结构调整】年内，开发区制定实施新增产业禁止和限制目录，加速退出消费类电子产品组装、印刷机械、冶金机械和化工等没有比较优势、劳动密集型行业企业。基本完成对星网工业园企业的腾退。把有限的资金、土地等资源用到填空白、补短板的高精尖产业上。支持拜耳医药保健有限公司、赛诺菲（北京）制药有限公司扩建，将一类新药和市场需求旺盛的药品投放在开发区生产；支持中芯国际扩产，不断满足中国集成电路市场需求，实现高科技产品制造出口；支持京东商城、中航技进出口、航天大火箭等公司在开发区建设企业总部，承接城六区产业功能疏解，服务在京中央企业和跨国公司可持续发展。

（开发区管委会）

【探索工业用地二次利用模式】年内，开发区通过腾笼换鸟，探索疏解腾退土地的二次利用新模式，向存量土地要效益。以回购方式收回原诺基亚厂区土地和厂房，支持北汽集团建设新能源汽车总部和研发中心；支持北人疏解落后产能，改造旧厂房，在原址改建亦创智能机器人创新园，建成“世界机器人大会”永久会址；以收储方式收回住友化学公司用地并重新出让，引入华卓精科半导体项目。

（开发区管委会）

北京天竺综合保税区

【概况】2016 年，北京天竺综合保税区完成固定资产投资 13.5 亿元；完成总收入 141.4 亿元，同比降低 22.9%；完成利润总额 12.6 亿元，同比降低 42.7%。自开始至报告期累计招商项目 295 个，项目累计总投资363.6亿元，外商实际投资累计完成14.6866亿美元。

（北京国际工程咨询有限公司）

市级开发区

【概况】2016 年，全市开发区完成固定资产投资 1026 亿元；完成总收入 51853 亿元；完成利润总额 3956.2 亿元。自开始至报告期累计招商项目 60732 个，项目累计总投资 20958.4 亿元，外商实际投资累计完成 254.2 亿美元。

【北京天竺空港经济开发区】2016 年，开发区完成固定资产投资 30.6 亿元；完成总收入 1994.8 亿元，同比降低 1.2%；完成利润总额 182.9 亿元，同比增长 13%。自开始至报告期累计招商项目 961 个，项目累计总投资 594 亿元，外商实际投资累计完成 18.1154 亿美元。

【北京通州经济开发区】2016 年，开发区完成固定资产投资 10.7 亿元；完成总收入 171.1 亿元，同比增长 45.4%；完成利润总额 44.4 亿元，同比增长 41.9%。自开始至报告期累计招商项目 87 个，项目累计总投资 298.2 亿元，外商实际投资累计完成 4.1208 亿美元。

【北京兴谷经济开发区】2016 年，开发区完成固定资产投资 10.2 亿元；完成总收入 210 亿元，同比降低 6.5%；完成利润总额 6.6 亿元，同比降低 31.3%。自开始至报告期累计招商项目 207 个，项目累计总投资 90 亿元，外商实际投资累计完成 5.8506 亿美元。

【北京雁栖经济开发区】2016 年，开发区完成固定资产投资 9.2 亿元；完成总收入 399.7 亿元，同比增长 8.4%；完成利润总额 43 亿元，同比增长 51.6%。自开始至报告期累计招商项目 1720 个，项目累计总投资 340.4 亿元，外商实际投资累计完成 25.2780 亿美元。

【北京密云经济开发区】2016 年，开发区完成固定资产投资 15.9 亿元；完成总收入 358.2 亿元，同比增长 7%；完成利润总额 18.6 亿元，同比增长 21%。自开始至报告期累计招商项目 260 个，项目累计总投资 313.7 亿元，外商实际投资累计完成 5.6459 亿美元。

【北京永乐经济开发区】2016 年，开发区完成固定资产投资 2.2 亿元；完成总收入 6.3 亿元，同比降低 12.1%；完成利润总额 0.6 亿元，同比降低 33.4%。自开始至报告期累计招商项目 26 个，项目累计总投资 19.4 亿元，外商实际投资累计完成 1487 万美元。

【北京大兴经济开发区】2016 年，开发区完成固定资产投资 1 亿元；完成总收入 248.9 亿元，同比增长 9.8%；完成利润总额 6 亿元，同比增长 121.6%。自开始至报告期累计招商项目 2849 个，项目累计总投资 47.9 亿元，外商实际投资累计完成 9491 万美元。

【北京八达岭经济开发区】2016 年，开发区完成固定资产投资 1.8 亿元；完成总收入 124 亿元，同比降低 12.1%；完成利润总额 23.1 亿元，同比增长 9.9%。自开始至报告期累计招商项目 1608 个，项目累计总投资 68.2 亿元，外商实际投资累计完成 70 万美元。

【北京延庆经济开发区】2016 年，开发区完成固定资产投资 5.5 亿元；完成总收入 149.9 亿元，同比增长 21.2%；完成利润总额 3.3 亿元，同比增长 25%。自开始至报告期累计招商项目 1242 个，项目累计总投资 992.5 亿元，外商实际投资累计完成 6494 万美元。

【北京房山工业园区】2016 年，园区完成固定资产投资 2 亿元；完成总收入 42.9 亿元，同比增长 105.2%；利润总额 2 亿元，与上年相比实现扭亏为盈。自开始至报告期累计招商项目 26 个，项目累计总投资 23.3 亿元。

【北京林河经济开发区】2016 年，开发区完成固定资产投资 7.5 亿元；完成总收入 191.4 亿元，同比增长 4.6%；完成利润总额 8.5 亿元，同比增长 35.1%。自开始至报告期累计招商项目 316 个，项目累计总投资 92.5 亿元，外商实际投资累计完成 7889 万美元。

【北京石龙经济开发区】2016 年，开发区完成固定资产投资 9.2 亿元；完成总收入 724.9 亿元，同比降低 8.4%；亏损总额 54.7 亿元。自开始至报告期累计招商项目 11065 个，项目累计总投资 516.3 亿元，外商实际投资累计完成 6454 万美元。

【北京良乡经济开发区】2016 年，开发区完成固定资产投资 0.6 亿元；完成总收入 178.2 亿元，同比降低 11.8%；利润总额 4.3 亿元，与上年相比实现扭亏为盈。自开始至报告期累计招商项目 84 个，项目累计总投资 30.5 亿元，外商实际投资累计完成 1532 万美元。

【北京采育经济开发区】2016 年，开发区完成固定资产投资 1.5 亿元；完成总收入 207 亿元，同比增长 76.1%；完成利润总额 10.4 亿元，同比增长 173.6%。自开始至报告期累计招商项目 54 个，项目累计总投资 69 亿元，外商实际投资累计完成 780 万美元。

【北京昌平小汤山工业园区】2016 年，园区完成总收入 2.2 亿元，同比增长 456.8%；完成利润总额 106.4 万元。自开始至报告期累计招商项目 78 个，项目累计总投资 5.3 亿元，外商实际投资累计完成 655 万美元。

【北京马坊工业园区】2016 年，园区完成固定资产投资 3.2 亿元；完成总收入 12.5 亿元，同比降低 57.3%；利润亏损总额 270.8 万元。自开始至报告期累计招商项目 64 个，项目累计总投资 25.5 亿元。

（以上内容由北京国际工程咨询有限公司提供）

2016年北京市开发区土地开发情况

单位：公顷

名称	规划总面积	累计已开发土地面积	累计已供应土地面积	累计已建成城镇建设用地
国家级开发区	45395.86	31549.25	29020.84	26087.79
北京经济技术开发区	4680.0	3700.0	3948.8	3700.0
中关村国家自主创新示范区	42799.46	30177.75	24756.03	24816.64
中关村示范区海淀园	17430.58	13930.31	13673.16	13506.32
中关村示范区丰台园	1763	367.47	237.44	191.61
中关村示范区昌平园	5140.00	2890.72	2306.29	2766.28
中关村示范区朝阳园	2610.00	1471.88	1447.09	1047.59
中关村示范区亦庄园	2678.00	2678		2678
中关村示范区西城园	1000.00	1000	1000	
中关村示范区东城园	603.00	288.78		288.78
中关村示范区石景山园	1334.00	133.4	71.86	133.4
中关村示范区通州园	3434.62	2553.27	2088.93	1718.23
中关村示范区大兴园	1124.73	710.23	558.98	299.52
中关村示范区平谷园	508.00	227.71	103.39	85.19
中关村示范区门头沟园	189.00	120	120	
中关村示范区房山园	1573.00	1231.3	1060.56	678.92
中关村示范区顺义园	1208.49	912.35	567.54	410.65
中关村示范区密云园	1000.84	699.27	606.98	462.36
中关村示范区怀柔园	711.00	693.06	664.26	359.16
中关村示范区延庆园	491.20	270	249.55	190.63
北京天竺综合保税区	594.40	349.5	316.01	249.15
市级开发区	9252.6	6644.2	5271.0	5198.0
北京石龙经济开发区	189.00	120	120	
北京良乡经济开发区	240.93	136.11	132.69	110.72
北京大兴经济开发区	414.83	294.32	282.42	278.54
北京通州经济开发区	1947.58	770.67	750.47	637.27
北京雁栖经济开发区	1096.00	1096	722.2	637.57
北京兴谷经济开发区	503.20	571.72	421.59	596
北京密云经济开发区	1249.46	1249.46	1000.37	909.95
北京林河经济开发区	416.00	385	260	349
北京天竺空港经济开发区	660.00	660	449.18	432.2
北京八达岭经济开发区	480.79	318.59	209.64	295.05
北京永乐经济开发区	459.81	219.306	137.13	137.13
北京延庆经济开发区	418.58	173.16	143	220.96
北京昌平小汤山工业园区	257.34	14.32	23.48	45.32
北京采育经济开发区	355.01	327.08	319.71	313.99
北京房山工业园区	218.52	159.51	150.72	122.76
北京马坊工业园区	345.58	148.95	148.35	111.53

注：1. 本表所指开发区包括国家级及北京市级开发区情况。

2. 中关村国家自主创新示范区亦庄园数据在中关村国家自主创新示范区与北京经济技术开发区中为重叠部分，后表同。

3. 自2013年起，平谷园、门头沟园、房山园、顺义园、密云园、怀柔园和延庆园七个园区纳入中关村国家自主创新示范区统计范围，后表同。

4. 除中关村国家自主创新示范区海淀园外，中关村国家自主创新示范区各园“规划总面积”指标均填报批复土地面积，范围较2012年有所变化。

5. 表内“累计”指自开始至年末的累计数。

2016 年北京市开发区招商、入资情况

名　　称	自开始至报告期累计					
	招商项目企业个数（个）	项目总投资（万元）	注册资本（万元）	# 三资企业	合同外资金额（万美元）	外商实际投资（万美元）
国家级开发区	59429	206121862	193738392	25574349	3154503	2500266
北京经济技术开发区	12722	50330270	42046517	8376568	927701	733557
中关村国家自主创新示范区	47264	169368988	159821679	21117550	2445823	1977264
中关村示范区海淀园	23963	68101834	67565490	10432231	1461440	986423
中关村示范区丰台园	10181	21944409	21944409	227253	26905	33239
中关村示范区昌平园	3778	25601069	25415898	1247443	86573	86573
中关村示范区朝阳园	1635	10666826	10666826	1500567	125578	125578
中关村示范区亦庄园	852	17213168	9480050	4549670	365887	357421
中关村示范区西城园	649	9426511	9426511	1345977	202637	202637
中关村示范区东城园	2207	2255929	2255929	101275	3293	3142
中关村示范区石景山园	2656	3256892	3264034	203505	31308	34210
中关村示范区通州园	296	2022938	1277495	347442	19848	19848
中关村示范区大兴园	101	264984	246500	16000	5200	4750
中关村示范区平谷园	147	349604	349604	11800	2168	2168
中关村示范区门头沟园	118	1135329	1135329	10372	1019	319
中关村示范区房山园	150	107255	1127291	280108	75	1451
中关村示范区顺义园	283	5370136	4948601	800251	109770	111510
中关村示范区密云园	136	758500	556481	41020	3759	7609
中关村示范区怀柔园	54	816005	98938			
中关村示范区延庆园	58	77600	62294	2636	363	386
北京天竺综合保税区	295	3635772	1350246	629901	146866	146866
市级开发区	20647	35265809	25864630	3467679	552366	624958
北京石龙经济开发区	11065	5163430	5163430	41465	8028	6454
北京良乡经济开发区	84	304676	142579	13663	1532	1532
北京大兴经济开发区	2849	478512	1708942	151535	10675	9491
北京通州经济开发区	87	2981539	851549	272846	46220	41208
北京雁栖经济开发区	1720	3403598	958253	460489	240471	252780
北京兴谷经济开发区	207	899986	324498	234743	57008	58506
北京密云经济开发区	260	3137471	582010	131210	24807	56459
北京林河经济开发区	316	924762	610864	94631	12622	7889
北京天竺空港经济开发区	961	5940018	4202013	1951652	142353	181154
北京八达岭经济开发区	1608	681764	841915	20061	70	70
北京永乐经济开发区	26	193769	47139	1000		1487
北京延庆经济开发区	1242	9925464	9601021		5857	6494
北京昌平小汤山工业园区	78	52800	34731	6242	989	655
大兴采育经济开发区	54	690041	436242	9808	1735	780
北京房山工业园区	26	232722	104187			
北京马坊工业园区	64	255258	255258	78334		

注：北京经济技术开发区统计局 2016 年招商数据暂时缺失，累计数据截止到 2015 年。

2016年北京市开发区投资、生产情况

名 称	自年初累计		
	固定资产投资（万元）	总收入（万元）	利润总额（万元）
国家级开发区	10100405	497652684	37755260
北京经济技术开发区	3910369	80131999	4018242
中关村国家自主创新示范区	7410788	460476182	37325320
中关村示范区海淀园	1358662	183553601	14078899
中关村示范区丰台园	1280000	44032802	3456339
中关村示范区昌平园	224624	36691286	2031068
中关村示范区朝阳园	330000	46035935	4419209
中关村示范区亦庄园	1356102	44369315	3714492
中关村示范区西城园	73036	26869228	2616377
中关村示范区东城园	1102794	19104337	1810722
中关村示范区石景山园	98271	18814871	3083000
中关村示范区通州园	568643	6276446	633305
中关村示范区大兴园	208931	5628465	407756
中关村示范区平谷园	51792	1222230	77321
中关村示范区门头沟园	91912	1745658	-2112
中关村示范区房山园	392543	3021033	193081
中关村示范区顺义园	139469	14845663	299427
中关村示范区密云园	27404	2133504	123854
中关村示范区怀柔园	92426	5228006	348644
中关村示范区延庆园	14179	903804	33939
北京天竺综合保税区	135350	1413818	126190
市级开发区	1111821	50221415	2988338
北京石龙经济开发区	91912	7249209	-547474
北京良乡经济开发区	6381	1782283	42693
北京大兴经济开发区	10392	2489200	59835
北京通州经济开发区	107130	1710741	444419
北京雁栖经济开发区	92426	3996512	430412
北京兴谷经济开发区	102363	2100095	65996
北京密云经济开发区	159136	3582381	186285
北京林河经济开发区	74532	1914358	85097
北京天竺空港经济开发区	305521	19948331	1828509
北京八达岭经济开发区	17910	1240347	230731
北京永乐经济开发区	21652	63306	5995
北京延庆经济开发区	54954	1498546	32510
北京昌平小汤山工业园区		22273	106
大兴采育经济开发区	15259	2070405	103960
北京房山工业园区	20432	428839	19535
北京马坊工业园区	31821	124590	-271

注：中关村国家自主创新示范区亦庄数据在中关村国家自主创新示范区与北京经济技术开发区中为重叠部分。
北京经济技术开发区、市级各开发区“总收入”“利润总额”指标的统计范围为规模（限额）以上法人单位。

企 业

北京电子控股有限责任公司

【概况】北京电子控股有限责任公司（简称北京电控）是北京市国资委授权的国有特大型高科技企业集团，拥有京东方科技集团股份有限公司、北方华创科技集团股份有限公司、北京电子城投资开发集团股份有限公司3家上市公司，22家二级企事业单位。主营产业分布在高端电子元器件（含半导体显示器件、集成电路、特种元器件）、高端电子工艺装备、高效储能电池及系统应用和电子信息产业融合服务四大板块。2016年，电控系统加强对宏观形势和市场环境的分析研判，紧紧抓住经营管理的关键环节，聚焦聚力市场开拓、科技创新、深化改革、管理提升、人才强企和安全稳定，各项工作均取得了显著成绩，主要经营指标进入市属国有企业前列，实现了“十三五”的良好开局。

（黄永波）

【年度经营】年内，北京电控实现营业收入773亿元，同比增长34.2%，超过市国资委考核指标的33%，位列市属国有企业第三位；实现利润总额31.7亿元，同比增长4.6%，超过市国资委提质增效考核指标的158%；资产总量突破2300亿元，归属母公司所有者权益113亿元，同比增长20%。从经济运行指标来看，持有货币资金总量670亿元，同比增长47%；应收账款周转率5.3次，两年以上应收账款较期初下降7800万元；存货周转率5.4次，同比提高0.92次，总体保持了良好的发展态势。

（黄永波）

【科技创新】年内，北京电控累计投入研发资金达48亿元，占主营业务收入的6.2%；实现新品销售收入超过543亿元，占主营业务收入比重达到70%；全年申请专利7895件（其中发明专利3865件，海外专利2641件），同比增长20.2%；取得授权专利3805件（其中发明专利1792件，国外专利976件），同比增长31.3%，申请专利和授权专利数量再创历史新高。

（电 控）

【产业布局和企业结构】年内，北京电控完成了北京七星华创电子股份有限公司与北京北方微电子基地设备工艺研究中心有限责任公司的资产重组，推动产品业务整合和内部管理融合，初步搭建起国内规模最大、产品门类最多的集成电路装备产业平台。利用资本市场，完成北京电子城投资开发集团股份有限公司定向增发再融资项目和北京七星华创电子股份有限公司重组配套资金募集项目，获得产业发展资金33.2亿元；完成对香港上市公司精电国际有限公司的收购，成功进入车载显示及车联网系统业务领域；北京第七九七音响股份有限公司成功取得新三板挂牌上市批复，为多层次利用资本市场探索了一条新的路径。加快推动优质产业资源与上市公司对接，完成北京方略博华文化传媒有限公司并入上市公司的资产整合，实现了北京电子城投资开发集团股份有限公司对金龙大厦业务的委托管理。不断拓宽融资渠道，通过发行公司债融资100亿元，争取国开基金低成本资金60亿元，有力支持了产业快速发展。强化系统内存量资金的统筹运作，实现对7家企业的资金集中管理，提高了资金的使用效率和收益水平。总部推进以发行公司债形式筹集产业发展资金，并取得了上海交易所的批复，为发债实施奠定了基础。实现了全系统社保资金的统一管理和集中发放；制订退休人员和非经营性资产管理与原企业剥离脱钩的方案，为实现电控平台的实质性集中管理做好了准备；争取政策支持并得到认可，形成了以政府购买服务实现退休人员社会化管理的操作路径，并被确定为唯一试点企业。历史遗留问题解决取得重大突破。历经多年艰苦谈判，完成资产管理公司持有部分企业股权回购的谈判工作并取得实质性成果；大华恒盛仲裁案取得解除双方投资协议的终审裁决，易亨龙湖案、凯德华案等重大法律案件取得二审胜诉；持续推进小股权企业的清理，完成13户劣势企业退出，进一步优化了企业长投结构。

（黄永波）

【改造升级】年内，北京电控深入推进打非治违，完成1.4万平方米违法建筑的治理，制订实施了电控系统地下空间综合整治工作方案。创造条件解决涉及职工群众利益的重点难点问题，配合做好酒仙桥旧城区改建项目，完成了涉及系统内职工的房改售房方案设计。

（黄永波）

【高端电子元器件】年内，北京电控半导体显示产业着力强化市场拓展和营销策划，产业规模快速提升，整体出货量稳居全球第四位，其中移动显示面板市占率保持全球第一位，显示器面板市占率达到21%，上升至全球第一位。新技术和新应用开发取得突破，完成了AMOLED电视面板、7英寸异形显示、VR/AR显示面板等重点产品开发，新品全球首发覆盖率达到40%。产线建设成效显著，鄂尔多斯5.5代线刚性小尺寸AMOLED显示产品实现批量出货，合肥10.5代TFT-LCD生产线项目完成主体结构封顶，福州8.5代TFT-LCD生产线、成都6代AMOLED生产线项目完成施工建设和主设备搬入，绵阳6代AMOLED生产线奠基开工。着眼于打造国内领先的集成电路产业平台，与国际领先企业签订技术合作协议，完成了8英寸集成电路生产线项目的开工筹备工作；完成对新相微电子（上海）有限公司的增资控股和业务整合，芯片设计开发能力大幅提升；推进第三代化合物半导体开发，形成了国内首条6英寸SiC器件示范线建设方案。精密电子元器件产业的市场占有率稳步提升，产品供货能力不断增强；北京飞宇微电子有限责任公司、北京宇翔电子有限公司两家企业的宇高级项目通过评审，为生产线技术改造创造了条件。

（电　控）

【高端电子工艺】年内，北京电控紧跟国际领先企业技术创新步伐，加快核心工艺装备技术开发，完成14纳米硅刻蚀机产品研发并进入客户端上线调试，标志着中国集成电路装备迈入全新的技术代；28纳米硬掩膜PVD进入台湾主流IC制造商生产线，8英寸等离子刻蚀机成功打入马来西亚市场，实现了海外市场的重大突破；装备平台二期扩产项目进展顺利，厂房建设完成主体结构封顶。在新能源产业方面，着力提升动力电池系统自主开发能力，初步掌握了BMS设计、故障诊断等关键技术；完成二期扩产项目，建成国内第一条拥有自主知识产权的自动化柔性生产线，电池包年产能达2.5万台，进入国内专业电池包生产企业前三位；应对“萨德”事件不利影响，推进电池芯合资项目谈判并取得阶段性成果。

（电　控）

【智能装备与系统】年内，北京电控突破即时定位与地图构建导航技术，成功开发出应用于金融领域的服务机器人；完成基于互联网技术的高清视频会议系统自主开发并取得商业订单。完成应用于02专项半导体装备的射频电源产品开发；开展新能源检测设备的技术合作，完成了电池包检测、充放电机等装备的开发；实现与全球技术领先企业的合资合作，有效提升了液体超声波仪表的技术实力。

（电　控）

【科技与服务相融合】年内，北京电控推进科技服务增量项目建设，电子城IT产业园、国际电子总部、朔州数码港、天津西青产业园等重点项目取得阶段性成果，厦门国际创新中心、南京国际数码港、中关村电子城（昆明）科技产业园等项目正式启动；充分利用存量资源发展众创空间业务，“创E+”“创e空间”的运营模式不断成熟，整合外部专业资源的能力不断增强；围绕技术转移和联合创新，探索专业型科技服务的商业路径取得阶段性进展。探索文化服务业务的商业模式，重点在市场推广、产品化培育等环节发力，成功举办751国际设计节、798国际儿童艺术节等大型活动，完成3期798“艺葩”推广，线上线下互动发展的模式初见成效，品牌价值和行业影响力持续提升。

（电　控）

【完善管理机制】年内，北京电控按照市国资委的统一部署，在电控“十三五”规划纲要的基础上，完成4个产业子规划和6个职能子规划的编制工作，通过专题调研和座谈交流等形式，推进各二级单位完成了“十三五”规划的编制工作，进一步完善了电控的“十三五”发展规划，形成了指引电控未来发展的规划体系。成立专门的内控优化工作小组，对总部管理制度和流程进行了重新梳理，优化了总部和二级单位两级决策权限和管理边界，累计新增和修订制度76

项、流程 86 个，编制形成了新版的制度手册和管理手册。指导推动二级单位强化制度建设和规范管理，新增和修订制度 354 个并完成核心制度备案，试行上市公司年度授权管理模式，实现了两级内控管理体系的有机衔接。持续优化全面预算编制管理流程，搭建全级次监控分析体系，数据的及时性和准确性大幅提高；以落实电控财务基础管理工作大检查整改责任为契机，进一步完善二级企业的财务管理制度和会计核算办法，有效提升财务管理能力和水平；围绕实现全级次信息集成共享，形成了业务系统与应用平台有机融合的信息化建设方案，总部 KPI 考核管理、日程管理和政策信息库等信息化项目上线试运行。风险控制机制更加完善。强化对企业经营管理和决策执行的监督检查，发挥派出监事会主席和总法律顾问的审核把关作用，推动企业持续规范经营行为；以全面审计和突出重点为原则，切实加强审计监督工作，实施专项审计、离任审计等项目 340 项，提出整改建议近 500 条，进一步堵塞了管理漏洞，提高了风险控制能力。

（黄永波）

【优化人才结构】年内，北京电控立足于配齐高端电子元器件、集成电路装备等重点产业项目急需紧缺人才，进一步拓宽人才引进渠道，启动“归巢计划”，引进海外创新型人才近百名，新增“千人计划”人选 3 名、“海聚工程”人选 7 名；截至年底，北京电控共有“千人计划”11 名、“海聚工程”28 名，占市国资系统总人数的比重分别达到 47.8% 和 48.2%。发挥系统内教育资源优势，加强与知名教育机构的交流合作，完成“砺剑工程”专题培训班 10 期，培训各类人才约 4000 人次；充分发挥国家级专业技术人才培训基地、大师工作室、技能人才自主评价试点等平台的作用，新增两个市级大师工作室，新型学徒制试点工作通过国家评估，提升了高技能人才的素质能力。创新人才激励取得新进展。紧跟国企深化改革的政策导向，探索中长期激励机制，798 文化公司混合所有制改革及员工持股试点方案得到市国资委支持。创新考核评价和激励约束机制，制定实施派出专职监事会主席薪酬考核制度，编制形成所属单位负责人契约化考核激励、职业经理人和中长期激励的试点方案。

（黄永波）

【安全生产】年内，北京电控层层落实安全生产责任制，加大安全隐患排查力度，完成了 12 家企业的“安全生产标准化”达标复评和电子信息产业安全生产地方标准编制，实现了全系统重大安全责任事故零指标。

（黄永波）

北京汽车集团有限公司

【概况】北京汽车集团有限公司（简称北汽集团）成立于 1958 年，是中国主要的汽车集团之一，在国内汽车行业排名第五位。经过 50 多年的发展，北汽集团已拥有“北京”“绅宝”“昌河”“福田”等自主品牌，先后引进“现代”“梅赛德斯 • 奔驰”“铃木”等国际品牌，汽车整车产品覆盖轿车、越野车、商用车和新能源汽车各个门类。北汽集团拥有包括乘用车、越野车、商用车、新能源汽车和动力总成技术的专业研发机构，建立了涵盖汽车零部件、汽车服务贸易、进出口和汽车金融的完整产业链，实现了产业向通用航空等领域的战略延伸，已发展成为涵盖整车（包括新能源汽车）研发与制造、通用航空产业、汽车零部件制造、汽车服务贸易、投融资等业务的国有大型汽车企业集团。

（张　健）

【年度经营】2016 年，北汽集团实现整车销量 284.7 万辆，同比增长 15.0%；实现营业收入 4061 亿元，同比增长 17.9%；实现经营利润 231.3 亿元，同比增长 19.0%，经营质量明显改善，盈利能力切实增强。在 2016 年《财富》全球 500 强中，北汽集团比上年提升 47 位，排名第 160 位，出色的经营业绩和良好的管理水平得到了社会各界的高度认可。年内，徐和谊董事长获得 2016 中国汽车年度盛典“年度人物”奖，北汽绅宝获得 2016 中国汽车年度盛典“年度市场表现奖”。

（张　健）

【优化业务结构】年内，北汽集团的业务结构不断优化，制造服务业支撑不断加码，新的增长点不断涌现。新能源汽车、通用航空和国际业务作为北汽集团的战略新兴产业，业绩持续改善；零部件和服务贸易业务延续了一贯的稳健表现，海纳川和鹏龙平台均实现利润的大幅增长；金融业务保持着良好的发展势头，成功入股九江银行，为汽车金融及汽车和通航融资租赁业务的开展奠定了坚实的基础。

（张　健）

【自主品牌建设】年内，北汽集团自主品牌整车（含乘用车与商用车）总销量达到137.5万辆，占集团整车销量的48.3%。北汽股份公司踏准了SUV市场快速增长的节奏，多款产品密集投放，全年实现自主品牌整车销售42.1万辆，同比增长34.1%。整车事业本部完成销量43.1万辆，同比增长11.1%。其中，昌河汽车借助新产品上市，完成主力产品转型，实现销量11万辆，同比增长9.9%；北汽银翔完成系列新产品上市，在SUV和MPV系列产品良好市场表现的拉动下，实现销量30.3万辆，同比增长5.2%。商用车龙头企业北汽福田公司持续加大产品创造投入和产品结构调整力度，中高端产品比重提升至64%，全年销量达到50.1万辆，同比增长2.3%，经营状况向好，已连续多年占据国内商用车第一的位置。

（张 健）

【管理创新】年内，北汽集团推进董事会改革试点工作，国企改革取得了新进展；围绕发挥集团化优势，先后在大宗商品采购、产品平台化及新能源共平台协调机制等方面开展了跨部门、跨业务平台的战略协同，形成了强有力的工作机制，促进了资源共享，实现了全集团的降本增效；通过对标管理，北汽集团向行业内外的先进企业学习，在战略管控、投资管控、技术与产品管控、生产质量管控、成本管控等方面建章立制，成效显著。年内，北汽集团董事长徐和谊先后被国际质量组织授予“石川馨—狩野奖”，被中国企业联合会授予“袁宝华管理奖”金奖等殊荣，这是国内外权威专业机构对北汽集团经营管理工作的高度认可。

（张 健）

【合资合作】年内，北京汽车股份有限公司收购了福建奔驰汽车有限公司（简称福建奔驰）35%的股权，实现了对福建奔驰经营权的接管，在高端商用车市场有了崭新的布局。北汽新能源汽车股份有限公司引入了产业链、市场链、创新链、资本链环节的22家投资者，实现了从国有股份制企业向混合所有制企业的转型。北京通用航空有限公司（简称北京通航）正式完成了对山东通用航空服务有限公司的股权重组工作，作为北京通航的运营平台，山东通航在银川全国跳伞冠军赛、常州首架机下线仪式、珠海航展等重大活动中，发挥了重要作用。北京汽车国际贸易有限公司南非工厂项目开工，瑞丽基地正式投产，北汽集团的国际化之路，正从简单的服务贸易模式迈向产品、技术、管理、品牌全方位资源输出的更高阶段。

（张 健）

【新能源汽车产业】年内，北汽集团最重要的战略业务新能源汽车取得了新的重大突破，延续行业领跑位置，全年实现销售5.2万辆，同比增长1.59倍，主打产品EU260在10月获得月度销量全球冠军。年内，北汽新能源汽车股份有限公司取得国内首个新能源汽车生产资质，纯电动SUV EX系列成功上市，正向开发的“国民车”EC180下线，产品型谱进一步完善。北汽福田汽车股份有限公司寻求合作，取得多笔租赁及公交客运系统大订单，实现销量6602辆，同比增长77.3%，其中纯电动汽车销售4767辆，同比增长56.3%；插电混合动力汽车销售1835辆，同比增长1.7倍，新能源客车销量占大中型客车整体销量的比重已经接近70%。

（张 健）

【通用航空产业】年内，北京通用航空有限公司实现飞机订单共计17架，其中固定翼P750飞机订单10架，交付5架；直升机业务正式获得莱奥纳多直升机授权资质，以租赁服务模式广开渠道，取得订单7架，交付3架。北通航景德镇直升机基地、常州固定翼基地先后落成投产，首架“常州造”P750正式复装下线，具备了飞机生产、交付、维修全方位体系能力；山东通航股权重组工作正式完成；法荷航飞机维修项目取得实质性进展，取得民航局最终批复并正式落户北京；先后签约国家跳伞队、承办全国跳伞冠军赛、参加珠海航展，进一步提升了北汽通航产业品牌形象。

（张 健）

【农业装备板块】年内，北京兴东方实业有限责任公司坚持国内与国际市场有机结合，协调社会资本资源推动产融结合，打造“金融、信息、工程、技术服务、运营托管”一体化解决方案拓展农装业务国际市场，全年签订国际项目45个，新增出口国6个。实现营业收入20.6亿元，同比上升7.9%。

（张 健）

【零部件产业】年内，北京海纳川汽车部件股份有限公司（简称海纳川公司）作为集团零部件业务的核心平台，实现营业收入488.1亿元，营业收入和利润分别同比增长30.9%和21.6%。北汽集团顺利完成了渤海活塞重大资产重组项目，将海纳川公司旗下优质资产注入到上市公司中，募集资金近17亿元，有力支撑了企业发展；海纳川公司与松下、江森、李尔、翰昂、瑞延等企业的合资合作项目按计划推进，零部件核心体系能力建设初见成效；集团首个轻量化铝合金零部件项目——海纳川滨州项目于10月正式投产，并于四季度实现批量供货；11月，海纳川技术中心正式成立。

（张 健）

【金融产业】年内，北汽集团战略入股九江银行，获得了集团向全价值链金融平台拓展战略中关键性的商业银行牌照。北京汽车集团财务有限公司业务创新工作稳步推进，外汇业务获得即期结售汇资质，电票业务正式上线运行；产业链金融综合授信总额51亿元，金融支持效应明显，全年实现营业收入6.9亿元。北京汽车集团产业投资有限公司加快了战略新兴产业的投资与并购整合以及创新金融的业务布局。重点围绕智能驾驶、轻量化材料、新兴制造业及汽车后市场等战略新兴领域进行投资，完成投资项目20个；新设股权投资基金、创投基金、并购基金等各类专项基金12支，管理资金规模超过200亿元；“优普钱包”项目已正式上线并逐步推广；申请公募基金，收购江西金融资产交易中心，大金融平台布局不断完善，产业协同效应凸显。

（张　健）

【服务贸易产业】年内，鹏龙平台探索后市场先进业务模式，全年实现营业收入285.5亿元，孵化出一批优秀商业模式创新代表：“黑马”维修项目、“车咖”平台为客户提供更好修车用车体验；中都物流创新加快铁路、水运布局，有力支撑了集团整车主业的发展。北汽集团成立华夏出行平台，将致力于构建以出行业务为中心、整合出行产业链条、面向未来立体出行的服务体系，形成具备北汽特色的人、车、路、网、商全产业链业务闭环发展。先期成立的北京出行汽车服务有限公司推进北京市及各区县政府分时租赁网点建设，建网650个，投入运营车辆1700辆，获得订单总数5万单；开拓党政机关通信车、行政执勤执法车的租赁及运营管理，以及企事业单位长租业务，投入运营车辆1940台；启动社会化分时租赁，投放运营车辆600辆，运营网点40个。

（张　健）

中车北京二七机车有限公司

【概况】中车北京二七机车有限公司（简称二七机车公司）隶属中国中车股份有限公司，现属中国中车股份有限公司一级子公司。公司主要经营的项目有制造、加工铁路及城市轨道交通运输设备、电子设备、机械电器设备；开发、设计、制造、修理、销售铁路及城市轨道交通运输设备、电子设备、机械电器设备；技术咨询、技术服务、技术进出口、代理进出口、货物出口、供暖服务；仓储服务；施工总承包；专业承包；劳务分包；机械设备租赁等。

二七机车公司拥有机械动力设备2019台（套），占地面积约44.3万平方米，厂房建筑面积约21万平方米。另在房山区窦店镇购得土地约38.6万平方米，正在进行建设。注册资本13.5亿元，从业人员2495人。现有硕士以上150人，本科735人。公司行政下设13个部室、6个中心、9个事业部、4个子公司。党群系统设有8个职能部室。公司产品出口20多个国家和地区，遍布全国18个路局、100多家路外工矿企业，矿山车辆领域正在形成从50吨~400吨的产品系列，是世界上唯一同时拥有整车集成和交流传动核心技术的矿车制造商。公司先后通过了IRIS体系认证、ISO9001：2000质量管理体系认证、ISO10012测量管理体系认证、ISO14001环境管理体系认证、OHSAS18001职业健康安全管理体系认证和EN15085焊接体系认证，获得中国钢结构协会颁发的中国钢结构制造一级企业资质。DF7G-E型机车通过欧盟标准认证。二七机车公司已具备新造电力机车100台，新造内燃机车100台，修理内燃机车80台，大型养路机械60标准节的生产能力。主要产品有HXD3、HXD3C型7200千瓦电力机车、DF7系列内燃机车、GK1E和GK31E型内燃机车、铁路大型养路机械LZC-800型路基处理车、GMC96B型钢轨打磨车、多功能作业车、边坡清筛车等。

（胡跃平）

【年度经营】年内，二七机车公司总营业收入12.21亿万元，国铁市场营业收入8.30亿元，占比68.01%。其中，多功能作业车25台，销售收入5.13亿元；边坡清筛机10台，销售收入2.36亿元。路外市场营业收入3.65亿元，占比29.89%。其中，厂修内燃机车10台，营业收入2134万元；新造内燃机车1台，销售收入739万元；GMC16A钢轨打磨车1列，销售收入2428万元；GMC96B钢轨打磨车1列，销售收入8451万元；平板车及隧道清洗车等共19台，销售收入1779万元；矿山工程总承包营业收入9536万元；曲轴727根，销售收入2830万元；50T矿用自卸车10台，销售收入486万元；配件及其他业务收入8108万元。国际市场营业收入184万元，占全年总营业收入0.16%。新造内燃机车1台，修理内燃机车53台，BR711C型接触网检修作业车25台，边坡清筛机

10 列，GMC96B 型钢轨打磨列车 1 列，GMC16A 型钢轨打磨列车 1 列，检测车 2 台，接触网放线车 3 台，NT-3.0T 型平板车 12 台，TCV-S 型隧道清洗车 2 台，曲轴加工 826 根。

（胡跃平）

【项目建设】年内，二七机车公司房山窦店轨道交通高端装备产业园项目完成了总体工作计划的编制，对产业园可研报告进行优化调整，修订完善甲控材料管理办法。园区 6 座厂房已完成 5 座厂房的主体钢结构和部分屋面墙板工程，室外工程建设已全面展开。投资 9.71 亿元，其中土建工程投资 2.15 亿元、土地使用权投资 6.43 亿元、其他项目投资 1.13 亿万元。二七科技园项目完成了《二七科技园概念性规划》方案，获得中关村丰台园发放的 2015 年度的政策兑现奖励 236 万元。丰台区政府提出“一街一厂”规划理念，即对长辛店老镇改造和二七科技园项目实施整体开发。完成科技园道路规划报告和交通评价报告正式成果，完成科技城优惠政策编制，建立多种园区开发、资产盘活模式，完善园区开发流程档案管理和土地房屋资产资料，开展市场调研，建立多方位推介渠道和客户回访机制，细化厂区地块资产评估工作，与多家国内大型房企接洽，共同研究园区开发模式。

（胡跃平）

【节能减排】年内，二七机车公司对锅炉进行清洁能源改造，二氧化硫排放比上年同期减少 6.21 吨，减少 99.8%；氮氧化物排放比上年同期减少 14.59 吨，减少 49.67%；烟尘排放比上年同期减少 5.834 吨，减少 100%。未发生环境污染、重伤及重大火灾等事故。

（胡跃平）

【科技创新】年内，二七机车公司完成与中车大连机车车辆有限公司、中车戚墅堰机车有限公司、中车资阳机车有限公司联合研制 3000 马力节能环保调车机车的总体初设方案。完成深圳地铁轨道检测车设计输出评审，静态、动态调试工作，完成昆明地铁轨道检测车。钢轨铣磨车样机试验获得国内行业专家认可，项目结题。完成青岛机务段、长春地铁、贵阳地铁和合肥地铁不落轮镟床交付工作。100 吨矿用自卸车订单车下线，并运抵矿区进行运用考核试验。与美国底特律重卡公司联合开发的 240 吨电动轮自卸车进入组装调试阶段。与智利 POWER TRAIN 公司达成共识，促成 BHP 同意提供 3 台 240 吨矿车的运用考核机会。完成 190 吨电动轮样车运用考核试验和项目结题验收工作。LNG/ 柴油、甲醇 / 柴油双燃料矿用自卸车技术研制进展顺利，完成双燃料测试试验。利用核心技术，开发多种曲轴新产品，DK20、R6280 型曲轴通过首件鉴定，8320 型曲柄外形不加工全纤维锻钢曲轴得到用户认可，已获得批量订单。年内，二七机车公司获得北京市科学技术三等奖 1 项，中车公司科学技术一等奖 1 项、二等奖 1 项。GCY520 型内燃机车、刚果（金）CKD8C1 型内燃机车 2 个科研课题通过中车科技成果鉴定，通过申报、答辩获得北京市海外知识产权预警项目资金支持 37 万元；联合清华大学天津高端装备研究院筹备成立轮轨关系与维护研究中心。4 项科研课题获得中车批准立项；GCY520 型内燃机车、刚果（金）CKD8C1 型内燃机车 2 个科研课题通过中车科技成果鉴定；获北京市科学技术三等奖 1 项，中车公司科学技术一等奖 1 项、二等奖 1 项；通过申报、答辩获得北京市海外知识产权预警项目资金支持 37 万元；联合清华大学天津高端装备研究院筹备成立轮轨关系与维护研究中心。员工刘尚景的创新工作室获得市级职工创新工作室认定，GMC16A 钢轨打磨车项目获得首都职工自主创新成果认定一等奖。

（胡跃平）

【规划发展】年内，二七机车公司完成营业收入 12.21 亿元，净利润- 2.95 亿元，完成了中车股份有限公司调整后的经营指标。至“十三五”末，实现销售收入 47.29 亿元、净利润达到 0.67 亿元。

（胡跃平）

【改革改制】年内，二七机车公司根据国务院国资委和中车集团公司处置“僵尸企业”及特困企业专项治理工作的部署，作为集团公司 24 家特困企业之一，根据《二七机车公司特困企业专项治理工作思路汇报会》要求，在中车股份有限公司完成《窦店产业园项目的可行性研究报告》批复后，加快产业园新厂区建设。与中车置业有限公司成立联合工作组，进行现有厂区土地资产处置工作。完成下属子公司天津二七康库得曲轴有限公司的股权变更。通过协议解除劳动合同、内部退养两种途径进行部分富余人员的安置工作。

（胡跃平）

【质量管理】年内，二七机车公司修订了《外购物资质量损失索赔办法》《厂外运用故障闭环管理办法（试行）》等 8 项规章、办法。IRIS 体系认证外审分值逐年提升，对边坡清筛机、多功能作业车、GMC96B 型钢轨打磨车和 16A 型钢轨打磨车等车型的最终版质量检查记录进行了评审工作，开展外购件入厂检验工作和重要、安全关键件的复核工作。发布的接触网多功能作业车、边坡清筛机、GMC96B 钢轨打磨车、

HXN3B 机车及车载电务设备等与公司相关的 34 个监造细则。线上线下联合操作，对供应商进行动态管理。

（胡跃平）

【成本控制】年内，二七机车公司依据中车股份公司下发的《降低采购成本、加大内部配套专项工作方案》文件要求，完善相关采购制度，健全物资采购价格管理机制，清理独家采购和代理采购，开展“两金占用清理”专项活动，清理两年以上欠款 5287 万元。

（胡跃平）

【人力资源管理】年内，二七机车公司针对生产经营不同状态下出现的劳动力短缺问题，聘用劳务工 191 人、实习生 118 人。内部员工调配 348 人次。签约 2016 届毕业生 96 人。181 人劳动合同到期续签合同。调出专业技术人员和管理人员共 131 人（其中清理不在岗 70 人），调出操作人员 12 人，旷工解除 8 人。通过协议解除劳动合同、内部退养两种途径分流安置员工 747 人。对 109 名中层领导干部进行了培训，59 人参加北京市人保局考评员培训班。完成各类培训班 473 期 8485 人次。完成 EN15085 体系下各项焊接类产品的人员复证工作 3 批次，复证 108 个。30 名电焊工通过美国焊接标准考试。为 GMC96 钢轨打磨列车、边坡清筛机、BR711 多功能作业车等公司主要产品的接收使用单位培训 12 期 225 人。完成了铁路总公司 BR711 型接触网多功能检修作业车运用检修培训班，培训 120 人。

（胡跃平）

【安全生产】年内，二七机车公司安全生产标准化通过国家安全生产监督管理总局评审，确定为冶金等工贸行业安全生产标准化一级企业。全年无死亡、无新增现岗职业病、无一类火灾爆炸事故或其他重大影响责任事故。发生轻伤事故 1 起，轻伤率为 0.33‰，低于中车股份公司下达的 2.0‰指标。职业健康安全和环境管理体系顺利通过北京埃尔维质量认证中心外部审核。获得国家安监总局安全生产标准化一级企业称号。

（胡跃平）

中车北京二七车辆有限公司

【概况】中车北京二七车辆有限公司(简称二七车辆公司)，隶属中国中车股份有限公司。截至 2016 年年底,公司本部(不含子公司)固定资产原值为 5.76 亿元，有各类机械动力设备 3254 台，其中生产设备 1541 台；在册人数 2386 人，其中教授级高级工程师 20 人、高级专业技术职称 121 人、中级专业技术职称 199 人；具有高级技师 99 人、技师 180 人。公司机构设有行政部室 20 个、党群部门 5 个、生产车间 4 个、分公司 1 个、一级全资子公司 1 个、一级控股子公司 2 个、二级控股子公司 1 个。公司生产用地 64 万平方米，房屋建筑 19.3 万平方米，具备年新造铁路货车 4000 辆、修理铁路货车 3000 辆的综合能力。

（刘　浩）

【年度经营】年内，二七车辆公司克服了市场冷热不均、前松后紧，雾霾预警频繁、生产受限等不利局面，全年生产新造货车 2067 辆，检修货车 2411 辆，加装改造货车 400 辆，实现销售收入 15.7 亿元（其中配件销售收入 982 万元)，归母净利润比年初指标减亏 2100 万，超额完成了中车调整后的主要经营指标。年内，公司创造了历史上 6 个第一：新增订单第一、单笔订单第一、实现出口第一、技术创收第一、员工收入第一、行业贡献第一，国铁 91.8% 的订单产品为二七车辆公司所主导。

（刘　浩）

【改革改制】年内，二七车辆公司完善公司治理工作，推进规范的董事会、监事会建设，成立了董事会办公室和监事会办公室。优化组织架构，财务部和运营管理部职责调整取得成效。财务部更专注于成本核算、资金管理、税务等工作，运营管理部则加强了价格、成本费用的总体管控。为了进一步规范能源 / 碳排放管理工作，设立了公司能源管理办公室。根据经营管理需要，停止了传感器相关业务，将项目部挂靠在规划发展部。落实深化改革指导意见，开展了压缩管理层级减少法人户数工作，制订并上报了公司和存续企业《压缩管理层级减少法人户数工作方案》。按照市场导向，对同质化竞争突出，产能过剩严重的业务进行处置。隆长泰公司由于经营困难，从存货、在产品、人员安置、债权债务等方面进行了处置。

（刘　浩）

【经营管理】年内，二七车辆公司开展提质增效工作，抓实抓细重点工作，各项指标普遍优于预期。严控费用审批流程，对工艺装备、大修费用、资本性支出和研发费用 4 个专项引入预算后项目启动前再决策机制。健全应收账款催收清欠机制，对老账呆账开始采取法律诉讼的方式进行清欠。监控库存及在产动态，加快低效无效资产清理处置。开展能源专项管控，分类别设置三级指标81项。完成了公司税务“营改增”过渡工作，重点对增值税进行了纳税筹划。成本核算方式由分步改为平行，提升了核算准确性、及时性和可追溯性。开展了以“勤俭节约我先行，节约降耗促转型”为主题的群众性节约活动。通过优化完善质量指标，细分产品质量控制点，设立产品停止见证点，开展焊缝标准图像化等一系列工作，确保了公司产品质量的稳步提升。一次交验合格率为98.5%，与去年同期相比提高了0.6个百分点。

（刘 浩）

【生产运营】年内，二七车辆公司深入推进工位制节拍化建设，深化模拟生产线与模拟配送线工具应用，提高了国铁车、阿根廷车、泰铁车日产水平。特别是新造SQ6车，通过优化工艺流程，减少了大量辅助作业时间，仅车辆转序距离就减少了2千米以上，仅局部工序增设双班就实现了全工序日产由6辆至12辆的能力提升。持续压缩用工总量，实行弹性用工，提升了人力资源使用效率。根据生产形势的不同阶段，通过与四方股份北京动车技改基地、石家庄公司输出输入劳务的方式，开展员工余缺调剂工作。深入开展精益安全工位建设，实行领导干部安全包保，实现安全生产三零目标。

（刘 浩）

【科技创新】年内，二七车辆公司新研发的HM-1G重载缓冲器为神华公司装车116套，运用考验半年来未现任何异常，得到了神华集团有限责任公司的肯定。推进了NA1运输卡车专用车样机试制，开展了适应物联网的铁路货车“平车+”技术平台研究，进行了具有低温补偿功能新型制动管系密封圈的研发试制和试验。新获取了C80E、C80EH制造许可证及T6FK维修许可证，累计拥有许可证书共计79项。全年申请PCT海外专利1项，发明专利17项；累计拥有有效专利525项，其中发明专利75项。

（刘 浩）

【获得荣誉】年内，二七车辆公司《运输汽车—普通货物双层两用车研制》项目获得“2016年度中国中车科学技术奖”一等奖；《SQ6型凹底双层运输汽车专用车检修技术开发及转让》和《X6K型集装箱专用平车检修技术开发及转让》项目均获得北京市科协科技成果二等奖；《70t级铁路货车厂修工艺研究》和《可拆卸式卷钢座架》项目均获得中车科技成果三等奖；公司承担的“运输汽车—普通货物双层两用车研制”项目科技成果达到国际领先水平，通过中车科技成果鉴定。

（刘 浩）

【市场营销】年内，二七车辆公司国内市场新增SQ6订单2650辆，NX70A订单300辆，接触网平车42辆。加装改造BX1K车400辆，实现了货车电气化改装的真正批产。检修货车获国铁订单2200辆，JSQ系列、DL1、DNX17K等检修车362辆。参与国际市场，新签订了肯尼亚闸瓦项目、泰国米轨转向架项目和泰国车钩委托加工项目。兑现了230辆阿根廷平车、308辆泰铁车等国际订单，国际贸易全年实现收入近1.8亿元。长纤维项目部实现非关联收入2231万元。

（刘 浩）

【基建与技改】年内，二七车辆公司推进“三供一业”社会化移交工作，供暖移交与丰台供暖所签订正式合同；供电移交和丰台区供电局签订框架性协议；供水移交也同长辛店自来水厂达成了共识。小区住宅建设一阶段工程全面开工建设，完成了部分楼座的主体封顶工作。公司燃气锅炉正式投用，国铁新造、检修车全面推行水性漆喷涂，各项环保指标符合北京市政策要求。

（刘 浩）

【人才队伍】年内，二七车辆公司开展第一届中车后备人才的推荐及测评工作，选拔推荐了9名中车第一届后备干部。组织中层及以上领导干部填报《领导干部个人有关事项报告表》，按照不低于10%的比例开展领导干部个人有关事项抽查核实。开展了首届中车核心人才的选拔与推荐工作，被中车评为资深管理专家2人，管理专家6人；资深技术专家4人，技术专家14人；资深技能专家4人，技能专家19人。共完成27人专业技术职务的评审工作，评审工程师8人，助理工程师1人；推荐上报集团公司评委会评审18人，其中教授级高工3人、高级工程师14人、高级经济师1人。全年完成公司级培训37项48期，共培训1318人次；部门级培训91期，共培训2735人次。全年教育经费中60.21%用于技术工人培训。

（刘 浩）

【质量管理】年内，二七车辆公司通过了IRIS管理体系换证后的第二次监督审核。测量管理、EN15085焊接体系通过年度监督审核。申请的交叉杆组成、组合式制动梁、脱轨自动制动阀、HM-1型缓冲器弹性胶泥芯体、缓冲器、货车轮对等产品，顺利通过中铁检验认证中心进行监督审核。通过CNAS-CL01(ISO17025)《检测和校准实验室能力认可准则》

现场考评，完成了第一次监督审核。全年质量损失发生 501.48 万元，质量损失率 0.32%，完成不超过 0.4% 年度质量损失率指标。全年出厂货车未发生一般 D 类级以上事故。未出现因处理不当被顾客投诉情况。

（刘 浩）

中车北京南口机械有限公司

【概况】 中车北京南口机械有限公司（简称南口公司）拥有固定资产原值 10.46 亿元，净值 6.85 亿元。占地面积 54 万平方米。各类设备 1222 台（套），其中大型精密设备 130 台、进口设备 83 台。设行政部室 15 个、党群部门 1 个、事业部 1 个，主产品生产单位 8 个，合资公司 2 个。在岗员工总数 1076 人，其中硕士及以上学历 26 人、本科学历 364 人、专科学历 209 人、中专及以下学历 477 人。

（陈宗河）

【年度经营】 2016 年，南口公司实现销售收入 2.38 亿元。

（陈宗河）

【经营管理】 年内，南口公司开展采购降成本、设计降成本、工艺降成本工作，降采率达到 4.99%。安全生产管理保持平稳状态，铸造分厂发生一起灼伤事故，轻伤事故率控制在 2.6‰ 指标以内。环境 / 职业健康安全管理体系通过再认证。110 千伏变电站主变压器通过临时减容申请，年节省基础电费 200 万元。实施光伏发电项目，经营和环保效益逐步显现。

（陈宗河）

【质量管理】 年内，南口公司完成中国中车 6 项质量考核指标，未发生一般 D 类以上质量责任事故，外部产品质量监督抽查合格率 100%。开展“质量年”活动，组织 23 次专项质量分析会。通过 ISO9001 质量管理体系 2015 版认证，新增 18 个程序文件，修订 19 个程序文件，完善 10 个质量管理基础文件。NP6 风电齿轮箱通过鉴衡产品认证，两种压缩机产品通过能效监督审核。完成 87 家供应商业绩评价，对 7 家供应商进行现场审核，完成 12 次首件检验，8 次供方现场放行检验；新开辟 5 家供应商，并纳入公司《2016 年合格供应商名单》。

（陈宗河）

【科技创新】 年内，南口公司华创 2 兆瓦风电齿轮箱通过国内鉴衡认证；完成华创 2 兆瓦、海装 2 兆瓦风电齿轮箱样机挂机技术服务工作；济南 2 兆瓦、久和 2.5 兆瓦风电齿轮箱通过用户验收。城际动车齿轮箱经过 58 万千米运行考核，性能表现优异；自主改进设计福伊特动车齿轮箱，在多种改造方案中性能表现最佳，获得相关方一致好评。完成宝石 2200 马力泥浆泵减速齿轮箱开发设计，产品通过组装试验检测。压缩机系统高效节能产品开发不断取得进展，整机产品基本达到一级能效水平。公司申报发明专利 11 项。

（陈宗河）

【改革改制】 年内，南口公司撤销铆焊厂，成立结构件事业部。重新划分纪检审计部、工会办公室、热处理厂机构设置。技术中心科技管理处升格为科技管理部，行政管理部更名为总经理办公室。对压缩机配件厂、机械加工厂、质量保证部、工艺技术研究所、风电传动研究所职能进行相应调整。存续企业中车集团北京南口机车车辆机械厂（简称南口厂）实现已购公有住房变更商品房及上市出售规范化管理，创收 241 万元。市政府批准南口厂棚户区改造项目列入北京市 2015 年、2016 年棚户区改造计划。推进天然气入户改造工程相关工作。

（陈宗河）

【基建与技改】 年内，南口公司设备技改 28 项，合同金额 452 万元。完成建厂 110 周年东门广场改造项目，彰显“詹天佑”企业文化。完成铸造厂北跨、物资管理部天车滑线改造；安装危险化学品库和厂东门监控设备；完成厂西区热水站改造；完成厂区以及家属区屋面防水修缮；拆除压缩机配件厂北侧辅房。完成公司危险化学品罐区整体改造。与北京燃气公司所属能源公司签署《中车集团北京南口机车车辆机械厂锅炉房煤改气、供暖分离移交项目框架协议》。完成起重、调运安全作业专项整治。

（陈宗河）

【产品生产】 年内，南口公司完成主要配件和集成产品 25898 件（套）。其中，完成和谐 2 型技术引进机车主动齿轮 555 个，从动齿轮 486 个，抱轴箱铸件 69 个，齿轮箱上、下箱铸件 179 个；东风 4 型机车主动齿轮 139 个；各型喷油泵 26 个、各型喷油器 832 套，各型喷油器偶件 2499 付。完成各型风电齿轮箱 116 台、轨道齿轮箱 22 台、工业齿轮箱 6 台；完成不同规格螺杆空压机 138 台、各型系列转子产品 2560 对。

（陈宗河）

【市场营销】年内，南口公司华创2兆瓦风电齿轮箱在张北基地实现并网发电；久和2.1兆瓦风电齿轮箱批量风场订单交付客户；海装2兆瓦、济南2兆瓦、久和2.5兆瓦风电齿轮箱样机交付客户；拓展风电齿轮箱修理市场，完成苏斯兰和九方天和风电齿轮箱大修任务。时速350千米中国标准动车组齿轮箱通过技术评审；配套唐山可变编组3X动车组齿轮箱完成试制并交付客户；在深圳地铁市场实现齿轮箱首次批量装车；大连金普线地铁齿轮箱市场取得突破。压缩机整机产品市场全年销售收入同比增加73%，回款额度同比增加1倍以上，营销网络遍及13个省市30余家市级营销点，多元化销售渠道全面打开。

（陈宗河）

【人才建设】年内，南口公司完成51名高校毕业生招聘工作。对公司22个单位104名中层管理岗位人员进行考核，选拔、调整和岗位交流中层管理人员68人次，其中调整33人次、提拔10人次、退二线2人、降职免职8人。组织完成118人个人事项报告，上报中车10人。上报中车1名资深技术专家、8名技术专家。完成15名专业技术职务及1名政工专业职务人员申报材料审核，上报中车5名高级以上职称人员材料。办理因公护照9人次。制定新产品零件工时定额600余件，调整产品750余件。完成中车劳动定额标准修订中磨齿主修与滚齿参修工作。完成培训85项，培训人员2321人次，培训课时351个学时，其中组织消防安全知识培训8次、应急预案演练6次。举办“天佑杯”职业技能大赛。

（陈宗河）

北京京城机电控股有限责任公司

【概况】北京京城机电控股有限责任公司（简称京城机电）是大型装备制造与服务公司，2016年位列中国机械工业百强企业第三十一位。京城机电现有17家重要装备制造企业、4家科研院所和学校，其中9家合资公司、1家上市公司，员工1.6万余人。

京城机电深耕装备制造领域，完成了众多国家急需的重大技术装备，填补多项国内空白，积累了雄厚实力和行业自信，奠定了在国家装备制造中行业领先的重要地位。京城机电紧跟时代发展，打造出“京城”“北一”“北人”“华德”“天海”等众多知名企业和品牌，产品销往美国、法国、德国、意大利、澳大利亚、日本、瑞士、新加坡、印度、越南等70多个国家和地区，在国内外装备制造领域中享有盛誉和影响力。京城机电围绕疏解非首都功能、推动“提质增效”和改革调整、疏解转型目标，优化产业结构，落实国有资产保值增值责任；坚持科技创新驱动，充分利用北京科技中心优势，发挥企业历史积淀，以科技创新为核心，推动技术产品创新、商业模式创新、管理创新、机制创新以及文化创新，加快“打造1个具有全球影响力的国际化机床集团；培育机器人、增材制造2个战略先导产业；打造液压、环保、气体储运装备3个行业小巨人”步伐，构建高精尖产业结构，夯实核心竞争力。京城机电将在“十三五”“创新、效益、转型、升级、共享”五大发展理念引领下，全力以赴打造京内、京外合理产业布局，打造集装备制造与服务、生产性服务业、文化创意产业及土地资源盘活为一体的产业结构，成为国内领先的装备制造产业集团。

（京城机电）

【市政府领导调研】7月7日，副市长隋振江带队调研京城机电公司，市政府副秘书长刘印春、市经济信息化委副主任王学军和市科委、市国资委、中关村管委会、经济技术开发区有关领导参加调研。隋振江听取了京城机电董事长任亚光关于企业历史沿革、发展现状、特色优势和“十三五”规划等方面的介绍，京城机电总经理王国华对2016年上半年企业经营情况的汇报。隋振江指出，京城机电作为北京传统装备制造业企业，是北京基础工业的代表，它的发展轨道和中国经济的发展轨迹是同步的。在当前经济新常态背景下，国有企业体制机制改革不断加深，京城机电要在结构调整方面继续加大力度，要聚焦主业，主导产业要做精，退出产业要有舍，要面向2025战略，面向市场，有所为有所不为。要按照2016年市属国有企业提质增效决策部署，完成“三去一降一补”五大任务，做好增量、盘活存量、主动减量，坚决打好提质增效攻坚战。他表示，希望京城机电进一步深化改革，调整结构，把几个产业板块梳理好。3D打印产业发展要高度聚焦，机器人产业要搭平台，要在一两个领域中实现重点突破。他要求相关委办局支持京城机电发展。

（市经信委装备产业处）

【世界机器人大会永久会址落成】10月，北人集团公司按照北京市政府要求，历时半年如期完成世界机器人大会永久会址建设，确保大会圆满召开，体现了京城机电人的拼搏精神，创造了“北人速度”，为传统制造业向服务业转型创造条件。公司对机器人行业全面深入调研，赴日本、韩国机器人企业考察交流，推进合作事宜。同时，依托亦创智能机器人创新园平台进行产业孵化，引入20余家机器人企业入驻园区。

（京城机电）

【年度经营】年内，京城机电围绕公司“十三五”战略，推动传统产业转型升级，培育发展战略先导产业，加快疏解非首都核心功能，探索混合所有制改革，有序推进劣势企业退出，积极承担城市副中心建设任务，按照首都功能定位盘活腾退房地资源，构建与战略相匹配的管理架构，加强风险防控与内部监督。通过一系列举措的有效实施，全年实现营业收入113亿元，利润、应收、存货全面完成年度提质增效目标，推动构建高精尖产业结构，坚定扎实地迈出了“十三五”开局的第一步。

（京城机电）

【科技创新】年内，京城机电在数控机床、液压元件、气体储运、电力装备等不同领域，重点解决65项关键技术，开发170项新产品，实现150项新产品产业化，其中20项作为公司战略产品，全面推动产品结构调整升级。在一批重点科研项目的带动下，“面向新能源等行业的数控超重型桥式龙门五轴联动车铣复合系统机床”获得2016年“中国机械工业科学技术奖”一等奖；“曲轴柔性、精密、高效磨削加工关键技术与成套装备”和“高压大流量比例阀门关键技术研究及应用”被评为“十二五”机械工业优秀科技成果项目；“随动式（切点跟踪）RV减速器偏心轴磨床”获得第十七届中国国际工业博览会金奖。德国瓦德里希·科堡机床厂有限责任公司最新产品“金牛座”系列机床获得“Plus X Award”（欧洲创新技术奖）4项大奖。

（京城机电）

【产品结构调整升级】年内，由北京市机电产品标准质量检测中心、北京市机械工业局技术开发研究所、北京市工贸技师学院、北京机电研究院、北京联合大学机电分院共同发起组建北京智能机电创新中心，聚焦公司构建科技创新平台，为产业发展提供科技创新服务。

（京城机电）

【实现止损增效】年内，北京京城重工机械有限责任公司和北京京城长野工程机械有限公司退出起重机、境内挖掘机业务，减亏止血效果明显，两家企业比预算共实现减亏9000万元；北京北开电气股份有限公司加强成本控制，全年降低采购成本超过3000万元；北京天海工业有限公司加大应收催缴力度，全年减少4000余万元超期应收，同时针对积压存货制订专项消化方案，年底存货较去年同期减少1.3亿元。北京京城国际融资租赁有限公司在山东三融项目上取得突破性进展，使北京京城新能源公司设备得以继续使用，并获得共计5600万元的费用补偿，最大限度降低公司损失。

（京城机电）

【项目建设】年内，北京北一机床股份有限公司（简称北一机床）同西门子新能源供应商成功签订超重型数控双龙门车铣复合机床，是公司历史上第四大订单，金额达3600万元。北京第二机床厂有限公司成功签订肯尼亚铁路车轴专用数控磨床订单，金额达400万元，是公司历史上最大单笔出口订单。北京华德液压工业集团有限责任公司开拓市场，成功签订环保领域717万元的大宗供货合同。北京京城环保股份有限公司成功中标上海石洞口污泥处理工程招标项目，金额近1.7亿元。通州惠通BOT项目基础设施建设完毕，同时启动实施核心技术实验室建设。北京天海工业有限公司中标张家口“点供式”气化站、LNG撬装加气站设备合同，金额达180万元，全年加气站业务收入突破约4800万元。北京北开电气股份有限公司积极开拓非电网业务，成功签订河北安丰钢铁高压成套项目，金额达1038万元。北人集团陕印公司签订软包装数字化智能工厂设计制造合同，金额达1480万元。北京京城电气工程有限公司积极与系统内企业协同合作，全年协同订单达到4470万元，同比增加57%。

（京城机电）

【北京首个环保BOT项目】年内，北京京城惠通环保有限公司与通州区市政市容管理委员会签订《北京市通州区有机质资源生态处理站BOT项目特许经营协议》，获得通州区有机质资源生态处理站项目的特许经营权（BOT），负责该项目的建设与运营，特许经营期30年。该项目于1月开工建设，工期18个月。通州区有机质资源生态处理站项目总投资2.59亿元，工程设计范围主要为餐厨垃圾、粪便污泥的收集运输系统、餐厨垃圾、粪便及污泥处理系统、配套公用工程及生活服务设施等。工程处理规模为餐厨垃圾200吨/天、粪便300吨/天、污泥100吨/天。通州区有机质资源生态处理站项目是北京市政府“十二五”规划重点项目和通州区折子工程，是北京京城环保股份有限公司在北京首个环保BOT项目和首个餐厨垃圾处理项目，战略意义和影响深远。

（京城机电）

【疏解非首都功能】年内，北京北开电气股份有限公司、北京京城新能源有限公司、北京京城压缩机有限公司推动混合所有制改革。12 月 28 日，北京北开电气股份有限公司已与白云电气集团签署战略合作框架协议。北京京城重工机械有限责任公司实施产业退出转型，台湖厂区、现代京城、京城泰格已经停产，北京北起多田野公司正在退出，同时在腾退过程中妥善安置了职工；北京京城长野公司退出国内挖掘机业务；北人集团公司将传统印机制造向陕印等地区转移，为转型创造条件；北京北一机床股份有限公司实施普机业务退出，平稳安置分流职工，同时结合卢沟桥厂区搬迁，推动北京第二机床厂公司整体瘦身；北京巴布科克·威尔科克斯有限公司持续加大外协比例，为后续疏解做好准备；北京北重汽轮电机有限责任公司大力调整疏解，已腾退土地近 20 万平方米，同时与民企合作推动辅机业务疏解转移；北京第一机床厂钻机业务改革退出和非经业务移交等工作取得阶段性成果。

（京城机电）

【盘活已腾退房地资源】年内，北京京城置地有限公司推进卢沟桥棚户区改造项目，相关企业克服困难，完成租户腾退及厂房拆除工作。经多方协调，卢沟桥地块控规调整方案于 11 月取得了市政府同意。京城机电毕捷产业转型实验园不断提升园区影响力，成功吸引一批知名企业入驻，创造了良好的经济效益，全年利润总额达 6028 万元，彻底扭转历史大幅亏损局面。北人 B9 户外文化产业园基本达到盈亏平衡。华德液压科技园项目已完成公司注册。

（京城机电）

【开拓海外市场】年内，北京巴布科克·威尔科克斯有限公司签订印尼爪哇 2×1050 兆瓦超超临界锅炉项目合同，标志着公司百万超超临界锅炉产品正式走向海外市场。北京北重汽轮电机有限责任公司签订土耳其伊兹德米尔 1×370 兆瓦三缸超临界汽轮发电机组出口订单，为超临界机组开拓海外市场打下坚实基础。

（京城机电）

【制定“十三五”战略】年内，京城机电围绕首都城市战略定位，疏解非首都功能，把握宏观经济形势与京津冀协同发展战略机遇，紧扣《中国制造 2025》，公司编制完成《京城机电“十三五”战略规划》总稿，确定了“十三五”发展理念、指导思想及战略目标体系，明确了“12345”的产业发展原则，即打造 1 个具有全球影响力的国际化机床集团；以机器人和增材制造 2 个战略先导产业为突破口，培育“高精尖”产业；突出技术优势，打造液压、环保、气体储运装备 3 个行业“小巨人”；实现体制机制创新转型、业务调整转型、智能制造产业园转型、文化创意产业园转型 4 个转型；构建并发展房地开发、融资租赁、工程总承包、非经资产管理及研发平台等多个协同发展平台。

（京城机电）

【成立增材制造项目工作组】年内，京城机电历经 45 个日夜奋战，建成北京市增材制造创新示范中心。成立北京北人增材制造科技有限公司，专业从事增材制造在航空航天领域的研究与发展。已选定激光选区熔化 3D 打印机等产品研制开发。

（京城机电）

北京京仪集团有限责任公司

【概况】北京京仪集团有限责任公司（简称京仪集团）隶属北京控股集团有限公司，是集科研、设计、生产制造、销售服务、工程设计和系统工程成套于一体的集团公司。注册资金 12.67 亿元，拥有二级控股子公司 17 家、科研院所 3 家、科技孵化平台 1 家、高级技工学校 1 家，与 ABB、艾默生等多家国际公司建立了长期合资合作关系。截至 2016 年年底，职工总人数 4526 人，其中大专及以上学历占职工人数的 57.42%。

（宋盈熹）

【年度经营】年内，京仪集团的整体经营情况相对平稳，实现工业总产值 20.90 亿元，工业增加值 7.5 亿元，营业收入 27.90 亿元，利润总额 526.96 万元，科技投入 1.14 亿元，占营业收入的 4.08%。

（宋盈熹）

【科技创新】年内，京仪集团获得“中国仪器仪表学会科学技术奖、优秀产品奖”等奖项 5 项；国有及国控企业申请专利 17 项，授权专利 54 项，其中发明专利 16 项。计算机软件著作权登记 14 项。

（宋盈熹）

【高端装备制造转型升级】年内，京仪集团加强技术创新体系建设，完成了研究总院对 3 个院所的重组，启动了国家级企业技术中心建设，通过了市级企业技术中心认定，明确了以北京京仪仪器仪表研究总院有限公司为载体统筹布局重点研发项目；“十三五”重点项目推进，重点在汽车拆解与再制造、光伏组件生产线建设、智能燃气表及其集采系统等3个方面开展研究工作；推进产品技术升级，北京北分瑞利分析仪器（集团）有限责任公司打造国内首台/套专业油气排放检测车成功应用于山东淄博地区；北京远东仪表有限公司建设完成延庆流量标定装置并取得北京计量院装置检定证书，同时自主流量产品入围中石油一级供应商；北京京仪仪器仪表研究总院有限公司所属北京京仪博电光学技术有限责任公司研制的双峰滤光器和双峰窗口成功应用于“神舟十一号”与“天宫二号”自动交会对接系统；北京京仪北方有限公司升级产品技术方案后全年连续3次中标国家电网近80万只智能电表招标项目，开创企业历史新高；北京京仪绿能电力系统工程有限公司500千瓦逆变器获得“A级”中国效率等级认证；北京北仪创新真空技术有限责任公司研制的晶体生长制备设备成功批量出口美国。

（宋盈熹）

【投资运营持续健康发展】年内，京仪集团成立了光伏事业部，编制确定了京仪集团光伏业务“十三五”发展规划，成立了6家光伏电站项目公司，并与青海格尔木、河北承德等地签署了“十三五”期间约1吉瓦光伏电站战略合作协议。整体光伏电站投运规模达267兆瓦。截至年底，持有运维的212兆瓦光伏电站累计发电超2.5亿度。完成青海新能源公司股份制改造工作，已正式提交挂牌申请。

（宋盈熹）

【国企改革实现突破】年内，京仪集团组织完成了北京京仪敬业电工科技有限公司与北京京仪椿树整流器有限责任公司的管理整合；优化组建了北京博飞仪器有限责任公司高端产品业务部，并平稳实现了冗员分流；组织完成了京仪投资公司等5家企业的退出；推动了自动化院实施产研分离改革，在混合所有制和骨干员工持股等方面进行了有益探索。新成立的自动化装备公司注册资本7000万元，由京仪集团投资控股，骨干员工组成的投资公司及外部基金共同投资参股，重点从事半导体设备的研发和销售。

（宋盈熹）

【现代服务初具规模】年内，京仪集团结合北京市首都功能定位以及自身现代服务业务发展的需要开展资源优化配置工作，启动了大兴仪表基地再开发工作；北京北仪创新真空技术有限责任公司与艾默生电气（中国）投资有限公司正式签约，北京远东罗斯蒙特仪表有限公司将入驻大兴仪表基地；启动了北京京仪世纪电子股份有限公司棚户区改造工作；委托北京京仪科技孵化器有限公司管理北京博飞仪器有限责任公司发展现代服务业务；北京京仪科技孵化器有限公司获得国家级众创空间，并完成北照分园建设；北京京仪大酒店有限责任公司与北京北控置业有限责任公司共同推进古巴哈瓦那中餐厅项目；开展了西什库园区及万达9号楼综合价值提升的规划设计工作，将西什库园区打造成集文化艺术、创业孵化、创意设计、文化消费四大业态于一体的文创园区，逐步实现现代服务业产业升级。

（宋盈熹）

【推进事业部管理】年内，京仪集团自动化仪表事业部完成了北京远东仪表有限公司对北京京仪海福尔自动化仪表有限公司的托管，推进了北京布莱迪工程技术有限公司与北京自动化仪表三厂管理体系的梳理工作，开展了事业部实体化的研究工作，进一步整合所属3家企业经营班子，实现交叉任职。事业部核心管理层职责明确，分工清晰，管理统一，深度融合；继续完善事业部营销管理平台建设，实现了山东、新疆、安徽、辽宁四大办事处的融合，推进了大项目大客户资源共享，带动了压力、流量、物位等产品的配套销售，实现协同订货6000余万元；初步形成了事业部整体场地资源整合思路以及空间布局方案。光伏事业部细化了光伏业务“十三五”发展规划，梳理了组织管理体系及基础管理制度，确定了光伏电站开发的重点区域与原则，搭建了光伏电站投资收益测算基础模型，组建了精干善战的区域项目开发团队，全年实现光伏电站项目开发80兆瓦。

（宋盈熹）

中国北京同仁堂（集团）有限责任公司

【概况】中国北京同仁堂（集团）有限责任公司（简称同仁堂集团）是市政府授权经营国有资产的国有独资公司，以中药为主业，集科工贸、产供销于一体的大型中药企业集团。拥有6个二级集团、3个院、5个直属单位，其中北京同仁堂股份有限公司（简称同仁堂股份）、北京同仁堂科技发展股份有限公司（简称同仁堂科技）和北京同仁堂国药（香港）集团（简称同仁堂国药）是3家上市公司，北京同仁堂健康药业集团、北京同仁堂商业投资集团、北京同仁堂药材参茸投资集团等8家中外合资及股份制公司，1家研究院、1家中医医院、1家教育学院。业务涉及中药材种植及饮片加工，中成药、普通营养食品、保健食品、传统滋补品、生物制品及化妆品的生产销售、科研开发、出口贸易等方面。年内，同仁堂集团加快转变发展方式，经济增长稳中有进；充分挖掘内部资源，探索营销新模式；内涵与外延发展相结合，培育新增长点；落实京津冀协同发展，及时进行工业布局调整；着力科研技术开发，提升核心竞争力；开展全面质量管理工作，强化基础管理，实现了集团整体经济运行平稳、经营质量稳中有升、品牌影响力不断提升。全年无重大安全、质量事故。

（葛　冰）

【年度经营】2016年，同仁堂集团实现营业收入、利润总额再创历年最高。实现营业收入158.62亿元，同比增长8.25%；实现利润总额22.44亿元，同比增长6.81%。职工人均增资5级。

（葛　冰）

【荣膺“中国质量奖”】3月29日，第二届中国质量奖颁奖大会在北京人民大会堂隆重举行。同仁堂集团作为唯一一家中医药企业获得中国质量领域的最高奖项。“中国质量奖”作为中国质量领域的崇高荣誉，旨在表彰在质量管理模式、管理方法和管理制度领域取得重大创新成就的组织和为推进质量管理理论、方法和措施创新做出突出贡献的个人。该奖每两年评选1次，获奖的名额每次不超过10个组织和个人。

（葛　冰）

【成立中药配方颗粒投资公司】4月15日，同仁堂集团与安国市一达新材料技术推广服务公司签署协议书，合作成立北京同仁堂中药配方颗粒投资有限公司。标志着同仁堂集团正式进入中药配方颗粒领域，为患者提供更为方便优质的服务。同仁堂集团党委书记、董事长梅群，总经理高振坤，安国市一达新材料技术推广服务公司总经理等领导出席签约仪式。

（葛　冰）

【参展第四届京交会】5月28日至6月1日，北京同仁堂参展第四届京交会。分别参与老字号品牌国际保护论坛和中医药服务主题日暨海外华侨华人中医药大会，展示了同仁堂从过去的以医带药模式发展成为养生、保健、美容等大健康体系模式，进一步将中国传统中医药文化推广到世界。

（葛　冰）

【境外第二家同仁堂博物馆建成】7月22日，同仁堂博物馆揭牌仪式在圣马力诺孔子学院举行。这是同仁堂在境外建成的第二家博物馆。随着同仁堂博物馆的建成，中国的中医药文化将为更多的圣马力诺朋友所熟知和了解，为海外民众健康做出更大贡献。圣马力诺教育和文化部长莫尔甘蒂、中国驻意大利大使馆教育参赞罗平、同仁堂集团党委副书记陆建国等领导共同为博物馆剪彩揭牌。

（葛　冰）

【获首批“诚信之星”称号】8月18日，由中央宣传部、中央文明办主办，中国文明网承办的首批“诚信之星”发布式在京举行，同仁堂集团入选首批“诚信之星”。

（葛　冰）

【签署战略合作协议】9月19日，同仁堂集团与北京市地方税务局签订《合作框架协议》和《税收遵从合作协议》。构建和谐税企关系，实现税收服务与企业良性发展互动，促进首都经济持续健康发展。市地税局、同仁堂集团负责人等领导出席签约仪式。9月30日，同仁堂集团与石景山区政府签署战略合作框架协议，通过高品质中草药饮片进社区、成立同仁堂社区中医健康工作室、建立中医药产业联盟等方式，携手建设石景山区“高端绿色”的民生家园。石景山区政府领导、同仁堂集团负责人等出席签约仪式。

（葛　冰）

【中国防治中风宣传月启动】9月28日，由国家卫生计生委脑卒中防治工程委员会（简称脑防委）主办的“中国防治中风宣传月”活动在京启动，同仁堂集团全程参与并支持宣传月活动。于9月29日至10月29日，在全国范围内开展以“关注中年人的中风风险”为主题的系列宣传教育推广活动。同仁堂集团此次参与国家卫生计生委脑卒中防治工程委员会主办的“防治中风宣传月”活动，重要目的之一就是为更加系统地开展研究工作，进一步阐明中医药在中风防治中的作用机制，为中医药防治中风，提供新的科研依据，打下坚实的临床基础，为打造具有中国特色的中西医结合的中风防治模式贡献一份力。

（葛　冰）

【获得荣誉】年内，商业集团同仁堂药店西药部被评为2015至2016年度全国级青年文明号，商业集团同仁堂药店李德亮获得“首都劳动奖章”称号，同仁堂股份亦庄分厂门庆华获得“北京市三八劳动奖章”称号。

（葛　冰）

北京一轻控股有限责任公司

【概况】 北京一轻控股有限责任公司（简称北京一轻）是由北京国有资本经营管理中心出资，按照《公司法》建立的集投融资、控股、参股、资本运作、生产经营、科研、进出口贸易、技术咨询服务于一体的具有独立法人资格的大型国有控股公司。北京一轻资产总额 255.64 亿元，净资产 150.14 亿元。直属企事业单位 14 家，中外合资企业 9 家。拥有红星、龙徽、义利、星海 4 个“中华老字号”及 1 个国家级非物质文化遗产（红星二锅头酿制技艺），打造形成了 13 个北京市著名商标（清华阳光、奥琪、宝贝、欧珀莱、熊猫、金鱼、星海、义利、五星、夜光杯、古钟、红星、龙徽）和 9 个北京知名品牌（红星、龙徽、义利、北冰洋、欧珀莱、金鱼、星海、大豪、三一），知名品牌总数居全市各控股公司品牌产品之首。在全国轻工行业 2015 年度百强榜上，一轻控股公司位居综合能力排名第三十三位。

（一轻控股）

【年度经营】 2016 年，北京一轻完成工业总产值 85.69 亿元，实现营业收入 132.58 亿元，实现利润 17.4 亿元。在岗职工年人均收入增长 6.48%。

（一轻控股）

【科技创新】 年内，北京一轻完成科技投入 1.15 亿元，同比增长 4.55%；全年共开展科研技改项目 83 项。北京大豪科技股份有限公司“高效多头毛巾链式电脑刺绣机数控系统”获得全国轻工行业技术进步二等奖。北京红星股份有限公司“健康因子功能菌在红星二锅头酒中的应用”被列入市国资委科技创新项目；北京一轻研究院“航空航天用细径保偏光纤研制”等项目申报了市国资委原始创新项目。北京一轻食品有限公司“北冰洋汽水瓶箱预洗机”使玻璃瓶洗净率大幅提高。北京大豪科技股份有限公司入选 2015 年度中国轻工业“研发能力百强”和“缝制机械行业十强”；北京红星股份有限公司“绵柔陈酿系列二锅头酒工艺”项目获得中国食品协会科技进步二等奖，52 度红星二锅头获得“青酌奖白酒类新品 TOP10”，52 度珍品红星二锅头获得“中国白酒大师品鉴优秀创新产品”。全年共申请专利 45 件，获得国家授权专利 30 件，其中发明专利 9 件。参与国标、行标制（修）订 36 项。

（一轻控股）

【项目建设】 年内，北京一轻石佛营定向安置房项目取得了规划用地立项批复。大兴黄村地块拟建保障房项目已取得市住建委开发主体授权批复，正在进行产业疏解调规上报等前期手续。北京义利食品公司连锁配套加工楼项目已完工验收，各种手续基本办理完毕。北京一轻日用化学有限公司综合楼精装修项目已完成验收。红星股份六曲香分公司一期酿造车间项目已完成建筑及安装工程，二期办公楼正在办理竣工验收，三期灌装车间、调配车间项目已经启动。怀柔生产基地升级改造项目取得立项和规划许可。“怀来龙徽庄园完善生产功能”项目已着手招投标。北京京纸集团有限公司南宫二期项目正在办理招投标及前期手续。技师学院东坝校区翻建项目请示及项目建议书已报送市发展改革委，进入并联审批阶段。

（一轻控股）

【品牌建设】 年内，北京一轻北冰洋、金鱼、义利、龙徽、红星、欧珀莱获得“第六届北京知名品牌”。食品集团举办了义利 110 周年 · 北冰洋 80 周年华诞庆典活动。红星二锅头入选 2017 年 CCTV 国家品牌计划宣传名单。北京龙徽酿酒有限公司与五粮液集团有限公司达成合作意向，共同打造“中华”品牌。轻工技师学院多项作品亮相“燕京八绝”展会。北京星海钢琴集团有限公司举办了第十六届“星海杯”全国少儿钢琴比赛。国家电光源质量监督检验中心接待了“一带一路”循环经济主题访华团，并被国际能源局授予 IEA 核心实验室。

（一轻控股）

【新品研发】 年内，北京一轻新产品试制 102 项，累计新产品投产 230 项，实现新产品销售收入 13.5 亿元，同比增长 4.17%。北京红星股份有限公司投产上市新产品 12 个，台湾红星首次发售，推出 58 度红星二锅头和 52 度红星牌台湾高粱酒新产品；北京大豪科技股份有限公司通用型 A98 电控、BECS-528A 电控、高压主轴伺服驱动器等 7 个新产品成功转产；北京一轻食品有限公司陆续投产了义利元气棒面包、双棒雪糕、小豆冰棍等新产品 22 种；北京玻璃集团公司完成化妆品瓶、玻璃化工产品及光源玻壳等 59 种新产品；北京星海钢琴集团有限公司开发出 XU-GAS 系列立式琴、UF130 智能钢琴等 7 种新产品；北京一轻日用化学有限公司开发出高端餐洗系列新产品；北京龙徽酿酒有限公司开发了龙徽珍藏橡木桶干红、中华世粮葡萄酒（青花瓷、红花瓷）等7项新产品；一轻研究院开发出24项新产品。

（一轻控股）

【节能环保】年内，北京一轻贯彻北京市锅炉大气污染物排放标准，完成26台工业锅炉改造，在施改造9台。北京玻璃集团公司获评东城区低氮锅炉改造先进企业称号。北京红星股份有限公司、北京玻璃集团公司等4家企业共获政府环保补助330万元。北京湖苑山庄、百事公司、威顿公司完成清洁生产审核。完成一轻环保公司工商登记及资质变更。结合“六·五”世界环境日，开展了多种形式环保宣传活动。

（一轻控股）

【改革调整】年内，北京一轻“十三五”规划编制完成。北京大豪科技股份有限公司“缝制设备远程运维云服务平台”入选工信部“2016年智能制造试点示范项目”。北京红星股份有限公司怀柔生产基地升级改造项目已经启动，重点打造北京总部的研发中心、营销中心和文化传播中心。一轻食品集团第一外埠基地定位安徽马鞍山，设立了义利北冰洋（安徽）食品有限公司；组建了北京北冰洋食品商贸有限公司，进军冷食市场，推出系统冷食产品；组建北京义利肉制品有限公司，以提升“百年义利”连锁店的自给率。“百年义利”连锁店已发展到110家。北玻集团3.3硼硅玻璃产业疏解转移项目已经完成；钠钙玻璃产业疏解转移项目落户山东郓城，设立了北京威顿（郓城）玻璃制品有限公司，实现了跨地区、跨行业、跨界合作；北京京纸集团有限公司引入中纸在线为战略合作伙伴，完成京融恒达公司增资扩股工作。北京星海钢琴集团有限公司推进外壳喷涂生产外移，探索实施肃宁生产基地项目，并且与上海易弹科技公司签订了合作开发智能钢琴的协议。首量科技完成整体改制，更名为首量科技股份有限公司，股权管理方案和新三板挂牌方案获市国资委批复，年内正式挂牌新三板。一轻食品集团主辅分离、股改方案正在研究制订。与中银集团签订了合作框架协议，探索研究产业板块对接资本市场的有效路径。

（一轻控股）

【退出劣势企业】年内，北京一轻推进劣势企业退出工作，共完成4户劣势企业退出。其中，列入市国资委考核计划企业2户，自行组织退出企业2户；同时协调推进在施8户企业退出。

（一轻控股）

【技能人才建设】年内，北京一轻深化首席技师工作制，两名技师获市政府特殊津贴。深入开展“岗位练兵、技术比武”活动，北京红星股份有限公司、北京星海钢琴集团有限公司、北京玻璃集团公司等单位形成了“赶、学、比、帮、超”的良好氛围，得到了市人力社保局、市国资委的好评。启动了新型学徒制试点工作，以食品集团为试点主体，北京轻工技师学院为试点院校，糕点面包烘焙工为试点工种，举办了一轻首个新型学徒制试点班，105名学员职业技能鉴定考试合格率达94.3%。承办了第四十四届世界技能大赛糖艺/西点、烘焙项目北京选拔赛，2名学生分别入选国家集训队；北京轻工技师学院被人社部确定为“第四十四届世界技能大赛中国队集训基地”；获得第八届北京市体育大会健美操比赛一等奖；在“青岛2016亚洲大众体操节暨第五届全国全民健身操大赛”中获得健身操推广项目特等奖。

（一轻控股）

【综合管理】年内，北京一轻与《首都建设报》签订了合作协议，对一轻品牌和企业文化开展持续宣传。北京红星股份有限公司以新形象诠释品牌精神，建立了“央视+卫视”、户外、纸媒、电台等协同互动的品牌宣传体系；加大蓝瓶市场开拓力度，推出新大二系列，取得了明显的市场效应。北京一轻食品有限公司外延发展迈出实质步伐，开通各地经销商60余家，外埠汽水销量达80万箱；义利连锁新开店面25家，开发出受年轻人欢迎的元气棒夹心面包、加餐包系列等新产品。各单位开发新产品、拓展新市场，推进营销模式创新、机制创新、制度创新，构建企业新的发展动能。北京国际酒类交易所老酒交易平台交易额和会员数量大幅上升，携手房山区举办了首届“一带一路”国际葡萄酒大赛，并且协助海淀区获得承办2018年国际葡萄酒大赛资格。北京国际浆纸交易中心获得市金融局开业批复，11月18日正式挂牌运营。北京国际酒类交易所和北京国际浆纸交易中心参股设立了北京登记结算公司。玻璃陶瓷交易中心已通过专家论证并取得市商委的复函。推进食品交易中心、乐器交易中心和日化交易中心的申报。推进文创园规划建设，北京国际玻璃陶瓷文创园项目已被纳入北京市试点园区，北京国际酒文创园项目初步规划设计方案已基本确定。探索产融结合发展之路。选定农行北京分行作为一轻财务公司筹建辅导银行，设立一轻财务公司工作已取得市国资委商请支持函，组建方案已报送市银监局。国有资本证券化取得新进展。

（一轻控股）

【安全生产】年内，北京一轻构建“党政同责、一岗双责、失职追责”的安全生产责任体系。在“安康杯”

竞赛活动中，开展了“第二届消防安全竞技演练”。组织开展多种形式的安全培训，共培训各级管理人员和班组长450余人次。推进安全生产标准化工作，全系统安全生产标准化达标单位达21家。开展“安全月”宣传活动，加强安全检查，开展了“涉氨、涉爆、涉危”专项整治工作。全面开展隐患排查治理工作，全年进行隐患排查466次，排查出安全隐患1212项，累计整改1191项，隐患整改完成率为98.3%，全年共投入安全经费1600余万元，有效防范了安全事故的发生，保证了企业生产经营活动的正常开展。

（一轻控股）

【效能监察】年内，北京一轻将效能监察与监督执纪相结合，对重点资产经营和OEM项目进行调研并提出管理建议。效能监察全年立项44项，推进了企业经营管理规范化。

（一轻控股）

北京时尚控股有限责任公司

【概况】北京时尚控股有限责任公司（简称时尚控股公司），经报请市政府、市国资委同意，于2016年6月6日完成了由“纺织”到“时尚”的公司名称变更，并举行了“北京时尚、创享未来”主题发布活动。公司注册资本16.55亿元，经营主要涉及高端服装纺织业和现代都市服务业等。拥有北京铜牛集团有限公司、北京雪莲集团有限公司、北京光华纺织集团有限公司、北京京棉纺织集团有限责任公司、北京京工服装集团有限公司、北京清河三羊毛纺集团有限公司、北京大华时尚科技发展有限公司及北京方恒置业股份有限公司等106家全资及控股企业，职工总数7625人。

时尚控股公司认真研判经济新常态、改革新任务和发展新要求，紧紧围绕以“时尚、科技、服务”新纺织为特征，打造首都服装纺织行业领先的时尚产业集团这一愿景目标，牢牢把握纺织向时尚转型这一战略任务，坚定方向谋布局，脚踏实地抓发展，强化转型时尚引领，加大结构调整和自觉协同，推进提升运营水平和管理创新，年度各项指标和重点工作进展顺利，实现了企业平稳、健康、可持续发展。

（李童瑶）

【援疆项目建成】5月1日，时尚控股公司旗下新疆京和纺织科技有限公司在新疆和田建成。该公司是北京援疆项目之一，也是第一个在新疆落户的高端技术产业用纺织品企业，占地总面积达18.4万平方米，具有制成品年产1000万平方米、高强涤纶丝织物年产1000万平方米、涂层材料1000万平方米的生产能力，同时，带动和田地区近2000人就业。该公司7月10日开始生产，全年实现收入1.23亿元，利润962.64万元。

（李童瑶）

【市政府领导调研】9月28日，市副市长隋振江一行调研北京时尚控股有限公司并进行座谈，市政府副秘书长刘印春，市经济信息化委主任张伯旭，市国资委主任林抚生，市经济信息化委副巡视员张兰青等一同调研。隋振江对北京时尚控股的转型发展成绩给予充分肯定，并希望北京时尚控股保持战略发展定力，积极搭建时尚产业发展平台。他表示，北京时尚控股的发展历史也反射出纺织行业及北京城市发展的历史，更庆幸的是北京时尚控股的历史没有间断。北京时尚控股要抓住新时期的发展机遇，大胆改革创新，不断提升自身的发展。时尚产业是一个充满竞争，不进则退的行业，北京时尚控股要保持战略定力，把握新时期人们对文化精神的需求，将时尚创意与科技创新相结合，丰富和提升时尚的内涵，以自身的发展积极搭建时尚产业发展的平台，在一个品系中打造出自己的国际品牌。在京津冀协同发展国家级战略中，发挥其龙头带动作用，以创新引领时尚，以创新能力带动整个行业的发展。张伯旭指出，北京时尚控股要抓住公司更名的契机，要创新服装品牌，在增品种、提品质、创品牌上发力；要创新发展观念，在设计、创意、发展模式上做好功能定位。市经济信息化委将一如既往全力以赴支持北京时尚控股的产业发展，把北京打造成世界第六大时尚之都。希望北京时尚控股做大时装品牌，做强时尚产业，支持北京时尚控股参与“一带一路”建设和时尚产业基金的建立。隋振江一行观看了北京时尚控股旗下大华时尚的“集·和”主题品牌秀。

（市经信委都市产业处）

【首家海外独立设厂企业揭牌】11月7日，缅甸华勃时代纺织服装有限公司正式揭牌，该公司是北京纺织行业首家海外独立设厂企业。公司坐落于缅甸伊洛瓦底省省会勃生市，总占地面积约2万平方米，现有工人1200人。订单主要为ZARA和绫致等著名品牌，全年实现收入2350.23万元。华勃公司的设立和运行，对提升控股公司海外拓展能力，布局“一带一路”发展有着积极的意义。

（时尚控股公司）

【年度经营】年内，时尚控股公司主营业务收入完成113.99亿元，主营业务利润完成12.68亿元，资产总额178.69亿元。

（李童瑶）

【科技创新与成果】年内，时尚控股公司主要生产企业新产品销售收入6.74亿元，占产品销售收入的33.81%，科技支出9950.84万元，占产品销售收入的4.99%。企业申请专利21项，其中发明专利15项；获得授权14项，其中发明专利10项。铜牛集团弗莱特保暖产品获得2016中国针织（多功能性）产品入围奖，汉麻居家休闲针织产品获得2016中国针织（舒适性）产品优秀奖。北京光华纺织集团有限公司通过国家认监委知识产权管理体系认证（GB/T29490-2013）；北京光华纺织集团有限公司京冠毛巾有限公司电商班组获得全国纺织行业质量信得过班组。北京京工服装集团有限公司的“L.M雷蒙”男西服、大衣；北京大华天坛服装有限公司的“天坛”衬衫获评第六届北京知名品牌；北京大华天坛服装有限公司获得“诚信长城杯企业”称号。

（张和平）

【项目建设】年内，时尚控股公司14个重大创新项目投入8228.76万元，实现销售收入1.83亿元，实现利润2620.07万元。北京铜牛集团有限公司“功能性针织产品深度研究与产业化”项目，开发出多种不同系列产品，产品性能优越，体现了家居服高档时尚的穿着风格，受到广大消费者的欢迎，销售额呈现逐步增加的趋势。其中，弗莱特保暖产品获得“2016中国针织功能（舒适性）产品优秀奖”，汉麻居家休闲针织产品获得“2016中国针织功能（多功能性）产品入围奖”，铜牛品牌获得“最具市场影响力奖”。北京光华纺织集团有限公司“柔性节能保温篷房的研发与产业化”项目已开工生产实现产业化，柔性节能保温篷房市场潜力巨大，产出指标远超项目预期；“可盘卷柔性应急路面系统的研发与产业化”项目针对客户需求，设计重型及中型柔性路面系统，技术达到国际先进水平，申请发明专利及实用新型专利各1项（已受理）。北京雪莲集团有限公司“系列新品开发，促进雪莲品牌全品类发展”项目，已开发传统文化图案织片500余片，完成四模块化高级定制U型工作站的初步构建，开发素材库中纯羊绒手感织片数量100余个，完成粗纺42公支红色贝贝绒羊绒衫280件。北京雪莲集团有限公司获得“2015—2016年度羊绒行业综合竞争力10强企业”称号。北京清河三羊毛纺集团有限公司“热黏合非织造布打孔压花技术的研发与产业化”项目完成双梳理及两台打孔轧花设备的安装调试和生产工作，推动了北京京兰非织造布有限公司可持续发展。北京大华时尚科技发展有限公司“功能性纺织服装产品的技术研究和产业化应用”项目，对YDP产品进行开发并已投向市场，同时对其他各类适合企业产品的新技术进行调研，并对功能性原料进行开发，在印花布开发上获得3项外观设计专利。以上重点创新项目的顺利实施，提升了企业竞争力和产品盈利水平，为行业可持续发展形成有力支撑。

（葛顺顺）

【产品销售】年内，时尚控股公司工业企业产品销售收入完成19.92亿元，同比增加9033.8万元，增长4.8%。其中，服装业完成收入9.48亿元，同比增长22.3%，所占比重为47.5%；面料业完成收入1.72亿元，同比下降3.3%，所占比重为8.7%；产业用纺织业完成收入6.731亿元，同比下降6.7%，所占比重为33.8%。非纺产业完成收入1.99亿元，同比下降8.3%，比重为10%。全年纱总计销售83.6吨，同比下降34.9%；布总计销售211.8万米，同比下降17%；毛线总计销售2868吨，同比增长376%；无纺布总计销售3764吨，同比下降16%；服装总计销售1175.5万件，同比增30.6%。

（王晓蕾）

【品牌建设】年内，时尚控股公司强化品牌管理体系建设，编制品牌建设行动方案，出台品牌管理及专项资金管理办法，制定企业品牌工作指导意见；强化分类指导，引导支持品牌企业在形象提升、渠道建设和品牌服务上集中发力；加快“走出去”步伐，向品牌代理商、运营商转型，不断提升品牌运营水平。全年共支持品牌企业开展宣传推广、品牌工作室建设、产学研合作等项目18个，投入资金3000余万元。北京雪莲集团有限公司实施品牌形象重塑，新建U型工作站和样品中心，推出“全成型”“精品裤装”“礼品”等系列，发布羊绒流行趋势，荣登中国品牌500强。北京铜牛集团有限公司研制的功能性生理信号背心、保暖内衣和防护隔热手套等产品陪伴“神十一”宇航员遨游太空，彰显“航天品质”。北京京工服装集团有限公司转变经营模式，设立“雷蒙”“伊里兰”“haoxuesheng”品牌设计师独立工作室，试水社区服务门店。北京大华时尚科技发展有限公司打造银座智慧门店，拓展PURE TOUCH、“天坛”微商城，开发运营专业化的职业装网站和微信平台。公司重点品牌通过各种展会和大型活动展示品牌形象、新品宣传推广和提升品牌影响力。全年品牌渠道共计731家（含电商），品牌销售收入实现6.79亿元，同比增长14.61%。

（李童瑶）

【在京企业经营情况】年内，时尚控股公司在京工业企业经济运行稳定良好，现价工业总产值完成10.48亿元，主营业务收入完成19.92亿元，主营业务利润完成1.99亿元，利润总额盈利2300.8万元。全年生产服装1105万件，无纺布4023吨，毛纱2868吨，布212万米，棉纱96吨，蓬盖布1098万平方米，帐篷4597套，消防水带26万平方米。

（王晓蕾）

【产能疏解与整合】年内，时尚控股公司劣势企业加快退出，完成市国资委年度疏解退出计划任务，并自行退出北京鹏程好装饰工程有限公司、北京清河三羊商贸有限公司、北京海淀金时代呢绒时装厂、北京新川服装检验有限公司、沈阳中土畜雪莲服饰有限公司、北京京棉巨龙纺织有限公司、北京新清河毛纺织染有限公司等7家企业，深圳市三纺贸易有限公司、北京毛纺织科学研究所有限公司股权转让积极推进；继续推动资源向核心业务、业态创新、优势企业集中，全年完成投资项目24项，投入资金7.7亿余元，新设企业6家、分立1家、增资扩股3家、股权收购4家，通过资金调剂中心向11家企业发放委托贷款26笔共计8.33亿元；加大企业间资源配置，顺利推进北京京棉纺织集团有限责任公司、北京光华纺织集团有限公司关于顺义高丽营生产园区的交接工作，实施完成北京铜牛集团有限公司、北京清河三羊毛纺集团有限公司关于北京京兰非织造布有限公司的股权划转，以及北京清河三羊毛纺集团有限公司、北京大华时尚科技发展有限公司关于北京市顺发进出口有限责任公司的股权划转。控股公司逐步建立起资产信息数据库，对土地、房屋、设备以及非经营性资产进行全面梳理，实行动态管理，为进一步盘活存量资源、挖潜增效创造了有利条件。

（李童瑶）

【京津冀协同发展】年内，天津空港云数据中心项目完成一期的建设工程及配套系统。天津铜牛信息科技有限公司于2015年注册成立，注册资本3000万元，控股公司占股5%，天津天纺投资控股有限公司占股39%，北京铜牛信息科技股份有限公司占股51%，天纺标检测科技有限公司占股5%。项目立项计划投资1亿元，计划分三期开展建设，在京津两地国资系统均已立项。一期工程完成后将建成机柜480个，二、三期工程按计划稳步推进。

（徐　岩）

【“十二五”完成情况】“十二五”期间，时尚控股公司按照“工作稳中有为、指标稳中有升”的总体要求，公司突出重点，紧抓落实，主要经济指标稳步提升，主营业务收入实现百亿奋斗目标，利润总额达到历史最好水平，累计上缴国有资本收益2.1亿元、纳税28.8亿元,全面完成市国资委下达的各项考核指标，产品知名度、品牌影响力、市场占有率、技术创新能力、企业管控水平不断提升，多项业绩评价指标处于全国纺织行业优秀水平。公司不断加大产业结构优化调整力度。主动调整退出劣势企业56家，其中淘汰不符合首都城市战略定位的生产企业29家，基本完成四级企业的清理工作；重点聚焦设计研发、市场营销、品牌运营等业务，投资3.9亿元新设企业25家，涵盖功能性纺织品、文化创意、信息科技、电商服务等领域；传统工业园区由一般性加工制造向研发服务加快转型，工业制造企业由40家减少到20家，产业转型初见端倪。

（徐　岩）

【效能监察】年内，时尚控股公司效能监察立项20项，完成率100%。为企业避免经济损失13.59万元，增加效益74.20万元，提出改进管理建议79条，被采纳75条；建立和完善规章制度44项，举办效能监察培训15期，培训人员380人次。

（张肖雯）

北京隆达轻工控股有限责任公司

【概况】北京隆达轻工控股有限责任公司（简称隆达控股）是国有独资控股公司，是北京市人民政府授权由原二轻总公司、印刷总公司、有色总公司重组而成的国有控股公司，现为市国资委出资和监管的一级企业。主要从事印刷包装、有色新材料、塑料加工、塑料建材、商贸、宾馆、物业服务等产业。下属企业共63家，其中国有及国有控股企业45家。资产总额（汇总）61.25亿元，所有者权益（汇总）27.68亿元，

2016年国有及国有控股营业收入40.5亿元，利润总额1.5亿元。经营业绩连续6年被市国资委评为B级，获得中国轻工业百强企业称号。隆达控股公司正式成为中关村京企云梯科技创新联盟的会员单位。

（隆达控股）

【转型升级】年内，隆达控股有色所与机车行业、中电集团达成更加紧密的合作关系，拓展电真空市场份额，开拓核能、船舶行业新市场；北京诺飞金属材料有限责任公司加快实施“两新两高”产品调整和技术装备改造升级，形成铝合金新能源汽车电池箱、锡基焊接材料、铝基焊接材料和泡沫铝生产线，电池箱的生产一直是处于满负荷运行状态，第一季度实现销售2551台，销量比去年同期增长1倍。3月，北京诺飞金属材料有限责任公司正式获得国家级高新技术企业资质证书。印刷二厂和印刷一厂通过了国家秘密载体印制资质的审核；研究所后街联合体将复制画引入七七创意坊电商平台。

（隆达控股）

【提质增效】年内，隆达控股加大经济运行督导问责力度，每季度召开经济运行分析会，对重点企业、重点任务加强督导，指导企业落实措施、落实进度。加大“减应收、压库存”工作力度，对12家二级企业进行月度跟踪。对应收账款增长幅度较大的企业，进行调查分析并纳入审计监督重点工作，防止不良应收账款的增加，切实提高运营质量和经济效益。北京印刷集团有限公司成立了投标工作小组，推行投标项目经理负责制。北京有色金属与稀土应用研究所加强科技营销力度，年内中国首个空间实验室天宫二号、长征五号火箭发射成功，采用的就是有色所研制的金属焊料。北京达博有色金属焊料有限责任公司提高公司非金产品市场占有率，其中钯铜丝产品面向IC市场迅速推进，实现当期规模效益同步增长。北京诺飞金属材料有限责任公司3月获得国家级高新技术企业认证，新能源汽车电池箱的生产一直是处于满负荷运行状态，供应车型由2个增加至8个，销量比去年同期增长1倍。1月至6月，为系统内5家企业提供内部借款4900万元。制定《专项支持资金实施办法》，由总部自筹资金，按人民银行公布的同类同期贷款基准利率的0.8至1，用于支持企业加大高端市场开拓力度。

（隆达控股）

【科技创新】年内，隆达控股进行主业制造生产的企业中共8个企业是高新技术企业。隆达控股纳入科技考核范围的企业12家：北京有色金属与稀土应用研究所、北京达博有色金属焊料有限责任公司、北京诺飞金属材料有限责任公司、北京市塑料研究所、北京华盾雪花塑料集团有限责任公司、北京绿源塑料有限责任公司、北京市北泡轻钢建材有限公司、北京英特塑料机械总厂、北京隆达东方电器有限公司、北京星月泡沫塑料有限责任公司、北京印刷包装集团公司、北京宝岛包装印刷有限公司。这些企业研发投入约7300万元，新增专利申请近30件，新增产品开发种类约20种。隆达控股公司国有及国有控股企业累计主持国家标准起草14项，参与国家标准起草8项；主持行业标准起草11项，参与行业标准起草11项。

（隆达控股）

【改革调整】上半年，隆达控股完成北京利丰雅高长城公司股权转让全部工作。启动了宝岛公司与廊坊盛阳晖业公司合资合作项目。推动北京超塑新技术有限公司股权转让工作。推动轻工产品质量监督检验一站和北京市康居环境检测站与中国检验认证集团北京有限公司合资合作。启动有色总公司整体改制工作。年内，北京京湾电器有限公司完成清理退出，超塑公司股权转让和收购达博长城股权等结构性调整任务；加快清理北京银鹰铜业有限责任公司对北京华泰恒信经贸有限公司的无效投资，北京市冶金设备自动化研究所对北京华雄物资贸易公司的无效投资；在确保国有资产不流失的前提下，截至4月，北京利丰雅高长城公司股权转让工作全部完成。

（隆达控股）

【固定资产投资】年内，隆达控股实施了37个项目，完成投资7861.22万元。内容涉及产业疏解、新产品的研制、技术向高端升级。投资涉及的7家单位（北京华盾雪花塑料集团有限责任公司、北京隆达印刷包装集团有限公司、北京有色金属与稀土应用研究所、北京达博有色金属焊料有限责任公司、北京诺飞金属材料有限责任公司、北京隆达兴业科技开发有限公司、北京市塑料研究所）中，4家是高新技术企业。

（隆达控股）

【构建高精尖经济结构】年内，英特联合体持续深化与德国朗适公司的合作，拓展绿色环保产业的市场，新风产品销售量明显增加，实现了经济增长新动力；与华南理工大学“聚合物新型成型装备国家工程研究中心”合作，以“绿色新材料膜头装备”项目为契入点，打造“新材料绿色装备”研制平台建设，开辟机加工传统产业向绿色科技产业转型新路径。

（隆达控股）

【疏解非首都功能】年内，北京华盾雪花塑料集团有限公司老厂区的转型升级加快推进，北京华盾雪花塑料集团有限公司固安厂区进入试生产阶段，北京京华虎彩印刷有限公司外迁固安，北京隆达东方电器有限公司铝梯业务全面退出并启动外迁河北工作。

（隆达控股）

【自主创新体系】年内，北京市有色金属工业总公司与北京有色金属与稀土应用研究所提出了高温合金研究、粉末冶金研究、非晶材料研究、钎焊技术研究、检测技术研究、高纯材料研究、工艺优化完善、新型钎焊材料研究、脆性贵金属材料研究、复合材料研究十大创新专项。申请各类科研项目 22 项，其中获得批复项目 8 项，包括国家火炬计划项目 1 项、国防科工局军品配套项目 1 项、市发展改革委工程实验室项目 1 项、市国资委项目 3 项和北京市组织部人才培养项目 2 项。获批北京市工程实验室 1 个，国家火炬计划产业化示范证书 1 项。另有 8 项在研项目和 6 项预研项目也取得了阶段性成果。军品配套项目、市发展改革委工程实验室项目，市国资委信息化项目、理化测试项目和团队创新项目等科研项目获得财政经费共计 1450 余万元。在知识产权方面，共 55 个发明专利得到受理申请通知书，24 个项目获得专利授权。在商标方面，完成了 3 个商标的续展业务，申请的“创客空间”商标已经被受理。截至年底，研究所共有有效商标 6 个。

（隆达控股）

【推进研发项目】年内，北京市塑料研究所“大容量太阳能硅片花篮”项目顺利通过北京市对该项目验收工作，验收结果合格；“ETFE 薄膜应用研究”项目是研究所自主开发的项目，该类产品除了在 3D 打印行业中使用外，在电子行业中的应用也是非常广泛的；“PEEK 系列高性能树脂加工工艺研究”项目在等待测试结果；“PVDF 系列板材工艺研究及产业化”项目有序推进。

（隆达控股）

【推进科技营销】年内，北京有色金属与稀土应用研究所围绕微组装、航空发动机、船舶电子所等既定目标及重点方向，走访了东北、西北、华东、华中、京津冀 5 个区域，61 个用户，参与研发制造等一线人员达到 58 人次，更多的研发和生产、检测人员亲身参与到营销的过程，第一时间反馈市场信息，与用户建立了良好的合作与互动关系。其中，微组装业务取得明显增长，723、724 等船舶电子所业务取得新突破，与航空发动机设计所、014 中心建立稳定联系，具备增长潜力。

（隆达控股）

【3 公司产业升级】　年内，北京诺飞金属材料有限责任公司的产品结构由传统加工业向高新技术企业转型，1 月至 10 月新能源纯电动汽车轻量化产品收入比同期营业收入提高 335 %，占营业收入的 13.3%；实用新型专利产品光伏产业用单晶硅原材料收入占营业收入的 65.5%；高端铝焊料产品收入占营业收入的 3.5%；传统产业产品占营业收入的 13%。北京诺飞金属材料有限责任公司已经初步形成稳定的产业布局，即《国家重点支持的高新技术领域——新材料》中“电子元器件用金属功能材料制造技术”列明的电子级无铅焊料、焊球、焊膏产品的研发与生产。《国家重点支持的高新技术领域——新材料》中“铝、镁、钛轻合金材料深度加工技术”列明的采用精密低压技术生产高技术、高性能铝合金、镁合金材料——生产“环保型电动汽车用电池箱底盘”。为军工企业配套的特殊功能的铝基焊接材料在产品技术、产品质量、产品数量上已经达到国际先进水平。年内，北京雪花电器集团公司在固安公司生产规划上，淘汰了高耗低效产品，留出空间发展创意服务和高技术产业；在人合优势上，以经营联合体为依托，抽调精干力量完成对华盾、固安领导班子的调整。

（隆达控股）

【股权划转】年内，经隆达控股 2015 年第 101 次董事会研究，同意北京印刷包装集团有限责任公司提出的以转让股权的方式退出利丰雅高公司。股权转让工作于 2015 年 12 月在北交所挂牌转让，2016 年 2 月完成了市商务委相关手续及市工商局的变更登记。经隆达控股第 119 次经理办公会研究、第 112 次董事会审议同意，将隆达控股有色金属板块重点三级企业北京达博有色金属焊料有限责任公司与北京诺飞金属材料有限责任公司国有股权从北京市有色金属工业公司无偿划转至北京有色金属与稀土应用研究所持有。隆达控股拟将北京市有色金属工业公司持有的北京达博有色金属焊料有限责任公司 19.97% 股权及北京市有色金属工业公司持有的北京诺飞金属材料有限责任公司 49% 股权，9 月 30 日为股权转让基准日，在北京产权交易所办理股权划转。股权划转完成后，按账面情况，隆达控股将减少对北京市有色金属工业公司出资额 4988.81 万元，增加对北京有色金属与稀土应用研究所出资额 4988.81 万元，其中北京有色金属与稀土应用研究所对北京达博有色金属焊料有限责任公司持有股权由 33% 增至 52.97%，实现北京有色金属与稀土应用研究所绝对控股，北京有色金属与稀土应用研究所新增对北京诺飞金属材料有限责任公司出资

3830.63万元，持有49%股权并持有经营权。北京市有色金属工业公司为实施管理整合、提高资源协同能力、优化人力资源配置、推进经营服务型总部建设、提升有色总部存量资源效益，经隆达控股第102次董事会审议同意，隆达控股拟将其持有的北京市冶金设备自动化研究所、北京市冶金建筑安装工程公司各100%股权，无偿划转至北京市有色金属工业公司持有。经核实，两家企业在工商部门登记的出资人为隆达控股，在市国资委产权登记出资人为北京市有色金属工业公司，故两家企业需变更产权登记证。该事项待隆达控股产权登记办理后一并办理。根据隆达控股批复，北京市有色金属工业公司委托会计师事务所以3月31日为基准日，对北京超塑新技术有限责任公司进行了审计和资产评估。依据评估报告及国有股权转让有关要求，北京市有色金属工业公司已于11月11日按其股权评估值210.47万元价格在北交所进行挂牌转让公示。经前期商议，拟受让方为北京超塑新技术有限责任公司股东北京中航利达置业公司，北京市有色金属工业公司已拟受让方及事务所沟通推进摘牌事宜。

（隆达控股）

【安全生产】年内，隆达控股坚持安全发展理念，安全委员会统领全系统安全生产工作，在编制“十三五”发展规划中，制定安全生产专篇；领导班子带队深入企业开展隐患排查治理，召开安全生产专题督导会，推动解决一些企业重大安全隐患治理工作。开展“百日安全无事故”活动，推进安全生产标准化工作，连续3年实现无死亡、无重大安全生产事故。继续开展矛盾纠纷排查化解与专项排查工作，化解历史遗留问题。落实市国家安全局工作要求，调整隆达控股国家安全领导小组机构及成员，明确职责分工和工作措施，确保国家安全工作有序推进。全年未发生任何安全稳定突发事件。

（隆达控股）

【“十三五”规划】年内，隆达控股完成《隆达控股公司“十三五”发展规划》的文本编制与上报工作：按照要求，完成了规划的文本编制与修改、各业务板块的数据测算工作，经隆达控股战略委员会和董事会审议通过，并上报市国资委。根据市国资委出资人要求，隆达控股“十三五”时期公司定位是以“高精尖”科技和服务为特征，打造国内知名、首都领先的特种新材料和特种印刷的产业集团公司。隆达控股“十三五”时期产业发展定位为2个主业和1个培育产业，主业为特种印刷产业和特种新材料（稀贵金属、新型塑料）产业，培育产业为投资与资产管理（高端家电股权）。完成调整重要子企业的有关文件编制报市国资委，根据隆达控股“十三五”发展规划和主业定位，拟推荐两家主业企业为重要子企业：北京有色金属与稀土应用研究所（拟保留）、北京印刷集团有限责任公司（拟新增）。

（隆达控股）

北京工美集团有限责任公司

【概况】北京工美集团有限责任公司（简称北京工美集团）自成立以来，始终坚持以工艺美术为主业，以传承与弘扬中华民族工艺美术文化、发展文化创意产业为已任，是集工艺美术品设计开发、商业经营、国际贸易、检测鉴定、职业教育、文化交流等于一体的多元化综合性企业集团，是北京乃至全国工艺美术行业的龙头企业。注册资本4.66亿元。经营性房产总占地面积6万平方米，总建筑面积17.5万平方米。具备自营进出口权、黄金批发零售权、珠宝首饰实验室、市级技术研发中心及大师工作室等特殊资质。现有在册职工1269人，拥有企、事业单位26家，其中合资企业13家。

（葛 冰）

【年度经营】2016年，北京工美集团实现营业收入112亿元、利润4589万元。

（葛 冰）

【项目建设】年内，北京工美集团出色地完成了赠送给世界卫生组织的国礼——针灸铜人的设计制作任务。在时间紧、任务重的情况下，设计制作组连夜调研梳理中国官修针灸铜人的历史脉络，从10余套设计方案中优中选优，创新采用了铸造表面热着色技术，使雕塑耐腐蚀不变色，能够长久展陈。在针灸铜人制作的同时，设计制作团队同步开展礼品包装、礼品运输、礼单水牌、礼品展陈等多项工作。为满足国际运输要求，揭幕架需拆散装箱，北京工美集团安排专人驻守在生产厂家，连续10余天进行拆装练习，熟练掌握每个部件的组装方法，对各类有可能出现的突发情况都做好预案。最终，北京工美集团服务保障工作组在瑞士完成了针灸铜人的安装展陈、赠礼仪式服务、仪式后永久安放等一系列工作，工美团队的专业工作能力和敬业精神得到了在场外交部、市外办领导及世界卫生组织官员的高度赞扬。推进对口帮扶南水北调水源地发展项目，指导北京市玉器厂向湖北神农鸡血玉资源投资，注资1040万元认购神农架灵秀玉业51%的股权，为促进神农鸡血玉资源开发和北京市玉器厂业务拓展创造了条件。

（葛　冰）

【改革发展】年内，北京工美集团对黄金珠宝业务、物业管理板块进行了统筹完善，完成了王府井工美大厦商场管理结构的调整和北京理嘉物业管理中心与特种工艺品厂物业的资源整合。作为北京工美集团的二级单位，北京市玉器厂通过股权转让及增资扩股方式引进战略投资人，增强了资金实力和经营水平，为打造完整玉石产业链奠定基础。为完善检验检测体系，提高工艺美术全品类的检验检测能力，在已有的北京市首饰质量监督检验站基础上，整合集团内外部工艺品与首饰检测资源，组建了北京工美检测有限公司，从而为消费者和企业提供更为丰富的工艺品和首饰检测服务。为建立工艺美术专业展馆，打造一流行业平台，北京工美集团历经约3个月时间，完成了新工艺美术博物馆的建设，在全国工艺美术行业起到了示范引领作用，同时得到了工美大师们的认可与赞扬。

（葛　冰）

【品牌建设】年内，北京工美集团继续加强与北京电视台、北京人民广播电台及报纸等媒体合作，赞助北京电视台《天涯共此时》栏目，借助热点事件、重大节日、非遗文化、工艺美术技艺传承等内容，组织媒体对北京工美集团参与的重大事件、各商贸企业和重点产品进行宣传报道百余次。北京工美集团与北京电视台2017春节联欢晚会节目联合开发衍生品——“春碗”，该产品因其所具有的文化价值、艺术价值而深受广大收藏爱好者喜爱。

（葛　冰）

【获得荣誉】年内，北京工美集团被授予“中国轻工业百强企业”“中国黄金珠宝销售收入十大企业”“首都文化企业三十强”“北京老字号优秀企业”等称号。

（葛　冰）

燕山石化

【概况】燕山石化始建于1967年，位于北京市房山区燕山岗南路1号，是中国石化集团公司旗下特大型石油化工联合企业，前身为1970年成立的北京石油化工总厂，曾更名为北京燕山石油化学总公司、中国石油化工总公司北京燕山石油化工公司、北京燕山石油化工集团有限公司。2016年，燕山石化包括中国石油化工股份公司北京燕山分公司（简称燕山分公司）和中国石化集团北京燕山石油化工有限公司（简称燕化有限公司）。北京东方石油化工有限公司（简称东方石化公司）为燕化有限公司全资子公司，保定石油化工厂（简称保定石化厂）由中国石化集团公司划归燕化有限公司进行管理。燕山石化始终致力于科技进步与清洁生产，在成品油质量升级、企业节能减排、合成橡胶新胶种研发等关键领域都达到了国内先进水平。截至年底，共有在岗职工14302人（不含东方石化公司、保定石化厂）。公司本部拥有生产装置62套、辅助装置68套，可生产94个品种、431个牌号的石油化工产品，原油加工能力1000万吨/年，乙烯生产能力80万吨/年，是中国石化12个千万吨炼厂和11个大型乙烯装置之一；聚乙烯生产能力55万吨/年，聚丙烯生产能力40万吨/年，合成橡胶生产能力24万吨/年，苯酚丙酮生产能力24万吨/年，是中国重要的合成橡胶、合成树脂和高品质成品油生产基地。

（燕山石化）

【1项工艺技术获得国家技术发明二等奖】1月8日，中共中央、国务院在人民大会堂举行国家科技奖励大会。由燕山石化和北京化工研究院共同开发的“乙烯三聚制1—己烯新型催化体系及成套工艺技术”获得2015年度国家技术发明二等奖。

（燕山石化）

【完成首次炼油化工同步检修改造】5月15日至7月12日，燕山石化进行公司史上首次炼油化工同步检修改造，共涉及炼油化工生产装置51套、公用工程系统（单元）50套，完成检修项目1.2万项、改造项目227项，同步实施重大技术改造12项，全程历时58天，所有装置均实现1次开车成功。通过此次检修，有效提升了装置的安全环保能力和技术经济水平，对于改善装置原油加工适应性、促进产品质量升级、保障下一生产周期“安稳长满优”运行具有重要意义。

（燕山石化）

【首次获评“全国质量管理小组活动优秀企业”】 9月21日至22日，全国第38次质量管理小组代表会议在浙江召开，燕山石化首次被评为“全国质量管理小组活动优秀企业”。该项评奖由工业和信息化部、国家质检总局指导，中国质量协会、中华全国总工会、中华全国妇女联合会、中国科学技术协会联合主办，是对质量管理工作的最高评价。

（燕山石化）

【年度经营】 年内，燕山石化加工原油820.05万吨，生产乙烯69.58万吨，实现营业收入466.61亿元，上缴利税94.75亿元，整体赢利1.16亿元，其中分公司赢利10.07亿元。

（燕山石化）

【持续推进公司一体化布局】 年内，燕山石化机关层面，整合成立一体化管理办公室、管理信息部、组织人事部、党群工作部，突出专业分工、统筹管理的特点，初步建立管理可视化工作体系；二级单位层面，整合组建炼油事业部、基础化学品厂、北京燕山石化高科技术有限责任公司，发挥一体化生产的效益优势，初步形成炼油、烯烃、合成树脂、合成橡胶、基础化学品、自主经营六大业务板块。

（燕山石化）

【推进“四供一业”分离移交】 年内，燕山石化落实集团公司“四供一业”及其他办社会职能工作分离移交有关要求，扎实推进相关业务分离移交工作。8月23日，与房山燃气集团签约移交民用供气供热业务意向书，获集团公司审批，已经完成科研报告，正在编制移交方案；5月20日，与北京水务投资中心签订生活水业务分离移交框架协议；正在与房山供电公司协商居民用电业务的分离移交工作。

（燕山石化）

【参与首都环境治理】 年内，燕山石化对公司门户网站6个废气国控源排放口、10个有机工艺尾气和噪声的监测点位、4个国控源废水外排口的自行监测数据实行信息公开的基础上，自1月31日起，同步在北京市公众网企业事业单位环境信息公开平台上统一发布环境信息，公开企业基础信息、排污信息、环保设施的建设和运行情况、建设项目环评审批和验收情况、突发环境事件的应急预案、自行监测方案及年度报告6个方面内容，自觉接受市政府和广大市民的监督。

（燕山石化）

【获得荣誉】 年内，燕山石化获得1项集体荣誉和1项个人荣誉，分别为：4月29日，燕山石化运行保障中心仪表二部二高压班在庆祝“五一”国际劳动节暨全国五一劳动奖章表彰大会上，获得“全国工人先锋号”称号；5月4日，燕山石化化工二厂（现燕化高科聚丙烯生产基地）生产技术部副主任程敬博获得“全国青年岗位能手”称号。

（燕山石化）

首钢集团

【概况】 首钢集团（简称首钢）总部位于北京。首钢始建于1919年，迄今已有近百年历史。首钢大力传承“敢闯、敢坚持、敢于苦干硬干”文化，发扬“敢担当、敢创新、敢为天下先”的精神，不断推进企业发展，已发展成为以钢铁业为主，兼营矿产资源业、环境产业、装备与汽车零部件制造业、建筑及房地产业、生产性服务业、海外产业等跨行业、跨地区、跨所有制、跨国经营的特大型企业集团。首钢贯彻国家产业结构优化升级要求率先实施钢铁业搬迁调整，首钢北京钢铁主流程停产，京唐公司、迁钢公司、首秦公司、冷轧公司等新厂全面建成，技术装备达到国际一流水平，首钢成为京津冀协同发展先锋队；跨地区联合重组水钢公司、贵钢公司、长钢公司、通钢公司、伊钢公司，产业布局拓展到沿海和资源富集地区。首钢钢铁业形成3000万吨以上钢铁生产能力；非钢产业盈利能力提高；首钢集团综合实力增强，自2010年以来连续进入世界500强。

2016年，钢铁板块围绕控亏减亏，抓住“经营止血、改革造血、转型补血”3个方面同时发力，完善“跑赢市场、跑赢同行、跑赢自己”的“三个跑赢”评价体系，固定对标对象、清晰对标数据、明确对标方法，全年“三个跑赢”完成78%，比上年提高9个百分点，通钢、水钢跑赢率100%。股份公司发挥板块管理职能，推进生产协同、检修协同、库存协同、物流协同、技术协同。全年高端领先产品完成542万吨，汽车结构钢、家电板、桥梁钢国内市场占有率居行业第一；战略产品完成420万吨，以宝马、奔驰、菲亚特等为代表的中高端客户比例大幅增加，以北汽、长城为代表的客户市场占有率大幅增加；全年完成专利申请696件，获专利授权409件，制定、修订国内外标准58项，其中国际标准5项，1项获得中国标准创新贡献奖。

夯实基础管理。修订总公司章程和董事会、党委会、经理层工作规则，制定《首钢总公司规章制度管理办法》。首钢总部、北京首钢股份有限公司、首钢京唐钢铁联合有限责任公司开展风控体系试点，首钢集团和京唐公司风控体系评价被北京市国资委评为优秀等级。

加强队伍建设。全年举办党委中心组学习37次。组织完成青年干部特训班、首期党委书记、董事长培训班。举办各类职工培训班170个，参训职工14049人次，4名青年科技人才获北京市优秀人才资助。

（关佳洁）

【市委主要领导调研】2月18日，市委书记郭金龙到首钢调研。3月4日，市委常委、副市长陈刚，市政府副秘书长张维到首钢调研。4月21日至23日，市委副书记、市长王安顺，市委常委、常务副市长李士祥，市政府秘书长、办公厅主任李伟，与河北省委副书记、省长张庆伟，省委常委、唐山市委书记焦彦龙，省政府副省长张杰辉，省政府秘书长朱浩文等领导，到首钢京唐公司、曹建投公司调研。6月7日，京津冀协同发展专家咨询委员会到首钢调研。第十届全国政协副主席、中国工程院院士、中国工程院主席团名誉主席、京津冀协同发展专家咨询委员会组长徐匡迪等专家，北京市副市长隋振江以及市有关委办局领导，参观考察首钢静态交通公交立体车库研发基地、西十冬奥广场。6月20日，副市长隋振江到首钢调研。9月10日，市委书记郭金龙到首钢总公司和石景山区调研。9月19日，副市长张建东到首钢建筑垃圾处理项目现场调研。12月29日，国家发展改革委副主任连维良、产业司副司长卢卫生、财金司副巡视员田原、副市长隋振江等领导到首钢调研。

（关佳洁）

【技术创新】7月，首钢机电公司和航空航天部院属单位共同研发制造的车载“楼宇消防灭火装置”在首钢机电公司大厂基地制造完成。8月，首钢国际工程公司创新研发和供货的首钢迁钢冷轧配套完善项目酸轧机组移动式C型液压剪，在首钢长白机械有限责任公司试车，通过业主单位组织的联合验收，电磁感应加热器与移动式C型液压剪在线切换问题成功解决，属国内首创。12月，首钢控股公司“山野农用植保无人机”亮相国际农业航空技术装备展览会。

（关佳洁）

【产品认证】8月，首钢用SQ960E超高强大梁钢制作而成的轻量化挂车通过多家改装车生产企业认证，实现批量供货，标志首钢成为国内首家生产该产品企业。9月29日，首钢京西重工有限公司获沃尔沃VQE证书，该奖项是沃尔沃公司对其供应商在质量领域的最高荣誉，是全球沃尔沃汽车零部件制造企业追求目标。当月，用首钢800兆帕级热轧酸洗复相钢制造的汽车部件，通过全球著名高端汽车制造商认证，成为国内第一家通过该项认证的钢铁企业。10月，首钢核电安全壳用钢SA738通过国家核电山东核电设备制造有限公司企业认证，标志秦皇岛首秦金属材料有限公司成为核电企业非核级以及核级材料合格供方。

（关佳洁）

【年度经营】年内，首钢集团销售收入1330亿元，实现利润5亿元。集团生铁产量2708万吨，粗钢2678万吨，钢材2518.25万吨。

（关佳洁）

【新产品开发】年内，首钢共完成新产品开发141项，实现转产68项。高端领先产品产量525万吨，比上年增产73.4万吨。其中，汽车板具备合资品牌高端车型整车供货能力，跻身国内一流汽车板供应商行列；镀锡板实现国内高端客户全覆盖；电工钢新增客户56家。3月，首钢桥梁钢应用于中俄跨江铁路大桥——同江大桥，实现整桥供货1.5万吨；首钢技术研究院联合首秦公司成功开发出大壁厚WPHY-80/70/60系列管件用钢替代进口，应用于国内西气东输二线、三线等国家重点工程关键部件。4月，首钢京唐公司冷轧部3号镀锌产线成功试制超设计能力规格3.0毫米镀锌板。7月，北京北冶功能材料有限公司研制的产品，成功应用于长征七号运载火箭发动机研发生产，为长征七号运载火箭发动机奠定研制基础。8月，秦皇岛首秦金属材料有限公司开发的Q370qE、Q420qE、S420ML、Q500qE、Q370qD+316L不锈钢复合板、345~420MPa级耐候桥梁钢等六大系列高性能桥梁钢产品，成功应用于国内外80余项重大公铁两用桥梁工程，桥梁钢市场占有率稳居国内前三名。12月，首钢股份公司独家供应澳大利亚北方天然气管道项目所用管线钢，订单总计3.5万吨、管道全长600余千米；首钢自主研发的二代直流充电桩通过试验检测，该产品先后经受住NB/T33001—2010、NB/T33008.1—2013、GB/T27930—2015、Q/GDW1233—2014、Q/GDW1591—2014、GB/T18487.1—2015等最新国家标准规定型式试验，全面验证产品先进性和可靠性，取得国家产品质量监督部门权威检测机构颁发检验合格报告。

（关佳洁）

【深化集团改革】年内，首钢整合完善总部战略管控、战略支撑和业务支持服务部门职能定位，投资和领导人员管理权力清单破冰实施，股权投资管理平台搭建完成，新闻中心、人才开发院成立，北京京西重工有限公司探索国际化试验田改革，房地产开展中层领导人员全员竞聘，北京首钢实业有限公司启动董事会改革试点。破除领导人员行政级别障碍，建立首钢内部职务职级体系，财务公司、房地产等单位关键领导岗位引进职业经理人。转型提效完成水钢150万吨、通钢60万吨粗钢去产能工作，首钢京唐钢铁联合有限责任公司压缩管理层级，取消29个分厂建制，整合撤销96个作业区，秦皇岛首秦金属材料有限公司3300毫米中板产线停产。集团实现转型分流2.6万人，在册职工比上年末减少1.4万人。各单位压缩劳务用工0.63万人，钢铁板块实物劳产率提高20%，在岗职工6万人，比上年末减少1.2万人。全年完成19家企业退出，完成长白股权退出和燕郊股份制改造。完成集团“十三五”规划编制。

（关佳洁）

【推进园区开发】年内，首钢老工业区范围内实现投资约52.79亿元，联动周边新首钢地区完成基础设施等配套项目投资约38亿元；冬奥组委入驻北京园区，园区开发部、园区管理部等单位全力保障冬奥组委办公、生活配套及国际交往服务等功能需求。冬奥片区、两湖片区、石景山公园、制氧厂、绿轴等北区重点项目建设开发同步展开。长安街西延首钢段主辅路通车，冬奥广场、侨商中心等16个重点项目纳入市政府绿色审批通道，特钢园区取得控制性详规调整批复、16号地项目与光大银行签约。京冀曹妃甸协同发展示范区开工及拟开工10个项目，总投资16.56亿元。成功举办“海洋发展曹妃甸论坛”，签约8个新项目178亿元，开工7个，总投资136亿元。北京景山学校分校开学，友谊医院曹妃甸合作医院、安贞医院曹妃甸诊疗中心挂牌，北京妇产医院合作项目进展顺利。首钢与景山学校建立校企合作关系。首钢基金京冀资本完成三期投资，在交通、医疗、产业科技等领域投资11.6亿元。

（关佳洁）

【打造城市综合服务商】年内，首钢园区内新建成的北京静态交通研发示范基地为国内首例，首钢取得国家质量监督检验检疫总局颁发“PPY-GJ型三层及以下平面移动类机械式停车设备”制造许可证，成为国内首家研发制造公交车等大型车辆机械式立体停车库企业。鲁家山基地创造良好社会效益和经济效益，铸造村4号、7号楼钢结构住宅项目被列为北京市住宅产业化试点工程。北京京西重工有限公司捷克工厂投产运营。首钢医院推行核心医疗专家制，引进高水平人才。实业公司外部市场比上年增长28%。

（关佳洁）

【拓展产融结合】年内，首钢基金公司、财务公司发挥资金纽带作用，确立“产业＋基金＋基地”运作模式，促进产融结合。金融服务清理关闭成员单位银行账户626个，规范银行账号管理，实现年末资产规模和资金归集均突破200亿元。基金公司设立园区基础设施基金，完成向首建投融资15亿元，与吉林省、河北省迁安市等政府部门合作设立和管理3支政府引导基金17.5亿元；关注节能环保等7个重点产业，设立医疗产业投资基金10亿元，推进首钢水城钢铁(集团)有限责任公司总医院改制工作；联合顶级投资机构设立行业基金，管理规模达到11支480亿元。取得国际评级机构惠誉A评级，大公香港A评级，国际评级结果显著高于同类型企业。

（关佳洁）

【首钢打造创业生态圈】年内，首钢创业公社以“孵化＋投行＋投资＋创业互助社区”为运营模式，拥有创业办公、创客金服、水滴数据、长青商学院、37℃公寓、创业公社书咖等子品牌，打造集创业办公空间、创业公寓、金融服务、创业培训和创业大数据于一体的创业生态圈。2013年成立至今，创业公社已成为目前北京最大的国家级众创空间。创业公社签约运营场地面积12万平方米，入驻企业超过1300家，97家中关村雏鹰人才企业，127家企业挂牌北京四板，8家企业挂牌新三板，3家企业被上市公司并购，孵化企业成活率比其他普通类创业空间企业公司高43%。11月11日，首钢创业公社获北京科技协作中心“2016TOP100新技术新产品创新力行动伯乐奖”。

（关佳洁）

【城市静态交通产业】年内，首钢建成国内首例静态交通研发示范基地，集中展示六大系列十三种机械式立体车库和公交智能立体车库的设计与制造能力，能满足不同场地的个性化需求，技术先进性、功能多样性均处于国内领先水平，成为首家获得“公交立体车库制造许可”企业，取得北京新机场、北京儿童医院、贵州省六盘水市等重点停车项目，全年完成承揽车位1.43万个、充电桩突破1000台套。

（关佳洁）

【首钢获得冶金科学技术奖】年内，在中国钢铁工业协会举办的2016年冶金科学技术奖颁奖仪式上，首钢总公司“镁钛低硅新型球团矿的开发及应用”成果获得一等奖，“首钢京唐高炉氧煤枪富氧技术研究与应用”等4项成果获得三等奖。含钛含镁低硅多功能球团矿的生产和应用，不仅降低球团矿生产成本，还使球团矿还原膨胀率等冶金性能指标保持良好，球团矿综合指标达到国际领先水平。首钢获冶金科学技术三等奖的成果包括“京唐高炉氧煤枪富氧技术研究与应用”“板坯连铸非稳态浇铸控制技术”“热轧高精度超平材控制技术研究与应用”“钢卷双排式托盘运输系统开发及成套技术研究”。

（关佳洁）

【长安街西延工程首钢段】年内，新首钢高端产业综合服务区长安街西延市政工程是首钢老工业园区改造重点项目。工程主要施工项目有混凝土结构电缆隧道2990米，隧道埋深4米~14米；电力管井92座，埋管2890米。主要施工节点全部按期或提前完成，其中明挖段隧道首段75米于3月21日挖土、边坡支护，4月5日隧道主体混凝土结构施工完成；暗挖段隧道首段于3月31日竖井封底、4月20日隧道初衬贯通、4月29日完成土方开挖红圈节点，比计划工期提前2天。6月，595米电力排管、20座电力井提前1天交接，月季园、文馆段300米隧道提前30天具备回填土条件，隧道暗挖完成940米。7月，完成厂东门至炼钢道口段北半幅主、辅路底层沥青施工以及北侧人行道路基及绿化施工；厂东门至炼钢道口段南半幅主路完成水稳层施工。炼钢道口以西东引桥桥体结构施工完成，东引桥下北侧辅路水稳层施工基本完成，桥面完成长约330米、面积约5000平方米的底层沥青铺设。9月8日，首钢园区内第一条城市次干路——首钢晾水池东路一标段道路工程实现通车。11月，长安街西延首钢园区厂东门至晾水池东路路口约1千米长、双向8车道的主辅路完成粗油铺设，具备通车条件。首钢建设在长安街西延市政项目中，首次运用隧道暗挖新技术，暗挖段长度达2448米，该项目施工技术填补首建集团隧道暗挖技术空白。

（关佳洁）

【人才培养】年内，首钢组织开展第八批首钢技术专家、技术带头人评选工作，评选表彰首钢优秀青年人才299人，青年科技人才4人获北京市优秀人才资助。总工程师室张福明入选全国“杰出工程师奖”，北京首钢股份有限公司王瑞获“中国大能手”（第二季）职业技能挖掘机竞技项目全国冠军，首秦公司刘鑫获得焊接竞技项目第七名，首钢京唐钢铁联合有限责任公司吴礼云获得“中国制水大工匠”第一名，首钢京唐钢铁联合有限责任公司荣彦明、首钢矿业公司马著获得2016年度“首都市民学习之星”称号，北京首钢股份有限公司刘建斌获得“北京市有突出贡献的高技能人才”称号；首钢京唐钢铁联合有限责任公司张维中、机电公司刘琪、北京首钢生物质能源科技有限公司杨海廷获得“北京市政府技师特殊津贴”奖励，创业公社刘循序获得“国企楷模·北京榜样”优秀人物称号。北京首钢女篮获得2015—2016中国女子篮球联赛（WCBA）总决赛冠军，首钢乒乓球俱乐部队员丁宁夺得2016年里约奥运会女乒冠军。

（关佳洁）

【“十三五”规划】年内，首钢完成集团“十三五”规划编制工作。通过制订工作方案，成立领导小组，建立例会制度，专题研究100余次；组织专家、职工代表等50人组成评委会进行打分评议。经过修改完善，形成《首钢集团“十三五”发展规划》及产业投资、资本运营、技术创新、人力资源、能源环保、信息化6个专业规划。

（关佳洁）

北京化学工业集团有限责任公司

【概况】北京化学工业集团有限责任公司（简称化工集团）是一个具有50余年历史的国有独资大型企业，对所属全资、控股、参股企业的国有资产行使出资者权利，依法进行经营、管理和监督，承担国有资产保值增值责任。拥有资产总额55亿元、企事业单位34家。主要经营领域包括精细化工、橡塑制品、工程塑料、化工装备制造及新材料、电子化学品、新能源、循环经济产业等为主的制造业和房地产开发及置业领域。

（刘毓　徐博非）

【年度经营】年内，化工集团营业收入全口径实现55.99亿元；市国资委口径完成46.5亿元，完成年度预算的120.8%，完成提质增效目标的105.7%，同比增长7.1%。全年利润总额完成1亿元，完成年度预算的113.6%，完成提质增效目标的104.2%，同比增加1%。完成了市国资委考核的2项基本指标（利润总额、净资产收益率）和4项分类指标（成本费用占营业收入比率、流动资产周转率、应收账款周转率、科技支出占主营业务收入比重），而且全部优于上年；足额完成国有资本收益收缴指标，上缴收益844万元，是化工集团连续8年按净利润20%的比例上缴国有资本收益。26家二级单位实现盈利；职工收入继续保持稳定增长，同比增长10.1%，全员劳产率同比增加15%；全面推进节能减排治理，制造业万元增加值能耗同比下降18.8%，水耗同比下降27.7%。较好地完成了安全生产、环保、消防、职业健康、治安、交通等工作。

（刘毓 徐博非）

【制造业“京外布局”】年内，北京市化学工业研究院2万吨/年工程塑料（宁波）华腾首研一期项目完成项目主体建设及中间验收，开始启动北京、余姚、宁波三地产能转移整合工作；北京华腾东光科技发展有限公司丙烯酸乳液项目已将现有4万吨产能全部转移至河北黄骅，探索津浙地区的合作内容和方式；北京华腾新材料股份有限公司实现无溶剂聚氨酯黏合剂产品的试车投产；北京华腾橡塑乳胶制品有限公司“1+8”京内外合作模式基本形成，安徽项目二期建设已完成，进入试运行阶段。年内，京外布局企业（项目）实现营业收入已超过化工集团整体收入的30%，标志着集团产业布局调整实现历史性突破。

（刘毓 徐博非）

【京内产业基地转型发展】年内，化工集团认真落实国有企业政治责任和社会责任，按照市国资委要求，开展环球橡胶厂众人众轻纺市场疏解退出工作，年底已完成闭市任务，同时制订了闭市后的管理工作方案，启动转型调研工作。大兴化工基地继续推进安全环保“一体化管理”，深化“绿色化工生态园区”建设，主动对接地方政府与区域内企业，提供公用工程资源。继续高度关注新机场临空区域和安定地区发展规划，为化工基地转型做好充分准备。全力配合市政府“东方化工厂调整转型”专项工作，开展了人员统计摸查、资产预评估，果断停止稀贵产品生产，拆除了北京普莱克斯实用气体有限公司通州区域的地下输气管线。北京市化学工业研究院顺义空港土地历史遗留问题取得阶段性成果，为下一步产业转型和资源整合做准备。

（刘毓 徐博非）

【推进混合所有制经济发展】年内，北京华腾新材料股份有限公司完成第二轮增资，进一步完善了公司治理结构，推进上市准备工作，完成IPO相关确权、合规性等手续。北京化工厂与上市公司广东光华科技股份有限公司开展合资合作事项已获集团董事会批准。北京市化学工业研究院宁波华腾首研（一期）项目第二轮注资2000万元，累计注资3500万元。

（刘毓 徐博非）

【节能减排】年内，化工集团广泛开展安全环保宣传教育，编制补充安全生产相关制度，完善各类应急预案，广泛开展应急演练，加大隐患排查和整改落实力度，坚决降低交通违法率。化工集团安全生产隐患排查治理体系通过多部委联合验收，并作为市安监局建设试点获得专项补助资金。安全生产标准化取得新进展，5家企业通过二级标准审核、18家企业通过三级标准审核，5家企业通过“清洁生产”审核。配合做好空气污染预警和重大活动时期的企业停产、限产安排。完成化工基地污水改造、甲类库消防隐患整改、易燃彩钢板改造、4家企业的燃气锅炉改造等一批安全环保项目。制造业万元增加值能耗预计同比下降18.8%，水耗同比下降27.7%。

（刘毓 徐博非）

【强化科研开发】年内，化工集团科技支出总额超过5800万元，其中市国资委考核的3家重点企业科技支出比重达到3.82%。发挥集团博士后科研工作站作用，职防院今年利用该平台引进博士后2人，获得了国家和北京市的研发项目资助。化工信息中心以化工专业信息周报为载体，加大信息输出服务，并着手建设专业化门户网站。加大优秀科技人才引领作用，年内选聘了化工集团第三届工程专业技术带头人7人、首批科研开发技术带头人4人，并发放了专项技术津贴；表彰奖励集团级创新成果奖6项、最佳新产品奖8项、最佳专利奖4项，十佳科技工作者10人。加快科技成果转化，新产品收入全年达到1.6亿元。加大创新工作考核，研究推出企业创新指数，并纳入集团考核体系。

（刘毓 徐博非）

【城市运行服务保障产业】年内，化工集团城市气体保障能力稳步提高。医用氧气已覆盖北京及周边地区50家大医院，航空航天试验单位的液氧、液氮产品供应量已达100吨/天，同比增加50%；京津冀地区自来水厂、污水处理厂日均液氧供应量同比增加20%；高校、汽车、食品等领域的用气业务不断拓展。全年为排水集团供应甲醇6100吨，同比翻了一番。为自来水集团提供液氯、次氯酸钠等消毒产品以及安全技术服务保障工作取得有效进展，并取得了相应危险化学品经营许可资质。为环卫集团供应化学试剂，全年销量已达1.8万吨。通过技术改进，废旧溶试剂回收提纯装置的运行效率进一步提高，全年回收提纯挥发有机溶剂4500吨，同比增长12%，为北京的环境治理做出新贡献，经济效益和社会效益明显。继续参与“全市危化品集中管理体系”建设，加强沟通协调，深入调研筹备，已编制完成化工集团《关于北京市化工产品危险化学品集中管理体系建设方案》，报市政府专项协调小组审查备案。

（刘毓　徐博非）

【社会化服务产业】年内，北京市技师学院以技师学制教育、社会培训和成人学历教育为支撑的教育培训体系日臻完善，全力备战第44届世界技能大赛选拔工作，承办了各级各类技能竞赛活动，与企业共建食品安全检测培训平台，逐步向职业培训调整转型。北京市化工职业病防治院推行“科研立院”战略并已见成效，以职防、体检、医疗为支撑的多板块业务各有优势和特色，特别是以放射评价甲级资质和军工涉密业务资质为引领的职防业务快速增长，应急救援楼项目得到市发展改革委核准。华腾通标充分发挥检测资质优势，参与国家、行业细则和产品标准制定，大力拓展政府委托检验业务，着力提升行业地位，并向津冀及东北内蒙古等周边地区拓展，规模效益不断提升。

（刘毓　徐博非）

【人才队伍建设】年内，化工集团落实人才强企战略，全年招收本科以上毕业生50人，引进高端人才2人，开通留学人才引进平台。探索集团及企业层面的职工培训新方式，组建化工集团内部培训师队伍，编制《企业新型学徒制试点工作方案》，并在3家企业开展试点。举办各级各类培训班18个，培训人数1100余人。促进专业技术职务考评和晋级，年内晋升高级专业技术职称13人、高级技师8人。北京华腾大搪设备有限公司肖志水获得国务院颁发的“技师特殊津贴”；北京市技师学院刘雁生、陈建坤，北京化学试剂研究所张军，北京华腾东光科技发展有限公司商波4名同志获得市政府颁发的“技师特殊津贴”；北京化学试剂研究所王连旺获得“北京市有特殊贡献的高技能人才”称号；北京华腾东光科技发展有限公司杜振勇“环境友好型丙烯酸酯合成与应用创新团队”获得市国资委“优秀科技创新团队”称号，并获得专项支持资金50万元。

（刘毓　徐博非）

北京金隅集团有限责任公司

【概况】北京金隅集团有限责任公司（简称北京金隅集团），是以“水泥及预拌混凝土—新型建材与商贸物流—房地产开发—地产与物业”为核心产业链，主业分别于香港H股和上海A股上市的大型国有控股产业集团。北京金隅集团是国家重点支持的12家大型水泥企业之一和京津冀区域最大的水泥生产商及供应商，全国最大建材制造商之一和环渤海经济圈建材行业的引领者，北京地区综合实力最强的房地产开发企业之一和开发最早、项目最多、体系最全的保障性住房开发企业以及北京最大的投资性物业持有者和管理者之一。

（龚国腾）

【年度经营】2016年，北京金隅集团资产总额2121亿元，营业收入700亿元，利润总额38.85亿元，上缴利润1.75亿元，完成年度各项经济指标。

（龚国腾）

【产业发展】年内，北京金隅集团水泥及混凝土板块以提升盈利水平为着眼点，深入实施统一管理，挖潜降耗，创新营销模式，控降应收账款和采购成本，突出绿色环保，加强技术创新，强化运营管控和对标管理，主要经营指标均优于区域同行业水平。新型建材与商贸物流板块深耕细作存量资源，加快企业转型升级，推进在京产能疏解，加快实施重点项目，提升企业管理水平和盈利能力；创新大宗商品经营模式，加强风险防控，实现稳健运营；板块实现主营业务收入101亿元。

（龚国腾）

【项目建设】年内，北京金隅集团努力做好北京城市副中心建材供应工作。10月，成立专门机构全力保障副中心项目建材供应。金隅有关水泥、混凝土、新型建材生产企业主动与项目各单位对接，截至年底，金隅已供应水泥34万吨，混凝土20万立方米，预拌砂浆4500吨。年内，北京金隅集团水泥及预拌混凝土板块：顺利实施金隅冀东战略重组，公司水泥产能跃居全国第三。系统化推进利用水泥窑协同处置工作：承德金隅水泥有限公司、广灵金隅水泥有限公司、陵川金隅水泥有限公司、曲阳金隅水泥有限公司实施利用水泥窑协同处置危险废弃物项目，邯郸金隅太行水泥有限责任公司实施利用水泥窑协同处置生活垃圾项目，天津振兴水泥有限公司实施利用水泥窑协同处置工业固废项目，北京金隅琉水环保科技有限公司实施利用水泥窑协同处置建筑垃圾项目。矿山方面：邯郸市国资委以“作价出资”方式将河北太行集团采矿权转让给河北太行华信建材有限责任公司项目获批。产能产品方面：邯郸涉县金隅水泥有限公司扩展产能，年产92万吨水泥粉磨站搬迁技改项目实施；河北金隅鼎鑫水泥有限公司调整产品结构，新增4个水泥品种及钢板仓；天津金隅混凝土有限公司在西青区和曹妃甸区新增租赁站点，石家庄金隅旭成混凝土有限公司在高邑新增租赁站点。工艺环保方面：北京金隅北水环保科技有限公司二号窑ERD+饱和蒸汽催化燃烧脱销技术改造项目经过专业论证实施；承德金隅水泥有限责任公司110千伏供电线路技改项目完成；博爱金隅水泥有限公司新建3万吨熟料堆棚项目和保定太行和益水泥有限公司新建2万吨白灰堆棚项目建成投产。新型建材和商贸物流板块：大厂金隅现代工业园管理有限公司年产80万标件家具生产线项目、三重镜业表面镜生产线搬迁技术改造项目建成投产。北京金隅国际物流园一期完成建设，二期工程进入内装饰阶段，三期工程和外电源工程开工；北京建材科研总院国家节水器具产品质量监督检验中心项目建成投产，并完成生活污水处理及排污管线项目；北京太尔化工有限公司在黄骅建设年产4万吨胶粘剂项目开工。地产与物业板块：建金商厦综合维修改造项目完成并投入招租；锦湖园底商改造项目开工；北京大成房地产开发有限责任公司所辖的窦店家属区、鑫山分公司宿舍区、周口店金巢公司燃煤锅炉清洁能源改造完成。

（龚国腾　王博）

【科技创新】年内，北京金隅集团科技投入8.3亿元，新产品销售收入19.3亿元，获得省部级（含行业）科技奖励10项，获得国家专利117项，主编参编国家、行业及地方标准65项。公司在京水泥企业加强自主创新，依托水泥窑无害化处置城市工业废弃物及污水处理厂污泥、焚烧发电厂飞灰等有毒有害废物转型为环保科技公司。河北金隅鼎鑫水泥有限公司加强产品创新，核电硅酸盐水泥、中和低热硅酸盐水泥等四大类6个特种水泥产品全面推向市场。天津金隅混凝土有限公司C130高强高性能混凝土880米超高层泵送盘管实验获得成功，为国内首例。邯郸金隅太行水泥有限责任公司等3家企业获批高新技术企业。沁阳公司被认定为全国循环经济技术中心。北京金隅北水环保科技有限公司水泥窑协同处置转型升级示范项目获得第四届中国工业大奖表彰奖。北京金隅集团全年完成14个公司重点科研项目，形成一批具有实用性、战略性、前瞻性的科研成果，新产品收入19.3亿元。

（龚国腾　田立柱）

【升级改造】年内，北京金隅琉水环保科技有限公司的65吨余热发电燃煤补燃锅炉实施清洁能源改造、博爱金隅水泥有限公司拆除2吨老式锅炉、广灵金隅水泥有限公司水泥原料绿色堆棚改造、天津金隅混凝土有限公司鑫建站物料大棚环保改造、左权金隅水泥有限公司水泥窑脱硝改造、北京混凝土有限公司环保升级改造等环保改造项目得到各地政府认可，共获得政府资金奖励1025万元，有效地促进企业环保技改工作的持续推进。加强高耗能特种设备节能审查和监管，开展燃煤锅炉节能攻坚战，开展能效测试与评价，加快高效电机、配电变压器等用能设备开发和推广应用，淘汰低效电机、变压器、风机、水泵、压缩机等用能设备，全面提升重点用能设备能效水平。年内，公司36家单位完成15项691台淘汰落后机电节能项目、11项余热余压利用项目、14项17428盏绿色照明项目、19项窑炉改造项目、29项生产工艺系统节能改造项目和33项能量系统优化项目。

（田立柱）

【节能减排】年内，北京金隅琉水科技环保有限公司垃圾飞灰生产线处置能力从100吨/天提升到120吨/天，最高台时达到150吨/天，为垃圾飞灰处置二线建设打下坚实基础；“定制化”研发的绿色低碳水泥新产品应用到北京新机场主航站工程建设中，成为公司实现供给侧改革的重要举措。天津金隅混凝土有限公司采用高性能混凝土配合比设计与质量控制方法，为周大福工程供应C80混凝土1.8万立方米，最大顶升高度300米，技术填补国内外空白。河北金隅鼎鑫水泥有限公司核电硅酸盐水泥、中和低热硅酸盐水泥等四大类6个特种水泥产品全面推向市场，并且入选国家核与辐射安监技术研发基地项目。北京金隅天坛家具股份有限公司建设的节能环保家具生产线极大降低VOC排放，确保生产过程环保；应用双机器人水性涂饰线，采用3D自动扫描编程技术，自动化水平国际领先。金隅中央研究院、沁阳市金隅水泥有限公司、北京金隅琉水环保科技有限公司共同开发的高效节能回转窑旁路取风除氯项目有效地解决了沁阳市金隅水泥有限公司电石渣制水泥过程中有害成分富集造成窑炉频繁结堵问题，技术水平国内领先。北京金隅北水环保科技有限公司自主开发的低温余热污泥干燥塔项目，利用水泥窑200℃以下低温余热将含水83%的生活污泥烘干降至10%以下，技术国内首创。金隅砂浆公司建设适合于机械化施工的干混砂浆生产线，有效提升了公司自动化施工水平，项目在国内外施工近180万平方米。北京金隅涂料有限责任公司开发的新型仿石涂料通过不同彩砂的级配和乳液的优选，有效弥盖基层裂纹，市场反应良好。北京金隅琉水科技环保有限公司实施的《水泥窑尾烟气CO_2变压吸附技术研究与应用》项目建成国内首个窑尾烟气CO_2吸附提纯资源化利用装置，每年替代盐酸1000吨左右，有效降低了飞灰处置成本。其与中央研究院实施的《垃圾飞灰机械压缩蒸发(MVR)工艺改进及高效盐分离技术开发》项目解决了MVR系统因长期运转杂质富集产生的结疤、堵塞问题，蒸发结晶分离得到的氯化钾产品纯度达到90%。北京金隅嘉业房地产开发有限北京公司与中央研究院牵头实施的《新一代超低能耗建筑技术集成与指标体系研究》项目成功应用被动窗、新风系统、岩棉保温体系等相关产品搭建了被动式超低能耗样板间，产品各项指标符合德国被动房建设技术要求。北京金隅水泥经贸有限公司实施的《金隅水泥产业统一营销电商平台(1.0版)开发与应用》项目建立微信公众号及微官网，实现通过手机端下单购买水泥的功能。邯郸金隅太行水泥有限责任公司、北京金隅混凝土有限公司、北京金隅物业管理有限责任公司等20家企业清洁生产审核和能效限额对标，其中河北金隅鼎鑫水泥有限公司、邯郸金隅太行水泥有限责任公司入围工信部能效领跑者入围企业名单，承德金隅水泥有限公司、陵川金隅水泥有限公司、北京金隅砂浆有限公司等9家企业获评国家第三批建材行业“百家节能减排示范企业”，北京金隅物业管理有限责任公司获评北京市能效领跑者示范单位。北京金隅琉水环保科技有限公司、北京生态岛科技有限责任公司获评北京市节水型单位。北京金隅北水环保科技有限公司、北京金隅琉水环保科技有限公司、北京金隅前景环保科技有限公司配合市发展改革委开展电力需求侧应急响应，共获得政府奖励资金258余万元，北京建机资产经营有限公司完成北木公司、顺发公司等9家单位全部的“减容变性”工作，实现大工业用电变为非工业用电，年节约基本电费支出约706万元。在京各重点碳排放单位按时完成碳排放报告、核查、检测及履约工作，按时履约率100%。同时，对3年碳排放权交易试点期间各重点碳排放企业碳配额进行梳理，对盈余配额进行盘活。全年对外销售配额41万余吨，置换国家核证自愿减排量（CCER）28万吨，净收入近800万元。

（田立柱）

【战略重组】年内，北京金隅集团仅用168天就完成了金隅冀东股权重组全部审批事项。北京金隅股份有限公司（简称金隅股份）正式成为冀东发展集团有限责任公司（简称冀东集团）的控股股东并间接控股上市公司唐山冀东水泥股份有限公司（简称冀东水泥）和唐山冀东装备工程股份有限公司（简称冀东装备），股权重组完成后，京津冀区域水泥市场不再恶性竞争，各水泥企业盈利能力逐步提升。4月15日，金隅股份、唐山市国资委、冀东集团签订《重组框架协议》，战略重组正式实施；9月19日，商务部反垄断局出具对金隅冀东重组的批复，股权重组外部审批全部完成。金隅冀东战略重组包括股权重组和资产重组，股权重组完成后，金隅股份持有冀东集团55%的股份，间接控股冀东集团下属的两家上市公司——冀东水泥和冀东装备，资产重组后，金隅股份直接持有冀东水泥45.43%的股份，冀东集团持有冀东水泥13.20%的股份。重组完成后，金隅冀东水泥作为双方唯一的水泥、混凝土业务平台，成为集水泥、混凝土、耐火材料、环保、砂石骨料等为一体的全国最大的综合型建材企业之一，熟料产能将超过1.1亿吨，水泥产能将达到1.7亿吨，成为全国第三、世界第五大水泥企业。年内，金隅水泥借助金隅冀东重组形成的市场优势，发挥规模优势和引领作用，推进区域行业自律，强化市场协同，联动发力，市场秩序得到有效改善；公司主动对接市场，调整产品结构，在高标号、高性能、特种水泥及特殊混凝土等高附加值的产品销售上取得突破。金隅冀东战略重组后，水泥产品在京津冀区域市场占有率大幅度提升，水泥价格呈现理性回归态势，全年水泥熟料销量同比双增长，企业效益显著提升。冀东水泥在重组当年实现扭亏为盈。

（龚国腾　谭福生）

【企业结构调整】年内，北京金隅集团完成劣势企业退出1家（北京绿都尚科科技有限公司），注销北京金隅世纪嘉业房地产开发有限公司、北京天坛法拉姆装饰材料有限公司等7家子公司和7家分公司，股权退出2家，设立9家子公司和4家分公司。为加强北京金隅朝新天地置业有限公司及其开发运营的北京金隅嘉品Mall购物中心项目以及旗下其他商业地产项目的有效管理，进一步理顺管理架构，促进同类业务的集中整合和专业化管理，北京金隅朝新天地置业有限公司由北京金隅地产经营管理有限公司委托管理；

为充分发挥琉璃河水泥公司成功转型为环保企业的优势，进一步优化资源配置，提升管理效率，加快推进石灰石矿山项目建设，保障区域内企业的正常生产经营和可持续发展，北京金隅矿业有限公司由北京市琉璃河水泥有限公司委托管理；结合海淀区规划调整，西三旗地区将打造以智能制造为主的产业园区；按照突出主业、强化专业化经营的原则，对天坛文化创意产业园投资、运营进行调整，北京金隅文化科技发展有限公司由北京金隅地产经营管理有限公司委托管理；为加快做好金隅国际物流园招商运营工作，保证园区持续健康发展，北京金隅国际物流园有限公司招商运营业务由北京金隅地产经营管理有限公司委托管理；为加快做好金隅国际物流园项目建设工作，实现业务归口管理，北京金隅国际物流园有限公司划归房地产开发板块。金隅冀东重组后，公司按照扁平化、区域化和专业化的原则对冀东水泥、冀东集团的管理架构进行调整优化。

（覃 静）

【建材生产】年内，北京金隅集团新型建材与商贸物流业主营业务收入116.7亿元，为上年同期的102.8%；实现利润1.66亿元，为上年同期112.2%。其中，国有及控股企业主营业务收入完成100.2亿元，为上年同期的103.9%；合资参股企业主营业务收入16.5亿元，为上年同期的96.5%；国有及控股企业经营活动现金流入量完成25.5亿元，为上年同期的104.7%。北京金隅天坛家具股份有限公司完成西三旗生产基地搬迁调整工作，实现生产无缝对接，全年实现主营业务收入7.24亿元，为年计划的103%。北京金隅涂料有限责任公司加快市场布局和销售渠道建设，外埠销售占比达到70%以上，全年实现主营业务收入2.19亿元，实现利润600万元。北京太尔化工有限公司在搬迁调整过程中稳定销售和核心客户，实现利润220万元。北京金隅节能保温科技有限公司降控成本和增产增销效果明显，全年实现主营收入1.29亿元，同比增长22%。北京金隅加气混凝土有限责任公司全年实现主营收入1.52亿元，实现利润300万元，同比减亏3300万元，其中板材销量8万立方米，同比增长180%。星牌优时吉建筑材料有限公司进一步降本增效，全年减亏2660万元。北京金隅商贸有限公司创新大宗商品经营模式，加强风险防控，实现稳健运营。金隅商贸陶瓷卫浴代理业务保持稳定增长，大宗商品贸易稳健运营，全年实现主营业务收入63.08亿元（不含上海物产），实现利润3600万元，其中钢材业务收入40亿元，同比增长21.5%。

（刘小敏）

【产能疏解】年内，北京金隅集团新材板块加快推进在京产能疏解，完成北京金隅天坛家具股份有限公司西三旗生产基地、通达耐火技术股份有限公司北京生产基地、北京金隅节能保温科技有限公司三重镜业生产线的搬迁调整，并按计划稳步推进北京太尔化工有限公司疏解项目。

（刘小敏）

【轻资产运营扩张模式】年内，北京金隅集团新材板块对具备较高成长性的产业，以市场、原材料和企业占有相对优势的区域为中心探索实施分布式制造，深化“轻资产”模式战略扩张。北京金隅涂料有限责任公司、北京太尔化工有限公司、北京金隅节能保温科技有限公司、通达耐火技术股份有限公司等企业轻资产扩张初见成效。金隅涂料通过采取租赁厂房、部分设备投入等方式实现产品在福建地区轻资产扩张，迈出分布式制造一小步；北京太尔优化OEM组织结构和管控方式，稳定了销售和核心客户；节能保温公司以东北市场为突破口，采用轻资产方式对营口1家岩棉企业进行合作，实现增加产品销量和占有中低端客户需求的市场，实现产品销量2.8万吨，同比增长40%以上。

（刘小敏）

【拓展整合优化营销资源】年内，北京金隅集团先后组织企业与北京城市副中心工程建设办公室、住总集团第二开发建设公司、中铁建工集团和各分子公司物资采购人员、北京建工集团总承包部、首钢建设集团以及系统内房地产板块、不动产板块业务对接，深入对城市副中心、住总物流大厦、冬奥组委、首钢冬奥广场、北京档案馆以及系统内张郭庄、北七家、后沙峪等项目进行业务对接协同，全年住总、城建、建工、中铁建工等战略合作伙伴使用新材产品8300余万元，抱团效果明显。同时公司与北京城市副中心工程建设办公室签订战略合作伙伴协议，水泥、混凝土、砂浆、加气混凝土等产品成功应用项目。深入推进外埠营销平台的运营，区域营销平台资源整合和集成效果逐步显现，营销平台的内生价值逐步增强，工程信息、客户等资源共享和业务协同营销效果明显。全年天津、济南、沈阳、西安、大理等区域营销平台实现收入3.5亿元，济南营销平台实现业务协同1200万元，大理营销平台实现涂料、爱乐屋铝木窗等业务协同1200万元。

（刘小敏）

【水泥及预拌混凝土生产】年内，北京金隅集团水泥（含熟料）销量1.29亿吨，预拌混凝土产销量1907.6万立方米，实现营业收入306.05亿元。

（谭福生）

【水泥生产企业转型】年内，宣化金隅水泥有限公司、广灵金隅水泥有限公司水泥窑协同处置项目建设取得危废生产许可证，陵川金隅水泥有限公司、曲阳金隅水泥有限公司、承德金隅水泥有限责任公司等公司处置项目基本完成工程建设，岚县金隅水泥有限公司取得环评批复。北京金隅北水环保科技有限公司、承德金隅水泥有限责任公司智能化工厂建设稳步推进，天津金隅混凝土有限公司中航站智能系统运行稳定，武清站智能化系统建设完成。金隅冀东水泥建成生产数据采集和管控体系。水泥熟料烧成专家系统、设备管理系统、工厂物流智能发运系统等项目试点扎实有效推进，公司水泥智能工厂项目被工信部列为“智能制造试点示范”项目。

（谭福生）

【推进统一供应管理】年内，北京金隅集团发挥集团采购平台优势，对原燃材料点对点直购，建立了以陕煤、晋煤、蒙煤的煤炭采购渠道，原煤采购形成“大采购”格局。对大型备品备件实行统一招标，通用设备联合存储；加强资源综合利用，通过废渣替代天然资源，煤矸石综合利用，合理搭配使用低热值煤、末煤、煤泥、铁选矿污泥、粉煤灰、脱硫石膏等，提高石灰石资源利用率，避峰就谷运行降低电价等多项有力措施降低成本，熟料综合成本同比有较大幅度下降；经济效益显著。

（谭福生）

【安全生产】年内，北京金隅集团重新修订并发布《安全生产管理办法》。年初，向66家子公司下达了《安全生产和保卫目标管理责任书（告知书）》，由子公司党委书记和总经理共同签订，并分解细化任务指标，将安全生产责任逐级传递。承德金隅水泥有限责任公司和邢台金隅咏宁水泥有限公司两家水泥企业通过国家安全生产标准化一级达标评审，北京金隅物业管理有限责任公司腾达和环贸分公司完成安全生产标准化二级达标，北京建机资产经营有限公司通过专业机构现场评审，达到了标准化二级水平。作为北京市隐患排查治理体系建设试点单位，制订《金隅集团隐患排查治理体系建设试点实施方案》，北京金隅北水环保科技有限公司、北京生态岛科技有限责任公司、北京金隅混凝土有限公司和北京金隅物业管理有限责任公司嘉华分公司率先建立和使用隐患排查信息平台。11月15日，通过了市安全监管局、市国资委和市经济信息化委等单位组织的专项验收，在全市试点单位中排名第一，获得政府部门87万元资金补贴。拆除违章建筑4.38万平方米，对各企业开展安全检查296天/次，其中夜查78次，夜查部位232个，发现问题218项，下发隐患整改通知书20份、典型通报1份。公司建立隐患台账，定期分析事故隐患，针对高发频发等通类、典型问题进行专项培训，从源头消除事故隐患。北京建筑材料科学研究总院有限公司完成194台锅炉、364台压力容器、3300米压力管道、1607台电梯、9553点避雷设施和26万平方米消防设备设施的检测。北京金隅琉水环保科技有限公司取得了北京市安全文化示范企业称号；宣化金隅水泥有限公司、天津金隅混凝土有限公司分别获得河北省和天津市安全文化建设示范企业称号。

（李克杰）

【获得荣誉】年内，北京金隅琉水科技环保有限公司参与完成的《城市循环经济发展共性技术开发与应用研究》项目获得2016年度国家科学技术奖二等奖，北京金隅北水环保科技有限公司《水泥窑协同处置转型升级示范》项目获得“第四届中国工业大奖表彰奖”，北京太尔化工有限公司的《农林生物质移动式热裂解炼制与产物高值化利用关键技术》项目获得2016年度北京市科学技术奖三等奖。沁阳市金隅水泥有限公司获得全国循环经济技术中心称号；北京金隅琉水科技环保有限公司获批北京市高新技术企业，邯郸金隅太行水泥有限责任公司、北京金隅涂料有限责任公司获批河北高新技术企业；金隅北水环保科技有限公司获批中关村高新技术企业；左权金隅水泥有限公司技术中心获得“晋中市市级企业技术中心”称号。北京金隅琉水科技环保有限公司、通达耐火技术有限公司两企业获得2016年度北京市优秀科技创新团队称号。年内，公司争取各级政府科技资金1300余万元，有力支持了科技创新工作。

（田立柱）

北京能源集团有限责任公司

【概况】北京能源集团有限责任公司（简称京能集团）前身是北京国际电力开发投资公司，成立于1993年，随后分别在2004年、2011年以及2014年与北京市综合投资公司、北京市热力集团有限责任公司、北京京煤集团有限责任公司进行合并重组。由市国资委履行出资人职责，注册资本204.4亿元。集团参控股企业达399家，其中控股企业275家，参股企业124家控股京能清洁能源（00579.HK）、京能电力（600578.SH）、昊华能源（601101.SH）、京能置业（600791.SH）4家上市公司。主要业务涵盖电力能源、热力供应、煤炭经营、地产置业、节能环保和金融证券等多个行业。集团控股电力装机容量超过19926兆瓦，完成发电802亿千瓦时；集团拥有亚洲最大的供热管网，供热面积约3.04亿平方米；完成原煤产量达994万吨；完成房地产销售43万平方米。

（周德发）

【年度经营】年内，京能集团资产总额2416亿元，负债总额1436亿元，净资产979.6亿元，营业收入586.5亿元，年度利润总额46.66亿元，上缴税费总计58.3亿元，资产负债率59.6%。

（周德发）

【入围国企500强】年内，京能集团继续入围中国企业500强，排名第228位；入围中国服务企业500强，排名第81位；中国服务业企业500强净利润排名第57位。京能集团因营收下降，各项排名较上年均出现了不同程度的下滑。

（市产研中心）

【海外市场拓展】年内，京能集团旗下上市公司京能清洁能源（00579.HK）控股澳大利亚Gullen Range（165.5兆瓦）风电项目；旗下上市公司昊华能源（601101.SH）是非洲煤业第一大股东；集团在北美地区成立办事机构，负责拓展油气资源项目。

（周德发）

国网北京市电力公司

【概况】国网北京市电力公司（简称国网北京电力）是国家电网公司的子公司，前身是1905年创建的京师华商电灯股份有限公司。2003年以前作为华北电力集团公司的直属单位，按地市公司实施“收支两条线”管理；2003年成为华北电力集团公司授权经营、独立核算的分公司，由国家电网公司按省公司直接管理；2008年成为独立法人企业。国网北京电力作为首都最大的公用事业单位，负责北京地区1.64万平方千米范围内的电网规划建设、运行管理、电力销售和供电服务工作。先后完成了第29届奥运会、中华人民共和国成立六十周年庆典、APEC供电保障、抗战胜利七十周年纪念等重大活动保电任务。

国网北京电力下辖二级单位29家，包括供电公司16家、业务支撑和实施机构10家、其他单位3家。2016年，完成售电量918.37亿千瓦时，全年完成投资216.28亿元，资产总额达到1029亿元，全年营业收入616.3亿元，实现利润17.6亿元。公司拥有35千伏及以上变电站492座，变电容量8927万千伏安，输电线路8864千米、电缆2041千米；历史最大负荷2082.8万千瓦；城市供电可靠率达到99.982%，处于国内领先水平。目前，北京电网已经形成六大分区相互支持的坚强结构，具备较强的资源配置能力和抵御风险能力。同时，北京电网又是一个典型的受端电网，本地发电仅占全部用电负荷的30%，其余70%的电力依靠山西、内蒙古等地输入。

年内，国网北京市电力公司对标进入国家电网公司综合标杆，业绩考核位列A段。国网北京市电力公司团委获中央企业和北京市五四红旗团委称号，在国家电网公司第二届“青创赛”中获得2金、4银、5铜，在中国第三届青年志愿服务大赛中获得2金，城区供电公司代表中央企业获得最佳团队奖。离退休工作部作为国家电网公司唯一代表，获得“全国老干部工作先进集体”称号。

（吴国健）

【电网概况】截至年底，北京电网内共有电厂30座，机组205台（含124台风机），总装机容量10769.8兆瓦。并入110千伏及以上的升压变共有64台，变电容量12919.5兆伏安，其中并入220千瓦的升压变

37 台，变电容量 11750 兆伏安；并入 110 千伏的升压变 27 台，变电容量 1169.5 兆伏安。北京地区运行的 110 千伏及以上变电站 476 座，变压器 1191 台，变电容量 110810.7 兆伏安。500 千伏变电站 10 座，变压器 28 台，变电容量 27606 兆伏安。220 千伏变电站 85 座，变压器 226 台，变电容量 39535 兆伏安。其中，公司所属变电站 78 座，变压器 203 台，变电容量 38420 兆伏安；用户变电站 7 座，变压器 23 台，变电容量 1115 兆伏安。110 千伏变电站 381 座，变压器 937 台，变电容量 43669.7 兆伏安。其中，公司所属变电站 330 座，变压器 824 台，变电容量 39557.5 兆伏安；用户变电站 51 座，变压器 113 台，变电容量 4112.2 兆伏安。北京电网共有 110 千伏及以上架空线路 573 条，共 6845.455 千米，110 千伏及以上电缆线路 931 条，共 1924.6 千米。500 千伏架空线路 8 条，312.71 千米；500 千伏电缆线路 2 条，13.37 千米（其中昌海、门海线为架混线路）。220 千伏架空线路 205 条，2783.83 千米；220 千伏电缆线路 135 条，579.57 千米。110 千伏架空线路 360 条，3748.919 千米；110 千伏电缆线路 794 条，1331.66 千米。

（吴国健）

【经营管理】年内，国网北京电力购售价差同比提升 4.27 元 / 千千瓦时，落实“营改增”政策，有效降低企业税负。开展工程转资，有效助力输配电价改革，经国家发展改革委正式批复，北京地区 2017 年至 2019 年输配电价实现上涨。年内，固定资产投资完成 216.28 亿元，取得国家电网公司支持，将“煤改电”等 29 项配套工程及时纳入年度投资计划，并争取到 13 亿元投资规模；构建项目效益分析指标评价体系，在网架结构、供电能力等 7 个维度制定 41 项指标，实现主网项目分级评价；提前预安排 2017 年新开工重点项目 316 项，当年投资 24.90 亿元；协调市发展改革委，争取到“煤改电”历史补贴和新开工补贴共 21.31 亿元，实现项目补贴开工前下达历史性突破，累计取得外部渠道资金支持 20.31 亿元。完成与 12 个业务系统、72 个接口的集成，累计接入数据 3.2 亿条，实现核心指标百余项监测点的动态监测分析。实现国家电网公司系统内第一批电网运营在线监测系统上线运行，结合北京地区特点，重点开展煤改电工程及采集电量监测分析工作，及时研判电采暖电量变化趋势和发展规律。全年完成 110 个批次的物资和服务采购工作，集中采购金额 105.9 亿元，其中物资采购金额 35.76 亿元，非物资采购金额 70.14 亿元，节约采购资金 9383.55 万元。完成 3463 份合同的签订工作，合同签订金额 41.82 亿元。全年完成物资检测量 44834 件，抽检量同比增长 83%，共发现并处理不合格物资 1586 件，约谈问题供应商 226 家，开展监造工程 10 项。7 月 15 日，首都电力交易中心有限公司正式挂牌成立。年内，北京电网全口径购电量 980.82 亿千瓦时，同比增长 6.34%。为防治雾霾改善北京地区空气质量，组织完成关停燃煤电厂发电权交易电量 59.07 亿千瓦时，节约标煤 34.54 万吨，减排 CO_2 89.79 万吨，减排 SO_2 7267 吨；加大清洁能源引入力度，代理完成远郊区非居民客户与京外电厂直接交易电量 22.85 亿千瓦时；完成集中电采暖用户采购东北富裕风电的大用户直接交易 0.46 亿千瓦时；落实“电力援疆”合作协议，完成“疆电入京”交易电量 2.88 亿千瓦时；组织三个批次燃气电厂电量压减 200 小时的京外电厂清洁能源电量替代工作，交易电量 1.37 亿千瓦时。

（吴国健）

【营销工作】年内，国网北京电力售电量完成 918.37 亿千瓦时，同比增长 6.72%。线损率累计完成 6.88%。年内新增用电客户 29.81 万户，新增接电容量 1283.31 万千伏安，同比增长 42.24%。推广电能替代项目应用 538 项，完成电能替代电量 22.40 亿千瓦时。年内开展电价结构调整、基本电费电价调整、代理 10 个远郊区非居民客户试行区域差别试点电价政策调整。开展电价执行情况稽查，发现执行问题 120 户，增加公司经济收益约 252.83 万元。开展 252 人次电价知识抽调考，占从事相关业务人员总数的 34.17%，平均成绩为 85.75 分。加强电费回收管控，当年电费回收率实现 100%，实现年底电费零在途。联合市发展改革委、公安局开展反窃电行动，共查处窃电、违约用电 415 户，追补电量 1290.07 万千瓦时，追补电费 780.05 万元，追补违约使用电费 3590.16 万元，为公司挽回经济损失 4370.21 万元。全年换装智能表 60 万只，更换约 0.7 万台非互通集中器，微功率无线采集网络互通率达到 80%，除去少量待拆迁客户、边远山区信号无法覆盖等问题，全部实现采集覆盖。提升采集系统运行水平。采集数据抄通率达到 99%，应急送电 1 小时下发成功率达到 99%，日常购电费 1 小时下发成功率达到 97%、24 小时成功率达到 99.8%，采集系统在线监控异常问题 14 天内处理完成率达到 95%。完成“四线一库”自动化设备实现上线试运行，完成计量建标及检定授权工作。实现计量器具订单式直配全业务流程上线运行，基层供电所部署智能周转柜 239 台，累计完成各类直配订单 356 单、计量器具

16.3 万只，订单响应平均时间 4.5 天，库存周转率提升至 50%。在北京地区全面试点使用手机 App 接收处理采集运维工单，全年累计完成 1.5 万单。应急送电一小时内下发成功率提升至 99%，日常购电 24 小时下发成功率提升至 99.8%。全年累计签订内外部“契约”服务书 569 项，容量 247.34 万千伏安。开展业扩物资储备新模式。全年组织完成四批次 8545 万业扩储备物资招标工作。建立业扩报装业务协同新机制，协调重点工程 257 项，平均接电时间缩短 15 天，创新“互联网 +”服务新手段。手机 App 累计受理业扩报装共计 20917 项，容量 180.17 万千伏安，线上报装率 47.59%。实现业扩全流程线上办电。对 5000 千伏安及以上供电方案实现各部门线上协同会审，5000 千伏安以下供电方案向协同部门实施备案。建立业扩配套工程项目包管理制度。

（吴国健）

【科技创新】年内，国网北京电力研究开发费投入 1.38 亿元。其中，总部管理费用 1.17 亿元，自安排费用 2100 万元。公司“交直流混合配电网规划技术科技攻关团队”被授予国网公司第四批科技公关团队称号；“先进配电自动化与配电网优化控制联合实验室”被授予国网公司联合实验室称号。获中国标准创新贡献奖 1 项、中国电力科学技术奖 2 项、北京市科学技术奖 5 项、国家电网公司科技进步奖 9 项，入围北京市 2016 年科学技术奖 8 项。完成专利申请 579 项，其中发明申请 329 项；专利授权 286 项，其中发明授权 73 项。完成 110 千伏及以上电网建设项目环评 35 项，完成率 100%；完成 110 千伏及以上电网建设项目竣工环保验收 33 项，完成率 100%；完成 104 座在运变电站电磁环境和噪声监测；参加第六届北京科学嘉年华活动，与民间环保组织合作建立国内电磁环境专业网站。

（吴国健）

【电网建设与发展】年内，国网北京电力配合市发展改革委编制《北京市“十三五”时期能源发展规划》《北京市“十三五”时期电力发展规划》，并获市政府批复，新建 7 项外受电通道工程、266 项输变电工程和配电网工程全部纳入北京市“十三五”能源和电力发展规划。编制《北京市行政副中心智能电网建设方案》《北京市副中心电网空间布局规划》《“煤改电”配套规划方案》《2022 年冬奥会延庆赛区配套电网规划方案》等重点区域配套电网规划，开展新首钢高端产业综合服务区、北京新机场及周边地区配套电网规划调整。全面启动实施首都电网“135”提升工程，投入资金 1000 亿元，围绕 3 大目标，优质高效推进 5 大重点电网建设任务。促成国家电网公司和北京市政府签署面向“十三五”战略合作协议，先后与西城区、丰台区、延庆区、石景山区、昌平区政府以及亦庄签订“十三五”战略合作协议；与首钢、新机场签署战略合作协议，将配网投资范围延伸至园区和机场红线内，打破了历史传统的自供区格局。力促市政府采用“一会三函”模式加快前期工作进度，惠及重点工程 65 项；创新配套变电站与轨道交通同步规划、同步拆迁、同步建设、同步投运的“一体化”新模式，落实长期无法解决的变电站站址 11 处。全年共取得 110 千伏及以上电网项目核准 71 项、规划意见书 132 项，完成数量均创历史新高。

（吴国健）

【农村电采暖工程】年内，国网北京电力根据环保部关于印发《京津冀大气污染防治强化措施（2016—2017 年）》的文件要求和市政府关于大气环境治理的工作部署，在确保完成全市重点推进的 463 个“煤改清洁能源”村庄（其中“煤改电”村庄 400 个、13.2 万户）的基础上，公司又超额完成 247 个“煤改电”村庄的建设任务（含区政府投资建设的 142 个村），“煤改电”总村庄数达到了 647 个，改造总户数达到 25.13 万户。年内，实施完成“煤改电”后，每年可减少燃煤 75.39 万吨，减排二氧化碳 196.01 万吨，二氧化硫 1.82 万吨，氮氧化合物 0.54 万吨。

（吴国健）

【人力资源】年内，国网北京电力全口径劳动生产率完成 157.17 万元 / 人，在各省公司中排名第二；公司竞赛调考综合排名首次进入 B 段；全员绩效管理规范指数、人力资源计划完成率排名第一。截至年底，公司共有全民职工 8101 人，其中研究生及以上学历 1431 人、本科学历 3786 人、专科学历 1641 人；高级职称 1152 人、中级职称 1937 人；高级工 1894 人、中级工 426 人、技师及以上职业资格 3963 人。编制《公司“十三五”人力资源规划》。毕业生招聘数量较上年提高 56.9%，硕士及以上学历占比 54.26%，招聘数量与质量实现双提升。完成“三集五大”深化集约专业人员优化配置，开展青年人才交流竞聘，实现人员交流配置 1668 人次，其中跨单位配置 425 人次。完成薪档晋升首次调整，加大政治活动供电、劳动竞赛等专项奖励力度。全年新增专家人才 206 人，其中国网公司级优秀专家人才 17 人；以业绩为导向，完成 408 名专家人才年度考核，合格率 97.5%；在建设专业建立专家骨干人才培养和使用新模式，促进专家成长与专业发展深度融合；以专家人才为主体，开展专兼职培训师资格认证工作。

（吴国健）

【安全生产】年内，国网北京电力变电、输电、配电设备故障同比降低48%、36%和43%。完成“大检修”体系深化建设，在检修公司成立集“信息交互、分析指挥、管理决策”功能于一体的运检指挥中心。全面施行输电线路属地化管理。突出推进技术监督工作，围绕公司配网建设改造，重点开展配网常态化技术监督，高标准打造城市副中心“国际一流”配电网，推进集约化运行监控和运维管理，有效支撑配网调控、运维抢修和精益化管理。全年完成保电任务219项，保电324天。重点完成了全国“两会”、纪念抗日战争爆发79周年、天宫二号及神舟十一号航天任务、十八届六中全会以及纪念全球能源互联网中国倡议一周年活动等重要保电任务。全年未发生人身伤亡安全事件，未发生五级及以上电网、设备安全事件，未发生六级及以上信息安全事件。平稳应对迎峰度夏（冬）和汛期考验，完成党的十八届六中全会、全球能源互联网大会等重大保电任务219项。全年安全事件、违章同比分别下降43%、26%。强化安全双准入管理，发现并整改安全隐患1914项。成立公司安全监控中心，利用平台及移动作业对3380个作业现场开展全流程的实时检查，查处整改违章823项，7家单位被列入负面清单。推进资产全寿命周期管理体系深化应用，达到国家电网公司“领先型”水平。编制《大面积停电事件应急预案》《应急防恐发展规划报告》，建设第二综合救援队伍，开展煤改电、迎峰度夏（冬）等应急演练120余次。首次实施重大活动供电保障安保特勤队伍巡护。

（吴国健）

【优质服务】年内，国网北京电力完成全国“两会”、航天发射、十八届六中全会等重要保电任务219项，保电天数达到324天，实现服务零差错、供电零闪动、客户零投诉工作目标。配合国网客服北中心完成95598报修工单直派供电公司工作，全年95598热线受理业务91万件，按时完成率达99.93%，办结业务910377件，退单率0.005%，各项业务总满意率达99.75%。在优化过程中实现了“零投诉”。年内，国网北京电力开展营业厅服务人员轮训工作，累计完成4轮、800人次培训，全面提高服务人员业务技能。推进民生工程建设，完成31个老旧小区改造，惠及居民客户4.3万户；如期完成地铁16号线、6座可再生水厂、65个保障房等工程送电任务。认真落实《北京市开展电力体制综合改革试点》等征求意见稿的意见反馈和正式文件的精神要求，先后起草编制《北京市电力用户与发电企业直接交易试点方案》等建议稿，及时发布北京地区月度、季度电力市场交易情况和工作信息，交易大厅累计接待人员来访198人次，受理问询793次；购售电协议和合同签订率、备案率及交易结算准确率均达100%。

（吴国健）

【获得荣誉】年内，国网北京电力《“强简强”电网规划研究》获得国家能源局专项表彰，《基于智能终端的电量与线损同期管理模式研究与实践》获得国家电网公司管理创新三等奖，《基于同期“四分”线损管理的关键技术研究和应用》获得公司科技进步一等奖，《基于四大专业六大平台的同期线损精益化创新管理实践》《基于综合计划全过程管控的售电量计划管理提升卓越实践》获得公司卓越绩效典型案例一等奖。

（吴国健）

北京三兴汽车有限公司

【概况】北京三兴汽车有限公司（简称北京三兴）始建于1956年12月，前身是由中国人民解放军总后勤部批准筹建的“六〇一”金属加工厂，属军队保障性企业。1961年8月部队统一番号，名称变更为中国人民解放军第三六零三工厂，主要任务是生产立、卧式储油罐以及油库建设。20世纪80年代，北京三兴增加了钢门窗、压力容器、营具等产品的生产，工商注册名称为“北京永丰机械厂”。1989年，按照上级指示进入汽车改装行业，并划归车船部所属，主要生产军、民两用越野车。1992年10月，企业注册第二厂名为“北京三兴汽车厂”。2001年9月军企脱钩，划归新兴际华集团有限。2008年11月企业改制，注册名称为北京三兴汽车有限公司，注册资金1亿元；企业占地面积9.36万平方米，房屋面积6.08万平方米；在册人数480人。

（吴芳芳）

【年度经营】2016年，北京三兴工业总产值2.18亿元，工业增加值6526万元，营业收入2.78亿元，销售收入2.37亿元，利润5023.91万元，科技投入692.35万元。

（吴芳芳）

【项目建设】2月，北京三兴“安全谷”项目成立内部协调组、外部专家组、基础工作组，确保项目全面推进。工作组多次组织项目工作路径研讨会，编制“安全谷”6个子项目可行性研究报告，北京三兴承担的新兴际华应急救援产业研发试制中心的可研报告已经完成试制工艺的总体布局。通过引进专业公司对“安全谷”项目的开发路径、项目成本估算等进行专项研究，编制“安全谷”项目的控制性规划调整方案，已经通过集团向国管局上报土地调规申请，项目进入实质性推进阶段。

（吴芳芳）

【科技创新】年内，北京三兴投入750.25万元在新产品研究方面，重点科技、技改项目实施均取得新进展。年内，通过高新技术企业认证，全年申请专利23项，其中专利权10项，获得授权专利33项，累积形成专利121项。在应急救援领域主要有科技部智能化机动式应急救灾安置综合体、市科委分布式雷达生命探测仪、大功率远程供排水、防渗漏双层罐研究、高机动应急快换履带系统，其技术先进水平均处于国内领先。在军用后勤装备方面研发的油料保障装备、水处理装备和全系列整体自装卸装备均大量服役部队。

（吴芳芳）

【环境保护】年内，北京三兴在环保工作中严格按照北京市环境保护局要求，对产生的废弃物由北京市环保部门指定的废弃物处理企业进行专业处理10余次。废气、废水由环境检测单位进行定期检测，保证各项指标符合国家标准。按照环保局要求制定了危险应急管理计划、空气严重污染应急预案、危险应急储存出入库台账。根据北京市文件要求编制空气重污染应急预案，并在12月按照《北京市空气重污染应急预案（2016年修订）》对公司预案进行了修订。同月，根据北京市空气重污染通知要求多次启动橙色和红色预案，履行了企业在环保过程中的社会主体责任。

（吴芳芳）

【品牌建设】年内，北京三兴增加市场部面向市场的职能，包括市场研究、品牌战略、宣传与推广等职能。以产品宣传推广和用户服务促品牌形象提升，强化三兴品牌的使用频率和推广力度。参加国际知名的珠海航展、北京国际房车展、煤改电产品展等展览展示活动，展现三兴品牌实力。加强用户跟踪走访，收集用户使用体验视频和文件资料，沉淀品牌内涵。以参与北京市知名商标申请为契机提升品牌规范化管理。发挥信息时代自媒体平台的功能，开辟微信公众号，扩大三兴房车产品的传播范围，建立微信群，加强购买三兴房车用户的售后服务解答。年内，北京三兴自主研发的军用车辆装备参加全国“8·1阅兵”的保障任务。

（吴芳芳）

【改革调整】年内，北京三兴整合销售内部资源，合并军品各部，集中力量攻市场；强化科研成果共享机制，技术中心设置为“一办两所”；建立大综合管理体系，提升工作效率；生产系统进一步整合，车间由原有4个车间合并为结构卧罐、总装特种2个车间，以项目化管理为抓手，重在提质增效。组织竞聘6次，完成了人力资源部、销售公司市场部、民品部、物资采购部4个部门的定岗定编、全员竞聘，完成了技术中心、销售公司中层和生产系统成本会计、车间材料员等管理岗位的竞聘，共有50人参加了竞聘，通过竞聘上岗27人。进行薪酬制度改革，先后出台技术中心与销售公司的绩效管理办法，实现二次分配的激励性和公平性。技术人员按照“双轨制”思路，实行11级薪酬体系，颁布《销售公司经营业绩考核管理办法》，有效调动技术研发人员和营销人员的工作积极性。实行项目化管理，以产品（或项目）为纽带，集公司内外部资源要素，以目标成本为核心，建立集招投标信息收集、设计、招标比价、生产过程控制（含质量监控）于一体的项目负责人制。项目负责人作为目标成本管控第一人，对任何影响目标成本变化的因素都要进行识别与控制。

（吴芳芳）

【京津冀协同发展】年内，北京三兴利用枣强生产玻璃钢地域优势、河北成达玻璃钢生产资质、生产场地、配套基础良好与北京三兴品牌优势，构建S/F双层罐生产基地战略联盟，提升传统产品附加值，为下一步进入中石化、中石油采购目录及全军双层罐生产基地奠定基础，也为下一步其他传统产品疏解、协同制造基地选择起到标杆和引领作用。

（吴芳芳）

【人才队伍建设】年内，北京三兴共引进本科以上人才12名，其中研究生3名（一名海外留学回国人员）、高工1名；有2人获得在职硕士研究生学历；为企业发展培养、储备骨干人才，公开选拔3名骨干人才参加集团青干班培训，选送3名后备人才外出挂职锻炼，选派3名中层干部到天投学习项目管理，外出挂职学习人员已占中层正职的25%。年内，采用“市场化选聘”方式组织人力资源、技术中心、资产财务、销售公司等重点部门共5次进行内部竞聘；启动定岗定编定薪工作，将合适的人用在合适的岗位，对部分员工进行转岗培训，为企业的转型升级提前做好人才储备工作。

（吴芳芳）

【安全生产】年内，北京三兴在开展“安全生产标准化”“职业卫生基础建设”的基础上，落实《北京市生产安全事故隐患排查治理办法》，切实推动企业安全生产主体责任落实，着力解决企业隐患排查，开展“一企一标准、一岗一清单”编制工作，工伤发生0起。

（吴芳芳）

北京亚太汽车底盘系统有限公司

【概况】北京亚太汽车底盘系统有限公司（简称北京亚太公司）是由北京海纳川汽车部件股份有限公司与浙江亚太机电股份有限公司共同出资组建一家合资公司，于2007年注册成立。主要致力于研发、制造、销售模块产品、车桥、车架、制动等各类汽车底盘系统零部件。公司除拥有四大产品系统底盘模块产品、车桥产品、车架产品以及制动器产品外，还在全国多个地方建立了生产基地，开展了多品种、多层次跨地域的规模化生产经营。截至2016年年底，公司共有员工660余人（不含劳务、外包），专业技术人员已经达100余人，其中博士后、硕士在内的大学以上学历人员达到97%。

（韩　彦）

【年度经营】年内，北京亚太公司实现工业总产值29.85亿元，实现增加值12万元、营业收入27.21亿元、销售收入27.15亿元、利润218.6万元、科技收入19.93万元。

（韩　彦）

【市场拓展】年内，北京亚太公司响应北汽自主品牌发展，走出北汽的号召，北汽集团内部实现了为黄骅工厂配套供货；完成无人驾驶车项目及青岛新能源项目的业务开展，并且在当年实现销售额687万元；北汽越野车的B80CJ军车特供项目完成交付；在北京现代CF车型制动盘量产供货的基础上，中标CB制动盘的开发，同时取得北京奔驰天窗项目的开发；外部市场实现了东风柳汽公司的发动机业务、汽车底盘装配业务，在市场的外拓上迈出了坚实的一步，提升了北京亚太公司在底盘业务上的知名度。

（韩　彦）

【节能降耗】年内，北京亚太公司通过对前后悬总成模块装配进行工艺及布局调整、改善瓶颈工序以及人员培训等方式，UPH平均提升达到30%以上，节约能源15万元/年。

（韩　彦）

北京北汽模塑科技有限公司

【概况】北京北汽模塑科技有限公司（简称北汽模塑），由北京海纳川汽车部件股份有限公司和江南模塑科技股份有限公司共同出资，于2008年6月在北京注册成立，公司注册资金1.6亿元。北汽模塑的主要业务为设计、制造汽车保险杆总成、门槛边梁总成、汽车柱类装饰件等汽车内外饰产品，重点客户为北京奔驰、北京现代、北京汽车、NEVS以及Volvo等，同时辐射环渤海地区整车企业。2010年7月，公司正式量产供货；2012年9月，二工厂投产；2014年7月，注册成立北京北汽模塑科技有限公司株洲分公司；2015年9月，成立重庆北汽模塑科技有限公司。

（张雪杰）

【年度经营】年内，北汽模塑逐步进入稳定快速发展的阶段，销售收入呈几何式增长。截至2016年年底，实现销售收入31.99亿元，同比增长44.64%，实现利润总额2.01亿元，同比增长51.12%。

（张雪杰）

【研发情况】北汽模塑成立之初，就把提升自主研发能力放在了企业发展的重要位置。北汽模塑成立了一支高素质的研发队伍，实现自主研发，与主机场同步开发。北汽模塑研发中心作为整个企业技术管理的龙头和核心，承担着产品设计、模具开发、一直到量产跟踪的全部工程验证、项目管理、成本核算等工作。2010年年底之前，依托股东方江南模塑科技股份有限公司的帮助，开发产品及支持成立北汽模塑研发中心；2011年设立了研发中心，下设设计部、模具管理部、产品工程部、项目管理部、天窗开发部、综合管理部6个部门；2013年通过高新技术企业认定。2016年通过北京市企业技术中心认定。现共有员工73人，工程技术人员占80%以上，具备汽车内、外饰件模块设计及 CAE 分析能力。

（张雪杰）

【获得荣誉】年内北汽模塑开拓进取，扎实发展，在设计、制造、服务等各环节都保持国际一流水准。北汽模塑不仅为客户提供大量的成本节约方案，获得了奔驰的高度赞扬，而且电镀件的国产化，成功帮助德国奔驰解决了在欧洲的供货瓶颈，为北汽模塑争得荣誉。北汽模塑在保险杠、格栅、车灯雨刮盖板等方面获得 30 多项专利，并多次获得特别进步奖、特别贡献奖、先进集体等荣誉称号。年内，北汽模塑销售额突破 32 亿量级，并通过高新技术企业复审，取得奔驰特殊贡献奖、北京现代最佳伙伴奖。

（张雪杰）

福田戴姆勒汽车公司

【概况】北京福田戴姆勒汽车有限公司（简称福田戴姆勒汽车）于 2011 年 12 月 16 日注册成立，总投资额 99.506 亿元，注册资本 56 亿元，由福田汽车集团和戴姆勒双方股比 50:50 共同出资组建而成。福田戴姆勒汽车从事中重型卡车及发动机的设计、制造和销售，以“欧曼”作为整车商标生产“欧曼”品牌的中重卡产品，并且生产戴姆勒许可的梅赛德斯—奔驰 OM457 重型发动机的工厂也在试生产阶段。

（王　伟）

【年度经营】年内，福田戴姆勒汽车整车生产能力为 16 万辆/年，发动机生产能力为 3 万台/年。截至年底，累计产销量 95.3 万辆，出口总计 3.5 万辆。其中，生产整车 76648 辆，销售 76581 辆，工业总产值 193.9 亿元，销售收入 197.4 亿元，上缴税金 3.2 亿元，工业增加值 10.7 亿元。

（王　伟）

【企业管理】年内，福田戴姆勒汽车以用户为中心，连合戴姆勒、康明斯和福田汽车集团，集成德美中三方优势技术，接轨德国工业 4.0，提供具有德美标准、绿色智能的中高端重卡产品。同时整合三方服务优势资源，为用户构建开放、互通、互容、共享的产品全生命周期服务平台，打造人、车、生活可持续发展生态系统。

（王　伟）

北京博萨汽车配件有限公司

【概况】北京博萨汽车配件有限公司（简称博萨汽车）成立于 2005 年 6 月，位于怀柔区雁栖经济开发区雁栖东二路 43 号，注册资本 3000 万元。主营业务为汽车用冲压件，同时辅助有模具设计中心、机加工、焊接（普通氩弧焊以及点焊工艺）等项目。博萨汽车主要为国内大型整车生产厂商配套生产冲压模具、冲压件及焊接件。客户主要为北汽福田汽车股份有限公司、北京现代汽车有限公司、北京汽车股份有限公司、北京长安汽车有限公司和保定长安客车制造有限公司。于 2013 年年初正式通过了 ISO/TS16949 质量体系认证，是中关村高新技术企业，也是纳税信用 A 级企业。博萨汽车占地 4.67 万平方米，拥有 63 吨—2400 吨冲压机械 40 余台，2016 年引进机器人自动化冲压生产线 2 条。拥有员工 400 余人，其中中层以上管理人员 60 余人。

（王　伟）

【年度经营】年内，博萨汽车完成工业总产值约 5.6 亿元，主营业务收入约 5.9 亿元，利润约 0.3 亿元，上缴税金约 0.2 亿元，资产总额约 5.7 亿元。实现人均收入 4.64 万元。年内，公司始终与客户、消费者保持良好的沟通合作关系，无纠纷发生，企业和解消费纠纷率达到 100%，各类业务合同履约率 100%。

（王　伟）

【质量控制】年内，博萨汽车拥有质量技术人员 30 人，具有较强的质量控制能力。对于新开发的模具、需要维修的模具、冲压件产品等，都必须采取界定、测量、分析、改进、控制的方法进行质量上的控制。针对需检验的产品，首先用检具（高度尺、间隙尺、直板尺、角度尺、卡尺、落差表等）进行测量，对现有产品的状况及已发生的和潜在的不合格，进行数据分析和内部审核分析，由质量副总确定改进的方案，评审通过后，开始实施。因博萨汽车引进了三坐标测量仪，在质量数据方面更加精确。

（王　伟）

【节能环保】年内，博萨汽车严格按照环保批复和环保验收的要求进行生产。从生产工艺和设备设施着手，强化环保过程控制水平。9 月，按照国家相关要求开展清洁生产工作，如生产车间全部换成 LED 灯，年节约电费 90 万元；设立危险废物存放处，便于危废统一管理；改造冲压设备 1600T 电气部分和润滑系统部分，从而提高设备利用率，减少故障；淘汰旧冲压设备 160T，直接花 20 万元购进新设备 160T。

（王　伟）

【安全生产】年内，博萨汽车加强安全标准化生产和安全文化建设，整改安全隐患 30 余项，无重伤事故、无死亡。安技科牵头定期开展安全培训教育，获得安全标准化二级企业称号。

（王　伟）

【获得荣誉】年内，博萨汽车机修班获得北京市总工会、北京市人力资源和社会保障局颁发的“北京市工人先锋号”称号，同时被评为“北京市构建和谐劳动关系”先进单位，获得“经济发展贡献奖”“工业企业质量管理先进单位”“突出贡献奖”“科技创新奖”“合作共赢奖”“优秀供应商”“慈心为人 善举济世”等多种奖项。

（王　伟）

北京市火化设备厂

【概况】北京市火化设备厂（简称火化厂）是北京市民政工业总公司直属企业，是民政部指定的研究、开发、生产各种火化设备及配套设施的骨干企业，是中国殡葬协会团体会员。企业位于海淀区颐和园西北百望山脚下，占地面积 3 万平方米，交通方便。企业先后有 10 余项技术专利在火化机设计中使用，主导产品有台车式节能环保火化机；平炕面节能环保火化机；火化机尾气后处理系统；垃圾、花圈焚烧炉；残物收集器；鲜花粉碎机；祭祀焚烧炉；骨灰处理机；覆盖台车炕面环保鹤形毯等相关殡葬设备及用品。北京市八宝山殡仪馆、北京东郊殡仪馆全部使用该厂设计、制造、安装的火化机设备。企业最新研制的 BH-YTB Ⅱ型台车式环保火化机在外观和设备运行方式上突破了传统设计理念，庄重、简洁、新颖，得到客户的一致好评。2001 年获 ISO9000 质量管理体系和 ISO14001 环境管理体系认证。企业技术力量雄厚，拥有一流的专家和相关技术人才，中级职称以上人员占比达 20% 以上。截至 2016 年年底，企业拥有职工 34 人，其中领导班子成员 4 人、中层管理人员 7 人、残疾职工 13 人，其余为生产一线人员（残疾职工等）。

（王　志）

【年度经营】年内，火化厂具备从产品软件到自动化控制、机械、热工的设计和制造能力，可为客户提供研发、制造、装配、维修和培训的一条龙服务。实现工业总产值 1510 万元，收入 1510 万元，利税 52 万元。

（王　志）

【科技创新】年内，火化厂 BH 系列火化机吸收国内外同类产品优点，做到“高效、节能、省时、环保”，处于国内领先地位，取得了多项国家发明专利。在火化机研发基础上，不断加大科技创新力度，先后研制出燃气式火化机、尾气处理设备、双车换位新型环保台车炉、祭祀焚烧炉、鲜花粉碎机、骨灰残物收集器等新产品。年内，密云区、怀柔区共安装 8 台尾气处理设备，经国家环境分析测试中心检测，各项指标全部达到北京市地标标准。在台车炉炕面使用寿命研发上，采用新材料、新工艺、新方法，调整炕面制作方式，实际使用效果良好，获得客户一致认可。

（王　志）

【获得荣誉】年内，火化厂产品经过中国殡葬协会行业质量检评，各项指标名列前茅，获得产品生产、销售合格证书。企业连续获得中国轻工企业投资发展协会颁发的“国家权威检测质量合格产品”和“全国诚信企业”称号。“北火”牌 BH-YTB 节能环保火化机、遗物焚烧炉及尾气处理设备系列产品经中华环保联合会能源环境专业委员会专家审核认定，获得中国节能减排重点新技术新产品证书。

（王　志）

北京北分瑞利分析仪器（集团）有限责任公司

【概况】北京北分瑞利分析仪器（集团）有限责任公司（简称北分瑞利）隶属北京京仪集团有限责任公司。

北分瑞利是中国规模最大的分析仪器专业制造商，前身是北京分析仪器厂和北京瑞利分析仪器有限公司。北分瑞利研发制造八大系列等50多种产品。

（宋盈焘）

【生产经营】2016年，北分瑞利国有及控股公司合并口径主营业务收入3.33亿元，同比下降10.25%；合并口径利润总额477万元，同比去年下降48.44%。工业总产值2.62亿元，工业增加值1.231亿元，营业总收入3.64亿元，科技投入2434.31万元。

（宋盈焘）

【深化改革】年内，北分瑞利建立了以提供“优质供应商、非标设计施工、采购过程控制”的制造业全供应链业务，确立了1个核心价值、3种客户合作方式、5条流程体系、7类供应商准入条件、9项全供应链衡量准则，完成了“互联网＋”业务的前期梳理工作，确定了信息平台的经营模式，为信息平台的上线奠定了坚实基础。

（宋盈焘）

【资源优化整合】年内，北分瑞利为配合北京市新功能定位要求，根据公司实际经营情况，主动缩减加工业务规模，退出加工类劣势企业，依法合规陆续开展并完成了各项工作。

（宋盈焘）

【科技成果】年内，北分瑞利取得有效专利113项，其中发明专利23项、实用新型专利82项、外观设计专利8项，已登记软件著作权29项。

（宋盈焘）

【新产品应用】年内，北分瑞利打造的国内首台套专业油气排放检测车成功应用于山东淄博地区，该车是1个移动式的检测平台，可出具符合国家要求的检测报告，具备现场取样、现场检测、实时数据传输的野外工作能力，该项目符合环保产业市场需求，为随机性检测油气排放提供了便利。北分瑞利针对燃煤发电机组的烟气排放项目，为北京、河南、安徽、沈阳、云南、内蒙古、新疆等地的9个大型化工项目推出GXH—9021烟气分析系统，用于实施监测脱硫脱硝环节烟气排放的各项指标。

（宋盈焘）

【获得荣誉】年内，北分瑞利获得中华环保联合会企业信用评价3A级信用企业。

（宋盈焘）

北京远东仪表有限公司

【概况】北京远东仪表有限公司（简称远东有限公司）是一家中外合资的高新技术企业，拥有北京市市级企业技术中心，是京仪集团旗下自动化仪表事业部的骨干企业，主要从事研发、制造、销售工业过程测量仪表、自动化控制系统等，为化工、电力、市政、冶金等企业流程自动化提供服务，为节能减排、绿色环保、安全、物联网、热计量改造等领域提供行业解决方案。远东有限公司开展物联网、热计量等相关业务，从传统流程工业向城市管理、民生、节能等新领域拓展，推进单品销售、系统集成、解决方案向项目服务、运营服务延伸价值链，是北京市仪器仪表行业的明星企业。公司注册资本2.12亿元，占地面积3万平方米，有员工580余人，其中工程技术和技术管理人员占比33%以上。截至2016年年底，拥有专业技术人员高级职称25人，中级53人，非技能人员中级以上占21%；技能人员高级技师11人，技师20人，占工人16%。

（宋盈焘）

【年度经营】年内，远东有限公司经营业绩平稳发展，本部及控股子公司实现工业总产值5.83亿元、工业增加值7775万元，营业收入6.19亿元，利润总额153万元；研发投入2300万元，占营业收入的3.7%。

（宋盈焘）

【自主研发】年内，远东有限公司的延庆自主产品生产基地已通过多种规格产品的CMC现场评审并正式投入生产，两大系列自主流量计入围中石油一级资源供应商，自主流量和物位产品销量逆势增长，年内新申请专利3项，专利授权1项，完成市级项目申报4项，《远东仪表——从自动化到智能化的蜕变》入选《中国制造2025优秀责任实践案例集》。

（宋盈焘）

【拓展民生领域】年内，远东有限公司成为“中国热力产业战略合作联盟”创始会员单位，北燃供热调度及收费管理平台正式上线运行，中标拉萨市生活垃圾焚烧发电仪表成套项目，中标北控海水淡化新工艺仪表成套项目。

（宋盈焘）

【推进营销管理创新】年内，远东有限公司持续推进营销管理创新，丰富宣传手段，提升品牌形象，3项自主产品获得中国好仪表称号，成为中国仪器仪表学会培训基地。

（宋盈熹）

【完善安全责任制】年内，远东有限公司完善安全责任制，落实企业的安全生产主体责任，筑牢安全防线，获得东城区安全生产协会会员单位称号，获得北京市安全生产二级标准化复评达标。

（宋盈熹）

【获得荣誉】年内，远东有限公司获得“全国机械工业质量效益型先进企业”“北京市构建和谐劳动关系先进单位”称号和“北京市企业管理现代化创新成果一等奖”。远东有限公司1人获得享受北京市政府特殊技师津贴，1人获得“2016年北京市有突出贡献的高技能人才”荣誉，1人晋级全国刀具决赛获得“第一届全国刀具应用技术大赛”优秀奖，4人进入北京市第四届职业技能大赛，1人被评为“北京市国资系统委优秀共产党员”。

（宋盈熹）

北京京仪敬业电工科技有限公司

【概况】北京京仪敬业电工科技有限公司（简称敬业科技公司）隶属北京京仪集团有限责任公司，致力于提供节能、环保、智能化的电气自动化领域综合解决方案。分别从德国、法国、瑞典、日本等国引进了多项先进技术，与ABB公司建立了合作关系，生产低压电器、低压无功功率补偿装置、谐波滤波设备、配电设备自动化集中监控、智能型变频节电设备、节能高效电机等机电一体化节能、智能产品。产品广泛应用于智能配电、节能、环保、军工等领域。敬业科技公司注册资本6327万元，总资产34762万元。截至2016年年底，拥有员工近300人，其中研发、工程技术人员占40%。

（宋盈熹）

【生产经营】年内，敬业科技公司工业总产值8108万元，工业增加值2473万元，营业收入1.65亿元，销售收入1.52亿元，利润总额823.6万元，科技投入768.7万元，占营业收入的4.7%。

（宋盈熹）

【企业整合】年内，敬业科技公司结合京津冀一体化战略，制订业务调整、资源整合改革方案，与北京京仪椿树整流器有限责任公司完成了组织机构整合，稳步推进融入融合，提高资源使用效率，发挥企业协同优势，提高企业核心竞争能力。

（宋盈熹）

【获得荣誉】年内，敬业科技公司被评为北京市高低压成套配电设备质量诚信2A级供应单位。“GGL智能固定式低压成套开关设备”获得中国机械工业科学技术二等奖项目。

（宋盈熹）

北京京仪椿树整流器有限责任公司

【概况】北京京仪椿树整流器有限责任公司（简称京仪椿整公司）隶属北京京仪集团有限责任公司，注册资金7284万元，资产总额超过2.2亿元，是中国最早生产电力电子器件和电力电子变流装置的高新技术企业。京仪椿整公司致力于开关电源、风电逆变器、APF、PWM整流器、直流斩波器电源等产品领域的研究与开发，为客户提供集设计、研发、制造、服务于一体的最佳解决方案。京仪椿整公司拥有1个市级技术中心、1个博士后科研工作站以及1个北京市优秀创新工作室。截至2016年年底，拥有员工73人，其中电力电子相关专业的工程技术人员占32%，本科以上学历人员占52.8%。

（宋盈熹）

【年度经营】年内，京仪椿整公司工业总产值814万元，工业增加值-1199.8万元，完成主营业务收入207万元（当年实际收入809万元），完成利润总额-2385万元（剔除减值等因素影响，当年实际亏损188万元），应收账款期末净值1637万元，存货期末净值4995万元，经营性现金净流量1458万元，净资产收益率-61.1%。

（宋盈熹）

【科技创新】年内，京仪椿整公司“大功率电力机车辅助变流器IGBT驱动电路研制”项目通过市科委项目结题验收；申请发明专利1项，授权1项发明专利，申请实用新型专利1项，申请并登记4项软件著作权。公司推进产品“三化”，完成标准功率单元升级与工艺文件定型，功率密度提高30%，控制系统也完成了升级。

（宋盈熹）

【获得荣誉】年内，京仪椿整公司的“IGBS系列蓝宝石晶体制备用低压大电流电源系统研究”项目获得中国机械工业科学技术奖三等奖。

（宋盈熹）

北京布莱迪工程技术有限公司

【概况】北京布莱迪工程技术有限公司（简称布莱迪工程）隶属北京京仪集团有限责任公司，其旗下有3个子公司：北京布莱迪仪器仪表有限公司、重庆布莱迪仪器仪表有限公司、浙江布莱迪仪器仪表有限公司。主要经营范围为生产仪器、仪表、电子元器件、仪表制造设备和仪表工程成套服务；技术推广服务；货物进出口、代理进出口；销售仪器仪表。拥有员工380人，占地面积1万平方米。

（宋盈熹）

【生产经营】年内，布莱迪工程合并口径实现工业总产值1.05亿元，工业增加值2258万元，营业收入1.25亿元，销售收入1.25亿元，利润738万元，完成科技投入461万元，占营业收入的3.7%。

（宋盈熹）

【科技创新】年内，布莱迪公司有注册商标5个，取得国家专利22项，其中软件著作权5项。

（宋盈熹）

【开拓市场】年内，布莱迪工程以京津冀协同发展为契机，成为北京北排建设有限公司合格供应商，并参与到了北京市高碑店污水处理厂污泥高级消化工程、北京市清河第二再生水厂泥区工程、北京市小红门污水处理厂泥区改造工程、北京市郑王坟再生水厂工程污泥高级消化工程等工程项目，为上述工程项目提供了BLD压力、温度、球阀等系列产品。与北京燃气绿源达清洁燃料有限公司签订了定向服务协议，定向服务该公司10个LNG加气站，主要服务项目为在线仪表现场信息采集，建立专项服务数据库，仪表维修，检验，巡检等。

（宋盈熹）

北京北仪创新真空技术有限责任公司

【概况】北京北仪创新真空技术有限责任公司（简称北仪创新公司）隶属北京京仪集团有限责任公司。北仪创新公司拥有真空获得、真空测量、真空应用三大类产品，从低真空到超高真空30余系列160余品种，产品广泛地应用于航天航空、电子信息、光学产业、冶金、建筑装饰、食品、纺织、电力环保及新能源等行业。截至2016年年底，北仪创新公司拥有182名员工，其中国家科技部专家库成员2人，教授级高级工程师2人、高级工程师4人、硕士学历及以上13人。

（宋盈熹）

【生产经营】年内，北仪创新公司工业总产值2617万元，工业增加值-1029万元，营业收入3933万元，销售收入2606万元，利润总额-645万元，科技投入433万元，占营业收入的11%。

（宋盈熹）

【科技创新】年内，北仪创新公司完成了“MDP系列抗大气冲击分子泵”科技成果的外部鉴定工作，取得了“原创性创新、国际首创、国际领先”的鉴定结果，并取得由中国仪器仪表协会颁发的《2016年度优秀产品奖》、中国机械工业联合会颁发的《科学技术成果鉴定证书》，提升了企业品牌形象和行业知名度。

（宋盈熹）

【探索管理新模式】年内，北仪创新公司探索管理新模式，由传统制造业向高端制造业转变，拓展了新的销售模式；为适应北仪转型升级、开拓高端装备市场，公司销售模式拓展为以下两种模式：针对研究新工艺、新材料的前沿科技真空产品，实行由技术部牵头，其他部门配合的销售模式。针对传统应用产品、标准机及分子泵等定型产品：继续实行由市场部牵头，其他部门配合的销售模式。

（宋盈熹）

北京京仪北方仪器仪表有限公司

【概况】北京京仪北方仪器仪表有限公司（简称京仪北方公司）隶属北京京仪集团有限责任公司，京仪北方公司秉承了30余年电能表产品计量技术积累和专业制造经验，具备智能电表、水表、燃气表、热力计量、充电桩、故障指示器等多种产品的生产研发能力。已实现DDZY47-M型单相费控智能电能表的研发及产业化。四表集抄项目突破水、电、气、暖各自独立管理的壁垒，在相关技术的支持下，实现资源共享，完成水表、电表、暖表和气表的自动抄表控制工作，解决多个管理系统的融合问题。京仪北方公司具有年生产量100万只制造能力。截至2016年年底，拥有职工135人，其中大专以上学历42人、管理人员15人。

（宋盈熹）

【生产经营】年内，京仪北方公司工业总产值1.06亿元，工业增加值1829.9万元，营业收入9020.3万元，销售收入9069万元，利润55万元，科技投入459.9万元，占营业收入的4.9%。

（宋盈熹）

【加快构建科技创新体系】年内，京仪北方公司加快构建“企业主体、市场导向”的科技创新体系，着重研发电力配套产品，如单三相电能表、智能报告系统等；着重研发民用计量产品，如燃气表等。

（宋盈熹）

【获得荣誉】年内，京仪北方公司取得了北京市新技术新产品（服务）证书；“DDZY47—M型单相费控智能电能表”项目获得中国仪器仪表学会2015年度优秀产品奖。

（宋盈熹）

北京京仪绿能电力系统工程有限公司

【概况】北京京仪绿能电力系统工程有限公司（简称京仪绿能公司）是由北京京仪集团有限责任公司、北京能源投资集团、保定英利能源（中国）有限公司合资组建的高科技新能源企业，注册资金1.19亿元。京仪绿能公司隶属于北京京仪集团有限责任公司，主要从事光伏发电核心设备的生产和研发，智能运维业务及光伏电站系统集成业务等三大业务板块。其中，光伏并网逆变器、智能汇流箱及直流配电柜等设备产能为250兆瓦/年。截至2016年年底，拥有员工131人，其中技术研发人员占45%以上，形成了一支年轻化、高知识层次占主导的优秀员工队伍。

（宋盈熹）

【生产经营】年内，京仪绿能公司实现工业总产值2.6亿元，其中工业增加值4101万元，科技投入1179万元，资产总额7.65亿元。完成EPC总承包工程33.8兆瓦，实现营业收入2.5亿元，利润总额1029.3万元。

（宋盈熹）

【项目建设】年内，京仪绿能公司中标浑源县6兆瓦、大同县5.9兆瓦和山西浑源县7.9兆瓦村级扶贫电站项目。中标国家首批批复的光伏重点扶贫项目：山西浑源县20兆瓦光伏扶贫电站、山西静乐县35兆瓦光伏扶贫电站，实现了系统外项目承接的重要突破。玉田县唐自头镇石岭口14兆瓦和李家团城18兆瓦光伏电站项目上半年全部竣工。

（宋盈熹）

【推进成果转化】年内，京仪绿能公司加快新产品研发，推进技术成果转化，500千瓦光伏并网逆变器通过CQC领跑者认证，中国效率98.33%，最高效率99.04%，行业排名位居前列。V5版500千瓦逆变器和V2兆瓦房机柜更加紧凑，功率密度位居行业前列。完成了工信部的“光伏制造行业规范”的资质申报工作，完成碳排放ISO14064、碳足迹ISO14067和清洁生产审核3项认证和审核。

（宋盈熹）

【获得荣誉】年内，京仪绿能公司获得延庆区首家“北京市安全文化建设示范企业”、中关村园区“2016年度科技创新企业”，自主研发的光伏电站智能运维监控系统获得“北京市新技术新产品（服务）证书”等多项荣誉、证书及称号。

（宋盈熹）

北京联馨药业有限公司

【概况】北京联馨药业有限公司（简称联馨药业）成立于1999年，由中国医学科学院药物研究所、山东宏济堂制药集团股份有限公司、上海市药材有限公司和中国中药公司4家股东投资组建。公司目前的注册资本金为6000万元，是中关村高新技术企业。主要生产国家一类新药——人工麝香。同时，也是人工麝香的唯一生产厂家。“人工麝香及其产业化项目”获得2015年度国家科学技术进步一等奖。

（王 珂）

【生产发展】年内，联馨药业实现工业总产值约8亿元，上缴利税5900万元。联馨药业生产出的人工麝香在化学组成、物理性状、色泽和气味以及作用均与天然麝香相似。截至年底，全国31个省市760家企业有431种中成药完全用人工麝香替代天然麝香，市场占有率达99%以上，较为知名的有安宫牛黄丸、西黄丸、麝香保心丸、云南白药等。2010版《中国药典》共收录成方制剂984种，其中含人工麝香的制剂共57种，占收录制剂的5.8%。人工麝香自投放市场以来，产销率逐年增加，每年带动相关中药企业超过300亿元工业附加值。同时给上下游企业提供了就业岗位，为当地政府解决就业、增加政府利税做出了重大贡献。

（王 珂）

【社会贡献】联馨药业人工麝香的研制及其产业化项目从根本上解决了麝香长期供应不足的历史性难题，满足了国家用药的需求，也顺应了国家对中医药的发展战略规划——保证了400余个中成药品种能够正常生产，使中华民族瑰宝——中成药（含麝香）得以传承，促进了中医药事业的可持续发展。

（王 珂）

北京三元基因药业股份有限公司

【概况】北京三元基因药业股份有限公司（简称三元基因；股票代码：837344）成立于1992年9月24日，注册资本1.1亿元。三元基因主要从事生物医药的研究、开发、生产和销售，经营范围包括制造治疗用生物制品（注射用重组人干扰素α1b、重组人干扰素α1b注射液），制造治疗用生物制品（注射用重组人干扰素α1b喷雾剂、重组人干扰素α1b滴眼液）；营养保健用品、医疗器械的销售；生物技术产品、化工产品的开发、销售及技术转让、咨询服务；开发营养保健用品、医疗器械等。2016年，三元基因员工总数178人，其中博士4人、硕士19人、本科65人，专科47人。

（王冰冰）

【年度经营】年内，三元基因业绩实现快速增长，实现营业收入1.73亿元，同比增长46.69%；实现净利润0.24亿元，同比增长283.57%；经营活动产生的现金流量净额由去年同期的834.78万元大幅提升至2800万元。年内，三元基因研发投入1100万元，占营业收入比例的6.36%；总资产增长率13.18%；实现工业总产值1.77亿元；实现工业增加值6000万元。

（王冰冰）

【新产品研发】年内，三元基因直接参与研发项目人员32人，共有研发项目9项，截至年底有9个在研项目。在新产品研发方面，取得了重组人干扰素α1b喷雾剂和重组人干扰素α1b滴眼液的药品GMP认证证书，标志着新品即将上市。

（王冰冰）

【科技创新】年内，三元基因共拥有专利数量47项，其中发明专利44项。三元基因同时加大儿科学术推广的力度，基于多年的临床研究成果，在中华医学会等专业学会中数十位权威的儿科专家的共同努力下，公开发表了《重组人α1b在儿科的临床应用专家共识》，参与了由中华医学会等学术机构主办的全国及区域学术会议以及众多的医院科室会，保障了运德素R产品科学与安全的临床应用，给广大患儿带来了福音。

（王冰冰）

北京卓诚惠生生物科技股份有限公司

【概况】北京卓诚惠生生物科技股份有限公司（简称卓诚惠生）成立于2010年5月，是一家集体外诊断试剂研发和最新体外诊断技术产业转化的国家级高新技术企业。公司于2016年1月7日在新三板挂牌，股票代码835369.OC，同期在全国中小企业股份转让系统成功挂牌。专注于食品安全和疾病控制，研发团队及时掌握疾病预防控制领域和食品安全工作中的迫切需求，研发和转化了一系列具有广泛应用前景的致病微生物分子诊断试剂，2015年公司产品通过了欧盟CE认证。经营范围为技术推广服务：销售生物试剂、化工产品（不含一类易制毒品及危险化学品）、玻璃器皿、仪器仪表、医疗器械；货物进出口、技术进出口、代理进出口。公司现有博士3人、硕士30人、本科33人、专科16人、专科以下87人。

（万　玮）

【科技创新】10月，卓诚惠生申请的PurLVS（富集系统）、PosBET（提取系统）2个商标获得国家商标局颁发的商标注册证，至此公司共获得5个注册商标。年内，共提交11项发明专利申请并已取得受理通知书。

（万　玮）

【生产经营】年内，卓诚惠生实现营业收入0.57亿元，利润总额308.04万元，净利润275.88万元，科技投入477.10万元。

（万　玮）

【品牌建设】年内，卓诚惠生加大了自有品牌产品市场推广和销售的支持力度。总体收入较上年增长31.64%，其中自有品牌产品中检测类系统产品同比增加70.91%、试剂类产品增加20.28%，外购仪器类产品同比增加38.52%。年内，共协办了公共卫生领域全国性会议4次、区域性会议3次，并在全国范围内举办活动12次、组织完成培训15次，进一步推广公司产品、扩大公司在公共卫生领域的影响。

（万　玮）

【获得荣誉】年内，卓诚惠生取得《十四种食源性致病菌多重聚合酶链式反应（PCR）检测试剂盒——北京市新技术新产品（服务）证书》《小肠结肠炎耶尔森氏菌多重聚合酶链式反应（PCR）检测试剂盒——北京市新技术新产品（服务）证书》。

（万　玮）

北京大北农动物保健科技有限责任公司

【概况】北京大北农动物保健科技有限责任公司（简称大北农科技）成立于2002年5月，是由国家农业产业化重点龙头企业——北京大北农科技集团股份有限公司出资成立的一家集研发、生产、加工、代理、销售、推广和服务于一体的大型动保企业。自创建以来一直坚持“奉献社会、强大国家”的理念，通过设立“大北农科技奖”鼓励科技创新，设立“大北农励志助学金”捐资助学，设立“大北农金榜题名奖励”鼓舞员工、事业伙伴子女奋发向上，设立“大北农爱心基金”扶助困难员工创建和谐企业，创办“中国农民大学”、农业院校“大北农班”培养新型现代农民和优秀农业学子，为中国农业大学、北京农学院、中国畜牧兽医学会等单位捐资推动产学研合作，资助重要行业活动促进行业发展。目前拥有员工330人，其中研发人员46人，大专文化以上人员占总人数64.8%。

（王　伟）

【年度经营】年内，大北农科技完成工业总产值约8 000万元，营业收入达1.688亿元，其中产品销售收入1.394亿元、科技投入657万元。利润约4000万元，上缴税金1000万元，资产总额约1000万元。

（王　伟）

【科技创新】年内，大北农科技研发经费投入较高，创新力度较大，研究的新兽药“黄芪生脉颗粒”获得临床试验批件，新药研究正式进行临床环节；对“扶正解毒颗粒新兽药[（2015）新兽药证字44号]”“一种防治畜禽呼吸道疾病的复方药物组合物及其制备方法（ZL200810102749.1）”等5项科技成果进行了转化，正在有序推进中。科技创新的投入带来公司技术水平提升，产品“美克星”“渔诺玢”分别被认定为北京市新技术产品。

（王　伟）

北京北大维信生物科技有限公司

【概况】北京北大维信生物科技有限公司（简称北大维信）由山东绿叶制药有限公司和北大资产经营有限公司合资经营，于1994年创建于北京中关村高科技园区，致力于天然药物和现代中药的研究、开发、生产和销售。截至2016年年底，拥有员工868人，其中科技活动人员达275人。

（刘 隽）

【年度经营】年内，北大维信经济运行平稳，工业总产值达2.96亿元，营业收入为3.44亿元，利润总额为909万元，研发投入为2871万元。

（刘 隽）

【项目建设】年内，北大维信完成了生产厂房加层改扩建项目，共投资5000余万元，对原有车间进行内部改造，另增加用于发酵和物料干燥生产房近4000平方米，并增加了自动化生产设备。该项目已竣工验收，实现了设备技术升级和管理水平提升，完成后产能翻两番。为达到北京市2015锅炉大气排放标准，公司响应北京市“清空行动计划”号召。于3月启动低氮节能锅炉工作，9月底改造工作完成。改造后，锅炉氮氧化物排放浓度控制到20毫克/立方米，达到北京市新装锅炉标准。

（刘 隽）

北京同仁堂股份有限公司

【概况】北京同仁堂股份有限公司（简称同仁堂股份）系经市经济体制改革委员会京体改发（1997）11号批复批准，由中国北京同仁堂（集团）有限责任公司独家发起，以募集方式设立的股份有限公司。公司于1997年5月29日发行人民币普通股5000万股，1997年6月18日成立,注册资本2亿元,股本2亿股，并于1997年6月25日在上海证券交易所正式挂牌。公司建立了股东大会、董事会、监事会的法人治理结构，设药材采购部、生产制造部、品质保证部、人力资源部、投资管理部、财务部、审计部等部门，拥有北京同仁堂科技发展股份有限公司、北京同仁堂商业投资集团有限公司、北京同仁堂天然药物有限公司等子公司。是集生产、销售、科研、配送于一体的产品公司，总占地面积近百万平方米。在大兴、昌平、通州、大兴、亦庄分别建有6个现代化的生产基地；2个经营单位；1个研究单位；1个配送单位。拥有经国内外质量认证的20余条生产线，是同仁堂对外展示的重要窗口。共有500余个产品批准文号，常年生产240余种，涵盖以原粉制剂为核心的丸剂、散剂、酒剂及胶囊剂、口服液、滴丸剂等29个产品剂型，形成了以安宫牛黄丸、同仁牛黄清心丸、同仁大活络丸为代表的心脑血管系列；以同仁乌鸡白凤丸、坤宝丸为代表的妇科系列，以国公酒、骨刺消痛液为代表的酒剂系列等12个不同系列品种群。截至2016年年底，同仁堂股份总股本1371470262股。

（葛 冰）

【年度经营】年内，同仁堂股份母公司销售收入26.59亿元，同比增长4%；利润总额6.44亿元，同比增长5%。

（葛 冰）

【科技创新】年内，同仁堂股份在工业生产环节一直倡导“多用机器少用人”，继自动蘸蜡机、自动扣壳机后，又研发了自动入托装盒生产线和单丸装盒生产线，在产品的内外包装流水线上大大提高了劳产率。随着环保工作的不断深入，科研部门开展对中药渣的环保处理研究；继续以安宫牛黄丸为切入点，实施产品全过程标准化研究，建立具有同仁堂特色的内控标准体系；为进一步提升产品的临床价值和市场空间，对安宫降压丸、嗣育保胎丸等产品开展延展药物治疗领域的研究，深挖产品价值为品种群建设提供科研支持；巴戟天寡糖胶囊与参丹活血胶囊的四期临床工作均已完成，进一步完善了产品推广的临床数据支撑。

（葛 冰）

【节能降耗】年内，同仁堂股份按照国家有关环保方法律法规的要求，增加环保设备、设施的投入与改造，新改造的污水处理站均已顺利通过各地环保部门验收。根据市委、市政府的部署，严格执行应对雾霾天气的工业基地停产、施工现场停工的安排。

（葛 冰）

【股权投资】 年内，同仁堂股份长期股权投资余额为2511.27万元，比期初2928.10万元减少14.23%。

（葛　冰）

【利润分配】 年内，同仁堂股份按照合并报表实现归属于上市公司股东的净利润933165391.02元，按母公司实现净利润的10%提取法定盈余公积56689296.32元，加年初未分配利润3214665013.01元，减去2015年度利润分配已向全体股东派发的现金红利315438160.26元，2016年度可供股东分配利润为3775702947.45元。公司以年末总股本1371470262股为基数，向全体股东每10股派发现金红利2.4元（含税）。

（葛　冰）

探路者控股集团股份有限公司

【概况】 探路者控股集团股份有限公司（简称探路者）成立于1999年1月11日，公司产品覆盖户外生活各个领域。2008年成为“北京奥运会特许供应商”；2009年成为“中国南（北）极考察队独家专用产品”；2009年10月30日，探路者成功登陆创业板（股票代码：300005），为探路者进一步发展壮大奠定了基础。2014年，探路者在中国户外产业年度评选中获得“综合类领军品牌”“网友最喜爱的品牌”“网友最喜爱装备”“年度装备——优秀国产装备”四大奖项。截至2016年年底探路者连锁经营店铺总数已达1700家，年销售收入超17亿元，超越国内外户外品牌，连续7年位列中国市场同类产品销量第一，成为中国户外用品市场的领导者。基于以用户为核心的互联网思维，2014年，探路者公司“构建户外生态圈”的战略全新升级，公司业务已扩展到户外、旅行、体育三大事业群，2015年6月，公司正式更名为“探路者控股集团股份有限公司”。户外事业群定位为集团基石业务，以探路者、Discovery、阿肯诺等多品牌户外用品业务为主，致力于为户外活动提供安全舒适的户外装备。旅行事业群将是用户流量的入口，定位于“基于服务者来展开的旅行服务”，旗下拥有易游天下、绿野、极之美、探路者户外文化传播公司等多家企业，规划中的重点项目还包括露营滑雪多功能体验中心、装备规划师、户外安全救援体系等。体育事业群关注体育社区、体育赛事、体育传媒、体育培训、智能健身管理等领域，通过专业运动服务促进全民健身落地，是集团未来利润的重要增长点。探路者现有员工655人，其中科技研发人员144人，科技人员占比超过20%。

（万　玮）

【年度经营】 年内，探路者集团营业收入约10亿元，纳税约9000万元，利润约1.4亿元，研发投入6343万元。

（万　玮）

【科技创新】 年内，探路者集团获得“中关村高新技术企业”再次认定，“中关村高成长企业TOP100”认定，“北京市企业技术中心”认定，中纺协“产品开发贡献奖”。集团新品——女士徒步皮肤衣获得“北京市新技术新产品（服务）”认定；背带“方便”免脱冲锋裤获得2016年中国设计红星奖。

（万　玮）

【业务拓展】 年内，探路者集团更以迅猛势头向旅行、体育产业发力，加速公司从户外用品提供商向“为大众提供户外、运动和体验式旅行的极致服务，成为引领健康生活方式的社群生态组织”的定位转型。探路者不仅可以为用户提供专业的户外用品，更可通过融合线上线下资源，为大众提供以“回归自然、超越自我的生命体验”为理念的全方位、多层次运动及旅行服务，实践“让每个人拥有健康生活方式，让生命因超越而精彩”的愿景。集团积极建设柔性供应链体系，整合产业上下游企业资源，建立与京津冀区域内企业合作的机会，随着互联网深入发展、社群的崛起，探路者围绕用户中心、极致产品、数据驱动、社群链接4个方面进行变革，与探路者生态圈各参股企业进行资源共享，实现健康发展。科技研发方面继续围绕自有科技平台开展深入研究，开发新型材料，仿生3D版型等。

（万　玮）

奥瑞金包装股份有限公司

【概况】奥瑞金包装股份有限公司（简称奥瑞金，股票代码：002701）成立于1997年，原名北京奥瑞金新美制罐有限公司，2011年通过股份制改革，成立奥瑞金包装股份有限公司，2012年10月11日于深交所正式挂牌上市。奥瑞金主要从事食品饮料金属包装产品的研发、设计、生产和销售，主要包括食品罐和饮料罐。食品罐产品主要应用于调味品（番茄酱、香油等）、八宝粥、罐头食品（午餐肉、水果、水产等）、奶粉等的金属外包装。饮料罐产品主要应用于功能饮料、茶饮料、乳品饮料、果蔬汁、咖啡饮品、碳酸饮料、啤酒等的金属外包装。饮料罐产品的主要客户包括红牛、加多宝、旺旺、露露、青岛啤酒、燕京啤酒、雪花啤酒等知名企业。食品罐产品的主要客户包括银鹭、达利园、建华香油、伊利、三元、蒙牛、飞鹤等知名企业。奥瑞金已经在全国17个省/直辖市拥有三片罐、二片罐、制盖、饮料灌装、金属材料印刷在内的40多家分子公司，产业规模从北京辐射至山东、湖北、四川、浙江、广东、云南、海南、江苏、天津、福建、广西、黑龙江、辽宁、陕西等，拥有国际领先的生产流水线和检验检测设备，三片罐年产能80余亿罐、二片罐年产能40多亿罐。截至2016年年底，公司（指母公司，下同）从业人员总数达920人，其中研发人员102人。

（王 伟）

【年度经营】年内，奥瑞金完成工业总产值约22.3亿元，主营业务收入约26.5亿元，利润约6.9亿元，上交税金约2.2亿元，资产总额约101.2亿元。

（王 伟）

【产品研发】年内，奥瑞金研发投入9951.23万元，主要包括异型罐开发及应用、可变二维码技术在金属三片罐上的应用、无底油工艺在红牛罐上的应用推广等。异型罐开发及应用项目获得授权专利近30件。二维码应用技术填补了行业空白，帮助公司成功开拓了包装行业新的商业模式，增加新的业务增长点，提升公司综合竞争力，同时向金属包装行业进行示范和推广，满足食品饮料厂商利用二维码进行产品防伪追溯、营销管理、促销优化及针对消费者的创新应用，提高国内金属包装行业的社会效益、经济效益和国际竞争力。年内，奥瑞金开展研发项目27项，其中新产品开发项目16项。完成三片罐（涨筋型）新产品研发13款，其中135/180毫升QQ罐产品、330/650毫升杯形罐产品、480/650毫升葫芦罐产品、300克哑铃型大米罐产品年内已经完成产品发布和市场投放工作，产品开发与市场接轨，研发效率提高。其中，哑铃罐、葫芦罐、70gDRD两片罐分别获得国际行业协会The Canmaker 2016年度之罐食品三片罐铜奖、饮料三片罐银奖和食品两片罐银奖，代表公司产品设计、研发成果已基本达到国际先进水平。金属/塑料复合盖与铁旋开盖研发的阶段性成功，解决了金属罐不可再封的历史难题，突破了不同种类原材料交互使用的技术瓶颈，为下一代高端金属包装产品的研发奠定了基础。

（王 伟）

【成果转化】年内，奥瑞金组织新产品研发成果向生产转化，完成差异化新产品产量1447万罐，制定新产品技术标准10件，为加速新产品向生产转化和研发创新成果标准化建设提供有效的技术工作保障。

（王 伟）

【科技创新】年内，奥瑞金共申请专利41项，其中发明专利12项、实用新型专利16项，涉及新产品的设计、工艺、工装模具等多领域、多环节，为将技术成果高效形成知识资产，防止产品被模仿、技术被抄袭提供了有利的技术和法律保障。

（王 伟）

【布局新业务】年内，奥瑞金认购沃田集团股份，开启对下游快消品行业的投资；与互联网信息公司合资设立大数据平台公司，智能包装业务取得阶段性进展。

（王 伟）

【国际化战略】年内，奥瑞金与古巴冶金工业集团签订合作框架协议，布局海外业务，落实和推进国际化战略。奥瑞金与古巴金属包装总公司开展商业合作，能够充分发挥奥瑞金在金属罐制造和包装服务生产方面的核心业务优势。成立的合资公司在生产和销售铝包装方面进行全方位合作，并进行相关的运输、贸易、进出口、物流、仓储、销售业务，以满足古巴市场对饮料类铝罐的需求。

（王 伟）

北京科高大北农饲料有限责任公司

【概况】北京科高大北农饲料有限责任公司（简称科高大北农）系北京大北农科技集团股份有限公司全资子公司，主要经营制造、加工饲料；销售肉食品、兽药；粮食收购；销售饲料、饲料原料；动物保健品技术开发、技术咨询、技术转让；收购农副产品（不含粮食）；货物进出口。年产12万吨饲料，2016年期末人数665人，大专及以上文化程度人数341人。

（王　伟）

【年度经营】年内，科高大北农实现工业总产值7.3亿元、工业增加值2.3亿元、营业收入8.8亿元、主营业务收入8.8亿元、利润总额1.6亿元、净利润1.27亿元。

（王　伟）

玛氏食品（中国）有限公司

【概况】玛氏食品（中国）有限公司,原名爱芬食品(北京）有限公司是美国玛氏公司在中国的独资企业，是世界上最大的食品公司之一。主要经营巧克力、糖果、宠物食品、饮品等相关业务。玛氏在中国拥有三大总部、47个办公室和销售分支机构、7个世界级的工厂和3个创新中心，以及1.1万名员工。

（王　伟）

【年度经营】年内，玛氏食品（中国）有限公司完成工业总产值约24亿元，主营业务收入80亿元，利润约5.4亿元，上缴税金约4.7亿元，资产总额越45亿元。

（王　伟）

【业务创新】年内，玛氏食品（中国）有限公司转变工作思路，改变市场经营、运行模式，着眼于稳定批发市场价格秩序，通过清理渠道库存，为长远目标发展奠定基础。在产品创新方面，推出德芙小清新系列产品，大受市场好评，供不应求。同时，玛氏食品（中国）有限公司实现德芙尊幕礼品系列本地化生产，成功地解决了以往通过进口牺牲产品新鲜度的问题。另外，对德芙love系列等产品的包装进行了全线升级。

（王　伟）

统一石油化工有限公司

【概况】统一石油化工有限公司（简称统一石油）是一家专业润滑油生产企业，作为长期服务于中国本土市场的专业润滑油制造商，统一石油专注于满足中国用户需求的润滑油的研发和生产，在汽车用油、摩托车用油、工业用油、工程机械用油、农业机械用油、船业用油及润滑脂、刹车油、不冻液等众多石油化工领域，为中国用户提供专业、高效、优异的润滑及养护方案。总部位于北京，设有北京、无锡、广东3个工厂，年综合生产能力达60万吨，是目前中国最大的润滑油专业制造商之一。截至2016年年底，拥有员工1010人。其中，销售市场人员300人，供应链618人，财务、人力资源部、IT等支持部门92人；经理级及以上管理人员152人，职员420人，生产型操作人员438人；25岁及以下61人，25岁至35岁382人，35岁至45岁389人，45岁以上178人；硕士及以上13人，本科233人，大专227人，高中及中专170人，初中及以下367人。

（余　涵）

【年度经营】年内，统一石油工业总产值19.70亿元，工业销售产值20.39亿元，工业增加值7.21亿元，同比增长21.5%，营业收入28.82亿元，同比增长4.9%，利润总额4.79亿元，同比增长44.38%。

（余　涵）

【科技创新】统一石油近3年进行了15个项目的研发，大部分项目已经转化为产品，并已投入生产进行销售。同时，公司非常注重知识产权的更新，近3年获得的软件著作权有6项、发明专利3项、外观设计11项。为了实现创新的经营理念，公司设置了完整的研发部门和科学的组织结构，形成了高效的研发体系。从立项、审核到研发，都有一套完整的制度进行质量控制。

研发部门采用的设备都是进口的精密设备，保证了研发的技术含量。建立了完善的绩效考核奖励制度，保持研发人员的创新积极性。开展产学研活动，与外部研究机构合作，致力于行业技术开发。开展实施淘汰高能耗电机、天然气锅炉改造等体质增效项目4项，其中投资83万元更换淘汰落后电机，全年单位能耗降低10%以上；投资62万元改造燃气锅炉，降低氮氧化合物排放，提前半年达到新的锅炉排放标准；投资1200万元对生产设备进行升级，提高了设备自动化程度。12月1日,公司获评国家高新技术企业资质，高新技术企业可以享受3年期限所得税收优惠政策，所得税由原来的25%减按15%征收，该资质的获得减轻了公司的税负，公司将有更多的资金投入到日后的发展之中。

（余 涵）

有研粉末新材料（北京）有限公司

【概况】有研粉末新材料（北京）有限公司（简称有研粉末）是由北京有色金属研究总院控股的二级中央子企业，成立于2004年3月4日，注册资本为3456.31万元，注册地点为怀柔区雁栖经济开发区雁栖南四街12号，是专业从事金属及其合金粉末、粉末冶金制品、特种丝材的研发、生产、销售的高新技术企业。公司现拥有北京康普锡威科技有限公司、重庆有研重冶新材料有限公司、Makin Metal Powders (UK) Limited和北京恒源天桥粉末冶金有限公司4家所属公司，员工总数近800人，金属粉末年产能力达3万吨，铜基粉末产能全球第二，国内市场占有率超50%，锡基焊粉年生产能力达2000吨，国内市场占有率第一。

（王 伟）

【年度经营】年内，有研粉末合并营业收入超10亿元，较上年同期增长8%，实现利润总额5000余万元，同期增长17%，并逐渐形成以铜基、铁基、铝基、锡基等金属粉末板块为基础，粉末冶金零部件产业为延伸，相关前沿技术产品为引领的全球化产业布局。

（王 伟）

【产品生产】公司主要产品包括铜基粉末系列、锡基焊粉系列、铁基粉末系列、铝基粉末系列、特种丝材系列、粉末冶金制品系列等几百种产品，产品广泛应用于金刚石工具、粉末冶金零部件、摩擦组件、电碳制品、热管理器件、导热导电材料、焊接材料、微电子封装与组装、化工合成、汽车零部件等多个领域。

（王 伟）

【项目建设】年内，有研粉末作为境外同行公司收购项目成员，经营班子成员配合有研总院对全球最大金属粉末供应商的收购工作，圆满完成了项目各阶段的工作任务。年内，有研粉末投入130万元开展“生产排放废水处理及回用工程技改”工程，氨站全面投入使用，环境友好型企业建设持续深入。

（王 伟）

【开拓新领域】年内，有研粉末营销方式不断创新，互联网营销、新媒体营销成效显著，网站访问量同比翻两番；新领域拓展效果明显，在有机硅催化剂、电触头、铝合金添加剂、注射成型、摩擦材料、微型电碳电刷等领域销量同比增长196%；变废为宝，实现了宽粒度铜粉的批量销售，增加利润的同时免去了回炉的成本。

（王 伟）

【新产品研发】年内，有研粉末科技创新动力不断增强，全年累计完成科研投入2324万元。《节能环保型低温无铅焊料的研究及产业化应用》获有色金属工业科技进步一等奖，《新型含Ti的铜基金刚石胎体复合材料的研制及产业化》获有色金属工业科技进步二等奖，《一种金属粉末制备装置及方法》获北京市发明专利奖三等奖、中国专利奖优秀奖。2016年公司申请发明专利19项，授权20项，发表论文13篇。新品开发取得关键进展，如低松比铜粉质量稳步提升、高强度扩散CuSn10粉和雾化渗铜粉通过4家客户验证、银包铜粉实现批量生产、CuSnBi合金粉完成开发试制、雾化粗粉完成技术改造等。

（王 伟）

【成本控制】年内，有研粉末通过技术改造和工艺优化，产品一次合格率大幅提高，人均生产效率不断提高，产品损耗和原辅材料消耗量均有显著下降，电费普遍下降10%以上，全年降低成本350万元；通过增加现金收款比率，公司贴息成本大幅下降；引入互联网模式运输企业后，物流成本下降12%；优化采购模式，降低采购成本，同时避免了原材料价格大幅波动带来的生产经营风险。

（王 伟）

北京华腾橡塑乳胶制品有限公司

【概况】北京华腾橡塑乳胶制品有限公司（简称华腾橡塑）是隶属北京化学工业集团有限责任公司的国有控股企业，2002 年由原北京橡塑制品厂与原北京乳胶厂合并改制成立。主要经营范围是乳胶制品、橡胶制品的生产、销售；进出口业务等。占地面积 15.5 万平方米，建筑面积 6.8 万平方米。公司注册资金 1.33 亿元，主导产品分为三类：一是橡胶制品；二是医用、家用、工业用乳胶手套系列产品；三是橡胶鞋靴系列产品。产品 80% 出口欧美等 70 多个国家和地区，深得国内外客商的推崇和信赖。共有员工 1400 人，其中工程技术人员 360 人。

（刘毓　徐博非）

【年度经营】年内，华腾橡塑实现营业收入 7.02 亿元、工业总产值 4.38 亿元、利润 310 万元。科技投入 2224 万元。

（刘毓　徐博非）

【企业改革】年内，华腾橡塑加快推进"总部＋基地"建设。总部推动发展先进制造、节能减排、产业中高端和向新兴产业配套的产品和服务，创建知名品牌，企业努力在行业和首都经济中发挥作用。以企业合资、合作、"京外布局"、战略合作为重点任务，健全合作发展机制。坚持市场、技术、资本、人才"四嫁接"，着力建设京内"四个中心"，与京外合作单位实现合作共赢，共同发展。

（刘毓　徐博非）

【京津冀协同发展】年内，华腾橡塑主动对接京外战略合作者，打造京外生产基地，为总部的生产经营调整转型创造了良好基础。京外委托生产实现营业收入 37616 万元，占全公司总营业收入的 53.7%。京外合资合作单位有安徽华腾乳胶制品有限责任公司、天津润成橡胶制品有限公司、河北青县旭通橡胶制品有限公司、江苏南京东润特种橡塑有限公司、江苏南京润京乳胶制品有限公司、河北高碑店东石华腾科技有限公司、河北唐山市唐丰塑胶制品有限公司。

（刘毓　徐博非）

【科技创新】华腾橡塑是北京市知识产权试点单位、北京市知识产权保护协会会员单位。截至年底，累计拥有国内自主知识产权专利 19 项，其中发明专利 5 项、实用新型专利 8 项、外观设计专利 6 项。6 种产品获得过北京市优质产品称号。年内，共立项 15 个科研开发项目和 2 个技革技措项目。0.2 毫米超薄胶板为中航工业北京航空材料研究院研制开发；高速列车风挡完成国内同类产品国产化；高档干箱手套应用于高新技术产业，技术附加值高。

（刘毓　徐博非）

【品牌建设】年内，华腾橡塑产品注册商标有雪莲牌、鲸鱼牌，按产品的类别累计拥有国内注册商标共 15 项。

（刘毓　徐博非）

【节能环保】年内，华腾橡塑临时减容 3 台变压器合计 3250 千伏安，每年降低基本电费 124.8 万元。改进锅炉供热管道，减少蒸汽使用量。通过改造蒸汽管线、提高锅炉热效率，从 7 月开始每月节约天然气约 3.5 万立方米，节能 9.5%。推动各单位对生产设备进行技术改造，降低用电、用能设备的使用，降低用水总量和水泵使用，提高污水集中处理能力，节约水资源和用水成本。通过了能源管理体系评审，获得市发展改革委奖励资金 11 万元。组织申报工业废气综合治理项目，获得市环保局奖励资金 26 万元。开展全公司耗能机电设备的专项监察和部门自查，根据空气污染预警等级，适时执行相关减排措施。

（刘毓　徐博非）

【获得荣誉】年内，华腾橡塑获得"2013—2015 年度北京市安全生产先进单位"称号。

（刘毓　徐博非）

北京华腾新材料股份有限公司

【概况】北京华腾新材料股份有限公司（简称华腾新材料）是 2005 年由北京市化学工业研究院改制成立，并于 2010 年经北京化学工业集团有限责任公司注资控股及民营资本和自然人共同参与完成整体股份制改造的国有控股高新技术企业，专业致力于功能性高分子材料的研发与产业化发展。旗下所属广东国望精细化学品有限公司、河北华腾万富达精细化工有限责任公司、重庆聚特新材料有限公司 3 个产业化基地和广东华南精细化工研究院、北京结构表征实验室2个科研服务平台，以及与欧洲知名化工企业共同组建的1家合资公司——珠海福瑞聚合物材料有限责任公司，具备满足食品软包装行业全部需求的聚氨酯粘合剂产品生产、研发和应用服务能力，生产规模达到2.5万吨/年。

（刘毓 徐博非）

【年度经营】年内，华腾新材料实现营业收入2亿元，利润总额2834万元，比上年增长39%，科研投入1644.9万元。

（刘毓 徐博非）

【突出成就】2016年，华腾新材料获得中国轻工业联合会认定的食品包装安全技术重点实验室、中国石油和化学工业联合会认定的石油和化工行业食品包装用高性能胶黏剂工程实验室、“十二五”塑料加工行业科技创新型企业等企业资质；当选为“中国胶黏剂和胶粘带工业协会第十一届聚氨酯胶黏剂专业委员会委员单位”“北京化学工业协会会员单位”；自主研发的“耐苛刻条件聚氨酯胶黏剂（UF3026/UF3070）”被评为中塑协“十二五”优秀科技成果和北化集团公司级科技创新成果二等奖，《一种无卤阻燃聚氨酯密封胶及制备方法》获评为最佳专利奖。

（刘毓 徐博非）

北京凯普林光电科技股份有限公司

【概况】北京凯普林光电科技股份有限公司（简称凯普林光电）是注册在丰台区中关村科技园区丰台园的高新技术企业。凯普林光电注册资本为6000万元，资产总额近3亿元。主营高性能半导体激光器、系统并提供激光应用解决方案。凯普林光电现有员工近600人，其中博士学历5人、海外归国人员1人，研发团队由国家“千人计划”专家带领的近百名工程师组成，是一支具有丰富经验的专业研发队伍。公司自主研发并生产的高性能半导体激光器产品覆盖可见光到近红外波段，功率范围几毫瓦至千瓦，高集成度的半导体激光器件及系统可根据客户要求提供丰富的定制化功能。

（吴芳芳）

【年度经营】2016年，凯普林光电实现营业收入2.2亿元，上缴税费近3000万元，科技投入近4500万元，凯普林光电保持了13年的持续增长。凯普林光电的高性能半导体激光产品在国内主要应用于工业领域，竞争对手主要来自欧美等国家和地区，在国内几个工业细分市场中，凯普林光电产品市场占有率超过60%；部分产品在定向能武器开发等多项国家重大工程项目上获得应用。在海外市场，凯普林光电的半导体激光泵浦源产品大量销往北美、欧洲、日韩等国家和地区，产品销量在过去两年中以每年50%的速度增长。尤其在高功率半导体激光系列产品上，已成为全球各大超快光纤激光器公司的主要光源供应商。另外在特种光纤激光器领域的产品也成为国际市场上的首选品牌之一。

（吴芳芳）

【科技创新】年内，凯普林光电科技投入近4500万元，被认定为北京市级企业技术中心，全年申请专利14项，其中PCT国际申请4项，申请著作权2项，商标4项。自主立项2000瓦激光器系统、600瓦高亮度半导体激光器、NewBeam™高功率系列等3项目；科技立项1项。发表SPIE论文2篇。“915纳米/158瓦高功率半导体激光器”通过市科委创新产品认定。在自有高效率光纤耦合技术、高精度半导体激光芯片贴片技术、半导体激光整形光学设计模拟及算法、光纤耦合系统设计、半导体激光器封装技术、高功率光纤制备技术及整套高可靠的半导体激光器商业化生产工艺技术上，拥有核心技术专利近50项、国际专利5项，软件著作权11项，完全自主知识产权。基于强大的技术研发和生产实力，凯普林光电在国内光纤激光泵浦、制版、夜视监控、激光医疗等多领域占有60%以上的市场份额，成为高功率半导体激光领域的专家和民族第一品牌。

（吴芳芳）

【项目建设】年内，凯普林光电现有场地5100平方米，超净间面积4000平方米，涵盖了从大功率半导体激光器的划片、芯片烧结、光束整形、光纤处理、密封封装等工艺，拥有年产50万支高端激光加工设备的关键器件的生产能力，是中国专业的商业化高功率半导体激光器件产品及服务提供商之一。年内，在天津滨海空港开发区设立子公司，为新品研发及项目的产业化做好了充分准备。根据市场对高功率光纤耦合半导体激光器件的需求趋势越来越明显，公司从2009年开始着力针对工业激光市场开发高功率光纤耦合半导体激光器，经过多年技术研发和产业化，目前已形成产品的半导体激光器组件线覆盖波长范围 405 纳米 ~1550 纳米、输出功率 2 兆瓦 ~3000 瓦。公司从研发到生产执行严格的 ISO9000 质量体系，每个环节进行阶段性验证，产品符合 CE、ROHS 认证标准，保证产品从设计到工程化每一步科学严谨。

（吴芳芳）

【营销模式】年内，凯普林光产品体系从设立伊始的单一领域逐步拓展到 CTP 印刷、激光器泵浦、材料加工等市场空间更大、综合技术能力要求更高的应用领域，产品线不断丰富和优化，技术实力和市场地位稳步提升。集成半导体激光器、电控、光学方面的核心技术，结合重点行业的应用需求，引入应用解决方案的研发、设计、销售，更快、更好地推进了客户集成半导体激光器。凯普林光电在激光医疗、CTP 印刷、安防夜视、激光器泵浦等应用领域提供的解决方案，对公司业务发展起到多重促进作用。营销团队具有丰富的专业技术水平和现场应用经验，能够解决客户生产过程中出现的各种问题，迅速赢得客户的信任。在开展技术营销时，由技术人员和营销人员共同组成团队同客户接触，及时了解客户在技术方面的需求，快速确定并优化产品和应用方案。经过长期摸索和积累，已形成以技术促进营销的成熟模式。

（吴芳芳）

【产品应用】年内，凯普林光电产品广泛应用于加工、安防、医疗、印刷方面。激光器与传统制造工具相比，在提高资源与能源利用效率方面有明显优势，可以大大减少石化燃料的使用。在医疗领域，激光医疗广泛应用于激光牙科、激光美容、激光切除癌细胞，为人类的健康带来了更直接有效的治疗。产业化建设不仅拉动了区域经济的发展，同时也为该区域内解决了大批当地人员的就业问题，产生了良好的社会影响力。

（吴芳芳）

【人才建设】年内，凯普林光电核心团队成员专业配置合理，均具多年行业实践经验，技术背景深厚且大部分于公司创建初期加盟，对公司初期发展做出了大量贡献。尤其是在中组部认定的千人计划获得者徐磊博士和“海聚人才”的带领下更具核心竞争能力。在管理风格、技术路线、发展战略等方面，核心成员已磨合多年，配合默契，对公司远期发展战略方面认识一致。另外，企业内启动对关键管理及技术岗位成员的股权激励机制，以完善和稳定核心团队。半导体激光器属于专业要求较高的行业，凯普林光电的核心资源在于专业化、高素质的团队储备。因此，凯普林光电将继续实施“以人为本”的发展战略，建立人才培养及储备体系。除积极引进不同专业的高素质人才外，致力于通过强化培训来提高员工整体素质，建立一支高素质的人才队伍并不断完善与之相适应的绩效评价体系和人才激励机制。每年通过半导体所、北京理工大学、北京工业大学、长春理工等专业院校做校园招聘，储备人才。

（吴芳芳）

北京新雷能科技股份有限公司

【概况】北京新雷能科技股份有限公司（简称新雷能科技），于 1997 年 6 月 11 日成立，目前注册资本为 1.15 亿元。下属单位有北京新雷能技股份有限公司成都分公司和两家全资子公司——深圳市雷能混合电路有限公司、西安市新雷能电子科技责任有限公司。经营范围为制造与销售电源变换器、放大器、通信产品、电子元器件；销售机械设备；货物进出口；技术进出口；代理进出口；科技开发。公司主要产品是为模块电源、定制电源、大功率交/直流电源及系统。截至年底，公司拥有员工 1056 人，其中专业技术人员 362 人。

（万　玮）

【股本分析】年内，新雷能科技根据中国证券监督管理委员会于 12 月 16 日签发的《关于核准北京新雷能科技股份有限公司公开发行股票的批复》，获准向社会公开发行人民币普通股 2889 万股，每股发行价格为 6.53 元，股款共计 1.89 亿元，扣除承销及保荐费用、发行登记费和其他交易费用，共计 2200 万元后，净募集资金共 1.67 亿元。

（万　玮）

【节能减排】年内，新雷能科技的 LED 照明、风电发电、光伏发电、新能源汽车等通过使用高功率密度、高效率电源产品可以改善整机产品的用电消耗，提高节能环保效果，从而实现高效、可靠、节能环保的目标。此外，随着绿色环保材料的应用越来越成熟，使得电源的绿色节能也成为可能；在环保意识日益加深的今天，电源通过技术革新显著减少了对供电母线的谐波污染，产品的可靠性也得到大幅度提升。

（万　玮）

【科技创新】新雷能科技拥有自己的研发中心，研发技术人员占公司人数的30%以上，研发投入一直占收入比例约20%。为电源研制、提高产品质量等级提供了可靠的专业技术保障，年内，新增实用新型专利2项、发明专利2项、软件著作权33项，公司累计获得、受理专利及著作权106项。

（万 玮）

【项目建设】年内，新雷能科技在昌平建设高效率、高可靠、高功率密度电源产业化基地项目，项目的建筑工程在中关村科技园昌平园东区一期0303-74-3地块实施。该项目是公司现有主要业务规模的进一步扩张，有助于提高生产能力和生产效率，满足不断增长的客户需求。该项目有助于提升公司生产设备的技术水平、促进产品品质的提升。

（万 玮）

【品牌战略】年内，新雷能科技的品牌战略目标是使公司品牌在国内电源行业始终处于领先地位，并逐步成长为电源行业国际一流企业。在行业渠道推广方面，继续通过有针对性的行业杂志、展会等形式，树立企业品牌的高端形象，同时加大在专业媒体中的广告投入，提高公司品牌在客户心目中的认知度。通过各种宣传手段，突出公司在产品技术、产品系列化、电源一体化解决方案能力、高可靠性保证、质量管理、综合运营等方面的优势，邀请及接待客户进行参观考察，提高大型客户购买率。不断加强和完善产品及技术宣讲，提高售前技术 / 方案支持、售后技术服务等服务能力，在客户集中地区设立本地化服务机构，在客户中建立公司品牌忠诚度。

（万 玮）

【获得荣誉】新雷能科技经过多年的发展，成为电源行业国内领先、国际一流企业，拥有多项市场荣誉，并获得了各类专业资质和荣誉。公司是中国电源学会会员单位、北京电源行业协会副理事长单位，公司为北京市中关村科技园区“瞪羚五星级企业”“中关村高新技术企业”“中关村德勤20强”企业“优秀创新企业”。年内，公司通过GJB9001B-2009军工产品质量管理体系认证复核，被中国电子科技集团公司第五十四研究所评定为“2015年度中电54所优秀供方”；被市经济信息化委认定为“企业技术中心”；通过了北京市工程实验室认定，授权成立“航空航天级电源及整机系统关键技术北京市工程实验室”。

（万 玮）

北京罗麦科技有限公司

【概况】北京罗麦科技有限公司（简称罗麦科技）成立于2001年，是集科研开发、生产、销售于一体的高科技企业。公司注册资金8000万元，生产基地位于北京市怀柔雁栖工业开发区，是国家批准的可以从事直销的企业。主要生产经营“罗麦牌番红素软胶囊”“罗麦牌蒜素片”“罗麦牌芦荟软胶囊”“罗麦牌液体钙软胶囊”“罗麦牌鱼油软胶囊”等保健食品；受委托生产经国家批准的片剂、胶囊剂、颗粒剂和软胶囊保健食品；生产发用类、护肤类化妆品、小型厨具、日用品、饮料、糖果制品（糖果）。罗麦科技奉行质量是企业的生命为原则，倡导“质量即生命，责任重泰山”。制定系统GMP管理体系，同时通过了国际质量管理体系ISO900、国际质量管理体系ISO14001、食品安全质量管理体系HACCP的认证。加大战略合作力度，进行资源整合和共享，目前主要合作国际公司有法国那图克瑞斯、荷兰皇家帝斯曼集团、以色列安塞科、印度欧米埃健康科技、德国瓦克国际集团、丹麦科汉森等。2016年，罗麦科技引进高端管理人才2人，高端技术人才5人，目前公司现有150人，专业技术人员占公司总员工的65%。

（王 伟）

【年度经营】年内，罗麦科技完成工业总产值约7.6亿元，产品销售收入6.38亿元，利润总额为2.84亿元，各项税金总额1.31亿元，产值7.6亿元。

（王 伟）

【项目建设】年内，罗麦科技为了适应市场发展，加快了扩大产能项目的改造和建设，投入资金约8000万元拟建成涵盖现代化生产、研发检验中心、产品展示中心于一体的综合楼。该综合楼的建成，将助力公司完成“十三五”规划，实现公司跨越发展。为了适应公司快速发展公司在基础建设方面同时加大建设力度，新建了为扩大产能为目的综合制剂车间，建筑面积12720.60平方米，高度17.95米，地上三层，地下一层；基础类型为F04筏板基础；结构类型为S02钢筋砼结构，框架剪力墙。项目一期建设投资2600万元；本项目建成后主要生产保健食品、压片糖果、固体制剂等保健食品，引进先进的生产设备7~8套，主要产品有本公司生产的番红素软胶囊、蒜素片等系列保健食品。截至年底，完成一期工程建设，完成市建委、市规委、市消防及等部门的全部验收工作。

（王　伟）

【节能环保】 年内，公司以“防污降耗承担社会责任”为环境管理方针，率先启用节能环保的燃气锅炉，同时进行污水改造和厂区绿化建设。截至年底，公司绿化面积已达 5000 平方米，厂区内无露土地面。

（王　伟）

【产品研发】 年内，罗麦科技加大了产品科研开发力度，随着市场需求的不断变化，罗麦科技正在骨骼健康领域、女性生殖健康领域以及心血管健康领域与国内外研究机构及专家合作研发新的功能营养食品，同时就原有产品不断进行升级换代，如磷脂酰丝氨酸固体饮料升级、炎干净复合果蔬粉的升级、玛咖压片糖果的升级等。

（王　伟）

【获得荣誉】 年内，罗麦科技先后获得了市食药监局颁发的食品生产许可证；市科委颁发的高新技术企业证书。

（王　伟）

同方人工环境有限公司

【概况】 同方人工环境有限公司（简称同方人环），隶属同方股份有限公司，下属单位有无锡同方人工环境有限公司、广州同方瑞风节能科技股份有限公司、同方节能装备有限公司，主要经营范围包括在民用建筑、公共建筑、工业节能、专业行业等领域，构建了多元化的综合节能减排解决方案，确立了节能产品、节能工程及节能运维服务等传统业务，在城市及城镇化清洁供热、城市区域能源规划、工业余热综合利用、建筑节能改造、室内环境优化等方面进行业务经营和拓展。同方人环拥有密云区大型中央空调生产基地、无锡户式中央空调生产基地、廊坊吸收式热泵产业化基地、广州节能专用型空调生产基地四大生产基地，并配备国家级研发测试平台，已全面通过质量、环境和职业健康安全三大管理体系标准（三标一体）认证，是“国家可再生能源建筑应用产业化基地”和“国家吸收式热泵研发及产业化示范基地”。总占地面积 9.7 万平方米。

（赵越　熊涛）

【项目建设】 年内，同方人环空气源模块助推山东“新型城镇化”——齐鲁园广场中央空调项目。齐鲁园广场位于山东省临沂市，包括齐鲁园公馆、齐鲁园会馆、商业航母等功能场馆，共选用空气源热泵 138 台，其中单热型空气源热泵 82 台，配置地板采暖末端，冷暖型空气源热泵 56 台，配置风机盘管末端，截至年底，同方人环在山东地区累计实施 20 余例热泵采暖项目，供暖面积达到 20 万平方米。同方人环响应节能减排号召，实现地热能清洁供热——邯郸市大名县集中供热项目。大名县 5 个住宅区的地热能集中供热项目，运用地热回灌、地热尾水阶梯利用等多种技术，选用 15 台满液式水源热泵机组，实施清洁集中供热的综合管理解决方案。该项目是大名县响应国家节能减排号召的重要体现，更是县委、县政府确定的首要民生工程，于 2016 年年底实现全城区 150 万平方米的采暖面积。同方人环与清华品牌强强联手，承建智慧科技城——启迪科技城项目建设工程。同方人环承担西安、苏州的启迪科技城的楼宇机电建设工程，提供工程设备和能源管理及相关技术方面的支持，打造集冬季供暖、夏季制冷、全年清洁新风、远程控制监控等功能于一体的生态园区。减霾利器“烟气热泵”效果显著——烟气余热回收供暖项目。同方人环自主承担了烟气全热回收技术的研发，成功研发出烟气全热回收型热泵。以燃气或是蒸汽为驱动，回收排烟中的低品位余热，实现“提热效、降能耗、减排放、消雾霾”的目标。年内，公司累计实施烟气全热回收型热泵机组共 65.9 兆瓦，运行一个采暖季可回收烟气余热量 30.8×10^4 吉焦，供暖面积 130 万平方米。节省燃气耗量 891 万立方米，创造经济效益 2077 万元，折合减少 CO_2 排放 18206 吨。品质赢得信任，二度联手打造美丽太原——太原热力公司大温差换热供暖项目。鉴于城市热网改造的良好效果，太原市在 2016 年继续推行二次站节能改造。太原市第二热力公司再次采用同方人环热水型大温差换热机组 26 台共计 166 兆瓦。使得一次网的热量输送能力增大 63.6%，实现供暖面积 305.3 万平方米。截至目前，公司为太原市提供热水型大温差换热机组 59 台共计 373.82 兆瓦，实现供暖面积 720 万平方米。为打造环境优美、和谐宜居的美丽太原清洁供暖做出了突出贡献。“余热回收”暖民心，蓝天工程创标杆——大唐宝鸡热电厂节能改造项目。大唐宝鸡热电厂现装机容量为 2×330 兆瓦燃煤供热机组，为解决热电厂节能降耗和供热需求之间的矛盾，同方人环提供回收循环冷却水余热制取采暖热水的节能改造方案，选用36兆瓦蒸汽型吸收式热泵机组6台，解决供暖面积430万平方米。每年回收余热量96.27×10^4吉焦，可节省标煤3.29万吨，减少排放CO_2 8.62万吨。为宝鸡市政府治理城市污染，建设蓝天工程，创建"国家卫生城市""国家环保模范城市"起到积极的作用。

（赵越　熊涛）

【科技创新】年内，同方人环强热型空气源热泵投入生产使用，该产品通过了江苏省科学技术厅认证，被认定为江苏省高新技术产品，先后获得发明专利1项，实用新型专利5项，具有自主知识产权。强热型空气源热泵选用采用EVI喷气增焓高温出水专用压缩机，通过低温高效补气增焓技术实现准二级压缩，在低环境温度下最多可提高30%的制热能力，极大地提高了机组的制热效果，增强了机组的稳定性。保证机组在−25℃室外环境下稳定运行，供水温度可达65℃，可应用于寒冷地区暖气片采暖。同时，强热型空气源热泵机组采用分体结构设计，可以有效解决冬季因电压不稳、停电或使用不当问题出现机组冻裂问题；利用过冷抑、化霜水导流等智能除霜技术解决机组运行问题，极大地提高运行效率；机组多种运行模式可供选择，连接地暖、风盘、暖气片等多种末端，通过室内控制面板进行模式切换，满足了城镇地区不同的家庭末端使用要求。同方人环自主承担烟气全热回收技术的研发，提出使用吸收式热泵深度回收烟气余热的技术路线，配套"煤改气"锅炉技改工程，以燃气或蒸汽为驱动，回收原有燃气锅炉烟气余热，将烟气温度从100℃降至25℃，回收热量用于地暖热网水加热，可提高热能利用率15%以上，降低供暖燃气耗量13%，且脱硝率达到95%，大幅降低了PM2.5雾霾生成物的排放，实现"提热效、降能耗、减排放、消雾霾"的技术目标，为吸收式热泵在供热领域的节能应用开辟了全新的路径。

（赵越　熊涛）

【获得荣誉】年内，同方人环获得2016年北京市"煤改清洁能源"空气源热泵行业突出贡献奖、2015年至2016年度清洁能源供暖优秀工程蓝天杯、2016年第三届全国被动式超低能耗建筑大会优秀论文、江苏省高新技术产品认证、中国地源热泵行业主机生产十强企业等荣誉。

（赵越　熊涛）

【"十三五"规划】同方人环把国家发展战略和企业发展相结合，经过不断的技术创新，研发出适合北方寒冷地区使用的节能供暖产品，将空气源热泵成功应用到北京"煤改电"工程项目，将近1.3万台设备投入使用。在工业节能领域，同方人环成功研发烟气余热全回收热泵机组，广泛应用于分散式锅炉、区域集中供热锅炉、工业锅炉、大型热电厂等领域的烟气余热回收利用。

（赵越　熊涛）

北京北大科技园有限公司

【概况】北京北大科技园有限公司（简称北大科技园）成立于2003年，注册资本1亿元，位于海淀区中关村北大街127−1号，是北京大学下属控股公司。北大科技园始创于1992年，是北京大学为响应国家"科教兴国"战略、"985工程"战略，促进北京大学科研成果产业化而建立的大学科技园，是教育部、科技部首批认定的国家级大学科技园之一。北大科技园作为北京大学从事高新技术转化、企业孵化和产业投资的科技产业公司，在新的历史背景下，践行北京大学服务"创新型国家战略"、落实国家级大学科技园服务"大众创业、万众创新"的历史使命，逐渐构建起网络化、特色化、专业化的创新创业服务体系，建立了科技资源开放共享模式。

（潘丽梅）

【园区建设】年内，北大科技园注册资本1亿元，单体资产总计约额19.56亿元，累计投资设立企业14家，注册资本金共约10.44亿元，全国在园在孵企业合计达528家，主要行业分布在"互联网+"、高端装备制造、生物医药、节能环保、新能源、文化传媒、高分子材料、人工智能、电子信息、AR/VR、大数据等领域。截至年底，国内外已建和在建的园区10个，运营园区面积超过30万平方米，包括北京本部北大成府园区、北大科技园南区、北京上地创业园、包头园区、江西园区、金华园区、天津宝坻园区、石家庄园区、西安园区、天津武清园区及美国硅谷园区等。

（潘丽梅）

【项目建设】年内，北大科技园承担的重点项目有举办"创启未来"2016国际青年科技创业大赛；打造北大创业孵化营全国顶级众创空间；建设智能化科技服务平台。

（潘丽梅）

【实现园区内资源共享】年内，北大科技园创新技术平台初步建成包括磁性材料研究所、湿地工程技术研究所在内的先进技术研究及转化机构13个。该平台科技服务业务发展方向主要包括学院成熟科技成果或项目转移；研究机构为企业进行研发服务。支撑机构包括北大工学院工程技术研究院、公共技术平台等。在园企业自主知识产权数量达378项，园区年度总产值超过50亿元。园区内通过组织和提供信息和技术交流，搭建各类行业技术服务平台，实现园区内企业资源共享，有效地推动园区内企业间的科技合作和技术创新。

（潘丽梅）

【获得荣誉】年内，北大科技园获得3项荣誉。5月14日，北大科技园获市科委评审首批“首都科技志愿服务站”授牌；5月20日，北大科技园当选“中国现代职业智慧众创空间联盟”副理事长单位;6月26日，北大科技园获得“中国产业园区营商环境百强”奖。

（潘丽梅）

北京鼎鑫钢联科技协同创新研究院有限公司

【概况】北京鼎鑫钢联科技协同创新研究院有限公司（简称鼎鑫研究院）成立于2016年4月，由北京科技大学牵头，北京科大资产经营有限公司、北京金端阳投资管理有限公司在北京注册成立，注册资金800万元，隶属北京科技大学科技产业集团的国有控股公司。鼎鑫研究院拥有一批高学历、高素质的人才队伍，重点开展能源环保领域科技研发、技术转移与成果转化、“互联网+”智慧能源、节能低碳咨询、环境资产开发管理、高新技术企业孵化等科技服务工作。

（刘育松）

【重点业务】年内，鼎鑫研究院联合北京科技大学、北京工业大学等单位，重点推进钢铁烧结烟气治理、环境催化材料及电渣重熔中试基地建设、非移动道路机械尾气净化、耐腐蚀高强度抗震钢材等技术研发及转化工作，已投入350万元，申报北京市和河北省科技计划项目8项，获北京市科技计划课题支持4项。

（刘育松）

【项目建设】年内，鼎鑫研究院烧结工艺脱硫烟气颗粒物深度处理技术研发及示范项目已经在河北省迁安市九江公司完成了2项示范工程建设；已经联合科技大学唐晓龙教授环境催化净化材料制备、李晶教授电渣重熔精炼特种钢材两个团队制订了中试基地建设方案，确定了中试基地建设地点。

（刘育松）

北京北达燕园科技孵化器有限公司

【概况】北京北达燕园科技孵化器有限公司（简称北大孵化器）依托北京大学国家大学科技园而建，是科技部认定的国家级科技企业孵化器、产学研合作示范基地，也是市科委认定的北京市高新技术产业专业孵化基地。截至2016年年底，北大孵化器已累计孵化企业610家(含众创空间)，其中毕业企业383家。企业门类涵盖电子信息、新一代移动互联网、文化创意产业、智能硬件、节能环保、生物医药企业等。开展的主要孵化服务包括科技咨询服务、项目申报服务、投融资服务、创业辅导、基础服务等。

（陈　畅）

【年度经营】年内，北大孵化器孵化科技企业实现销售收入约4.69亿元，研发投入约6.28亿元，企业获得融资额约3.31亿元，累计获得融资额约4.48亿元，拥有有效知识产权数204件。全年开展创业培训、企业交流参访、创业沙龙、路演等活动超过105次，其中开展国际合作交流活动9次。

（陈　畅）

【打造服务体系】年内，北大孵化器建成投入使用的共性技术支撑平台2个，公共服务平台1个。其中，平台依托北大研发实验基地理化分析测试实验室服务创业企业及团队61家，全年技术服务合同额350.65万元，派发创新券318万元。服务范围涵盖了园区企业需要的软件功能检测、工业有害物质成分分析、原料药晶型检测等多个门类。年内，北大孵化器重点打造创新创业服务体系，为初创企业和创业人才提供早期孵化服务，促进企业和市场、投资人、政策对接。TMT 创新孵化平台是联合北京大学信息科学技术学院，依托院校科研实力及行业影响力，携手未名天使、英诺投资等投资机构，共同打造 TMT 创新孵化平台。平台旨在搭建 TMT 创业孵化交流基地，形成对接投资、孵化、培训、联盟、媒体等多面资源的全方位孵化产业链条。

（陈 畅）

【提供行业垂直服务】年内，北大孵化器立足景观设计服务现代制造业，从景观设计关键共性信息技术以及产业链管理策略两个宏观面入手，发挥自身在创意设计技术服务与管理服务的线下孵化优势，促进景观设计企业孵化成长，实现景观设计产业的集约化、规模化发展，并通过示范产品推动景观设计服务质量提升与区域产业升级发展。孵化器联合闪联产业联盟，打造智能互联产业科技服务平台。依托创业孵化营、创业大赛等渠道深度挖掘新生力量；通过联盟跨界协同、合作创新，打造产业集群；提供资本与人才支持，促进创新项目落地；重点培育优质创新项目，拉动产业链创新竞争与内部投资；为项目或初创企业提供孵化投资、创业辅导、办公环境等服务。

（陈 畅）

【创新型服务】年内，北大孵化器围绕企业服务，重点打造四大服务，即人才服务、技术服务、知识产权服务、创新营销服务。这四大服务相辅相成，构成了技术关联性强、附加值高的孵化器创新服务体系。搭建基于创新源的以人为本的创新创业服务体系：紧密围绕技术创新链、企业成长链而形成的服务，围绕着技术创新和创业企业发展，服务体系建设是一个开放发展、持续创新的过程。孵化器将为创业团队和初创企业提供基础服务、创业辅导、创业文化交流、创业投融资、技术创新服务和政务服务。

（陈 畅）

【产业集群式发展】年内，北大科技园创新技术平台初步建成以磁性材料研究、湿地工程技术研究为产业培植方向的先进技术研究及转化机构。该平台科技服务业务发展方向主要包括学院成熟科技成果或项目转移；研究机构为企业进行研发服务。支撑机构包括北大工学院工程技术研究院、公共技术平台等。截至年底，在园企业转化、转移科技成果 53 个，其中依托北京大学转化转移科技成果 9 个。园区内通过组织和提供信息、技术交流，搭建各类行业技术服务平台，实现园区内企业资源共享，有效地推动园区内企业间的科技合作和技术创新。

（陈 畅）

【获得荣誉】年内，北大孵化器被授予“2016 年度孵化器（大学科技园）品牌荣耀 TOP10”。其他荣誉还有：科技部颁发的国家高新技术创业服务中心、教育部和科技部颁发的高校学生科技创业实习基地、科技部颁发的国家 863 计划成果产业化基地、市科委颁发的首都科技条件平台开放实验室等。

（陈 畅）

北京北科麦思科自动化工程技术有限公司

【概况】北京北科麦思科自动化工程技术有限公司（简称北科麦思科）隶属于北京科技大学，是市科委认定的国家级高新技术企业。成立于 1998 年，总部位于昌平区振兴路 5 号，拥有 5000 平方米的研发中心。北科麦思科立足冶金行业，为用户提供具有国内外领先水平、拥有完全自主知识产权的快速过程计算机控制系统、生产线电气传动数字化控制系统和与之相配套的自动化数字检测仪表装备。公司的工程范围包括：生产线自动化控制系统的完整设计、应用软件开发、设备制造与成套供货、安装指导和现场调试、技术培训、终生技术服务等。另外，公司是日本安川变频器与伺服控制系统的一级代理商，同时还是西门子公司和通用电气公司的电气自动化系统集成商。

截至 2016 年年底，拥有职工 130 人，拥有硕士及以上学历职工约 30%，形成完善的技术梯队。

（宋慧宇）

【年度经营】年内，北科麦思科实现销售收入 3.6 亿元，签订两条 1780 毫米带钢热连轧生产线项目合同。获得两项软件著作权登记证书。

（宋慧宇）

【生产规模】北科麦思科与中国飞速成长的钢铁冶金企业相伴随，取得了较大的发展。在轧钢自动化方面，尤其是板带轧钢生产的自动化技术领域，取得了巨大的进步。截至 2016 年年底，公司相继完成了 20 多条板带轧钢生产线的三电（计算机、电气传动、检测仪表）的自动化系统装备，以及 4 座高炉和 4 座转炉的炼铁炼钢生产自动化装备。

（宋慧宇）

北京市化学工业研究院

【概况】北京市化学工业研究院（简称化研院）成立于 1958 年，隶属北京化学工业集团有限责任公司，地处海淀区中关村科技园区，专心致力于精细化工、高分子材料等领域的研究与开发，是国内最早从事工程塑料研究和生产的科研所。旗下所属顺义北京分院、浙江余姚凡伟工程塑料公司、宁波首研新材料有限公司和北京科方创业科技企业孵化器有限公司。经过 50 余年的技术积淀，已形成了一套完整的研发和生产自主创新体系，拥有国家通用工程塑料工程技术研究中心、北京工程塑料合成技术实验室及北京市高分子材料质量检测监督检验站等一批资质机构，涉及范围覆盖精细化学品合成、聚酯合成、工程塑料改性、化学品分析检测等领域，具有健全的质量安全生产管理体系。产品的高性能化、功能化、无卤阻燃、生物降解、低碳制造成为化研院的研发重点，各类新品已相继推向市场。

（刘毓　徐博非）

【年度经营】年内，化研院实现营业收入 1.70 亿元，利润总额 1088 万元，科技投入 465 万元。

（刘毓　徐博非）

【项目建设】年内，化研院按照北京化学工业集团有限责任公司“京内调整，京外布局”战略部署，在素有“中国塑料城”之称的浙江余姚滨海开发区建设的宁波首研新材料有限公司（一期项目）主体工程已顺利完成。宁波首研新材料有限公司新工厂于 2016 年 4 月中旬确定设计方案；6 月 16 日，举行了建设开工仪式；11 月，举行了封顶仪式；12 月底，基本完成主建筑主体建设。

（刘毓　徐博非）

【科技创新】年内，化研院可降解塑料 PBAT 项目中试取得成功，标志着化研院 PBAT 项目产品具备产业化的技术条件，为进一步产业化和市场开发奠定了基础。PBAT 项目基础树脂可降解性经国家级第三方检测机构测试，符合国家降解塑料 GB/T 20197—2006 标准，标志着化研院合成的可降解材料得到了绿色认证，跨越了完全可生物降解的门槛。“钱志国—可降解聚酯材料创新工作室”获得北京化学工业集团有限责任公司级创新工作室称号；“一种膨胀型非增强无卤阻燃尼龙 6 的制备方法”“一种非增强无卤阻燃尼龙 66 的制备方法”获得国家发明专利；全院全年申请发明专利 4 项，实用新型专利 1 项，授权专利 2 项。

（刘毓　徐博非）

【新产品研发】年内，化研院实现新产品销售收入 3452 万元，完成年度指标 3400 万元的 102%。科方公司自主研发产品的“一种多嵌段热塑性共聚酯改性聚碳酸酯合金”（产品型号 PC-511G0R5），被市科委及市发展改革委等 6 部门授予北京市新技术新产品（服务）证书。

（刘毓　徐博非）

北京京仪科技孵化器有限公司

【概况】北京京仪科技孵化器有限公司（简称京仪科技孵化器）隶属北京京仪集团有限责任公司，是以京仪集团雄厚实力和资源为背景建立的大型专业孵化器，总孵化面积 13 万平方米，入驻企业 320 家，其中留创企业 38 家。京仪科技孵化器秉承“支持创新创业，培育高新企业，整合产业资源，加速成果转化，促进产业发展”的宗旨，围绕仪器仪表、智能制造、电子信息技术等三大重点产业方向，为入驻企业提供科技条件、专业咨询、技术转移、市场推广、专业投融资等方面的专业孵化服务。通过将京仪集团产业化资源、科技型小微企业的研发成果和社会资源进行结合，实现产、学、研、用联合，促进专业化协作，培育更多的战略性新兴企业，逐步将京仪科技孵化器打造成为京仪集团新兴产业的培育平台以及展示“双创”科技成果的窗口。截至 2016 年年底，孵化器公司共有员工 47 人，专科以上学历占总数的 80%，40 周岁以下员工占 50%。

（宋盈熹）

【生产经营】年内，京仪科技孵化器实现工业总产值 1396 万元，主营业务收入 7709 万元，利润总额 132

万元，净利润96万元，净资产收益率为3.84%，总资产报酬率为2.22%。

（宋盈熹）

【打造众创空间品牌】年内，京仪科技孵化器“京仪创新港”被市科委认定为北京市科技创新创业专业开放平台。培育优质的种子项目，对接投融资，实现项目孵化升级，促进科技成果转化。将自身打造成为京仪集团技术创新体系与孵化器所在区域的创新体系之间协同发展的重要枢纽。形成创新带动创业、创业引领创新的良性互动，推动创新创业的协同发展。京仪融科孵化器打造“融科众创”的创意空间与孵化空间无缝对接。“融科众创”已建设完成。

（宋盈熹）

【探索新业务模式】年内，京仪科技孵化器探索“投资＋孵化”的业务模式，延展科技创新服务链，构建覆盖科技创新全生命链的创业孵化生态圈，逐渐由租赁收入主导型向服务收入和投资收入主导型转变，努力打造成为支撑京仪集团现代服务业板块的核心产业。

（宋盈熹）

【获得荣誉】年内，京仪创新港被市科委认定为“北京市众创空间”，被科技部火炬中心认定为“国家级众创空间”。京仪融科科技孵化器被市科委授予“北京市众创空间”称号，被中关村管委会授予“中关村高新技术企业”称号，被西城区管委会授予“西城区高新技术产业专业孵化基地”称号。

（宋盈熹）

北京晟德瑞环境技术有限公司

【概况】北京晟德瑞环境技术有限公司（简称晟德瑞公司）隶属北京京仪集团有限责任公司，业务涉及环境监测、数字环保、综合节能和医疗废弃物处理、废水处理等领域。截至2016年年底，晟德瑞公司拥有员工61人，其中本科学历占比例46%，研究生学历占比3.3%。

（宋盈熹）

【年度经营】年内，晟德瑞公司实现工业总产值2927.6万元，工业增加值461.6万元，营业收入4203.67万元，科技投入达到315.35万元，占营业收入的7.5%。

（宋盈熹）

【主营业务】年内，晟德瑞公司以环境监测的系统集成、运营维护及环境信息管理与应用平台的开发为主，在全国范围内为广大客户提供优质的服务。随着国家对环保事业的重视，结合公司自身的发展，公司业务也进一步拓展到节能、减排和环境治理领域。

（宋盈熹）

【培育新增长点】年内，晟德瑞公司确定业务拓展方向，培养新的收入增长点，开拓环保大数据平台建设、局域及区域性水质环境建设业务和以医疗废物无害化处置、污水处理工艺改造为突破口的减排业务。

（宋盈熹）

北京京仪仪器仪表研究总院有限公司

【概况】北京京仪仪器仪表研究总院有限公司（简称研究总院）隶属北京京仪集团有限责任公司，主要经营仪器仪表的技术开发、技术服务、技术转让，销售机械设备、仪器仪表、软件及辅助设备，主办《仪器仪表与分析监测》《数字与缩微影像》等杂志。研究总院拥有发明专利16项，实用新型22项，软件著作权22项，多次承接科技部、国家重大科学仪器设备开发专项，参与仪表产品国家标准编制，多个项目获得军队、部委的各类科技奖项。研究总院拥有精通光、机、电等专业的研发队伍及工程队伍，截至2016年年底，有在职工作人员194人，其中博士后1人、博士7人、研究生43人、本科76人；取得高级工程师职称24人、工程师职称16人、高级技工19人；国家级技能大师1人。

（宋盈熹）

【年度经营】年内，研究总院工业总产值达到1.87亿元，工业增加值达到9623万元，营业收入3.24亿元，销售收入3.23亿元，利润989.83万元，科技投入1621.92万元。

（宋盈熹）

【经营模式】年内，研究总院形成了技术平台统一，经营模式多元化的结构。成立了3个二级研究院所、3个控股子公司、1个技术中心、1个托管公司架构的企业集团。

（宋盈熹）

【健全创新体系】年内，研究总院致力于以市场需求为导向，以关键及共性技术研究和应用技术开发为核心，以统一开放的技术创新管理平台为支撑，搭建集团、企业两级相辅相成的技术创新体系。

（宋盈熹）

协会组织

综 述

2016年，北京工业经济领域社会组织按照市委、市政府的要求，以党建工作为引领，以服务会员为宗旨，以开拓项目为基础，以丰富活动为纽带，以共同发展为目标，认真践行“一带一路”国家战略、“京津冀协同发展”国家战略，在疏解非首都核心功能，引导行业和企业实现节能减排目标，促进产业升级和企业转型，加强社会组织党的建设和自身建设等方面做了大量工作。

年内，北京工业经济联合会履行“市级枢纽型”社会组织工作职责，充分发挥北京汽车行业协会、北京建材行业联合会、北京机电行业联合会、北京医药行业协会、北京工艺美术行业协会、北京电子商会、北京服装纺织行业协会、北京包装技术协会8家“二级枢纽型”社会组织的功能和43家行业社会组织的作用，坚持召开季度行业社会组织秘书长联席会议；共同研究京津冀协同发展、企业节能减排、疏解非首都功能及企业迁移外阜等事宜；邀请政府主管部门负责人宣讲行业协会改革发展形势和有关政策；组织行业协会和企业代表赴河北省、天津市进行考察对接，先后举办“北京—静海产业对接会”“北京—秦皇岛产业对接会”“北京—承德产业对接会”“北京—通州产业对接会；发起并组建了3D打印技术开发利用联盟、绿色工业发展合作联盟、促进产业转型升级联盟等职能性的工作机构，为政府服务、为企业服务、为企业家服务。

年内，北京工业经济领域社会组织，如北京工业经济联合会、北京汽车行业协会、北京工艺美术行业协会、北京医药行业协会、北京表面工程协会、北京市室内装饰行业协会、北京水泥协会等，在广泛进行资料调研和国内外专利查询，走访大专院校、研究所和企业的基础上，分别撰写了《利用科技优势 促进北京汽车产业转型升级》课题报告、《“十二五”期间电镀行业重金属污染综合防治情况》报告、《2015—2016年度北京医药行业分析报告》《京津冀汽车产业协同发展实施方案建议》调研报告、《北京工艺美术大师和民间工艺大师评审认定工作办法》《北京建材“十三五”规划中的水泥行业规划发展》初稿、北京室内装饰行业标准《室内装饰工程质量验收规范》等专项报告。这些调研报告为政府有关部门制定相关经济政策提供了科学依据。

年内，北京工业经济领域社会组织和会员企业获得多项荣誉，如北京汽车集团董事长徐和谊获得第九届“袁宝华企业管理金奖”殊荣；国家体育场有限公司、北京新能源汽车股份有限公司获得国家级企业管理现代化创新成果一等奖；北京联合智业集团、尚吧新升文化有限公司、北京绿伞化学股份有限公司、北京银达物业管理有限责任公司、章光101集团、北京亚东生物制药有限公司、北京嘉林制药有限公司、中金国华（北京）投资基金管理有限公司等8家企业获得北京市社工委授予的“北京新经济组织百强”称号；北京医药行业协会获得社会组织公益服务品牌“社会安全用药”银奖，北京玩具协会获得社会组织公益服务品牌“送艺下乡”铜奖；北京医药行业药学服务志愿团荣获2016年度药学服务志愿活动先进集体。在“北京市质量品牌提升专项行动”中，北京质量协会组织专家评审出11家品牌管理体系有效运行企业，30名学员获得品牌经理合格证书，18家企业的22个产品获得“北京知名品牌”荣誉称号，302个QC小组成果获得“北京市优秀质量管理小组”荣誉称号，3家企业获得“北京市实施卓越绩效模式先进企业”荣誉称号。在促进行业健康、稳步发展工作中，北京市室内装饰行业协会表彰了一批装饰行业优秀企业、装饰行业精品工程、装饰行业优质工程和装饰行业先进个人。

年内，北京塑料工业协会、北京医药行业协会、北京玩具行业协会等10余家社会组织按照协会章程规定，完成换届工作；北京电源行业协会、北京市矿山协会等6家社会组织被列入与行政脱钩第一批试点单位；在市民政局组织的对社会组织评估工作中，北京汽车行业协会、北京企业评价协会获评中国社会组织5A级，北京信息化协会获评中国社会组织4A级，北京市企业评价协会、北京铸锻行业协会、北京墙体材料工业协会获评中国社会组织3A级。

（张可新）

【北京工业经济联合会】北京工业经济联合会（简称北京工经联）是北京工业经济领域行业协会、企业和相关单位组成的联合组织，是北京市社会建设领导小组认定的“市级枢纽型”社会组织，是市民政局认定的5A级社会组织，建有“北京工业经济领域社会组织党建工作委员会”。有会员单位104家，其中，行业协会会员61个，企业会员43家。

2016年，北京工经联在协调、组织会员单位助推疏功能、转方式、治环境、补短板、促协调方面的工作中主动作为，支持、帮助、协调、组织服务京津冀协同发展。多次组织行业协会和企业赴河北省、天津市进行考察对接，先后举办了“北京—静海产业对接会”“北京—秦皇岛产业对接会”“北京—承德产业对接会”等，推动企业疏解转移，产能置换。北京四方红饮料科技有限公司落户河北蔚县，70多家家具企业迁出北京，分别在河北、山东等地落户。支持、引导相关企业、社会组织优势互补，协同联动。推动建立了“3D打印技术开发应用联盟”“绿色工业发展合作联盟”“促进产业转型升级联盟”，组织举办了“绿色发展与环保政策”和“绿色金融与工业发展”专题论坛和“工业升级转型3D打印”专题研讨会。发挥应用北京科技创新中心资源优势，为企业搭桥，促成了清华启迪清科、中关村和北京经济技术开发区的科技单位、中国航天科技集团等与京东方、京能集团相关企业、北汽集团等交流、对接、洽谈合作。鼓励、支持、帮助会员单位扩大对外交流合作，参与“一带一路”建设。北京表面工程协会与中国表面工程协会（合署办公）承办了“第十九届世界表面精饰大会”，有23个国家和地区近600名代表参会、参展，会议期间共举办了12场次专业论坛。北京工经联、北京开发区协会、北汽集团、清华启迪、北京电子进出口公司、北京银行等会员单位参加了中国工经联组织的赴瑞士、捷克的“第十二届中国环球商务会议”和赴德国的“汉堡峰会”，洽谈合作。组织10余家企业与意大利企业就节能环保、环境与技术进行交流。

北京工经联积极参与各项社会建设，为建设和谐、稳定、安全、宜居的北京做贡献。组织会员单位参加市社工委、社会办以“践行工艺、服务社会”为主题的“社会组织公益行”系列活动和“社会公益汇”精品展示、展览；与社区互动，服务民众，送艺下乡，帮扶就业。行业协会、企业结合自身专业特长开展“博物馆进社区”“社会安全用药”“为郊区妇女老人传授技艺”等活动。北京汽车行业协会与新浪汽车、广播电台FM103.9及会员单位共同组织了“2016中秋汽车主题公园”活动，丰富市民生活，宣传汽车文化。为传承工匠精神，宣传正能量，北京工艺美术行业在报业媒体、电视台做宣传，走访慰问工艺美术大师100余人次，了解工艺美术大师的创作及带徒弟的传艺情况。联合机电、日化、医药、物业管理等协会对北京非公有制企业履行社会责任情况开展调研，组织企业参加了第二届北京新经济组织发展高峰论坛和北京非公有制企业履行社会责任评价活动。

（张可新）

【北京包装技术协会】北京包装技术协会成立于1980年，1982年市编办批准为经费自收自支的事业单位。2016年，协会按照市委、市政府的要求，实践北京市战略定位、疏解非首都功能、落实京津冀协同发展纲要的工作部署和要求，以党建工作为引领，发挥协会联络广泛、易于沟通、多方合作的优势，努力推进各项工作。

深入贯彻落实京津冀协同发展战略，为企业深度对接和精准对接服务。与科技部火炬中心领导共商京津冀科技创新成果转化平台工作。带领北京地区有意向进行产能疏解的包装企业赴河北省新乐市、天津静海、秦皇岛、卢龙县等工业园区考察，参加座谈会和项目交流活动。组织北京地区包装企业参加京津冀2016第九届中国河北东光国际包装机械展览会、2016年北京绿色印刷产业促进商务交流会暨京津冀协同发展绿色印刷产业促进商务交流会。

紧密与政府对接，搭建企业与政府交流平台。定期向市经济信息化委、市科委、市新闻出版广电局、市旅游委等市政府主管部门汇报协会工作及提出北京包装产业“十三五”发展规划建议。深入协会副会长单位的包装企业进行调研。协助市旅游委举办2016第十二届北京礼物商品大赛并参与评审工作。倡议并牵头联合10余家兄弟协会每年定期两次组织政策宣讲会，分别邀请市经济信息化委、市科委有关处室对“互联网＋新趋势与北京市两化融合发展情况”“中小企业政策解读 ”“北京市高精尖产业发展资金和基金政策”“节能减排、污染企业退出等相关政策”“北京市科技型中小企业促进专项政策”“高新技术成果转化认定政策”等内容进行政策解读，每场宣讲会有各行业200余家企业领导及相关人员参加。

承接政府课题项目，帮助企业做好申报项目工作。协会承接的市经济信息化委《包装行业产业链新模式工作推进》课题结题，通过市经济信息化委组织的专家验收；帮助协会副会长单位向市经济信息化委申报北京市“互联网＋”发展重大项目和企业升级、转型项目；推荐奥瑞金包装股份有限公司“可变二维码技术在三片罐上的开发与应用”申报中包联科学技术奖项目并获得三等奖；推荐副会长单位北京盈创再生资源有限公司设计制造的包装自动回收机参加鄂尔多斯全国工业设计大赛，并荣获金奖；带领6家北京地区包装龙头企业领导与市经济信息化委直接对接“十三五”后4年项目。

加强兄弟协会及企业之间的联系，强化产业链服务一体化。联合10多家市级协会召开联谊座谈会，分析企业在转型升级中遇到的问题和建议，分析研究在企业转型中协会应发挥的作用。组织安排10余家协会领导和多家企业代表赴北京包装技术协会副会长单位——北京互联网金融安全产业园参观调研并对接。组织兄弟协会领导、会员企业代表赴北京包装技术协会副会长单位——航天万源实业公司参观学习。与多家相关协会参加北京3D打印技术开发应用联盟成立大会。

利用多种渠道和方式加强协会和会员企业领导学习，获取更多信息。协会组织包装会员企业领导参加全市工业和信息化会议，听取市经济信息化委“深化改革创新，加快转型发展，实现‘十三五’时期经济和信息化良好开局”报告；组织会员企业领导参加中国工业经济联合会举办的2016年经贸形势报告会。协会工作人员参加市社团办组织的“行业协会改革发展形势报告会”及“北京行业协会商会与行政机关脱钩动员部署会议”和诚信长城杯评审委员会办公室举办的诚信长城杯工作会议。

服务企业，帮助企业解决困难和问题。协会赴奥瑞金包装股份公司考察，邀请奥瑞金公司领导及技术人员到三元乳液集团进行调研上门服务。赴北京盈创再生资源回收公司、雅昌印刷公司进行调研。邀请北京印刷学院与华盟印务共商利用华盟企业转型机会进行发展，与印刷学院为学生建立包装设计平台，促进学生与行业加速接轨。全年3次赴北京鑫宏鹏纸业有限公司为利乐包回收项目验收进行现场咨询服务。组织相关包装行业、造纸、塑料、印刷、环保等7位专家召开“利乐包装（北京）有限公司行业类别归属确认”的专题研讨会，对利乐产品类别进行划分分析。组织会员企业参加第二届包装印刷行业VOCs综合治理技术交流、第九届中国国际纸包装工业瓦楞彩盒展及第三届中国国际数字包装印刷展、智能便民回收站启动仪式、2016中国设计红星奖颁奖典礼及论坛活动。协会搭建对接平台，邀请中国包装联合会军需品包装委员会领导与北京多家包装会员企业进行交流座谈，为军需品包装改进进行对接。协助企业申报台湾金点子奖项目、申报工信部制造业冠军项目。与北京印刷学院共同承办第三届包装技术与科学国际会议（ICPTS）暨第十六届全国包装工程学术会议。

（北京包装技术协会）

【北京市矿业协会】 北京市矿业协会有会员单位63个，下设矿泉水专业委员会。协会的主要职能是开展专业研究、地热勘查工程技术监督、经验交流、专业培训、咨询服务、编辑专业刊物。2016年，协会调整了下属分会，解散没有开展活动的3个分会（黄金分会、非金属矿分会、砂石分会）；重点支持矿泉水委员会做好“好水北京”的宣传推广和扩大优秀矿泉水企业“放心水店”工作；继续承担砂石分会的有关工作内容。协会特聘5名高级工程师承担地热勘查施工技术质量监督工作，签订了4份地热勘查技术监督合同，补上市地热勘查施工技术质量监督工作的缺失，取得一定经济收入。协会促成“怡宝”纯净水生产厂家与河北平泉矿泉水厂家合作。向市政府有关部门递交了“关于解决桶装水配送使用电动三轮车的申请报告”，反映水站需求。协会组织北京地区相关矿业企业赴云南腾冲地热综合利用示范单位学习考察。协会对第三批获得国家级绿色矿山的大台煤矿进行了矿山建设规划完成情况的评估工作。矿泉水委员会开展“质量饮水·万里行”活动。组织京城水店负责人150余人，走进燕京、娃哈哈、怡宝等品牌水企学习、培训，增强水店与水企之间了解。开展“走进社区，普及健康饮用水知识”宣传活动。矿泉水委员会对3家“优秀水企”和149家“放心水店”进行表彰并授牌。

（张爱武）

【北京水泥工业协会】北京水泥工业协会于 1986 年 11 月 16 日成立。

2016 年，协会会员单位共 68 家，分布在京津冀、晋、豫、吉等地，行业分布在水泥、混凝土、砂浆、耐火材料、科研院、工业学校等与水泥相关的行业。2016 年，北京水泥生产企业仅剩 3 家（北京琉璃河水泥有限公司、北京水泥厂有限责任公司、北京太行前景水泥有限公司），5 条水泥生产线。水泥设计产能 550 万吨；水泥当年产量 510.3 万吨；综合处置废弃物总量 450 万吨。7 月 4 日，3 家水泥生产企业全部更名为北京金隅 ++ 环保科技有限公司，转型升级为城市建设环保行业。其中，北京金隅琉水环保科技有限公司建有年处置水洗飞灰 9 万吨生产线，百万吨处置城市建筑垃圾生产线，水泥窑年协同处置城市固体废弃物 20 万吨；北京金隅北水环保科技有限公司年处置危险废弃物 20 万吨，处置危险废弃物品种达 32 种之多，是全国首条城市处置危险废弃物示范线；北京金隅太行前景环保科技有限公司年处置城市生活垃圾 10 万吨以上，根据首都功能定位要求，将于 2017 年退出水泥行业。

2016 年，北京水泥协会已连续编写过 3 个北京水泥行业的五年计划。协会按北京建材行业联合会的要求，完成了北京建材“十三五”规划中的水泥行业规划发展部分的组稿。同时，根据行业的总体变化情况编制了协会发展规划。协会与中国水泥协会技术中心举办了碳交易基础能力建设培训班，74 人参加培训。协会建立北京地区水泥企业错峰生产领导小组，坚持每年冬季做好北京地区错峰生产的落实、执行和监督管理工作。配合中国水泥协会和北京建材联合会，开展全国水泥企业优秀总工程师评选，诚信企业评审、复查等评比工作。向中国水泥协会推荐全国水泥企业优秀总工程师 8 名，全部获得荣誉称号。积极支持、参与、宣传会员企业举办的活动。利用微信群、QQ 群、北京建材杂志、水泥信息等多种宣传手段，对金隅鼎鑫的特种水泥产品进行宣传，并结合金隅科研院碾压水泥路面成果进行推广。将协会微信群作为信息交流的主要手段，搭建起政府、企业和社会沟通桥梁。协会作为第三方多次为会员单位出具调查证明材料；在商务部反垄断调查过程中，会同金隅水泥事业部，共同修改商务部反垄断局的反垄断调查，并及时予以答复。

（王小民）

【北京电子仪器行业协会】北京电子仪器行业协会成立于 1988 年，下设科技委员会、秘书处、静电防护工作组。会员由京津冀地区从事电子测量仪器的生产、销售、计量、维修、媒体等企业组成，旨在行业协调、科技开发、技术咨询和交流以及人才培养。团体会员数 26 个。2016 年度会员新增 7 家，减少 1 家。

北京地区的电子测量仪器行业正在实施转型发展，从以生产为主转向以服务销售为主，从批量生产转向个性化定制。2016 年，协会完成法人过户，秘书处变更地址。成立了静电防护工作组，为会员单位普及电子工业静电防护技术标准和管理体系。理事会通过了《团体标准管理办法》等 7 份内部规章制度。向全国团体标准网站申报并获批 T/EBA 团体标准发布资质。

（刘　民）

【北京光机电一体化协会】北京光机电一体化协会于 1990 年成立，是由从事光机电一体化研发、生产、经营、服务的企业及相关科研院校自愿加入的社会团体，承担政府为推动产业发展进行行业调研、理论研究等委托的相关服务工作以及为会员单位提供信息交流、技术合作、咨询服务、人才培训、经济合作等方面服务的工作。有单位会员 65 家，成员来源于机械加工、光电子、仪器仪表、新能源、自动化等行业的国有和民营企业以及相关的科研院所。协会近年协助政府主管部门承担了北京光机电一体化产业基地发展规划、北京数控机床发展的研究、北京仪器仪表发展的研究、北京光伏发电装备产业发展规划、加快发展北京装备制造业工作推进与研究、北京风能发电设备产业发展研究，以及新能源、工程机械、环保、数控等产业基地推进等 30 余项工作。

2016 年，协会围绕国家“中国制造 2025”以及北京市全面落实驱动战略，立足首都功能定位和产业基础，组织有关会员单位参加了中国工经联合会举办的 2016 中国经贸形势报告会。组织了年度第七届首都先进制造应用技术研讨会，专家学者就《铝合金变极性等离子弧穿孔立焊关键技术与应用》《工业 4.0 与中国制造 2025》《增材制造 3D 打印技术在工业企业中的应用与发展》《高功率激光智能制造先进技术应用》等专业课题进行了讲解和交流。与北京光学学会、中国光学光电子行业协会等 6 单位联合举办第十三届北京激光技术前沿论坛，就《钠导引星—天文光学观察的前沿技术》《激光在临床医学中的应用》《超快激光器技术发展综述和应用》《高效激光波长转换材料周期极化铌酸锂晶体发展》等前沿激光技术的发展作演讲、交流。组织会员单位参加市经济信息化委主办的互联网 + 新趋势与北京市两化（工业化和信息化）

融合发展情况的报告会，及北京市互联网金融安全示范产业园推广会等活动。

（厉宝华）

【北京塑料工业协会】2016年，协会召开了第七届会员大会。梳理19项规章制度，修改7项管理制度，办理了三证合一法人证书手续。

协会发挥桥梁作用，为北京燕山集联石油化工有限公司联系北京北化高科新技术有限公司关于色母料事宜、承德市金建检测仪器有限公司关于设备事宜，高科公司与理事单位山东道恩集团有限公司双方合作事宜。为会员单位转发“关于召开军选民新技术装备应用推广暨第一届民营高科企业参军指导专家工作委员会全体大会的通知”，为汽车工程学会转发《举办电动汽车产业新材料与轻量化发展论坛通知》等。协会将燕山石化新开发的产品信息发布到塑协网站，坚持每周增加新信息，为会员提供国内期刊文摘摘要，共发布新信息新动态255条。协会举办了塑料加工与应用技术交流会，讲授“聚合物材料加工与成型新技术研究”“聚丙烯结构性能与加工应用”“聚丙烯发泡技术”，12个单位41人参加。落实《中国制造2025北京行动纲要》，协会携北京燕化高科参加3D打印技术开发、应用联盟成立大会，参加3D打印技能培训沙龙，进行3D打印技术展览。

（张书清）

【北京企业评价协会】北京企业评价协会于2008年11月8日成立，为市社工委和北京企业联合会认定的二级“枢纽型”社会组织，为北京市工商业联合会会员单位，先后被政府职能部门评为北京市5A级社会组织，“五个好”社会组织党组织、二级党建工作委员会、2016年北京市行业协会商会信用体系建设优秀单位，并取得国家统计局颁发的《涉外调查许可证》资质，以及市财政、税务部门认定的非营利组织免税资格等。共有会员单位291家，个人会员45人。其中2016年度新增会员39家。会员单位涵盖高新技术、建筑业、服务业、生物制药等多个领域。

2016年，协会遵循“服务政府、服务企业、服务社会”的工作宗旨，开展多方面活动。完成2016年“北京市企业诚信创建活动”工作任务。该项活动从原有的8个行业扩大到目前的21个行业，涵盖建材、通信、餐饮、洗染、日化、商用密码等领域，并向工业系统外的商业、服务业等领域延展。制定《北京市企业诚信创建管理办法》，完善《北京市企业诚信创建活动一票否决办法》《北京市企业诚信创建活动工作流程》等，编印《北京市企业诚信宣贯手册》。累计1544家企业获得“北京市诚信创建企业”称号。举办以“诚信价值转化升级”为主题的第八届北京企业诚信论坛，300余人出席会议。北京企业诚信论坛活动被北京市清理和规范庆典研讨会论坛活动工作领导小组办公室批准，作为市保留的98个庆典论坛项目之一。协会以构建诚信建设长效机制为出发点，自2013年起首先发起举办“诚信长城杯”公益服务项目，被纳入“2014年度北京市市级社会建设专项资金支持项目”，得到市政府支持。2013年至2016年，协会组织34家商协会参加了诚信长城杯创建工作，有近2000家企业参与创建，为其中1352家企业建立信用档案，有1049家企业通过长城杯企业认定。

推进企业科技发展，增强自主创新能力。2013年至2016年，协会按照科技部和市科委关于设立科学技术奖的要求，继续组织开展“北京企业评价协会科技创新奖”和“中国质量评价协会科技创新奖”的评选工作。经动员宣传、企业申报、专家评审、社会公示等程序，共评选出“北京企业评价协会科技创新奖”和“中国质量评价协会科技创新奖”1557项，并每年组织召开科技创新工程推进大会，对年度科技创新推进工作进行了总结，对存在问题进行分析改进，表彰获得年度“科技创新奖”的优秀成果、先进集体和先进个人。协会组织举办了5期“国家政策资金扶持项目及地方政策资金扶持项目申报培训指导会”，向企业宣贯科技创新政策，普及科技创新知识，介绍国家政策资金重点支持领域和方向，为企业申请国家政策资金项目及地方政策资金扶持项目提供支持。协会相继组织举办了“2014年北京评价机构自律发展研讨会”和“2016北京评价自律与社会责任推进工作会议”，并将原有以评价机构内部工作交流的会议主题，逐步延展扩大到促进受评企业承担社会责任的方向，达到评价机构与受评企业及行业组织有机结合。有33个评价机构在协会主动进行备案登记，161家企业主动签署勇于承担社会责任的承诺书。

2013年至2016年，协会为会员提供相应的资金减免服务，直接减少会员企业支出20余万元。对协会会员参加联盟评价机构举办的活动，首次均能得到最低10%的优惠减免，复审项目第一项直接减免3000元，自第二项以后，每项均能享受50%的优惠，让会员单位享受到了切实的优惠服务。协会每年定期组织诚信政策宣贯交流活动、财税知识培训、高新技术企业认定培训、满意度测评等培训服务，4年来累计提供各类培训50余期。协会还与会员单位公交驾校联合举办了“安全驾驶技巧分享活动”，与华财会计在线联合举办多期财务服务活动，组织到生态岛公司进行诚信交流活动、到戎威远公司开展党建工作交流活动等，向企业提供交流学习的环境和渠道。协会先后推荐嘉和一品等单位参加首都文明办“诚实做人、守信做事”座谈会，推荐同仁堂等单位参加中共中央宣传部和中央文明办举办的“诚信之星”评选工作，推荐生态岛等单位参加北京电视台“诚信3·15特别节目”，推荐企业参加中国质量协会“全国用户满意单位”表彰工作。

协会加强信息平台建设，除对官网《北京企业评价网》进行及时维护外，相继开通协会微信公众号，以及“诚信长城杯”“北京诚信联盟”“北京市诚信创建”等微信平台，组织开发建立了“12915诚信建设公共服务平台”，实现“诚信长城杯”和“诚信创建”项目的网上申报、审批、修订、记录、征信、发布、推广等功能，提高了办事效率。协会吸纳在诚信、党建、科技等业务领域的86位专家进入专家人才库。联合市30家兄弟协会和38家知名企业与服务机构发起成立了“北京诚信联盟”。

（刘光丽）

【北京模具行业协会】2016年，北京模具行业协会结合行业特点和京津冀发展需要，与天津模具工业协会、河北省模具工业协会共同发起成立了“京津冀协同发展教育集团”。清华大学、北京市计算中心、东明兴业科技股份有限公司等12家校企参与其中。为加快模具行业制造水平，协会与中国模具工业协会合作举办了“第十六届中国国际模具技术和设备展览会”，同期举办精模奖比赛，北京代表参赛单位东明兴业科技股份有限公司获得一等奖。落实《中国制造2025北京行动纲要》，协会组建了“3D打印技术开发应用产业联盟”，中国环保促进会、北京工业经济联合会作为主要指导单位参加会议。北京地区20余家3D打印企业作为发起单位参与其中。举办了9期3D打印技术培训，受益1403人，参加培训的企业员工、在校大学生、创客及再就业人员满意度达99%。

（蒋文俊）

【北京机电行业协会】协会贯彻“中国制造2025”，积极推动智能制造，参加“高端装备制造业协会合作联盟”组织活动，交流智能制造经验。与北京工经联、北京模具协会等多家行业协会共同发起成立“北京3D打印技术推广应用联盟”。组织会员单位参观2016世界机器人大会，针对机器人科学技术、发展路线、战略政策开展交流与探讨。配合政府开展京津冀协同发展和产业疏解工作，协会组织专家围绕首都功能定位、首都高精尖产业目录、首都新增产业禁限目录和产业疏解政策，进行专题研讨，为企业产业结构调整提供帮助。围绕推进行业信用体系建设，提高企业诚信经营管理水平，与北京企业评价协会联合开展“诚信长城杯创建”工作。会员单位北京华征元烁热力科技有限公司通过2016年度“诚信长城杯创建”评审。北京捷通机房设备工程有限公司、绿友机械集团股份有限公司、北京第二机床厂有限公司、北京机电院机床有限公司和北京朝阳隆华电线电缆有限公司等5家企业通过“诚信长城杯创建”2016年复审。北京捷通机房设备工程有限公司被评为2016“诚信长城杯创建”示范单位。接受市工商局商标监督处和中国技术交易所有限公司的委托，开展“北京市著名商标”的评审推荐工作。对2015年申请认定“北京市著名商标”的24项机电类项目进行审核。参加北京市社工委组织开展新经济组织履行社会责任评价活动，推荐尚巴新升（北京）文化有限公司为北京市新经济组织履行社会责任候选单位，经北京市委社工委等有关单位评审，评为北京非公企业履行社会责任百家上榜单位，通过《北京日报》向社会公布。协会继续承担北京地区机、电专业工程技术人员中、高级专业技术资格评审工作，完善评审专家管理制度，加强对专家的考核，采用动态管理模式，388人获得高级工程师资格，685人获得工程师资格。协会继续承担北京地区机、电专业相关工种技师和高级技师考评工作。获得社会化职业资格的高级技师127人，技师422人；通过机械行业鉴定中心特有工种评审的技师10人，高级工43人。受机械工业职业技能鉴定指导中心委托，协会组织专家编写《中华人民共和国职业分类大典》中的车工、铣工、电工等三个职业技能标准。专家组成员共25名，分成3个小组，先后召开15次专题会议，几易文稿完成编写任务。由协会参与组建的北京市职业技能鉴定专家委员会机电行业专业委员会，发挥人才优势，组织12名专家编写《北京市学制技师答辩论文点评》数控分册，印刷发行。组织专家编写了《新形势下职业资格鉴定工作模式探索》调研报告，推荐专家委员会专家参加全国技能大赛。完善协会网站建设，加强与会员单位的沟通，发布电子期刊，为会员单位提供最新宏观政策、市场信息、行业动态等信息服务。发送内部期刊《机电行业市场信息发展动态报告》12期。

（魏人英）

【北京开发区协会】2016年，全市规模以上工业增加值同比增长5.1%，软件和信息服务业增加值增长11.3%，均超额完成年度指标，工业和软件信息服务业占全市 GDP 比重 26.4%，同比增长 0.1 个百分点。规模以上工业万元增加值能耗下降 10.7%，利润增长 5.7%，全员劳动生产率提高 8.2%，达到 36.5 万元 / 人，创历史新高。

2016 年，协会有团体会员单位 26 家。根据北京市工业发展规划、工业布局和产业结构调整规划，协会协助市经济信息化委参与开发区发展规划的研究编制。协会服务市经济信息化委会议 6 次；组织参加境内会议会展 15 余次，境外会议会展 2 次；安排参观考察 3 次；多次参加京津冀协同发展相关会议及产业对接等活动。组织会员单位参加了在京召开的“2016 年经贸形势报告会”，在杭州召开的“第二届中国开发区互联网 + 产城融合发展论坛”，在京举办的“首期大数据驱动开发区产业变革培训班”。安排江西省商务厅、河北临城开发区、云南省工业园区分别参观考察了北京经济技术开发区、北京石龙经济开发区、中关村科技园区丰台园。应北京工经联邀请，出席第十二届环球中国商务会议；应中国台湾地区中华经贸文教交流协会邀请，受市经济信息化委委托，组织北京市中小企业服务中心、北京国家新媒体产业基地、顺义区经济信息化委中小企业服务中心、中孵高科产业孵化（北京）有限公司、北京汇智大河投资管理有限公司等单位负责人对台湾的园区、中小企业发展环境、创新创业能力以及服务模式进行了考察。

（贾淑霞）

【北京照明电器协会】北京照明电器协会成立于 1987 年 5 月 16 日，2016 年，协会有会员 182 家。协会下设广告照明、照明工程、灯具灯饰市场、智能四个专业委员会及秘书处。全年按照“一个中心（服务）、两个重点（“沟通信息，牵线搭桥，促进经营”和“开展科技咨询，促进产品开发，提高产品质量”）、三个面向（市场、企业、未来）”的工作指导思想开展工作。协会举办了优秀企业、优质照明工程、最佳照明设计、优秀照明设计创新奖活动，成立了以理事长为组长的评优工作领导小组，得到副理事长单位“北京正禾阳光节能科技有限公司”赞助。评选出“正禾阳光杯”优秀企业 9 名，“正禾阳光杯”优质工程 8 名，“正禾阳光杯”最佳设计 6 名。开展“正禾阳光杯”北京灯饰行业优秀品牌评比，在北京规模及影响力较大的 8 个市场进行。经过“报名入围、投票评比、评选核查”，评选出北京最受消费者欢迎的十大花灯品牌、北京最具发展力的十大 LED 新锐品牌、北京最具影响力的十大商业照明品牌、北京最受设计师喜爱的十大灯饰品牌、北京知名度最高的十大电工电料品牌以及北京灯饰行业文明诚信经营示范商家 46 家。品牌评选活动得到媒体的支持，搜房网房天下咨询中心、新华网时政频道、北京青年报、凤凰资讯、网易新闻、京华时报、和讯网、新浪新闻、搜狐滚动、网易新闻等媒体均进行了报道和转载。继续组织开展 2016 年北京市企业诚信创建活动。协会组织会员按照宣传动员→企业报名→行业初审→社会公示→专家终审→总结表彰程序，最终 11 家企业入围，在市经济信息化委备案，纳入全市公共信用信息系统。至此，有 30 家会员企业获北京市企业诚信创建活动秘书处颁发的“诚信创建企业”荣誉称号。为使会员单位对于照明行业新产品、新技术、新工艺有更全面了解，与香港雅式展览公司合作协办“2016 中国（北京）国际照明展览会暨中国（北京）国际半导体照明产业博览会”，组织协会照明工程、广告照明、灯具灯饰市场、智能四个专业委员会的会员企业参观新型 LED 照明产品展示，启发创新思路，拓宽进货渠道。协会到北京诚创星光科技有限公司调研。组织了由古镇灯饰报主办、会员单位——万隆汇洋独家赞助承办的“亮点奖 2016 中国照明（灯饰）行业经销商评选活动——北京 100 强经销商颁奖典礼”活动。协会为获奖的 100 强经销商颁奖，会员单位“北京科锐天丰照明设备有限公司”榜上有名。协会与部分灯具市场联系，进行防火教育，为有消防需求的灯具市场进行培训宣讲，在红星美凯龙北五环店实地组织消防宣传演习。

（胡秀英）

【北京嵌入式系统技术行业协会】北京嵌入式系统技术行业协会成立于 2009 年，是市属一级行业协会，由北京地区的中央和地方所属从事嵌入式系统软件及硬件系统技术研究、开发、设计、生产、测试、销售、维护、教育和管理工作的单位和科技工作者组成。2016 年，协会下设 6 个职能部门，4 个科技中心以及 14 个专业委员会，发展单位会员和个人会员 115 个（人），涉及互联网、智能科技研发制造等多个专业领域。2016 年，协会与北京工业大学考察天津京滨工业园，共同建立产学研平台，让高校科研成果在京滨工业园落地。配合市民政局委托的中通会计师事务所进行行业协会抽检工作，并通过抽检。

（柴娜娜）

【北京电光源行业协会】2016 年，北京电光源行业协会以服务企业、加强行业自律、推动产业进步、促进行业健康发展为宗旨，规划行业准入、行业标准，完善行业管理，促进行业发展。继续开展机房数据中心电源系统高级工程师培训项目，重点是数据中心机房运行与维护及关键零部件内容，特邀行业专家进行系统培训。组织《抗干扰型交流稳压电源技术条件和测量方法》标准修订会议，电源行业领军企业及行业专家代表30多家出席会议。标准正式列入《工业和信息化部2010年第二批行业标准制修订计划》，该标准修订计划号为2010—3130T—SJ，代替标准是SJ/T10541—94《抗干扰型交流稳压电源通用技术条件》和SJ/T10542—94《抗干扰型交流稳压电源测试方法》。由中国电源工业协会、北京电源行业协会、中国电源产业技术创新联盟、中国微型电动车产业技术创新联盟联合发起组建“中国微型电动车标准化技术委员会”，发布国家第一个《微型电动车技术条件》团体标准。协会/联盟秘书处依托协会/联盟专家工作委员会及原“专家工作库”，联合开展补充“全国电源与新能源行业专家智库”工作，“中国新能源与电源行业专家智库”平台12月28日正式上线。召开中国微型电动车产业技术创新联盟理事会。明确了以行业协会为主导，依托产业联盟推动新能源与储能电源系统产业发展工作，探索行业发展新思路。北京电源行业协会知识产权纠纷人民调解委员举办关于美国知识产权保护研讨会；北京电源行业协会知识产权纠纷人民调解委员会、北京市版权局电源行业版权工作站、北京电源行业知识产权维权与保护12330工作站共调解行业案件近20件，接收咨询服务近300次。参加高等法院多元化调解促进会调解员培训，协会拥有专职调解员5名，法院陪审员4名，企业调解信息员30名。12月8日，召开“北京市企业诚信创建活动”总结大会，北京电源行业协会以及各创建协会（商会）有关负责人、创建企业代表、部分金融机构和信用服务机构的代表400余人参加会议。12月28日，“中国电源行业诚信企业”表彰大会召开，北京电源行业协会联合中国电源工业协会作为诚信企业创建办公室成员单位，建立了中国（北京）电源行业信用体系企业综合信息公示平台和行业诚信与信用体系建设推进办公室，评定出50余家企业为“2015年诚信创建企业”。建立和完善“中国电源门户网”（www.cpsa.com.cn）产品市场报价查询专业网站，建立和完善联合官方网站（联盟 www.cpsia.org.cn，协会 www.bpsa.org.cn），实现网上社会公示、网上办公目标。指定“中国电源门户网”为“两会一盟”产品市场报价查询专业网站，建立和完善产品市场报价查询系统。指定《电源工业》为会刊，为电源企业及相关产品市场服务。

（张　录）

【北京建材行业联合会】 2016年，北京建材行业联合会围绕贯彻落实国务院《关于促进建材工业稳增长调结构增效益的指导意见》精神，发挥二级枢纽型社会组织的作用，积极助推行业疏解、转型升级、协同发展等相关工作，取得较好的成效。全市共生产纤维增强塑料制品9.47万吨，同比增长171.5%；商品混凝土4183万立方米，同比增长8.1%；卫生陶瓷167万件，同比增长1.7%；水泥、防水卷材、石膏板、大理石等产品产量均有不同程度下降。

联合会在建材行业转型升级和结构调整上，积极为政府、行业、企业服务，创建交流平台、制定行规行约、反映企业诉求等方面发挥协会组织的枢纽桥梁作用。作为北京市诚信创建联盟发起单位之一，参与由市经济信息化委牵头，8个委办局联合组织开展的“北京市企业诚信创建”项目。有9家企业通过诚信创建的评价工作被纳入全市公共信用信息系统，已颁发资信证明的诚信创建企业39家。承接市总工会以“聚合社会组织，服务首都职工”为主题的社会组织购买服务项目，完成对行业职工进行低压电工培训工作。承接由市相关部门安排的“京津冀一体化规模以上企业调研”“建材行业企业退出工作支撑”等项目，按期完成调研报告。在国家去产能、调结构背景下，利用各种途径协助政府引导企业转型升级。推动水泥企业尽早实施利用水泥窑处置城市废弃物的应用，促进水泥企业自觉成为城市发展“净化器”，向环保产业转型；推动家具企业杜绝污染环节、淘汰落后技术、实施表面涂装等方面的无害化、自动化改造。为做好疏解非首都功能工作，组织相关企业赴河北、河南等省工业园区进行项目对接，为会员企业发展拓宽渠道，带领会员企业前往河北、天津、辽宁等省市，为企业与当地政府洽谈搬迁工作牵线搭桥。

继续开展环渤海地区诚信企业、知名品牌、最具影响力企业的评选工作。北京地区有24家荣获环渤海AAA级诚信企业，11家企业的12个品牌获得环渤海地区建材知名品牌，2家企业获得环渤海2016年度建材行业最具影响力企业称号。开展“技术创新型企业”推荐活动，为环渤海联动平台注入新活力。由北京建材行业联合会倡议，首次在环渤海地区联合开展“建材行业技术创新型企业”推荐活动。联合会推荐的北京金隅琉水环保科技有限公司、北京宝贵石艺科技有限公司两个企业荣获首批环渤海地区技术创新型企业称号。继续开展“北京建材行业科学技术奖”评选活动，共收到会员企业42个项目的评奖申请，涉及水泥、墙材、防水、家具、科研、环保等行业。经专家现场评审、联合会科委会终审，有16个项目获奖。开展体系认证和质量管理系统推优工作，安排实施52家企业、315项次的年度体系监查审核，举办了四体系标准认证转版培训班，有23家企业、87人接受培训并获得证书。向中国建材联合会第31次质量工作会推荐优秀企业、个人和管理项目，有26个项目被评为优秀项目，3个项目被中国建材联合会推荐上报到全国第38次质量管理大会，均获得表彰。开展职称制度改革调研和中级职称的评审工作，针对“建材行业（中级）职称的外语、计算机及专业课考试、现行评价方式以及推行以考代评评价方式”等有关职称制度改革的问题进行专项调研，形成《关于职称考试与评审等问题的调研报告》。上报市中级职称评审，报名102人，74人通过了专家评审，占参评人数的76%。

（严鼓昇）

【北京工业国际智力交流协会】2016年，协会有单位会员45家，个人会员14人，涵盖北京市各行业、各种经济成分的企业代表、专家。协会围绕首都经济转型、京津冀协同发展以及北京市工业和信息化重点行业发展需求，贯彻落实“中国制造2025”，做引进国外专家和专业人员出国培训工作。共有17个企业、21个项目聘请外国专家31人次，有2个企业实施出国培训项目2个，21人次出国培训。为适应北京市对高技能人才培养的要求，组织“网络技术、信息安全”“维修电工”高技能提升培训班，十几家企业、单位的53名高技能人才参加培训，经过40学时的学习研讨以及考核，27人获得“网络技术、信息安全”提升培训班结业证书，26人获得“维修电工”提升培训班结业证书。会同有关部门共同组织了“北京市第四届职业技能大赛暨第十七届北京市工业和信息化职业技能竞赛”。共有工具钳工等51个竞赛项目。其中，工具钳工等25个工种为市级一类（市第四届）项目，平版印刷工等26个工种为市级二类（工业系统十七届）项目。组织89个初赛组委会完成网上报名工作，共有20308人报名参赛，其中市级一类项目14577人；市级二类项目5731人。对89个初赛组委、45个复赛组委会、17个决赛组委会竞赛实施方案进行审定，完成全部竞赛备案工作。其中，开展初赛150场，参赛人数14487人；复赛74场，参赛人数4256人；决赛21场，参赛人数1490人。在市经济信息化委主办的25个市级一类项目中，21人荣获“北京市技术能手”称号，21人荣获“传承奖”，8家单位荣获“优秀组织奖”，北京奔驰汽车有限公司等18家单位荣获“优胜奖”。组织参加“埃夫特 栋梁杯”全国机器人技术应用技能大赛。北京代表队6人参加全国大赛。北京奔驰汽车有限公司的李东和北京信息职业技术学院的李琪获职工组三等奖，北京工业技师学院的李志获学生组一等奖，北京信息职业技术学院的朱梦婷获学生组三等奖。在参赛的25个代表队中，北京代表队总分位列第五，市经济信息化委获优秀组织奖。召开“技能竞赛促进技能人才成长课题研讨会”，来自北汽、首钢、地铁、电力、航天、医药、印刷等企业、行业协会的20余名专家参加研讨。在调研、资料收集整理分析、课题组及专家多次论证基础上，完成“2016北京工业和信息化人力资源年度发展报告”，为有关政府部门做好相关政策、法规、意见的调研分析提供了依据。

（邹　艳）

【北京玩具协会】2016年，北京玩具协会召开第十二届会员大会暨理事会，成立了原创设计委员会，有单位会员98家。协会围绕服务企业、服务会员，注重保护传承，不断创新工作思路，以抓典型，创特色为切入点，“送艺下乡”获得北京市第三届社会组织公益服务品牌铜奖；获得“2016年北京市行业协会商会信用体系建设项目优秀单位”荣誉称号；北京美之选商贸有限公司总经理陈少伟、北京新中国儿童用品商店经理杨宝光荣获2016年中国玩具和婴童用品行业三十年优秀渠道商人气最高的获奖单位代表。

协会参加“怀柔区第四届长城板栗文化节”，展示传统手工艺品，表演龙凤字、桃木剑、风筝、皮影、糖画、万花筒、葫芦工艺、编结、蜡果、空竹（杂耍）等10多个门类、40多位德艺双馨大师现场制作。在怀柔区九渡河镇红庙“灯笼村”举办风筝、太平燕传统手工技艺培训班，30多位村民参加学习。

协会接待组织邮电大学等高校学生开展传统文化保护实践体验活动。在首都师范大学附属朝阳实验小学（传统文化实验校）举办“非遗”嘉年华——践行社会主义核心价值观之“中国娃”传统文化进校园主题活动，10余个门类10多位北京民间玩具工艺大师将传统手工艺引入校园，带领孩子们在玩中学，在实践中感悟、传承民族文化精髓。民间艺术家应邀到天津东方剑桥泰达园，向孩子们展示面人、泥人、脸谱、剪纸、皮影等传统艺术。应北京市第一七一中学、北医附小学校邀请，葫芦工艺、衍纸画、陶艺、泥塑、毛猴等协会民间工艺大师到学校参加“传承民俗文化、体验非遗经典”和“学习传统文化、传承精彩技艺”活动，并现场授课。协会组织风车、珠编、编结、折纸、豆塑、烙画、木版年画、手工花、青花瓷、蛋雕等 19 个门类 30 多位民间工艺大师走进府学胡同小学朝阳学校，举办传统手工艺进校园主题活动，1000 余名小学生参加学习和培训。协会与“中嘉娃娃”北京中世嘉顺广告有限公司联合举办“学传统迎新年”2016 年新年嘉年华暨非物质文化遗产进校园主题活动，陈经纶中学 800 多名高中师生参与制作、观摩。

协会与北京天坛工美文化发展有限公司联合举办北京民间工艺美术技艺展，组织 20 多名北京民间工艺大师到燕郊东贸国际服装城献艺。会同北京市空竹运动协会、昌平区天通苑南街道办事处举办“天南杯”助力全民健身运动迎“冬奥”京津冀空竹文化交流暨第三届北京市花样空竹挑战赛，来自全国各地的 90 支代表队近 1200 人参加挑战赛的开幕式。协会选派近 20 个门类 30 多位民间工艺大师参加中国玩具和婴童用品协会主办的“2016 年第七届中国（北京）玩具动漫教育文化博览会”，应邀组织民间传统手工技艺大师参加“第十一届中国北京国际文化创意产业博览会”“第三届北京国际儿童教育及产品展览会”。协会到河北参加中国 · 平乡第五届国际自行车、童车玩具博览会，到朝阳三间房社区、通州民协等地考察调研。在 93 号院博物馆举办张凤霞“二十四孝”毛猴作品主题艺术展。

协会承办第六期“领养中国儿童外国家庭夏令营”与中华传统文化对接活动，来自美国、加拿大、荷兰、芬兰、西班牙 5 个国家的 77 个领养家庭共 230 名营员，在华声天桥民俗文化园学习老北京民间工艺。协会应邀为“‘亲情中华’走进北京——华裔青少年中华文化体验之旅夏令营”授课 5 次，来自美国、加拿大、法国、意大利、葡萄牙、斐济和中国台湾的 41 名营员参加学习。协会接待了来自香港特别行政区港大同学会小学和李兆基小学的 43 名京港两地航天夏令营营员。北京空竹赴东欧四国参加 50 多次国际文化交流活动。

协会 1 人由北京三级民间工艺大师晋升为北京二级民间工艺大师，2 人被评为北京三级民间工艺大师；靳明作品《天鹅湖系列》获得“中国手艺”创意设计比赛铜奖，其作品被中国国家大剧院永久收藏。

（赵亚曼）

【北京表面工程协会】2016 年，北京表面工程协会完成 4 家企业的清洁生产审核咨询工作，通过了政府相关部门组织的清洁生产评估验收。组织会员单位开展环境风险应急预案培训和咨询工作，完成北京印钞有限公司等 3 家企业应急预案咨询和评审工作。受工信部委托编制完成《“十二五”期间电镀行业重金属污染综合防治情况报告》，参与工信部组织的《水污染防治重点工业行业清洁生产技术推行方案》（征求意见稿）专家研讨会和意见建议反馈。受环保部履约办委托开展的中国 PFOS 优先行业削减与淘汰项目中电镀行业相关课题通过专家评审结题，为中国响应履行斯德哥尔摩公约 2019 年淘汰 PFOS 型铬雾抑制剂和替代技术应用提供参考意见。参与技术咨询和项目评审，派专家对吉林中航航空发动机维修有限责任公司和贵州航天精工制造公司的生产线项目进行评审工作。配合北京市有关部门推进京津冀协同发展，组织会员前往天津静海参加京津产业对接交流会，企业代表参观了天津滨港电镀产业基地，并就入驻问题及园区运营规模、污染治理设施、入驻条件等问题进行交流。协会与中国表面工程协会共同承办了第十九届世界表面精饰大会。来自 23 个国家和地区近 600 名代表参加会议，会议收到论文 330 余篇。会议期间会场分设了汽车表面处理、电子表面处理、生物材料及表面改性、新能源材料等 12 个分论坛，签署了由中国主导倡议的表面工程行业绿色宣言。协会举办《电镀行业清洁生产评价指标体系》研讨班，来自国内 8 省市从事清洁生产工作的 40 余人参加。举办电镀技术培训班，共有 27 名学员参加培训并取得《职业资格证书》。继续开展《北京表面工程史》编撰工作，记述北京地区表面工程行业辉煌成就，已形成初稿。

（王新国）

【北京电器电材行业协会】2016 年，北京电器电材行业协会继续发挥纽带作用，开展行业协调服务。受北京市第四届职业技能大赛暨第十七届北京市工业和信息化职业技能竞赛组委会的委托，协会承办了“高低压电器装配工”工种的竞赛工作。全行业共 202 人报名参赛，有 55 名竞赛选手获国家职业资格证书，其中，高级工 8 人，中级工 27 人，初级工 20 人。为会员企业开展工艺培训、标准化培训、质量 / 环境 / 职业健康安全培训、安全生产标准化培训工作 400 余人次。为配合第四届技能大赛，协会组织 23 人参与北京市职业技能鉴定中心组织的培训工作，均通过考核。其中，8 人取得裁判员证书，8 人取得高级裁判员证书，7 人取得赛务人证书。为 2 个会员单位共 4 个产品组织鉴定工作，对会员企业在产品研发、产品认证、企业管理、制造工艺等环节进行指导和咨询。协会开办的“电协兴电器电材经营部”，为会员单位配套提供优质电器电材产品，并无偿提供技术咨询服务。协会内部季刊《北京电器电材之窗》，内容涵盖产业政策、行业动态、新产品新技术等信息。协会完成第六届换届选举工作，共有39个单位参加。协会参加“2016年北京市行业协会社会信用体系建设项目”检查评估工作，获得“优秀单位”证书。

（彭立华）

【北京服装纺织行业协会】2016年，北京服装纺织行业协会吸收新入会团体会员单位8家，其中品牌服装服饰企业5家、应用软件企业1家。注销和吊销营业执照企业的会员单位，取消其会员单位资格。会员代表单位有190家，比上年减少10家；协会理事会有理事166人，其中常务理事71人。

年内，北京服装纺织行业规模以上企业主营业务收入154亿元，利润总额8.24亿元，主营业务收入和利润总额分别比上年下降10.6%、14%；衣着类消费品零售额781.45亿元,同比增长2.1%。北京地区服装、纺织品进出口总额34.95亿美元，同比下降25%。其中，出口额25亿美元，同比下降24.13%;进口额9.95亿美元，同比下降27.15%。北京爱慕内衣公司、朗姿股份有限公司、北京雪莲集团公司、卓文时尚纺织股份公司、威克多制衣中心和依文服饰股份公司6家企业分别进入2015年度全国服装行业“产品销售收入”“利润总额”“销售利润率”百强企业行列。童装品牌派克兰帝的运营方北京童创童欣网络科技股份有限公司新三板挂牌经审核，探路者控股集团股份有限公司技术中心被市经济信息化委认定为“2016年度北京市企业技术中心”。北京服装纺织行业协会携手北京服装学院专家学者历时数月研究查阅资料文献、深入行业企业调研走访、采集素材，撰写出版《北京服装产业发展研究报告2005—2014》，展示北京服装产业10年的辉煌成就。

年内，北京服装纺织行业协会创新工作方式，主要开展了以下工作。

举办“首届北京时装周”系列活动。由北京服装纺织行业协会、北京时尚控股有限责任公司和《时尚北京》杂志共同主办“2016北京时装周”，活动分设国内外时装品牌发布、2016北京时尚高峰论坛、时尚北京创意展等专项活动。共有来自中国、法国、意大利等地设计师18个品牌的设计作品登场，蓝地、弗洛拉、格格、庄子、绿典、派克兰帝、陈富美（乐龄时尚俱乐部）、伊里兰、意大利TAUTOU、暇步士、雷蒙、铜牛、木真了、大华时尚品牌、曦秀“苏意”、法国TY、雪莲、爱慕品牌参加了时尚北京创意静态展。在时装周闭幕式上，举行了“行业著名设计师研发基地入驻雪莲工坊签约仪式”。

向时尚创意产业转型发展。有近60年历史的大型国企“北京纺织控股有限责任公司”更名为“北京时尚控股有限责任公司”，发布了以“凤凰引领”为主题、以“时尚蓝和时尚红”为主色彩的公司新标识。雪莲品牌作为北京老字号品牌之一，在京成立雪莲高级定制工坊，与京绣、苏绣及缂丝等多位传统手工艺专家签约，共同致力于推广传统手工艺文化、复兴非遗手工技艺，占领高级定制市场，创造高端效益。雪莲SNOW LOTUS羊绒针织作为中国国际时装周的压轴大秀，在北京饭店金色大厅华丽上演，展示了雪莲SNOW LOTUS首个高定系列40套华服，吸引了国内外400余名嘉宾。“时尚北京”主题展亮相第十一届北京国际文化创意产业博览会，以“时尚、创意、科技、文化”为主要内容，雪莲、铜牛、雷蒙、伊里兰、天坛、无咎、PURETOUCH、绿典等服装服饰品牌集体亮相，以“绽放”和“蝶恋”为主题的全球首款两套3D打印旗袍惊艳亮相。

北京铜牛电影产业园位于朝阳区国家文化创意试验区的核心地带，利用铜牛集团物资公司厂库区改造而成，占地面积2万余平方米，有45家企业入驻，入驻率100%。在第十一届北京国际文化创意产业博览会朝阳展区分会场，北京铜牛电影产业园承办了2016主旋律电影发展论坛。由北京星影联盟投资管理有限公司（北京铜牛电影产业园）、北京新文益影视投资有限公司、北京铜牛集团有限公司及园区内10余家电影企业共同组成的主旋律电影产业联盟成立，主旋律电影《长江救援》等项目开机。加快创意设计产业发展，成立北京时装设计师协会，为独立的时装设计师群体行业组织。

北京服装纺织行业协会携手清华大学美术学院、对外经济贸易大学、北京服装学院以及媒体、政府、品牌企业等专家学者，组建了“北京时尚指数”研究团队。利用社会科学的统计方法和大数据挖掘技术，系统地分析城市时尚的判断标准、元素和区域人文特征，围绕时尚产业、时尚与消费、时尚与品牌、时尚与城市等深入研究，综合测量北京时尚的核心驱动因素及其子因素，根据简约、量化、可操作原则，参考国际研究机构有关时尚城市的共同评估指标，确定北京时尚指数的指标体系。具体分为品牌指标、科技指标、消费指标、媒体指标、人物指标、环境指标6个一级指标，约30个二级指标和70~90个三级指标。项目组首次通过北京时尚高峰论坛，发布了“2016北京时尚指数”报告。

开展京津冀产业交流合作、向国际国内产业合作转型发展。由北京服装纺织行业协会、韩国尖端服装协会、河北省青县政府共同主办的“京津冀（青县）服装产业卫城经济体项目发布暨中韩合作示范基地”项目发布及签约。项目为可提供时尚业全产业链综合智能服务的、新型多业态的综合经济体，包括产业服务、互联网服务、生活服务、商业服务、金融服务、文化交流、会展服务七大服务板块。

协会与市经济信息化委都市处及清河三羊毛纺织集团参加第二十四届（辛集）国际皮革博览会开幕式、招商发布会，与皮革城入驻商户进行交流。

适应首都城市战略新定位，加快疏解非首都功能，在境外、京外布局品牌生产基地。北京光华纺织集团和光华时代纺织服装公司在缅甸伊洛瓦底省省会勃生市设立的勃时代纺织服装有限公司揭牌试运行，总投资395.5万美元，占地面积约2万平方米，工人1200人，订单主要为ZARA和绫致两个品牌，主要产品有棉服、夹克、风衣等。北京光华纺织集团在新疆和田地区投资的柔性节能保温篷房生产基地京和纺织科技投产运营，当年动工建设、当年达产见效，吸纳当地700余人就业。北京时尚控股在黑龙江投资建立大庆京纺尊爵羊绒有限公司。北京清河三羊毛纺集团携京兰非织造布公司与天津工业大学纺织学院开展产学研合作，成功研发医疗卫生用新产品，拓展至印度、印度尼西亚、俄罗斯市场。北京铜牛集团在天津空港打造了云计算中心项目，与天津相关企业合作投资了“自贸通”外贸综合服务平台，仅服务京津冀地区中小外贸企业近500家，出口额突破7亿元。北京废旧纺织品综合处理基地暨京环纺织品再利用有限公司在河北省邯郸市魏县挂牌，主要利用聚酯化学再生工艺专利技术，实现废旧纺织品全种类回收再生，形成年处理5万吨废旧纺织品的能力。结合“互联网＋环卫”社区垃圾智慧分类系统，北京环卫集团在本市部分机关单位、学校、居民社区实施废旧衣物回收等再生资源回收项目。

实施“增品种、提品质、创品牌”三品战略，抓质量工作促品质提升。北京服装纺织行业协会联合北京市消费者协会、北京市毛麻丝织品质量监督检验站共同举办2016北京服装质量标准及检验培训班，150人参加培训班。市消协做了2016年比较试验解读及消费者消费指导工作情况分析，市毛麻丝质监站介绍市工商质量抽查检验情况，对近期制定的服装标准进行宣贯解读，并讲解纺织服装基础知识。

北京服装纺织行业协会、北京针织行业协会联合开展了北京地区针织服装、毛针织服装产品质量推优活动，委托北京市毛麻丝织品质量监督检验站、北京市针织品质量监督检验站对参加活动企业报验样衣进行优等品实物质量检，“铜牛”针织裤、“铜牛”家居裙、“凯婴琪”三保暖女裤、“芭罗蒂”连衣裙、“靓月”女大衣、“思诺芙德”半高领绞花女套衫、VSARNNI羊毛衫获得2016年“北京优质产品”称号。

发挥行业媒体传播作用。北京服装纺织行业协会等单位联合主办《时尚北京》杂志，宣传时装产业及品牌。北京时尚控股公司增资控股《时尚北京》杂志社，提升杂志运营活力。《时尚北京》杂志参与主办2016北京时装周。协会全年报道行业信息、会员信息近1000条。按月定期向会员单位及政府、行业相关部门赠送《时尚北京》杂志共计3100余册。

为企业服务，发挥中介桥梁作用。协会先后走访市经济信息化委、市科委、中国纺织工业联合会等有关部门，并重点对顺美、雪莲、铜牛、奔彪服装、派克兰帝、白领、靓诺、赛斯特、朗姿、大华天坛、木真了等20余家企业走访调研。全年共走访和接待会员单位80余家。举办品牌企业电商活动论坛，针对互联网营销迅速发展的新形势，发起组织服装品牌企业如何开展线上电子商务活动论坛，探讨互联网环境下的营销新策略。举办女企业家联谊活动，品美酒，敬劳模，着华服，组织女企业家们度妇女节。举办职业装招投标业务培训讲座，20家服装企业32人参加。开展全纺劳动模范和先进集体评选表彰活动，北京服装纺织行业受表彰的全纺劳动模范8人；优秀个人1人；受表彰先进集体有北京铜牛信息科技股份有限公司网维中心。参与《北京市企业安全生产技术规范》纺织、服装企业篇标准审定工作，组织20余家会员企业参加在北京服装学院体育馆举行的2017届毕业生与用人单位大型校园招聘双选会。完成北京中小学学生装设计作品征集终评和颁奖表彰，评出设计作品一等奖2名、二等奖5名、三等奖6名、鼓励奖6名。协会在北京知识产权法院任职的2名人民陪审员2次参加北京知识产权法院陪审员业务培训，全年参加北京知识产权法院陪审商标、著作权、专利纠纷诉讼案件28件。

（宁　俊）

【北京工艺美术行业协会】北京工艺美术行业协会成立于2000年9月，是经市民政局批准成立的一级法人、5A级社团组织，也是北京工业经济行业“二级枢纽型”协会组织。行业协会下设12个专业委员会，有会员单位267家，市级以上工艺美术大师313名。

2016年，完成第八届北京工艺美术大师和民间工艺大师评审认定工作，评审认定122人；组织完成“亚太手工艺大师”“中国工美行业艺术大师”和“典型人物”的初评申报工作，4位中国工艺美术大师当选“亚太手工艺大师”，15名北京一级工艺美术大师被授予“中国工美行业艺术大师”称号，2人被授予“中国工美行业优秀技艺人员”称号，北京一级工艺美术大师满建民当选为中国工美行业2015年度“典型人物”。加强行业人才培养，举办了“设计与创新”技艺骨干培训班和高级管理人员培训班。来自全行业的96名企业领导、大师和170余名技术骨干先后参加了培训。落实政府产业发展重点项目，工美基金完成时尚工美子基金和大师精品子基金的设立工作；北京传统工艺美术保护资金突出扶持“高精尖”产业导向，在国礼开发、新技术新材料应用、产业服务平台建设和人才培养等方面给予了重点支持。组织参加行业展赛活动，搭建对外交流与展示平台。协会先后主办、协办和参加各项展赛活动10余项，有近百家会员企业、200余人次工艺美术大师参与，近万件作品参展，近千件作品参评，获得全国性展赛奖项161项。落实京津冀一体化战略，促进工美行业协同发展。组织企业参加了河北国际经贸洽谈会，三地共同打造了“京畿文化·魅力燕赵——京津冀工艺美术之窗”；在“第十一届北京文博会工艺美术展”上，增设了京津冀工艺美术联展区，通过资金补贴方式，吸引津冀两地工美企业、大师参展，促进三地同台展示，还组织三地工艺美术专家学者，举办促进京津冀工艺美术协同发展座谈会；在行业技艺骨干培训中，专门接收5名河北正定县的从业人员参加培训。北京工美集团受外交部和市政府委托，发挥行业优势，凝聚企业、大师资源，举全行业之力，完成中国政府向联合国日内瓦总部、世界卫生组织和达沃斯世界经济论坛赠送国礼的设计制作任务。一报一刊开创新栏目，宣传工作再上新台阶。《工艺美术家》杂志从栏目设置、内容定位、目标人群等几方面进行改版，新开辟10余个专栏。一报一刊全年文字量达到100万字以上，内部发行近3万份。《中国工艺美术全集·北京卷》编撰工作取得阶段性成果，完成6篇的初稿编撰，共计200万字，图片2400余幅。

（武晓燕）

【北京家具行业协会】北京家具行业协会成立于1988年，2016年有团体会员380家。年内，协会围绕“清洁空气行动计划”、行业转型升级、京津冀协同发展及行业、企业诉求等方面开展工作。组织消协、质检以及行业企业、专家，制定宣贯《北京家具行业经营服务规范》，完善行业的诚信建设，有90家企业获得“北京市诚信创建企业”称号，纳入北京市企业信用信息系统。协会协助中家协对家具制造挥发性有机物污染控制技术政策、家具制造挥发性有机物排放现状进行调查分析，完成家具制造业挥发性有机物减排技术路线及政策、减排效益分析课题。推进京津冀协同发展，协会组织企业多次到河北、天津等地开发区考察，有100余家企业与外埠地区开发区签署入驻协议，部分已落地生产。协会帮助企业做技改项目资金补助的申请工作，将《〈北京市大气污染防治技术改造项目奖励资金管理办法〉的通知》，北京市财政局、北京市环境保护局《关于印发〈北京市锅炉改造补助资金管理办法〉补充规定〉的通知》传达给企业，争取政府职能部门对采用水性涂饰工艺企业支持。

协会携手30余家企业举办“北京品牌走进深圳”活动，利用展会平台，宣传“北京品牌”。协会推动产学研发展，将企业的社会资源和高校的人才、技术优势结合，为行业输送高端人才举办活动，为高校学子提供施展抱负平台。协会组织多家北京企业参加“中韩家具企业商贸洽谈会”，组织企业代表60人次分别参观了意大利米兰及德国科隆家具展，组织会员参观北京市两化融合成果展。协会与北京市家具企业工会、集美控股联合举办“‘集美’职工技协杯”首届家具行业技能大赛。

（郭建强）

【北京汽车行业协会】2016年，协会秉承服务宗旨，发挥行业组织的桥梁和纽带作用，开展行业服务，支持北京汽车产业发展。年底有会员单位239家。

2016年，北京汽车产销分别为310.28万辆和310.57万辆，同比分别增长14.7%和15.5%，较行业增速分别高出0.24个和1.85个百分点；全年累计出口汽车74829辆，同比下降5.8%，相比行业降幅高出3个百分点。北京汽车行业完成工业总产值4589亿元，同比增长20.4%，增速较上年加快13.8个百分点；实现营业收入4662亿元，同比增长20.9%，较上年提高14.4个百分点，收入总量高于产值73亿元，收入指标增速略高于产值指标0.5个百分点，产销率超过100%，全行业呈良好运行态势。

2016年，北京汽车行业协会围绕五个方面创新性开展工作。一是服务会员单位需求。借助会同市商委及市经济信息化委组织央地企业携手共筑“一带一路”对外承包工程与北京汽车出口示范区企业抱团出海活动，为会员企业海外业务拓展及出口业务搭建平台。开展专用汽车企业资质管理以及相关政策方面咨询，为企业改革调整献计献策。组织了4款双源无轨电车鉴定会，为会员单位新产品市场准入创造条件。二是服务政府重点工作。通过政府购买服务项目，承担“京津冀一体化发展规划方案实施”课题及“京津冀产业协同发展推进专项”课题，协助政府部门开展京津冀协同发展及汽车产业疏解转移工作；支持“出口汽车产品质量安全示范区”和“汽车及零部件出口转型示范基地”建设工作，促进外贸增长；贯彻市经济信息化委等部署落实国家五部委文件精神，加强制造环节车辆安全隐患排查治理工作，督促企业依法依规生产。三是服务行业健康发展。支持并协助中国汽车工业协会旅居车（房车）委员会工作；开展标准化工作，组织 GB1589 新标准宣贯；组织有关单位及汽标委委员参加《团体标准理论与实践》培训；参与北京市机动车排放标准的升级工作，参加“国六”油品标准的制定和评审。四是加强协会自身建设。发展新会员 5 家，取消会员资格单位 40 家；完成协会第三方年度审计及年检；参加 2016 年北京市社会组织评估工作，再次获评 5A 级；协会再次被中国汽车行业协会授予统计工作先进集体称号。五是加强党建和廉洁自律工作。

（夏宝山）

【北京日化协会】北京日化协会为北京市 4A 级行业协会，主要职能是在日化行业开展日用化学专业研究、成果鉴评、专业培训、技术交流、学术交流、对外交流、科普宣传行业自律、编辑专刊等。协会实行理事会制，秘书处设有法规部、化妆品工作部、功效评价部、信息调研培训部等部门。2016 年，新增会员单位 7 家，共 85 家。

年内，协会运用新媒体，在原有微信及微博群基础上增加“品观植物源”“枫行天下”2 个公众平台，发表文章 1000 余篇，解答问题 500 余个，点击量 1 万次以上。组织会员单位参加市经济信息化委政策宣讲会，组织会员单位参加中国工经联“2016 年经贸形势报告会”。协会会刊出版 4 期，发行 4000 余册。开展会员服务月活动。协会与北京工商大学化妆品研究中心联合采用 10 余种进口仪器，免费为常年工作在企业的会员进行皮肤健康检测，并进行中医咨询解答服务，接受检测的有 200 余人。为会员单位进行化妆品检测、配方设计研发等工作。开展争创北京市知名品牌活动，组织行业专家对日化行业的知名品牌及著名商标进行复审，使知名品牌和服务质量达到国内同类产品的先进水平，使著名商标更具有知名度、美誉度、影响力和市场竞争力。开展“诚信创建”活动，有 6 家企业获得诚信长城杯；有 3 家企业经过年审，获得一星级诚信长城杯企业；有 3 家企业获得二星级诚信长城杯企业；有 2 家企业获得诚信长城杯创建示范单位。举办“第七届中国化妆品科技大讲堂”2 期，围绕“化妆品植物原料开发与利用”“化妆品评价”等内容进行演讲，500 余名日化行业科技人员及专家参加。召开“品质生活，供给创新”2016 年年会，进行研讨。对外开展学术交流，组织会员单位科技人员 40 人赴韩国参加建国大学“2016 第二届韩中化妆品产业国际共同论坛”。组织主题为“洞悉政策走向，资源共享、合作共赢”的“民族化妆品企业发展联谊会”活动。开展科普及社会公益活动，参加全国科普日和北京科技周，发放宣传资料 600 余份，产品试用装 600 余份，受益人群 1000 余人次。组织科教进社区活动，举办讲座 6 场，参加活动专家 29 人次，技术人员 49 人次，覆盖社区 6 个，受益群众近 1000 人次，发放化妆品试用装 700 余份，宣传册近 1000 份。

（张显文　刘洪）

【北京质量协会】北京质量协会成立于 1981 年 9 月。2016 年，围绕“万众创新、提质增效、分享提升”的主题，协会联合市总工会、团市委、市妇联、市科协等单位共同推进群众性质量管理小组活动，分别召开了北京市第 68 次和 69 次质量管理小组成果发表会。参会代表来自汽车、医药、食品、化工、建材、烟草、铁路、建筑、移动、电力、电信等行业企业，共 500 余人，302 个 QC 小组成果获得北京市优秀质量管理小组荣誉称号。推荐表彰 37 个北京市质量管理小组活动优秀企业、41 名北京市质量管理小组活动卓越领导者、65 名北京市质量管理小组活动优秀推进者。培育推荐 37 个全国优秀质量管理小组、2 个全国质量管理小组活动优秀企业、2 名全国质量管理小组活动卓越领导者、3 名全国质量管理小组活动优秀推进者。组织开展全面推进质量信得过班组活动，协会联合市总工会、团市委、市妇联、市科协召开北京市第二届质量信得过班组成果发表会，37 个班组获评北京市质量信得过班组。推荐 31 名北京市质量信得过班组建设先进个人，16 个班组荣获全国质量信得过班组荣誉称号，3 人荣获全国质量信得过班组先进工作者。推广先进质量管理方法的普遍应用，继续开展第七届北京质量奖、北京知名品牌等质量创优争先活动，2 家企业获得第七届北京质量奖荣誉称号，累计 13 家企业获奖；18 家企业的 22 个品牌获得北京知名品牌荣誉称号，累计 130 家企业的 199 个品牌获奖；3 家质量管理优秀企业获得第七届北京市实施卓越绩效模式先进企业称号，累计 18 家企业获奖；10 人获得北京杰出质量人荣誉称号，累计 34 名获奖。推荐 27 个企业为北京实施用户满意工程先进单位，推荐 15 家企业获得“用户满意辉煌二十年”优秀企业荣誉称号，推荐2家企业获得质量信用等级评价3A级企业，组织45家企业参加质量信誉和自我声明承诺活动。协会继续组织会员单位参与推进工信部质量品牌建设活动，24家企业为品牌培育试点企业，推荐11家为品牌管理体系有效运行企业；推荐北京绿润食品有限公司参加工信部品牌培育示范企业，推荐3家企业获得工信部全国质量标杆，累计8家企业获奖。全年共有30名学员获得工信部工业品牌培育办公室颁发注册的品牌经理合格证书，累计培养82名品牌经理。举办QC小组活动诊断师班、卓越绩效管理模式自评员、品牌经理等各类质量管理培训共10期，先后为企业培养质量专业管理人员近800名。

（陈永莲）

【北京保健品化妆品协会】北京保健品化妆品协会是由北京保健食品行业和北京化妆用品行业具有代表性的大中型企业为核心组成的行业协会，前身是北京保健品协会，1995年成立，2016年5月31日更名为北京保健品化妆品协会。下设研发、GMP、广宣、蜂产品、流通5个专业委员会，有团体会员127家，比上年新增20家。

截至2016年，协会连续9年编制《北京保健食品行业调研报告》，成为北京保健食品行业的重要数据之一。年内，受市经济信息化委和市食药监局委托，带领会员开展疏解转移外迁工作，实地考察了滦南城西开发区和滨海咀东开发区，组织18家生产企业对沧州渤海新区、唐山滦南开发区及唐山玉田产业园区三地进行为期3天的实地考察。组织相关企业到唐山玉田县农产品（食品）加工园实地考察，协会协调组织了“推进保健食品行业京津冀一体化发展座谈会”。协会研发专委会持续关注7月1日实施的《保健食品注册与备案管理办法》，征集汇总企业在贯彻执行该办法过程中遇到的问题，起草了《关于现阶段如何过渡实施保健食品政策的建议》，经协会理事会批准，递交到市食药监局并转呈国家总局。协会广宣专委会启动《京牌保健品成就展播》活动，号召会员单位参与共创“京牌保健食品”金字招牌。协会吸纳专业承办展览的中博信展公司加入协会，并冠名主办了“2016第十六届（北京）国际营养健康产业博览会”，多家会员单位参展，同期举办了相关高峰论坛。协会参加市民政局社团办组织的、由北京信用协会负责具体实施的“行业协会商会信用体系建设工作”，通过培训、考核、检查、评估，获得“2016年度北京市行业协会商会信用体系建设工作先进单位”称号，全市30家协会获此殊荣。GMP专委会在疏解转移外迁对接方面提前介入工作，多次往返各地实地考察，为会员征地建厂工作提供建议与服务。协会密切联系市食药监局、市经济信息化委、市卫生计生委等主管领导部门，为会员单位组织举办了多次法规宣贯与培训活动，推动行业自律，为会员单位守法生产规范经营工作保驾护航。组织20余家会员单位再次就实施保健食品新版国标GB16740—2014及国家局168号通告的沟通讨论会。组织30家相关企业40余位负责人参加“相关保健食品命名有关事项的公告（2016年第43号）”培训宣贯会。配合市食药监局组织召开了“北京2016保健食品专项整治工作启动会”，市保健食品企业170余家220多人到会，会员代表共同签署了“讲诚信、重质量、保食品安全”承诺书。配合市食药监局组织多家网络经营企业参加《北京市网络食品经营监督管理办法（暂行）》宣贯培训会。受市卫生计生委和市食药监局委托，组织会员单位及相关保健食品企业召开“北京市食品安全标准大讲堂”活动。配合市食药监局召开了“保健食品专项整治总结与生产企业培训会”，协会组织80余家保健食品生产企业参会。配合市局药品医疗器械市场监管处（广告审批处）举办“‘两品一械’广告审查监管法律法规培训会”，通报保健食品广告审查监督管理工作、国家食药总局对市局有关广告审查和复审工作的要求，全市260家药品、医疗器械、保健食品广告申请企业接受培训。组织红牛、蒙牛、宝健、美宝、碧生源5家会员单位，参加了由北京市食品药品安全委员会办公室（市食药监局）联合天津市、河北省食安办主办的，朝阳区政府承办的“北京市重大食品安全突发事件应急演练（Ⅱ级）暨京津冀食品安全突发事件联合应急演练”。受市食药监局化妆品不良反应监测中心委托，组织召开了“2016年度第二次化妆品不良反应业务培训会”，20余家相关化妆品生产研发企业参会。受市食药监局保健品化妆品技术审评中心委托，组织召开了“北京市保健食品技术规范研讨会”，全市100余家保健食品生产或研发企业的180余人参会。组织召开了“保健食品国家标准释义及生产许可审查细则培训会”，为相关生产与研发企业进行技术分享与法规培训，70余家企业的150多名相关负责人参加本次培训。与北京包装技术协会、医药行业协会、食品协会、工业经济联合会等协会联合举办“北京市经济和信息化委员会政策宣讲会（第一期）”，就“‘互联网+’新趋势与北京市两化融合发展情况”和“中小企业政策解读”2项内容进行宣讲；与北京包装协会、医药协会、食品协会、工经联等联合举办“北京市经济和信息化委员会政策宣讲会（第二期）”，就“高精尖产业发展资金和基金政策解读”“节能减排、污染企业退出相关政策介绍”和“都市产业（消费品工业）重点工作”3项内容进行政策宣讲；受邀出席北京医药行业协会在京召开的“推动医药制造业转型升级推介会”，就医药保健食品产业园区建设、工程设计、制剂生产设备（含中药提取、化学合成等）、工艺技术及装备自动化、空调净化系统、信息化管理（涵盖GMP模块的ERP）、投融资等项目进行推介交流，推动企业转型升级与转移对接工作。

（张红力）

【北京酿酒协会】北京酿酒协会是北京市酒类（包括白酒、啤酒、葡萄酒、黄酒、配制酒、调制药酒等）酿造企业的行业协会，负责行业资料统计，开展行业情况调查，向政府部门提供制定行业规划、经济技术政策和标准、经济立法等方面的建议，并参与有关活动等。现有44家会员单位，全部为单位会员。协会设有分支机构北京二锅头酒分会，分会主要工作是弘扬北京地产二锅头酒的历史和文化，开展二锅头酒的研究。2016年，北京酿酒行业实现税收37亿余元。其中，北京牛栏山酒厂、北京红星股份有限公司和北京燕京酒厂做出重要贡献。

年内，协会召开了落实白酒制造企业安全隐患治理专项行动的专题会议，向白酒企业印发“北京酿酒协会关于贯彻落实《市安监局治理安全隐患专项行动实施方案》的意见”。向市经济信息化委书面提出“关于全市白酒企业在防火安全整改中有关问题的意见和建议”，建议提出对安全整改中限制白酒政策理解为限制增量，盘活存量，实现企业升级。全年走访了十余个企业，了解、交流和指导安全隐患治理工作。协会组织会员单位赴内蒙古骆驼酒业集团公司、内蒙古鄂尔多斯酒业集团公司考察学习。协会举办了二级和三级白酒品酒师培训班，共培训20个单位的学员113人，有67名学员取得二级品酒师职业技能资质证书，46名学员取得三级品酒师职业技能资质证书。协会组织会员单位参加市卫生计生委与市疾病预防控制中心多次举办的食品安全标准等内容的培训班，参加市卫生计生委食品安全标准处举办的“首届京津冀食品安全标准管理研讨会”以及多个协会举办的食品安全标准宣贯会等。协会多次到会员单位了解和交流食品安全管理情况，组织管理人员到先进酒厂学习。协会协助中清酒业酿造技艺发展中心组织第一届二次理事会、中清酒业酿造技艺发展中心专家委员会、中清酒业酿造技艺发展中心第七届高峰论坛预备会，确定七届高峰论坛内容和组织工作；协助组织中清酒业酿造技艺发展中心清香类型白酒生产工艺集锦研讨会，确定生产工艺集锦编纂要求；协助组织中清酒业酿造技艺发展中心北京二锅头酒生产工艺研讨会，对北京二锅头酒生产工艺第二稿进行讨论并安排专人修订。

协会先后组织会员单位参加了北京工经联组织的政策演讲会，北京市企业诚信建设政策宣贯会，市经济信息化委关于“‘互联网+’新趋势与北京市两化融合发展情况”及“中小企业政策解读”的报告会，市经济信息化委对北京市高精尖产业发展资金和基金政策解读，节能减排、污染企业退出相关政策介绍，都市产业（消费品工业）重点工作介绍的宣贯会等。为相关协会推荐“首届中国地域文化标志酒产品”，推荐第二届中国酒业获奖名单，推荐2016中国技能大赛“西博梅杯”第三届葡萄酒职业技能竞赛决赛人员，推荐“全国品酒师大赛”人员，推荐参加“白酒品酒委员选拔赛”人员。推荐二锅头分会会员参加中国国际贸易交流会。协助包装协会与红星包装工作对接。组织会员单位参加北京国际酒类交易所主办的“一带一路”国际葡萄酒大赛等。参加市发展改革委组织召开的2016节能减工作培训动员会、市发展改革委节能中心召开的专家评审工作启动会；参加牛栏山酒厂清洁验收。

（李湘文）

【北京信息产业协会】2016年，北京信息产业协会以促进公共服务为中心，发挥协会“桥梁”“纽带”作用，服务会员单位并开展工作。

年内，协会通过各种方式向会员单位宣传“诚信长城杯”创建活动，动员企业单位参与，先后有10余家单位提交了企业诚信申请报告，7家单位通过创建办公室的审核。继续组织部分协会会员单位申报市委社会工委第二届“北京社会公益汇”活动，向“首都慈善奖”评委会办公室推荐了微诺时代（北京）科技有限公司。发挥移动互联网优势，对协会网站的栏目及内容进行更新。协会所有会员单位及协会专家团队成员都加入协会微信群。应协会会员单位北京科学仪器装备协作服务中心提出的申请，协会邀请北京电源协会、北京照明协会秘书长在市科学会议室召开利用新理论双窄脉冲、新技术双窄脉冲LED驱动器演示会，解决LED光源设备中存在的问题，实物现场演示。在微诺时代（北京）科技有限公司协会和天九幸福控股集团负责人进行合作对话会，邀请北京超现代电子设备有限公司、北京金支点技术服务有限公司、微诺时代（北京）科技有限公司等会员单位参加，各单位就今后合作的内容、方式进行探讨。协会委托信息安全专业委员会承办首都网络安全日活动之一的电子政务安全应用论坛和“2016医疗卫生信息化发展与创新高峰论坛”。协会与达内教育集团在北京海淀区中鼎大厦举办专场招聘会，为有招聘需求的协会会员单位提供服务。

发挥协会各专业委员会作用。信息安全专业委员会协助市政府，在北京展览馆举办第三届“4.29首都网络安全日”系列活动，服务首都网络安全日活动之一的电子政务安全应用论坛。信息资源专业委员会工作重点是大数据领域研究成果的推广，先后走访了北京电子电器协会、北京电源行业协会、北京模具行业协会、江西省计算机协会等，就大数据解决方案、产品支持、数据中心建设、软件开发、技术服务进行交流，开展大数据领域合作。数字企业专业委员会参加北京高校大数据沙龙，作为主讲单位之一发表“高校大数据探索尝试与经验分享”。微诺时代总经理邱军受邀参加乌镇世界互联网大会，并作为嘉宾出席“世界互联网大会——大数据论坛”。

（郑月身）

【北京电子商会】北京电子商会成立于1993年2月20日，是由北京地区工商企业经营电子信息产品的单位及团体自愿组成的跨地区、跨部门、不以盈利为目的的社团组织。2016年，有企业会员200多家，会员企业来自中央在京企业和北京电子信息行业企业，包括通信、计算机、测量仪器、电子专用设备、电子元器件、集成电路、电力电子等多个行业。被市民政局复审评为4A级社团。

年内，电子商会围绕“为企业服务”开展工作，商会负责北京电子信息制造业经济运行数据的统计、汇总、监测及分析工作，每月向市经济信息化委汇报100余家企业的主要经济指标的数据，上报经济运行简报，提供经济运行分析。商会参加工信部组织的年报审查，汇总全系统全年的经济运行数据。组织北京地区每年一次的中国电子信息百强申报工作。与中国轻工业清洁生产中心合作，为会员单位提供清洁生产和能源审计工作。与市知识产权局以及泰尔实验室共同搭建专利、测评高端服务平台，为企业提供专利、知识产权及数据创新情报产品的服务。组织企业单位参加“2016北京微电子国际研讨会暨中国新能源汽车电子高峰论坛”，是活动协办方之一。组织北京市2016年诚信创建企业复审工作，走访诚信企业。组织企业参加工业和信息化部中小企业发展促进中心主办的“推动企业改制上市、股权融资及新三板挂牌操作总裁对接会”，参加“中关村科技企业‘民参军’政策”实务培训，参加由中国贸促会和日本国际贸易促进协会同主办的“中日产业合作研讨会”，参加第十三届中关村人才论坛——“人才‘供给侧’改革”论坛，参加由中国工业经济联合会主办的“2016年经贸形势报告会”，参加“‘一带一路’产能合作——中拉经贸交流座谈会”，参加由工业和信息化部通信发展司、中国科学院重大科技任务局、市经济信息化委、中国国际贸易促进委员会北京市分会联合主办的“智慧城市论坛”。参加2016中国电子信息行业发展大会暨高峰论坛。参加由北京中关村高新技术企业协会创办的“中关村高成长企业TOP100年度评选活动”。

北京电子商会、天津电子工业协会和河北信息产业与信息化协会主办“第二届京津冀电子信息产业合作项目推动会暨智能制造研讨会”，来自京津冀近百家企业参加会议，京津冀6家企业做了项目推介，参观了科技创新企业天地伟业数码科技有限公司和新动力材料企业力神电池有限公司，北京洁航箭达环保集团和天津中环电子照明科技有限公司达成项目合作意向。组织20多家会员单位参加中关村社会组织联合会与山东德州市政府联合主办的“智汇德州—中关村社会组织与德州产业联盟对接活动”机械电子（装备制造）专场，与相关企业沟通交流。商会组织新华三集团、冠捷显示科技（中国）有限公司、北京牡丹电子集团有限责任公司、北京兆维电子（集团）有限责任公司等企业50余人参观了北京奔驰汽车有限公司的展室及车间生产线。组织京东方科技集团股份有限公司、北京牡丹电子集团有限责任公司、北京北广电子集团有限责任公司等10几家企业20多人参加中国工业经济联合会、台湾工商协进会、澳门中华总商会和香港中华总商会在北京举行的第五届“海峡两岸暨港澳经贸论坛”。北京电子信息考察团随市台办赴台湾参加十九届京台论坛，考察团除参加大会主论坛及相关分论坛外，还走访考察当地企业。

北京电子商会以12330工作站名义开展工作，随时电话解答企业提出问题。商会12330工作站领导及相关工作人员走访了京东方科技有限公司、北京利亚德科技有限公司、和利时有限公司、航天信息、北京益泰公司等会员企业，介绍了12330工作站的主要职责及工作流程，向企业提供知识产权方面的帮助。负责北京地区卫星电视广播地面接收设备定点生产企业申请及管理工作，每季度向市经济信息化委汇报卫星企业的生产情况。商会主办的双月刊《信息科技与文化》每年都有变化、更新，内容更加丰富，信息更具时效性，发放给工信部相关机构、市政府相关处室、中关村管委会、各地电子商会、会员企业、业内知名企业和业界老领导，成为商会会员之间、企业与政府之间、北京与各地同行业间增进沟通、扩大宣传、促进交流的平台。商会网站成为展示和宣传商会企业科技、文化、产品和商务活动的重要窗口。年内，商会在中关村社会组织联合会举办的“2016年中关村社会组织工作会”上，被评选为2015年度中关村优秀社会组织，郝杰被评选为2015年度先进个人。

（隋春英）

【北京电力行业协会】北京电力行业协会是以服务为宗旨，打造服务品牌，促进北京市电力企业行业自律的组织。设置有综合管理部、协会业务部、协会管理部、财务部4个部门。

2016年，电力行协围绕促进电力企业发展的重点工作，服务行业会员单位，工作有序开展。社团组织管理工作，应北京市电力公司请求，对其各部门、各单位成立、参加、挂靠的社团组织进行调查和统计，提交了调查报告。对公司各部门参加社团组织的会费交纳实现了统一预算、统一上缴管理。对原有会员单位重新审核，梳理联系方式，最终确定会员单位45家。受中电联科技开发服务中心委托，对会员单位开展信用评价工作，3家申报企业资料审核完毕。受会员单位委托，组织专家团队对天银大厦用电设施进行安全检查和评估，提出了改进方案。受国网人才评价中心委托，在会员单位中开展专业技术资格申报工作和评审工作，是全国电力系统范围唯一有资格在会员单位中负责和参与专业技术资格申报与评审工作的省级电力行业协会。网人才评价中心北京电力行业协会工作站完成了2016年度专业技术资格认定、评定工作，评定中级、高级职称复审上报28人，涉及22个单位；认定中级职称45人，涉及19个单位；认定初级职称人数2325人。举办2016年度北京电力行业QC成果评审，共有11个会员单位的26项QC成果参加评审，涉及发电、供电、修造三大类。将其中4项优秀成果上报至中电联水电质量协会。改版恢复《电力行业信息》双月刊，全年共出版6期，同时完善了协会信息网。

（李嫚莉）

【北京市饲料工业协会】北京市饲料工业协会成立于1986年，是具有社团法人资格的非营利服务型社团组织，业务范围包括开展北京市饲料行业的协调服务、技能鉴定、资质审核、人才培训、咨询服务、承办委托、编辑专刊、组织会展招商、国内外技术交流与合作等。协会以打造品牌协会、打造适应新常态的服务体系、打造企业的核心竞争力为工作目标，努力营造互联互通的平台、用心服务的平台、饲料企业之家、企业家之家。2016年为协会成立三十周年。协会成立第六个专业分会“互联网与大数据”专业分会。截至年底，协会共有会员企业82家。

年内，北京市饲料工业总产值和总营业收入双增长。其中，饲料产品262万吨，同比减少4.1%；总产值约138亿元，同比增长16.1%；总营业收入145亿元，同比增长9.9%。

北京市饲料工业协会组织2次论坛、3次专题研讨会，其中“中国畜牧饲料科技未来20年暨北京市饲料工业协会三十周年庆典”，18个省市行业协会1000人参加。组织撰写北京市供给侧调研报告，针对通州区疏解非首都功能的产业调整退出政策，召开通州区饲料产业出路会商会，并组织产业园区对接交流座谈会。赴13家会员企业调研座谈，了解企业需求。搭建“走出去”的国际交流与合作平台，组织会员企业前往阿联酋阿布扎比参加2016 VIV MEA中国和非洲国际集约化畜牧展览会，赴印度尼西亚进行畜牧饲料商务考察。加强与外省市交流、延伸服务，组织会员企业前往河北省、河南省参加饲料工业发展峰会，有15家会员企业共19人参观考察河南省4家知名饲料企业。多次召开北京饲料科技产品创新项目汇报会，推荐8家企业申报市科委的科技创新项目。举办第十期饲料厂中央控制室操作工（中级）鉴定、第十六期饲料检验化验员（初级、中级）鉴定，及格率分别为76.5%、73.3%和95.7%，参加鉴定企业40家，人员70人。协会参与完成的“高效益生菌和酶制剂联用技术在生猪健康养殖中的推广应用”成果获得市政府设立的2014—2016年度北京市农业技术推广奖二等奖。协会被中国饲料工业协会评为“中国饲料工业协会先进集体”；在市民政局社团组织评估中再次获得4A级社团组织称号。

（杨艳艳）

【北京市中小企业国际合作协会】北京市中小企业国际合作协会成立于1994年。截至2016年年底，有单位会员32家，个人会员8名。协会以本着“真诚、务实、高效、进取”的理念，发扬“开拓、创新、敬业、奉献”的团队精神为宗旨，依托政府的力量，发挥协会会员单位的优势，为首都经济的发展做贡献。

年内，组织北京稻香村食品有限公司、今日东方劳务派遣有限公司、北京玉器二厂、北京燕京八绝文化发展有限公司等中小企业的董事长或总经理参加“2016年经贸形势报告会”。组织部分会员单位参加中国·盘县对接东盟商机推介会，寻求合作空间。组织参加由市商务委、市贸促会、北京国际商会与北京电子电器协会、中关村人才协会、北京国际经济技术合作协会共同举办的“促进京津冀企业‘走出去’——对印投资实务说明会”。组织部分会员单位参加中国—沙特经贸论坛、中国—乌拉圭经贸论坛、中国—菲律宾经贸合作论坛。应北京市中小企业国际合作协会邀请，请用友惠商云资深专员来协会就“互联网+”如何为中小企业深入实施的计划方向与策略进行探讨。与澳大利亚国际商会座谈，就各自商/协会工作情况交流探讨。协会召开迎国庆中小企业创新开拓市场座谈会，部分会员单位的董事长或总经理参加了会议，会后建立了“中小企业国际合作协会”群平台。

（王建生）

【北京市企业发展促进会】北京市企业发展促进会的职能是促进全市各类企业发展、协调服务、政策调研、咨询服务、专业培训、信息交流、引进资金人才技术、承办委托、编辑专业刊物等。共有628名企业会员和个人会员，建有中国现代企业网、北京市企业发展促进会网。

2016年，促进会深入大巴山腹地，会长单位宏福集团、副会长单位泰华集团、韩建集团3家企业携手，参与四川达州水库施工和后期规划与开发。与河北省唐山市曹妃甸区政府签订合作协议，携会员企业在曹妃甸筹备建设“北京市企业发展促进会产业园”。组织京城百余家企业选派歌手、百余家企业携各类产品汇，举办“第五届蟹岛杯唱响好声音赛歌会”“百家企业亲情联谊产业链接产品展销会”，赛歌会被列入北京市精神文明建设工程。

（李新志）

【北京印刷协会】北京印刷协会是在国内率先实现体制转型的地方印刷行业协会。2016年，拥有251家会员单位，包括印刷企业、印刷设备器材制造企业、印刷教育和科研单位。

年内，受北京市新闻出版广电局委托，完成2015年度北京地区印刷企业年度核验统计资料汇编工作，并对行业当前情况进行了分析。59家印刷企业获得绿色印刷资质认证，累计178家印刷企业通过绿色印刷资质认证。9家印刷企业通过清洁生产审核，累计有40家印刷企业通过清洁生产审核。16家印刷企业正在开展清洁生产审核工作，包括已经通过自愿性清洁生产审核，又进入以VOCs排放为重点的清洁生产审核的印刷企业。加强绿色印刷产品的印制质量和环保质量检测，完成了全年北京市绿色印刷工程青少年（婴幼儿）读物第一批送检品的检测。北京市印刷工业产品质量监督检验站对26家印刷企业送检的494种读物进行检测，印制质量合格率100%，环保质量合格率100%。举办了北京印刷行业环保政策落实培训班和印刷企业VOCs治理实例交流会，全市近200家印刷企业的负责人参加会议。协助北京市新闻出版广电局承办第十七届北京市印刷行业职业技能大赛暨第五届全国印刷行业职业技能大赛北京赛区竞赛，参赛单位46家，参赛选手838人，其中，制版工376人、印刷工321人、装订工85人、印品整饰工56人。同期举办北京绿色印刷产业促进商务交流会、京津冀协同发展绿色印刷产业促进商务交流会，设置5个展区，分别展示了绿色印刷成果、绿色印刷原辅材料、绿色印刷清洁生产技术支持、绿色印刷清洁生产成果及咨询服务、数字印刷。

（张仲元）

【北京市手工业生产合作社联合总社】北京市手工业生产合作社联合总社2016年投资收益324万元，净资产为3.8亿元，实现联社集体资产的保值增值。年内，北京联社参加了全国总社会议、大同市政府和北京市投资促进局举办的投资推介座谈会；组织召开京、津、沪、渝四市联社主任交流会。根据联社章程和2015年联社投资收益情况，对联社系统在职会员（职工）继续进行效益“分红”，分红数额在去年基础上有所提高，实现连续9年对联社在职会员（职工）进行奖励分红。联社突出监管职能，参与投资企业规范管理，对参股企业和改制企业的董事、监事进行调整，行使股东权利。联社参与企业改制、实现联社资产保值增值。联社投资北京厨房设备集团和东方电气公司共计199.32万元，通过引入民营资本8017.76万元，对这两家公司进行改制评估，联社投资额变为3827.69万元，投资额增加3628.37万元，增长1820%。在联社参与指导下，通过4年改制运行，这两家企业向联社税后分红161.9万元。白菊公司改制后，向联社税后分红162万元。

联社加大对投资实体北京轻工集团在转型升级和经营工作的指导服务，全年业务总收入9亿元，同比增长7.1%；利润总额4400万元，同比增长15%。豪威大厦形成写字楼经营模式，出租率连续3年保持100%。护国寺宾馆做引入北京传统风俗运作，定期邀请京剧名人现场与戏迷交流，吸引了国内外大量热衷北京传统风俗和京剧艺术的客人入住，提高了酒店入住率和经营收益。经营收入1220万元，比上年提高85万元。年内，轻工供销公司贸易经营业收入7.89

亿元，同比增长 7.9%；经营收益 600 万元，同比增长 5%。签订内贸经营合同 104 份，签订外贸进出口合同 200 份，进出口总额 1578 万美元。联社经营理财产品，全年实现理财收益 2307 万元，比上年增加 197 万元。

（霍永峰）

【北京食品协会】 2016 年，北京食品协会坚持服务宗旨，认真履行协会职能，努力工作，为促进首都食品行业发展做出新贡献。

推动产业优化升级。了解行业发展情况和经验，多渠道搜集信息，为政府部门决策提供服务。组织会员企业参与行政副中心建设。与多家行业协会联合举办市经济信息化委政策宣讲会，介绍“互联网 + 新趋势与北京市两化融合发展情况”和“中小企业政策解读”。协会推荐北京燕京啤酒、王致和、稻香村、北冰洋、御食园等 11 家企业获得“全国食品工业优秀龙头食品企业”称号。推荐北京康贝尔食品有限公司“马大姐”品牌评选北京市著名商标。配合市经济信息化委参加北京凯达恒业农业技术开发有限公司、燕京啤酒股份有限公司、北京麦帮食品有限公司、北京金田麦国际食品有限公司 4 个项目的工业发展资金支持项目验收。配合北京节能环保中心参与北京华鹏食品有限公司、北京麦当劳食品有限公司、北京京日大东食品有限公司、亿滋食品（北京）有限公司、北京东方红生物制品有限公司 5 家企业的清洁生产项目审核工作。与中国社会科学院食品药品产业发展与监管中心共同举办“2016 年中国食品产业发展高层论坛”活动。组织 50 多家会员企业与中科院的专家学者研讨“十三五”期间食品产业和食品企业的挑战与机遇、转型升级与发展趋势。

推动京津冀协同发展。协会率队到河北赤城、景县考察交流，先后接待河北省玉田、青县、邱县考察，就京津冀协同发展、北京产业转移情况和招商意向进行沟通交流。组织 38 家会员企业赴河北省张家口市参加“首届京津冀农产品（食品）加工与品牌建设高端峰会”，开设 8 个展位，北京稻香村食品有限责任公司介绍了品牌建设的经验体会。组织会员企业到河北省沧州市（环渤海新区）参加第三届京津冀食品产业协同发展论坛，北京百花蜂业科技发展股份公司做了大会发言。与河北省邯郸市政府共同主办第二届京冀（邯郸）食品行业对接会，北京 47 家会员企业与河北省邯郸市 40 家企业对接洽谈，燕京啤酒与矿区彭溢源富硒矿泉水，华都集团与成安金都食品、君诺食品，月盛斋与成安兆辉生物，六必居与临漳多家酱类生产企业初步达成合作意向。与河北省玉田县政府举办“京津冀协同发展国家（玉田）农业园区招商推介会”，协会组织会员企业 50 家、玉田县组织种养殖大户、食品加工企业 20 家参加推介会。

开展食品安全活动。配合市卫生计生委做好《北京市食品安全企业标准》贯彻落实工作，组织会员企业相关专业人员参加食品安全标准大讲堂活动；组织会员企业相关专业人员参加市卫生计生委举办的北京市食品安全检验方法标准培训班。开展诚信体系建设工作，寻访重点企业，就诚信体系运行状况交流心得体会，提炼诚信管理精髓。与北京食品学会联合主办“2016 第九届中国北京国际食品安全高峰论坛”，邀请国家食品药品监督管理总局、中国社科院、中国农科院、中国农业大学、中国工商大学和食品行业的多位专家宣讲、研讨“企业责任与诚信体系建设”“技术创新与质量控制”“食品安全大数据与食品安全追溯”。

组织展览展示。组织会员企业赴山东省烟台市参加“第 11 届东亚国际食品交易博览会”，赴福建省福州市参加第 11 届中国国际餐饮食品博览会，在京参加农业部展览。组织二商集团、京粮集团、稻香村等会员企业参加“2016 中国上海国际食品博览会”，让众多京城老字号产品和知名品牌产品亮相。组织会员企业 80 余名相关人员参与主题为“加强实验室能力建设，提高实验室检测水平”的第三届中国食品企业实验室检测与管理技术论坛，论坛期间组织人员到中粮集团中心实验室和北京三元食品工业园进行参观学习和专业交流。与北京食品学会共同主办“中国食品科技北京论坛”，协会组织 60 家会员企业的近百名有关技术、管理人员参加，交流新技术、新工艺、新方法，推动理论与实际相结合。

加强协会自身建设。协会杂志《北京食品信息》出刊 12 期，宣传党和国家、北京市的政策方针、产业政策和要求，行业发展信息和会员动态情况。在市民政局进行的“中国社会组织”等级评选中，再次被评为 4A 级协会。协会队伍继续扩大，北京凯达恒业农业技术有限公司、北京弘基农业科技发展有限公司、北京卓悦通源商贸有限公司经申请成为协会会员。

（李明亮）

【北京市调味品协会】 2016 年，北京市调味品协会推动行业发展及管理，发挥桥梁和纽带作用。参加市民政局组织的“中国社会组织等级”评估工作，被评为 3A 级协会。协会多次参加主管委办局和上级协会的会议和学习活动，参加市商务委组织的“北京商务工作会”，参加“北京市商业服务业社团组织党建专职工作者高级管理研修班”学习，参加中国工业经济联合会组织的《行业协会改革发展形势》报告会。组织会员单位参加市卫生计生委《食品安全大讲堂》讲座，全年会员单位共有85人次参加听课。协会及六必居、仙源等会员单位参加了北京市豆制品协会“诚信长城杯创建（升级）”会议，六必居食品有限公司参加了创建活动并获得荣誉。接待河南省汤阴县政府招商局交流考察。协会组织会员单位参加公益活动，六必居公司参加了长椿街西社区“安全食品进社区”活动，讲解食品安全卫生知识，开展义展义卖；二商龙和、老才臣参加了工经联举办的《知名企业进社区活动》。协会参加北京市豆制品协会年会，与豆制协会及会员单位进行工作交流。协会受商务部、国家标准化管理委员会和国家卫生计生委的委托，进行行业标准研究、论证、评估和制定与修订工作，配合国家卫生计生委，参与食品安全国家标准《酱油》《食醋》《复合调味料》《香辛料通则》《食醋生产卫生规范》《酱油生产卫生规范》的研讨会议和技术咨询。

（陈　杰）

【北京化学工业协会】2016年，北京化学工业协会受市经济信息化委的委托，完成《北京东方化工厂调整转型专项工作推进》和《北京石化行业落实“京津冀”一体化实施方案中的产业分类研究》两个课题的研究。配合市经济信息化委开展农药企业的农药批准证书的延续核准与现场审核以及监控化学品技术支持服务工作。受市安监局委托完成《北京市工业企业危险化学品库房管理人员安全手册》和《北京市工业企业涉危使用安全管理手册》的编写，承担了由市安监局主管的《生产经营单位安全生产等级评定技术规范》中的《危险化学品生产企业》，《生产经营单位安全生产等级评定技术规范》中的《瓶装经营企业》和《危险化学品常压储罐安全管理规范》3个地方标准的编写工作。受北京经济技术开发区安监局委托，对开发区内40家重点工业企业的独立危险化学品库房开展治理工作试点。受怀柔区安监局委托，对怀柔区内涉及危险化学品使用的单位进行调研，完成《怀柔区危险化学品使用情况调研报告》，完成10家危险化学品使用单位规范性管理试点工作。受通州区安监局委托，完成通州区内约30家加油站的贯标改造方案审查工作以及60家危险化学品企业退出现场确认工作。受市人力资源和社会保障局委托，完成北京市工程技术系列“化工与纺织”职称评审服务工作，共有高级职称参评人员141人、中级职称参评人员204人。完成3家单位的实验室认证工作，为8家危险化学品使用单位的134人进行了危险化学品安全培训。

（李铁慧）

【北京设备管理协会】2016年，北京设备管理协会坚持为企业服务的宗旨，维护企业的正当权益。举办了多种形式的新产品、新材料、新技术、新工艺介绍，进行了设备管理培训，组织制定了《金属加工设备通用技术条件》，开展了“设备资产管理岗位培训”。发挥协会的优势，推动电梯行业发展，协会电梯专业委员会有成员单位112家，约占全市电梯企业的70%。其中，世界著名品牌厂家13家，安装企业60家，维保企业39家，形成电梯生产、销售、安装、维保产业链新型行业体系。工业设备维修市场社会化、专业化已初步形成，没有发生合同纠纷和维修质量问题。各维修企业普遍建立安全生产管理制度、质量管理制度、备品备件管理制度、售后服务制度和技术档案管理制度。

（张京齐）

【北京室内装饰协会】北京室内装饰协会于1987年12月15日成立，是一级社团法人。设有会员部、信息部、企业资质认证部、人才培训部、投诉办公室、市场管理委员会、质量监督委员会、设计委员会、环境监测委员会、古建装饰专业委员会、北京室内装饰协会工程咨询服务专业委员会和家居文化配饰设计专业委员会等机构。

2016年，协会承担政府交办的工作，发挥行业引领作用，完成4项政府购买服务项目。其中，市总工会购买服务项目“鲁班”工程——培养古建室内非物质文化遗产技术继承人，连续4年在河北省承德市开展培训活动，共有221名会员企业职工参加学习，此项目连续4年获得市总工会政府购买服务项目优秀品牌。室内装饰装修项目作为市总工会购买服务项目，已连续开展2年。完成北京市社会建设办公室和市总工会“购买社会组织管理岗位”项目申报工作。协会秘书处坚持为企业、为社会服务宗旨，积极发挥市场部作用，提高办事效率和服务水平，全年发展新会员182家，完成310个室内装饰设计资质和施工资质的考察和审批，为会员企业办理资质年检527个。协会在市工商局的监督与指导下，在本行业内开展年度企业诚信星级认定工作，已进行12年，取得社会公信力，成为协会的品牌工作。年内，申报诚信星级企业共130家，14家企业未能按时年检，取消诚信星级企业称号，铜牌证书停止使用并收回。协会开展“做农民工的贴心人”活动，为会员企业职工提供技能培养、安全培训、心理咨询等服务性工作，被市委社会工作委员授予“北京市社会领域优秀党建活动品牌”称号。在“北京市工商联非公经济组织党建工作推进会”上，市工商联授予北京室内装饰协会党支部以及北京市日盛达建筑企业集团有限公司党总支委员会和北京中建华通建设集团有限公司党支部“非公经济党建工作示范单位”称号并颁发铜牌。协会组织业内专家重新修订《室内装饰工程验收规范》已完成。

协会家装委员会在集美家居燕郊店举办了由装饰公司、材料厂商参加的消费者权益日“3·15”公益宣传活动。与集美家居商城联合举办第一届“集美杯”家装设计大赛。协会环境监测委员会在集美家居商城北苑店开展了环保知识公益宣传活动。协会设计专业委员会举办玉树孤儿“6·1”儿童节爱心活动，各界艺术家、书画家和爱心家庭 80 余人，陪伴孩子们度过一个有意义、充满爱心的儿童节。家居配饰文化专业委员会举办家居配饰发展与流行趋势的研讨会，业内专家 39 人参加。

（李美英）

【北京针织行业协会】2016 年，北京针织行业协会按照首都功能定位要求，调整工作重心。支持配合政府和企业做好疏解工作，铜牛股份、辰泽制衣、石龙丸信服装公司、朝外一针等多家企业直接退出生产领域。协会深化服务、当好参谋、做好帮手、走访会员单位、了解生产经营状况，引导企业利用现代科技手段提升销售能力，为企业牵线搭桥，处理转型中的设备、库存、原辅材料，减少企业损失。截至年底，共有会员单位 64 家，由国有、集体、民营的针织行业生产、流通、科技等单位组成。协会再次获评市民政局 3A 级协会。

（脱景华）

【北京铸锻行业协会】北京铸锻行业协会成立于 2007 年。会员单位主要以铸钢、铸铁、有色、精铸、热模锻、自由锻造等工艺企业为主，主要为航空航天、铁路、汽车、电力、化工、机床、工程机械等现代装备制造业配套。协会的任务是在政府方针政策的指导下，参与本行业规划的制订与调整，推动行业进步，以适应首都发展的功能定位。根据 2014 年《北京市工业污染行业、生产工艺调整退出及设备淘汰目录 (2014) 的通知》，2016 年年底在北京市退出铸锻件的生产工序。截至年底，北京还在生产的铸锻造企业约 20 家，主要是军工、外资、央企内的生产工序。

年内，协会与中国铸造协会及河北、天津、泊头及周边省市协会合作，成立“京津冀铸造产业联盟”。与市工业经济联合会及北京模具协会合作，成立北京 3D 打印技术开发、应用联盟，在联盟下设立铸造专业委员会，推广铸造行业 3D 打印技术应用。协会承接市社会工委“走进太阳村、大手牵小手”购买服务项目，承接市总工会“关注铸锻职工心理健康、组织心理咨询、提供人文关怀活动（三期）”购买服务项目，承接市经济信息化委“北京铸锻造企业退出工作支撑项目”，承接北京市环境保护科学研究院“北京市铸锻行业现状调研”项目。协会参加市民政局社会团体管理办公室组织的第二轮北京市社会组织评估工作。参与组织 2016“圣泉杯”全国铸造行业职业技能竞赛（泊头赛区）。协会考察联络河北省、天津市、山东省、河南省、辽宁省、山西省、陕西省及内蒙古自治区特色工业园区，引导企业产能转移，促成北京菲美德机械有限公司落户河北省沧州市献县。在铸锻企业退出北京、协会会员单位锐减情况下，协会整合退出企业的技术及管理人员，组织研发型的技术服务队伍，面向京津冀、山东、山西、河南等区域，针对产业提升进行服务。

（王　青）

【北京金属学会】北京金属学会成立于 1957 年。学会宗旨是在市科协领导和中国金属学会指导下，团结科技工作者，通过开展科普、教育、宣传、咨询、推广、交流等科学技术活动，为提高学术水平，繁荣和发展金属材料研究领域科学技术事业做贡献，团结首都广大冶金科技工作者，树立和落实科学发展观，提高自主创新能力，为繁荣、发展和提升国家冶金科技事业做贡献。学会下设 4 个专业委员会，分别是组织工作委员会、学术工作委员会、科普与青年工作委员会、咨询工作委员会。下设 19 个专业分会，分别是采选分会、焦化分会、耐火材料分会、炼铁分会、炼钢分会、无损检测分会、压力加工分会、金属材料分会、有色冶炼分会、有色压加分会、有色金属材料分会、物理冶金分会、理化检测分会、能源分会、环保分会、冶金设备分会、自动化与计算机分会、技术经济分会、安全与健康分会。常设办事机构为秘书处办公室。学会有团体会员 33 个，会员单位涵盖高校、科研院所，在黑色和有色金属研究领域，拥有雄厚的技术资源，拥有高精尖实验室和仪器设备，以及一支由近 500 人（包括数十名两院院士）组成的专家团队。

2016 年，北京金属学会围绕凝聚科技工作者、提升服务经济社会发展能力和水平的宗旨，在学术交流、公共服务、青年人才成长 3 个方面，积极工作，努力创新争先。

学术交流。学会与中国金属学会高速线材轧机技术装备分会联合主办“第五届线棒材高效能工艺技术研讨会——暨线棒材厂厂长会”，大会主题为“绿色智能制造，推进行业转型升级”。对行业规划进行解读，从钢铁智能制造、新产品开发、钢厂实践经验、长材生产技术、下游用户需求等方面进行了研讨，交流经验。与河北冶金学会、天津市金属学会联合主办“京津冀钢铁业环保技术论坛”，主题为“冶金新常态下的绿色转型”。参会代表70余人，发布大会报告集1册。与中国金属学会炼钢分会联合主办“第十九届全国炼钢学术会议”，参会代表300余人。会议主要内容有学术报告、炼钢厂厂长论坛、分会场论文交流。会议征集论文300余篇，出版论文集1册。与中国金属学会耐火材料分会联合举办“十五届全国耐火材料青年学术报告会”，从会议征集论文中选择30篇优秀论文进行大会宣讲。与河北省冶金学会联合举办“2016互联网+与钢铁工业智能制造高峰论坛”，论坛的主题是“互联网+与钢铁工业智能制造”。与中国金属学会中国钢研科技集团、中国金属学会炼铁分会联合承办“低碳绿色炼铁生产技术高级研修班”，从国内40家著名企业中选出80名高水平炼铁生产技术和管理专家参会。与辽宁、山东、河北、山西、广东、四川金属学会联合主办“第二十三届辽鲁冀晋粤川京七省市矿业学术交流会”，80余名科技工作者参加会议，会议主题为“深入挖掘潜力，高效利用资源，实现冶金矿业企业降本增效”。会议编辑出版了《第二十三届辽鲁冀晋粤川京七省市矿业学术交流会论文集》，共收录了156篇优秀论文，评出一等奖30篇、二等奖48篇、三等奖78篇。

公共服务。受市经济信息化委基础和新材料产业处的委托，学会联合北京科技大学共同开展了《金属3D打印技术对北京制造业带来的发展机遇》专项咨询工作。项目在分析国内外金属3D打印技术现状及应用前景的基础上，调研北京市金属3D打印的产业基础，结合首都产业结构调整优化战略和制造业的特点，研究金属3D打印技术对北京制造业带来的机遇与挑战，提出北京发展金属3D打印产业的对策和建设性意见，并完成《金属3D打印技术对北京制造业带来的发展机遇》专项研究报告。受市经济信息化委基础与新材料产业处的委托，学会联合北京有色金属研究总院组成课题组，开展了“推进北京冶金企业疏解及结构优化”的专项调研工作。对纳入调研的冶金企业（2014年规模以上企业名录）提出保留和疏解的初步建议，对优化北京市冶金产业结构提出建设性意见。举办第九届冶金年会论文征集评选活动，共征集373篇论文，涉及十二大专业类别（炼钢、采选、焦化、炼铁、压力加工、金属材料、专业理化检测、能源、环保、冶金设备、自动化与计算机、综合）。评审出论文获奖260篇。其中，一等奖14篇、二等奖54篇、三等奖76篇、优秀奖116篇。组织“2016（第五届）中国钢铁技术经济高端论坛”，主题为“平台经济两化融合——打造服务型钢铁”，中国钢研科技集团等会员单位代表参加。举办第四届冶金青年学术演讲比赛，7家会员单位的21位选手参赛。评选出一、二、三等奖，以及最佳内容奖、最佳口才奖、最佳风采奖等9个奖项，4个会员单位获得最佳组织奖。资助北京有色金属研究院宋晓云博士赴奥地利格拉茨参加第九届先进材料制备加工国际研讨会，资助北京有色研究总院于冰参加在美国夏威夷檀香山市举办的环太平洋地区电化学和固态科学会议。

（邱冬英）

产　品

【贝贝熊高效强力皂】由北京市大宝日用化学制品厂生产。该产品以自然界芳香植物的含香器官和泌香动物的腺体分泌物为原料，采用物理和生物化学方法进行加工提制而成。多重去污因子强力渗透，对陈旧性的顽固污渍也能清除干净。食品级纯净原料，天然香料，色彩柔和，手感细腻。拒绝碱残留，漂洗清洁省水，温柔呵护双手和衣物。适用于棉、麻、化纤、混纺等质地衣物清洗。产品外观不透明（白色）。规格200克 ×5，包装规格200克 ×5×10（箱）。2016年，贝贝熊高效强力皂市场销售98455箱。

贝贝熊高效强力皂

地址：朝阳区姚家园南路1号院4号楼
邮编：100025
电话：52080389
传真：52080382
网址：www.dabaorihua.com
电子邮箱：dabaotn@126.com
法定代表人：刘卫

（王　志）

【贝贝熊强力油污净】由北京市大宝日用化学制品厂生产。该产品能快速清除厚重及陈旧油污，一喷即得，开机即净，无须拆卸油烟机。全新技术，优化配方，芳香怡人。适用于清除各种硬表面的重垢、轻垢油污，抽油烟机、炉灶、排风扇、汽车引擎上的重油污，玻璃、塑料、墙面瓷砖、机器设备、金属制品表面的中轻度油垢。产品外观不透明（淡蓝色）。规格500克 ×2，包装规格500克 ×2×12（箱）。2016年，贝贝熊强力油污净市场销售98455箱。

贝贝熊强力油污净

地址：朝阳区姚家园南路1号院4号楼
邮编：100025
电话：52080389
传真：52080382
网址：www.dabaorihua.com
电子邮箱：dabaotn@126.com
法定代表人：刘卫

（王　志）

【贝贝熊五洁粉】由北京市大宝日用化学制品厂生产。该产品由表面活性剂、除锈剂和增白剂等复合而成，具有除油、去污、除锈、除垢、增白五合一功能，对宾馆、饭店及家庭中沾染油、污、锈垢的各类餐具、灶具、排风扇、水泥墙围和水磨石地面等有一擦即净的功效。清洗印刷或修理工人手上的油污效果更佳，还可以清除机床设备油污。产品外观不透明(粉末状)。规格500克，包装规格500克 ×30袋（箱）。2016年，贝贝熊五洁粉市场销售1232633箱。

地址：朝阳区姚家园南路1号院4号楼
邮编：100025
电话：52080389
传真：52080382

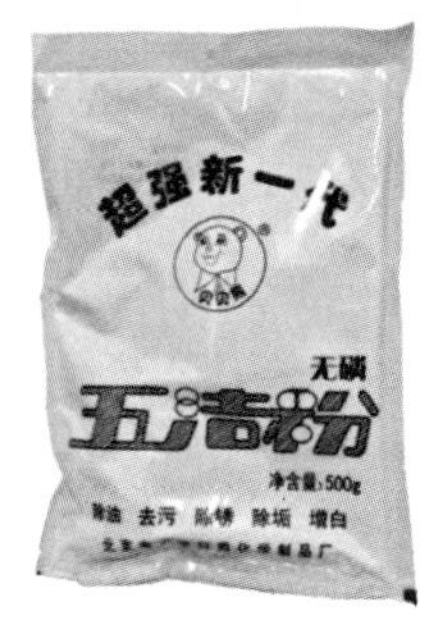

贝贝熊五洁粉

网址：www.dabaorihua.com
电子邮箱：dabaotn@126.com
法定代表人：刘卫

（王　志）

【BH—YTB 型双台车节能环保火化机】由北京市火化设备厂生产。该产品适用于火化量较大的各类型殡仪馆。火化机配备双车换位系统，骨灰冷却不占用遗体火化时间，可连续进行遗体火化，增加了班次火化量，降低了遗体火化时间和平均油耗（气耗）；使用燃料为柴油或天然气，炉体搭载主燃燃烧室和再燃燃烧室，增加了烟气滞留时间，使可燃物充分分解燃烧；配置了高清摄像头及监视器，能随时观察烟尘排放情况；采用进口或同等品质的国产电器元件，安全可靠；外壳采用国标 304 不锈钢拉丝板或蚀刻板，庄重大方；排放达到国家环保排放标准。2016 年，内蒙古五县殡仪馆安装 1 台，北京东郊殡仪馆安装 2 台，八宝山殡仪馆安装 8 台。

BH—YTB 型双台车节能环保火化机

地址：海淀区黑龙潭路 58 号
邮编：100094
电话：62895122
传真：82557590
电子邮箱：bh1947@126.com
法定代表人：孙黎明

（王　志）

【遗物垃圾焚烧炉】由北京市火化设备厂生产。该产品为焚烧花圈、遗物及墓地各类垃圾的专用设备。配有供风系统及引风系统；炉体内部无燃烧器，采用无燃料的燃烧方式；炉门采用电动遥控；有手动清灰和电动清灰两种方式，可搭配尾气处理设备使用，提高净化烟气效果，环保高效。外观采用仿古建筑造型，与殡仪馆的整体建筑风格相协调。2016 年，怀柔殡仪馆、密云殡仪馆各安装 1 台。

遗物垃圾焚烧炉

地址：海淀区黑龙潭路 58 号
邮编：100094
电话：62895122
传真：82557590
电子邮箱：bh1947@126.com
法定代表人：孙黎明

（王　志）

【残物收集器】由北京市火化设备厂生产。该产品为火化行业设计，使员工免受高温粉尘的危害。采用工业级旁通真空泵，吸力强劲；配备两个刹车装置，便于机身移动；电控部分采用三相四线接地保护供电，带有过载、过流、缺相保护开关，可 24 小时连续工作；滤袋由进口聚脂纤维制成，过滤精度达 3 微米，耐 280℃高温；机身内部设有旋风分离器，带有真空指示表，采用手摇清灰方式，搭配可装卸尘桶；机身配有消声器，噪声控制在国家排放标准（80dB）以下；吸管由进口硅胶或不锈钢软管制成，使用灵活方便。2016 年，向东郊殡仪馆、八宝山殡仪馆销售 7 台。

残物收集器

地址：海淀区黑龙潭路 58 号
邮编：100094
电话：62895122
传真：82557590
电子邮箱：bh1947@126.com

法定代表人：孙黎明

（王　志）

【呼吸道病原菌恒温扩增微流控核酸分析系统】北京博奥生物集团有限公司自主研制的 RTisochipTM-A 恒温扩增微流控芯片核酸分析仪和呼吸道病原菌核酸检测试剂盒（恒温扩增芯片法），分别获批创新医疗器械特别审批申请审查通知单，并获得医疗器械注册证书，而后产品上市销售。利用该试剂和仪器配套平台，一次可检测肺炎链球菌、嗜肺军团菌、鲍曼不动杆菌、肺炎支原体等 13 种与呼吸道感染相关的病原微生物（其中 8 项指标获得 CFDA 证书，进入临床应用），并将从取得病人样本到给出检测报告的时间缩短到 2 小时以内。与现有常规检验手段相比，该平台具有检测速度快、灵敏度高、结果准确、多指标并行检测等显著优势，改变了呼吸道感染诊治领域长期存在的“经验用药”局面，引领国内呼吸道病原菌检测进入“精准时代”。自投入市场以来，呼吸道病原菌碟式芯片系统已在全国 26 个省、直辖市、自治区的 100 多家医院得到应用。截至 2016 年年底，恒温扩增微流控核酸分析仪已销售 413 台，试剂销售 18074 人份，累计销售额达到 5849 万元。因技术上的显著创新和工业设计上的突出特点，该系统获得科学仪器行业“优秀新产品奖”（2014）、中国仪器仪表学会“科学技术一等奖”（2015）、北京市新技术新产品（服务）证书（2015）、国家知识产权局“中国专利优秀奖”（2016）、工业设计界国际大奖“红点奖”（2015）等一系列荣誉，并入选“2016 年中国医药生物技术十大进展”项目。

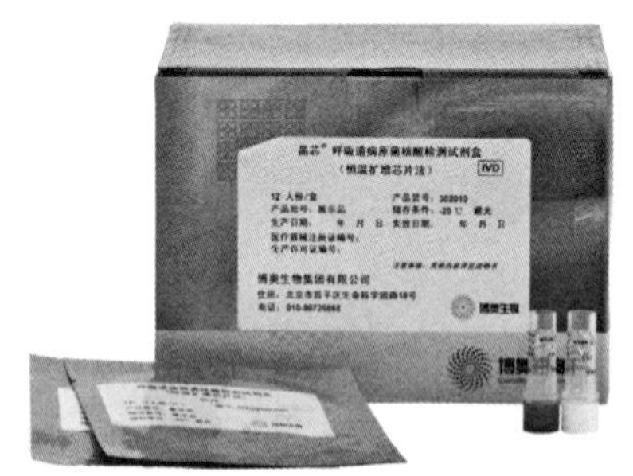

呼吸道病原菌核酸检测试剂盒

地址：昌平区生命科学园路 18 号

邮编：102206

电话：80726868

传真：80726898

网址：cn.capitalbio.com

电子邮箱：yjia@capitalbio.com

法定代表人：周立业

（苏晓娟）

【强热型空气源热泵】同方人工环境有限公司的强热型空气源热泵于 2015 年完成研发，并立即投入生产使用。该产品通过了江苏省科学技术厅认证，被认定为江苏省高新技术产品，先后获得发明专利 1 项、实用新型专利 5 项，具有自主知识产权。产品适合城市热力网未到位或市郊偏远地区无法实现大规模集中供暖的家庭使用。强热型空气源热泵采用 EVI 喷气增焓高温出水专用压缩机，通过低温高效补气增焓技术实现准二级压缩，在低环境温度下最多可提高 30% 的制热能力，提高了机组的制热效果，增强了机组的稳定性。机组可在零下 25℃室外环境下稳定运行，供水温度可达 65℃，适用于寒冷地区采暖。强热型空气源热泵机组采用分体结构设计，可以有效解决冬季因电压不稳、停电或使用不当而出现的机组冻裂问题；利用过冷抑、化霜水导流等智能除霜技术保障机组运行，提高工作效率；机组有多种运行模式供选择，可连接地暖、风盘、暖气片等多种末端，通过室内控制面板进行模式切换，以满足农村地区使用要求。2016 年，北京市政府启动农村地区“煤改电”，实施 400 个村庄清洁能源改造工作，同方人工环境有限公司作为热泵领域的先行者，成为年度中标最多的企业，近 1.3 万台强热型空气源热泵机组投入使用，凭借其高效、环保两大优势，供暖和节能效果赢得了政府和用户的认可。

强热型空气源热泵（室内机）

强热型空气源热泵（室外机）

地址：海淀区王庄路 1 号清华同方科技广场 B 座 22 层

邮编：100083

电话：82378866

传真：62341080

网址：www.thrh.com.cn/

电子邮箱：xiong_tao@thrh.com.cn

法定代表人：秦绪忠

（赵越　熊涛）

【新一代热轧带钢超密集快冷装置】北京科技大学设计研究院有限公司在新一代热轧带钢超密集快冷装置的研发中，首次采用 Solid Works 3D 绘图软件进行结构设计，在设备加工厂对新型超密集快冷集管进行了多次结构优化和水型测试，对于集管结构对流体的影响规律做了深入研究，实现了新一代超密集快冷装置在邯钢 2250 热轧厂试用，使用效果良好。随着河北安丰 1780 热连轧生产线超密集快冷装置项目的签约，超密集快冷集管得到进一步的推广应用。2016 年销售收入 14031 万元，创造利润 380 万元。

新一代热轧带钢超密集快冷装置

地址：海淀区学院路 30 号北京科技大学工程技术研究院
邮编：100083
电话：62332598
传真：62332947
网址：nercar.ustb.edu.cn
电子邮箱：bkdgyy@ustb.edu.cn
法定代表人：陈雨来

（何春雨）

【日照 1580 精轧模型】日照钢铁公司原自动化系统是由北京科技大学工程技术研究院在 2006 年负责实施，已稳定运行了 10 年，随着日钢产品大纲的修订及设备老化等原因提出了改造需求。2016 年 9 月 6 日，1580 精轧升级改造项目上线运行，用 3 天时间即完成系统的功能调试和实现日产量目标。11 月 17 日，日钢 1580 生产线一次试生产 1.1 毫米花纹板成功，同时批量生产 1.2 毫米花纹板 10 块。试生产过渡规格少、生产稳定性高、产品质量优，为后期的批量化生产极薄规格花纹板创造了良好条件，截至年底已完成 1.2 毫米薄规格的多个生产订单。日钢 1580 产线 1.2 毫米薄规格的批量化生产，标志着轧制中心热连轧自动化系统在薄规格稳定轧制和质量控制方面实现突破。

地址：海淀区学院路 30 号北京科技大学工程技术研究院
邮编：100083

日照 1580 精轧模型

电话：62332598
传真：62332947
网址：nercar.ustb.edu.cn
电子邮箱：bkdgyy@ustb.edu.cn
法定代表人：陈雨来

（宗胜悦）

【越野整体自装卸车及通用托盘、油罐托盘】是北京三兴汽车有限公司产品，2016 年投产。整套装备由整体自装卸运输车、通用托盘和油罐托盘组成。整体自装卸车作为运输载体，通用托盘和油罐托盘与整体自装卸车配套使用。其关键技术是整体自装卸车的总体布置，保证越野工况下整套装备通过性好、安全可靠。

越野整体自装卸车及通用托盘、油罐托盘

地址：丰台区新村一里 15 号
邮编：100070
电话：63716231
传真：63729066
网址：www.bsx3603.com
电子邮箱：chenjing3603@163.com
法定代表人：李建韦

（吴芳芳）

【餐车】是北京三兴汽车有限公司产品，2016 年投产。餐车主要由底盘、空调系统、供排水系统、配电系统、控制与监测系统、配餐设备、就餐设施和附件等组成。整车内部分为驾驶区、就餐区和配餐区三部分，分区合理；设置空调系统以满足极寒和极热地区就餐人员的需求。

餐车

地址：丰台区新村一里 15 号
邮编：100070
电话：63716231
传真：63729066
网址：www.bsx3603.com
电子邮箱：chenjing3603@163.com
法定代表人：李建韦

（吴芳芳）

【QHJ 喷气燃料补给车】是北京三兴汽车有限公司产品。QHJ 喷气燃料补给车由二类底盘、罐体总成、输油管路总成、液压控制系统、电气控制系统、安全系统等组成，具有加油计量、自吸装油、余油排空、循环搅拌等功能。其关键技术是等压力、等流量控制，主要用于在码头为舰艇运输和补给航空燃料。QHJ 喷气燃料补给车主要作业功能为利用油库动力或自身动力向油罐装油、储存运输、加油、收油、计量、管内余油回抽、流量调节控制。油罐额定容量 2 万升；额定流量 1300 升 / 分钟；最大补给距离为不跨舰补给 30 米，跨舰补给 60 米。2013 年公司完成了两台样机试制，2014 年开始设计定型试验，2016 年已完成所有定型试验。

QHJ 喷气燃料补给车

地址：丰台区新村一里 15 号
邮编：100070
电话：63716231
传真：63729066
网址：www.bsx3603.com
电子邮箱：chenjing3603@163.com
法定代表人：李建韦

（吴芳芳）

【SF 双层油罐】是北京三兴汽车有限公司产品。全称“钢—玻璃纤维增强塑料双层油罐”，主要用于加油站、油库等地储油。采用覆土方式埋设在地下，具有独立的内层和外层罐壳体，内外层罐壳体之间连接可靠并具有贯通间隙。产品包括 25 立方米、30 立方米、50 立方米规格，与之配套的机械防溢控制装置、高低液位报警装置、微小泄漏检测装置样机已进入调试与防爆认证阶段。对 SF 双层罐，中石化安全院认证和美国 UL 认证在同步进行，申报资料已送达中国石化安全工程研究院。

钢—玻璃纤维增强塑料双层油罐

地址：丰台区新村一里 15 号
邮编：100070
电话：63716231
传真：63729066
网址：www.bsx3603.com
电子邮箱：chenjing3603@163.com
法定代表人：李建韦

（吴芳芳）

【QG2.0 中置轴挂车】是北京三兴汽车有限公司产品。QG2.0 中置轴挂车是为满足部队装备需要而开发，是由猛士系列车型牵引、适应猛士机动性能的越野型挂车。其主要用于物资运输及改装，可装载弹药、武器、军需等进行日常运输工作，也可为卫生装备、野营装备、维修装备、油料装备等提供底盘进行改装。2016 年，QG2.0 中置轴挂车在东部战区进行部队试用，完成了车箱地板系固环、牵引臂、蓬杆、篷布与篷布钩、越障板、车箱内支撑等 13 项优化设计。预计于 2018 年投入部队使用。

地址：丰台区新村一里 15 号
邮编：100070
电话：63716231
传真：63729066
网址：www.bsx3603.com

QG2.0 中置轴挂车

电子邮箱：chenjing3603@163.com
法定代表人：李建韦

（吴芳芳）

【2 吨厢式挂车】是北京三兴汽车有限公司产品，2016 年投产。2 吨厢式挂车由挂车底盘和可分离式上装厢体组成。上装与底盘之间采用集装箱角件、旋锁固定，可实现无工具快速拆装。厢体为左、右、后三开门，内部骨架和隔板可根据所装物品实际尺寸调整。

2 吨厢式挂车

地址：丰台区新村一里 15 号
邮编：100070
电话：63716231
传真：63729066
网址：www.bsx3603.com
电子邮箱：chenjing3603@163.com
法定代表人：李建韦

（吴芳芳）

【2500 升加油挂车】是北京三兴汽车有限公司产品，2016 年投产。是采用陆军定型的 3.5 吨挂车底盘改装的罐式特种车辆。整车主要由 3.5 吨挂车底盘、油罐、平台、操纵舱、油路系统及操纵控制系统等组成，具有加油计量、自吸装油、移动泵站、油泵卸油等功能。
地址：丰台区新村一里 15 号
邮编：100070
电话：63716231
传真：63729066
网址：www.bsx3603.com

2500 升加油挂车

电子邮箱：chenjing3603@163.com
法定代表人：李建韦

（吴芳芳）

【915 纳米 /158 瓦高功率高亮度半导体激光器】北京凯普林光电科技股份有限公司的高亮度半导体激光器产品，是一款专为高性能光纤激光器设计的高效泵浦源。产品荣获 2015 年激光产品创新奖，2016 年通过市科委创新产品认定。产品设计采用专利技术的多单管激光光束进行空间和偏振合束，高效耦合入 105 微米 /0.22NA 光纤，实现了≥ 158 瓦的稳定光功率输出。其性能指标达到国际一流水平，成功替代进口产品，填补了中国市场同类产品空白。该产品在突出型的同时，通过独特的结构工艺设计以及材料的优化，保证了器件内部热量易于导出，进而提高了产品的长期可靠性。2016 年，该产品销售额为 1176 万元，其中出口创汇 82 万美元。

915 纳米 /158 瓦高功率高亮度半导体激光器

地址：丰台区航丰路甲 4 号 2 层
邮编：100070
电话：83681053　13911045557
传真：83682949
网址：www.bwt-bj.com
电子邮箱：sales@bwt-bj.com
法定代表人：陈晓华

（吴芳芳）

【976 纳米 /100 瓦波长稳定高功率高亮度半导体激光器】由北京凯普林光电科技股份有限公司生产，在超快激光领域成为受客户欢迎的产品之一。该激光器产品在多单管光纤耦合技术的基础上实现了 100 瓦的高

亮度激光输出，同时采用了体式光栅锁波技术，波长控制在 ±0.5 纳米范围内，光谱半高全宽＜1 纳米，并且在较宽的功率范围（或温度范围）内实现了稳波长窄线宽的激光输出。由于性能优异，技术指标与国际大牌厂商产品相当，该产品在多项国家重大工程项目上获得应用。2016 年，该产品销售额为 1049 万元，其中出口创汇 69 万美元。

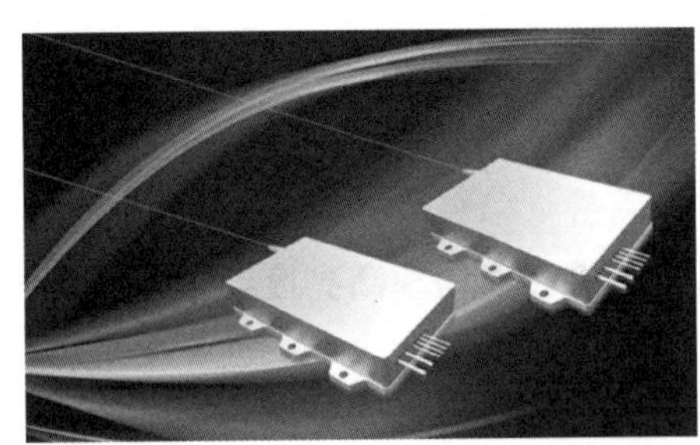

976 纳米 /100 瓦波长稳定高功率高亮度半导体激光器

地址：丰台区航丰路甲 4 号 2 层

邮编：100070

电话：83681053　13911045557

传真：83682949

网址：www.bwt-bj.com

电子邮箱：sales@bwt-bj.com

法定代表人：陈晓华

（吴芳芳）

【千瓦级直接半导体激光应用系统】北京凯普林光电科技股份有限公司推出的 Leaf 系列产品提供 1000 瓦、2000 瓦、3000 瓦大功率光纤耦合输出。与传统加工方式相比，半导体激光器具有更高的电光转换效率，通过光纤传输的光斑能量分布均匀，在激光焊接、熔覆、增材制造、再制造大型工件修复等应用领域中可提供更高性价比、更大加工灵活性。在热传导焊方面，凯普林光电千瓦级光纤耦合半导体激光器输出光纤为 300 微米，光斑近似平顶分布，在保证焊缝质量的同时降低了对工装夹具精度的要求，非常适用于不锈钢薄板的焊接。在激光熔覆方面，光纤耦合输出的千瓦级半导体激光器充分发挥了柔性加工的优势，降低了操作的复杂性，在小工件的熔覆和移动式修复应用中优势尤其明显。2016 年，该产品销售额为 42.5 万元（工程样品）。

地址：丰台区航丰路甲 4 号 2 层

邮编：100070

电话：83681053　13911045557

传真：83682949

网址：www.bwt-bj.com

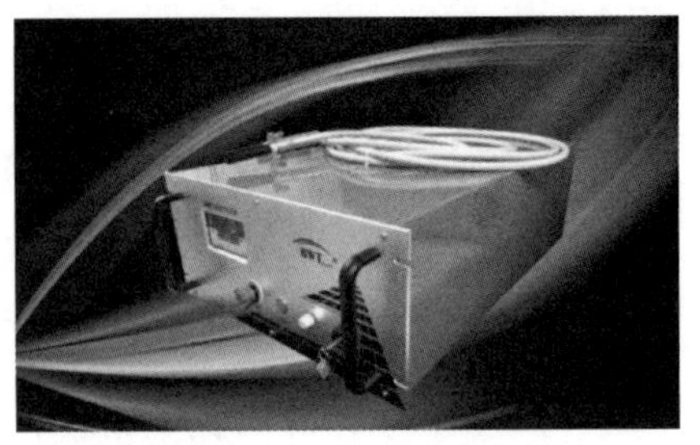

千瓦级直接半导体激光应用系统

电子邮箱：sales@bwt-bj.com

法定代表人：陈晓华

（吴芳芳）

【红外激光夜视光源】北京凯普林光电科技股份有限公司推出的近红外波段光纤束输出半导体激光模块，可提供 4 瓦到 20 瓦激光功率的产品，应用于远距离安防监控系统。多路激光光束集束输出，形成均匀平顶光斑，对远距离 CCD 接收提供清晰的图像；稳定、可靠的大功率激光输出可实现 500 米到 3000 米距离内全天候监控，为高铁沿线、边防、海岸线、油田等地区提供高效、便捷和经济的安防解决方案。该系列产品自 2008 年开发以来，已在广深高铁、河北高速、东海沿线及新疆反恐等项目中得到应用。2016 年，该产品销售额为 1036 万元。

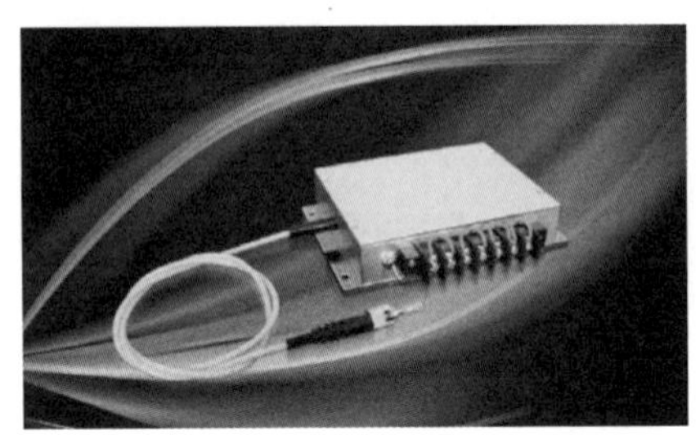

红外激光夜视光源

地址：丰台区航丰路甲 4 号 2 层

邮编：100070

电话：83681053　13911045557

传真：83682949

网址：www.bwt-bj.com

电子邮箱：sales@bwt-bj.com

法定代表人：陈晓华

（吴芳芳）

【法棍面包】是北京味多美食品科技有限责任公司的代表产品。选用法国活性酵母制作酸面种。原味法棍面包只用面粉、酵母、盐和水 4 种原料，是健康经典的法式面包。法棍面包刚出炉时能听到轻微的炸裂声，表皮酥脆、颜色金黄，有漂亮的刀口。内部有不规则的孔洞，组织湿润，口感柔软，令人回甘生津。2016 年，生产法棍面包2360060个。

法棍面包

地址：大兴区天荣街24号
邮编：102609
电话：60279333
传真：60279333
网址：www.wdmcake.cn
电子邮箱：980543959@qq.com
法定代表人：黄利

（朱红金）

【“美丹”牌食品】北京市美丹食品有限公司的产品以起酥类糕点、休闲食品、膨化、薯片、饼干、蛋糕派、蛋卷为主，产品销售网络遍布全国。“芙兰德”将蛋糕与苏打饼干的工艺完美结合，产品层次分明，颜色诱人，口感香甜外酥内软；因加入了碳酸氢钠，产品本身呈现弱碱性，可平衡人体内酸碱度，又因部分面团采用发酵工艺，具有发酵制品特有的香气，易于消化。“美乐包”选用中粮集团的优质面粉为主原料，加入新西兰进口全脂奶粉、白砂糖等，用料种类丰富；引进欧洲全自动的叠层起酥生产线，采用发酵工艺生产；产品本体颜色金黄，口味独特，层次清晰，松软可口，以动感巧克力涂饰。“百搭蛋糕”以鲜鸡蛋为主要原料，选用优质蛋糕粉，加入白砂糖、进口奶粉、优质奶油等原料，用料种类丰富；产品本体颜色金黄，蛋香浓郁，口感细腻，松软有弹性，外侧增加巧克力涂层，口感细滑，奶香浓郁，表面点缀彩色糖粒，色彩艳丽。“全发酵饼干”采用成熟的二次发酵生产工艺，因加入碱性的食品添加剂，使得产品可以中和胃酸，缓解胃部不适，并因发酵工艺本身的特点，使得产品酵香浓郁、易于消化；配方中未添加蔗糖，为咸饼干，口感酥松且不腻口，满足消费者低糖的健康饮食需求。“欧式麦松塔”酥松可口，层次分明，巧克力搭配千层的酥脆。2016年，公司实现销售收入1.2亿元，其中出口收入近2000万元，利税达800余万元。

地址：大兴区庞各庄镇工业区10排19号

美乐包

芙兰德

邮编：102601
电话：89280555
传真：89280780
网址：www.meidan.com.cn
电子邮箱：meidancxn@126.com
法定代表人：陈陆友

（周艳菊）

【无细胞百白破b型流感嗜血杆菌联合疫苗】由北京民海生物科技有限公司生产，是国内首创，可同时预防百日咳、白喉、破伤风以及由b型流感嗜血杆菌引起的疾病。1月27日，《一种磷酸铝佐剂原位法制备乙肝疫苗的方法》《一种EV71病毒杆菌颗粒及其制作方法与应用》正式通过国家专利局实质性审核，获颁国家发明专利证书。这一骄人的成绩为民海生物带来一笔雄厚的无形资产，增强了民海生物在疫苗研究领域的国内领先地位和在生物疫苗领域的影响力。8月16日，民海生物取得了四联疫苗的注册证。当月，民海生物将首批2000支四联疫苗发往乌兹别克斯坦销售，标志着民海的四联疫苗走出了国门。

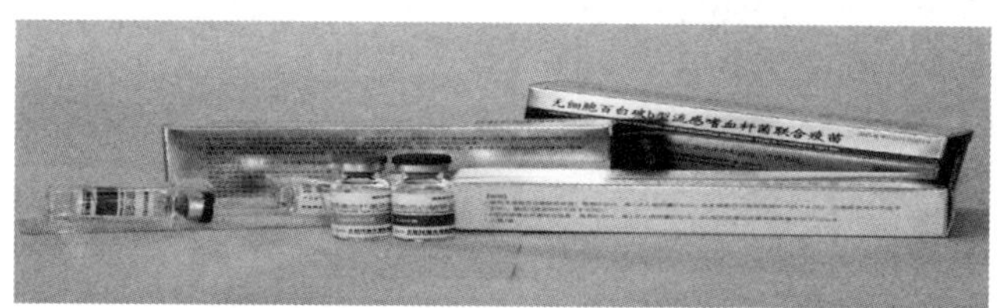

无细胞百白破b型流感嗜血杆菌联合疫苗

地址：大兴区思邈路35号
邮编：102600
电话：59613600
传真：59613655
网址：www.biominhai.com
电子邮箱：lusha2866@126.com
法定代表人：杜伟民

（路 沙）

【“倍菱”胶原蛋白海绵】由北京益而康生物工程开发中心生产。“倍菱”胶原蛋白海绵上市以来，市场占有率接近30%，已成为公司的主导产品之一。2013

年获得中国质量协会科技创新产品金奖、科技创新成果一等奖。2014 年“胶原蛋白海绵专利产业化”项目取得资金支持。其在临床手术过程中能够提高手术效果，减轻患者的痛苦。产品以牛跟腱为原材料，经过病毒灭活工艺，酶解、纯化、互贯网络技术而制成，主要成分为 I 型胶原蛋白。本产品具有止血、促进组织修复之功能，可在体内经胶原酶降解后完全吸收，可作为医用止血和修复材料，广泛应用于外科、妇产科及烧伤科、口腔科等。胶原蛋白海绵是一种新型生物医学材料，不仅有效地促进毛细血管的形成，加速肉芽组织生长，作为缺损部位组织填充物从而引导组织再生，促进各种创面的快速愈合，还具有止血等作用。2016 年，生产胶原蛋白海绵 110 万片，销售胶原蛋白海绵 94.67 万片，胶原蛋白海绵市场占有份额在 30% 左右。

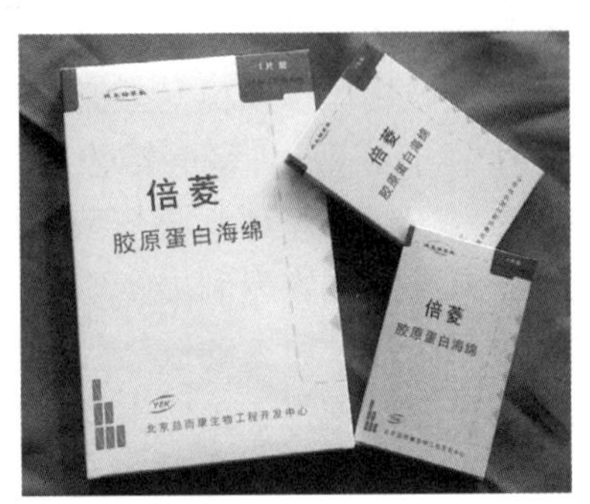

“倍菱”胶原蛋白海绵

地址：大兴区工业开发区金苑路 9 号
邮编：102600
电话：60213636
传真：602216634
网址：www.bjyek.com
电子邮箱：bgs@bjyek.com
法定代表人：宋文领

（益而康）

【太阳能跨季节蓄热技术应用】由天普新能源科技有限公司研发，是结合中国北方地区情况，将太阳能集热技术、浅层地热技术和土壤储热技术有效结合的一种新型采暖解决方案，通过土壤蓄能方式使春夏秋 3 个非采暖季的太阳能得到收集并储存，实现冬季采暖、夏季制冷、生活热水三大功能。具有零排放、无污染、运行稳定、运行费用低、智能控制管理方便等特点。该技术对于实现太阳能全年收集利用，消除采暖小煤炉对北京空气质量的影响、改善居民生活质量、缓解首都能源供需状况具有重要意义。同时该技术是解决中国住宅、公共建筑等采暖制冷、降低建筑耗能的有效手段，并解决了地源热泵应用时地下热能失衡的问题。2015 年，天普“太阳能跨季节蓄热技术”被评为第十四届中国住宅博览会“重点推广技术”；2016 年，天普“太阳能跨季节蓄热技术研究与示范”项目获得大兴区科学技术一等奖。

太阳能跨季节蓄热技术应用

地址：大兴区榆垡工业区榆昌路 8 号
邮编：102612
电话：61230095
传真：61239666
网址：www.tianpu.com
邮箱：tianpu999@126.com
法定代表人：程翠英

（程千勇）

【SR360R 高效入岩旋挖钻机】360 级别旋挖钻机因其具有入岩能力强、施工范围广、市场潜力大等特点，已成为该领域的主销机型。三一重工股份有限公司开发出全新规格的 360 级别产品 SR360R，配置旋挖钻机专用底盘，摆脱了对 CAT 底盘的依赖。相比同类产品，SR360R 的性能大幅提高，主要体现在：最大加压力增加 16.7%，达到 280 千牛，强力入岩；最大提升力增加 21.4%，达到 340 千牛，轻松起拔；动力头扭矩提高 10 千牛·米，强力钻进；整机稳定性吨位达 116 吨，施工更加平稳。SR360R 首次引入 DFEMA 分析工具对旋挖钻机故障进行风险分析，通过对各种故障进行风险顺序数排序，梳理出哪些质量问题应该优先规避，而一些看似重要的故障则可以放到次要的位置。2016 年，实现销售额 2 亿元，毛利润 7908 万元。

SR360RC8 展品被马来西亚客户采购

地址：昌平区南口镇南雁路 31 号三一南口产业园

邮编：100026
电话：60737607
网址：www.sanygroup.com
电子邮箱：liaojj2@sany.com.cn
法定代表人：梁稳根

（廖晶晶）

【蓄热式转底炉清洁冶炼新工艺】神雾科技集团股份有限公司开发的蓄热式转底炉直接还原技术将蓄热式燃烧技术与转底炉直接还原炼铁技术相结合，在燃烧技术、转底炉炉体结构、蓄热体材料等方面进行创新。依赖于燃烧技术和转底炉直接还原技术的创新，不仅实现了炉内温度场和气氛的控制，同时实现了低热值燃料的应用和能量的高效利用，达到节能降耗的目的。其性能特点为无需焦化、烧结、高炉等高能耗的污染设备，无需焦炭、焦煤资源作为燃料，只用普通煤炭；对比传统高炉炼铁的反应温度（1500℃左右），神雾转底炉炼铁的反应温度大大降低（1250℃左右），大幅减少了冶炼能耗；传统高炉炼铁需要 60% 以上铁含量的富矿，而转底炉炼铁可适应各种低品位难选矿、复合共伴生铁矿、冶金行业的各种冶炼残渣。蓄热式转底炉直接还原技术已在国内推广，先后在攀钢和沙钢建立示范生产线。该技术多次获奖，通过了中国机械工业联合会、中国金属学会的鉴定，认为其已达到国际领先水平，并建议加快工程开发和市场推广。

转底炉中试平台

地址：昌平区马池口镇神牛路 18 号
邮编：102200
电话：60751999-5155
传真：60756969
网址：www.shenwu.com.cn
电子邮箱：sunxuefei@shenwu.com.cn
法定代表人：吴道洪

（万　玮）

【防治动物疾病的黄芪多糖系列产品】北京生泰尔科技股份有限公司利用超声波连续动态逆流提取技术自主研发，通过从中药材黄芪中提取、分离、纯化出生物活性物质黄芪多糖和黄芪甲苷，制备出黄芪多糖粉和黄芪多糖口服液产品。同时，将黄芪提取残渣转化为饲料添加剂，实现了中药资源的循环利用。产品通过食品动物和宠物的临床应用审核，是经农业部兽药评审委员会按照新兽药注册办法评审通过的新兽药，并经农业部兽医局批准生产。该产品获得国家发明专利，具有独立知识产权。2015 年，黄芪多糖组合物获得北京市新技术新产品（服务）证书。黄芪多糖粉和黄芪多糖口服液产品自上市以来市场累积销售额达 5.3 亿元，近 3 年年均增长率近 30%，市场占有率稳定在 85% 以上。2016 年，黄芪多糖粉、黄芪多糖口服液等系列产品收入 1.6 亿元。

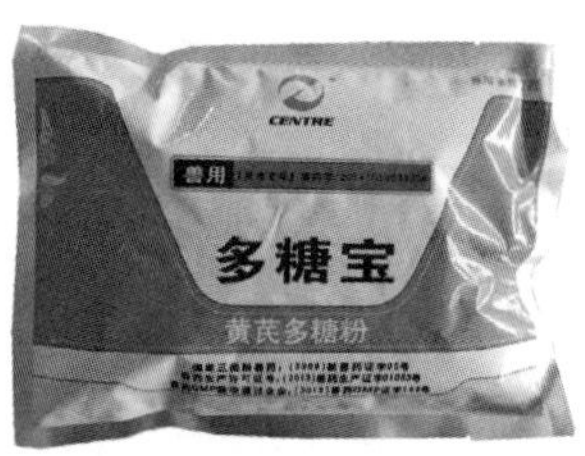

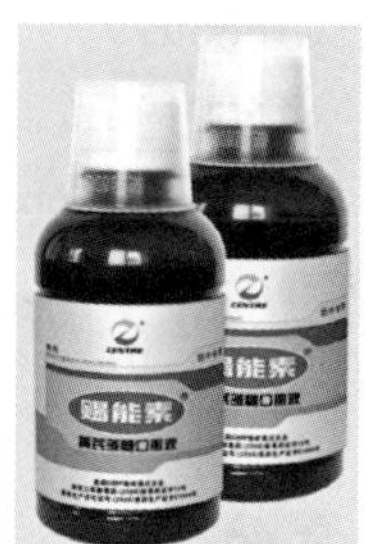

黄芪多糖系列产品

地址：昌平区百善镇上东廓王庄工业园
邮编：102600
电话：18911292817
传真：56330787
网址：www.centreherbs.com
电子邮箱：583476121@qq.com
法定代表人：江厚生

（马培倩）

【奥瑞金覆膜铁 DRD 系列罐】由奥瑞金包装股份有限公司生产。覆膜铁罐采用熔融法压覆的先进方式，无任何溶剂也没有胶水，不会存在溶剂残留，具有高阻隔性、环境友好和食品安全性能，适用于食品的密封包装。用于本系列产品的覆膜铁新材料生产效率高、能源消耗和材料成本低，替代制作三片罐的涂膜铁材料将降低涂料的使用，减少有害物的排放，有利于环保。此外，应用于本产品的覆膜铁新材料致密、表面针孔少，可在罐体外壁进行多种处理、印刷装潢，提高产品的美观程度，利于产品的宣传。该产品包括多种罐型，其中 460#（70 克）DRD 罐主要适用于火锅调料包装领域，在康之味、建华火锅香油产品上批量应用，并获得客户认可，该产品获得国际行业协会 THE CANMAKER 2016 年度罐食品两片罐银奖。758#（210 克）DRD 罐采用碗型底部设计，产品富有美感和文化附加值，成功应用在青岛苏禾、山东远康等公司产品上，该产品获国际行业协会 THE

CANMAKER 2015 年度食品两片罐银奖。

覆膜铁罐

地址：怀柔区雁栖经济开发区乐园南一街 7 号
邮编：101407
电话：61666999
传真：61669196
网址：www.orgcanmaking.com/
电子邮箱：hlx@orgpackaging.com
法定代表人：周云杰

（王　伟）

【奥瑞金 480 毫升 /650 毫升 /960 毫升葫芦罐】由奥瑞金包装股份有限公司生产。该产品外观独特，呈葫芦形状，设计新颖，改变金属三片罐罐型单一的局面，提供新型金属饮料罐包装形式，采用葫芦型胀筋设计，大大提高罐体的强度，丰富了三片罐产品结构，罐身加入人体工程学设计，凹处便于手持，同时通过缩颈与涨型工序，可增大容积量，减少材料的损耗。以新颖、创新的形式为公司开拓了新客户，已在青岛苏禾等客户产品上获得成功应用。该产品获国际行业协会 THE CANMAKER 2016 年度之罐饮料三片罐银奖。

葫芦形饮料罐

地址：怀柔区雁栖经济开发区乐园南一街 7 号
邮编：101407
电话：61666999
传真：61669196
网址：www.orgcanmaking.com
电子邮箱：hlx@orgpackaging.com
法定代表人：周云杰

（王　伟）

【动物专用抗生素替米先】由北京大北农动物保健科技有限责任公司自主研发、生产，对猪传染性胸膜肺炎放线杆菌、猪肺炎支原体和巴氏杆菌有强大的杀灭作用，经临床实验证明对当前猪场广泛存在的猪呼吸道综合征疗效显著。替米先为无残留、安全的动物专用药物，可显著降低畜禽产品中药物残留超标，保障人民对安全、绿色、健康畜禽产品的需求。替米先自上市以来，先后在全国除西藏外的 30 个省、直辖市、自治区进行推广，产品累计销售额过亿元，2016 年销售额达 1600 万元。全国累计超过 1000 万头生猪使用该产品，以死亡率减少 10% 计算，可增加 100 余万头猪上市，仅此一项即可创造经济效益数亿元。替米先产品来源于公司自主创新项目“替米考星及其新型制剂的研究与开发”，该项目曾获得 2009 年度北京市怀柔区科学技术奖励三等奖。公司拥有替米先产品核心知识产权，并注册获得了替米先商标。

动物专用抗生素替米先

地址：怀柔区雁栖经济开发区北三街 10 号
邮编：101047
电话：61666628
传真：61666638
网址：www.dbn.com.cn
电子邮箱：zjr.zhao@163.com
法定代表人：王东方

（王　伟）

【纯中兽药制剂瑞特奇】由北京大北农动物保健科技有限责任公司自主研发、生产，具有清热解毒、宣肺止咳的功能。能多重途径消灭病原、缓解症状、扶正祛邪、提高免疫力、增强机体抗病能力。主要用于猪高热综合征、猪Ⅱ型圆环病毒感染、蓝耳病、猪流行性感冒、猪传染性胸膜炎、气喘病等疾病及家禽传染性支气管炎、传染性喉气管炎、新城疫等各种病毒病的辅助性治疗。瑞特奇的上市填补了抗病毒西药全面禁用后畜禽抗病毒药物的空白，解决了化学药品的残留问题，提高了中药材的利用率，保证了动物性食品的安全，提高了中国动物病毒性疫病防控水平。瑞特奇自上市以来，先后在全国除西藏外的30个省、直辖市、自治区进行推广，累计实现销售额6000余万元，2016年，销售额1057万元。瑞特奇产品来源于公司自主创新项目“新型高效安全抗病毒中兽药的研究与应用”，该项目曾获得2010年度北京市怀柔区科学技术三等奖。瑞特奇产品在2014年通过了北京市新技术新产品认定。公司拥有瑞特奇产品核心知识产权，并注册获得了“瑞特奇”商标，还申报并获得了3项发明专利。

纯中兽药制剂瑞特奇

地址：怀柔区雁栖经济开发区北三街10号
邮编：101047
电话：61666628
传真：61666638
网址：www.dbn.com.cn
电子邮箱：zjr.zhao@163.com
法定代表人：王东方

（王 伟）

【“中国龙”仔猪浓缩饲料】由北京科高大北农饲料有限责任公司研发的适合仔猪生长期30%浓缩饲料，自开发上市以来，单月销量突破2000吨。该产品突出特点为易开口、早断奶、少腹泻、增重快。产品采用可利用氨基酸和净能体系设计配方，使各种营养元素被全部利用，充分发挥仔猪生长潜能，从而有效缩短出栏时间，降低养殖成本，使养殖户经济效益最大化。2016年，产品产量为3.76万吨，销售量为3.75万吨，实现销售收入2.66亿元。

地址：怀柔区雁栖经济开发区北三街8号
邮编：101407
电话：61666666
传真：61667199

仔猪浓缩饲料

网址：www.dbn.com.cn
法定代表人：徐新寅

（王 伟）

【罗麦牌蒜素片】由北京罗麦科技有限公司生产，选用世界著名大蒜产区山东苍山县大蒜为原料，采用真空冷冻干燥、分离纯化和肠溶包衣技术，解决了大蒜中蒜素含量少、生食的刺激性以及食用后口腔异味等问题。产品配方科学，蒜素含量高，每片蒜素含量相当于6头大蒜中蒜素的含量；便于人体吸收，纯天然，无副作用，无胃肠刺激性。罗麦牌蒜素片能提高人体免疫力，具有杀菌、消炎、抑制癌细胞增殖等功效。罗麦牌蒜素片销量逐年攀升，2016年，实现产值2500万元，销售额3200万元。

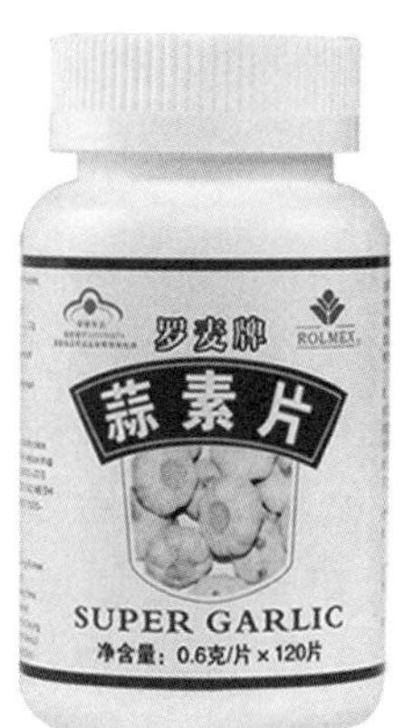

罗麦牌蒜素片

地址：怀柔区雁栖经济开发区雁栖大街16号
邮编：101407
电话：61669280 61669281
传真：61669280-8008
网址：www.rolmex.com.cn
法定代表人：汪静

（王 伟）

【罗麦牌番红素软胶囊】由北京罗麦科技有限公司生产，番茄红素素有“植物软黄金”之称，其抗氧化能力强，淬灭单线态氧速率常数是β-胡萝卜素的2倍，是维生素 E 的 100 倍，可以有效对抗因衰老和免疫力下降而引起的各种亚健康状态。罗麦牌番红素软胶囊具有含量高、稳定性强、易吸收的特点，是番茄红素补充制品。该产品将超临界 CO_2 萃取技术、均质技术、物理微囊包埋技术融于一身，增加了番茄红素的含量，提高了产品质量的均一性，使活性成分得到有效保护，更加便于人体吸收和利用。2016 年，实现产值 8500 万元，销售额 7800 万元。

番红素软胶囊

地址：怀柔区雁栖经济开发区雁栖大街 16 号

邮编：101407

电话：61669280　61669281

传真：61669280－8008

网址：www.rolmex.com.cn

法定代表人：汪静

（王　伟）

【高性能渗铜粉】由有研粉末新材料（北京）有限公司生产，粉末冶金烧结钢部件中一般都含有 10% 以上的孔隙，渗铜技术可以明显提高烧结钢部件的致密度，改善性能，在铁基粉末冶金零部件中应用越来越广泛。有研粉末公司 2016 年通过系统研究渗铜粉的影响因素，开发出了高性能渗铜粉的生产工艺，并建成一条年产 200 吨的渗铜粉生产线。

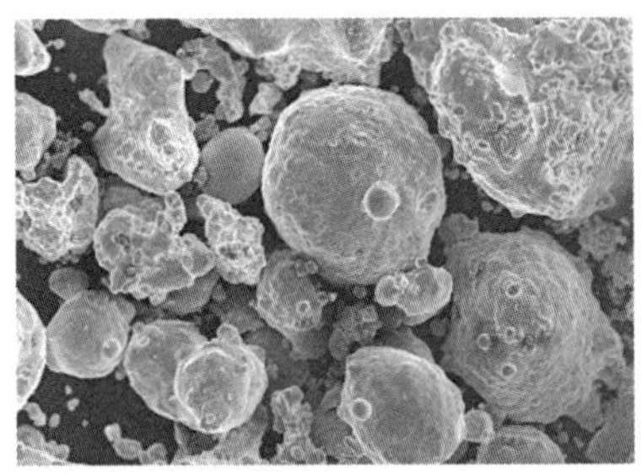

渗铜粉的金相图

地址：怀柔区雁栖经济开发区雁栖南四街 12 号

邮编：101407

电话：61667638

传真：61667638

网址：www.gripm.com

电子邮箱：wangyan@gripm.com

法定代表人：黄松涛

（王　伟）

【优棉内衣产品】北京铜牛集团有限公司的优棉内衣面料，以天然长绒棉为原料，运用精梳合股新型纺纱方式，经由科学合理的织造染整工艺研制而成。为了凸显纯棉内衣面料舒爽雅致的高档产品特性，面料的形成过程采用了特殊工艺处理，纹路清晰、紧密，手感柔软，富有柔和的天然棉纤维光泽，并且很好地解决了普通单面布丝路歪斜和扭曲的问题。产品具有极佳的亲肤透气性，穿着舒适的同时更显精致内涵，是高品质生活的上选精品。优棉产品包括春夏季印花居短袖套装、七分袖套装和长袖套装三大系列，作为 2016 年春夏新品，自上市以来，已销售上万件，得到广大消费者的喜爱，并呈现出不断增长的销售态势，市场前景广阔。该产品的成功研发，促进了铜牛产品的优化和提升，进一步增强了铜牛产品市场竞争实力，增加了产品附加值，对满足服装市场需求、促进行业进步有重要作用。

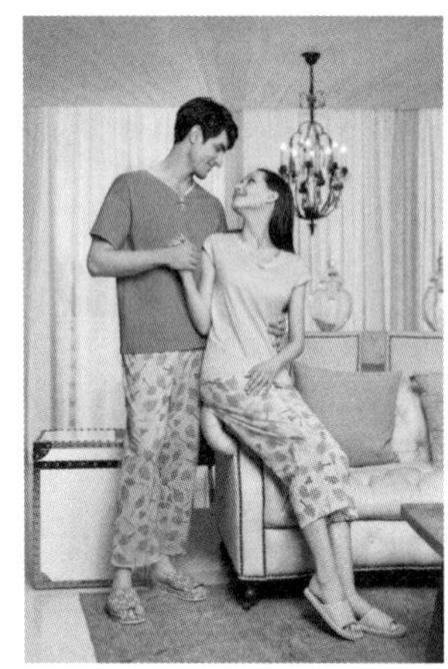

优棉家居服产品

地址：朝阳区金台里甲 9 号

邮编：100026

电话：65858596

传真：65004430

网址：www.topnew.cn

电子邮箱：mail@topnew.cn

法定代表人：张为民

（葛顺顺）

【纯羊绒毛巾刺绣羊绒衫】是北京雪莲羊绒有限公司依据市场调研和学术交流会议信息，将目前刺绣行业内比较流行的电脑毛巾绣工艺制作方法引入羊绒行业，开发出的新型羊绒制品。这项技术由北京雪莲羊绒有限公司主导申报了发明专利。此项技术及产品的开发，既丰富了羊绒产品的门类，也为产品创新开辟了一个产业技术融合的新模式。产品得到客户的认可和好评，推出当年取得一定数量的订单，为企业带来了较好的经济效益。2016 年，共生产 1586 件，实现销售收入 248.5 万元。

纯羊绒毛巾刺绣羊绒衫

地址：大兴区瀛海镇瀛海工业园中路 1 号
邮编：100076
电话：13520191069
传真：69285399
网址：www.snowlotus.cn
电子邮箱：lyc092419@163.com
法定代表人：孟泽

（葛顺顺）

【聚氨酯柔性路面】是北京燕阳新材料技术发展有限公司自主研发的产品。通过聚氨酯胶布、加强支撑杆和路面成型工艺三部分的研发来实现聚氨酯柔性路面的研制，使用聚氨酯胶布作为应急路面材料属国内外首创。企业设计出拥有自主知识产权的国内外第一条聚氨酯柔性应急路面生产线，技术达到国际先进水平。已形成企业标准 1 项，申请发明专利及实用新型专利各 1 项（已受理），完成生产柔性应急路面示范样品 1 套，研发成果达到产业化生产条件。柔性应急路面形成一定量产，产能达到 8000 米 / 年。2016 年，生产柔性路面产品 2200 余米，实现销售收入 3138.46 万元。

聚氨酯柔性应急路面材料

地址：大兴区瀛海镇工业区南二路 2 号
邮编：100076
电话：69278241
传真：69276010
网址：www.yanyang.com.cn
电子邮箱：yanyang_bj@vip.163.com
法定代表人：程庆宝

（葛顺顺）

【朗适新风产品】是北京朗适新风技术有限公司引进的德国同步产品。特点是在把室内污浊的空气排出室外的同时，将室外的新鲜空气引入室内，并按标准定量进行室内循环，清除室内长期缓释的有害气体，避免因开窗通风造成的室温变化，节省取暖费用，兼顾节能保温和健康呼吸同步，被形象地称为“房屋呼吸系统”。企业向高科技、节能环保方向转型后，引进该产品的装配、调试及结构升级项目。空气净化新风系统和空气净化门窗热回收系统的净化率达 97.4%，可以有效过滤 PM2.5，满足了室内防雾霾的要求。两款产品市场表现良好，前景广阔。2015 年，产品入围了保障房政府采购序列。2016 年，经营收入 818.1 万元，同比增长 11.5%。

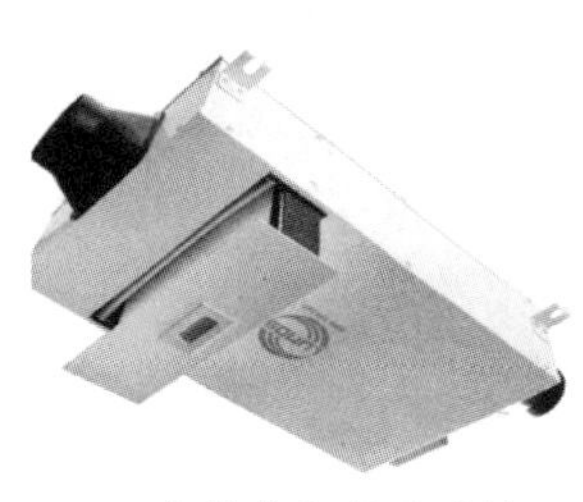

空气净化新风系统

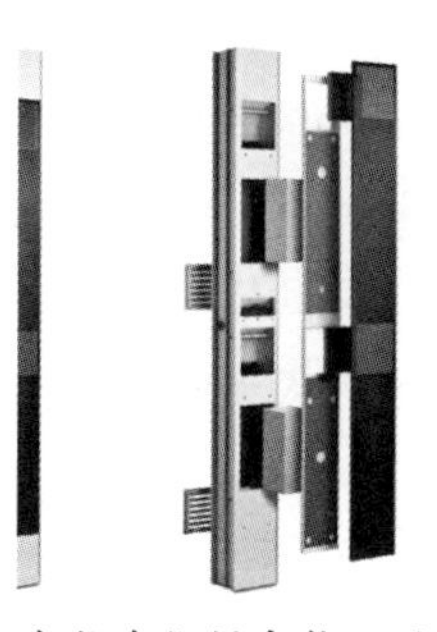

空气净化门窗热回收新风系统

地址：通州区张家湾镇里二泗中街 56 号
邮编：101113
电话：81525417
传真：60523146
网址：www.lunos.cn
电子邮箱：intdzzb@163.com
法定代表人：李向东

（英 特）

【键合金丝】北京达博有色金属焊料有限责任公司生产的键合金丝具有化学性能稳定、延展性良好、抗拉性好、易加工、焊接性能好的特点，主要应用于高端集成电路、特殊应用半导体分立器件、高端 LED 光源器件（背光 LED、户外显示屏 RGB 产品、超高亮 LED 特殊光源、COB 集成大功率）。键合金丝产品是达博公司的主要盈利产品，该产品每年加工费收入达

5000 万元以上。

半导体器件键合金丝

地址：朝阳区北苑路 40 号
邮编：100012
电话：84922668
传真：84928882-8016
网址：www.doublink.com
电子邮箱：fountain1018@sina.com
法定代表人：张升

（有　色）

【键合铜丝】北京达博有色金属焊料有限责任公司生产的键合铜丝具有比键合金丝更高的强度和刚度、更优良的电热性能和更慢的金属间化合物的生长速度，在特定条件下，键合铜丝线径可以减小到原来的一半。铜键合丝具有高的拉伸率、剪切强度，可以有效降低丝球焊过程中可能发生的丝摆、坍塌等现象，缓解了小直径组装的难度。提高了芯片频率和可靠性，适应了低成本、细间距、高引出端元器件封装的发展。主要应用范围为小功率半导体分立器件（TO、SOT、SOD 系列），普通集成电路产品、户外显示屏 RGB 产品。

半导体器件键合铜丝

地址：朝阳区北苑路 40 号
邮编：100012
电话：84922668
传真：84928882-8016
网址：www.doublink.com
电子邮箱：fountain1018@sina.com
法定代表人：张升

（有　色）

【键合银丝】北京达博有色金属焊料有限责任公司生产的键合银丝产品，具备机械性能好、导电导热性高、散热性好、储存方便、比键合金丝成本低的优点，且具有与键合金丝相似的物理特性，并有比键合金丝更强的结合性（与芯片和框架）、良好的反光性，主要替代键合金丝应用于 LED 封装。

半导体器件键合银丝

地址：朝阳区北苑路 40 号
邮编：100012
电话：84922668
传真：84928882-8016
网址：www.doublink.com
电子邮箱：fountain1018@sina.com
法定代表人：张升

（有　色）

【橡胶产品】北京华腾橡塑乳胶制品有限公司主要产品有橡胶板、带、卷材，包括各种规格品种的橡胶板、橡胶跑道、运动地板；橡胶轴辊、密封缓冲阻尼产品；高速列车橡胶风挡、风力发电阻尼产品、带电作业绝缘遮蔽防护产品、纺织机械配套产品等大型特种橡胶制品。橡胶板材系列可根据客户要求生产各种颜色、规格形状、物理化学性能的制品，如普通胶板和耐油板、耐热板、耐酸碱胶板、花纹板、真空板、高弹性板、绝缘胶板、阻燃胶板、抗静电胶板、车辆地板胶板等。跑道胶板具有高弹性，耐天候老化性，表面有花纹，防滑、减震，广泛应用于体育场馆和健身设施。2004 年 2 月通过国际田联质量认证。运动地板广泛应用于宾馆、健身房地面，具有高弹性、无污染、易清洗、防滑、安全、耐老化等特点。2016 年，公司橡胶类产品完成营业收入 3.17 亿元。

地址：通州区台湖镇北神树村东光机电一体化产业基地兴光五街 6 号
邮编：101111
电话：81501071
传真：81501073
网址：www.rubberchina.com

橡胶板材产品

电子邮箱：bjlatex@public.bat.net.cn

法定代表人：董宝印

（刘毓 徐博非）

【医用手套系列产品】北京华腾橡塑乳胶制品有限公司所属北京瑞京乳胶制品有限公司主要产品有外科手套、检查手套、骨科手套，年产8000万副，应用于医疗卫生、制药等行业，为特殊用途乳胶制品。雪莲牌医用手套通过美国FDA认证，荣获“中国质量万里行满意品牌”称号。市场需求量每年以8%至10%的速度增长。洁净乳胶产品在全封闭洁净间检验包装，工人操作前经严格的灭菌除尘程序，穿戴防尘服装，经风淋除尘后才能进入工作场所。2016年，完成营业收入1.41亿元。

医用手套生产线

地址：通州区台湖镇北神树村东光机电一体化产业基地兴光五街6号

邮编：101111

电话：81502524

传真：81502522

网址：www.rubberchina.com

电子邮箱：reagent@reagent.china.com

法定代表人：董宝印

（刘毓 徐博非）

【乳胶手套】北京华腾橡塑乳胶制品有限公司主要产品有家用手套、丁腈高洁净手套、干箱手套、工业手套等系列产品，应用于电子信息、医疗、生物制药及光电技术领域。2016年，完成营业收入1.9亿元。

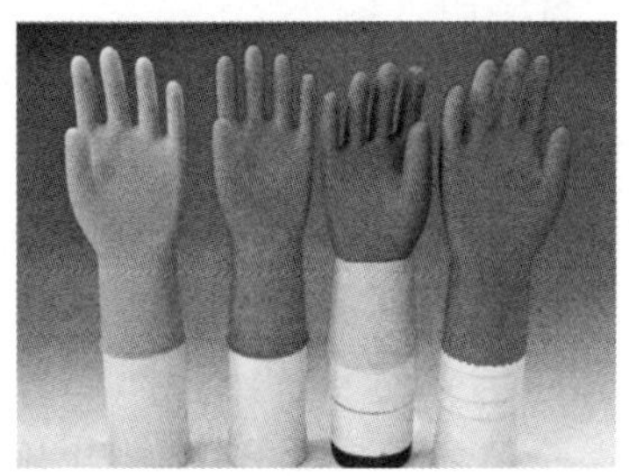

乳胶手套

地址：通州区台湖镇北神树村东光机电一体化产业基地兴光五街6号

邮编：101111

电话：81502533

传真：81502534

网址：www.rubberchina.com

电子邮箱：bjlatex@rubber.com

法定代表人：董宝印

（刘毓 徐博非）

【靴鞋产品】北京华腾橡塑乳胶制品有限公司所属北京宜刚鞋业有限公司主要产品包括各种橡胶鞋、劳动防护靴、钓鱼靴、钓鱼裤、潜水服、防化服、军用靴鞋等。宜刚公司三分厂主要生产各种全胶鞋和钓鱼靴、裤。生产的绝缘靴耐25000伏高压，公司成为中国南方电网认可供货商；透明氯丁靴耐酸碱。公司还可生产防雷靴、防锯靴、阻燃靴、防寒充气靴、羊绒皮鞋里靴、双面氯丁发泡鞋、食品厂专用耐油劳保靴、民用时尚雨鞋等。产品出口到世界各地，满足欧盟、美国客户标准。钓鱼靴产品生产环节已转移到外地。2016年，宜刚公司完成营业收入7681万元。

橡胶靴产品

地址：通州区台湖镇北神树村东光机电一体化产业基地兴光五街6号

邮编：101111

电话：81501374

传真：81501428

网址：www.rubberchina.com

电子邮箱：patcus@vip.163.com

法定代表人：董宝印

（刘毓　徐博非）

【耐 135℃高温蒸煮的双组分聚氨酯胶黏剂】 为提高聚氨酯胶黏剂在高温高湿条件下的粘合强度，北京华腾新材料股份有限公司研发团队于 2014 年年末成功开发出一款适用于 NY/AL 结构且耐 135℃高温蒸煮的双组分聚氨酯胶黏剂产品 UF3070。UF3070 在典型的高温蒸煮四层复合膜结构上具有优异的耐热性能，在 PET/NY/AL/RCPP 结构上各层的剥离强度也较高，普遍优于进口同类产品。该产品除了具有能耐 135℃高温蒸煮的特点外，还在包装内容物方面具有较大的普适性，如辛辣物、酸性物、含有特殊食品添加剂的内容物等，能够满足绝大多数客户的使用需求。2016 年，UF3070 产品被评为中塑协“十二五”优秀科技成果。

耐高温蒸煮的双组分聚氨酯胶黏剂产品

地址：海淀区中关村北大街 123 号华腾科技大厦

邮编：100084

电话：62551996

传真：62578698

网址：www.hthitech.com

电子邮箱：jlb6@hthitech.com

法定代表人：陈宇

（刘毓　徐博非）

【耐特殊食品添加剂 121℃铝／塑蒸煮胶黏剂】 北京华腾新材料股份有限公司利用研发优势，通过深入分析食品添加剂对软包制品，特别是铝箔类包装制品粘接失效及不耐老化的原因，有针对性地开发了耐特殊食品添加剂 121℃铝 / 塑蒸煮胶黏剂 UF3026AB 系列产品。该产品可明显延长铝塑包装制品的储存寿命，如针对铝箔制品粘接失效最常见的辛辣类和酸性内容物且不含双酚 A 原料，具有流平性好、溶剂残留低（正常复合 PET/AL/RCPP 下机后溶剂残留＜ 5 毫克 / 平方米）的突出特点。相比进口产品，UF3026AB 系列产品在性价比和售后服务方面具有明显优势。2016 年，UF3026AB 系列产品被评为中塑协“十二五”优秀科技成果。

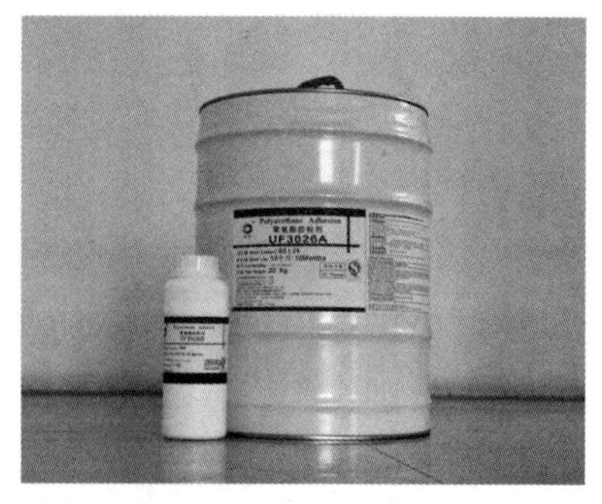

耐特殊食品添加剂的蒸煮胶黏剂产品

地址：海淀区中关村北大街 123 号华腾科技大厦

邮编：100084

电话：62551996

传真：62578698

网址：www.hthitech.com

电子邮箱：jlb6@hthitech.com

法定代表人：陈宇

（刘毓　徐博非）

【硅烷封端聚醚密封胶】 硅烷改性聚醚密封胶为最新型密封胶，是一种绿色环保、高性能高品质产品，兼有聚氨酯和有机硅的优点而无其缺点。由北京华腾新材料股份有限公司所属广东华南院研发成功的硅烷封端聚醚密封胶产品 JT801，填补了国内该类密封胶的空白。具有绿色环保、操作性强、粘接范围广、收缩率低、固化快、抗紫外线和耐候性优异等特点，在多数应用上可以取代传统密封胶，特别是在一些较高端及环保场所。硅烷改性密封胶长期占据日本密封胶市场半壁江山，在欧美国家也分得超过 1/4 的市场份额，而在国内密封胶市场却还不足一成，发展前景可期。2016 年，硅烷改性聚醚密封胶销售 44.35 吨，销售额为 57 万元。

硅烷封端聚醚密封胶

地址：海淀区中关村北大街 123 号华腾科技大厦

邮编：100084

电话：62551996

传真：62578698
网址：www.hthitech.com
电子邮箱：jlb6@hthitech.com
法定代表人：陈宇

（刘毓　徐博非）

【65 英寸 8K 超高清显示屏】该产品由 BOE（京东方）于 2016 年在美国 SID 显示周上全球首发，是目前全球最薄的 8K 显示产品，采用全贴合背光工艺，最薄处仅为 3.8 毫米。产品延续京东方一贯的风格，采用无边框一体化设计，呈现简约之美。9 月 2 日，65 英寸 8K 超高清显示屏于 2016 德国柏林国际电子消费品展览会（IFA）上获得“IFA 产品技术创新大奖”。产品已交付相关终端客户认证中。

65 英寸 8K 超高清显示屏

地址：北京经济技术开发区西环中路 12 号
邮编：100176
电话：64318888
网址：www.boe.com
电子邮箱：pr@boe.com.cn
法定代表人：王东升

（黄海波）

【7.8 英寸柔性 AMOLED 显示屏】2016 年年底，BOE（京东方）推出 7.8 英寸可折叠显示屏。该显示屏搭载 LTPS AMOLED 技术，色域达 90% 以上，厚度仅为 0.24 毫米，弯曲半径仅为 5 毫米，展开时可作为平板电脑使用，携带时又可折叠成手机大小，未来可适应多种产品形态。京东方已推出一系列柔性显示产品。

7.8 英寸柔性 AMOLED 显示屏

地址：北京经济技术开发区西环中路 12 号
邮编：100176
电话：64318888
网址：www.boe.com
电子邮箱：pr@boe.com.cn
法定代表人：王东升

（黄海波）

【家庭云艺术馆 BOE iGallery】BOE（京东方）于 2016 年京东方全球创新伙伴大会（BOE IPC 2016）推出全球首款家庭云艺术馆 BOE iGallery。BOE iGallery 包含精选艺术内容库、艺术欣赏交易云平台，能还原艺术原作的显示终端以及附加服务。显示终端采用防眩光显示技术，提供多种材质外框以满足客户不同的装饰需求，质感堪比原画作；云服务器内存储了海量内容，不仅包括国内外的传世经典，更有大量最新画作和摄影作品供用户选择，并支持一对多推送、多对一推送等功能；用户通过 App，可以浏览平台上的海量艺术资源，完成 App 与显示终端的账户绑定后，可以挑选自己喜欢的画作推送到显示终端。作为一个开放性平台，用户可以将自己的作品上传到平台并推送到显示终端欣赏。而通过认证后，更可将作品上传到公共平台供所有用户欣赏。BOE iGallery 是物联网时代良性艺术生态的倡导者和推动者，它连接艺术家与大众，集艺术展示、欣赏、传播和交易于一体，汇装饰、欣赏、启蒙、互动四大核心功能，致力于将科技与艺术结合，开启绘画艺术的数字化新时代。

BOE 的家庭云艺术馆

地址：北京经济技术开发区西环中路 12 号
邮编：100176
电话：64318888
网址：www.boe.com
电子邮箱：pr@boe.com.cn
法定代表人：王东升

（黄海波）

【Booster A630 单片退火设备】北方华创微电子 Booster A630 单片退火设备应用于集成电路后段制程中硅片表面清洁处理、K 值恢复等工艺。该设备具备占地面积小、工艺温度均匀性高、工艺时间短、大产能、优秀的颗粒控制等特点，可有效控制 Q-Time，提高可靠性。设备功能全面、稳定性好、操作简单、维护方便。作为国内首台 40 纳米工艺后段制程单片退火机台，其研发和量产不仅体现了我国高端集成电路 PVD 设备的技术跨越，并凭借其优越性能得到国际先进圆晶厂商的认可。目前，该设备核心技术和工艺参数与国际最先进的竞争对手在客户端的表现一致，机台置换率已接近 1.3。Booster A630 单片退火系统当选由中国半导体行业协会等评选出的第十一届（2016 年度）中国半导体创新产品和技术项目。Booster A630 设备自推出以来，先后进入中芯国际（上海）、中芯国际（北京）、华力微电子等国内主流集成电路制造厂商生产线，参与验证及生产，累计流片数量逾 60 万片，积累了良好的技术指标和稳定的运行记录，已成为公司量产机台。Booster A630 单片退火系统自 2015 年推出至今共销售 12 个 Chamber、24 个工艺片位。

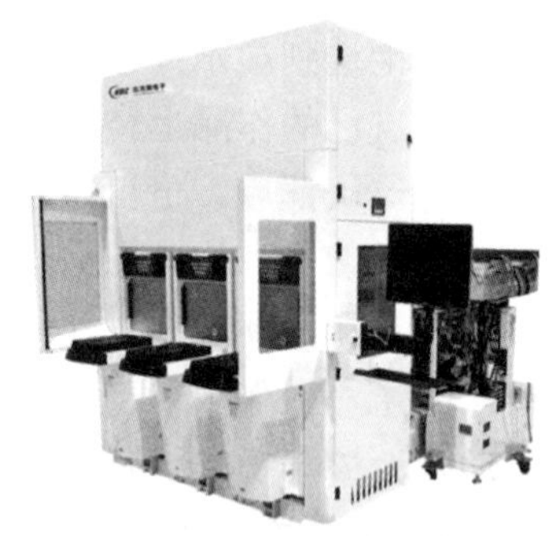

单片退火设备

地址：北京经济技术开发区文昌大道 8 号
邮编：100176
电话：57840281
传真：57840299
网址：www.naura.com
电子邮箱：office@naura.com
法定代表人：张劲松

（黄海波）

【eVictor A830 Al Pad 物理气相沉积系统】北方华创微电子 eVictor A830 Al Pad 物理气相沉积系统，可满足集成电路 12 英寸生产线铝工艺的物理气相沉积需求。该设备具有集成度高、工艺能力优、操作简单、运行成本低及产能高等特点，给客户工艺集成提供了广阔的优化空间。该设备于 2015 年研发成功并进入客户端 Fab，并于当年通过工艺验证，获得客户的高度好评，并收获后续订单，体现了产品的工艺能力和市场竞争力。产品也得到了台湾市场客户的青睐，于 2016 年年初进入台湾主流 Fab 开始验证。产品现已在多家国际主流集成电路生产线上实现批量生产，填补了国内此类装备的技术空白，成为结构最复杂的量产化 PVD 设备。截至 2016 年年底，eVictor A830 Al Pad 物理气相沉积系统已获得销售收入超过 1 亿元。

物理气相沉积系统

地址：北京经济技术开发区文昌大道 8 号
邮编：100176
电话：57840281
传真：57840299
网址：www.naura.com
电子邮箱：office@naura.com
法定代表人：张劲松

（黄海波）

【射频电源系列产品】北京北广科技股份有限公司为进一步拓展发展空间，将无线发射技术延伸到射频技术应用领域。射频应用产品作为现代高科技产品，广泛应用于医疗、工业、科研等领域，发展潜力巨大。公司围绕国家科技重大专项“极大规模集成电路制造装备及成套工艺”项目（02 专项）“射频发生器研发和产业化”课题，开发出一系列射频电源产品。2 兆赫兹 1.5 千瓦 /3 千瓦 /5 千瓦 /8 千瓦射频电源及 13.56 兆赫兹 1.5 千瓦 /3 千瓦 /5 千瓦射频电源主要用于射频溅射、等离子体刻蚀（PE）、反应离子腐蚀（RIE）、等离子体沉积（PECVD）等，同时可扩展应用于平板显示、太阳能光伏以及清洗等其他相关行业。不仅为电控公司下属企业提供内配产品，也为公司培育了新的市场增长点。

射频电源产品

地址：顺义区天竺空港工业区A区天柱路26号
邮编：101312
电话：80489988
传真：64315255
网址：www.bbef-tech.com
电子邮箱：bbef_tech@163.com
法定代表人：赵宝山

（黄海波）

【DH1798-3 3000瓦可编程恒功率直流电源】由北京大华无线电仪器厂于2016年研发生产，适用于各种大功率负载供电模拟测试，支持恒电流、恒电压、恒功率等测试模式。采用先进的碳化硅管作为开关器件，主电路拓扑为有源功率因数校正加以移相全桥软开关，保证了输入功率因数大于0.98，电流谐波小于5%，输出纹波噪声不大于80mVPP。本产品最高电压和最大电流分别达到160伏、120安，可满足常规供电测试需求，同时具备恒功率输出功能，单台电源可替代同等功率5台常规电源，拓宽了应用范围。该产品自研发定型推向市场以来，已在多个用户处完成验收交付，在产线连续无故障运行。未来产品年销售收入预计过亿元，同时将替代进口、提高高端直流电源国产化率。

3000瓦可编程恒功率直流电源

地址：海淀区学院路5号
邮编：100083
电话：62937169
网址：www.dhelec.com.cn
电子邮箱：marketing@dhtech.com.cn
法定代表人：叶枫

（黄海波）

【超级柜台终端】由北京兆维电子（集团）有限责任公司研发生产，是一款新型智能自助服务设备。该产品通过高清视频、证件扫描、生物识别等技术手段，以及银行综合业务软件系统，实现了绝大部分个人非现金业务的快速处理。该产品的推广使用提高了银行业务处理效率，改变了银行业的运营模式。兆维集团从2015年开始致力于超级柜台终端产品的研发，依据多年的研发生产经验和模块开发技术，在较短的时间内完成了产品开发，各项技术指标通过中国农业银行总行的测试，成功入围中国农业银行总部超级柜台采购项目。2015年8月，兆维集团完成超级柜台生产线建设，开始量产及供货。截至2016年年底，兆维超级柜台已经开通3000余台，新增销售收入4900万元。2016年，兆维集团的超级柜台终端项目获得北京电控科技成果三等奖。

超级柜台终端

地址：朝阳区酒仙桥路14号
邮编：100015
电话：84563961
网址：www.bjcw.cn
电子邮箱：wanghong@bjcw.cn
法定代表人：赵炳弟

（黄海波）

【2款智能变送器】该产品由北京瑞普三元仪表有限公司生产，完成于2015年。CERABAR S系列智能压力变送器共有5种型号，均具有普通型、本质安全型和隔爆型。DELTABAR S为智能差压变送器系列产品，包括PMD235智能差压变送器、FMD630单法兰式智能差压变送器、FMD633双法兰远传式智能差压变送器，适用于生产控制过程中不同测量要求场所的压力及差压监测，最高测量精度可达0.05%，便于拆装和清洗。在产品的研制过程中获得实用新型专利3项、软件著作权2项。产品在石化、电力和市政领域被广泛应用，投入市场后在2016年带来超过3000万元的销售收入。

智能压力变送器和智能差压变送器

地址：朝阳区三元桥霞光里 5 号
邮编：100027
电话：64608251
网址：www.brsanyuan.com
电子邮箱：18611707098@163.com
法定代表人：陈勇利

（黄海波）

3月29日，北京市第四届职业技能大赛暨第十七届北京市工业和信息化职业技能竞赛动员会举办

10月12日至14日，举办北京市深化制造业与互联网创新融合发展专题研讨班

11月25日至27日，北京代表队在全国工业机器人技术应用技能大赛中取得优异成绩。图为领队、选手、教练和工作人员合影

11月25日至27日，北京代表队在全国工业机器人技术应用技能大赛中取得优异成绩。图为颁奖现场

2016 世界机器人大会

2016 World Robot Conference

10 月 20 日至 25 日，以“共创共享共赢，开启智能时代”为主题的 2016 世界机器人大会在亦创国际会展中心举办

2016 世界机器人大会全球 300 多位机器人领域知名专家、企业领袖参加主论坛和专题论坛

2016 世界机器人大会 15 个国家和地区的 634 支代表队 2300 余名选手参加无人驾驶挑战赛、无人机飞机极限挑战赛等 6 项赛事，进一步激发机器人领域“双创”热情。图为青少年挑战赛

机器人足球

《北京志·工业志（1999—2010）》编纂工作纪实

Record of Compliation Work

6月27日至28日，《北京志·工业志（1999—2010）》初审评议会在北京市经济和信息化委员会召开。会前，市经济信息化委主任张伯旭与市地方志办领导、《北京志》副主审、行业领导亲切握手，表示感谢

《北京志·工业志（1999—2010）》初审稿（上下卷）

6月27日，《北京志·工业志（1999—2010）》编纂人员听取市地方志办责任审稿老师的修改意见

2015年7月2日，北京市经济和信息化委员会组织召开离退休老干部"口述工业史"座谈会

4月19日，北京工业志鉴编辑部到湖南省地方志办公室调研当地工业志编纂情况

昌平区经济和

1月12日，昌平区举办公益创业沙龙活动

1月21日，昌平区召开工业企业安全生产和小散乱污企业整治工作会

2月2日，昌平区对工业企业进行安全生产大检查

2月24日，昌平区经济和信息化委员会主任王志刚到康明斯公司调研

3月15日，北京市经济和信息化委员会主任张伯旭到昌平区调研

4月7日，昌平区召开工业污染企业退出工作会议

信息化委员会

5月10日，2016北京·昌平金融峰会在昌平区举行

6月24日，昌平区召开企业联合会、企业信用促进会2016年理事大会

7月15日，首届北京市文化创意创新创业大赛昌平分赛区开赛

8月31日，昌平区召开北京市高精尖资金政策培训会

9月28日，"回+双创社区知识产权服务中心"成立

11月10日，2016中国休闲食品行业发展论坛在昌平区召开

北京汽车集团有限公司

3月7日，北汽动力A151发动机生产线（缸体线、缸盖线和装配线）投产

3月14日，北京汽车股份有限公司与福建省汽车工业集团有限公司在北京举行北京汽车意向受让福汽集团所持福建奔驰35%股权的《框架协议》签约仪式

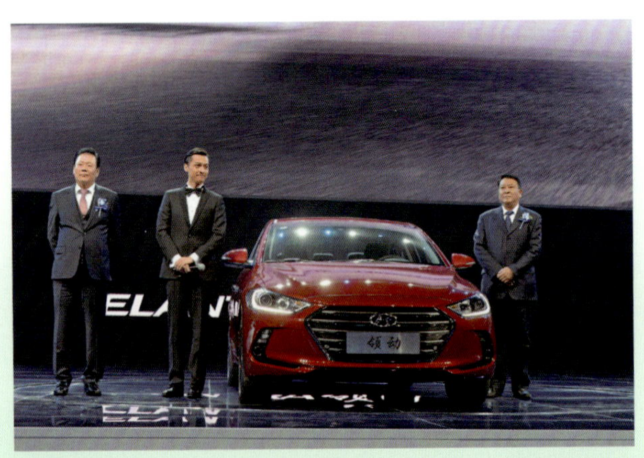

3月25日，北京现代紧凑型轿车“领动”在上海上市

3月28日，威旺首款SUV威旺S50在北汽广州工厂下线

3月30日，北汽新能源国内首款量产纯电动SUV——EX200在株洲下线

4月12日，北汽新能源“中德汽车轻量化技术联合研发中心”成立

行有道·达天下
Your Wish · Our Ways

4 月 14 日，海纳川英纳法荷兰文瑞新总部及研发中心正式启用

4 月 24 日，全新梅赛德斯—奔驰长轴距 E 级车全球首发

5 月 17 日，北汽昌河研发中心奠基

5 月 25 日，北汽集团与松下电器、宏元茂公司签署战略合作框架协议

6 月 16 日，全新梅赛德斯—奔驰长轴距 E 级车下线仪式在北京奔驰汽车有限公司举行

8 月 3 日，国内首个新能源品牌体验中心 ARCFOX Space 落户三里屯

北京汽车集团有限公司

9 月 13 日，北汽（常州）汽车有限公司成立

9 月 18 日，北京汽车股份有限公司与福汽集团完成相关股权交易工商变更登记

9 月 26 日，北汽集团与国家体育总局航管中心战略合作协议签订仪式在宁夏银川通用机场举行

10 月 18 日，北京现代沧州工厂正式竣工投产

10 月 18 日，北京现代新悦纳发布会在北京现代沧州工厂举行

10 月 19 日，北汽集团零部件轻量化基地投产暨北汽江森自控合资公司投资协议签约仪式在山东滨州的北汽零部件轻量化基地举行

10 月 21 日，北汽集团旗下北京通航常州基地（一期）竣工暨泛太平洋航空首架 P-750 飞机复装下线仪式在常州航空产业园举行

10 月 29 日，北汽新能源交付全球最大充换电站集群，换电运营模式迈出一大步

11 月 8 日，北汽集团零部件产业研发战略规划发布暨新项目签约仪式在北汽研发基地举行

11 月 16 日，北汽新能源北京 EC180 车型投产仪式在北汽新能源青岛基地举行

11 月 17 日，北京奔驰生产整车 100 万辆下线仪式举行

11 月 23 日，北京汽车与徐和谊董事长分获 2016 金紫荆大奖

首钢集团

2月1日至2日，中国共产党首钢总公司第十八次代表大会召开

3月，北京首钢股权投资管理有限公司成立

7月，股份公司炼钢1号转炉实现全炉役复吹比100%，全炉役碳氧积0.0021，创出首钢炼钢新纪录

5月28日，“首钢高磁感取向硅钢产品及超高压变压器应用”通过评审，首钢跻身变压器材料供应商世界第一梯队

10月，首钢成功开发“第三代核电站”安全壳特厚板

10月6日，首钢研制的“圆珠笔头用超易切削不锈钢材料”破解圆珠笔头用材料制造难题

5月3日，2022年北京冬奥组委第一批工作人员入驻首钢园区

2016年，曹妃甸示范区开发建设扎实推进

10月27日，首钢园区内新建成的北京静态交通研发示范基地

8月，首钢创业公社成为北京市最大的国家级众创空间

2016年，首钢多项产品获“特优质量奖”和“金杯奖”

4月22日，首钢职能竞赛在首钢培训中心正式启动

3月15日，国家工商总局党组书记、局长张茅到同仁堂集团调研

同仁堂集团

3月29日，第二届中国质量奖颁奖大会在北京人民大会堂隆重举行

7月15日，同仁堂集团在崇文工人文化宫举行“爱党、爱国、爱企”庆祝建党95周年暨红军长征胜利80周年主题文艺会演

物

2016年北京市工业主要领导干部

本名单中，各区和相关部门只列主管工业的领导，市属控股（集团）公司（包括部分中央在京工业企业）列至党、政副职领导。领导任职、离任时间以上级组织部门批文为准。

市级、委办局级领导

北京市人民政府副市长（主管工业）

隋振江　阴和俊

北京市经济和信息化委员会

（北京市国防科学技术工业办公室）

党组书记　李　平

主　　任　张伯旭

副 主 任　李　洪　王学军　童腾飞　樊　健　毛东军

纪检组组长　张国栋（7月离任）

委　　员　刘京辉（女）　任世强

副巡视员　邹　彤（女）　张兰青（女）

副 局 级　陈志峰　王颖光（2015年5月离任）

北京市无线电管理局

局　　长　陆恭超

16区及其他单位领导

东城区

副 区 长　许　汇（4月离任）　陈之常（4月任职）

产促局局长　陈　平

西城区

副 区 长　郭怀刚（9月离任）　司马红（9月任职）

科信委主任　杨　秋

朝阳区

副 区 长　张维刚

发展改革委主任　刘　野（3月离任）　朱　晟（3月任职）

海淀区

副 区 长　孟景伟（8月离任）　李长萍（8月任职）

经信办主任　何建吾

丰台区

常务副区长　张　婕（女）

经济信息化委主任　吴神赋

石景山区

副 区 长　田利跃（12月离任）　周西松（12月任职）

经济信息化委主任　李元涛（10月离任）　王晓华（10月任职）

门头沟区

副　区　长　陈国才（12 月离任）
　　　　　　张兴胜（12 月任职）

经济信息化委主任　李国庆

房山区

副　区　长　吕守军（2 月离任）
　　　　　　赵　军（3 月任职）

经济信息化委主任　赵永祥（4 月离任）
　　　　　　于吉顺（4 月任职,12 月离任）

通州区

副　区　长　洪　波（2015 年 3 月离任）
　　　　　　于世疆(2015 年 3 月任职,10 月离任)
　　　　　　洪家志（10 月任职）

经济信息化委主任　陈国庆（12 月离任）
　　　　　　杜　伟（12 月任职）

顺义区

副　区　长　朱家亮

经济信息化委主任　宋　鹏

大兴区

副　区　长　喻华锋（1 月离任）
　　　　　　谢冠超（1 月任职，7 月离任）
　　　　　　喻华锋（7 月任职，8 月离任）
　　　　　　方　健（9 月任职）

经济信息化委主任　刘士忠（8 月离任）
　　　　　　胡宝琛（8 月任职）

昌平区

副　区　长　苏贵光（3 月离任）
　　　　　　贺　军（3 月任职）

经济信息化委主任　王志刚

平谷区

副　区　长　李永生

经济信息化委主任　胡东升

怀柔区

副　区　长　王　珉

经济信息化委主任　周怀明

密云区

副　区　长　郭　鹏（3 月离任）
　　　　　　杨　姗（3 月任职，9 月离任）
　　　　　　范永红（10 月任职）

经济信息化委主任　王建国

延庆区

副　区　长　刘　兵

经济信息化委主任　祁增华

北京市工商业联合会

主　　　席　程　红（女）

常务副主席　郑默杰（女）

副　主　席　佘运高　郑勇男　王爱民
　　　　　　王报换　王　蓓（女）
　　　　　　王子华　王长田　王幼君
　　　　　　尹卫东　刘振东　齐向东
　　　　　　安　庭　李玉立　李璟瑜
　　　　　　吴　双（女）　张宝全
　　　　　　陈东升　陈进忠　郃武淳
　　　　　　周一晨　周明德　赵　勇
　　　　　　赵瑞海　秦升益　秦剑锋
　　　　　　夏　敏　徐生恒　郭　为

中关村科技园区管理委员会

主　　　任　郭　洪

副　主　任　杨建华（正局级）　宣　鸿
　　　　　　廖国华　王汝芳　周国林（挂职）
　　　　　　张　涛

北京经济技术开发区管理委员会

主　　　任　梁　胜

副　主　任　王合生　绳立成　袁立洪
　　　　　　陈小男　沈永刚

北京一轻控股有限责任公司

董　事　长　苏志民

总　经　理　阮忠奎

副总经理　杜罗坤（1 月离任）　张学清
　　　　　　李俊杰（10 月离任）　袁新民
　　　　　　于吉广　马建秋
　　　　　　杨中俊（1 月任职）

党委书记　苏志民

党委副书记　阮忠奎　洪艳华（女）

北京隆达轻工控股有限责任公司

董　事　长　李　玎（女）

总　经　理　张德华

副总经理　粟国锦　董　淳　李文宽

党委书记　李　玎（女）

党委副书记　张德华　战　英（女，3 月离任）

北京时尚控股有限责任公司

董　事　长　吴　立

总　经　理　李学彬

副总经理　顾伟达（1 月离任）　赵宏晔
　　　　　　吴鹤立　贠天祥
　　　　　　刘占清（7 月任职）
　　　　　　刘明杰（6 月任职）

党 委 书 记　吴　立
党委副书记　李学彬　徐经力（1月离任）
顾伟达（1月任职）

北京工美集团有限责任公司
董 事 长　李　节
总 经 理　魏连伟
常务副总经理　王　健
副总经理　孟繁民
党 委 书 记　李　节
党委副书记　魏连伟　杨中俊（1月离任）
甘学荣（2015年5月任职）

中国石化集团北京燕山石油化工有限公司
董 事 长　罗　强
总 经 理　罗　强
副总经理　王　哲　李　刚
党 委 书 记　王　哲
党委副书记　罗　强　许　光

中国石油化工股份有限公司北京燕山分公司
总 经 理　罗　强
副总经理　王　哲　李清河　焦　阳
从　煜

北京化学工业集团有限责任公司
董 事 长　刘文超
总 经 理　苏建军
副总经理　吕德明　张　建（10月离任）
孙绍刚　何燕卿（7月离任）
陈　宇　韩宝海（6月任职）
韩淑华（女，12月任职）
党 委 书 记　刘文超
党委副书记　苏建军　张荣立（3月离任）
吴瑞峰（5月任职）

北京金隅集团有限责任公司
董 事 长　姜德义
副董事长　王建国
党 委 书 记　姜德义
党委副书记　吴　东　石喜军

国网北京市电力公司
总 经 理　李同智
副总经理　杨新法　刘润生　安建强
杜小波（3月离任）　唐屹峰
王西胜　张铁恒（3月任职）
赖祥生（2015年12月任职）
孙兴泉（12月任职）
党 委 书 记　杨新法
党委副书记　李同智

北京电子控股有限责任公司
董 事 长　王　岩
总 经 理　赵炳弟
副总经理　宋士军（11月任职）　谢小明
杜罗坤（1月任职）　张劲松
陈勇利　潘金峰（2月任职）
党 委 书 记　王　岩
党委副书记　赵炳弟　张岳明
宋士军（11月离任）

北京京城机电控股有限责任公司
董 事 长　任亚光
总 经 理　仇　明（4月离任）
王国华（4月任职）
副总经理　王国华（4月离任）　蒋自力
王　军
党 委 书 记　任亚光
党委副书记　仇　明（4月离任）
王国华（4月任职）　赵　莹

北京京仪集团有限责任公司
董 事 长　史红民（12月离任）
高玉清（12月任职）
副董事长　张　华
总 经 理　高玉清
副总经理　刘世华　杨睦民　秦海波
卢继伟　李　源（12月任职）
党 委 书 记　史红民（12月离任）
高玉清（12月任职）
党委副书记　高玉清（12月离任）　李英龙

中国北京同仁堂（集团）有限责任公司
董 事 长　梅　群
总 经 理　高振坤
副总经理　丁永玲（女）　马保健（女）
顾海鸥　饶祖海
张荣寰　李　缤
党 委 书 记　梅　群
党委副书记　高振坤　陆建国

北京同仁堂股份有限公司
董 事 长　高振坤
副董事长　丁永玲（女）
总 经 理　刘向光
副总经理　朱共培　宋卫清（女）
张建勋　韩春举
李维祥（7月任职）

王清泉（7月任职）
党委书记 侯德英（女）

首钢总公司

董事长 靳 伟
总经理 张功焰
副总经理 赵民革 白 新 孙永刚 王世忠（1月任职） 胡雄光 韩 庆 梁 捷（9月任职）
党委书记 靳 伟
党委副书记 张功焰 许建国（3月离任） 何 巍

北京汽车集团有限公司

董事长 徐和谊
副董事长 吕振清（3月离任） 卫华诚
总经理 张夕勇
副总经理 张 健 蔡速平 叶正茂 陈 江 张 欣 孔 磊 张建勇 韩永贵（3月离任） 马童立（2015年4月离任）
党委书记 徐和谊
党委副书记 张夕勇 李志立（1月离任） 韩永贵（3月任职）

中车北京二七机车有限公司

董事长 杨永林（7月离任） 马建勋（7月任职）
副董事长 马建勋（7月离任）
总经理 杨永林（7月离任）
副总经理 高维寅 荣海峰 张志宏 曹宏晏 王洪义 乔红波 郭凤江 王玉民（2015年12月任职）
党委书记 马建勋
党委副书记 王玉麟（2015年6月离任） 曹宏晏（2015年6月任职）

中车北京二七车辆有限公司

董事长 史硕致
总经理 兰 叶
副总经理 安 卫 张志山 戴志勇 孙 斌 王武建 赵咏梅
党委书记 史硕致
党委副书记 兰 叶 杜向东

中车北京南口机械有限公司

董事长 孙 凯
副董事长 张秀臣
总经理 孙 凯
副总经理 耿 刚 樊学军 武德全 王 珩 王文颖 魏亦南 穆乃利
党委书记 张秀臣
党委副书记 孙 凯 宋焕其

北京市民政工业总公司

总经理 姜 武
副总经理 王 瑾 王怀宇 席培利 黑昱晨 郭进生
党委书记 姜 武
党委副书记 王 瑾

京工人物

【王东升——平板显示产业的领军人】王东升，1957年4月出生，汉族，中共党员，高级会计师，现任京东方科技集团股份有限公司董事长、党委副书记。

1992年，北京电子管厂因产品、技术、体制老化等原因濒临破产，时年35岁的王东升临危受命，出任已经连续7年亏损的北京电子管厂厂长。上任后，他顶住各方面压力，实施“企业再造”工程。1993年企业实现扭亏为盈，1994年盈利9800万元，1997年盈利达1.24亿元。2000年，京东方在深圳证券交易所上市，成为北京市唯一一家A、B股上市的企业。王东升带领北京电子管厂历经十年市场化改造，实现市场化转型成功，为国内电子企业改革提供了借鉴。2003年，王东升带领京东方通过海外并购进入TFT-LCD这一世界前沿产业领域，填补了液晶显示产业国内空白，同时也走出了一条“境外收购、海外融资、国内建设、带动配套”的企业发展道路，以及“并购、消化、吸收、再创新”的企业技术提升和产业升级战略，从此开启了京东方的战略布局。2003年6月，在北京建设5代TFT-LCD生产线，结束了中国大陆“无自主屏时代”。王东升先后领导建设了我国唯一的TFT-LCD工艺技术国家工程实验室、中国首条移动产品显示屏成都4.5代线、中国首条高世代线合肥6代线、中国首条8.5代线（北京）、中国首条5.5代AMOLED生产线（鄂尔多斯）、成都6代AMOLED生产线（在建）、合肥8.5代氧化物TFT-LCD生产线、重庆8.5代新型显示生产线、合肥10.5代线（在建）和福州8.5代线（在建）。伴随着京东方显示事业的快速发展，王东升提出“显示产品性能和有效技术保有量每36个月提升一倍，这一周期正被缩短”的生存定律，被国际同行公认为显示领域的“摩尔定律”，并称其为“王氏定律”。正是在这一定律指引下，王东升带领一大批“京东方人”为国家和社会交出了满意的答卷。2015年，京东方实现了全球业内专利申请量、产品首发覆盖率、智能手机和平板电脑液晶屏市场占有率、高性能超大尺寸显示屏产品市场占有率、毛利率5个“世界第一”。与此同时，京东方紧跟半导体显示技术发展与应用，在智能制造、智慧系统、健康服务等领域做出重大布局与投资。王东升带领全体京东方人继续高举产业报国的大旗，围绕国家供给侧改革政策，大力推动产品和技术创新，为实现中国梦、企业梦继续奋斗。2016年王东升获得全国五一劳动奖章。

（黄永波）

【尹荣宝——京棉集团发展的领航人】尹荣宝，男，1959年11月出生，汉族，中共党员，毕业于北京工业学院第一分院，现任京棉集团党委书记、董事长。

伴随首都功能定位调整和经济结构转变，身处传统纺织业的京棉集团面临着转型升级的巨大压力。“十二五”期间，以尹荣宝为核心的集团董事会，对重点制造企业大力进行搬迁调整后的二次调整，出让集团所持部分制造业企业的股权，收购其他股东股权，并逐步实现停产；对暂未调整的制造业企业，积极开拓国内外销售渠道、加大营销力度、加快产品升级，努力控亏减亏。尹荣宝带领集团董事会推进产业结构调整，将优势资源集中到贸易板块，开拓新业务，使贸易板块逐步做稳做大做强，成为京棉集团规模经济的重要支撑。同时，大力推进文化创意产业平台建设，挖掘依托莱锦创意园扩大经济增长点的方式，不断完善物业管理、餐饮、网络维护等配套服务体系，推进丰棉文创园、永乐集中办公区项目建设，推进丰台南站地铁一体化商业项目。尹荣宝注重加强自身学习，狠抓班子成员定期学习制度，打造学习型企业。他带领班子成员学习文件、考察调研、座谈讨论，为集团员工讲党课、讲发展规划，提出新格局下的新要求，鼓励员工为建设新京棉建言献策。同时，作为京棉集团发展的领航人，为了确保每年目标的实现，尹荣宝本着抓早抓实的原则，分阶段将集团目标任务分解为各项重点工作，并分别落实给班子成员作为责任人，听取进度汇报，及时发现和解决问题。在集团新老交替任务紧迫、人才队伍能力有待提升的背景下，尹荣宝加强与青年干部交流，推行“结对帮带”机制，加大对

青年人才的使用力度，大力推行竞争上岗，切实加快了人才队伍年轻化的速度。尹荣宝把职工的利益记在心上，关心他们的工作和生活。原二厂家属区住房条件和居住环境差，他多次向朝阳区危改指挥部反映企业所处的困境，敦促下属方晟房地产开发公司努力盘活现有资产，积极寻找加快推动二区改造的途径和办法。他安排改善单身宿舍住宿环境，解决青年员工离家路途遥远、上下班周折的问题。在处理各种遗留问题时，面对群体访人员的纠缠，他冷静处理，耐心解释，化解了一次次矛盾。2005 年尹荣宝获中国人力资源管理成果银奖，2012 年获国资委“创先争优优秀共产党员”荣誉称号，2016 年获得“全国纺织工业劳动模范”荣誉称号。

（时尚控股公司）

【史秀梅——锐意创新的探索者】史秀梅，女，1979 年 4 月出生，汉族，中共党员，2006 年毕业于北京科技大学凝聚态物理专业，理学硕士学位，在读博士，高级工程师，现任北京有色金属与稀土应用研究所副所长，“史秀梅创新工作室”负责人。

史秀梅参加工作以来，把自己所学奉献给研究所的各项研究工作和项目管理，锐意创新、爱岗敬业、勤勤恳恳，为新产品研发、课题项目的争取、专利的申报及生产工艺的改进做出突出贡献。2006 年，史秀梅进入研发中心任靶材组组长，当时正处于研制金砷合金材料的瓶颈期，史秀梅和项目组成员不断改进合金材料的添加方法，反复试制，历时 2 年克服了合金材料易升华和挥发的难点，在国内首次解决了大于 1% 以上砷含量在金中的添加问题。这一材料的研制成功，摆脱了国外对我国关键元器件用材料的封锁，解决了国防重点工程项目的急需，并成功申请了发明专利。2008 年，受运载火箭研究所委托，研究所成立了以史秀梅为组长的专项攻关小组，在原料的选用、加工工艺制定等方面反复试验，最终成功研制出用于航天运载火箭关键部位的银基合金耐磨密封环。该产品在航天领域天宫一号、神舟系列和嫦娥系列探月以及其他卫星的发射中起到至关重要的作用。该“航天氢氧泵密封材料生产工艺”成为 2011 年北京市优秀人才培养资助 D 类项目，年产值达 200 余万元。史秀梅研发团队每年承担 3 ～ 5 项国家、北京市及配套自筹项目的申请和实施，开发新产品 15 ～ 20 种。她本人负责和参与国家级项目 7 项，北京市项目 6 项，自筹横向课题 10 余项；形成加工工艺 5 项，验收标准 5 项；撰写专利 5 项；研发填补国内空白的新产品 4 种。2010 年，研究所成立了以史秀梅为领军人物的“史秀梅创新工作室”，通过对研究所技术力量的整合，搭建研究所的创新平台。2012 年，在创新工作室的带动下将创新工作推向整个研究所，开展全员创新活动。史秀梅作为评审组秘书长，从建立制度、拟定标准、组织运行和制度再完善等方面进行了规范。4 年来，参与创新的人员 577 人次，上报项目 494 项。创新活动结合企业发展实际，从细微入手，为企业节约了大量资金。同时依托项目培养年轻技术人员，共培养了技术创新领头人 10 余名，创新工作室人员组成从刚成立时的 26 名发展为 40 余名，创新工作小组由原来的 5 个发展到 6 个。2015 年，史秀梅被评为北京市劳动模范。

（隆达控股有色所）

【李耀东——服装行业的领头人】李耀东，男，1962 年 8 月出生，汉族，中共党员，1985 年毕业于中国人民大学分校，大学本科学历，高级经济师，现任北京京工服装集团有限公司董事长、党委书记。

李耀东在北京纺织服装行业工作 30 余年，在多个企业、多个岗位上依靠广大干部职工，心系企业职工利益，努力学习，不断实践，积极探索，勇挑重担，具有较高的思想政治素质、优良的工作作风、出色的工作能力，以奉献精神和对纺织服装事业的热爱，逐步成长为行业领头人，赢得了广大干部职工的称赞。京工集团在李耀东的带领下，科学决策，精心部署，各项经济指标全面超额完成，经济效益稳步增长，职工收入大幅提高。近 5 年来累计完成主营业务收入 16.66 亿元，利润总额 2204 万元，职工收入增长 85.53%，提前完成了“十二五”规划目标，为“十三五”取得良好开局奠定了基础。在李耀东的领导下，企业搭建电子商务平台，实现了“伊里兰”“枫叶”“好学生”品牌的营销模式转型和网络营销资源共享；搭建跨界创新发展平台，成立了科贸公司，在智能交通和农产品科技两个项目上取得突破，实现了当年投资当年见效益；搭建产学研合作平台，与北京服装学院建立了产学研合作关系，使京

工集团拥有了品牌宣传、人才培养引进和提升品牌设计研发能力的基地；搭建交流合作平台，积极寻求与物联网等科技企业的合作项目，提升京工集团的发展能力；全面完成股权结构调整，使进出口公司、雷蒙公司、伊里兰公司成为京工集团的全资子公司，为京工集团进一步加大主业投入提供了有利的条件；全面完成品牌资源整合，使“雷蒙”品牌的设计、研发、生产、营销等各个环节更加规范有序；整合优化销售渠道，使“伊里兰”品牌营销网络布局更加合理，覆盖率更高；通过拓宽引进渠道，提高了青年人才的比例；通过搭建多种培训平台，提高了人才队伍的理论水平，提升了技能人员运用新技术的能力，人才结构进一步得到优化。李耀东高度重视设计研发建设和品牌发展，主持确定了“以技术开发中心重组为突破口，提升品牌设计研发能力，逐步形成以集团为主导，辐射各子公司的设计研发体系，对‘雷蒙’‘伊里兰’品牌转型升级起到较大支撑作用”的设计研发工作目标。在实施品牌发展战略中，李耀东始终坚持以科技创新为支撑，加强企业科技创新体系建设，加大企业科技资金投入，“十二五”期间企业的科技投入以每年25%的速度递增。集团公司在国资委和控股公司的大力支持下，经过多年艰苦谈判，2013年与十八里店乡政府达成了周庄宿舍腾退协议。李耀东带病拄着拐杖亲自与有关人员一起进入职工家中进行宣传动员，保证了173户居民腾退工作的顺利完成。李耀东坚持依靠职工办企业的方针，加强以职工代表大会为基本形式的民主管理工作。在李耀东的倡导下，京工集团建立了领导班子与职工代表联系制度，使京工集团的民主管理、民主决策、民主监督取得了新的成效，为建设和谐京工注入了生机和活力。京工集团把职工利益放在首位，职工收入年年提高，各项福利待遇全部确保，对因病造成困难的职工拨专款予以解决，企业在2016年荣获“和谐劳动关系单位”殊荣。李耀东获得“庆祝建国六十周年北京服装纺织行业杰出人物”和2016年“全国纺织工业劳动模范”称号。

（时尚控股公司）

【杨奉元——医治汽车疑难杂症的能手】杨奉元，男，1986年8月11日出生，汉族，中共党员，毕业于北京理工大学，高级技师，现任北京奥之旅汽车销售服务有限公司服务总监。

杨奉元2006年加入金泰汽贸团队，从事汽车修理工作10年，工作勤奋，善于学习，精于创新，攻坚克难，练就了扎实的维修技能。杨奉元积极参加公司的各项培训，不放弃任何学习机会，上班积极向师傅学习，班后还在维修工位钻研实操能力，用同事的话说他已经“长”在维修车间了。艰苦的努力得到丰厚的回报，短短几年，他从学徒工成长为一名技术专家、高级技师，工作岗位也从维修人员升迁为售后服务总监。杨奉元带领技术团队为广大客户提供优质的售后维修保养服务，所主管售后服务的营业收入从3000余万元提高到8000余万元，同时为公司的可持续发展培养了技术人才，自己也逐步成长为集技术和管理于一身的复合型专家。杨奉元尤其擅长处理发动机疑难杂症、快速诊断底盘异响，在故障判断和排除方面具备较高的技术水平，能敏锐发现车辆隐患并及时排除，在奥迪厂家及汽车维修行业有较高的知名度。杨奉元擅长于汽车电脑编程、开发车辆隐藏功能，从而提高了车辆的驾驶性和舒适性。针对汽车大总成部件发生故障的部位很难到达的问题，杨奉元进行技术攻关研讨，开发出系列不解体诊断工艺。2012年7月21日，北京的特大暴雨致使大批车辆涉水。涉水车辆难修是行内共知的，许多4S店都不敢承诺车辆恢复正常。杨奉元与技术团队从拆解、修理到组装经历了一次奥迪全系列车型“实操维修”考验。虽然问题多、难度大，但凭着扎实的知识积累和出色的维修技术，受损车辆得到了最大限度的修复。杨奉元善于技术研发和工具创新，通过提高工作效率来创造经济效益。他带领技术团队研发“机油回收器”，每年为公司创收20余万元；完成奥迪A6开锁工具、出风口拆卸工具等50余项技术改革，其中5项获得实用新型专利。2014年，杨奉元被评为京煤集团首席技师，挂牌成立的“杨奉元首席技师工作室”已成为公司的技术创新、人才培养基地。2015年杨奉元荣获北京第四批“高技能人才”称号；2016年获得北京市“青年岗位能手”称号、北京市微创新银奖，并荣获首都劳动奖章。

（周德友）

【肖志水——焊接操作工艺带头人】肖志水，男，1970年2月出生，汉族，高级技师，北京化工集团所属北京华腾大搪设备有限公司铆焊车间电焊班班长。

肖志水是华腾大搪公司生产一线操作能手、技术骨干、焊接操作工艺带头人。2014年，他参与了公司100立方米大型搪玻璃压力容器铁胎制作工作，在

电焊作业中积极探索，不断创新，大胆实践，成功摸索并掌握了焊接工艺，实现一次探伤合格率98%以上，为企业批量生产大型搪瓷釜积累了成功经验，并配合华腾大搪公司于2015年完成了100立方米搪玻璃搪瓷釜的专利申请。肖志水参与制定大型釜的生产操作工艺，在全国同行业中起到了示范作用，填补了该项生产工艺的空白，并以高超的操作技能为公司赢得了荣誉，节约了120万元的生产成本，创造了180万元的经济效益。肖志水参加工作20余年，工作踏踏实实，任劳任怨，从不分分内分外，不计较个人得失。领导安排他的岗位都是重、难、险的工作，他从无怨言，坚决服从，而且圆满、超额完成任务。作为电焊班班长，在工作中肖志水牢记自己的职责，养成了克服困难、精益求精、一次做好的工作习惯。平时除安排好班组生产，他还亲自示范，传授技术要领，指导组员掌握焊接工艺、熟练使用设备，在保证质量的同时，提高焊接生产率，降低生产成本。通过不懈的努力，在他的带领下，产品一次探伤合格率达到了98%以上。作为一名焊工，光有实践是不够的，肖志水利用闲暇时间努力钻研焊接工艺的理论知识，不仅具有高超的技艺，而且具备全面的焊接理论知识，成为全面发展的焊接人才。肖志水和他带领的班组多次受到领导的表扬，多次获得集团级的先进班组和先进个人表彰。2013年由他带领的“焊工技能工作室”获得“北京市首席技师工作室”等多项市级及国资委系统内的荣誉。肖志水2012年荣获北京市人民政府特殊津贴，2016年获得国务院政府津贴。

（徐博非）

【张惠杰——印染行业的创新能手】 张惠杰，女，1964年8月出生，汉族，毕业于天津纺织工学院，高级工程师，现担任光华集团副总工程师。

张惠杰1987年从天津纺织工学院毕业，分配到北京光华纺织集团有限公司后，虚心向纺织业前辈学习，不断向老技工请教，将所学的理论知识与实际结合，融会贯通，作为印染技术员很快就能独当一面。她学以致用，开发新工艺。参与设计开发的府绸与涤棉面料，连年获得中国纺织工业部质量奖。参与开发的色织轧皱面料和主持开发的桃皮绒面料，投放市场后引领流行，获得很好的经济效益。她针对我国高档助剂需要进口的现状，研发、推广新型纤维与高性能纤维纺织助剂。参与研发生产的氨纶纺丝油剂项目，获得中国纺织工业协会科技三等奖，产品质量稳定，降低了氨纶企业的成本，成功替代日本产品。参与开发的碳纤维上浆剂项目，打破日本技术封锁，加快了我国碳纤维制品国产化进程，项目获得市国资委资金支持。在项目研发中，她注重知识产权保护，申请并获得发明专利授权4项，其中2项是第一发明人，并指导申请并获得发明专利多项。张惠杰在担任光华集团科技发展部部长一年多的时间里，开拓视野，创新工作方法，既接受市场的牵引，着力科技成果落地，发力创新，又不断借助政府的推动，寻求科研资金支持，促进创新。在她的推动下，光华集团在科技创新工作中展现出生机与活力，新产品销售收入创历史新高，获得政府资金支持2000多万元。张惠杰2007年获得中国纺织工业协会科技三等奖；2008年获得北京市总工会合理化建议奖；2016年获得“全国纺织工业劳动模范”称号，并当选朝阳区人大代表。

（时尚控股公司）

【徐向东——保障电网运行的技术标兵】 徐向东，男，汉族，1971年6月出生，中共党员，大学专科学历，高级技师，1989年6月参加工作，现任国网北京市电力公司通州供电公司运检部副主任。

徐向东参加工作以来一直从事开关检修工作，埋头苦干十几年，熟练掌握40多种断路器、隔离开关的检修、安装工艺。1997年担任开关班班长后，成为通州公司变电检修专业的领路者，为北京电网和通州电网变电检修工作做出突出贡献。在奥运供电保障期间，他参与新建、改建通州110kV变电站10座，主动学习PASS及GIS等新设备的使用，圆满完成工程任务。在担任奥运场馆群临电设施的总负责人期间，他以严谨的工作态度和过硬的技术，圆满完成从安装到后期的供电保障工作。在担任变电专业负责人期间，他负责辖区内31座变电站、61座开闭站运维检修、发电投产以及技术改造，曾圆满完成APEC供电保障等重大任务。徐向东2007年获得“北京经济技术标兵”称号，2008年获评国家电网公司奥运电力保障先进个人，2016年荣获首都劳动奖章。

（范晓辉）

【曹志宁——热心公益活动的劳动模范】曹志宁，男，1983年4月出生，汉族，中共党员，现任北京京东方显示技术有限公司工程支援一职。

曹志宁于2004年8月加入京东方集团，从检测岗的作业员做起，扎实学习、努力钻研，始终坚守在一线岗位上，熟练掌握了薄膜晶体管的阵列工艺到成盒工艺，成长为科室新产品投入担当、物料保障担当、作业标准化担当和安全管理员。曹志宁入司至今培养出9名徒弟，个个都成为一线班组长。在担当科室员工双岗认证工作中，完成预期的全科60%人员的双岗认证率。2012年起担任京东方科技集团校企合作及新人培训讲师。在2014年9月公司六西格玛项目推进中成为绿带担当。2015年包材损耗降低项目中达成预期目标，年节约10万元以上。2015年制作标准化视频教学和培训考试，协助检测岗获得“北京市模范集体”称号。2016年在生产包材损耗降低项目中提出了3项改善提案，实施后每年为公司节约6万多元。2012年3月以来，曹志宁担任了北京京东方显示技术有限公司志愿者协会负责人，开展各类公益志愿活动，为实现企业的社会价值和培养员工的社会责任感搭建桥梁。2012年起，他每年前往马驹桥敬老院从事敬老爱老活动，为光爱儿童之家捐赠书籍和生活用品。2013年9月，他注册成为志愿北京网站实名志愿者，引导身边人从事志愿公益活动。2013年3月京东方志愿者协会被首都精神文明建设委员会授予“身边雷锋——最美北京人”团队称号；2016年3月获得北京经济技术开发区授予的开发区志愿服务岗称号。曹志宁还担任分厂党支部组织委员以及团支部书记等职务，将党工团工作融合在一起，为员工组织开展了4届136个项目的劳动技能大赛，创造了一批好的比赛项目和经营收益。2016年5月曹志宁获得首都劳动奖章。

（黄永波）

【董博宇——高端装备国产化的开拓者】董博宇，男，1981年7月出生，满族，中共党员，毕业于日本福井大学，现任北京北方微电子基地设备工艺研究中心有限责任公司产品经理。

董博宇于2013年4月加入北京北方微电子公司物理气相沉积事业部，担任物理气相沉积产品经理一职，从事应用于LED产品中的氮化铝薄膜设备的研发工作。他带领研发团队积极创新，突破加热系统、高温真空放气等诸多技术难点，开发出具有自主知识产权的LED AlN PVD设备，在硬件结构和工艺原理方面实现了诸多技术创新，工艺能力达到国际领先水平。产品为国内外56家客户进行了数十万片DEMO和代工，得到客户的普遍认可，受到多家国际主流大厂的青睐。2014年，实现全球首台AlN设备在LED行业的销售，并于当年在客户端稳定量产；2015年，签订设备销售合同20余台，累计销售金额逾1亿元。董博宇带领的产品团队通过及时到位的技术支持以及与客户的良好沟通，使性能优异的AlN机台得到国内外主流大厂的极高评价。同期，围绕AlN产品发表重点专利25篇，其中约10篇PCT专利（含申请中）；发布BKM 15篇；国内外行业大会报告8次；发表论文2篇。董博宇2013年5月入选北京市第九批“海聚工程人才奖”，10月获得北京经济技术开发区“海外高层次人才奖”；2015年2月获得北方微电子公司“优秀队长奖”，7月获得北京电控“优秀共产党员奖”；2016年2月获得北方微电子公司“突出贡献奖”，5月获得首都劳动奖章。

（黄永波）

【蒋敏——踏实肯干的电力专家】蒋敏，女，1980年8月出生，汉族，中共党员，毕业于湖北工学院电力系统及自动化专业，高级工程师，现任燕山石化热电厂生产技术部主任。

2002年，蒋敏迈出大学校门来到了燕化公司动力事业部，刚参加工作就赶上了电气隐患治理项目全面开展、变电站主设备大规模更新。由于是电气专业毕业，而且外语能力较强，经过刻苦钻研，蒋敏在最短的时间里全面了解了装置的运行规律，掌握了新设备的应用技术，甚至

成了老师傅们的“小师傅”。凭着好学肯干的韧劲和认真负责的态度，她很快成长为单位的技术骨干，工作业绩得到了同事的认可。2009 年，企业专业化重组后，蒋敏开始负责电网管理中心生产技术部的全面工作。蒋敏认识到，必须有足够的理论基础和扎实的业务技能，才能够获得大家的信任。于是她自购专业书籍，拓展自己的理论知识；积极与同行交流，不断增强实践能力；只要遇到对工作有益的技术问题，她就会认真地记在本子上，仔细思考，有机会就借助设备停开工的时机来验证自己的技能水平，不断提高自己的综合素质和业务管理能力。2011 年，电网管理中心要在装置检修期间完成东区电网稳控装置的开发工作，时间紧任务重，一个失误就有可能引起生产装置的大面积停工。作为项目和运行负责人，蒋敏和技术人员、厂家、施工人员一起，从核对图纸的每一根电缆开始，逐个研究解决项目的难点问题，每天晚上她都在办公室工作到半夜，确定系统策略、计算定值。最终，由她组织的区域稳控项目从实施、现场调试传动到实际动作效果都达到了预期。2013 年，新建的胜利变电站 2$^{\#}$变压器一次冲击送电时，东胜二线线路主保护动作跳闸。她凭着过硬的专业能力对事故结论提出了不同意见，坚持要对 110kV 线路两侧设备进行复查，最终施工人员检查时发现保护和测量绕组接线的严重错误，她的工作能力再次得到大家的认可，并激发了她的自信心。110kV 路南变电站主设备更新是 2015 年电网重点工作之一。作为项目和运行负责人，白天她带着技术员，拿着施工图纸一张一张与现场校对，避免留下隐患；晚上施工结束后，她又组织施工负责人、倒闸操作人员敲定倒闸操作与设备试验的穿叉方式，确认上下级变电站工作配合接点，降低单电源的安全风险，她的工作作风赢得了外单位同行的尊重。2012 年至 2015 年，在她的领导下，电网管理中心取得了电气倒闸操作 15000 项、共 135835 步，正确率为 100% 的优异成绩，2015 年更是首次实现全厂电气事故为零的目标。2016 年蒋敏获得首都劳动奖章。

（吴明晓）

法规政策文件

北京市人民政府关于印发《北京市进一步加快推进污水治理和再生水利用工作三年行动方案（2016年7月—2019年6月）》的通知

京政发〔2016〕17号

各区人民政府，市政府各委、办、局，各市属机构：

现将《北京市进一步加快推进污水治理和再生水利用工作三年行动方案（2016年7月—2019年6月）》印发给你们，请认真组织实施。

北京市人民政府

二〇一六年五月五日

北京市进一步加快推进污水治理和再生水利用工作三年行动方案

（2016年7月—2019年6月）

为深入贯彻落实《中共中央国务院关于加快推进生态文明建设的意见》（中发〔2015〕12号）和《国务院关于印发水污染防治行动计划的通知》（国发〔2015〕17号）精神，进一步提升本市污水处理能力和水资源循环利用水平，有效保障首都水环境安全，特制订本方案。

一、指导思想

全面落实党的十八大和十八届三中、四中、五中全会精神，深入学习贯彻习近平总书记系列重要讲话和对北京工作的重要指示精神，认真落实中央城镇化工作会议、中央城市工作会议精神，牢固树立创新、协调、绿色、开放、共享的发展理念，严格遵循“节水优先、空间均衡、系统治理、两手发力”的新时期治水方针，以生态文明建设为统领，以改善水环境质量为核心，以中心城区、北京城市副中心、城乡接合部地区、重要水源地村庄和民俗旅游村庄等为重点，坚持点面结合、建管并重、政策集成、政企协同、创新驱动的工作原则，强化各区主体责任，加快推进污水治理和再生水利用工作，全面提升水环境质量，为建设国际一流的和谐宜居之都提供有力支撑。

二、工作目标

在黑臭水体治理方面，到2017年底，基本消除中心城区、北京城市副中心及其上游地区、其他新城建成区黑臭水体；到2018年底，基本消除全市范围内的黑臭水体。

在污水治理和再生水利用工作方面，到2019年底，全市污水处理率达到94%，中心城区和北京城市副中心的建成区基本实现污水全处理，其他新城污水处理率达到93%，2019北京世园会园区、环球主题公园、北京新机场、北京2022年冬奥会场馆等重点区域以及城乡接合部地区、重要水源地村庄和民俗旅游村庄基本实现污水处理设施全覆盖；全市再生水利用量达到11亿立方米；全市污泥无害化处理和资源化利用水平得到进一步提升。

三、主要任务

利用三年时间，全市新建、改造污水管线1081公里，新建再生水管线472公里，升级改造污水处理厂14座，新建再生水厂27座，解决760个村庄的污水收集、处理问题，治理141条黑臭水体河段。

（一）加强中心城区污水处理和再生水利用设施建设

实施东坝、垡头、五里坨、丰台河西等污水处理厂升级改造工程，主要出水指标达到地表水IV类标准；新建上庄再生水厂，实现中心城区污水处理设施全覆盖。结合棚户区、老旧小区、道路微循环等改造工程，综合施策，改造中心城区雨污合流管线256公里。中心城区及周边的城乡接合部地区新建污水管线272公里，新建、改造污水处理站和再生水站共21座，该地区污水处理能力得到有效提高。

（二）加快北京城市副中心污水处理和再生水利用设施建设

在通州区新建污水管线222公里、再生水厂8座，升级改造污水处理厂2座，加快污水处理站和再生水站建设，基本实现北京城市副中心建成区污水全处理，解决320个村庄的污水收集、处理问题。

（三）加强其他城镇地区污水处理和再生水利用设施建设

新建、改造污水管线331公里，新建再生水厂18座，升级改造污水处理厂8座，新增再生水生产能力39万立方米／日。

（四）加强其他农村地区污水处理和再生水利用设施建设

各有关区政府要结合实际制定农村污水治理规划及实施方案，采用“城带村”“镇带村”“联村”“单村”等方式，加快推进污水处理和再生水利用设施建设和既有设施的修复改造，实现重要水源地村庄和民俗旅游村庄污水处理设施全覆盖。

（五）全面治理黑臭水体

对全市范围内141条、共665公里黑臭水体河段进行治理，其中治理建成区黑臭水体河段57条、共241公里。各区政府要按照“一河一策”的原则制定具体工作方案，采取控源截污、垃圾清理、清淤疏浚、水系连通、生态修复等措施，扎实推进黑臭水体治理工作。

（六）扩大再生水利用范围

努力解决再生水从生产到利用“最后一公里”问题，全市新建再生水管线472公里。对全市再生水进行统一调度，逐步增加城乡接合部地区河湖、湿地的再生水补水量，进一步扩大全市生态环境、市政市容、工业生产、居民生活等领域的再生水利用量。

（七）推广污泥资源化利用

加快推进污泥资源化利用工作，鼓励将污泥衍生产品用于沙地荒地治理、园林绿化、土壤改良、生态修复、能源利用等项目；加大与周边省区市的合作力度，拓展污泥资源化利用空间。

（八）加强其他污染源监督管理

认真落实《北京市水污染防治工作方案》（京政发〔2015〕66号），强化源头减污、控污、治污。加强对全市工业园区及污水排放企业的排污管理和环境执法工作，依法取缔不符合本市产业政策的项目；加强畜禽养殖场、垃圾渗滤液处理设施、粪便消纳站配套污水处理设施建设及监管，确保设施正常运行、污染物排放稳定达标。

四、工作路径及支持政策

（一）建设路径

坚持集中处理与分散处理相结合，科学规划设计，探索建立符合首都特点、城乡统筹的污水处理和再生水利用设施体系，切实保障首都水环境安全。

在城镇地区，要加大污水管线建设和截污纳管力度，积极做好污水处理和再生水利用设施升级改造工作，进一步提高污水处理和再生水利用工作水平。

在农村地区，要通过以下四种方式开展建设：

“城带村”建设方式。充分发挥现有大中型污水处理和再生水厂的骨干作用，通过扩大管网覆盖范围，接纳处理其周边村庄产生的污水。

“镇带村”建设方式。着力增强城镇污水处理和再生水厂的处理能力，通过修建镇与村相连的污水管线，接纳处理其周边村庄产生的污水。

“联村”建设方式。对于地理位置临近的村庄，要通过修建村与村相连的污水管线，实现污水适度集中处理。

“单村”建设方式。对于不具备“城带村”“镇带村”“联村”建设条件的村庄，人口规模较大的，可建设污水处理站或再生水站；人口规模较小的，可采用建设人工湿地、污水净化槽等方式处理污水，也可建设污水临时贮存池，定期进行收集、处理。

（二）建设、运营及投融资模式

深入推进污水处理和再生水利用设施市场化建设、专业化运营改革。中心城区继续采用现行的特许经营模式，进一步完善污水处理和再生水利用设施体系。在其他区积极推行分区授权的特许经营模式，即各有关区政府按照流域和区域相结合的原则，将本区划分为若干区域，通过公开招标、竞争性谈判等方式确定各区域特许经营主体，采用政府与社会资本合作（PPP）等模式开展污水处理和再生水利用设施建设、运营；各区域特许经营主体在设施建设和运营管护工作中，应当优先聘用符合条件的当地村民，充分调动其参与污水治理的积极性。

1．中心城区。中心城区污水处理和再生水利用设施建设项目沿用《北京市加快污水处理和再生水利用设施建设三年行动方案（2013—2015年）》（京政发〔2013〕14号，以下简称第一个三年行动方案）确定的投融资模式，即由市政府固定资产投资和特许经营主体筹资共同解决项目征地、工程建设资金及50%的拆迁资金，其中，50%的征地资金和25%的拆迁资金由市政府固定资产投资安排，并作为特许经营主体的融资资本金；其余50%的拆迁资金由项目所在地区政府承担。市财政部门要将相关区政府开展征地拆迁工作和拆迁资金落实情况与市财政转移支付挂钩，对落实情况较好的给予一定补贴。

2．北京城市副中心及通州区其他区域。实行政府建网、企业建厂、市级补贴、考核付费的工作模式。

政府建网。北京城市副中心的污水、再生水管线建设资金全部由市政府固定资产投资安排，相关拆迁资金由通州区政府承担。通州区其他城镇地区由市政府固定资产投资安排建设资金的90%，拆迁资金和其余建设资金由通州区政府承担；通州区其他农村地区由市政府固定资产投资安排建设资金的30%，拆迁资金和其余建设资金由通州区政府承担。

企业建厂。北京城市副中心的污水处理和再生水厂建设项目，与中心城区投融资模式保持一致；通州区其他区域的污水处理和再生水厂（站）建设资金由特许经营主体承担，征地拆迁资金由通州区政府及有关乡镇政府统筹解决。

市级补贴。北京城市副中心的污水处理费全部上缴市级财政，由市级财政统筹安排该区域污水处理和再生水利用设施运营经费；通州区其他城镇地区在全面征收污水处理费的基础上，运营经费不足部分由区、镇政府统筹解决；其他农村地区按照生态涵养发展区相关标准进行补贴。

考核付费。通州区政府要按照特许经营协议，对各区域特许经营主体的服务质量进行考核，并根据考核结果支付服务费用。

3．其他城镇地区。其他城镇地区实行政府建网、企业建厂、区镇付费的工作模式。

政府建网。其他城镇地区的污水和再生水管线建设项目（包括采用“城带村”“镇带村”方式建设的农村污水和再生水管线建设项目）沿用第一个三年行动方案确定的有关政策，即生态涵养发展区城镇地区的污水和再生水管线建设项目，由市政府固定资产投资安排建设资金的90%，城市发展新区为70%，其余建设资金及拆迁资金由相关区、镇政府统筹解决。海淀山后地区和丰台河西地区继续执行现行政策。

企业建厂。污水处理和再生水厂（站）建设资金由特许经营主体承担，征地拆迁资金由相关区、镇政府统筹解决。

区镇付费。在全面征收污水处理费的基础上，设施运营经费不足部分由区、镇政府统筹解决。

4．其他农村地区。其他农村地区实行厂网共建、市区补贴、考核付费的工作模式。

厂网共建。污水处理和再生水厂（站）建设资金由相关特许经营主体承担；污水处理和再生水管线建设项目，由市政府固定资产投资安排建设资金的 30%，其余建设资金及拆迁资金由相关区、乡镇政府承担或与区域特许经营主体共同承担。鼓励由区域特许经营主体统一负责污水处理和再生水利用设施的建设、运营工作。

市区补贴。市级财政对生态涵养发展区农村地区的污水处理和再生水厂（站）运营经费给予 70% 的补贴，城市发展新区为 60%，城市功能拓展区为 50%，补贴基数为 3 元／立方米，不足部分由相关区、乡镇政府统筹解决。

考核付费。各有关区政府要按照特许经营协议，对各特许经营主体的服务质量进行考核，并根据考核结果支付服务费用。

（三）相关支持政策

1．优化项目审批流程。将污水处理和再生水利用设施建设项目相关审批权限由市级下放至区级，即由各区发展改革部门出具建设项目前期工作函或立项批复，相关审批部门根据该函（批复）并联办理审批手续，不互为前置条件；经规划部门批复同意的项目选址方案，具备施工条件的，要加快开工建设。市有关部门要加强对各区审批工作的政策指导，确需市级审批的，要按照“绿色通道”项目有关政策加快办理。

2．创新用地方式。在符合土地利用规划和土地用途管制的前提下，积极探索利用农村集体建设用地开展污水处理和再生水利用设施建设的新模式，规划、国土部门要给予政策支持。

3．加强黑臭水体治理资金保障。各有关区政府要切实落实主体责任，建立黑臭水体治理专项资金保障机制；市级财政要采取以奖代补的方式，对黑臭水体治理中涉及的清淤工程给予全额资金补贴。

4．完善污水处理费征收政策。做好全市污水处理费征收管理相关工作，逐步调整城镇污水处理费征收标准，启动农村地区污水处理费征收试点相关工作。

5．建立自建设施运营经费保障机制。市有关部门和各区政府要研究制定自建污水处理和再生水利用设施运营经费补贴政策，保障设施运营需求。按照保本微利的原则，鼓励自建污水处理和再生水利用设施运营单位在再生水利用指导价格范围内，与用户协商确定再生水供水价格。

五、保障措施

（一）加强组织领导

继续设立由分管副市长任组长的污水治理和再生水利用工作协调小组（以下简称市协调小组）。市水务局、市发展改革委、市财政局、市规划委、市环保局、市国土局、市住房城乡建设委等部门为协调小组成员单位。市协调小组办公室设在市水务局，负责具体协调推进工作，办公室主任由市水务局局长担任。各区政府要继续建立相应的工作机制，切实抓好本区工作任务的落实。

（二）严格落实责任

市政府每年与市有关单位和区政府签订污水治理和再生水利用工作目标责任书，并将完成情况纳入市政府绩效考核。各区政府作为本行政区水环境治理的责任主体，要依据本方案制定具体实施方案，将任务分解到区有关部门和各乡镇政府，明确标准、责任人和完成时限，于 2016 年 5 月中旬报送市协调小组办公室备案，并于 2016 年 6 月底前，出台本区污水处理和再生水利用设施市场化建设、专业化运营改革方案。各区政府要于每年 10 月底前，向市协调小组办公室报送下一年度工作计划；市协调小组办公室要汇总编制本市下一年度工作计划，报请市协调小组审定后印发实施。各特许经营主体要按照特许经营协议的规定，认真履行设施建设、运营责任。市政府督查室要加强对年度任务落实情况的督查考核。

（三）加强联合执法

水行政主管部门要认真履行行业监管责任，加大对违法排放污水行为的查处力度，并在市、区两级牵头建立水环境监管执法部门联动机制，切实增强执法效果。环保部门要在做好水环境质量监督性监管工作的同时，加大对污染源及自建污水处理和再生水利用设施的监管力度，并将垃圾渗滤液处理、粪便消纳等设施纳入重点排污户监管范围，依法查处违法违规行为。住房城乡建设部门要严格开发建设项目配套污水处理设施建设和验收管理，全市在建、新建住宅项目和其他排放污水的建设项目必须配套建设污水处理设施，并实现达标排放；配套建设的污水处理设施应与主体工程同步竣工验收，水污染防治设施未建成、未经工程验收或未达到工程验收标准的住宅项目和其他排放污水的建设项目，一律不得投入使用。其他各有关部门、单位要积极配合监管执法工作。监察部门要加强监督，依法依规查处监管执法过程中的失职渎职等行为。

（四）强化技术支撑

充分发挥本市在水环境治理方面的技术和产业优势，积极引导污水处理和再生水利用、污泥无害化处理和资源化利用、设施运行监控等领域的科技创新，加快成果推广应用，提高治理能力和水平。市水务局要组织编制《污水处理和再生水利用工作技术导则》，指导项目实施主体根据不同区域的生态地理特征和受纳水体要求，采用符合当地实际的污水处理技术。各区政府要积极邀请有关科研和设计单位参与污水治理和再生水利用规划设计、技术咨询等工作，不断提高设施建设、运营的科学化水平。市、区水行政主管部门要建立市、区两级污水处理和再生水利用设施在线监控系统，实现对污水处理量、出水水质、运行状态的在线监控。

（五）引导社会共治

主动接受人大依法监督和政协民主监督；支持公众、社会组织依法有序监督水环境治理工作，并组织志愿者开展相关公益活动；加强对水环境治理工作的宣传报道，定期向社会公布本方案的推进落实情况，营造全社会共同参与治理的良好氛围。

北京市人民政府关于进一步优化提升生产性服务业加快构建高精尖经济结构的意见

京政发〔2016〕25号

各区人民政府，市政府各委、办、局，各市属机构：

为贯彻落实《国务院关于加快发展生产性服务业促进产业结构调整升级的指导意见》（国发〔2014〕26号）精神，进一步优化提升本市生产性服务业，加快构建高精尖经济结构，现提出以下意见：

一、总体要求

（一）总体思路

深入贯彻落实党的十八大和十八届三中、四中、五中全会精神，深入学习贯彻习近平总书记系列重要讲话和对北京工作的重要指示精神，牢固树立创新、协调、绿色、开放、共享的发展理念，适应经济发展新常态，牢牢把握首都城市战略定位，以加快推进京津冀区域全面创新改革试验、北京市服务业扩大开放综合试点为契机，持续推动供给侧结构性改革，不断强化科技创新引领、信息覆盖应用、金融保障支持、商务融合渗透、流通高效链接，积极培育新业态，进一步扩大对外开放领域和范围，增强辐射带动和品牌效应，促进生产性服务业向专业化和价值链高端延伸，加快构建高精尖经济结构，增强服务全国新型工业化、信息化、城镇化、农业现代化建设能力，为建设国际一流的和谐宜居之都提供重要支撑。

（二）发展导向

强化创新驱动。发挥首都科技创新资源集聚优势，加大对核心关键技术、专利、标准等知识产权的创造、运用、保护和管理力度，推动原始创新、集成创新，引导构建产业技术创新联盟，推动跨领域、跨行业、跨区域创新，抢占生产性服务业发展制高点。

突出高端引领。依托首都人才、技术、资本、品牌等优质资源，围绕金融、信息、科技、商务等重点领域，突出研发设计、战略投融资、集成创新、现代营销等高端环节，不断增强生产性服务业优质高效供给。

坚持改革开放。深化京津冀区域全面创新改革试验，不断推动北京市服务业扩大开放综合试点，加快生产性服务业供给侧结构性改革和对外开放，推进央地、军民融合发展，强化资源高效流转对接，促进生产性服务业市场化、专业化、国际化发展，更好地服务于创新型国家建设。

注重协同发展。认真落实《京津冀协同发展规划纲要》及本市贯彻意见，严格执行新增产业的禁止和限制目录，引导存量和增量生产性服务业资源在京津冀区域合理布局，推动京津冀区域产业转型升级，形成差异定位、协同发展的新格局。

（三）主要目标

全面优化提升生产性服务业，到2020年，生产性服务业对首都经济增长贡献进一步增加，占地区生产总值的比重稳步提高，质量效益明显提升，服务功能显著增强。

二、优化产业结构

（四）巩固提升优势主导行业，支撑构建高精尖经济结构

创新发展金融业。积极对接国家金融改革，顺应人民币市场化改革、国际化发展趋势，推动国家科技金融创新中心建设，服务好亚洲基础设施投资银行、丝路基金等国际性金融机构在京发展，积极争取在京设立国际化货币清算结算中心。支持银行、证券、保险等在京金融机构发展，做好对接与配套服务。推动全国中小企业股份转让系统、机构间私募产品报价与服务系统、本市区域性股权交易市场创新发展。积极稳妥发展互联网金融、商业保理等业态，加强属地监管，有效防范、化解各类金融风险。高标准建设好北京保险产业园、中关村互联网金融创新中心、中关村并购资本中心、北京基金小镇等。

融合发展信息服务业。全面推进“三网融合”，大力推广应用云计算、大数据、物联网、移动互联网等新一代信息技术，强化系统集成应用；不断拓展北斗系统应用服务领域，发展位置服务、智能导航、智能终端等新兴运营业务。依托国家通信设施、广电网络等领域总部资源，加快宽带网络等电信设施共建共享，实现提速降费；推动下一代互联网根服务器在北京经济技术开发区落地应用，完善信息安全维护等技术领域基础设施。推动软件业从产品向服务转型升级，积极承接国家重大科技专项，着力在新型计算、高速互联、先进存储、第五代移动通信等核心技术研发方面取得突破，加快智能设计与仿真、工业大数据处理等工业软件高端发展。支持基于互联网的产业组织变革、商业模式创新、供应链和物流链整合，拓展开放共享的网络经济空间；加快以城市运行、市民生活、企业运营和政府服务等为主要内容的“智慧北京”建设。

做大做强科技服务业。落实《北京市人民政府关于印发〈北京技术创新行动计划（2014—2017年）〉的通知》（京政发〔2014〕11号）和《北京市人民政府关于加快首都科技服务业发展的实施意见》（京政发〔2015〕25号），以技术创新和应用服务创新为重点，聚焦节能环保、新能源、新材料、航空航天、生物健康、智能制造、智能交通等重点领域，统筹带动基础研究、前沿技术研究、技术开发、标准制定等工作。围绕研发设计、成果孵化、技术转移、检验检测认证等重点领域，着力培育新兴业态，切实提升服务能力。加快首都科技条件平台、国家技术转移集聚区、国家大科学装置集聚区、纳米产业园、北京科技商务区、中关村（房山）新兴产业前沿技术研究院等建设，培育一批具有国际影响力的骨干企业、服务机构和知名品牌。鼓励科技服务企业“走出去”，引导科研院所、高等学校和企业在境外申请专利；鼓励参与制定国际标准，推动科技服务业加快融入全球化进程。

促进商务服务业高端发展。发挥大型企业引领带动作用，依托其人才、资本、技术、管理等优势，开展资源整合、境内外并购与上市、模式创新等业务，提高参与全球资源配置的能力。进一步加大商务服务领域对社会资本开放力度，鼓励外资投向创业投资、知识产权服务等行业，支持外资以参股、并购等方式参与本市商务服务企业改造与重组。支持会计、审计、评估、信用、法律、咨询、广告、知识产权等行业拓展国际市场，在全球范围内提供对外投资运营、资产管理、兼并重组、商务咨询、财务管理等服务。

优化提升流通服务业。充分发挥中央企业在石油、天然气、矿产、贵金属、粮食等大宗商品批发业务方面的优势，搭建电子交易平台，积极争取大宗商品国际定价权，增强“优进优出”和高效配置资源能力。进一步优化城市配送网络，广泛利用互联网、大数据、云计算等先进技术改进物流服务流程，推动电商物流、冷链物流、农产品物流等配送网络建设，鼓励连锁服务企业投资建设末端配送中心、智能快件箱。引导企业剥离物流、仓储、包装等辅助业务，大力发展第三方物流。放大北京天竺综合保税区保税政策辐射带动效应，加快跨境电子商务园区建设。

（五）突出前沿技术研发与应用，培育发展新兴业态

积极发展节能环保服务。以改善空气质量为重点，加快推进清洁能源设施建设，推行低氮燃烧技术，加强可再生能源研发、推广和应用，服务大中型工业企业、大型服务企业开展清洁生产。围绕大气、水体、固体废弃物等重点领域，以及建筑、交通等重点行业，加快制定节能环保低碳标准，大力推行第三方污染治理，扩大绿色建筑和绿色建材应用，规范发展技术咨询、节能评估、能源审计、碳交易等服务业态，力争国家碳排放权交易中心在京落户。

聚焦智能网联电动汽车领域。集成创新电子科技、先进材料、传感器、车联网、智慧出行、辅助驾驶等技术，建立开放式协同创新平台，鼓励发展电动汽车研发、设计、试验试制、验证等关键环节。加快推进北京新能源汽车科技产业园等建设，打造国内一流、世界领先的新能源汽车科技创新中心。

拓展“互联网＋”发展空间。推动互联网向生产领域、消费领域深度拓展，抢占可穿戴设备、智能汽车、智能医疗、智能家居等新兴移动终端市场，打造“互联网＋”新能源和可再生能源服务交易平台，加快互联网与工业、农业、金融、商务、文化、健康医疗、教育、交通等融合发展。有序发展跨境电子商务，推动网络交易与电子认证、在线支付、物流配送、报关结汇、检验检疫、信用评级等环节集成应用。

促进检验检测认证服务市场化、社会化、专业化发展。积极参与制定国际检验检测标准，开展检验检测认证结果和技术能力国际互认，促进企业生产和服务标准化，加强新能源、新材料等领域第三方检测认证服务。

推动服务外包高端化、国际化发展。支持企业开展信息技术支持管理、财务结算等国际服务外包业务，建设全球软件业领先接包地和全国软件集成发包地。

强化人力资源服务的基础性支撑作用。鼓励人力资源管理咨询、人力资源外包、人员素质测评、高级人才寻访、人力资源信息网络服务等新兴业态发展。

创新发展售后服务。积极运用互联网、物联网、大数据等信息技术，发展远程监测诊断、运营维护、技术支持等售后服务新业态。

（六）推动生产性服务业与工农业融合创新发展，引领产业价值链向高端化、绿色化提升

推动制造业服务化、高端化、集聚化、融合化、低碳化发展。实施《〈中国制造2025〉北京行动纲要》，着力培育产品设计、品牌运营、资源集成等服务业态，围绕新能源汽车、集成电路、轨道交通、航空航天、智能装备等高端制造业，发展网络众包、异地协同设计和制造、规模化个性定制、精准供应链管理等服务，促进生产方式向柔性化、智能化、数字化、精细化、绿色化转变。鼓励龙头企业整合关键产业链，形成若干拥有技术主导权的产业集群。

支持都市型现代农业发展。集成首都科技、信息、金融等优势资源，支持高效节水农业、循环农业发展，加快农产品生产、收储、加工、运输、交易、检验检测等环节的信息化改造和标准化应用。推动通州区积极创建国家种业综合改革创新试验示范区，服务种业自主创新。以筹办2019中国北京世界园艺博览会为契机，构建具有观光休闲和生态文化等多种功能的都市型现代花卉园艺产业体系。加快农村地区交通、信息等基础设施建设，促进农村电子商务发展，大力发展村镇银行、农业保险等金融机构，着力提高农村地区信息、科技、金融、流通等服务能力。

（七）强化生产性服务业集成创新应用，促进城市建设运营管理服务精细化、智能化

加快城市综合管廊、海绵城市、轨道交通、绿色建筑、住宅产业化等方面新技术和标准的研发与应用示范，提升首都城市规划建设管理水平，服务全国城镇化建设。加强物联网、大数据等新一代信息技术的创新应用，在电子政务、智能交通、能源智能化供给、生态修复、防灾减灾、智慧社区建设等方面形成系统解决方案，提高首都城市精细化管理服务水平。鼓励有实力的企业充分运用资金、技术、人才等优势，抢抓全国城镇化机遇，积极拓展城市战略谋划、规划设计、地质勘查、基础设施建设与运营等服务市场。

三、调整产业布局

（八）全力建设中关村国家自主创新示范区，打造具有全球影响力的科技创新中心

大力提升原始创新能力，超前部署应用基础研究，开展一批科技前沿技术研究，抢占未来科技发展制高点，重点部署信息、基础材料、生物健康、农业生物遗传、环境系统与控制、能源等领域关键问题研究，集中力量实施脑科学、量子通信、纳米科学等重大科学研究计划，力争取得一批具有国际影响力的原始创新成果。强化中关村国家自主创新示范区在首都服务业创新发展中的核心地位，推动一区十六园统筹协调发展。深化落实现有各项创新政策，积极探索人才培育、金融支持、技术创新和产业创新等方面先行先试政策，加快推进试点示范。鼓励发展资本运作、基础支撑、网络运营、应用服务等平台型服务业态，重点发展研发设计、成果孵化、技术转移、检验检测服务、评估咨询服务等知识型新兴业态。建设好中关村科学城、怀柔科学城和未来科技城等央地共建、共享的协同创新平台。中关村科学城重点支持原始创新，聚集产学研创新主体和产业高端要素，打造国家知识创新和战略性新兴技术策源地。怀柔科学城重点拓展与中国科学院合作，依托大科学装置集群和怀柔科教产业

园搭建大型科技服务平台。未来科技城重点推进军民、央地融合发展，建成代表国家相关产业应用研究技术前沿水平、引领产业转型升级的创新高地。

（九）优化提升高端产业功能区，推进集约化、国际化发展

严格执行产业政策和人口、环境等评价标准，腾笼换鸟，有序引导金融、科技、信息、商务等优质服务要素向高端产业功能区布局。提升金融街的金融产业能级，培育国际型和专业服务型金融机构，提高国际化水平和综合服务能力。提升商务中心区精细化管理、运营和服务水平，推动国际金融、现代商务、文化传媒等高端服务资源双向开放，提高服务全国文化中心、国际交往中心建设的能力。推动北京经济技术开发区转型升级，鼓励发展研发设计、电子商务等生产性服务业，积极培育车联网、医联网、智能家居、智能机器人等新兴业态，加快建设成为中国制造 2025 示范区。不断增强临空经济区航空物流服务能力，创新发展国际科技服务和文化服务贸易、跨境电子商务等新兴业态，提升贸易便利化水平，推动建设国家临空经济示范区。调整完善奥林匹克中心区空间布局，推动亚洲基础设施投资银行、中国美术馆、2022 年冬奥会场馆等一批国家重大设施建设，加快形成金融、科技与文化体育融合发展的新模式。有序建设新首钢高端产业综合服务区、丽泽金融商务区等产业发展新区，为首都核心功能提供新的承载空间。

（十）强化生产性服务业辐射带动作用，支持构建“4 + N”产业合作新格局

支持曹妃甸协同发展示范区积极承接本市疏解转移的产业资源和服务资源，围绕示范区建设和重大生产力项目落地，同步引进和培育智能装备、现代物流、研发设计、信息服务、金融服务等业态，推动高端制造业和生产性服务业融合发展，形成循环共生产业链。加快北京新机场临空经济区建设，同步促进高端航空服务、高端商务服务等生产性服务业发展。推动天津滨海—中关村科技园区科技创新体系、人才吸引集聚和投融资便利化等改革创新，打造全国先进制造研发中试基地。鼓励张（家口）承（德）生态功能区发展生态友好型产业，重点培育云计算数据中心、智慧产业基地等大数据产业。有序开展资本、技术、管理、人才、标准和品牌输出，引导生产性服务业产业资源和创新服务资源向一批合作平台集聚。

四、促进产业提质增效

（十一）突出改革重点，培育产业发展新动力

推进京津冀区域全面创新改革试验，以科技成果转化的全产业链和区域产业梯次配置为主线，促进区域创新链、产业链、资金链、政策链深度融合，大力提升区域源头创新和原始创新能力，构建全国性要素交易平台等科技成果转移转化体系，优化区域创新创业生态系统。持续推动石景山国家服务业综合改革试点建设，加快首钢老工业基地改造和产业转型，培育主导产业。深化中关村现代服务业试点改革创新，落实好支持现代服务业发展的先行先试政策，发挥好示范带动作用。推动供给侧结构性改革，鼓励定制化服务、个性化设计、柔性化制造等服务新模式的创新应用，加快职业技能培训、人力资源服务、检验检测认证服务、咨询服务等领域的市场化、社会化进程。强化在线支付、安全认证等重点环节建设，推动电子发票广泛应用，营造安全、便利、诚信的消费环境。

（十二）扩大对外开放，提高国际化发展水平

组织实施好北京市服务业扩大开放综合试点，推动金融、信息、科技、商务等重点领域扩大开放，支持朝阳区、顺义区等示范区先行先试。加快构建国际化、法治化、透明化的生产性服务业促进体系，提高投资贸易便利程度，推动国际货物和服务贸易“优进优出”。鼓励在京生产性服务企业服务“一带一路”等国家战略，积极推进国际产能和装备制造合作，加快技术、标准、服务走出去步伐，深度融入全球产业链、价值链、物流链。进一步完善金融、人才、信用、监管等配套支撑体系，营造良好发展环境。支持骨干企业、现代新型智库做好境外投资的商务、法律、战略咨询、投融资支持、投资环境评估等配套服务，与国际标准接轨，开展国际化业务。

（十三）聚焦价值链高端环节，引导在京总部企业创新发展

支持在京世界 500 强、中国 500 强中的生产性服务企业创新转型发展，发挥人才、资本、技术、管理等方面优势，在京做强创新型研发设计、全球枢纽型营销、高效融资和资金结算、智能制造等高端核心业务，面向全国和全球布局加工制造、售后服务、人力资源外包等产业环节，提高运营管理效率和劳动生产率。鼓励航空航天、高速铁路、新型建材、电子通信等领域企业积极开拓海外市场，有序推进产能转移，带动生产性服务业拓展国际市场。深化本市企业与在京中央企业战略合作和融合发展，鼓励龙头骨干企业协同各类专业服务机构

抱团出海，实现跨层级、跨区域、跨国别经营发展。

（十四）培育新型产业组织，壮大多元市场主体

培育产业技术联盟、协同创新联盟、新型商协会等新型产业组织，支持完善产业组织内部的协同研发、技术对接、测试验证机制。做好中央事业单位转制为企业的衔接配套服务，支持市属国有服务类企业改制重组。鼓励非公有制经济和外资企业以独资、参股、控股等方式参与生产性服务业管理与运营。通过壮大多元化主体，激发市场活力，增强服务业市场供给能力。

（十五）完善产业链协作，拓展市场服务空间

落实京津冀协同发展战略，有序疏解非首都功能，不断提升首都科技、信息、金融等生产性服务业辐射作用，与天津市、河北省合作发展节能环保、大数据、新能源、智能终端等新兴产业，合作共建现代物流体系，共同培育服务市场主体，联合组建一批产业技术创新战略联盟，搭建产业融合创新和展示交易平台。用好京冀协同发展产业投资基金、中关村协同创新投资基金、京津冀协同创新科技成果转化创业投资基金，支持重大服务创新项目建设。鼓励拥有关键技术、投资运营、专业服务等核心竞争力的生产性服务企业，通过资本输出、技术输出、管理输出、品牌输出和标准输出等途径，面向全国布局，实现规模化、集团化、连锁化经营，积极开拓市场。

五、搭建共性服务平台

（十六）强化知识产权服务平台，服务创新创业发展

促进知识产权的创造、运用、保护和管理，鼓励各类市场主体拥有自主知识产权。培育一批专业化、规模化、国际化的知识产权服务品牌。建立健全知识产权交易平台和服务体系，培育代理咨询、评估交易、成果转化、保护维权、投融资等专业化、市场化服务机构，提高知识产权服务水平。推动中关村国家知识产权服务业集聚发展示范区、中关村知识产权和标准化一条街建设，打造全国知识产权服务业新业态、新模式的策源地。加大对科技创新活动和科技创新成果的法律保护力度，壮大专利、商标、版权等产业链高端环节，抢占市场竞争制高点。

（十七）完善技术推广服务平台，提高创新成果转化效率

深入落实《北京市人民政府关于大力推进大众创业万众创新的实施意见》（京政发〔2015〕49 号），加快首都科技条件平台、中关村开放实验室等建设，推动重大科研设施和科研仪器向生产性服务企业开放。加快国家技术转移集聚区建设，打造辐射全国、链接全球的技术转移枢纽。以创新型孵化器、留学人员创业园、创业孵化示范基地为主体，发展市场化、专业化、网络化的众创空间，完善创业培训、信息咨询、技术研发推广、投融资等创业服务体系。深化央地融合和军民融合创新，促进信息、技术、人才等要素资源流动共享。

（十八）搭建标准化应用服务平台，提升北京服务品牌价值

深入实施首都标准化战略，鼓励各类企业参与标准制定，重点提高研发、咨询、技术转移等领域的标准化和规范化水平，积极支持各类机构将自主知识产权转化为标准，并升级为国际标准，培育壮大标准服务业。推进中关村国家技术标准创新基地建设，搭建标准创新公共服务平台。有序放开检验检测认证市场，培育有国际影响力的第三方检验检测认证机构，提升金融、信息、技术、商务等服务贸易国际竞争力。

（十九）丰富展览展示交易服务平台，促进产业交流合作

提高京交会、科博会等品牌会展国际化程度，引进国际知名的品牌会展在京落户，高水平举办 2019 中国北京世界园艺博览会，促进北京天竺综合保税区保税展览展示产业发展；支持展馆运营管理企业品牌输出、管理输出，实现国内外会展业资源整合、优势互补。培育发展要素市场，优化交易制度和监管制度，大力支持北京产权交易所等重点交易平台做优做强，积极推动建立京津冀区域一体化的产权、技术、人才等要素市场，促进要素资源高效流转。

（二十）优化人力资源服务平台，集聚全球高端创新人才

充分发挥中关村人才特区政策优势和科研院所、高等学校集聚优势，实施“千人计划”“创新人才推进计划”等重大人才工程，优化创新型人才培养和引进体制机制。依托高端产业功能区，高起点、高标准建设金融、信息、科技、商务等专业领域的人才服务体系，引进和培育壮大创新型、应用型、复合型、国际型人才团队，打造多学科、多门类、具有国际影响力的现代新型智库体系。

六、保障措施

（二十一）强化规划引领作用

坚持分类指导、分业促进、分区施策的原则，研究制定“十三五”时期服务业发展规划以及金融、科技、物流等生产性服务业领域专项规划。充分发挥规划的科学引领和统筹协调作用，加强各类规划衔接，强化规划实施监管，促进生产性服务业优化提升。

（二十二）加强空间资源配置

鼓励疏解转移的企事业单位在符合首都城市战略定位和产业政策、符合城乡建设用地减量提质要求的基础上，改造利用老旧商业设施、仓储用房发展生产性服务业。对自有工业用地改造用于自营生产性服务业的工业企业，涉及改变用途的，可采取协议出让方式供地；改造项目应严控建筑增量，在补充城市功能短板的基础上合理确定规划指标，通过优化设计方案提高建筑及环境品质。发挥政府固定资产投资引导作用，加强高端产业功能区基础设施和配套服务体系建设，改造利用和规划建设一批全天候、无时差的国际协同生态智能商务楼宇，提高生产性服务业产业承载能力。

（二十三）完善财税价格支持政策

完善政府采购管理办法，加大政府购买服务力度。深化科研经费管理改革。落实高新技术企业、小微企业各项税收优惠政策。执行生产性服务业用水、用电、用气与工业同价政策；对工业企业剥离出的生产性服务业务，在用水、用电、用气等方面实行与原企业相同的价格政策。

（二十四）创新金融服务

支持社会资本在科技金融、创新创业、非基本公共服务等领域发起设立多主体、多层级的产业投资基金群。鼓励引导金融机构开展符合生产性服务企业特点的金融产品和服务方式创新，支持有条件的企业在境内外上市。支持生产性服务企业利用全国中小企业股份转让系统、机构间私募产品报价与服务系统、本市区域性股权交易市场规范融资、发展壮大。支持京津冀三地支付清算、异地存储、信用担保、信贷服务等金融服务业态实现同城化。

（二十五）健全统计制度

根据国家生产性服务业分类标准，结合本市实际，不断加强以生产性服务业为代表的新经济活动统计工作，建立与经济结构变化相适应的统计制度，健全动态监测和发展评价机制。

（二十六）加强组织实施

充分发挥市服务业发展领导小组作用，加大统筹协调力度，扎实推进各项工作。市政府相关部门要加强协调配合，在完善规划政策体系、推动重大项目方面形成合力，并主动与国家有关部门沟通对接，争取相关改革试点和重大生产力改造提升项目在京落地。各区政府、各功能区管委会可根据实际情况，制定配套政策和具体实施办法，落实好本意见确定的各项重点任务。

二〇一六年六月二十九日

北京市人民政府印发《关于推进供给侧结构性改革进一步做好民间投资工作的措施》的通知

京政发〔2016〕29号

各区人民政府，市政府各委、办、局，各市属机构：

现将《关于推进供给侧结构性改革进一步做好民间投资工作的措施》印发给你们，请认真贯彻落实。

北京市人民政府

二〇一六年七月二十三日

关于推进供给侧结构性改革进一步做好民间投资工作的措施

推进供给侧结构性改革，促进民间投资健康发展，对于坚持首都城市战略定位，构建高精尖经济结构，提高生活性服务业品质，建设国际一流的和谐宜居之都具有重要意义。为深入贯彻《中共中央国务院关于深化投融资体制改革的意见》(中发〔2016〕18 号)和《国务院办公厅关于进一步做好民间投资有关工作的通知》(国办发明电〔2016〕12 号)精神，结合本市实际，现就进一步做好民间投资工作提出如下措施。

一、放宽市场准入

(一) 严格界定政府投资范围。政府投资资金只投向市场不能有效配置资源的社会公益服务、公共基础设施、农业农村、生态环境保护和修复、重大科技进步、社会管理、国家安全等公共领域的项目。对可以实行市场化运作的基础设施、市政公用和其他公共服务领域项目，政府不再全额投资。

(二) 全面落实民间资本准入平等待遇。在严格落实本市新增产业的禁止和限制目录基础上，鼓励和引导民间资本进入法律法规未明确禁止准入的行业和领域，任何部门不得对民间资本单独设置附加条件、歧视性条款和准入门槛。对本市涉及市场准入、经营行为规范的法规、规章和规定进行全面清理，按程序修改或停止执行不利于民间投资准入和存在不公平待遇的政策文件和规定。政府推进的重点事项和重大建设任务，原则上不得新设国有企业或指定既有国有企业承担投资建设任务，一律向民间资本开放，实行公平竞争；推出一批棚户区改造、保障性住房等吸引民间投资的示范项目。

(三) 着力优化国有资本布局。力争用 5 年时间将 80% 以上的国有资本集中到公共服务、基础设施、前瞻性战略性产业、生态环境和民生保障等领域。剥离国有企业办社会职能。国有资本一般不再以独资增量的方式进入完全竞争领域。

二、拓展投资领域

(四) 鼓励民间资本参与国家重大工程建设。围绕北京城市副中心、2022 年冬奥会、2019 北京世园会、北京新机场等重点领域和重大项目，加强主体工程、商业服务设施、基础设施、公共服务设施以及延伸产业项目的遴选包装，建立合理的投资回报机制，分批推出吸引民间投资的项目清单。

(五) 鼓励民间资本开展科技创新创业。积极推进产学研用协同创新，完善国家级和市级工程(技术)研究中心、工程实验室、重点实验室等创新平台布局，建设以企业为主导的协同创新体系。推进中关村大众创业万众创新综合改革试点，依托海淀区创建国家大众创业万众创新示范基地。大力推进“互联网 +”融合创新，培育基于互联网的新技术、新服务、新模式和新业态。积极打造“风险投资 + 孵化器”模式，引导市场主体建设一批具有专业化、网络化、差异化等特征的众创空间。

(六) 鼓励民间资本发展生活性服务业。促进社会办医，完善《北京市社会办医指南》，探索公立医院与社会办医的多种合作路径。推动社会养老，搭建养老产业发展基金等新型融资平台，推进共有产权养老设施试点。支持社会办学，加快民办教育机构品牌化、集团化发展，建立健全民办教育准入、预警和退出机制。提高体育设施建设运营市场化程度，推动存量体育设施有序向社会开放，盘活利用闲置资源建设体育设施；以举办 2022 年冬奥会为契机，鼓励民间资本发展冰雪产业。引导民间资本投资旅游综合体和旅游新业态，重点发展更高品质的郊区旅游。

(七) 鼓励民间资本参与生态环境建设。支持民间资本参与城市绿化建设，推动林权抵押贷款，推广森林碳汇交易，探索基于碳权的生态补偿机制。推广“分区授权、企业建厂、政府建网”模式，加大污水处理领域市场化建设运营力度。支持民间资本以政府购买服务为主的方式，参与重要流域综合治理投资、建设和养护。以大气污染、工业废水和固体废弃物治理为重点领域，以重点产业园区为突破口，鼓励民间资本参与环境污染第三方治理和相关环境服务，参与各类垃圾处理设施建设运营。

(八) 鼓励民间资本参与交通基础设施建设。在轨道交通领域推广授权—建设—运营 (ABO) 模式，完善轨道交通站点及周边、车辆段上盖及地下空间土地综合利用机制，引入民间资本参与轨道交通投资建设的全部环节。加快推进高速公路市场化建设，允许符合规定的国道等重要普通公路及城市快速路，通过公开招标选择投资人组建项目公司投资建设。周边土地资源丰富的交通枢纽项目，可将公益性交通枢纽和经营性开发项目作为整体捆绑实施，通过项目法人招标或土地带条件招标等公开竞争方式确定综合开发单位。鼓励民间资本投资、建设、运营停车设施，形成多元化投资建设、规模化经营的格局。

（九）鼓励民间资本发展文化创意产业。结合国家文化金融试验区建设，充分发挥北京市文化创意产业投资基金平台作用，引导民间资本参与文化产业功能区、要素市场及文化创业投资项目建设。

（十）鼓励民间资本参与国有企业混合所有制改革。在房地产、制造业、商贸旅游等一般竞争性领域，率先启动或深化一批市属国有企业混合所有制改革试点。在可以实行市场化运作的城市公共服务领域，进一步完善政府购买服务、特许经营等制度，率先启动一批市属国有企业混合所有制改革试点。通过资产证券化和公开拍卖经营权或所有权等方式，鼓励引导民间资本参与轨道交通、高速公路、污水处理、垃圾处理等领域国有资产投资运营。

（十一）发展壮大农村集体经济。发挥集体经济组织主体作用，鼓励集体经济组织以自主开发、联营联建、区域统筹等方式，对农村低效用地进行集约利用和腾退改造，加快城乡接合部建设、工业大院改造和新型城镇化建设。集中梳理推进一批以集体经济组织为主体的在途项目，加快释放集体经济组织投资潜力。推广大兴区农村集体经营性建设用地入市试点经验，积极争取扩大试点范围。

三、深化审批改革

（十二）深入推进简政放权。向市场放权，给企业减负。再精简一批行政审批事项、一批职业资格许可认定事项、一批工商登记前置和后置审批事项、一批部门内部办理审批的流程和环节。清理规范行政审批中介服务、投资项目报建审批事项、各种行业准入证和上岗证。制定完善并公开权力清单、行政事业性收费清单、政府性基金清单、涉企经营服务收费清单、基本公共服务事项清单。开展中关村示范区创业创新领域简政放权改革试点。

（十三）进一步优化投资项目审批流程。深入开展公共服务类建设项目投资审批改革试点，总结一批可复制可推广的经验。优化棚户区改造、交通基础设施、南水北调工程配套供水设施、污水处理设施、2022 年冬奥会、2019 北京世园会、新首钢高端产业综合服务区、环球主题公园及度假区等重点领域和重点项目审批流程。落实国家简化整合投资建设项目报建手续改革方案，投资项目准入阶段只保留选址意见、用地预审以及重特大项目的环评审批作为前置条件。在街区控规“多规合一”的基础上，推动规划意见书与用地预审意见等合并审批。按照并联办理、联合审批的要求，相关部门要协同下放审批权限，探索建立“多评合一、统一评审”的新模式。

（十四）进一步完善政务服务机制。大力推行“互联网 + 政务服务”，推进实体政务大厅向网上政务大厅延伸，打造政务服务“一张网”。将投资额在 2 亿元以上的基础设施类和 1 亿元以上的产业类民间投资项目，纳入本市投资项目绿色审批通道，优先保障用地，优先办理手续。

四、加强金融服务

（十五）搭建民间资本金融运作平台。通过政府引导、公开募集方式，吸引民间资本参股设立基础设施建设基金、公共服务发展基金、保障性住房发展基金、产业投资基金等各类基金，政府性资金不得控股。支持民间资本发起设立民营银行等民营金融机构，为中小企业提供个性化、特色化、专业化融资服务。

（十六）畅通资本市场融资渠道。协调推动市场培育及产品创新，助力本市民营企业在沪深交易所、“新三板”和“四板”市场挂牌进行股权和债券融资，扩大直接融资规模。支持在中关村设立以服务创业创新为主要特色的合资证券公司。

（十七）推动银行金融服务创新。鼓励金融机构多维度加强对小微企业的融资支持，落实银行业金融机构对小微企业金融服务的“三个不低于”（贷款增速、户数、审贷获得率）的目标要求。鼓励银行业金融机构使用特许经营权、政府购买服务协议、收费权、知识产权、专利权、著作权、股权等无形资产开展质押贷款。积极利用政策性银行独特优势和先导作用，优先支持本市民营企业发展战略性新兴产业、先进制造业、具有自主知识产权的高新技术项目。设立风险补偿基金，鼓励商业银行开展“投贷联动”试点。建立中小微金融服务平台，推动与商业银行和保险机构合作，推广“互联网 + 银行”“互联网 + 保险”新模式。依托北京市企业信用信息网，完善民营企业信用信息体系，采取政府购买服务等方式鼓励第三方机构为中小企业提供征信评级。

（十八）加大政策性担保支持力度。市财政出资设立融资担保基金，以股权投资方式参股主要政策性担保机构。对担保公司开展中小微企业、“三农”和科技企业融资担保业务发生的代偿支出，符合政策支持条件的，由担保公司、再担保公司和市财政分担。争取国家专项建设基金对本市政策性担保机构给予支持。积极推动发起成立小微企业综合金融服务电子交易平台和融资性担保联盟，进一步提高小微企业融资对接效率，降低企业融资成本。

五、加大政策扶持

（十九）加大政府和社会资本合作（PPP）力度。规范统一政府和社会资本合作（PPP）项目审批程序，对不使用政府投资的项目，按权限进行核准或备案；对政府采取直接投资方式支持的项目，项目建议书和可行性研究报告合并审批，不再审批项目初步设计概算和竣工决算。在项目公司成立前已办理的相关手续，原则上不再重复办理。建立投资、价格、补贴协同机制，对价格未调整到位的，经营性项目补贴由财政部门承担，转化为政府购买服务；非经营性项目还本付息根据项目发起约定由发展改革部门或财政部门承担，运营成本由财政部门全额承担。

（二十）创新基础设施和公共服务项目供地政策。非营利性基础设施和公共服务项目，原则上以划拨方式供地。企业利用存量建设用地吸引民间资本建设营利性基础设施和公共服务设施，可按协议出让方式供地。新增营利性基础设施和公共服务设施，供地之前要进行公示，只有一个申办主体的，按市场地价水平供地；有多个申办主体的，由市国土部门商市相关行业主管部门，以招标、拍卖或者挂牌方式供地。营利性基础设施和公共服务设施可采取租赁方式供地。

（二十一）落实发展新产业新业态的供地政策。依法利用存量房产、土地资源建设文化创意、科技服务、众创空间、研发设计等新产业、新业态的项目，可在 5 年内继续按原用途和土地权利类型使用土地，5 年期满或涉及转让需办理相关用地手续的，可按新用途、新权利类型、市场价，以协议方式办理。

（二十二）切实降低企业税费负担。全面推进营业税改征增值税试点。落实国家降低制造业增值税税负、小微企业和高新技术企业所得税优惠、企业研发费用税前加计扣除、固定资产加速折旧、阶段性降低“五险一金”费率等国家税收优惠政策。对非营利性基础设施和公共服务设施建设，一律免征权限内有关行政事业性收费。对营利性基础设施和公共服务设施建设，一律减半征收权限内有关行政事业性收费。全面完成涉企收费清理和监督检查工作，进一步减少和规范评审、评估、检测等各类涉企收费，严厉打击各种涉企违法违规收费行为。

（二十三）加大市政府固定资产投资支持力度。对民间投资新建、扩建非营利性养老机构，具有养护功能的，市政府固定资产投资给予每张新增床位 2.5 万元补助支持；普通功能的，市政府固定资产投资给予每张新增床位 2 万元补助支持；区政府固定资产投资对上述项目按 1:1 比例配套。对民间投资老旧供热管网改造、煤改电、煤改气、综合管廊、充电站、停车场、餐厨垃圾处理、工程研究中心和工程实验室、文化创意产业、郊区旅游基础设施等项目，市政府固定资产投资给予项目工程建设投资 30% 的补助支持。对民间投资项目红线外市政配套设施予以同步保障，红线外配套市政道路、供水、污水和再生水管网建设改造等由市、区政府固定资产投资，红线外电力、燃气等经营性设施由市、区专业公司投资。

（二十四）加大财政性资金扶持。在社会保障、公共文化和市政市容公共服务等领域，积极培育和扶持政府购买服务市场主体。采取价格扣除、预留份额、评审优惠等措施，支持小微企业参与政府采购。综合使用订购、首购、推广应用等采购政策，促进中关村国家自主创新示范区内的中小型高科技企业发展。市财政可通过对经认定的创业基地给予奖励或贴息支持方式，引导创业基地降低新产业、新业态的小微企业租金水平。对用于本市科技创新和成果转化的天使投资、创业投资，市财政资金可通过引导基金、股权投入、贷款贴息、绩效奖励等方式给予支持。

（二十五）鼓励民营企业参与组建产业联盟。以资本为纽带、以项目为载体、以技术为平台、以上下游企业为链条，加强产业联盟各成员单位在技术研发、生产制造、示范应用、市场开拓、金融支持、人才培育、中介服务等方面的资源整合和相互协作，提升民营企业市场进入能力。

（二十六）构建“亲、清”的新型政商关系。由市投资促进局、市工商联会同市有关部门共同建立民间投资协调促进机制，定期召开联席会议，协调解决民营企业遇到的实际困难和问题，加强政策宣传和项目推介，形成政企沟通长效机制和政策反馈机制。由市投资促进局牵头建立全市统一的信息平台，及时向社会发布国家及本市产业发展、投资、财税等政策，以及发展建设规划、市场准入标准、行政审批事项流程和办理条件等信息。加强和细化对民间投资的统计分析工作，准确反映民间投资在各行业和区域的情况，并及时向社会发布，合理引导社会预期。各区政府、各有关部门要切实履行主体责任，抓好促进民间投资的各项工作，切实提高对民间投资的服务水平和工作效率。

（二十七）抓好推进供给侧结构性改革促进民间投资工作措施的督查工作。进一步明确职责分工，细化重点任务，紧抓关键环节，以更大的决心和气力抓好促进民间投资工作措施的督查工作，督任务、督进度、督成效，查认识、查责任、查作风，确保各项政策措施落实到位、取得实效。对执行不力、落实不到位的要问责追责。

北京市人民政府办公厅关于印发大气污染防治等专项责任清单的通知

京政办发〔2016〕13号

各区人民政府，市政府各委、办、局，各市属机构：

《大气污染防治专项责任清单》《城市环境秩序治理专项责任清单》《违法建设治理专项责任清单》《建设工程安全生产监管专项责任清单》《烟花爆竹安全管理专项责任清单》已经市政府同意，现印发给你们，请认真贯彻落实。

附件 1：大气污染防治专项责任清单

附件 2：城市环境秩序治理专项责任清单

附件 3：违法建设治理专项责任清单

附件 4：建设工程安全生产监管专项责任清单

附件 5：烟花爆竹安全管理专项责任清单

北京市人民政府办公厅

二〇一六年三月三日

附件 1：

大气污染防治专项责任清单

为进一步明确大气污染防治职责分工，健全完善本市大气污染防治体制机制，切实提高大气污染防治工作实效，根据《北京市人民政府关于建立市政府部门权力清单责任清单制度的通知》（京政发〔2015〕62号）要求，制定本清单。

一、压减燃煤责任

（一）市政府部门职责分工

1. 市发展改革委

(1) 实施燃煤总量控制，制订清洁能源发展利用规划，加强电力、天然气等清洁能源保障，并牵头开展对各有关部门和单位压减燃煤指标任务进展和完成情况的督查考核。

(2) 拟订本市在压减燃煤领域的全社会固定资产投资和重大项目中长期规划及年度实施计划，统筹安排本市相关财政性建设资金。

(3) 组织实施电力生产燃气化，加快建设燃气热电中心，全面关停燃煤电厂，积极组织推进热泵、太阳能等清洁能源采暖。与市商务委、市环保局等部门和各区政府（含北京经济技术开发区）共同加快实施商业和各类经营服务业清洁能源改造工作，配合有关部门和区政府推进农村地区“减煤换煤”、燃煤锅炉清洁能源改造、高污染燃料禁燃区建设、绿色能源配送体系建设等工作。

(4) 会同市市政市容委等部门推进全市供热价格统一，逐步理顺供热价格，鼓励使用清洁能源采暖；推进瓶装液化气同城同价，建立“用户公平负担、鼓励清洁能源应用”的价格机制。

(5) 组织拟订电力、煤炭行业规范和技术标准，并加强相应的监督管理工作。

2. 市经济信息化委

组织实施工业领域压减燃煤工作，大力推进工业开发区燃煤设施清洁能源改造，削减工业企业燃煤使用。

3. 市环保局

(1) 组织落实全市禁止新增燃煤、划定和建设高污染燃料禁燃区工作，并与各区政府共同推进燃煤锅炉清洁能源改造。

(2) 开展燃煤排放执法检查，强化与市质监局等部门协作配合，严格查处超标排放和不正常使用污染防治设施等违法行为。

4. 市规划委

会同市农委等部门研究制定“城市化改造上楼一批”“拆除违建减少一批”“城市管网辐射一批”的实施方案和配套政策，并建立各区工作台账。

5. 市住房城乡建设委

严格执行新建建筑强制性节能标准，并会同有关部门加快推进既有建筑节能改造。

6. 市市政市容委

(1) 加强本市燃气、供热行业管理，进一步强化燃气供应保障及燃气管网建设，积极推进既有居住建筑供热计量改造等工作。

(2) 会同市农委等部门研究制定农村地区“炊事气化解决一批”的实施方案和配套政策，协调燃气企业完成镇村管道天然气、压缩天然气、瓶装液化气的供应工作。

7. 市交通委、市公安局公安交通管理局

开展路检、路查，对运输劣质煤进京车辆进行查处，杜绝劣质煤进京。

8. 市农委

(1) 组织协调农村环境、能源建设，牵头制定并组织实施农村地区“减煤换煤、清洁空气”行动方案，做好“五个一批”削减城乡接合部和农村地区散煤过程中综合协调工作。

(2) 会同市发展改革委等部门研究制定城乡接合部和农村地区散煤清洁能源替代的实施方案和配套政策，进一步优化完善“优质煤替代一批”的工作实施方案和相关配套政策，协调煤炭企业完成优质燃煤的供应工作。

9. 市工商局

依法查处固定场所内无照经营劣质煤行为。

10. 市质监局

加强煤炭质量安全监督检查，组织开展煤炭质量安全专项整治工作，对销售不符合标准的散煤及制品的行为，依法予以查处。

11. 市城管执法局

依法查处公共场所流动商贩无照经营劣质煤的行为。

(二) 各区政府职责

各区政府作为本行政区域压减燃煤工作的责任主体，要统筹组织实施本行政区域压减燃煤工作；指导、督促街道(乡镇)落实压减燃煤相关任务和政策措施，配合有关部门做好各领域压减燃煤工作，强化能源保障基础设施建设，推进清洁能源改造，加大对辖区内燃煤使用情况的监督检查力度。

二、控车减油责任

(一) 市政府部门职责分工

1. 市发展改革委

牵头实施车用燃油总量控制，会同市环保局等部门研究落实国家关于“按照优质优价和排污者付费原则合理确定成品油价格”的要求，制定提高机动车使用成本的经济政策。

2. 市科委

(1) 拟定新能源汽车发展战略，组织编制新能源汽车中长期发展规划，研究制定鼓励新能源汽车推广使用的政策措施，会同有关部门不断加大新能源汽车推广使用力度。

(2) 会同市发展改革委等有关部门按照统一规划、统一制式的要求，加快完善新能源和清洁能源汽车配套设施建设。

3. 市国土局、市规划委

按照职责分工，配合做好新能源和清洁能源汽车配套设施建设等工作。

4. 市环保局

(1) 与市质监局等部门共同研究提高机动车、非道路动力机械排放标准和车用燃油地方标准。

(2) 与市公安局公安交通管理局等部门加大对在用车辆尾气排放的抽查力度，进一步强化路检和入户抽查工作。

(3) 继续实施鼓励政策，牵头加快老旧机动车淘汰工作。

(4) 加强对机动车排放、油气回收、车用汽柴油清净性和车用氮氧化物还原剂质量监管工作。

5. 市市政市容委

(1) 组织推进环卫和建筑垃圾运输行业车辆结构调整、新能源和清洁能源车辆推广及节能减排工作。

(2) 会同有关部门研究制定并组织实施清洁能源汽车加气站等配套设施规划，做好加气站经营资格审查和监督管理工作。

6. 市交通委

(1) 根据国家大气环境质量标准和本市改善大气环境质量目标，会同有关部门实施机动车数量调控。

(2) 会同有关部门规划低排放区，研究制定征收交通拥堵费政策，加快制定智能化车辆电子收费识别系统等配套政策，有效落实区域差别化停车收费制度，进一步完善差别化停车管理政策，引导降低中心城区车辆使用强度。

(3) 指导交通行业节能减排，会同有关部门组织推进公交、出租、客运、货运等行业车辆结构调整，大力开展新能源和清洁能源车辆推广工作。

(4) 优化道路设置，完善相关管理措施，着力减少机动车怠速和低速行驶造成的污染。

(5) 根据大气环境质量状况，会同有关部门研究制定在一定区域内限制机动车行驶的交通管理措施，报市政府同意后发布实施。

7. 市农委

研究完善相关政策，积极组织推进低速汽车结构调整及节能减排工作。

8. 市商务委

组织供应符合排放标准的车用燃油；与市交通委等部门积极促进全市物流园区和货物流转集散地货物运输车辆结构调整，大力推广使用符合排放标准的运输车辆，并进一步降低公路运输车辆使用强度。

9. 市工商局

加强成品油流通领域质量监督检查，严厉打击销售不合格油品行为。

10. 市质监局

加强成品油生产领域质量监督检查，严厉打击生产不合格油品行为。

11. 市公安局公安交通管理局

与市交通委等部门加快完善本市和外埠车辆限行政策，严格按照相关环保要求，办理外埠车辆进京证等机动车通行证件，加大对车辆违反禁行、限行规定的查处力度。配合市环保局强化机动车排放监管、完成老旧机动车淘汰等工作。

(二) 各区政府职责

各区政府作为本行政区域控车减油工作的责任主体，要统筹组织实施本行政区域控车减油工作；指导、督促街道(乡镇)落实控车减油相关任务和政策措施，配合有关部门做好机动车排放监督检查等工作。

三、治污减排责任

(一) 市政府部门职责分工

1. 市发展改革委

(1) 做好本市节能减排综合协调工作；组织拟订发展循环经济、全社会能源资源节约和综合利用的规划及政策措施，并协调实施；参与编制生态建设、环境保护规划，协调生态建设、能源资源节约和综合利用的重大问题；

综合协调、推进落实节能环保产业和清洁生产促进有关工作，组织实施节能监察和考核工作。

(2) 会同有关部门分行业、分地区对水、电等资源类产品制定企业消耗定额，研究完善差别化、阶梯式的资源价格政策。

(3) 与市环保局等部门进一步鼓励企业开展清洁生产审核，发展节能、降耗、减排的清洁生产项目，加大强制性清洁生产审核力度。

2. 市经济信息化委

(1) 按照发展循环经济和清洁生产的要求，加快推进生态工业园区建设，积极引导工业企业入驻，推动工业集聚发展。

(2) 进一步压缩全市水泥产能，严格控制炼油规模，会同有关部门修订完善本市禁止新建、扩建的高污染工业项目名录，以及不符合首都功能定位的高污染行业调整、生产工艺和设备退出指导目录，进一步淘汰污染产能。

(3) 指导督促工业企业开展技术改造和污染治理工作，与市财政局等部门调整完善污染企业淘汰退出资金补助政策，加快调整退出不符合首都功能定位的污染企业。

(4) 与市规划委等部门和相关区政府共同开展镇村产业集聚区集中整治工作，大力推进集聚区污染企业调整退出。

3. 市环保局

(1) 实施环保技改工程，推进燃气锅炉低氮燃烧技术改造，减少氮氧化物排放，开展重点行业挥发性有机物治理和工业烟粉尘治理工作。

(2) 严格实施污染物排放总量“减二增一”环评审批制度。

(3) 会同市质监局等部门修订重点行业大气污染物排放标准，不断完善标准体系，进一步严格排放限值。

(4) 会同市发展改革委、市财政局等部门研究完善排污费征收、挥发性有机物治理资金补助等政策以及排污许可证和排污交易制度；与市金融局、市国税局、北京证监局、北京银监局等部门共同推进绿色信贷和绿色证券。

(5) 强化主要污染物排放监测与核算，会同有关部门加大对排污企业的监管执法力度。

(6) 与有关部门协同整治骑墙（骑窗）烧烤、倚门烧烤，依法开展餐饮油烟排放执法检查，严格查处未安装油烟净化装置或未采取其他防治措施污染周边环境的行为。

4. 市住房城乡建设委

(1) 组织落实禁止新建、扩建混凝土搅拌站有关要求，进一步提高标准，督促保留的预拌混凝土搅拌站严格落实绿色生产相关管理规定，示范推广更加节能环保的绿色搅拌站。

(2) 严格禁止施工工地现场搅拌混凝土，并加强监督检查。

5. 市工商局

与市环保局等部门协作配合，加大对无证照经营活动中违法排污等环境污染行为的查处力度。

6. 市质监局

对生产不符合本市规定标准的含挥发性有机物原材料和产品的行为，依法进行查处。

7. 市园林绿化局

对全市主要公园内的烧烤行为进行查处，对其他公园、绿地内的露天烧烤行为进行劝阻，并配合有关执法部门进行查处。

8. 市城管执法局

与有关部门协同整治骑墙（骑窗）烧烤、倚门烧烤，对在政府划定禁止范围内露天烧烤食品以及为露天烧烤食品提供场地的行为，予以严厉查处，坚决杜绝露天烧烤、露天焚烧等违法行为。

9. 市公安局公安交通管理局

对占用车行道、人行道从事露天烧烤妨碍交通秩序的行为进行查处。

（二）各区政府职责

各区政府作为本行政区域治污减排工作的责任主体，要统筹组织实施本行政区域治污减排工作；指导、督促街道（乡镇）落实治污减排相关任务和政策措施，配合有关部门做好各领域治污减排工作，强化对违规在建高污染、高耗能项目检查和露天烧烤、露天焚烧等污染问题的日常巡查处理工作，进一步加大对企业未批先建、未批在产、违法排污、超标排放、违法使用混凝土搅拌站等违法违规行为的监督检查力度。

四、清洁降尘责任

（一）市政府部门职责分工

1. 市公安局

协助相关部门查处施工工地扬尘违法等行为，对伪造、变造准运证件及使用伪造、变造准运证件等涉嫌违法犯罪的，和相关执法部门做好行政执法与刑事司法的衔接工作。

2. 市环保局

做好建设工程施工工地扬尘排污费征收工作。对工业企业未对产生扬尘的物料采取密闭贮存或围挡措施的，依法予以查处。

3. 市住房城乡建设委

(1) 完善施工扬尘管理制度，推广扬尘污染防治技术措施。

(2) 推进绿色施工管理模式，深入组织开展绿色安全工地创建活动，严格房屋建筑、市政基础设施建设和拆除施工扬尘管理工作，定期开展绿色施工检查考核，并通报检查考核结果。

(3) 建立完善施工现场监督检查工作制度，强化施工现场监督管理，进一步完善工地台账，对施工企业相关工作情况进行定期抽查，对违规企业和责任人员给予信用记分处理。

(4) 组织建设施工扬尘视频监控系统，加强对施工扬尘监控管理，并将施工单位的扬尘违法行为纳入本市施工企业市场行为信用评价系统。

(5) 督促、检查建设单位将防治扬尘污染费用列入工程造价，并在工程承包和发包合同中明确施工单位防治扬尘污染等责任要求。

(6) 督促施工单位规范使用渣土运输车，并将使用情况纳入施工企业资质管理。

4. 市市政市容委

(1) 制定道路清扫冲洗保洁标准，并认真组织落实。

(2) 严格规范对建筑垃圾的消纳处置管理。

5. 市交通委

加强公路建设施工工地扬尘污染管理，对市管市政道路的裸露地面进行绿化或铺装。

6. 市农委

推进秸秆综合利用，鼓励对裸露农田采取生物覆盖、留茬免耕等扬尘控制措施。

7. 市水务局

(1) 大力开展生态清洁小流域建设，不断扩大水域面积。

(2) 加强河道整治等水务工程施工工地扬尘污染管理，对河道沿线裸露地面进行绿化或铺装。

(3) 加快推进再生水管网和加水站点建设，满足城市再生水冲洗道路需求。

8. 市园林绿化局

(1) 组织、指导和监督本市城乡绿化美化、植树造林和封山育林等工作；组织、指导和协调防沙治沙和以植树种草等生物措施为主的防治水土流失工作；组织、指导生态林的建设、保护和管理。

(2) 加强园林绿化施工工地扬尘污染管理，对公共绿地的裸露地面进行绿化或铺装。

(3) 与市水务局等部门加快建设湿地公园和湿地保护小区。

9. 市城管执法局

充分利用视频在线自动监控系统监管施工扬尘，同时加大对各类施工扬尘、渣土运输遗撒等问题的现场检查和执法力度。

（二）各区政府职责

各区政府作为本行政区域清洁降尘工作的责任主体，要统筹组织实施本行政区域清洁降尘工作；指导、督促街道（乡镇）落实清洁降尘相关任务和政策措施，配合有关部门做好各领域清洁降尘工作，加大对道路建设、水务工程、园林绿化工程等工地施工扬尘和道路运输泄露遗撒问题的巡查处理力度。

五、综合保障责任

（一）市政府部门职责分工

1. 市发展改革委

(1) 将大气污染治理等环境保护工作纳入国民经济和社会发展规划，研究完善有利于大气污染防治的相关经济政策。

(2) 与有关部门强化综合施策，以控制总量、优化布局、改善结构为重点，进一步推进人口调控工作，减少生活刚性需求增加带来的污染。

2. 市教委

统筹、指导和协调本市环境保护教育工作，强化全民环境意识，将环境保护课程列入国民教育体系，积极推进绿色学校创建活动。

3. 市科委

鼓励和支持大气污染防治科学技术研究，组织开展大气污染成因和防治对策分析；推广应用大气污染防治先进技术，提高大气环境保护的科学技术水平。

4. 市公安局

与市环保局等部门加强环境保护行政执法与刑事司法的相互衔接和协调联动工作，对涉嫌构成环境犯罪的，及时依法立案侦查；对拒不配合环保执法、监督性监测，阻挠环保部门实施查封、扣押，暴力抗法，以及违法主体不易确定的，积极开展现场执法。

5. 市环保局

(1) 与市质监局等部门制定完善大气污染防治地方标准，与市政府法制办等部门不断健全完善本市大气污染防治法规体系，进一步加大各项管理力度，大幅度提高处罚额度，为大气污染治理各项措施的落实提供有力法律和政策支撑。

(2) 加强环境信息公开工作，进一步扩大环境信息公开的排污单位范围，会同有关部门完善企业环境信用评价制度，建立违法企业"黑名单"，并纳入社会信用体系。

(3) 与市委宣传部加强宣传引导，进一步拓展宣传渠道，推动实施"同呼吸、共责任、齐努力"的全民参与大气污染防治行动。

6. 市规划委

与市环保局、市发展改革委等部门编制完善城市环境总体规划，合理配置公共服务资源，进一步强化环境、资源约束条件，形成有利于大气污染物扩散的城市功能和空间布局。

（二）各区政府职责

各区政府要认真落实国家和本市环境保护相关规划，加强环境保护宣传引导工作；指导、督促街道（乡镇）落实环境保护相关任务和政策措施，明确责任部门和人员分工，并强化对各项工作落实情况的监督检查力度。

由市编办会同市环保局、市政府法制办负责本清单的相关解释和调整工作。

附件 2：

城市环境秩序治理专项责任清单

为进一步明确城市环境秩序治理职责分工，切实强化城市环境管理工作，持续提升首都城市环境质量，根据《北京市人民政府关于建立市政府部门权力清单责任清单制度的通知》（京政发〔2015〕62 号）要求，制定本清单。

一、非法小广告治理

（一）市政府部门职责分工

1. 市公安局

(1) 对涉嫌利用非法小广告进行涉赌、涉黄、涉毒、私刻公章、伪造票证、非法行医、收售药品等违法犯罪行为，和相关部门做好行政执法与刑事司法的衔接工作，依法予以严厉打击；对市民举报的非法张贴、喷涂、散发小广告涉嫌扰乱治安秩序的违法行为，属地派出所应及时出警核实，依法处罚。

(2) 对在车行道内散发非法小广告的人员实施罚款处罚；会同市城管执法局、市工商局等相关部门开展清掏非法小广告窝点行动。

(3) 做好联合执法的配合保障工作，对阻碍行政执法人员依法履行公务等行为进行处理。

2. 市民政局

会同有关部门对非法张贴、喷涂、散发小广告的未成年人进行保护性救助。

3. 市住房城乡建设委

(1) 加强对在本市注册的房地产开发、房地产销售企业和房地产经纪机构的监管，配合相关部门对利用非法小广告进行房地产销售、出租的企业进行约谈告诫。

(2) 督促物业服务企业加大巡查力度，制止小区内非法张贴、喷涂、散发小广告的行为，及时清除小区内张贴、喷涂的非法小广告。

4. 市市政市容委

(1) 强化本市城市容貌管理和市容环境综合整治工作，组织协调、管理城市道路公共服务设施设置。

(2) 研究完善非法小广告清除的作业质量标准，推广使用清除非法小广告先进技术和设备。

(3) 按照及时发现，及时清理的要求，指导监督环境卫生作业单位按照作业质量标准清除非法小广告。

5. 市交通委

对在轨道交通车站和车厢内非法张贴、喷涂、散发小广告的行为进行查处。

6. 市旅游委

协助相关部门开展查处非法小广告工作，对正规旅游企业及其从业人员利用非法小广告进行宣传和未经许可擅自从事旅游业务的违法行为进行查处。

7. 市卫生计生委

加大对非法行医、违法执业、未经许可擅自执业行为的打击力度，规范医疗机构诊疗行为，禁止利用非法小广告进行医疗宣传、招揽业务。

8. 市地税局、市国税局

(1) 严厉打击私自印制、伪造变造、倒买倒卖发票，私自制作发票监制章、发票防伪专用品的违法行为，以及未按规定印制发票或生产发票防伪专用品的行为。

(2) 配合有关部门消除利用非法小广告发布假发票信息的源头，严格查处相关涉税企业。

9. 市工商局

(1) 严格查处含有虚假或违法内容的印刷品广告。

(2) 依法查处违反国家有关广告印刷管理规定的广告印制企业，将违法企业的行政处罚信息纳入本市企业信用信息公示系统并依法予以公示。

10. 市食品药品监管局

严格查处药品生产、销售企业利用非法小广告进行宣传的行为，消除利用非法小广告发布虚假药品信息的源头。

11. 市城管执法局

对街头非法张贴、喷涂、散发小广告行为人进行教育和处罚，对组织、利用非法小广告进行宣传的企业和个人依法从重处罚，并责令违法行为人和违法企业及时清除非法张贴、喷涂的小广告。

(二) 各区政府职责

1. 按照属地责任要求，做好本行政区域内非法小广告专项治理行动的具体实施和监督检查工作。

2. 制定完善非法小广告专项治理工作措施，明确市容环境卫生责任区和责任人，督促落实保洁责任。

3. 利用居民小区现有公益宣传设施发布公共信息，满足居民日常需求。在非法小广告多发区域安装视频监控系统，全天候监控，快速打击，及时清除非法小广告。

4. 指导、督促街道(乡镇)组织动员辖区内社会单位、居民委员会(村民委员会)、志愿者做好居民住宅区、街巷、胡同等区域内的小广告清除与市容保洁工作。

二、施工工地与建筑垃圾运输管理

（一）市政府部门职责分工

1. 施工扬尘治理

(1) 市公安局

协助相关部门查处施工工地扬尘违法等行为，对伪造、变造准运证件及使用伪造、变造准运证件等涉嫌违法犯罪的，和相关执法部门做好行政执法与刑事司法的衔接工作。

(2) 市环保局

做好建设工程施工工地扬尘排污费征收工作。

(3) 市住房城乡建设委

完善施工扬尘管理制度，推广扬尘污染防治技术措施；推进绿色施工管理模式，深入组织开展绿色安全工地创建活动，严格房屋建筑、市政基础设施建设和拆除施工扬尘管理工作，定期开展绿色施工检查考核，并通报检查考核结果；建立完善施工现场监督检查工作制度，强化施工现场监督管理，进一步完善工地台账，对施工企业相关工作情况进行定期抽查，对违规企业和责任人员给予信用记分处理；组织建设施工扬尘视频监控系统，加强对施工扬尘监控管理，并将施工单位的扬尘违法行为纳入本市施工企业市场行为信用评价系统；督促、检查建设单位将防治扬尘污染费用列入工程造价，并在工程承包和发包合同中明确施工单位防治扬尘污染等责任要求；督促施工单位规范使用渣土运输车，并将使用情况纳入施工企业资质管理。

(4) 市交通委

加强公路建设施工工地扬尘污染管理，对市管市政道路的裸露地面进行绿化或铺装。

(5) 市水务局

加强河道整治等水务工程施工工地扬尘污染管理，对河道沿线裸露地面进行绿化或铺装。

(6) 市园林绿化局

加强园林绿化施工工地扬尘污染管理，对公共绿地的裸露地面进行绿化或铺装。

(7) 市城管执法局

充分利用视频在线自动监控系统监管施工扬尘，同时加大对工地的现场检查和执法力度。

2. 夜间施工管理

(1) 市环保局

指导、协调夜间施工噪声污染防治工作。

(2) 市住房城乡建设委

实施建设工程夜间施工许可，指导各区住房城乡建设部门严格规范建设工程夜间施工许可工作并加强监督管理；会同市发展改革委、市环保局等部门研究制定夜间施工噪声扰民的补偿办法。

(3) 市城管执法局

对未经许可进行夜间施工或超过许可期限进行夜间施工的行为进行查处。

3. 建筑垃圾运输管理

(1) 市环保局

深入运输企业和出土（拆除）工地，对建筑垃圾、土方、砂石运输车辆开展现场执法，查处尾气排放超标的车辆。

(2) 市市政市容委

指导、管理本市建筑垃圾收集、运输、处置和相关设施建设工作；依据相关法规规定加强检查，并依法查处违法违规行为，情节严重的要依法吊销相关行政许可；规范运输企业从业行为，严格运输专用车辆管理，建立并公布运输企业及所属车辆目录，按照要求开展日常检查巡查和定期抽查抽验工作，对未达标的运输企业和车辆，及时督促整改；严格落实部门监管责任，按照规定对市政公用专业工程涉及的建筑垃圾运输实施严格管理。

(3) 市交通委

严格落实部门监管责任，按照规定对道路交通专业工程涉及的建筑垃圾运输实施严格管理。

(4) 市水务局

严格落实部门监管责任，按照规定对水务专业工程涉及的建筑垃圾运输实施严格管理。

(5) 市园林绿化局

严格落实部门监管责任，按照规定对园林绿化专业工程涉及的建筑垃圾运输实施严格管理。

(6) 市城管执法局

制定有效措施，落实执法点位和执法人员，对建筑垃圾、土方、砂石运输车辆泄露遗撒、乱倒乱卸、无证运输等违法违规行为依法查处，并会同有关部门依法追究运输企业责任，对违法违规运输企业予以曝光、停业整顿、吊销建筑垃圾运输企业经营许可和道路运输经营许可的处理。

(7) 市公安局公安交通管理局

做好路面交通秩序维护疏导工作；加强建筑垃圾、土方、砂石运输车辆管理，查处运输车辆超载、超速等违法行为；定期组织开展联合执法和专项整治行动，制定具体措施，对建筑垃圾、土方、砂石运输车辆涉牌违法、超载、超速、闯红灯、违反禁限规定等交通违法行为开展日常设卡执法检查；在相关部门开展执法工作时予以协助配合，包括协助拦车检查，核实车辆、车主信息，提供监控证据等。

（二）各区政府职责

(1) 按照属地责任要求，组织、协调本行政区域内相关部门开展施工现场联合检查工作。

(2) 组织本行政区域内环卫、保洁部门加大对道路运输泄露遗撒的检查力度，做到及时发现、及时清扫。

(3) 组织施工工程所在地街道（乡镇）协助有关部门对有关建设单位、施工单位的施工作业进行监督，并及时调解因施工噪声污染等问题引发的纠纷。

(4) 指导、督促街道（乡镇）会同公安交管、交通运输管理、城管执法等部门在辖区内重要点位开展运输车辆泄漏遗撒的联合检查执法活动。

三、非法营运治理

（一）市政府部门职责分工

1. 市公安局

(1) 依法查处强行揽客、组织非法营运等扰乱公共秩序及阻碍执法、涉黑涉恶等行为，做好相关部门执法工作的配合保障。

(2) 对小客车、三轮和二轮摩托车（含电动摩托车）、残疾人机动轮椅车、人力三轮车非法上路、无照驾驶、涉牌违法、占路趴活，以及农用运输车、畜力车违反限制通行规定等行为进行查处。

(3) 对驾驶非法拼装或已达到报废标准机动车违法上路，以及非下肢残疾人员驾驶残疾人机动轮椅车等行为，依法予以查处。

2. 市交通委

(1) 对未经许可擅自从事客运经营或者货运经营的行为进行查处。

(2) 对机场、火车站、轨道交通车站、长途汽车客运站和公共交通枢纽场站及周边的出租汽车运营秩序进行监管，会同市公安局等部门查处非法运营出租汽车。

3. 市工商局

(1) 禁止销售本市不予上牌登记的电动三轮车，并督促销售门店全部下架。

(2) 督促残疾人机动轮椅车定点销售门店落实购买人员的验证登记制度。

4. 市城管执法局

对在机场、火车站、轨道交通车站、长途汽车客运站和公共交通枢纽场站周边以外其他地区非法从事出租汽车营运的行为进行查处。

5. 市残联

协助查处涉及残疾人的非法营运案件，配合执法部门对涉及从事非法营运的残疾人进行教育、引导，并做好相关维护稳定工作。

（二）各区政府职责

按照属地责任要求，组织、协调本行政区域内相关部门开展非法营运的联合检查工作；指导、督促街道（乡镇）加大对辖区内非法营运行为的检查力度。

四、无证无照经营行为治理

（一）市政府部门职责分工

1. 市公安局

(1) 对无照经营扰乱公共秩序的行为进行查处。

(2) 配合做好无照经营查处取缔工作，对阻碍行政执法人员依法履行公务等行为进行处理，对无证无照经营涉嫌违法犯罪的，和相关执法部门做好行政执法与刑事司法衔接工作。

(3) 对在车行道内兜售、发送物品等扰乱交通秩序的行为依法予以查处。

2. 市交通委

对在车站、车厢或者疏散通道内设置摊点、堆放物品等影响疏散的行为，以及在车站、车厢内乞讨、卖艺的行为进行处罚。

3. 市农委

依法对从事生猪定点屠宰的经营活动进行监督检查，加大对无证无照经营行为的查处力度。

4. 市水务局

依法查处城市河湖管理范围内擅自开办各类商品交易市场、经营摊点的违规行为。

5. 市商务委

依法对食盐批发、成品油经营、拍卖、典当、对外劳务合作、二手车鉴定评估等须经商务部门许可的经营活动进行监督检查，加大对无证无照经营行为的查处力度。

6. 市工商局

维护管理市场经营秩序，对固定场所内无照经营等违法行为依法进行查处。

7. 市食品药品监管局

对未经许可备案从事食品、药品、医疗器械、化妆品等经营活动的行为进行查处。

8. 市城管执法局

查处取缔公共场所流动商贩无证无照经营行为。

9. 市文化执法总队

对违法经营非法出版物等行为进行查处。

10. 市残联

协助查处涉及残疾人的无证无照经营活动，配合相关执法部门对涉及无证无照经营的残疾人进行教育、引导，并做好维护稳定工作。

（二）各区政府职责

按照属地责任要求，组织协调相关部门开展查处无证无照经营行为的联合执法行动。坚持疏堵结合，积极设置便民网点，为服务群众生活的合法性经营活动提供便利。

五、停车场与地桩地锁管理

（一）市政府部门职责分工

1. 市发展改革委

强化本市独立建设的停车场的项目审批、核准和备案工作，统筹安排政府投资项目建设资金，制定机动车停车收费标准，并对机动车停车收费标准执行情况进行监督检查。

2. 市住房城乡建设委

对擅自在居住区公共区域内设置地桩、地锁等障碍物的，依据相关规定进行处罚。

3. 市交通委

(1) 主管本市停车管理工作，组织制定本市机动车停车管理相关政策，并会同相关部门对机动车停车管理工作进行综合协调、检查指导和督促考核。

(2) 充分发挥属地管理优势，创新停车综合管理体制机制，协调各区停车管理部门推广居住区停车自治管理模式。

4. 市工商局

(1) 为符合条件的停车管理企业办理营业执照，并按照规定将依法登记的停车管理企业有关信息与相关单位共享。

(2) 按照职责分工，对未依法办理工商登记擅自从事停车场经营活动的行为予以处理。

5. 市城管执法局

(1) 按照职责分工，对未依法办理工商登记而在路侧街面公共区域从事停车场经营活动的行为进行查处。

(2) 对擅自在道路、居住区以外的其他公共场所设置地桩、地锁等障碍物的，依法责令停止违法行为、恢复原状，并按照规定予以处罚。

6. 市公安局公安交通管理局

(1) 做好本市道路停车秩序管理和道路停车泊位设置工作，对机动车违法停车行为进行查处。

(2) 对违反相关规定，擅自在道路上设置地桩、地锁等障碍物的，依法责令停止违法行为，迅速恢复交通；对在尚未明确划定执法管辖权的公共场所擅自设置地桩、地锁等障碍物的，依据有关规定先行对违法行为予以处理。

(二) 各区政府职责

强化对本行政区域内停车场规划、设置、管理及机动车停放管理的统筹协调；督促街道(乡镇)做好本辖区内的停车管理工作，指导居民委员会(村民委员会)在辖区内通过建立停车管理委员会等形式，依法进行机动车停车的自我管理。

六、露天烧烤治理

(一) 市政府部门职责分工

1. 市环保局

与有关部门协同整治骑墙(骑窗)烧烤、倚门烧烤，依法开展餐饮油烟排放执法检查，严格查处未安装油烟净化装置或未采取其他防治措施污染周边环境的行为。

2. 市园林绿化局

对全市主要公园内的烧烤行为进行查处，对其他公园、绿地内的露天烧烤行为进行劝阻，并配合相关执法部门进行查处。

3. 市城管执法局

与有关部门协同整治骑墙(骑窗)烧烤、倚门烧烤，对在政府划定禁止范围内露天烧烤食品以及为露天烧烤食品提供场地的行为，予以严厉查处，坚决杜绝露天烧烤、露天焚烧等违法行为。

4. 市公安局公安交通管理局

对占用车行道、人行道从事露天烧烤妨碍交通秩序的行为进行查处。

(二) 各区政府职责

按照属地责任要求，组织、协调本行政区域有关部门做好露天烧烤治理工作，强化日常监督管理；指导、督促街道(乡镇)落实对辖区内露天烧烤的治理任务。

由市编办会同市城管执法局、市政府法制办负责本清单的相关解释和调整工作。

附件 3：

违法建设治理专项责任清单

为进一步明确违法建设治理职责分工，及时制止和查处违法建设，切实加强土地和城乡规划管理，根据《北京市人民政府关于建立市政府部门权力清单责任清单制度的通知》(京政发〔2015〕62 号)要求，制定本清单。

一、市政府部门职责分工

(一) 市公安局

做好制止和查处违法用地违法建设的配合保障工作。

（二）市监察局

依法对各级政府、相关部门及其工作人员履行职责情况进行监督检查，必要时参与专项联合执法行动和预警约谈等工作，受理、查处本市制止和查处违法用地违法建设联席会议（以下简称联席会议）交办和国土、规划等相关部门移送的涉及违法用地违法建设案件，依法追究相关人员的责任。

（三）市国土局

1. 加大对违反土地利用总体规划、擅自改变土地用途等违法用地行为的查处力度。

2. 严格查处非法占用土地、破坏耕地等土地违法行为。

（四）市规划委

1. 承担联席会议工作小组日常工作，指导全市违法建设查处工作，加大对下列违法建设行为查处力度：已经取得建设工程规划许可证、临时建设工程规划许可证但未按照许可内容进行建设的城镇建设工程；未取得建设工程规划许可证但已经取得选址意见书、规划条件或者建设工程设计方案审查同意意见的城镇建设工程；逾期未拆除的城镇临时建设工程；其他不属于城市管理综合行政执法机关、乡镇政府负责查处的违法建设。

2. 利用卫星遥感等手段监测城乡违法建设情况，并及时向相关执法部门通报；组织城市管理综合行政执法机关和乡镇政府建立违法建设监督检查业务工作机制，加强日常巡查，及时发现、制止和查处违法建设行为；将违法建设信息在专网上登录并报告联席会议工作小组。

（五）市住房城乡建设委

1. 加大对破坏房屋承重结构等影响房屋质量、安全行为的查处力度。

2. 违法建设行为涉及已建成并取得合法产权房屋的，依法冻结原有房屋产权；涉及非法施工的，依法查处参建单位。

（六）市市政市容委

对为违法用地违法建设供气和供热的市政公用服务企业和单位加强监督管理，并协调市政公用服务单位不得为违法建设提供用水、用电、用气、用热等服务。

（七）市农委

对涉嫌违法建设的农用设施进行核实；收回违法、违规涉农用地项目的政策性资金，并配合相关执法部门进行查处。

（八）市水务局

对在河湖保护和管理范围以及水利工程管理范围内的违法建设进行查处。

（九）市文化局、市卫生计生委、市地税局、市工商局等部门

在办理相关许可证照或登记手续时，对发现的未取得规划许可证件、房屋产权证或者申报用途与规划许可证件和房屋产权证记载用途不一致的，不得为其办理相关手续并及时向联席会议工作小组通报。

（十）市安全监管局

依法对违法建设过程中发生的生产安全事故进行调查处理。

（十一）市文物局

对在文物保护单位的保护范围及其建设控制地带范围内的违法建设进行查处。

（十二）市园林绿化局

对侵占公园用地、在历史名园保护区及其周边建设控制地带范围内的违法建设，以及在城市规划建成区外破坏绿地绿化的违法建设，严格予以查处。

（十三）市城管执法局

对未取得建设工程规划许可证、临时建设工程规划许可证以及选址意见书、规划条件或者建设工程设计方案审查同意意见的城镇建设工程进行查处。

（十四）市公安局公安消防局

不得为违法建设办理相关许可或验收手续，对存在火灾隐患的，要依法予以处理。

市政府各部门要认真落实《北京市人民政府关于印发行政执法责任制配套制度的通知》（京政发〔2007〕17号）关于行政执法协调工作有关规定，进一步加强执法协调和工作协同，切实做好制止和查处违法建设工作。

二、各区政府职责

各区政府是本行政区域内控制违法用地违法建设工作的责任主体，组织实施本行政区域内制止和查处违法用地违法建设工作。

(一) 建立制止和查处违法用地违法建设工作责任制，主要领导是第一责任人，分管领导是直接责任人，逐级签订责任书，明确工作目标、任务，并对责任制落实情况进行考核评价和责任追究。

(二) 建立由街道办事处、乡镇政府和相关部门组成的日常巡查监控机制，实时监控违法用地违法建设行为。

(三) 组织实施相关控制处理措施；对国土部门依法作出查处决定的，要积极组织落实，配合相关工作。

(四) 建立和完善违法建设强制执行工作程序，依法责成本区城市管理综合行政执法机关等部门采取查封施工现场、强制拆除等措施。

(五) 建立本行政区域内制止和查处违法用地违法建设信息管理机制，定期向联席会议通报相关信息。

(六) 参照联席会议制度建立相应的联动管理工作机制。

三、乡镇政府职责

乡镇政府是本行政区域内控制违法用地违法建设工作的责任主体。

(一) 对现状及规划村庄内未取得乡村建设规划许可证、临时乡村建设规划许可证或者未按照许可内容进行建设，以及村民使用原有宅基地进行住宅建设违反规划许可管理的违法建设行为，依法予以查处并组织实施拆除工作。

(二) 组织实施相关控制处理措施；对国土部门依法做出查处决定的，要积极组织落实，配合相关工作。

(三) 建立乡镇制止和查处违法用地违法建设工作责任制，明确工作目标、任务，制定考核奖惩等措施。

(四) 市国土局所属的国土所依法做好辖区内国土资源、规划、建设方面的巡查工作，并向相关部门报告违法违规行为；加强国土资源基层矛盾纠纷排查化解工作；受理并调查核实国土资源方面的信访举报事项；承担土地规划编制、地籍管理的基础性事务性工作，开展国土资源领域法制宣传教育。乡镇政府所属规划、建设机构应与国土所加强工作协调配合，共同做好土地保护工作，受理国土所巡查发现的规划、建设方面的问题并及时进行处理。

(五) 指导村委会制定村规民约，督促其开展日常巡查，曝光并及时制止违法用地违法建设行为，做好违法用地违法建设的控制工作。

(六) 发现违法建设或接到上级部门通知、村委会报告、群众举报后，应立即调查，责令停止建设、限期改正，并监督落实情况。逾期不改正的，组织拆除，公安等部门应予以配合。

(七) 定期向区政府报告本行政区域内制止和查处违法用地违法建设工作情况，并向市规划委派出机构报告控制违法建设工作情况。

四、街道办事处职责

及时制止管辖区域内违法用地违法建设，组织、协调和配合规划、国土部门或者城市管理综合行政执法机关做好查处违法用地和违法建设工作。

(一) 建立以社区为单位的巡查控制机制，开展日常巡查工作。

(二) 发现违法用地违法建设或接到群众举报后，应立即到达现场予以制止，并及时向区政府相关执法部门报告。

(三) 社区居委会、物业服务企业有权制止区域内违法建设，及时向所在街道办事处或规划部门、城市管理综合行政执法机关等单位报告。

由市编办在本部门网站公布治理违法建设工作流程图，并会同市规划委、市政府法制办负责本清单相关解释和调整工作。

附件 4：

建设工程安全生产监管专项责任清单

为进一步明确建设工程安全生产监管职责分工，规范建设工程安全生产监管行为，强化本市建设工程安全生产监管工作，根据《北京市人民政府关于建立市政府部门权力清单责任清单制度的通知》(京政发〔2015〕62号)要求，制定本清单。

一、市政府部门职责分工

(一)市发展改革委

加强对电力行业管理和监督工作。

(二)市住房城乡建设委

1. 依法对建筑业企业资质实行统一监督管理，按照管理权限实施资质初审、许可，并加强监督检查。

2. 按照规定做好建筑施工企业安全生产许可证的颁发和管理工作，并加强建筑工程施工许可证的审核发放及监督管理。

3. 按照管理权限和职责分工，对建筑工程新建、改建、扩建、拆除和装饰装修等实施安全生产监管，并加强对镇村建设工程的相关指导和技术服务。

4. 按照国家有关规定，进一步加强和规范对建筑施工企业主要负责人、项目负责人和专职安全生产管理人员的安全生产考核发证与监督管理工作。

(三)市市政市容委

加强对燃气、热力等市政工程，以及城市照明安装维护、广告安装维护、环境卫生及垃圾处理等相关工程的安全生产行业监管。

(四)市交通委

1. 做好对本市公路工程施工许可的审核批准及监督管理工作，进一步加强城市道路、公路、轨道交通设施维修养护工程安全生产监管，并加大对农村公路建设和养护工程行业指导力度。

2. 强化对本市公路、水运工程施工安全监管，严格规范公路、水运工程施工企业主要负责人、项目负责人和专职安全生产管理人员的安全生产考核发证和监督管理工作。

(五)市水务局

强化对水利工程安全生产监管，进一步加强和规范对水利水电工程施工企业主要负责人、项目负责人和专职安全生产管理人员的安全生产考核发证与监督管理工作。

(六)市质监局

加强特种设备设计、制造、安装、改造、维修企业资质审批和监督管理，规范特种设备安装、改造、维修工程的安全生产监管工作，进一步加大对本市电梯生产、安装、改造、维修、日常维护保养等工作的指导和监督检查力度。

(七)市安全监管局

强化建设工程领域安全生产综合监管，依法组织开展生产安全事故调查处理工作。

(八)市文物局

严格规范文物保护工程施工企业的资质审批和监督管理工作，切实加强文物保护工程安全生产监管，并进一步做好文物保护单位修缮工程的施工许可和相关监管工作。

(九)市园林绿化局

做好对本市园林绿化工程，以及公园、风景名胜区内建筑工程安全生产监管工作。

(十)市通信管理局

做好本市通信工程安全生产监督管理工作。

二、各区政府职责

强化对建设工程安全生产工作的领导，支持、督促本行政区域内各有关部门依法履行安全生产监督管理职责，建立健全建设工程安全生产工作协调机制，及时协调、解决安全生产监督管理中存在的重大问题；指导街道（乡镇）加强对本辖区内生产经营单位安全生产状况的监督检查，协助上级政府有关部门依法履行安全生产监督管理职责。

由市编办会同市安全监管局、市住房城乡建设委、市政府法制办负责本清单相关解释和调整工作。

附件 5：

烟花爆竹安全管理专项责任清单

为进一步明确烟花爆竹安全管理职责分工，切实加强烟花爆竹安全管理，有力保障国家、集体财产和公民人身财产安全，根据《北京市人民政府关于建立市政府部门权力清单责任清单制度的通知》（京政发〔2015〕62号）要求，制定本清单。

一、市政府部门职责分工

（一）市发展改革委

监督烟花爆竹销售价格，依法查处价格违法行为和价格垄断行为。

（二）市教委

1. 研究拟定北京地区教育系统烟花爆竹安全防范管理规定。

2. 指导、检查北京地区教育系统开展依法、文明、安全燃放烟花爆竹的宣传教育活动。

3. 指导、检查北京地区教育系统内部燃放秩序维护及幼儿园、中小学校等禁放区域看护等安全防范工作，及时解决工作中的突出问题。

4. 配合有关部门查处违反烟花爆竹安全管理法律法规的行为。

（三）市公安局

1. 承担本市烟花爆竹安全管理工作领导小组办公室日常工作。

2. 会同相关部门研究提出并组织实施本市烟花爆竹地方标准。

3. 对烟花爆竹运输实施许可，并核准承运单位运输烟花爆竹的品种、数量、路线、有效期限等。

4. 对举办焰火晚会以及其他大型焰火燃放活动实施许可。

5. 组织销毁处置没收的非法烟花爆竹以及生产、经营企业弃置的废旧烟花爆竹。

6. 对携带、燃放不符合本市公布规格和品种的烟花爆竹，在禁止燃放烟花爆竹的时间和地点进行燃放，以及违反其他有关存放和燃放烟花爆竹管理规定的行为，依法予以查处。

7. 对经许可的焰火燃放活动中发生安全事故的，依法进行查处。

8. 对非法生产、买卖、储存、运输、邮寄烟花爆竹涉嫌刑事犯罪的，依法立案侦查。

9. 对生产、买卖、储存、运输、燃放烟花爆竹过程中发生重大责任事故涉嫌刑事犯罪的，依法立案侦查。

（四）市民政局

1. 督促本市各类民政社会福利机构贯彻有关烟花爆竹安全管理法律法规，并组织、指导其开展依法、文明、安全燃放烟花爆竹的宣传教育工作。

2. 对本市各类民政社会福利机构落实燃放秩序维护及敬老院禁放区域看护等安全防范工作进行重点检查，及时解决工作中的突出问题。

3. 配合有关部门查处违反烟花爆竹安全管理法律法规的行为。

（五）市环保局

监测因燃放烟花爆竹形成的环境噪声情况。

（六）市住房城乡建设委

1. 督促本市建设工程施工现场各参建单位落实有关烟花爆竹安全管理法律法规。

2. 组织、指导各区建设行政主管部门对辖区内建设工程施工现场开展依法、文明、安全燃放烟花爆竹的宣传教育工作。

3. 配合有关部门查处违反烟花爆竹安全管理法律法规的行为。

（七）市市政市容委

1. 督促本市燃气、热力和环卫行业单位贯彻有关烟花爆竹安全管理法律法规，并组织、指导其开展依法、文明、安全燃放烟花爆竹宣传教育工作。

2. 对燃气、热力和环卫行业单位落实燃放秩序维护及对油气罐、站等易燃、易爆危险物品储存场所禁放区域看护等安全防范工作进行重点检查，及时解决工作中的突出问题。

3. 配合有关部门查处违反烟花爆竹安全管理法律法规的行为。

4. 组织清扫公共区域内的烟花爆竹残屑。

（八）市交通委

1. 督促本市交通系统企事业单位落实烟花爆竹安全管理相关法律法规，配合有关部门查处违反烟花爆竹安全管理法律法规的行为。

2. 加强对烟花爆竹道路运输企业和专业人员资质的监督管理；对公共交通枢纽场站、省际客运站、城市路网的桥梁等禁放区域安全看护工作进行检查。

（九）市水务局

1. 督促本市供水排水行业单位贯彻有关烟花爆竹安全管理法律法规，并组织、指导其开展依法、文明、安全燃放烟花爆竹的宣传教育工作。

2. 对本市供水排水行业单位落实燃放秩序维护及禁放区域看护等安全防范工作进行重点检查，及时解决工作中的突出问题。

3. 配合有关部门查处违反烟花爆竹安全管理法律法规的行为。

（十）市商务委

督促本市规模以上商业零售和餐饮经营单位落实有关烟花爆竹安全管理法律法规。

（十一）市旅游委

1. 研究制定本市旅游行业烟花爆竹安全管理规范。

2. 指导、检查本市旅游行业单位开展依法、文明、安全燃放烟花爆竹的宣传教育工作。

3. 对旅游行业单位落实燃放秩序维护及禁放区域看护等安全防范工作进行重点检查，及时解决工作中的突出问题。

4. 配合有关部门查处违反烟花爆竹安全管理法律法规的行为。

（十二）市文化局

1. 结合本市文化艺术行业特点，研究制定本市文化艺术行业执行烟花爆竹安全管理法律法规的管理规范。

2. 组织、指导各区文化行政管理部门开展与文化艺术行业有关的烟花爆竹安全管理工作。

3. 督促、指导主管的文化娱乐场所开展依法、文明、安全燃放烟花爆竹的宣传教育工作。

4. 对所管辖的公共文化场所落实燃放秩序维护及禁放区域看护等安全防范工作进行重点检查，及时解决工作中的突出问题。

5. 配合有关部门查处违反烟花爆竹安全管理法律法规的行为。

（十三）市卫生计生委

1. 研究制定本市针对烟花爆竹引起的伤亡救治应急预案。

2. 统计因燃放烟花爆竹导致的人员伤亡情况。

3. 组织、指导所属医疗卫生机构开展依法、文明、安全燃放烟花爆竹的宣传教育工作。

4. 对所属医疗卫生机构落实烟花爆竹燃放秩序维护及禁放区域看护等安全防范工作进行重点检查，及时解决工作中的突出问题。

5. 协助有关部门查处违反烟花爆竹安全管理法律法规的行为。

（十四）市国资委

1. 指导所监管企业及实行企业化管理的事业单位，开展依法、文明、安全燃放烟花爆竹的宣传教育工作，并配合有关部门对其贯彻烟花爆竹安全管理法律法规情况进行检查。

2. 开展单位内部燃放秩序维护及禁放区域看护等安全防范工作。

（十五）市工商局

1. 对流通领域烟花爆竹的质量进行监督管理。

2. 对烟花爆竹销售企业和临时销售网点采购、销售非本市规定品种和规格烟花爆竹的行为，依法加大查处力度。

3. 按照职责分工，对非法从事烟花爆竹生产、经营的个人进行处罚。

（十六）市质监局

1. 与市公安局、市安全监管局、市工商局根据烟花爆竹安全质量国家标准，确定可以在本市销售、燃放的烟花爆竹的规格和品种，并予以公布。

2. 对烟花爆竹产品检验技术机构进行监督管理。

（十七）市安全监管局

1. 制定本市烟花爆竹批发企业布点规划，统一批发许可编号，指导、监督烟花爆竹经营许可证的颁发和管理工作。

2. 依法查处未经许可生产、经营烟花爆竹制品，以及向未取得烟花爆竹安全生产许可的单位或者个人销售黑火药、烟火药、引火线的行为。

3. 依法组织查处烟花爆竹生产安全事故。

（十八）市新闻出版广电局

1. 研究制定本市新闻出版广电行业执行烟花爆竹安全管理法律法规的管理规范。

2. 指导各区新闻出版广电行政管理部门开展与行业有关的烟花爆竹安全管理工作。

3. 指导新闻出版广电行业相关单位开展依法、文明、安全燃放烟花爆竹的宣传教育工作。

4. 对所属机关和单位落实燃放秩序维护及禁放区域看护等安全防范工作进行重点检查，及时解决工作中的突出问题。

5. 配合有关部门查处违反烟花爆竹安全管理法律法规的行为。

（十九）市文物局

1. 研究制定本市文物保护单位烟花爆竹安全防范管理规定，并对文物管理使用单位的规定执行情况进行监督、检查；研究制定本市博物馆烟花爆竹安全防范管理规定，并督促重点博物馆落实烟花爆竹安全防范措施。

2. 组织、指导各区文物主管部门开展烟花爆竹安全管理工作。

3. 指导、检查本市文物保护单位和博物馆开展依法、文明、安全燃放烟花爆竹的宣传教育工作。

4. 研究确定全市文物保护单位禁放点周边禁放烟花爆竹范围；按照管理权限对本市文物保护单位禁放区域看护等安全防范工作进行监督、指导、检查，及时解决工作中的突出问题。

5. 配合有关部门查处违反烟花爆竹安全管理法律法规的行为。

（二十）市体育局

1. 研究制定本市体育行业烟花爆竹安全防范管理规定。

2. 指导、检查本市体育行业单位开展依法、文明、安全燃放烟花爆竹的宣传教育工作。

3. 对本市体育行业单位落实燃放秩序维护及禁放区域看护等安全防范工作进行重点检查，及时解决工作中的突出问题。

4. 配合有关部门查处违反烟花爆竹安全管理法律法规的行为。

（二十一）市统计局、国家统计局北京调查总队

组织有关部门统计监测因燃放烟花爆竹引起的人员伤亡、火灾警情及环境噪声情况。

（二十二）市园林绿化局

1. 督促本市公园、风景名胜区、森林有关单位贯彻烟花爆竹安全管理法律法规，并组织、指导其开展依法、文明、安全燃放烟花爆竹的宣传教育工作。

2. 对公园、风景名胜区、森林有关单位落实燃放秩序维护及山林、苗圃重点防火区等禁放区域看护等安全防范工作进行重点检查，及时解决工作中的突出问题。

（二十三）市金融局

1. 研究制定本市金融行业烟花爆竹安全防范管理规定。

2. 指导、检查本市金融行业单位开展依法、文明、安全燃放烟花爆竹的宣传教育工作。

3. 对本市金融行业单位落实禁放区域看护等安全防范工作进行检查，及时解决工作中的突出问题。

4. 配合有关部门查处违反烟花爆竹安全管理法律法规的行为。

（二十四）市民防局

1. 研究制定本市人防工程烟花爆竹安全防范管理规定。

2. 指导、检查本市人防工程使用单位开展依法、文明、安全燃放烟花爆竹的宣传教育工作。

3. 对人防工程使用单位落实禁放区域看护等安全防范工作进行检查，及时解决工作中的突出问题。

4. 配合有关部门查处违反烟花爆竹安全管理法律法规的行为。

（二十五）市粮食局

1. 指导本市粮食行业单位贯彻有关烟花爆竹安全管理法律法规，以及开展依法、文明、安全燃放烟花爆竹的宣传教育工作。

2. 指导本市粮食行业单位落实燃放秩序维护及禁放区域看护等安全防范工作，及时协调解决工作中的突出问题。

（二十六）市城管执法局

指导、督促、检查各区城市管理综合行政执法机关查处街面流动无照销售烟花爆竹的行为。

（二十七）市公安局公安交通管理局

1. 配合交通执法部门对非法运输烟花爆竹车辆实施拦截检查。

2. 在配送烟花爆竹高峰时段，维护配送路线交通秩序。

3. 对进入五环路（不含）以内道路行驶的烟花爆竹配送车辆核发货车通行证。

（二十八）市公安局公安消防局

1. 开展全市清理可燃物专项工作。

2. 依法对消防重点单位开展烟花爆竹安全管理工作实施监督。

3. 制定灭火救援应急预案，做好灭火救援准备。

4. 对燃放烟花爆竹引发的火灾事故进行调查，统计因燃放烟花爆竹引发的火警情况和火灾损失。

二、各区政府职责

（一）统一部署、组织协调本行政区域烟花爆竹安全管理工作，研究分析烟花爆竹安全管理形势，研究制定烟花爆竹安全管理工作指导意见，组织开展烟花爆竹安全管理工作检查，协调解决工作中的重大问题。

（二）建立由公安、工商行政管理、安全生产监督管理、质量技术监督、交通运输管理和城市管理综合行政执法等部门组成的烟花爆竹安全管理协调工作机制，督促各有关部门按照职责分工，严格落实管理责任。

（三）可根据维护公共安全和公共利益的需要和有关规定，结合本地区实际研究确定限制或者禁止燃放烟花爆竹的时间、地点和产品种类。

（四）组织实施《北京市烟花爆竹安全管理规定》，开展依法、文明、安全燃放烟花爆竹的宣传教育活动。

（五）对举报违法生产、销售、储存、运输烟花爆竹的人员予以奖励。

（六）指导、督促街道（乡镇）配合各区烟花爆竹安全管理工作领导小组办公室，组织居民委员会（村民委员会）做好辖区内烟花爆竹燃放安全看护工作。

由市编办会同市公安局、市安全监管局、市政府法制办负责本清单相关解释和调整工作。

北京市人民政府办公厅关于集中开展清理整治违法违规排污及生产经营行为有关工作的通知

京政办发〔2016〕22 号

各区人民政府，市政府各委、办、局，各市属机构：

为有序疏解北京非首都功能、持续改善首都空气质量、全面提升城市精细化管理水平，经市政府同意，定于 2016 年 5 月至 2017 年 12 月，在全市范围内深入开展环境污染执法、整治无证无照违规经营、打击违法用地违法建设、安全生产整治等专项行动，集中清理整治违法违规排污及生产经营行为。现就有关事项通知如下。

一、指导思想

深入贯彻落实党的十八大和十八届三中、四中、五中全会精神，深入学习贯彻习近平总书记系列重要讲话和对北京工作的重要指示精神，牢固树立创新、协调、绿色、开放、共享的发展理念，紧紧围绕首都城市战略定位，紧盯重要领域、重点区域和关键问题、薄弱环节，按照依法依规、突出重点、成片整治的工作原则，综合运用法律、经济、技术、行政等手段，对涉及违法违规的排污及生产经营行为进行综合整治，切实维护市场秩序，持续改善空气质量，不断提升环境品质，努力建设国际一流的和谐宜居之都。

二、工作目标

到 2017 年年底，通过取缔、关停、改造升级等措施，完成 50 个左右重点区域、200 个左右重点行政村和 5000 家左右企业的清理整治任务。各区集中清理整治工作任务见附件，其中，2016 年南部四区（丰台区、房山区、通州区、大兴区）完成各自清理整治任务的 70% 以上，其他区完成 50% 以上。

三、清理整治对象

重点整治城乡接合部、新城建成区周边等区域存在的以下违法违规排污及生产经营行为：

（一）污染环境行为。无环保处理设施、无组织排放、环保不达标等行为，包括使用小煤炉或存在冒黑烟、粉尘无组织排放、扬尘等污染现象以及挥发性有机物 (VOC) 排放不达标、应建未建污水处理设施等。

（二）无证无照经营行为。包括无证无照、证照不全的生产经营行为。

（三）违法违规建设行为。包括违法用地、违法建设、违规出租等行为。

（四）影响生产安全行为。包括不具备安全生产条件、管理秩序混乱、存在安全隐患等生产行为。

四、开展专项整治行动

（一）环境污染执法专项行动。由市环保局牵头，会同各区政府，对环保审批、污染防治设施建设以及排放达标等情况开展专项检查和执法行动，重点检查工业燃煤设施、采暖锅炉、茶炉大灶、经营性小煤炉等方面存在的环境违法违规问题。采取按日连续处罚、查封、扣押、限制生产、停产整治等措施，依法加大对环境违法违规行为的综合惩治力度。

（二）整治无证无照违规经营专项行动。由市工商局、市城管执法局、市食品药品监管局牵头，会同各区政府，对无证无照、证照不全的生产经营行为开展专项整治，严格控制，有效治理，坚决遏制其滋生蔓延势头。对危害群众身体健康、威胁公共利益和安全、破坏资源环境的无证无照违规经营行为坚决依法取缔。

（三）打击违法用地违法建设专项行动。由市规划委、市国土局、市城管执法局牵头，会同各区政府，依法严厉查处违法用地、违法建设行为，集中力量拆除存在重大安全隐患的违法建设，禁止利用既有违法建设从事生产经营等活动。确保新增违法用地违法建设“零增长”。

（四）安全生产整治专项行动。由市安全监管局牵头，会同各区政府，重点清理小化工、小木器、小服装、小加工、小作坊等“五小企业”，小歌厅、小餐饮、小网吧、小洗浴、小旅馆、小市场等“六小场所”，再生资源回收单位，以及住宿与生产、储存、经营合用场所。

对存在安全生产隐患和违法违规行为的企业，依法依规查处一批、取缔一批、关停一批、行政问责一批。

五、保障措施

（一）建立协调推进机制。成立市清理整治违法违规排污及生产经营行为专项整治指挥部，由常务副市长李士祥任总指挥，副市长林克庆、隋振江任副总指挥，成员单位包括市经济信息化委、首都综治办、市城乡接合部建设领导小组办公室、市公安局、市监察局、市财政局、市国土局、市环保局、市规划委、市住房城乡建设委、市市政市容委、市水务局、市商务委、市国税局、市地税局、市工商局、市质监局、市安全监管局、市食品药品监管局、市城管执法局、市公安局消防局、市政府督查室和各区政府及市自来水集团、市燃气集团、市热力集团、北京市电力公司，指挥部办公室设在市经济信息化委。

（二）强化联合联动执法。按照“谁主管、谁负责”“谁许可、谁负责”的原则，相关职能部门要有效整合执法资源，强化联动执法，督促企业严格落实环保、安全、质量等方面的国家和地方标准。供水、供电、供气、供热等单位要按照有关法规，对违法违规排污及生产经营企业，采取相应的停止或限制服务措施。

（三）加强宣传引导。各级政府要充分利用广播、电视、报纸、网络等媒体，加大宣传引导力度，形成严厉打击违法违规排污及生产经营行为的高压态势。要畅通 12345 等投诉举报渠道，及时受理、处理举报投诉。要健全有奖举报制度，鼓励公众积极支持和参与清理整治工作。

（四）加大考核问责力度。建立市、区、乡镇（街道）、村四级考核机制，层层分解任务，严格落实责任，强化监督检查和考核问责。由指挥部办公室、市政府督查室、市监察局牵头，对清理整治违法违规排污及生产经营行为进行专项督查，对不作为、未按要求完成整治任务的单位和责任人，依法依规追究责任。

北京市人民政府办公厅

二〇一六年五月十日

附件：

各区集中清理整治工作任务表

区名	重点清理整治区域	整治行政村数量（个）	整治企业数量（个）
朝阳区	六里屯街道、东风乡、将台乡、豆各庄乡、十八里店乡、孙河乡、南磨房乡	20	1010
海淀区	马连洼街道、清河街道、青龙桥街道、四季青镇、温泉镇、西北旺镇、上庄镇	18	98
丰台区	卢沟桥乡、花乡、南苑乡、长辛店镇、王佐镇	8	51
石景山区	古城街道、五里屯街道、鲁谷社区	—	16
房山区	青龙湖镇、琉璃河镇、良乡镇、周口店镇	17	1213
通州区	玉桥街道、中仓街道、张家湾镇、宋庄镇、西集镇、台湖镇、潞城镇、永顺镇、梨园镇	73	1360
顺义区	李遂镇、高丽营镇、李桥镇、北石槽镇	10	103
昌平区	天通苑南街道、天通苑北街道、霍营街道、南邵镇、兴寿镇、东小口镇、沙河镇	14	373
大兴区	天宫院街道、黄村镇、西红门镇、旧宫镇、北臧村镇、瀛海镇	36	826
怀柔区	杨宋镇、雁栖镇	13	162
门头沟区		—	12
平谷区		—	13
密云区		—	15
延庆区		—	19
合计（个）	54	209	5271

北京市人民政府办公厅关于印发《北京市“十三五”时期节能低碳和循环经济全民行动计划》的通知

京政办发〔2016〕38 号

各区人民政府，市政府各委、办、局，各市属机构：

《北京市“十三五”时期节能低碳和循环经济全民行动计划》已经市政府同意，现印发给你们，请结合实际认真贯彻落实。

北京市人民政府办公厅

二〇一六年八月十日

北京市“十三五”时期节能低碳和循环经济全民行动计划

为深入贯彻落实《中共北京市委北京市人民政府关于全面提升生态文明水平推进国际一流和谐宜居之都建设的实施意见》和《北京市人民政府关于印发北京市“十三五”时期节能降耗及应对气候变化规划的通知》，进一步动员全社会力量共同推进节能低碳和循环经济发展，实现本市二氧化碳排放总量在 2020 年达到峰值和“十三五”节能减碳目标，结合本市实际，特制订本行动计划。

一、总体要求

（一）指导思想

深入贯彻落实党的十八大和十八届三中、四中、五中全会精神，认真学习贯彻习近平总书记系列重要讲话和对北京工作的重要指示精神，牢固树立创新、协调、绿色、开放、共享的发展理念，牢牢把握首都城市战略定位，紧紧围绕“节约能源资源、应对气候变化、资源循环利用”主题，坚持“政府引导、全民参与、人人共享”的原则，宣传普及节能低碳和循环经济知识，积极推行绿色生产生活方式和消费模式，充分调动企业和市民参与节能低碳和循环经济发展的积极性、主动性，努力形成全社会崇尚勤俭节约、绿色低碳的生态文明新风尚，为加快建设国际一流的和谐宜居之都做出积极贡献。

（二）行动目标

到 2020 年，全民践行节能低碳和循环经济理念的积极性、主动性和创造性显著提高，生态文明主流价值观在全社会得到广泛弘扬，节能低碳和循环经济领域新技术、新产品应用取得新突破，全社会参与机制和监督机制进一步完善。到 2020 年，能效标识Ⅱ级以上的节能家电市场占有率达到 90% 以上，创建 50 个低碳社区，培育 100 家节能低碳和循环经济领域典型企业，创建 100 家节约型公共机构（其中党政机关 20 家），能效“领跑者”试点覆盖 30 个细分行业。

二、主要内容

（一）营造节能低碳和循环经济文化环境

1. 加强主题宣传。打造“节能环保低碳大篷车”品牌，继续实施节能低碳和循环经济理念进社区、进学校等“十进”活动。组建专家讲师团，在中小学校、社区和产业园区开展“绿讲堂”宣讲活动。编印《北京市节能低碳行为 100 条》，制作节能低碳和循环经济宣传手册、公益广告宣传片等。依托青少年宫、妇女儿童活动中心和各类培训基地，搭建节能低碳和循环经济知识宣传平台。支持新媒体企业建立节能低碳和循环经济信息传播平台，充分利用移动传媒，提高宣传频率。每年组织节能低碳和循环经济主题宣传活动不少于 100 场，让市民在亲身参与中提高生态文明意识。

牵头单位：市发展改革委、市委宣传部、市教委、市文化局

协办单位：市总工会、团市委、市妇联、首都精神文明办

2. 开展教育培训。把节能低碳和循环经济理念纳入教育体系和公务员培训体系，在共青团、少年先锋队活动阵地设立宣传栏，在党政机关和企事业单位定期开展节能低碳和循环经济知识培训讲座，将绿色办公理念纳入日常培训计划，提高办公设备使用效率。

牵头单位：市教委、市人力社保局、团市委、市发展改革委

协办单位：市政府各相关部门

（二）推动企业扩大绿色产品和服务供给

1. 实施创新驱动。支持企业加大节能低碳和循环经济领域技术研发投入，开发一批先进适用的新技术和新产品。鼓励科研机构等企事业单位和市民开展节能低碳和循环经济领域基础性、群众性技术创新活动。依托节能低碳创新服务平台，每年举办节能低碳和循环经济创新大赛。鼓励电子商务企业通过直销或与实体企业合作经营模式，增加节能低碳和循环经济领域相关产品和服务供给。

牵头单位：市科委、市发展改革委

协办单位：市经济信息化委、市商务委、市总工会

2. 推动新技术应用。建立节能低碳和循环经济领域新技术应用成果库，每年组织不少于 10 场的技术产品交流、供需对接和展览展示等活动。组织上门对接服务活动，根据行业特点有针对性推广相关技术产品，制定节能低碳系统解决方案。制定发布绿色建筑适用技术推广目录，推广应用节能环保型建筑材料，有序扩大地热能、太阳能等可再生能源的应用规模。畅通节能低碳和循环经济领域咨询服务渠道，定期组织专家为市民提供技术咨询。

牵头单位：市科委、市发展改革委

协办单位：市经济信息化委、市住房城乡建设委、市总工会

（三）推广绿色生活方式和消费模式

1. 扩大绿色消费市场。严把绿色产品准入关，继续推广绿色高效照明产品、低排放汽车、高效节能电机等节能低碳产品。继续开展节能超市创建活动，支持商场、超市等设立节能环保产品销售专区，定期组织优惠促销活动。组织实施家电以旧换新、节能产品补贴活动。积极推广超低能耗建筑，到 2020 年推广规模达到 30 万平方米以上。加大能效标识和节能环保产品认证实施力度，引导消费者购买节能产品。

牵头单位：市发展改革委、市住房城乡建设委、市商务委

协办单位：市科委、市经济信息化委

2. 倡导绿色生活方式。推进再生资源回收体系与垃圾分类回收体系对接，研究废旧纺织物等低值可回收物品有效回收利用的政策措施，促进生活垃圾减量。提倡节约用水用电。积极倡导绿色出行理念，鼓励市民选择步行、骑自行车和乘坐公共交通工具等绿色出行方式。积极推广智能节油装置，有效减少油品消耗。

牵头单位：市商务委、市水务局、市发展改革委、市城市管理委员会、团市委

协办单位：市科委、市经济信息化委

3. 开展反对浪费行动。严格执行党政机关厉行节约反对浪费条例，充分发挥党政机关示范带动作用。推行科学文明的餐饮消费模式，倡导市民从简用餐，争做“光盘族”。加强粮食生产、收购、储存、运输、加工、消费等环节管理，减少粮食损失浪费。严格执行“限塑令”，禁止销售、使用超薄塑料购物袋；倡导消费者重复使用环保购物袋。

牵头单位：市商务委、市工商局、市质监局

协办单位：市政府各相关部门

（四）强化各类社会主体的绿色发展责任

1. 建设节能低碳社区。探索街道办事处、居民委员会、居民小区物业公司共建机制，开展节能低碳家庭评选活动，建成一批节能低碳社区。加大对居民小区物业公司的培训管理力度，推广标准化服务机制，探索推行节能低碳物业模式。普及垃圾分类知识，规范垃圾分类标准，统一分类标识，深入推进社区垃圾分类收集。建设社区宣传平台，通过向社区居民发放宣传资料、科普读物及张贴宣传画等方式，普及日常节能低碳和循环经

济知识。

牵头单位：市社会办、市城市管理委员会、市妇联

协办单位：市政府各相关部门

2. 强化企业社会责任。开展能源审计和清洁生产审核，支持企业实施节能改造和清洁生产项目。引导企业设立专门管理岗位，负责具体实施节能低碳和循环经济工作。鼓励发展节能低碳和循环经济领域技术咨询、系统设计、工程施工和运营管理等专业化服务业态。

牵头单位：市经济信息化委、市发展改革委、市环保局

协办单位：市政府各相关部门

3. 推动公共机构率先垂范。深入推进节约型公共机构建设，率先践行节俭从简的办公方式。推广使用节能环保铅笔、再生纸等办公用品，开展“零待机”能耗活动，推广使用节能插座等新技术和新产品，对公共机构废旧电脑、打印机、电池和包装物等进行回收利用。党政机关、企事业单位食堂不得随意处置餐厨废弃物，要按规定交由具备条件的企业处置或进行就地资源化处理。

牵头单位：市发展改革委、市财政局

协办单位：市政府各相关部门

4. 发挥社会组织作用。通过政府购买服务、设立公益基金等方式，支持节能低碳和循环经济领域新型社会组织发展。鼓励相关行业协会（商会）参与有关法规规章、发展规划和行业标准等的研究制定工作，支持其按规定组织论坛、评比和表彰等活动。充分发挥工会、共青团、妇联等社会团体作用，举办节能低碳和循环经济公益活动，扩大以学生为主体的节能低碳和循环经济志愿服务队伍。

牵头单位：市民政局、市社会办、市总工会、团市委、市妇联、市发展改革委、市财政局

协办单位：市政府各相关部门

（五）推动互联网与节能低碳和循环经济深度融合

1. 建立健全“互联网 +”管理服务体系。支持企业利用手机软件 (App)、微信公众号等宣传推介节能超市、废旧物品回收网点、绿色出行等生活信息，为市民提供及时便利的服务。推广可视化、智能化的建筑能耗监测管理系统，对空调、采暖、电梯、照明等实施分项、分区计量控制，实现建筑能耗“可计量、可统计、可考核”。建立基于互联网的投诉举报渠道，鼓励市民积极参与对节能低碳和循环经济政策措施落实情况的监督。

牵头单位：市经济信息化委、市住房城乡建设委、市发展改革委、市环保局、市商务委、市城市管理委

协办单位：市文资办

2. 完善废旧资源回收利用在线交易体系。整合现有再生资源、餐厨垃圾、电子废物等回收体系，集成开发废旧资源回收利用在线综合服务平台，完善线上信用评价体系。建立健全废旧资源回收积分及兑换交易制度，激发市民参与绿色回收的积极性。鼓励电子商务和物流企业回收利用废旧包装，推动网购商品包装物减量化和再利用。

牵头单位：市商务委、市经济信息化委、市环保局、市城市管理委

协办单位：市发展改革委

（六）发挥先进标杆的示范引领作用

1. 树立节能低碳和循环经济领域先进典型。开展重点用能企业与国内外同行业先进企业能效对标活动，在发电、供热、交通、教育、医疗、商场超市、宾馆饭店等重点行业（领域），创建行业能效“领跑者”标杆企业。集中示范应用低碳环保、建筑节能和可再生能源利用技术，努力将北京城市副中心建设成为“近零碳排放示范区”，可再生能源利用比重达到 30% 以上。开展节能低碳和循环经济领域先进典型表彰活动，加大奖励力度。

牵头单位：市发展改革委、市人力社保局、市环保局

协办单位：市政府各相关部门

2. 推广节能低碳和循环经济领域先进经验。定期评估服务业清洁生产、“城市矿产”示范基地、园区循环化改造等试点工作，总结推广先进经验，探索形成节能低碳和循环经济发展模式，促进节能低碳产业发展。支持各区和相关单位建设节能低碳和循环经济发展成果集中展示区。

牵头单位：市发展改革委、市科委

协办单位：各区政府

三、保障措施

（一）加强组织领导

市应对气候变化及节能减排工作领导小组负责统筹协调“十三五”时期节能低碳和循环经济全民行动计划各项工作，研究解决实施过程中的重大问题，确保行动计划顺利推进。市发展改革委要建立健全日常工作跟踪调度机制，系统推进本市节能低碳和循环经济相关工作；各相关行业主管部门要加强协调配合，认真履行职责，制定细化的专项行动计划或方案，明确时间进度，扎实推进。各区政府要切实担负起本行政区域内节能低碳和循环经济发展主体责任，抓好相关工作的组织落实。

（二）引导社会多元投入

充分发挥本市节能减排专项资金、重大科技成果转化和产业化项目统筹资金等作用，积极引导社会资本参与，加大对“十三五”时期节能低碳和循环经济全民行动计划的资金支持力度。鼓励企事业单位、市民通过认养树木、购买碳汇、减少碳足迹等方式，承担资源节约和环境保护义务。

（三）扩大交流合作

学习借鉴其他国家和地区的先进理念和经验，加强与相关国际组织的信息沟通、资源共享和务实合作，提高本市节能低碳和循环经济工作水平。加强与津冀地区节能低碳和循环经济领域的沟通交流，不断深化务实合作。

北京市人民政府办公厅关于印发《北京市促进科技成果转移转化行动方案》的通知

京政办发〔2016〕50号

各区人民政府，市政府各委、办、局，各市属机构：

《北京市促进科技成果转移转化行动方案》已经市政府同意，现印发给你们，请认真贯彻落实。

北京市人民政府办公厅

二〇一六年十一月二日

北京市促进科技成果转移转化行动方案

为深入贯彻落实《中华人民共和国促进科技成果转化法》和《国务院关于印发实施〈中华人民共和国促进科技成果转化法〉若干规定的通知》（国发〔2016〕16号）、《国务院办公厅关于印发促进科技成果转移转化行动方案的通知》（国办发〔2016〕28号）精神，加快推动科技成果转化为现实生产力，努力构建高精尖经济结构，为首都经济持续健康发展提供有力支撑，特制定本方案。

一、总体思路

深入学习贯彻习近平总书记系列重要讲话和对北京工作的重要指示精神，认真贯彻落实全国科技创新大会精神，牢固树立创新、协调、绿色、开放、共享的发展理念，牢牢把握首都城市战略定位，全面实施创新驱动发展战略，按照多主体参与、全要素设计、全链条部署的思路，继续强化技术、资本、人才、服务等创新资源的深度融合与优化配置，建立健全符合科技创新规律和市场经济规律的科技成果转移转化体系，努力构建以企业技术创新需求为导向、以市场化交易平台为载体、以专业化服务机构为支撑的科技成果转移转化新格局，不断提升科技成果转移转化效率和整体服务能力，为建设全国科技创新中心和率先全面建成小康社会做出更大贡献。

二、基本原则

坚持市场导向。充分发挥市场在配置科技创新资源中的决定性作用，强化企业转移转化科技成果的主体地位，推进产学研协同创新；健全技术创新市场导向机制，大力发展技术市场，培育新技术新产品（服务）应用的市场环境。

坚持政府引导。加快转变政府职能，强化政府在科技成果转移转化中的战略规划、政策制定、平台建设、人才培养、公共服务等职能，加强科技成果转移转化服务体系建设，营造有利于科技成果转移转化的良好环境。

坚持机制创新。遵循科学研究、技术创新、成果转化规律，发挥资本、人才、服务在科技成果转移转化中的催化作用，探索科技成果转移转化新模式，破除制约科技成果转移转化的体制机制障碍，激发全社会创新活力和潜力。

坚持协同推进。立足首都科技创新资源禀赋和特点，健全跨领域、跨部门、跨区域的协同机制，推进产业链、创新链、资金链的有机融合，在资源配置、任务落实等方面形成促进科技成果转移转化的合力。

三、发展目标

科技成果转移转化制度环境更加优化，科技成果转移转化体系全面建成，企业、高等学校、科研院所等创新主体科技成果转移转化能力显著提高，新技术、新产业、新业态蓬勃发展，大众创新创业更加活跃，以创新为引领的产业体系率先形成，科技创新对构建高精尖经济结构和服务保障民生的支撑作用进一步增强，成为国家科技成果转移转化的示范区和全球创新网络的重要节点。

“十三五”时期，建设一批支撑实体经济发展的众创空间，建成一批示范性技术转移机构，推动一批重大科技成果转化应用，培育一批技术创新、应用服务创新和商业模式创新融合的新业态，催生一批具有全球影响力的创新型企业和品牌。各类孵化机构在孵企业数量超过 10000 家，技术交易实现增加值占地区生产总值的比重保持在 9% 左右。

四、重点任务

（一）汇集发布科技成果信息

1. 建立全市统一的科技成果信息系统。制定科技成果信息采集、加工与服务规范，推动各类科技计划、科技奖励成果数据互联互通，构建科技成果转化项目库与数据服务平台，促进科技成果信息共享。

2. 加强科技成果信息汇集。建立健全科技成果信息汇集工作机制，推广科技成果在线登记系统，畅通科技成果信息收集渠道。加强科技成果管理与科技计划项目管理有机衔接，明确由财政资金设立的应用类科技项目承担单位的科技成果转化义务，开展应用类科技项目成果以及基础研究中具有应用前景的科研项目成果信息汇集。鼓励非财政资金资助的科技成果进行信息汇集。

3. 实施科技报告和科技成果转化年度报告制度。利用财政资金设立的科技项目，承担单位要按照规定及时提交相关科技报告，并将科技成果和相关知识产权信息提交科技成果信息系统。鼓励利用非财政资金设立的科技项目承担单位提交相关科技报告。完善科技报告共享服务机制，将科技报告提交和共享情况作为对科技项目承担单位后续支持的依据。高等学校、科研院所、医疗机构等单位要按照规定格式，于每年 3 月 31 日前向主管部门报告本单位上一年度科技成果转化情况，主管部门审核后于每年 4 月 30 日前将各单位科技成果转化年度报告提交科技成果信息系统。

4. 强化科技成果数据资源开发利用。围绕传统产业转型升级、新兴产业培育发展需求，鼓励各类机构运用云计算、大数据等新一代信息技术，积极开展科技成果信息增值服务，提供符合用户需求的精准科技成果信息。加强科技成果、科技报告、科技文献、知识产权、标准等的信息化关联，在规划制订、计划管理、战略研究等方面充分利用科技成果资源。

5. 发布科技成果包。围绕新一代移动通信、数字化制造、生物医药、新能源汽车、轨道交通、生态环保、城市管理、食品安全等重点领域，以需求为导向，发布一批符合构建高精尖经济结构方向、对促进城市可持续发展和保障重大民生需求具有支撑作用的科技成果包。

（二）释放创新主体科技成果转移转化活力

6. 推动企业加强科技成果转化应用。支持企业与高等学校、科研院所等单位联合设立研发机构或技术转移机构，共同开展研究开发、成果应用与推广、标准研究与制定等。运用“互联网 +”，探索开展企业技术难题竞标等“研发众包”模式，引导科技人员、高等学校、科研院所承接企业的项目委托和难题招标。完善技术成果向企业转移扩散机制，支持企业引进国内外先进适用技术，开展技术革新与改造升级。完善新技术新产品（服务）采购支持政策，加大对创新产品和服务的采购力度。完善市属国有企业创新考核机制，将科技研发费用、技改资金投入以及人才培养经费视同企业净利润，鼓励企业加大创新投入。

7. 推进科技成果使用权和处置权改革。高等学校、科研院所、医疗机构等单位对其持有的科技成果，可自主决定转让、许可或作价投资，除涉及国家秘密、国家安全外，不需审批或备案；有权依法以持有的科技成果作价入股确认股权和出资比例，并通过发起人协议、投资协议或公司章程等形式对科技成果的权属、作价、折股数量或出资比例等事项明确约定，明晰产权。根据国家和本市促进科技成果转化相关政策，健全科技成果转化重大事项领导班子集体决策制度，建立符合科技成果转化规律的市场定价机制，落实科技成果转化尽职免责制度。

8. 深化科技成果收益权改革。高等学校、科研院所、医疗机构等单位转化科技成果所获得的收入全部留归单位，纳入单位预算，扣除对完成和转化职务科技成果做出重要贡献人员的奖励和报酬后，应主要用于科技研发与成果转化等相关工作，并对技术转移机构的运行和发展给予保障。

（三）激发科技人员科技成果转移转化动力

9. 完善科技成果转移转化评价机制。推动高等学校、科研院所、医疗机构等单位建立符合人事管理需要和科技成果转化工作特点的职称评定、岗位管理和考核评价制度。中关村国家自主创新示范区内的高等学校、科研院所、医疗机构等单位中从事科技成果转化和产业化的科技人员可列入示范区高端领军人才专业技术资格评价试点范围，评价合格的可获得正高级专业技术资格。

10. 健全科技成果转移转化激励机制。落实科技成果转化所获收益可按 70% 及以上比例用于对科技人员奖励的政策。加强对高等学校、科研院所等单位科技人员在岗和离岗创新创业政策保障，鼓励和引导科技人员兼职、离岗从事科技成果转化活动。高等学校、科研院所、医疗机构等单位正职领导，是科技成果的主要完成人或对科技成果转化做出重要贡献的，可按有关规定获得现金奖励（原则上不得获取股权激励）；其他担任领导职务的科技人员，可按有关规定获得现金、股份或出资比例等奖励和报酬。对担任领导职务的科技人员的科技成果转化收益分配实行公开公示制度。研究探索高等学校、科研院所、医疗机构等单位领导干部任正职前在科技成果转化中获得股权的代持制度。

（四）强化科技成果转移转化市场化服务

11. 建立技术市场信息网络服务平台。以“互联网 +”科技成果转移转化为核心，探索引入市场化机制，打造政府与社会资本合作共建、以企业为运营主体、按照市场规则运行的技术市场信息网络服务平台，促进供需对接，实现技术交易信息资源共享。加快建设北京技术市场监测与信息发布系统，实现技术交易信息实时监测、潜在技术交易供需信息实时发布以及新技术新产品（服务）定期在线发布等功能。

12. 培育技术转移服务机构。积极支持从事技术交易、技术评估、技术投融资、信息咨询等活动的技术转移服务机构发展，完善专业化、市场化、国际化的技术转移服务体系。鼓励有条件的高等学校、科研院所等单位建设专业化技术转移服务机构，以产业需求为导向，探索应用研发、技术转移、创业孵化、创业投资相互融合的新型服务模式。

13. 强化技术转移服务机构功能。完善技术转移服务标准和规范，加强技术产权交易等平台建设，形成统一开放、线上与线下结合、产学研协同的技术市场体系。充分发挥技术转移服务机构的成果筛选、市场化评估、融资服务、成果推介等作用，鼓励企业探索新的商业模式和科技成果产业化新路径，加速重大科技成果转化应用。推进“互联网 +”技术转移服务，积极发展基于新一代信息技术的新型服务，引导技术转移服务机构从“点对点”服务向综合服务模式升级。提高大学科技园、生产力促进中心、科技企业孵化器等机构的专业化服务水平，为初创期科技型中小企业提供科技成果转移转化服务。

14. 完善技术市场统计监测体系。完善技术合同网络登记和智能统计分析系统，建立健全科技、商务、税务、统计等部门技术交易数据交换和资源共享机制。推进技术交易信息统计方式创新，运用大数据等新技术，挖掘分析技术交易数据，绘制技术交易地图。

15. 加强知识产权服务和质量标准建设。推动全国知识产权运营公共服务平台建设，加快建设国家知识产权服务业集聚发展示范区。培育知识产权新兴服务业态，支持服务机构提高知识产权分析评议、运营实施、评估交易、保护维权、投融资等服务水平。完善质量诚信体系，形成一批品牌形象突出、服务平台完备、质量水平一流的优势企业和产业集群。健全技术创新、专利保护与标准化互动支撑机制，推动更多应用类科技成果转化为技术标准。

（五）建设科技成果中间性试验与产业化载体

16. 加强科技成果转化基地建设。聚焦节能环保、新一代信息技术、生物技术、高端装备制造、新能源、新材料、新能源汽车、航空航天等战略性新兴产业领域，打造一批科技成果转化基地，开展技术标准研究制定、科技成果示范应用、公共服务平台建设等工作。推动技术开发类科研基地合理布局和功能整合，促进科研基地科技成果转移转化，推动更多企业和产业发展亟需的共性技术成果扩散与转化应用。

17. 强化科技成果中试熟化。围绕特色产业发展、中小企业技术创新需求，建设工程（技术）研究中心、企业技术中心等技术创新服务平台，提供从实验研究、中试熟化到生产过程所需的仪器设备、中试生产线等资源，开展研发设计、检验检测认证、科技咨询、技术标准、知识产权、投融资等服务。

18. 推动产业技术创新联盟建设。鼓励行业骨干企业联合产业链上下游企业以及高等学校、科研院所等单位共建产业技术创新联盟，开展技术创新、标准创制、成果推广应用等工作，承担重大科技成果转化项目，探索联合攻关、利益共享、知识产权运营的有效机制与模式。发挥首都创新大联盟的牵头作用，搭建产业技术创新以及科技成果转移转化公共服务平台，推动跨领域跨行业协同创新。

19. 拓展科技成果产业化承接空间。按照框定总量、限定容量、盘活存量、做优增量、提高质量的原则，完善配套服务体系，增强产业承载能力，加快推进产业空间整合与功能升级，培育各具特色的优势产业集群。完善中关村国家自主创新示范区发展机制，强化规划控制、产业布局、空间利用等方面的统筹协调，促进产城融合发展。

（六）强化央地协同推动科技成果转移转化

20. 促进中央企业创新成果在京落地转化。共同打造中央企业科技成果转移转化平台，通过转让、许可、投资、授权等多种方式推动科技成果产业化。促进中央在京企业开展股权激励和收益分配先行先试，探索科技人员以科技成果入股、员工持股等方式组建成果转化项目公司，发展混合所有制科技型企业。发挥中央企业创新投资基金引导作用，吸引社会资本参与科技成果转化和产业化。落实北京未来科技城科技创新行动计划，集聚一批高层次人才，建成一批高水平研发平台，形成一批高水平科技成果，推动一批科技成果实现产业化。

21. 引导在京高等学校创新资源服务首都发展。围绕搭平台、聚人才、接任务、出成果，加快推动首都高等学校协同建设一批高精尖创新中心，在科学与新兴技术、未来芯片技术、大数据科学与脑机智能、软物质科学与工程等领域开展高水平创新，力争在关键核心技术上取得突破，形成一批有影响力的成果。引导创新成果与首都产业对接，向现实生产力转化，为构建高精尖经济结构提供有力支撑。

22. 推进中央在京科研院所创新成果在京落地转化。对接中央在京科研院所，搭建新技术孵育转化中心等成果转移转化平台，统筹推进一批重大科技成果转化和产业化。推动实施科技服务网络计划，围绕首都产业需求开展技术攻关、技术转移与示范、知识产权运营等。深化与中国科学院的合作，组织实施“十三五”时期院市合作推进全国科技创新中心建设行动计划，共建怀柔科学城。

23. 开展军民融合科技成果转移转化。充分发挥国家军民融合公共服务平台、全军武器装备采购信息网等平台作用，加强军地信息交互，促进军地需求对接，推动高科技企业参与军队装备、物资采购。推进具有军民融合特色的产业园区建设，支持信息安全、智能制造等军民两用科技成果转化和产业化。

24. 建设协同创新研究院等协同创新平台。引导和支持在京高等学校、科研院所等单位和行业龙头企业加强协同协作，加快建设一批以科技成果转移转化为目标的产业技术研究院和新型研发机构，促进高等学校、科研院所等单位的科技成果和科研团队与企业需求对接，推动知识、技术、产品与产业深度融合。

（七）促进科技成果跨区域转移转化

25. 建设京津冀区域科技成果转移转化平台。依托本市新技术新产品（服务）采购平台，支持京津冀区域新技术新产品（服务）和首台（套）重大技术装备进入市场。发挥京津冀技术转移协同创新联盟等平台作用，促进区域技术转移合作。支持在京高等学校、科研院所等单位在津冀地区建立孵化器等技术转移转化平台。充分发挥首都科技大数据平台作用，为京津冀区域企业、高等学校、科研院所等单位提供技术转移转化服务。

26. 发挥在全国科技成果转移转化中的示范引领作用。以“一站一台”（首都科技条件平台合作站和北京技术市场服务平台）为核心，建立跨区域科技条件和科技成果信息平台以及成果转移转化绿色通道，促进技术交易、知识产权保护、创业投资协作以及科技咨询服务的跨区域交流合作，实现创新资源共享。加快建设国家技术转移集聚区，以中关村国家自主创新示范区核心区域——中关村西区为核心，集聚一批技术转移服务机构，打造国家技术转移示范区。

27. 加强国际科技成果转移转化合作。吸引国际高端创新机构、跨国公司研发中心、国际科技组织在京落户。发挥中国国际技术转移中心、中意技术转移中心等平台作用，建设国际技术转移协作网络，吸引国际高端科技成果在京落地，形成面向全球的技术转移集聚区。继续办好中国（北京）跨国技术转移大会、中国北京国际科技产业博览会等国际性会议会展，建设具有全球影响力的科技创新成果展示、发布和交流中心。鼓励企业通过对外直接投资、技术转让与许可等方式实施外向型技术转移。鼓励企业在海外设立研发机构，加快海外知识产权布局，参与国际标准研制。

（八）推动科技型创新创业快速发展

28. 建设国家“双创”示范基地。加快推进海淀区国家“双创”示范基地建设，在创新创业支撑平台搭建、创新创业服务体系建设、创新创业文化氛围营造等环节和领域探索创新、先行先试。高水平建设中关村大街，形成开放度更高、服务范围更广、辐射带动力更强的创新创业型经济集聚区。进一步提升中关村创业大街在研发孵化平台搭建、科技金融服务、人才培养、知识产权保护、技术交易等方面对创新创业的支撑能力，推动创新创业功能向沿线街道纵深辐射。积极推进中关村智造大街建设，加速促进创新创业服务走向高端化。

29. 发挥众创空间服务和支撑作用。重点在创新资源集聚区域，依托行业龙头企业、高等学校、科研院所等单位，在第五代移动通信技术(5G)、数字化增材制造(3D 打印)、人工智能、石墨烯材料等重点领域建设一批以成果转移转化为主要内容、专业服务水平高、创新资源配置优、产业辐射带动作用强的众创空间，有效支撑实体经济发展。发挥北京国家现代农业科技城示范作用，构建一批支持农村科技创新创业的“星创天地”。吸引更多高端创业人才入驻众创空间，重点支持以核心技术为源头的创新创业。

30. 推动创新资源向创新创业者开放。深化首都科技条件平台建设，鼓励大型企业、高等学校、科研院所等单位向社会开放共享科研仪器设备等资源，提供联合研发、中试检测、技术转移、人才培训等服务，并进一步完善以科技资源开放量和服务企业业绩为导向的市场化评价机制。完善首都科技创新券等政府购买服务模式，对小微企业和创业团队开展测试检测、研发设计、提供技术解决方案和购买新技术新产品（服务）等活动给予资助，促进优质科技资源开放共享。

31. 举办各类创新创业活动。组织各类创新创业大赛和发明大赛，支持国际性、全国性创新创业大赛在京举办。继续办好全国大众创业万众创新活动周北京会场、北京科技周等活动。支持各类创业服务机构举办黑马大赛、创客嘉年华、极客大赛等活动。实施公众参与创新行动计划。支持首都创业导师志愿服务团面向全国开展创业培训等服务。

（九）建设科技成果转移转化人才队伍

32. 开展科技成果转移转化人才培养。充分发挥各类创新人才培养示范基地作用，依托有条件的区域和机构建设一批技术转移转化人才培养基地。推动有条件的高等学校设立科技成果转化相关课程，加快培养科技成果转移转化领军人才。依托科技中介服务机构，通过组织管理培训、专业技术培训等，面向高等学校、科研院所和科技型企业，培养一批懂专业、懂管理、懂市场的复合型技术转移服务人才。与国际技术转移组织、行业龙头企业等联合培养国际化技术转移人才。鼓励和规范企业、高等学校、科研院所等单位中符合条件的科技人员从事技术转移工作。大力培育技术经纪人市场，推动建设专业化技术经纪人队伍，并在专业技术职称评聘中为参与技术转移、成果转化和产业化的技术经纪人提供一定比例的名额，畅通职业发展通道。

33. 组织科技人员开展科技成果转移转化。深入实施科技特派员、科技创业者行动、企业院士行、先进适用技术项目推广等，动员企业、高等学校、科研院所等单位的科技人员及高层次专家，深入企业、园区、农村等基层一线开展技术咨询、技术服务、科技攻关、成果推广等科技成果转移转化活动。鼓励高等学校、科研院所等单位通过许可、转让、技术入股等方式支持科技特派员转化科技成果，开展农村科技创业，保障科技特派员取得合法收益。加大农技推广力度，推行推广型教授（研究员）制度，提高农业科技成果转移转化效率。

34. 强化科技成果转移转化人才服务。构建“互联网+”创新创业人才服务平台，提供科技咨询、人才计划、科技人才活动、教育培训等公共服务，实现人才与人才、人才与企业、人才与资本之间的互动和跨界协作。围绕支撑重点产业培育发展，支持有条件的企业建设院士（专家）工作站，为高层次人才与企业对接搭建平台。建设海外科技人才离岸创新创业基地，为引进海外创新创业资源搭建平台和桥梁。

（十）健全科技成果转移转化多元化资金支持体系

35. 加大财政支持科技成果转移转化力度。充分发挥科技成果转化引导基金、科技型中小企业技术创新资金、科技成果转移转化专项资金等作用，积极探索政府和社会资本合作(PPP)、“前孵化”等模式，引导金融机构、创业投资、产业资本等投向科技创新创业，推动科技成果转移转化。

36. 拓宽科技成果转移转化资金市场化供给渠道。大力发展创业投资，培育发展天使投资人和创投机构，引导社会资本设立科技成果转化创业投资基金，支持初创期科技企业和科技成果转化项目。利用众筹等互联网金融平台，为小微企业转移转化科技成果拓展融资渠道。支持符合条件的创新创业企业通过发行债券、资产证券化等方式进行融资。支持符合条件的银行业金融机构在依法合规、风险可控的前提下，与创业投资、股权投资机构实现投贷联动；鼓励符合条件的银行业金融机构在中关村国家自主创新示范区探索为科技创新创业企业提供股权债权相结合的融资服务方式，支持科技成果转移转化。

五、实施保障

（一）加强组织领导。建立科技成果转移转化工作协调推进机制，统筹组织全市科技成果转移转化工作。各区、各部门要明确责任分工，制订实施方案，细化分解任务，加强协同配合，加大资金投入、政策支持和条件保障力度，推动各项任务落到实处。建立监测与评估机制，加强跟踪检查与考核评估，为调整完善相关政策措施提供支撑。

（二）创新管理方式。深入推进简政放权、放管结合、优化服务，加强事中事后监管，建立高等学校、科研院所、医疗机构等单位科技成果转移转化绩效评估体系和信用评价机制，并作为对单位给予支持的参考依据。健全政府购买科技公共服务制度，鼓励科技组织等有序承接政府转移职能，采取咨询服务、第三方评估等方式，为科技成果转移转化提供服务。

（三）强化法治保障。落实《中华人民共和国促进科技成果转化法》及相关政策措施，完善有利于科技成果转移转化的政策环境。落实《北京市专利保护和促进条例》，加强知识产权保护，严厉打击知识产权违法行为。落实《北京市技术市场条例》，强化技术市场行政执法，建立技术市场信用体系，规范技术市场秩序。加快推进本市科技成果转化立法工作。

（四）加强宣传引导。统筹做好科技成果转移转化工作的新闻宣传、政策解读和舆论引导，及时总结推广先进经验和创新模式，弘扬创新文化，引导全社会关心和支持科技成果转移转化，积极营造有利于科技成果转移转化的良好社会氛围。

附件：

重点任务分工

序号	重点任务	责任部门	时间进度
1	建立全市统一的科技成果信息系统	市科委、市财政局等	2017年12月底前完成
2	建立健全科技成果信息汇集工作机制，推广科技成果在线登记系统	市科委会同市有关部门	持续推进
3	实施科技报告制度，完善科技报告共享服务机制，建立科技成果转化年度报告制度	市科委会同市有关部门	持续推进
4	以需求为导向，发布一批符合构建高精尖经济结构、对促进城市可持续发展和保障重大民生需求具有支撑作用的科技成果包	市科委会同市有关部门	持续推进

续表

序号	重点任务	责任部门	时间进度
5	完善新技术新产品（服务）采购支持政策，加大对创新产品和服务的采购力度	市财政局、市发展改革委、市科委等	持续推进
6	推进科技成果使用权和处置权改革	市财政局、市科委、市教委、市卫生计生委等	持续推进
7	建立符合科技成果转化规律的市场定价机制	市科委、市教委、市卫生计生委、市财政局等	持续推进
8	落实科技成果转化尽职免责制度	市财政局、市审计局、市科委、市教委、市卫生计生委、市国资委等	2017 年 6 月底前启动
9	深化科技成果收益权改革	市财政局、市科委、市人力社保局、市卫生计生委等	持续推进
10	完善科技成果转移转化评价机制	市人力社保局、市科委、市教委、市卫生计生委等	持续推进
11	分类管理担任领导职务的科技人员获得科技成果转化奖励	市人力社保局、市科委、市教委、市卫生计生委等	2017 年 6 月底前启动
12	加快建设北京技术市场监测与信息发布系统	市科委会同市有关部门	2017 年 12 月底前完成
13	鼓励有条件的高等学校、科研院所等单位建设专业化技术转移服务机构	市科委、市教委等	持续推进
14	完善技术市场统计监测体系	市科委、市商务委、市地税局、市国税局、市统计局等	持续推进
15	绘制技术交易地图	市科委、市统计局等	2016 年 12 月底前启动
16	加强知识产权服务和质量标准建设	市知识产权局、市质监局等	持续推进
17	聚焦战略性新兴产业领域，打造一批科技成果转化基地	市科委会同市有关部门、各区政府	持续推进
18	拓展科技成果产业化承接空间，加快推进产业空间整合与功能升级	各区政府、市规划国土委、市发展改革委、市经济信息化委、市科委、中关村管委会等	持续推进
19	落实北京未来科技城科技创新行动计划，促进中央企业创新成果在京落地转化	市科委、市发展改革委、市经济信息化委、市国资委、昌平区政府	持续推进
20	组织实施“十三五”时期院市合作推进全国科技创新中心建设行动计划，共建怀柔科学城，推进中国科学院创新成果在京落地转化	市科委会同市有关部门、怀柔区政府	持续推进
21	建立军民科技信息交互机制，推动高科技企业参与军队装备、物资采购。推进具有军民融合特色的产业园区建设，支持信息安全、智能制造等军民两用科技成果转化和产业化	市经济信息化委、市财政局、中关村管委会、市科委等	2016 年 12 月底前启动
22	建设协同创新研究院等协同创新平台	市科委、市教委、市财政局等	持续推进
23	建设京津冀区域科技成果转移转化平台	市科委、市财政局等	持续推进
24	全面推广“一站一台”合作模式	市科委会同市有关部门	持续推进
25	加快建设国家技术转移集聚区，打造国家技术转移示范区	市科委会同市有关部门、海淀区政府	持续推进
26	依托行业龙头企业、高等学校、科研院所等单位，建设一批以科技成果转移转化为主要内容的众创空间	市科委会同市有关部门	持续推进
27	深化首都科技条件平台建设，完善首都科技创新券等政府购买服务模式	市科委、市财政局等	持续推进
28	依托有条件的区域和机构建设一批技术转移转化人才培养基地	市科委、市教委等	持续推进
29	构建“互联网+”创新创业人才服务平台	市科委、市人力社保局等	2016 年 12 月底前启动
30	充分发挥科技成果转化引导基金、科技型中小企业技术创新资金、科技成果转移转化专项资金等作用，推动科技成果转移转化	市科委、市财政局等	持续推进

续表

序号	重点任务	责任部门	时间进度
31	积极探索政府和社会资本合作 (PPP)“前孵化”等模式，引导金融机构、创业投资、产业资本等投向科技创新创业，推动科技成果转移转化	市财政局、市金融局、市科委、市经济信息化委、中关村管委会等	持续推进
32	建立高等学校、科研院所、医疗机构等单位科技成果转移转化绩效评估体系和信用评价机制	市科委、市教委、市卫生计生委、市财政局、市人力社保局等	持续推进
33	加快推进本市科技成果转化立法工作	市科委、市政府法制办等	持续推进

北京市经济和信息化委员会　北京市环境保护局关于做好2013—2015年关停退出企业后续工作有关事项的通知

京经信委发〔2016〕7号

各区工业主管部门、环保局：

2013至2015年各区累计关停退出污染企业1006家，连续三年超额完成年度任务目标，为全面实现2013至2016年累计调整退出1200家污染企业的任务目标奠定了坚实的基础。为巩固工作成果，防止反弹，根据安顺市长指示精神，特就退出后续工作有关事项通知如下：

一、按照附件名单组织对已经退出企业开展一轮专项监督检查，4月15日前将检查情况书面报市经济信息化委及市环保局，并做好退出企业材料归档。

二、市政府将组织相关部门对已退出企业关停情况进行不定期审核抽查，请各区工业主管部门、环保局做好迎接检查准备。

三、各区要紧密依托属地乡镇（街道）、村，与工商、质监、安监等相关部门建立联动机制，实现对已退出企业的动态监管，防止反弹。

四、严格执行《北京市新增产业的禁止和限制目录》，对关停退出企业原址上新上的制造业项目要从严审核，杜绝引入新的污染项目。

特此通知。

二〇一六年一月二十六日

附件：

2013—2015年各区调整退出污染企业名单

序号	区	企业名称	退出年份	序号	区	企业名称	退出年份
1	东城区	北京胶印厂	2013	10	西城区	北京市商标印刷厂	2014
2	东城区	北京宇翔电子有限公司	2013	11	西城区	北京华美振洋有机玻璃有限责任公司	2014
3	东城区	北京六〇八厂	2013	12	西城区	北京市科通电子继电总厂	2014
4	东城区	北京市邮政印刷厂	2014	13	西城区	北京市半导体器件六厂	2014
5	东城区	北京金泰汇通商贸有限公司河沿门市部	2014	14	朝阳区	北京第三印染厂	2013
6	东城区	北京航星机器制造有限公司	2014	15	朝阳区	北京石油化学总厂	2013
7	东城区	北京大磨坊面粉有限公司	2014	16	朝阳区	北京恒德威格玛门窗有限公司	2013
8	西城区	北京印刷集团有限责任公司京华印刷厂	2013	17	朝阳区	北京爱建建筑装饰有限公司家具分公司	2013
9	西城区	京仪敬业电工有限公司	2013	18	朝阳区	北京市饴糖厂	2013

续表

序号	区	企业名称	退出年份	序号	区	企业名称	退出年份
19	朝阳区	北京东方靓丽制衣有限公司	2013	60	朝阳区	北京安速道路照明设备安装有限公司	2014
20	朝阳区	大船电子（北京）有限公司	2013	61	朝阳区	北京市北齿主减速器厂	2014
21	朝阳区	北京北辰网域电子设备维护有限公司	2013	62	朝阳区	北京市朝阳区长城太阳能成套设备厂	2014
22	朝阳区	贺利氏古莎齿科有限公司北京分公司	2013	63	朝阳区	北京起重工程机械厂分厂	2014
23	朝阳区	北京市双桥汽车齿轮厂变速箱分厂	2013	64	朝阳区	北京旭瑞工贸有限公司朝阳分公司	2014
24	朝阳区	博雷控制系统（北京）有限公司	2013	65	朝阳区	北京瑞祥斋食品厂	2014
25	朝阳区	北京市双桥汽车齿轮厂	2013	66	朝阳区	北京市润丰创业石材有限公司	2015
26	朝阳区	北京市朝阳京东离合器厂	2013	67	朝阳区	北京琴军彩印有限公司	2015
27	朝阳区	北京市朝阳区隆昌工业公司砖厂	2013	68	朝阳区	北京欧乐家具有限公司	2015
28	朝阳区	北京市东景寅制砖有限公司	2013	69	朝阳区	北京市业和印务有限公司	2015
29	朝阳区	北京市朝阳永安电器设备元件厂	2013	70	朝阳区	北京顺森辅料有限责任公司	2015
30	朝阳区	兴京木质品（北京）有限公司	2013	71	朝阳区	北京馄饨侯食品有限公司	2015
31	朝阳区	北京基业制衣厂	2013	72	朝阳区	北京北方印刷厂	2015
32	朝阳区	北京冠龙阀门厂	2013	73	朝阳区	北京杰兴龙源金属结构加工有限公司	2015
33	朝阳区	北京泰茂丰工贸有限公司	2013	74	朝阳区	北京市朝阳精豪华床上用品厂	2015
34	朝阳区	北京兴华筑基钢结构工程有限公司	2013	75	朝阳区	北京市朝阳区东坝电镀厂	2015
35	朝阳区	北京起红腾达玻璃有限公司	2013	76	朝阳区	北京和玺建筑成套木作系统有限公司	2015
36	朝阳区	北京市朝阳田华和众商品混凝土搅拌站	2014	77	朝阳区	北京新月印刷有限公司	2015
37	朝阳区	北京中航空港混凝土搅拌站	2014	78	朝阳区	北京赛威尔印刷材料有限公司	2015
38	朝阳区	北京龙光祥厨房设备有限公司	2014	79	朝阳区	北京朗原基混凝土有限责任公司	2015
39	朝阳区	冯海蒂展览展示用品加工厂	2014	80	朝阳区	北京市君大印刷厂	2015
40	朝阳区	北京富和华夏轻钢建筑安装有限公司	2014	81	朝阳区	北京世纪星富华工贸有限公司	2015
41	朝阳区	北京市公路桥梁建设公司混凝土搅拌站	2014	82	朝阳区	北京宣明典居古典家具厂	2015
42	朝阳区	北京市长城铝合金制品厂	2014	83	朝阳区	金峰木器厂	2015
43	朝阳区	北京新兴天地保温材料有限公司	2014	84	朝阳区	北京舒雅轩家具厂	2015
44	朝阳区	北京兴美家具有限责任公司	2014	85	朝阳区	北京源生鸿润商贸有限公司	2015
45	朝阳区	北京市朝阳利华木制家具厂	2014	86	朝阳区	北京蓝天印刷包装集团有限公司	2015
46	朝阳区	北京市朝阳区东风乡宏达沙发厂	2014	87	朝阳区	北京盛华印刷有限公司	2015
47	朝阳区	北京榆燕翔家具有限公司	2014	88	朝阳区	北京市京冠印刷厂	2015
48	朝阳区	北京市港华助剂有限责任公司	2014	89	朝阳区	北京中达兴雅印刷有限公司	2015
49	朝阳区	北京军辉涂料有限公司	2014	90	朝阳区	北京朝红印刷有限公司	2015
50	朝阳区	中国电影出版社印刷厂	2014	91	朝阳区	北京穆氏兴达不锈钢制品有限公司	2015
51	朝阳区	北京梦洁华威彩色印刷有限责任公司	2014	92	朝阳区	北京市朝阳华美金属冲压件厂	2015
52	朝阳区	北京兴源美纸制品包装有限公司	2014	93	朝阳区	北京市双桥电镀厂	2015
53	朝阳区	北京亚日快速印刷材料有限公司	2014	94	朝阳区	北京新瑞铭印刷有限公司	2015
54	朝阳区	北京市朝阳区振兴纸箱厂	2014	95	朝阳区	北京市西京印刷有限公司	2015
55	朝阳区	北京博美华龙玻璃仪器有限公司	2014	96	朝阳区	新龙福利食品加工厂	2015
56	朝阳区	肯堡博美（北京）实验器皿有限公司	2014	97	朝阳区	鑫胜龙铸造有限公司	2015
57	朝阳区	北京昌泰博艺不锈钢制品有限公司	2014	98	朝阳区	北京中午线展览展示有限公司	2015
58	朝阳区	北京市朝阳区建中有色金属加工厂	2014	99	朝阳区	北京金奥恒喷漆有限公司	2015
59	朝阳区	北京燕松电器有限责任公司	2014	100	朝阳区	煤炭工业出版社印刷厂	2015

续表

序号	区	企业名称	退出年份
101	朝阳区	北京天海工业有限公司	2015
102	朝阳区	北京毕捷电机股份有限公司	2015
103	朝阳区	北京市朝阳创力办公设备厂	2015
104	朝阳区	北京市隆华曙光钢管制造公司	2015
105	朝阳区	北京美基机电设备有限公司	2015
106	朝阳区	北京可可兴业木业有限公司	2015
107	海淀区	北京雪莲涂料厂	2013
108	海淀区	北京太伟建材制造有限责任公司（北京太伟宜居装饰工程有限公司）	2013
109	海淀区	北京市海淀区清河油脂厂	2013
110	海淀区	北京市东升新型盒子房屋厂	2013
111	海淀区	清华大学试验电厂	2013
112	海淀区	北京市翔牌墙体材料有限公司	2013
113	海淀区	北京市西六建材有限责任公司	2013
114	海淀区	北京金隅涂料有限责任公司	2013
115	海淀区	北京特邦德建筑技术有限公司	2013
116	海淀区	北京华德液压工业集团有限责任公司液压铸造分公司	2014
117	海淀区	北京市海淀区温泉高里掌铸造厂	2014
118	海淀区	北京市七友化工环保材料厂	2014
119	海淀区	中国石化润滑油有限公司北京分公司(塑料容器厂)	2014
120	海淀区	北京市京西涂料厂	2014
121	海淀区	北京高度美涂料有限公司	2014
122	海淀区	北京市科民净化节能设备厂	2014
123	海淀区	北京仙峰工贸有限公司	2015
124	海淀区	北京华夏恒光科技发展有限公司	2015
125	海淀区	北京昌华东阳建材有限公司海淀分公司	2015
126	海淀区	瑞萨半导体（北京）有限公司	2015
127	海淀区	通达耐火技术股份有限公司	2015
128	海淀区	北京柯特华宇防腐技术有限公司	2015
129	海淀区	北京爱乐屋建筑节能制品有限公司	2015
130	海淀区	北京四方继保自动化股份有限公司	2015
131	海淀区	北京四方继保工程技术有限公司	2015
132	丰台区	北京市王佐振兴电镀厂	2013
133	丰台区	北京冥王恒兴建筑材料厂	2013
134	丰台区	北京福兴瑞工业气体有限公司	2013
135	丰台区	北京翔宇元鑫建筑涂料厂	2013
136	丰台区	北京市丰台京厦建筑涂料厂	2013
137	丰台区	北京鹏泰翔宇涂料有限公司	2013
138	丰台区	北京瑞祥涂料有限公司	2013
139	丰台区	北京豫都装饰材料厂	2013
140	丰台区	北京市华兴飞龙建材厂	2013
141	丰台区	北京方金涂料有限责任公司	2013
142	丰台区	北京墨普文教用品厂	2013
143	丰台区	北京神州同泰装饰有限公司云岗分公司	2013
144	丰台区	北京市宏阳涂料厂	2013
145	丰台区	北京沃德建材有限公司	2013
146	丰台区	北京益利达建筑涂料厂	2013
147	丰台区	北京意华祥涂料厂	2013
148	丰台区	北京中兴盛商贸有限公司	2013
149	丰台区	北京市丰台区长辛店电石厂	2013
150	丰台区	北京首钢建材化工厂	2013
151	丰台区	北京市王佐洁丰石灰厂	2013
152	丰台区	北京燕山水暖器材厂	2013
153	丰台区	首都航天机械公司	2014
154	丰台区	北京同德利建材有限责任公司	2014
155	丰台区	北京世纪中建京通防水材料有限公司	2014
156	丰台区	北京丰西燕沙构件有限公司	2014
157	丰台区	北京路新大成沥青混凝土有限公司	2014
158	丰台区	北京市大灰厂丰达水泥厂	2014
159	丰台区	北京市芦沟桥东河沿水泥构件厂	2014
160	丰台区	北京嘉华丽装饰材料有限公司	2014
161	丰台区	北京市京灏源建筑材料厂	2014
162	丰台区	北京长青腾玻璃钢厂	2014
163	丰台区	北京市丰西华盈建筑材料厂	2014
164	丰台区	北京盛腾宏达建筑材料有限公司	2014
165	丰台区	北京华瑞德建筑材料厂	2014
166	丰台区	北京中亚兴业混凝土外加剂厂	2014
167	丰台区	北京戴尔蒙德建材有限公司	2014
168	丰台区	北京市王佐艺盛家具厂	2014
169	丰台区	北京华辉佳美家具有限公司	2014
170	丰台区	北京大瓦窑四海家具厂	2014
171	丰台区	北京天缘宏达橱柜厂	2014
172	丰台区	北京市森达家具制造有限公司	2014
173	丰台区	北京鑫达家具厂	2014
174	丰台区	北京市大瓦窑京发家具厂	2014
175	丰台区	北京振达木制品厂	2014
176	丰台区	北京郭子海洋家具厂	2014
177	丰台区	北京华起家具厂	2014
178	丰台区	北京市丰台区长辛店宏大木器厂	2014
179	丰台区	北京市丰台区鸿运木材公司	2014
180	丰台区	北京聚鑫来木材加工厂	2014

续表

序号	区	企业名称	退出年份
181	丰台区	北京木博林家具有限公司	2014
182	丰台区	北京金帆家具厂	2014
183	丰台区	北京三友家具公司家具厂	2014
184	丰台区	北京格林京丰防火玻璃有限公司	2014
185	丰台区	北京双宏兴达涂料厂	2014
186	丰台区	北京新兴超硬材料厂	2014
187	丰台区	北京洛平龙业印刷有限责任公司	2014
188	丰台区	北京亿浓世纪彩色印刷有限公司	2014
189	丰台区	北京市多莱美印刷有限公司	2014
190	丰台区	北京京南五环冷轧螺纹钢厂	2014
191	丰台区	北京航健金属制品厂	2014
192	丰台区	北京长丰金属结构厂	2014
193	丰台区	北京市玉泉路构件厂	2015
194	丰台区	北京欣金宇砼制品有限公司	2015
195	丰台区	北京市盛华印刷厂	2015
196	丰台区	北京市丰台槐房制版有限责任公司	2015
197	丰台区	北京市丰台京丰电控设备厂	2015
198	丰台区	北京梓博家具制造有限责任公司	2015
199	丰台区	北京市汇丰水泥管厂	2015
200	丰台区	北京新兴堡构件厂	2015
201	丰台区	北京市兴宏光建材厂	2015
202	丰台区	北京市航英机械厂	2015
203	丰台区	北京市北上防水防腐涂料厂	2015
204	丰台区	北京市三维北上防水防腐涂料厂	2015
205	丰台区	北京市南苑锻造厂	2015
206	丰台区	北京清磨石料加工厂	2015
207	丰台区	北京诚通建筑材料有限公司	2015
208	丰台区	北京春和混凝土外加剂厂	2015
209	丰台区	北京协力拓建材有限公司	2015
210	丰台区	北京贝克涂料有限公司	2015
211	丰台区	北京丽源有限公司墨水厂	2015
212	丰台区	北京丽源公司香精厂	2015
213	丰台区	北京红枫墅家具厂	2015
214	丰台区	北京凌云建材化工有限公司	2015
215	丰台区	北京市民合盛空心砖厂	2015
216	石景山区	北京特宇板材有限公司	2013
217	石景山区	北京市弹簧厂	2013
218	石景山区	北京金隅加气混凝土有限责任公司（石景山基地）	2014
219	石景山区	北京首钢机电有限公司	2014
220	石景山区	北京京能电力股份有限公司石景山热电厂	2015
221	石景山区	北京京能热电粉煤灰工业有限公司	2015
222	石景山区	北京兴业达机电设备制造有限公司	2015
223	门头沟区	北京三毅有岩金属材料有限公司	2013
224	门头沟区	北京市京浆工贸有限公司	2013
225	门头沟区	北京三聚环保新材料股份有限公司	2013
226	门头沟区	北京市门头沟区滚塑制品厂	2013
227	门头沟区	北京鹏胜天顺石料有限公司	2014
228	门头沟区	北京文治超硬材料制品厂	2014
229	门头沟区	北京玮山石材加工厂	2014
230	门头沟区	京榕东活动房有限公司	2014
231	门头沟区	北京门头沟华威化工厂	2014
232	门头沟区	北京宏远宇通金属材料加工厂	2014
233	门头沟区	北京埃姆毛纺有限公司	2015
234	门头沟区	北京龙泉华泰建材有限公司	2015
235	门头沟区	北京东方龙泉装饰砖有限公司	2015
236	门头沟区	北京天正泽制砖有限公司	2015
237	房山区	北京天维水泥有限公司	2013
238	房山区	北京黄兴水泥熟料有限公司	2013
239	房山区	北京兴河纸业有限公司	2013
240	房山区	北京赛诺源制药有限公司	2013
241	房山区	北京昊煜工贸有限公司京强水泥厂	2013
242	房山区	北京市良乡光华玉器厂	2013
243	房山区	北京市强旺原煤加工厂	2013
244	房山区	北京荣诚石材加工厂	2013
245	房山区	北京阎村利军石材厂	2013
246	房山区	北京市忠信通贸石材厂	2013
247	房山区	东港大顺石材加工厂	2013
248	房山区	北京正泰鑫达石材厂	2013
249	房山区	城关永正石材厂	2013
250	房山区	北京龙人伟业新型建材有限公司	2013
251	房山区	北京市五侯砖厂	2013
252	房山区	北京市石翔页岩砖厂	2013
253	房山区	北京二合庄龙腾建材有限责任公司	2013
254	房山区	北京兴河建材有限公司	2013
255	房山区	北京市房山区河北镇檀木港石灰厂	2013
256	房山区	北京市房山区河北半壁店石灰厂	2013
257	房山区	北京市东庄福旺石灰厂	2013
258	房山区	北京市房山牛山石灰厂	2013
259	房山区	北京顺得益民工贸有限公司	2013
260	房山区	北京成新顺通工贸有限公司	2013
261	房山区	北京福贵石灰厂	2013

续表

序号	区	企业名称	退出年份	序号	区	企业名称	退出年份
262	房山区	北京市兴旺达石灰厂	2013	301	房山区	北京永顺丰发工贸有限公司	2014
263	房山区	北京市东庄子石料厂	2013	302	房山区	北京市房山板邯砌筑灰厂	2014
264	房山区	北京市万超石灰厂	2013	303	房山区	北京鑫华路建材厂	2014
265	房山区	北京市鑫鑫旺建材厂	2013	304	房山区	北京王二岭石板厂	2014
266	房山区	北京市上万志宏灰厂	2013	305	房山区	北京北斗防水材料有限公司	2014
267	房山区	北京市万灰石灰厂	2013	306	房山区	北京世纪京喜建材有限公司	2014
268	房山区	北京市万强石灰厂	2013	307	房山区	北京鑫石构件厂	2014
269	房山区	北京久欣服装有限公司	2013	308	房山区	北京京葫磁材有限公司	2014
270	房山区	北京市北方京蒙工贸有限公司良乡分公司	2013	309	房山区	北京惠丰达利建材有限责任公司	2014
				310	房山区	北京钙云山采石有限责任公司	2014
271	房山区	北京市北方京蒙工贸有限公司第十分公司	2013	311	房山区	北京诺信人造石有限责任公司	2014
272	房山区	北京周口店龙宝峪石料开采厂	2013	312	房山区	北京市房山通达门窗厂	2014
273	房山区	北京心悦诚工贸有限责任公司	2013	313	房山区	北京良乡爱多喜家具厂	2014
274	房山区	北京日东方装饰有限公司橱柜分厂	2013	314	房山区	北京良乡文礼橱柜厂	2014
275	房山区	北京依娜纺织品制造有限公司	2013	315	房山区	北京京灿颜料有限公司	2014
276	房山区	北京首创新型肥料制造有限公司分公司	2013	316	房山区	北京市房山区环宇涂料厂	2014
277	房山区	北京恰好思刀具有限公司	2013	317	房山区	北京市昊良助剂厂	2014
278	房山区	北京佰康医用品有限公司	2013	318	房山区	北京吉羊染料厂	2014
279	房山区	北京浩宇云天工贸有限公司	2013	319	房山区	北京长海化工厂	2014
280	房山区	北京仙海线束厂	2013	320	房山区	北京燕房化工有限公司	2014
281	房山区	北京经纬天阳钢结构有限公司	2013	321	房山区	北京市燕泽化工厂	2014
282	房山区	北京燕化正邦泵业有限公司	2013	322	房山区	北京市万良印刷厂	2014
283	房山区	北京燕山润泽清洁能源技术开发有限纳米材料分公司	2013	323	房山区	北京市强华包装制品有限公司	2014
				324	房山区	北京浩泽钢球有限责任公司	2014
284	房山区	中煤北京煤矿机械有限责任公司（锻造分厂）	2014	325	房山区	北京华美宏运金属结构有限公司	2014
				326	房山区	北京市良乡机械配件厂	2014
285	房山区	北京市房山益明铸造厂	2014	327	房山区	北京强联水泥有限公司	2015
286	房山区	北京市房山龙门福利铸造厂	2014	328	房山区	北京立马水泥有限公司	2015
287	房山区	房山区石楼乡农具修配厂	2014	329	房山区	北京京信豫新型建材厂	2015
288	房山区	北京市诚信发铸造厂	2014	330	房山区	北京市丁各庄砖厂	2015
289	房山区	北京市房山区兴达铸造厂	2014	331	房山区	北京市窦店水泥构件厂	2015
290	房山区	北京达事来钢结构有限公司	2014	332	房山区	北京市交道建国水泥制品厂	2015
291	房山区	北京市宏鑫工贸有限责任公司	2014	333	房山区	北京市房山橡胶塑料厂	2015
292	房山区	北京龙乡煤矸石页岩砖有限公司	2014	334	房山区	北京昊天绘料助剂厂	2015
293	房山区	北京隆昊建材有限责任公司	2014	335	房山区	北京泉鑫鸿顺工贸有限公司	2015
294	房山区	北京市宝金山页岩建材有限公司	2014	336	房山区	北京红旗利丰水泥公司	2015
295	房山区	北京市双利源建材厂	2014	337	房山区	北京鑫世纪中天装潢有限责任公司	2015
296	房山区	北京市盛华晨工贸有限公司	2014	338	房山区	北京利鑫光彩水泥构件厂	2015
297	房山区	北京圣佳鑫建材厂	2014	339	房山区	北京市房山区永清塑料厂	2015
298	房山区	北京龙人兴业新型建材有限公司	2014	340	房山区	北京双宝建材厂	2015
299	房山区	北京市房山宏图古建筑材料厂	2014	341	房山区	北京恒业顺达建材厂	2015
300	房山区	北京友亮古代建筑装饰材料有限公司	2014				

续表

序号	区	企业名称	退出年份	序号	区	企业名称	退出年份
342	房山区	北京市房山区国庆特种炉料厂	2015	383	通州区	北京紫禁城漆业有限公司	2013
343	房山区	北京华顺通石料混合加工厂	2015	384	通州区	北京森德散热器有限公司	2013
344	房山区	北京中建瑞特防水建材有限公司	2015	385	通州区	北京绿橄榄化工有限公司	2013
345	房山区	北京市亨利印刷有限公司	2015	386	通州区	北京金鹰铜业有限公司	2013
346	房山区	北京鸿图印刷厂	2015	387	通州区	北京市通州建龙金属表面处理厂	2013
347	房山区	北京市运通顺水泥制品厂	2015	388	通州区	北京福业兴电镀标牌有限公司	2013
348	房山区	北京市房山区坨里镇北车营水泥管厂	2015	389	通州区	北京健丽达工贸有限公司	2013
349	房山区	北京宏远利康建材厂	2015	390	通州区	北京市通县玉东化工厂	2013
350	房山区	北京兴达成建材厂	2015	391	通州区	北京益华通顺化工贸易中心	2013
351	房山区	北京天时盛合新型装饰材料有限公司	2015	392	通州区	北京市通州鑫鑫化工厂	2013
352	房山区	北京鑫固强水泥构件厂	2015	393	通州区	北京市通州永德化工厂	2013
353	房山区	北京建宝页岩砖有限责任公司	2015	394	通州区	北京市京津城化工厂	2013
354	房山区	北京紫金河水泥制品有限公司	2015	395	通州区	北京云龙富都涂料有限公司	2013
355	房山区	北京鼎凯源工贸有限公司	2015	396	通州区	北京市通州区永乐店翱翔化工厂	2013
356	房山区	北京京江源钢结构彩板工程有限公司	2015	397	通州区	北京三木化工有限公司	2013
357	房山区	北京市世纪龙雨砂浆有限公司	2015	398	通州区	北京市祥兴化工商贸中心	2013
358	房山区	北京京江源太空板新型建材有限公司	2015	399	通州区	北京古润化工有限责任公司	2013
359	房山区	北京华力阀门厂	2015	400	通州区	北京市永旺盛化工厂	2013
360	房山区	北京东方瑞德生物技术有限公司房山分公司	2015	401	通州区	北京市通县京宏化工厂	2013
361	房山区	北京和协生物制品厂	2015	402	通州区	北京市三利通达化工原料有限公司	2013
362	房山区	北京中海防水建筑材料有限公司	2015	403	通州区	永明化工（北京）有限公司	2013
363	房山区	北京市房山长阳建筑涂料福利厂	2015	404	通州区	北京东海化工厂	2013
364	房山区	北京鸿基源建材有限公司	2015	405	通州区	北京市通县华海化工厂	2013
365	房山区	北京好益顺轮胎有限公司	2015	406	通州区	北京亚富兴业涂料有限公司	2013
366	房山区	北京市燕都福利水泥管厂	2015	407	通州区	北京现代东方精细化学品有限公司	2013
367	房山区	北京坤隆纸业有限公司	2015	408	通州区	北京市通县华升化工厂	2013
368	房山区	北京市官道铸造厂	2015	409	通州区	北京来英凤达化工有限公司	2013
369	房山区	北京润通祥机械制造有限公司	2015	410	通州区	北京市通县永乐电镀厂	2013
370	房山区	北京市和大工贸有限公司	2015	411	通州区	北京通德造纸厂	2013
371	房山区	北京文新德隆洁净煤有限公司	2015	412	通州区	北京市同兴化工厂	2013
372	通州区	北京通州华通福利化工冶炼厂	2013	413	通州区	北京君子兰涂料有限公司	2013
373	通州区	北京市永旺达化工有限公司	2013	414	通州区	北京市泰昌化工厂	2013
374	通州区	北京长城通源化工有限公司	2013	415	通州区	北京双利达化工有限公司	2013
375	通州区	北京市兆丰铸造厂	2013	416	通州区	北京市通县永固铸造厂	2013
376	通州区	北京市通海源化工厂	2013	417	通州区	北京市通州侯黄庄电镀厂	2013
377	通州区	北京信又建材有限公司	2013	418	通州区	北京博兴源化工厂	2013
378	通州区	北京海洋化工有限公司	2013	419	通州区	北京市通州华冠化工厂	2013
379	通州区	北京市京水华强科贸有限责任公司	2013	420	通州区	北京凯得石英塑料制品有限公司	2013
380	通州区	北京市通县华明稀释剂厂	2013	421	通州区	北京东方西集工贸有限公司	2013
381	通州区	北京市牛堡屯后坨冲锻件厂	2013	422	通州区	北京东方祥瑞工贸有限公司	2013
382	通州区	北京海明铸造有限公司	2013	423	通州区	北京市宏达网架厂	2013

续表

序号	区	企业名称	退出年份	序号	区	企业名称	退出年份
424	通州区	北京市通州金光锻造厂	2013	465	通州区	北京通县永丰锻造厂	2014
425	通州区	北京市通州西集铸件厂	2013	466	通州区	北京市立兴锻造厂	2014
426	通州区	北京市鑫亿丰锻造有限公司	2013	467	通州区	北京市通县新宏跃锻件厂	2014
427	通州区	北京市大运河液压锻造厂	2013	468	通州区	北京市通州区郎府东升锻件加工部	2014
428	通州区	北京市通县东方铸造厂	2013	469	通州区	北京宏通刀具厂	2014
429	通州区	北京顺洪金属制品有限公司	2013	470	通州区	北京钰新达铸造公司	2014
430	通州区	北京市大通辉锻件厂	2013	471	通州区	北京市通县宝万锻造厂	2014
431	通州区	宋庄镇尹各庄砖厂	2013	472	通州区	北京市福源热锻机械厂	2014
432	通州区	北京运达纺织有限公司	2013	473	通州区	北京市通州区郎府乡望町锻件厂	2014
433	通州区	北京南火垡砖厂	2013	474	通州区	北京市通州区召军锻件厂	2014
434	通州区	北京市永盛昌精密铸造有限公司	2013	475	通州区	北京市西集粉末冶金制品厂	2014
435	通州区	北京市通县大台化工厂	2013	476	通州区	北京卫强锻造有限责任公司	2014
436	通州区	北京大台东光铸造有限公司	2013	477	通州区	北京中车北方机车车辆配件有限公司	2014
437	通州区	北京德基机械有限公司	2013	478	通州区	北京通县利达锻造厂	2014
438	通州区	马驹桥镇西田阳砖厂	2013	479	通州区	北京市鑫讯达锻造厂	2014
439	通州区	北京市吉顺茂香商贸有限公司	2013	480	通州区	北京宝通鸿泰建筑材料有限公司	2014
440	通州区	北京通县宏杰气体供应站	2013	481	通州区	北京鑫斯特装帧材料有限公司	2014
441	通州区	北京市通用北方铸造厂	2014	482	通州区	北京九洲揽月床具公司家具厂	2014
442	通州区	北京市陆辛庄铸造厂	2014	483	通州区	北京市通县永新油漆厂	2014
443	通州区	北京市通州区西集国明锻件厂	2014	484	通州区	北京长润发涂料有限公司	2014
444	通州区	北京市通县集南锻件加工厂	2014	485	通州区	北京大澳巴德士涂料有限公司	2014
445	通州区	北京市通州明辉锻造厂	2014	486	通州区	北京市通州东方福利化工厂	2014
446	通州区	北京市通州区三洋锻件厂	2014	487	通州区	北京春雨化工厂	2014
447	通州区	北京市宏达立民锻件厂	2014	488	通州区	北京市通州同诚化工厂	2014
448	通州区	北京市通州苍龙铸造厂	2014	489	通州区	北京市通州永乐长城化工有限公司	2014
449	通州区	北京市通州三间房铸造厂	2014	490	通州区	北京市永泰福利化工厂	2014
450	通州区	北京京联西集铸造厂	2014	491	通州区	北京市大运河化工厂	2014
451	通州区	北京市通县青山有色金属铸件加工厂	2014	492	通州区	北京城凯利混凝土外加剂有限责任公司	2014
452	通州区	北京市通州区西集于辛庄集北锻件厂	2014	493	通州区	北京宏利化工厂	2014
453	通州区	北京市京东永兴金属加工厂	2014	494	通州区	北京互益化工厂	2014
454	通州区	北京市桥东缘盛机械有限公司	2014	495	通州区	北京晨曦化工有限公司	2014
455	通州区	北京市通杨机械加工厂	2014	496	通州区	美航快速彩色印刷公司	2014
456	通州区	北京市西集宝清焊接材料厂	2014	497	通州区	北京铜牛股份有限公司	2014
457	通州区	北京市久运鑫锻件厂	2014	498	通州区	北京月季红线业有限公司	2014
458	通州区	北京市金伯侯金属制造有限公司	2014	499	通州区	北京万饰杰地毯有限公司	2014
459	通州区	北京市通县京运锻件厂	2014	500	通州区	北京市通州区华辉有色金属加工厂	2014
460	通州区	北京兴锻工贸有限公司	2014	501	通州区	北京裕华英森金属制品有限公司	2014
461	通州区	北京市通县振通锻造厂	2014	502	通州区	北京市世纪精通刀具厂	2014
462	通州区	北京美华重型锻造有限公司	2014	503	通州区	北京国利兴达起重机械有限公司	2014
463	通州区	北京市通县通望锻件厂	2014	504	通州区	北京蓝空印刷厂	2015
464	通州区	北京市路桥铸造厂	2014	505	通州区	北京工大建翔工贸有限公司	2015

续表

序号	区	企业名称	退出年份
506	通州区	北京造纸七厂有限责任公司	2015
507	通州区	北京市联合顺化工厂	2015
508	通州区	北京鑫银燕铸造有限责任公司	2015
509	通州区	北京鑫银燕铸造有限责任公司一分厂	2015
510	通州区	北京市漷县明静喷涂厂	2015
511	通州区	北京巨诚家具有限公司	2015
512	通州区	北京恩美家具有限公司	2015
513	通州区	北京金泰华盛金刚石制品有限公司	2015
514	通州区	北京市喜来宝食品有限公司	2015
515	通州区	北京泫南车饰有限公司	2015
516	通州区	北京市成城交大建筑材料公司	2015
517	通州区	北京瑞帝斯建材有限公司	2015
518	通州区	北京佳乐化工有限公司	2015
519	通州区	北京市永宏恒昌化工有限公司	2015
520	通州区	北京京英双盈铸造有限公司	2015
521	通州区	北京隆伟金属加工有限公司	2015
522	通州区	北京联友发气体有限公司	2015
523	通州区	北京市建翔新兴材料有限公司	2015
524	通州区	北京恺信外加剂有限公司	2015
525	通州区	北京建恺外加剂有限公司	2015
526	通州区	北京麦迪通建材有限公司	2015
527	通州区	北京中航明星防水建材有限公司	2015
528	通州区	北京住邦建材有限公司	2015
529	通州区	北京市兴盛伟达锻造有限公司	2015
530	通州区	北京市金黎光精密铸造有限公司	2015
531	通州区	北京菲美得机械有限公司	2015
532	通州区	北京市通顺机械有限公司	2015
533	通州区	北京市久兴铸造有限公司	2015
534	通州区	北京利迅达铸造有限责任公司	2015
535	通州区	北京欣龙华成精铸有限公司	2015
536	通州区	北京垡头铸造有限公司	2015
537	通州区	北京鑫盛永精密铸造厂	2015
538	通州区	瑞嘉欧亚（北京）家居制品有限公司	2015
539	通州区	北京意德法家木业有限公司	2015
540	通州区	北京市通县正大金属加工厂	2015
541	通州区	北京市金益熔模铸造厂	2015
542	通州区	北京市通州区连永乐器厂	2015
543	顺义区	北京市古城砖厂	2013
544	顺义区	北京市天竺兴隆水泥制品厂	2013
545	顺义区	北京宏城隆工贸中心	2013
546	顺义区	南方伟业（北京）科技发展有限公司保温材料分公司	2013
547	顺义区	北京利华建筑材料厂	2013
548	顺义区	北京亚盛海天机械有限公司	2013
549	顺义区	北京原真精密部件有限公司	2013
550	顺义区	北京顺达四海生物药业有限公司	2013
551	顺义区	北京利丰服装辅料厂	2013
552	顺义区	北京蔚蓝化工有限责任公司	2013
553	顺义区	北京百业兴塑料制品有限公司	2013
554	顺义区	北京市无线电元件十厂	2013
555	顺义区	北京金丽华艺制衣有限公司	2013
556	顺义区	北京龙渊虹光泡沫塑料制品有限公司	2013
557	顺义区	北京市顺义益民福利纸制品厂	2013
558	顺义区	北京市钢虹喷漆厂	2013
559	顺义区	北京锌恒大防腐钢板有限公司	2013
560	顺义区	北京钢顺联营楔横轧厂	2013
561	顺义区	北京安君柔软剂厂	2013
562	顺义区	北京天钰宏工艺品有限公司	2013
563	顺义区	北京市大业陶粒厂	2013
564	顺义区	北京市菲美特机械厂	2013
565	顺义区	北京市顺义区北小营镇达标水泥制品厂	2013
566	顺义区	北京市北小营学全水泥制品厂	2013
567	顺义区	北京市顺义区新顺水泥构件厂	2013
568	顺义区	北京市北小营方聚强水泥制品厂	2013
569	顺义区	北京鑫源海德商贸有限公司	2013
570	顺义区	北京希涛技术开发有限公司	2013
571	顺义区	北京宝益服装厂	2013
572	顺义区	北京顺义红光福利铸造厂	2013
573	顺义区	北京亨洁利洗衣有限公司	2013
574	顺义区	北京航天阀门	2013
575	顺义区	北京市顺义陈坨金属喷涂厂	2013
576	顺义区	北京市景贤铸造厂	2014
577	顺义区	北京市头二营纺织铸件厂	2014
578	顺义区	北京市头二营电镀厂	2014
579	顺义区	北京禹神时代防水建筑材料有限公司	2014
580	顺义区	北京奥馨新型防水材料有限公司	2014
581	顺义区	北京市殿文水泥制品有限责任公司	2014
582	顺义区	北京奥特茂林水泥制品厂（小胡营分厂）	2014
583	顺义区	北京利红发水泥制品厂	2014
584	顺义区	北京市顺义北小营志福水泥制品厂	2014
585	顺义区	北京市顺义特种水泥厂	2014
586	顺义区	王敬波水泥制品厂	2014
587	顺义区	北京市顺义区北小营益友水泥制品厂	2014

续表

序号	区	企业名称	退出年份	序号	区	企业名称	退出年份
588	顺义区	北京市北小营春利水泥制品厂	2014	629	顺义区	北京顺义潮河水泥制品有限责任公司	2015
589	顺义区	北京茂盛源水泥制品有限公司	2014	630	顺义区	北京市京诚正达防水施工有限公司	2015
590	顺义区	北京天辰铁合金厂	2014	631	顺义区	北京市中盛杰成家具有限责任公司	2015
591	顺义区	北京长月水泥制品厂	2014	632	顺义区	北京市俊凤达盛建筑材料有限公司	2015
592	顺义区	北京达智建筑材料有限公司	2014	633	顺义区	北京市顺发顺金属锻件厂	2015
593	顺义区	北京达智鑫颢新型建筑材料厂	2014	634	顺义区	北京东方新禹建筑防水工程有限公司	2015
594	顺义区	北京鑫蕊森墙体材料有限公司	2014	635	顺义区	北京市顺义丰华福利金属制品厂	2015
595	顺义区	北京红日新型建材有限公司	2014	636	顺义区	北京绿奥塑管有限责任公司	2015
596	顺义区	北京睢玉嘉宝化工有限公司	2014	637	顺义区	北京佳益鑫金属复合管业有限公司	2015
597	顺义区	北京百业丰工贸有限公司	2014	638	顺义区	北京中石大化学制剂有限公司	2015
598	顺义区	北京民益肥料有限公司	2014	639	顺义区	北京首诺电气设备有限公司	2015
599	顺义区	北京市顺义千里马印刷厂	2014	640	顺义区	北京玉天盛金属结构有限公司	2015
600	顺义区	北京市兴顺福利印刷厂	2014	641	顺义区	北京市赵联石料厂	2015
601	顺义区	北京方元纸制品有限责任公司	2014	642	顺义区	北京天顺源喷涂有限公司	2015
602	顺义区	北京市顺义红星福利造纸厂	2014	643	顺义区	北京天正彩涂钢板有限公司	2015
603	顺义区	北京红榕服装辅料厂	2014	644	顺义区	北京市福鑫塑料制品厂	2015
604	顺义区	北京尹家府毛织厂	2014	645	顺义区	北京绿色快车国际橡塑制品有限公司	2015
605	顺义区	北京市德蓝洁洗衣有限公司	2014	646	顺义区	北京泛美服装有限公司	2015
606	顺义区	北京双龙毛针织品有限责任公司	2014	647	顺义区	北京顺三星胶管厂	2015
607	顺义区	北京龙辉毛织品有限责任公司	2014	648	顺义区	北京市李遂添加剂福利厂	2015
608	顺义区	北京晏丽特针织有限公司	2014	649	顺义区	北京金江雅龙建筑材料有限责任公司	2015
609	顺义区	北京顺义天河衬衫厂	2014	650	顺义区	北京市李史山胶印厂	2015
610	顺义区	北京市友联衬衫厂	2014	651	顺义区	北京市环京铸造有限责任公司	2015
611	顺义区	维平善意毛织品（北京）有限公司	2014	652	顺义区	北京兰箭银光工贸有限公司	2015
612	顺义区	北京银舸羊绒制品有限公司	2014	653	顺义区	北京银宇兴达石材加工厂	2015
613	顺义区	北京国宝技术纺织有限公司分公司	2014	654	顺义区	北京顺美服装股份有限公司制造二厂	2015
614	顺义区	北京天竺阀门厂	2014	655	顺义区	化学工业出版社印刷厂	2015
615	顺义区	北京冶金正源科技有限公司	2014	656	顺义区	北京市磊鑫华冠石材厂	2015
616	顺义区	北京航天宇航金属波纹管厂	2014	657	顺义区	北京顺华兴业空调设备厂	2015
617	顺义区	北京市板桥福利灶具厂	2014	658	顺义区	北京利康阳光采暖技术有限责任公司	2015
618	顺义区	盈之美（北京）食品饮料有限公司	2014	659	顺义区	北京金普鞋业有限责任公司	2015
619	顺义区	北京华旭饲料有限公司	2014	660	顺义区	北京环宇家具有限责任公司	2015
620	顺义区	北京市新顺印务有限公司	2015	661	顺义区	北京雷丽亚特服装厂	2015
621	顺义区	北京鸿顺养源生物科技有限公司	2015	662	大兴区	北京好日子金属粉末厂	2013
622	顺义区	北京盛科林纯净水有限公司	2015	663	大兴区	北京市大兴县红星吉庆木器厂	2013
623	顺义区	北京华瑞朗机械制造有限公司	2015	664	大兴区	北京凡可迪日用化学品有限公司	2013
624	顺义区	北京顺义金岭电镀厂	2015	665	大兴区	北京旧宫奥莱斯特家具厂	2013
625	顺义区	北京富华毛针织有限公司	2015	666	大兴区	北京优耐特家具制造有限公司	2013
626	顺义区	北京丽华纺织有限公司	2015	667	大兴区	北京家家红红木家具厂	2013
627	顺义区	北京利和建材厂	2015	668	大兴区	北京百安兴业科贸有限公司机械电子分公司	2013
628	顺义区	北京市浩丽特装饰装璜公司	2015				

续表

序号	区	企业名称	退出年份
669	大兴区	北京莱宝北方机械有限公司	2013
670	大兴区	汉欧海德国际贸易（北京）有限公司制衣厂	2013
671	大兴区	北京胜利纸箱包装有限公司	2013
672	大兴区	北京丰泉纸制品有限公司	2013
673	大兴区	北京双建工贸有限公司	2013
674	大兴区	北京市大兴县顺杰五金综合加工厂	2013
675	大兴区	北京金顺通建材厂	2013
676	大兴区	北京市宝丽海林人造石加工厂	2013
677	大兴区	北京市和合行家具厂	2013
678	大兴区	北京中润高级润滑油有限公司	2013
679	大兴区	北京奥丰源木业有限公司	2013
680	大兴区	北京外国语大学印刷厂	2013
681	大兴区	北京恩斯特技术发展有限公司	2013
682	大兴区	北京京德家具厂	2013
683	大兴区	北京市澳星日出家具有限责任公司	2013
684	大兴区	北京市星之光金属加工厂	2013
685	大兴区	北京快捷康餐饮管理有限公司食品加工分公司	2013
686	大兴区	北京盛达肯特家具制作中心	2013
687	大兴区	北京大家家具有限公司	2013
688	大兴区	北京国粮食用油有限公司	2013
689	大兴区	北京美格兴业家具制造有限公司	2013
690	大兴区	北京福兴达木业有限公司	2013
691	大兴区	北京佳雪美制衣有限公司	2013
692	大兴区	北京维维亚尼食用香精有限公司	2013
693	大兴区	北京东雨洋工贸有限公司	2013
694	大兴区	北京市万恒泰包装机械设备有限公司	2013
695	大兴区	北京新中包特纸制品有限公司	2013
696	大兴区	美坚利（北京）科技发展有限公司	2013
697	大兴区	北京香春食品有限责任公司	2013
698	大兴区	中邮新利包装材料（北京）有限公司	2013
699	大兴区	北京光大润滑油有限公司	2013
700	大兴区	北京庄雅梦服装服饰有限公司	2013
701	大兴区	北京大正基业家具有限公司	2013
702	大兴区	北京亦庄方圆溶剂厂	2013
703	大兴区	北京瀛海富城沙发厂	2013
704	大兴区	北京雅瑞斯家具厂	2013
705	大兴区	北京大兴县朱庄综合化工厂	2013
706	大兴区	北京正德家具有限公司	2013
707	大兴区	榆垡化工厂	2013
708	大兴区	北京新铸联技术开发公司	2014
709	大兴区	北京红火锻造有限公司	2014
710	大兴区	北京黄村华兴铸造厂	2014
711	大兴区	北京新龙基飞跃防水建材有限公司	2014
712	大兴区	北京普善德盛科技有限公司（东方红防水材料厂）	2014
713	大兴区	北京世纪蓝箭防水材料有限公司	2014
714	大兴区	北京金盾时代建筑防水工程有限责任公司	2014
715	大兴区	北京驰尔石膏板厂	2014
716	大兴区	北京市鑫宏光建材有限公司	2014
717	大兴区	北京泽凯建筑材料有限公司	2014
718	大兴区	北京誉远名扬窗饰用品有限公司	2014
719	大兴区	北京博科家居装饰有限公司	2014
720	大兴区	北京蝴蝶行试验家具有限公司	2014
721	大兴区	北京厨中宝厨具厂	2014
722	大兴区	北京霖昌津茂家具厂	2014
723	大兴区	北京金星富丽达家具厂	2014
724	大兴区	北京百平涂料有限公司	2014
725	大兴区	北京西红门鸿源涂料厂	2014
726	大兴区	北京金日涂料制造有限公司	2014
727	大兴区	北京顺天时日用化工厂	2014
728	大兴区	北京市辛利宏精细化工科技发展有限公司	2014
729	大兴区	北京市大兴县兴榆化工厂	2014
730	大兴区	北京金科聚氨酯技术有限责任公司	2014
731	大兴区	湖北弘信塑料制品有限责任公司	2014
732	大兴区	北京市大兴区宏业福利化工厂	2014
733	大兴区	北京采育金马塑料厂	2014
734	大兴区	北京华保塑料制品有限责任公司	2014
735	大兴区	北京市汉丰聚氨酯公司	2014
736	大兴区	北京市红星集贤试剂厂	2014
737	大兴区	北京惠通达涂料厂	2014
738	大兴区	北京鑫鑫广源工贸有限公司	2014
739	大兴区	北京金宝来铝箔包装制品厂大兴分厂	2014
740	大兴区	北京盛奥印刷有限公司	2014
741	大兴区	北京信至诚印刷有限公司	2014
742	大兴区	北京四季祥和包装纸制品加工厂	2014
743	大兴区	北京凯英宸印刷有限公司	2014
744	大兴区	北京凯达新跃纸制品厂	2014
745	大兴区	北京市西红门兴业纸制品加工厂	2014
746	大兴区	北京金鹏纸制品有限责任公司	2014
747	大兴区	北京伊美亚制衣有限公司	2014

续表

序号	区	企业名称	退出年份
748	大兴区	北京狼弧星族服装公司	2014
749	大兴区	北京亚蕊奇乐服装厂	2014
750	大兴区	北京圣尔美金雅服装有限公司	2014
751	大兴区	北京升虹美华制旗厂	2014
752	大兴区	北京欧兰华菲制衣有限公司	2014
753	大兴区	北京世纪典特服装服饰有限公司	2014
754	大兴区	北京姿曼郎服饰有限公司	2014
755	大兴区	北京金富顺盛制衣	2014
756	大兴区	北京东之朗服装有限公司	2014
757	大兴区	炫七彩服装服饰北京有限公司	2014
758	大兴区	北京永春玻璃厂	2014
759	大兴区	北京金宁伟业不锈钢制品有限公司	2014
760	大兴区	北京金工标识加工厂	2014
761	大兴区	北京鸿瑞质恒厨房设备有限公司	2014
762	大兴区	北京光大宇航模具厂	2014
763	大兴区	东正兴业模具有限公司	2014
764	大兴区	北京城龙蓝天汽车用品有限公司	2014
765	大兴区	北京微创华盛液压技术有限责任公司	2014
766	大兴区	北京骏德伟业机械设备有限公司	2014
767	大兴区	北京神舟翔宇机械设备有限公司	2014
768	大兴区	北京京兴五环交通设施有限公司	2014
769	大兴区	北京孔雀京华电器有限公司	2014
770	大兴区	北京泰捷龙机械配件厂分公司	2014
771	大兴区	华盛祥印刷机电器厂	2014
772	大兴区	北京天华食品有限公司	2014
773	大兴区	北京北臧村恒康调味品加工厂	2014
774	大兴区	北京福品源饮用水厂	2014
775	大兴区	北京兴渝都食品有限公司	2014
776	大兴区	北京五丰斋食品有限公司	2014
777	大兴区	北京市兴蜀荣府南食品有限公司	2014
778	大兴区	承德格林食品有限公司	2014
779	大兴区	北京市鹤延龄中药饮片有限公司分厂	2014
780	大兴区	北京创丽达菌业有限公司	2014
781	大兴区	北京航宇运通液压机械有限公司	2015
782	大兴区	迪思捷（北京）国际服饰有限公司	2015
783	大兴区	北京诺雅卡特服装有限公司	2015
784	大兴区	北京瑞丝源服装有限公司	2015
785	大兴区	北京兴恒源电火花机床厂	2015
786	大兴区	北京世纪玉莉嘉服饰有限公司	2015
787	大兴区	北京苏伯莱制衣有限公司	2015
788	大兴区	北京世纪创意服饰有限公司	2015
789	大兴区	北京盛世天成国际服装有限公司	2015
790	大兴区	北京振生金属结构厂	2015
791	大兴区	北京潘通油墨制造厂	2015
792	大兴区	北京市兴启联印刷材料厂	2015
793	大兴区	盛大友邦（北京）家具制造有限公司	2015
794	大兴区	北京誉成港石材经贸有限公司	2015
795	大兴区	北京芦城凯特利家具厂	2015
796	大兴区	芦城优客利家具厂	2015
797	大兴区	北京画中画有限公司	2015
798	大兴区	北京芦城鸿利达家具厂	2015
799	大兴区	北京芦城赣丰家具厂	2015
800	大兴区	北京鑫宇兴家具厂	2015
801	大兴区	北京市集贤血料厂	2015
802	大兴区	北京统一化学工业有限公司	2015
803	大兴区	北京华威建筑材料厂	2015
804	大兴区	北京市大禹兴众科技发展有限公司	2015
805	大兴区	北京京巢源建材有限责任公司	2015
806	大兴区	北京阳光尚美家具有限公司	2015
807	大兴区	北京天海低温设备有限公司	2015
808	大兴区	北京日上工贸有限公司	2015
809	大兴区	慧能达桶业有限公司	2015
810	大兴区	北京紫金城润滑油生产厂	2015
811	大兴区	北京鑫长河涂料有限公司	2015
812	大兴区	北京凯创食品有限公司	2015
813	大兴区	北京东广发食品有限公司	2015
814	大兴区	北京市世纪大明家具有限公司	2015
815	大兴区	北京长河特种涂料厂	2015
816	大兴区	北京慧特发皮革有限公司	2015
817	大兴区	北京美丽达家具厂	2015
818	大兴区	北京红马红木家具有限公司	2015
819	大兴区	北京市红星西红门铁磷加工厂	2015
820	大兴区	北京市鼎云超建筑防水材料有限公司	2015
821	大兴区	北京市大兴县红星涂料厂	2015
822	大兴区	北京佳龙碧焱涂料技术开发有限公司	2015
823	大兴区	北京龙顺毛皮有限公司	2015
824	大兴区	北京天坛法拉姆装饰材料有限公司	2015
825	大兴区	北京金亿祥语涂料有限公司	2015
826	大兴区	北京兴发威尔金属制品有限公司	2015
827	大兴区	北京京宝绿源食品有限公司	2015
828	大兴区	北京南天海电线电缆有限公司	2015
829	大兴区	北京京南富民金属制造有限公司	2015

续表

序号	区	企业名称	退出年份	序号	区	企业名称	退出年份
830	大兴区	北京世纪顺达工贸有限公司	2015	871	昌平区	北京北郊青铜艺术铸造厂	2014
831	大兴区	北京青云新兴表面工艺技术有限公司	2015	872	昌平区	北京市昌平欣欣福利喷涂厂	2014
832	大兴区	北京东威尔电子技术有限责任公司	2015	873	昌平区	北京市百善杨柳喷涂厂	2014
833	大兴区	富林特油墨（北京）有限公司	2015	874	昌平区	北京电华喷漆厂	2014
834	大兴区	北京德润工贸有限公司	2015	875	昌平区	北京市昌平下店福利喷涂厂	2014
835	大兴区	北京诺威特鑫家具厂	2015	876	昌平区	北京益华宇喷涂厂	2014
836	大兴区	北京永利发工贸有限公司	2015	877	昌平区	北京市力江喷涂厂	2014
837	大兴区	北京裕达福食品机械有限公司	2015	878	昌平区	北京市玺鑫达喷涂厂	2014
838	大兴区	北京广义发食品有限公司	2015	879	昌平区	北京京北通泰喷涂有限公司	2014
839	大兴区	北京鑫海通达工贸有限公司	2015	880	昌平区	北京博拉哲科技有限公司	2014
840	大兴区	众磊捷成模具钢材（北京）有限公司	2015	881	昌平区	北京壮大工艺礼品有限公司	2014
841	大兴区	北京紫缘家具有限责任公司	2015	882	昌平区	北京市昌平燕山砌块砖厂	2014
842	大兴区	北京中建创诚盛金属结构有限公司	2015	883	昌平区	北京昌建正通建材有限公司昌建时代建材厂	2014
843	大兴区	北京樱源鸭食品有限公司	2015	884	昌平区	北京朗坤防水材料有限公司	2014
844	大兴区	北京朝隆达新科技有限公司	2015	885	昌平区	北京新境界装饰有限公司	2014
845	大兴区	北京银鑫瑞福印刷设备有限公司	2015	886	昌平区	北京骏开大森林木业有限公司	2014
846	大兴区	北京力隆涂料有限公司	2015	887	昌平区	北京市昌平区兴寿全林建材加工厂	2014
847	大兴区	北京威克多制衣中心	2015	888	昌平区	北京新盛鸿舟门业有限公司	2014
848	昌平区	北京巩华裕兴喷涂厂	2013	889	昌平区	北京金源永留建筑材料有限公司	2014
849	昌平区	北京西雅克北美化妆品有限公司	2013	890	昌平区	北京兴寿文惠装饰材料厂	2014
850	昌平区	北京屹特新材料技术开发有限公司	2013	891	昌平区	北京龙成伟业办公家具厂	2014
851	昌平区	北京市横桥华尚家具厂	2013	892	昌平区	北京敬湖秀杉家具厂	2014
852	昌平区	北京昌平小汤山燕山石墨制品厂	2013	893	昌平区	北京市沙河弘达家具厂	2014
853	昌平区	北京兴利达金属加工厂	2013	894	昌平区	北京百善京丰家具厂	2014
854	昌平区	北京市北方办公用品公司	2013	895	昌平区	北京邢顺达木器厂	2014
855	昌平区	北京林海基业工贸有限公司	2013	896	昌平区	北京善缘天爱家具厂	2014
856	昌平区	北京市昌平上苑石粉厂	2013	897	昌平区	北京市福顺兴荣家具厂	2014
857	昌平区	北京百通一舟线缆有限公司	2013	898	昌平区	白振华家具厂	2014
858	昌平区	北京同力创新矿山机械制造有限责任公司	2013	899	昌平区	北京大众港华家具有限公司	2014
859	昌平区	北京市嘉富华家具制造有限公司	2013	900	昌平区	北京金城恒宇木业有限公司	2014
860	昌平区	北京市阳坊兴业达家具厂	2013	901	昌平区	北京豪钧天和家具有限公司	2014
861	昌平区	北京神州洪雨防水材料有限责任公司	2013	902	昌平区	北京徽商木器有限公司	2014
862	昌平区	北京首钢股份有限公司（第一线材厂）	2013	903	昌平区	北京东方欧意家具公司	2014
863	昌平区	北京深科源木业有限公司	2013	904	昌平区	世纪晓明家具有限公司	2014
864	昌平区	北京市深装装饰材料有限公司	2013	905	昌平区	北京自然蓝天黏合剂厂	2014
865	昌平区	北京市昌平永利化工厂	2013	906	昌平区	北京东方精华油墨有限责任公司	2014
866	昌平区	北京市三井化工厂	2013	907	昌平区	北京壮大真谛工贸有限公司	2014
867	昌平区	北京昌达肯特家具有限公司	2013	908	昌平区	北京利庆洗涤剂厂	2014
868	昌平区	北京倪红铸造厂	2014	909	昌平区	北京市北郊小沙河造纸厂	2014
869	昌平区	北京市昌平京水兴寿铸造有限公司	2014	910	昌平区	北京富亿德玻璃制品有限公司	2014
870	昌平区	北京市昌平史家桥锻件厂	2014	911	昌平区	北京展宏金属制品加工厂	2014

续表

序号	区	企业名称	退出年份	序号	区	企业名称	退出年份
912	昌平区	北京市昌平松华金属加工厂	2014	953	平谷区	北京金海蓄电池有限公司	2014
913	昌平区	北京中发钢球有限公司	2014	954	平谷区	北京玉林茂盛印刷材料厂	2014
914	昌平区	北京明顺福利金属加工厂	2014	955	平谷区	北京庆平安工贸有限公司	2014
915	昌平区	北京金宏源粉末冶金厂	2014	956	平谷区	北京北方一通压缩机附件厂	2014
916	昌平区	北京亮丽展铭粉末冶金厂	2014	957	平谷区	北京华通恒盛电气设备有限公司	2015
917	昌平区	北京金万科冶金粉末有限公司	2014	958	平谷区	北京北方鑫利达印刷材料有限责任公司	2015
918	昌平区	北京燕山福利金属表面加工厂	2014	959	平谷区	北京康祥塑胶有限公司	2015
919	昌平区	北京昌平南口红泥沟铸造厂	2015	960	平谷区	北京新清河毛纺织染有限责任公司	2015
920	昌平区	北京市昌平泉英福利铸造厂	2015	961	平谷区	北京地天泰针织绒线有限公司	2015
921	昌平区	北京百善欧马家具有限公司	2015	962	平谷区	中美联合（北京）制呢有限公司	2015
922	昌平区	北京曼成伟业家具有限公司	2015	963	平谷区	北京正红精密电路有限公司	2015
923	昌平区	北京辉悦家具厂	2015	964	平谷区	北京金田永青金属表面处理厂	2015
924	昌平区	北京世纪远龙家具有限公司	2015	965	平谷区	北京市平谷金桥绝缘材料厂	2015
925	昌平区	北京东方圣鹏家居装饰有限公司	2015	966	怀柔区	北京群芳日化有限公司	2013
926	昌平区	北京永辉煌建筑装饰材料有限公司	2015	967	怀柔区	北京辛友毛纺厂	2013
927	昌平区	北京瑞森三棵树家具有限公司	2015	968	怀柔区	北京依诺金属制品有限公司	2013
928	昌平区	北京世纪光信科技有限公司分公司	2015	969	怀柔区	北京班奇阀门制造有限公司	2014
929	昌平区	北京民发木门制作中心	2015	970	怀柔区	北京瑞路威科技开发有限公司	2014
930	昌平区	北京东吴南洋家具有限公司	2015	971	怀柔区	北京宏泽服装服饰有限公司	2014
931	昌平区	北京鸿喜聚宝门业有限责任公司	2015	972	怀柔区	北京鸿聚源服装有限公司	2014
932	昌平区	北京祥和百旺家具有限公司	2015	973	怀柔区	北京小泽服装有限公司	2014
933	昌平区	北京挪亚家家具有限公司	2015	974	怀柔区	北京顺思童服装有限公司	2014
934	昌平区	北京世纪云轩家具有限公司	2015	975	怀柔区	北京腾达富乐床上用品厂	2014
935	昌平区	北京华胜天盈林业有限公司	2015	976	怀柔区	北京怀露印铁厂	2014
936	昌平区	北京市兴安木器厂	2015	977	怀柔区	北京方超合金厂	2014
937	昌平区	北京黑山寨饲料加工厂	2015	978	怀柔区	北京恒瑞诚鑫机加工有限公司	2014
938	昌平区	北京柏丽优板材有限公司	2015	979	怀柔区	北京东博汽车电子部件有限公司	2014
939	昌平区	北京京东生顺钢构彩板有限公司	2015	980	怀柔区	北京宏英工贸有限公司	2014
940	昌平区	北京万顺联合新型建筑材料有限公司	2015	981	怀柔区	北京宏英土特产品加工厂	2014
941	昌平区	北京金信装饰材料有限公司	2015	982	怀柔区	北京生宝食品饮料有限责任公司	2014
942	昌平区	北京恒丰源涂料厂	2015	983	怀柔区	北京兴发水泥有限公司	2015
943	昌平区	北京世纪荣盛钢木家具有限公司	2015	984	怀柔区	北京翰高兄弟科技发展有限公司	2015
944	昌平区	北京祥云美家家具有限公司	2015	985	怀柔区	北京圣达山油箱制造有限公司	2015
945	昌平区	北京豪盛钢木制品有限公司	2015	986	怀柔区	北京靓宇达科技有限公司	2015
946	昌平区	北京市官牛坊宏福达家具厂	2015	987	怀柔区	北京旺坤建筑工程有限责任公司	2015
947	昌平区	北京南口同力金属加工厂	2015	988	怀柔区	科特世纪（北京）吸气材料有限公司	2015
948	昌平区	合力创业家具有限公司	2015	989	怀柔区	北京秋之山栗食品有限公司	2015
949	平谷区	北京德源化工制品有限公司	2013	990	怀柔区	北京黑马京晨涂料有限公司	2015
950	平谷区	北京市燕兴隆新型墙体材料有限公司	2013	991	怀柔区	北京荣图商业展具制作有限公司	2015
951	平谷区	东方世纪防水材料有限公司	2013	992	怀柔区	北京市六合顺达水泥构件厂	2015
952	平谷区	北京杜发铸造有限公司	2014	993	怀柔区	北京市隆昌肥业有限公司	2015

续表

序号	区	企业名称	退出年份
994	密云区	今润佳美公司	2013
995	密云区	北京爱丽龙印刷有限责任公司	2013
996	密云区	北京密强全页岩多孔机砖厂	2014
997	密云区	北京檀州节能砖厂有限公司	2014
998	密云区	北京华强页岩砖厂	2014
999	密云区	北京恒大正阳页岩制品有限公司	2014
1000	密云区	北京昊天伟业工贸有限公司	2014
1001	密云区	北京鹏程新型建筑材料有限公司	2015
1002	密云区	北京盛达科宇印刷材料制造公司	2015
1003	延庆区	北京都宇龙鑫机械制造有限公司	2013
1004	延庆区	北京三川纸业有限公司	2013
1005	延庆区	北京康伯机械铸造厂	2014
1006	延庆区	长城广昊腐植酸厂	2015

北京市经济和信息化委员会关于转发工业和信息化部办公厅关于做好2016年工业质量品牌建设工作的通知

京经信委发〔2016〕15号

各区工业和信息化主管部门，北京经济技术开发区，各有关单位及北京质量协会：

现将《工业和信息化部办公厅关于做好2016年工业质量品牌建设工作的通知》（工信厅科函〔2016〕104号）（以下简称“通知”）转发给你们，请各单位根据通知要求，结合落实《〈中国制造2025〉北京行动纲要》，把提升质量和培育品牌作为重要工作内容，创新工作手段，推动我市工业和信息化企业开展质量管理能力提升和品牌建设活动，努力构建我市高精尖经济结构。

特此通知。

二〇一六年三月九日

工业和信息化部办公厅
关于做好2016年工业质量品牌建设工作的通知

工信厅科函〔2016〕104号

各省、自治区、直辖市及计划单列市、新疆生产建设兵团工业和信息化主管部门，中国质量协会，有关行业协会，部直属有关单位：

为贯彻中央经济工作会议精神，落实全国工业和信息化工作会议部署，加快工业质量品牌建设，推进《中国制造2025》全面实施。现将2016年工业质量品牌建设有关工作通知如下：

一、加强规划引导

各地工业和信息化主管部门、有关行业协会要根据地区和行业相关要求，贯彻落实《中共中央关于制定国民经济和社会发展第十三个五年规划的建议》和《中国制造2025》，加强对质量和品牌建设工作的策划部署，制订地区、行业的质量品牌的规划（行动计划），或在相关规划（行动计划）中，把提升质量和培育品牌作为重要内容，确定工作目标和工作内容。

各地工业和信息化主管部门要围绕实施质量品牌的规划（行动计划），加强组织领导。做好工作部署。有条件的地区，要在工业和信息化主管部门内部建立质量品牌的协同工作机制，统筹推进质量品牌建设工作，实现

“十三五”良好开局。

二、重点工作

（一）发挥企业质量品牌建设的主体作用

继续组织开展工业企业质量信誉承诺活动，引导企业自觉履行质量责任，扩大承诺活动的社会影响，探索建立企业履行承诺情况的跟踪反馈机制。继续完善工业产品质量企业自我声明平台建设，鼓励企业通过自我声明的形式，明示产品实物质量和达到标准的水平。继续推动规模以上食品生产企业建立完善诚信管理体系。有条件的行业协会，要开展产品质量分层分级制度以及优质优价机制的探索研究。有条件的地区，要探索建立以品牌为基础的信用融资机制。加大民爆、农资等重点领域产品的抽检力度，积极配合工商、质检、海关等部门开展监督、监管和查验等工作。

（二）完善质量品牌的公共服务体系

支持建设完善一批质量品牌公共服务平台，提升平台专业化服务能力。依托行业协会和中小企业服务体系，加快提升中小企业公共服务平台的质量品牌服务能力，为中小企业开展基础培训、诊断咨询、管理体系认证、品牌培育、成果推广和标准规范等服务。引导专业机构和社会中介组织加强对质量品牌相关数据的采集和利用，开展质量品牌信息共享机制研究，探索建立特色鲜明的质量品牌信息共享平台。

（三）提升质量技术基础保障能力

以《中国制造 2025》十大重点领域和食品、工业消费品为重点，支持行业协会、标准化专业机构加强标准宣贯。鼓励企业、社会中介组织和产业技术联盟，制定严于国家和行业标准的企业标准、团体标准。鼓励企业参与或主导国际标准的制订修订。围绕战略性产业和重点行业，继续核定一批工业产品质量控制和技术评价实验室，发挥实验室在支持质量攻关、质量改进等方面作用，开展工业产品质量状况分析。会同有关部门，加快构建国家产业计量测试服务体系。

（四）推广先进质量管理方法

继续组织开展质量标杆活动，遴选 30 个左右具有广泛适用性的全国质量标杆，组织 4 期全国性质量标杆交流学习活动，引导企业深化实践质量标杆成功经验。进一步完善质量标杆服务平台，探索建立质量标杆企业联盟，扩大质量标杆活动的影响力。推广卓越绩效、六西格玛、精益生产、质量可靠性整体解决（TSQ）、质量和效益提升模式（QPM）等先进质量管理方法。支持开展质量管理小组、质量信得过班组、现场管理、全面质量管理普及教育、追求卓越质量大会等全国性质量活动。

（五）推进工业品牌培育工作

继续开展工业企业品牌培育试点示范工作，树立一批品牌培育示范企业，组织经验交流活动，宣传推广示范企业的典型经验，开展期满示范企业的复核工作。深化推进产业集群区域品牌建设试点示范工作，继续遴选确定区域品牌建设试点区，核定一批区域品牌建设示范区，宣传推广区域品牌建设的典型经验。支持在产业集群区域品牌试点示范区内组织质量升级活动，引导企业“增品种、提品质、创品牌”。鼓励有条件的地方和行业开展有特色的品牌培育活动，建立地区性、行业性品牌竞争力评价发布制度。完善品牌专业人才培养机制，支持专业机构继续组织品牌经理培训，探索首席品牌官和品牌专员培养的新模式，加强企业在创意设计、品牌传播、品牌保护、品牌文化等方面的专业能力。探索建立品牌培育联盟，扩大自主品牌的社会影响。支持相关机构继续开展全国品牌故事演讲比赛、品牌领袖峰会、全面品牌管理普及教育等活动。支持行业协会开展行业性品牌培育和品牌评价等工作。

（六）促进工业产品实物质量提升

依托工业强基工程，发挥产业技术基础公共服务平台作用，以《中国制造 2025》十大战略性产业为重点，组织实施行业非竞争性共性质量问题攻关项目，开展质量提升工艺优化行动。继续支持行业协会开展质量兴业活动，加强实物质量对比、质量技术攻关、团体标准制修订等工作。继续支持专业机构开展工业企业质量品牌诊断活动，完善质量品牌提升专业服务能力建设。引导工业企业运用工业互联网、云计算、大数据等新一代信息技术，加快生产设备智能化改造，提高质量在线监测、在线控制和产品全生命周期质量追溯能力。支持开展民用飞机、船舶等重点装备质量提升技术研究。

（七）加强政策研究和法规建设

加快《制造业质量品牌提升三年行动计划(2016-2018年)》和《工业质量基础能力提升“十三五”规划》的编制，做好部署落实。配合做好政府质量工作绩效考核，准确定位，积极履职。支持专业机构开展工业质量品牌建设与供给侧改革、质量成本新优势等课题研究，加强质量品牌政策以及评价指标研究。继续开展质量品牌相关法律法规研究，推动相关法规和规章立项。鼓励地方和行业结合自身特点开展产业链、价值链和品种结构研究，支持战略性产业相关行业开展产业质量分析、市场需求预测等研究，为提升地区、产业质量和品牌竞争力奠定基础。

三、工作要求

(一）发挥合力作用

坚持以企业为主体，激发企业内生动力，引导企业主动加强质量品牌工作。将质量品牌建设与地区经济发展有机结合，积极争取地方人民政府的支持。加强与发展改革、财政、商务、工商、质检、海关等部门的沟通协作，调动行业协会、科研机构、大专院校、消费者组织、新闻媒体等各方力量，强化质量品牌工作合力。

(二）加强策划组织

各地工业和信息化主管部门、有关行业协会要把握“十三五”开局的契机，一方面加强对质量品牌建设的规划，为质量品牌持续发展奠定基础。另一方面要积极策划部署年度工作，按照本通知要求，制订年度工作计划和实施方案，明确职责，组织落实。

(三）抓好工作宣传

加强与宣传部门合作，做好对工业质量品牌建设宣传的总体策划，加大宣传力度，扩大社会影响，为质量品牌营造良好的社会氛围。组织“中国工业品牌之旅”等主题宣传活动，通过会议交流，以及报刊、电视、网站、移动终端等媒体渠道，大力宣传自主品牌，扩大自主品牌的社会影响。

四、进度安排

(一）启动阶段（3—4月)。分解2016年工业质量品牌建设工作任务，各有关单位按照要求制订工作计划和实施方案，部署全年质量品牌工作，并于3月10日前将工作计划和实施方案报我部（科技司)。

(二）推进阶段（4—10月)。落实工业质量和品牌建设各项任务，6月底前完成中期情况总结，并将总结和统计表（见附件）报我部（科技司)。

(三)总结阶段(11—12月)。系统总结全年工业质量品牌建设工作,查找问题,研究提出下一年度的工作思路、工作目标和重点任务，并于11月底前将总结和统计表一并报我部（科技司)。

二〇一六年二月十七日

附件：

2016年工业质量品牌工作情况统计表

填报单位（公章)：　　　　□上半年　□全年

<table>
<tr><th colspan="3">强化品牌基础</th><th colspan="2">深化质量实践</th><th colspan="3">诊断引领提升</th><th>扶持政策和资金</th></tr>
<tr><td>品牌培育试点／示范企业数（家）</td><td>区域品牌建设试点／示范单位数（家）</td><td>品牌专业人才培养数（人）</td><td>地方（行业），性质量标杆数（个）</td><td>参与标杆检验学习交流企业数（家）</td><td>质量标杆移植推广诊断企业数(家)</td><td>质量现场诊断企业数</td><td>品牌培育诊断企业数（家）</td><td></td></tr>
<tr><td></td><td></td><td></td><td></td><td></td><td></td><td></td><td></td><td></td></tr>
<tr><td colspan="9">可说明质量品牌建设成效的其他数据信息</td></tr>
</table>

北京市经济和信息化委员会关于推进“互联网＋制造”的指导意见

京经信委发〔2016〕26 号

各区工业和信息化主管部门、经济技术开发区产促局，各相关单位：

为全面落实《〈中国制造 2025〉北京行动纲要》和《北京市人民政府关于积极推进“互联网＋”行动的实施意见》，推进制造业转型升级，加快构建“高精尖”产业体系，现就推进“互联网＋制造”提出以下意见。

一、指导思想与目标

（一）指导思想

全面贯彻党的十八大和十八届三中、四中、五中全会和习总书记对北京工作系列重要讲话精神，立足北京市“高精尖”产业结构战略定位和京津冀协同发展区域布局，坚持政府引导、市场运作、重点突破、融合创新、保障安全的原则，以创新为核心驱动力，以全面拓展互联网与制造业融合的深度和广度为主线，驱动制造业高端发展和产业升级，优化布局，加快供给侧改革，构建京津冀产业协同组织体系，加强信息安全保障，发挥互联网对制造业创新创业的促进作用，全面支撑“北京制造”向“由北京创造”转型。

（二）工作目标

到 2020 年，基于互联网的新兴业态加速发展，跨界融合型企业大量涌现，智能化生产、数字化管理和网络化服务水平大幅提升，服务型、协同化、大规模定制等新型制造模式快速发展，涌现出一批具有全国影响力的制造领域“互联网＋”创新平台。两化融合发展水平继续保持全国领先，形成 20 家新型制造示范企业，重点行业典型企业装备数控化率达到 75%，重点行业建成 3 家以上智能工厂／数字化车间示范，工业软件骨干企业营业收入年均增速超过 15%。

到 2025 年，重点行业和企业的关键生产管理环节基本实现网络化、智能化，互联网成为推动我市制造业高精尖发展的重要驱动力量。

二、重点方向

（一）推广以智能制造为方向的新工艺，塑造北京制造业新动力

加强绿色制造、智能制造、增材制造等先进制造技术的改造与应用，促进提质增效、节能降耗，提高全要素生产力，支撑北京制造业“转动力”。

1．深度推进智能制造。开展智能制造试点示范，在汽车、电子、医药、装备、基础、都市等重点领域建成一批智能工厂／数字化车间，应用模块化、网络化、智能化和仿生化的工业机器人，推广工业控制系统、工业互联网等先进技术。

2．推广智能化节能减排。优先在基础、石化等领域支持一批企业开展智能化能源管理试点，建立能源生产运行在线监测、管理和调度平台，探索基于互联网、大数据的节能减排解决方案，全面提升绿色制造水平。开展基于大数据技术的节能降耗应用试点，支持企业对设备状态、电能负载等数据进行分析挖掘和预测，探索企业、家庭个性化用能服务。

3．发展大规模定制。开展大规模个性化定制应用示范，重点鼓励服装、家具、工艺美术、医疗器械、智能硬件等行业企业，自建或应用第三方工业电商、开放社区等平台加强与用户互动，基于大数据建立个性化定制模型，应用柔性化生产设备，实现定制化生产。

4．发展增材制造。支持不同领域增材制造设备的研发及产业化应用。优先在工艺美术、智能硬件、医疗耗材等领域开展 3D 打印应用示范，降低个性化定制、创意试制、产品研发成本，提升“创造”效率。

（二）发展以智能产品为载体的互联网融合新业态，引领北京制造业高精尖转型

培育互联网与制造业融合的新业态，发展高附加值的智能化产品、服务型制造，引导企业寻找新的业务增长点，通过高精尖转型实现“转领域”。

5．发展智能化装备与产品。在重点领域发展一批智能化装备，包括智能电网、风电、节能环保等领域，推动物联网技术、人工智能、嵌入式技术的应用。推动各领域智能终端产品创新，包括智能可穿戴设备、智能医

疗器械、服务机器人、智能家居、智能汽车等。推动智能产品在智慧医疗、智慧交通、智慧民生等“智慧北京”重点领域应用。

6．打造以智能产品为核心的新型产业生态。发展基于智能产品开放系统的创新应用，包括数字娱乐、智慧出行、健康管理等创新应用。培育一批对供应链和价值链具有掌控能力的平台型企业，构建“用户＋硬件＋应用＋电商”的互联网制造生态体系，打造基于智能产品的新型产业生态。

7．大力发展服务型制造。在重点行业开展服务型制造试点示范。支持一批传统装备企业探索“制造＋服务”转型，延伸产品价值链，建立企业智能服务生态系统，发展基于互联网的数据采集、在线监测、远程诊断、远程技术支持、设备全生命周期管理等服务。支持有条件的企业，“裂变”信息技术、物流、金融优势，通过互联网提供社会化、专业化服务，实现由单一生产向专业化深度服务转型。

（三）探索以网络化协同为支撑的产业组织新模式，服务京津冀协同制造

发挥北京工业电子商务、总部经济优势，探索区域生产资源网络化配置，驱动制造业生态变革，服务京津冀协同制造，支撑北京制造业“转空间”。

8．发展工业电子商务。发展一批综合性、行业性工业电商平台，推动平台完善采购分销、产品定制、供应链金融、跨境贸易等服务，服务京津冀、辐射全国。开展工业电商应用示范，优先支持汽车、医药、食品、电子、材料等领域企业开展网络化采销，基于电商平台发展 C2B 按需制造新模式，探索资源网络化配置。继续推进朝阳区工信部工业电子商务区域试点建设，发展北京市工业电子商务创新联盟，推动北京工业电子商务集聚发展。

9．发展“北京总部—网络设计—异地制造”协同制造新模式。鼓励总部在京的大型企业探索京津冀联网智能制造，加强集团信息化管控，推进供应链网络化协同管理，打造“互联工厂”，探索“北京总部—网络设计—异地制造”的经营新模式。支持以工业云为代表的第三方协同制造平台发展，集聚研发设计、生产制造、数据分析等服务资源，在京津冀推广工业云应用，发展网络制造、云制造。

10．推进资源平台化共享。推动科技创新中心建设，推广中关村开放实验室等平台科技资源，通过网络探索生产设备和存储运输等资源的跨区域共享，推动企业围绕跨界融合需求开展协同创新，促进“互联网＋”技术转移和跨界成果转化。完善并推广北京中小企业公共服务平台网络，多元化集聚在线服务资源，包括政策咨询、投融资服务、财务管理服务、市场营销等，采用政府购买服务、政企合作等方式，为中小微企业提供信息资源服务。

（四）创新以促进融合发展为目标的信息新技术，提升软件信息服务业对北京创造的服务能力

以北京互联网、信息技术产业为基础，发挥中关村互联网产业发展优势，在提升制造业发展水平的同时提升国产工业软件、工业大数据等信息服务业的自主创新能力，实现北京产业发展的“双提升”。

11．完善工业软件与智能制造解决方案。发展国产工业软件和自主可控信息系统，支持国产 CAD、PLM、工业服务器、制造执行系统、工业控制系统、新型工业 App 等的研发和产业化。支持科研院所、高校、大型企业研发行业信息物理系统（CPS）开发工具、知识库、组件库等通用开发平台，支持企业研发物理仿真、人机交互、智能控制、系统自治等关键技术及产品。支持制造企业、信息技术企业、互联网企业开展协同攻关和应用示范，形成一批行业智能制造整体解决方案。

12．推进工业大数据发展和应用。推动建设全产业链大数据资源整合和分析平台，集聚面向市场营销、研发设计、生产制造、经营管理的大数据分析技术和工具，为企业提供大数据应用共性基础技术服务。组织开展企业优先在食品、药品、高端装备、电子信息等行业开展大数据平台建设和应用试点示范，在药品、食品行业重点开展产品信息追溯应用试点，在高端装备、电子信息等行业重点开展数据开放、共享、云分析应用试点。

（五）优化以开放创新为特征的新环境，激发制造业创新创业活力

推动政府、企业、新型孵化器协同创新，从管理机制创新、激发内部创业、支持众创发展等方面优化创新环境，提升北京制造业创新创业活力。

13.积极发展制造业众创空间。在重点领域建设一批网络化众创空间，为智能硬件、集成电路等领域小微企业、创客提供研发测试、创业培训、投融资、创业孵化等服务。发展众包、众筹、众创等新模式，探索基于互联网的合作研发、技术转移和跨界创新。

14．打造行业性创新创业生态圈。鼓励大型企业搭建行业性创新创业服务平台，在消费电子、家电、服装等行业试点建设开放交互平台、在线设计中心，在机械、航空、汽车、电子信息等行业试点建设产业链协同研

发平台。推动企业级创新创业服务平台开放，面向社会和创新团队提供研发工具、经营管理、市场营销等服务，培育和孵化创新业务，打造基于产业链的行业性开放创新生态圈。

（六）完善以工业互联网为代表的新基础，提升互联网与制造业融合支撑能力

发展工业互联网、高端智能制造装备等互联网与制造业融合的关键基础，强化制造业高精尖转型的基础支撑能力。

15.加快部署工业互联网基础设施。鼓励企业开展工业互联网创新应用示范，加快部署基于IPv6、工业以太网、泛在无线、软件定义网络（SDN）、标识解析、SG及工业云计算、大数据等新型技术的工业互联网，打造低时延、高可靠、广覆盖、强安全的工业互联网基础设施。

16．支持国产高端智能制造装备自主创新。支持传感器、智能仪控系统等核心装置，高档数控机床、增材制造装备等高端智能制造装备发展。依托亦庄开发区等有条件的区域，建设全球智能机器人创新中心，搭建研发设计、集成创新、展览展示和技术交易平台，打造系统集成总部和工程示范应用中心。

三、保障措施

（一）加强组织领导

建立“互联网＋制造”创新融合发展推进机制，细化任务分工，协调重大问题，评估发展效果，推广典型经验，统筹推进“互联网＋制造”具体工作。加强市区协同、京津冀区域合作，健全协同工作机制。推动企业设立承担CIO（首席信息官）或CDO（首席数据官）职能的信息化统筹管理岗位，充分发挥企业创新主体作用。

（二）创新资金引导

加大财政资金对“互联网＋制造”创新融合发展的支持力度，优先支持重点试点示范项目和基础性平台建设。创新资金扶持方式，扩大政府购买服务的内容，多形式地为中小企业提供服务，减轻企业负担。探索设立基金等方式，撬动社会资本，支持互联网深度融合的新业态、新模式发展。

（三）强化标准引领

充分发挥本市创新资源优势，组织企业、科研院所、行业专家积极参与国家工业互联网、工业大数据、工业软件等网络基础设施和系统标准的研制。继续推进企业两化融合管理体系贯标工作，分行业、分区域引导企业开展两化融合自评估、自诊断、自对标，树立典型示范。

（四）提升安全保障

相关企业和机构要重视融合带来的信息安全风险，加强产品、设备、数据、生产环境的信息安全建设，加强信息系统安全监测，落实国家和本市各项网络信息安全政策标准规定，不断提高制造领域信息安全管理、风险防范能力，确实保障制造领域信息安全。

（五）加强交流合作

发挥产业联盟、行业协会的自组织作用，引导企业、咨询机构、科研院所共同参与“互联网＋制造”创新融合发展工作，鼓励传统企业与互联网企业建立信息咨询、人才交流等合作机制，加强服务资源的对接合作、先进技术的推广落地。发挥北京大数据研究院、产业技术联盟等创新平台作用，积极培育和集聚跨界融合创新发展高端人才。加强京津冀等区域合作，促进产业协同。加强与德国、美国等先进国家的国际合作，围绕智能制造、标准制定、行业应用示范，组织开展技术交流与合作。

各区工业和信息化主管部门要结合本地实际，加强组织领导和协同联动，研究制定促进“互联网＋制造”的具体措施，形成政策合力，为互联网与制造业的创新融合发展营造良好的环境。

二〇一六年四月二十六日

北京市经济和信息化委员会
关于印发《北京市鼓励发展的高精尖产品目录（2016 年版）》
和《北京市工业企业技术改造指导目录（2016 年版）》的通知

京经信委发〔2016〕33 号

各区人民政府，市政府各委、办、局，各有关单位：

为认真贯彻落实制造强国战略，深入实施《〈中国制造 2025〉北京行动纲要》（京政发〔2015〕60 号），促进本市存量产业结构优化、提质增效、创新发展，加快培育符合首都功能定位的高精尖产业，根据《中国制造 2025》（国发〔2015〕28 号）提出的重点产业发展方向，紧密结合本市产业发展实际，我们研究编制了《北京市鼓励发展的高精尖产品目录（2016 年版）》（以下简称《产品目录》）和《北京市工业企业技术改造指导目录（2016 年版）》（以下简称《技改目录》）。经市政府同意，现予印发，请认真遵照执行，并就有关事项通知如下。

一、《产品目录》聚焦产业新兴领域、高端环节和创新业态，涵盖高精尖产品和服务，是本市工业、软件和信息服务业等领域引进企业、转化技术、对外合资合作的重要指导。《技改目录》涵盖智能化改造、节能降耗、降污减排、质量提升、服务型制造等重点技改方向，适用于引导本市存量工业企业的改造升级。

二、《产品目录》作为本市重点引导和支持的产业方向，是制定实施财税、金融、科技、人才、土地、规划等产业政策的重要依据，符合《产品目录》引导方向的产业项目纳入绿色审批通道，在土地供给、人才引进等现行政策允许范围内给予优先支持。

三、各区政府、开发区（产业园区）要根据本地区的实际情况，认真分析国内外市场需求和供给条件的变化，选择《产品目录》中适宜本地区形成比较优势的产品重点突破，避免盲目重复建设。

四、《技改目录》范围内的技术改造作为政府重点引导和支持的方向，范围之外的技术改造主要由企业依据市场需求自行组织实施，通过坚持使市场在资源配置中起决定性作用和更好发挥政府作用相结合，全面提升产业发展的质量和效益。

五、市经济信息化委负责《产品目录》和《技改目录》相关条目的解释工作。

六、《产品目录》和《技改目录》为 2016 年版，将根据相关法律法规和首都经济社会发展需要适时修订。

七、《产品目录》和《技改目录》自发布之日起生效。

附件：1. 北京市鼓励发展的高精尖产品目录（2016 年版）
　　　2. 北京市工业企业技术改造指导目录（2016 年版）

北京市经济和信息化委员会
二〇一六年五月二十三日

附件 1：

北京市鼓励发展的高精尖产品目录
（2016 年版）

一、创新前沿产品

（一）新兴智能硬件。智能可穿戴设备、智能家居、智能车载、智能健康养老、智能无人系统、人工智能平台以及其他面向消费和工业领域的智能化硬件产品。

（二）前沿材料。石墨烯、碳纳米管等纳米材料，氮化镓、碳化硅等第三代半导体材料，生物医用材料，3D 打印材料，超导材料，智能材料，微生物降解及改性材料等。

（三）智能机器人。智能机器人控制器、传感及智能感测系统等系统模块，软件操作系统及平台；智能机器人整机及系统集成，医疗康复机器人，教育娱乐、家政、养老等服务机器人，侦查、安防、救援、特种作业等特种机器人；柔性机器人、微纳机器人等新一代智能机器人，仿人仿生机器人等前沿技术领域。

（四）增材制造装备。面向航空航天大型金属复杂构件直接制造、医疗器械与健康服务、创意设计等领域的激光、离子束等高能束流直接制造，基于钛合金、高强钢、铝合金、镍合金等材料的加工工艺、制造装备，3D 打印装备。

（五）创新药物和新型制剂。针对重大疾病、用于紧急预防和治疗感染性疾病的药物；免疫原性低、稳定性好、靶向性强、长效、生物利用度高的基因工程蛋白质及多肽药物。

（六）卫星导航。泛在全源定位导航授时产品，广域无缝高密度定位导航授时产品，组合惯导系统，室内外精密定位导航授时产品。

（七）无人智能航空器及管理系统。适应军事侦察、边境巡逻、治安反恐、农林作业、航空摄影、航空测量、物探等应用需求的固定翼和旋翼类无人机，无人机机载飞控管理系统、无人机交通管理系统。

（八）智能网联汽车。基于车联网的车载智能信息服务系统，智能网联汽车平台、操作系统及人车交互系统，装备自动驾驶系统的智能网联汽车。

二、关键核心产品

（九）集成电路芯片。包括服务器 / 桌面中央处理器、嵌入式中央处理器、存储器、平板显示驱动、信息安全及金融 IC 卡芯片、智能电网、工控及汽车半导体等关系国家信息与网络安全及电子整机产业发展的核心通用及行业应用芯片，芯片设计平台（EDA 工具）及配套 IP 库等。

（十）半导体专用设备及材料。面向半导体先进制造工艺的刻蚀、薄膜、化学机械处理、掺杂（离子注入、高温扩散）和检测等关键装备及其配套核心零部件产品，深紫外光刻胶、抛光材料、超高纯电子气体和工艺化学品、溅射靶材等关键材料产品，芯片级封装、圆片级封装、硅通孔、三维封装等先进封装和测试技术相关的关键设备及材料。

（十一）信息通信设备。高端服务器，大容量存储设备，面向互联网骨干节点、数据互联中心节点的大规模集群路由器等新型路由交换设备，新一代信息网络终端、基站及其核心芯片、器件，网络安全设备，光通信设备、光纤接入设备，物联网接入和交换设备、定位系统设备。

（十二）新型显示器件。包括高世代薄膜晶体管液晶显示 (TFT-LCD)、发光二极管（LED）/ 有机发光二极管（OLED）显示、激光显示、柔性显示、新型触控面板等新型显示产品，高性能液晶等关键材料及相关器件；新型显示模组、一体化整机与模组一体化产品等。

（十三）先进传感器。兼容互补金属氧化物半导体（CMOS）工艺的微机电系统（MEMS）传感器、图像传感器、智能集成传感器、化学及生物量传感器、人机交互传感器等高端新型传感器。

（十四）高性能、关键性新材料。特种金属功能材料、高性能结构材料、先进高分子材料、新型无机非金属材料、高性能纤维及复合材料等。

（十五）高性能医疗器械。数字化 X 射线机、多层螺旋 CT 机、超导磁共振成像系统等医学影像设备，骨科手术机器人，基于先进技术的自动化临床检测系统及配套试剂，普外及专科手术室成套设备和高性能麻醉工作站，无创呼吸机、除颤器、起搏器等急救及外科手术设备，介入治疗、放疗等专科用医疗设备，智能康复辅具、智能康复训练系统等康复医疗器械；脑起搏器、全降解血管支架等高值医用植入物和基于基因工程的精准医疗产品，移动医疗设备等。

（十六）智能仪控系统。可编程逻辑控制器（PLC）、现场总线控制系统（FCS）、面向装备的嵌入式控制系统、功能安全监控系统等智能控制系统，高性能变频调速装置等伺服控制机构，数字化、网络化、智能化仪器仪表，检测分析仪器，精密科学仪器。

（十七）高档数控机床及核心部件。数字伺服控制系统、网络分布式伺服系统等伺服驱动装置与电机；重型

/ 超重型、精密 / 超精密加工技术、数控电加工及数控系统，高档数控机床集成制造系统。

（十八）汽车电子及关键器件。整车及发动机电子控制系统，汽车信息系统、汽车发动机管理系统（EMS）和动力电池管理系统（BMS）芯片及模块、车载通信终端、车载传感器等车载汽车电子装置；先进汽车动力总成系统。

（十九）先进航空动力系统及器件。航空发动机涡轮叶片、涡轮盘、风扇、压气机、燃烧室、控制系统、健康管理系统等关键部件。

（二十）航电系统。包括航空电子集成系统，自动驾驶仪及机载飞行管理系统（FMS），机载通信、导航、监视设备；机载气象雷达及大气数据管理系统；航空仪表及显示系统；机载防撞系统；电传控制系统等。

（二十一）航空地面保障装备。包括新一代航空通信、导航、监视与气象设备，空天地一体的空中交通管理系统，通用航空自动化飞行服务系统、先进航空器维修设备、高性能航空器仿真系统等。

（二十二）节能与新能源汽车关键部件。高集成度一体化底盘系统，高性能动力电池材料、系统及生产测试装备，燃料电池系统，高效电驱动系统，整车控制系统，轻量化部件及车身结构，高效智能化充电系统，电动转向及制动系统，主动悬架系统，智能车载终端，高效内燃机，先进变速器，高效电动冷暖空调等。

三、集成服务产品

（二十三）大型装备总装集成服务。包括智能电网技术服务和系统集成，高效清洁能源装备的智能制造和系统集成；节能环保设备的智能制造和系统集成服务；轨道交通智能控制系统、通信系统 / 信号系统、综合监控系统等；大型成套设备安装、调试和技术服务；重点行业智能制造系统解决方案等。

（二十四）海洋装备智能管理系统。包括船用卫星导航设备、惯性导航设备、雷达导航设备、水声导航设备、电子海图、综合管理控制设备在内的民用船舶导航控制系统，海洋开发信息系统，海洋管控信息系统等。

（二十五）工业自动化控制管理服务。包括工业互联网、信息物理系统（CPS），智能监测系统、远程诊断管理系统、全产业链追溯系统，工业云服务和工业大数据平台，高端工业平台软件和重点领域应用软件等。

（二十六）物联网集成应用服务。物联网在生产、城市管理、民生领域的应用解决方案，物联网服务平台，物联网标识平台。

（二十七）垂直产业电商平台。电子信息交互接口平台；产业公共供应链平台，供应商管理库存平台，分布式多仓库管理平台、智慧物流服务，产业供应链金融平台。

（二十八）卫星综合应用。卫星遥感应用服务、卫星宽带通信服务等。

（二十九）绿色建筑多功能集成服务。绿色智能幕墙、门窗等设计、生产、施工工程集成服务，预制装配式住宅部品生产及集成服务。

四、设计创意产品

（三十）工艺美术精品。体现北京符号的大师精品、以“燕京八绝”为代表的工艺美术珍品精品、传统工艺美术技艺应用于现代工业设计和制造的跨界融合产品、体现中华文化和历史传承的“北京礼物”、工艺美术技艺升级与创新研发产品等。

（三十一）高端时尚产品。产业化的品牌定制服装、设计师品牌成衣、功能性特种服装，自主设计的配饰、手表、礼品等高端品牌消费品。

（三十二）个性创意产品。个性电子产品，个性创意装饰产品，应用绿色环保工艺技术材料的印刷精品、包装设计类精品，应用高仿真复制等技术制作的高档艺术品，基于文物传承的创意精品，高端工艺家具家居产品，传统技艺精湛的创新产品等。

（三十三）数字内容产品。数字内容开发工具、数字内容创作软件等。

五、名优民生产品

（三十四）城市应急产品。包括安检核心装备，食品药品安全快速检测仪器，新型消防器材，智能应急救灾安置综合体、远程应急供排水系统、应急救援技术系统集成和综合服务，柔性应急多功能帐篷，交通、军用、航空航天、医卫等高技术领域的产业用纺织品等。

（三十五）高效节能产品。包括高效节能材料；可回收动力电池；节能设计；节能量检测、审核，设备节能服务等。

（三十六）“老字号”产品。高端食品、服饰等创新产品；名优中成药的新剂型和二次创新，经典名方和确有临床疗效的中药新品种，中药配方颗粒等现代中药。

附件 2：

北京市工业企业技术改造指导目录

（2016 年版）

一、智能化改造

（一）新型传感器、工业机器人、人机智能交互、增材制造等技术和装备在生产制造企业的推广应用。

（二）智能控制、工厂自动化整合物流系统、计算机辅助设计（CAD）、计算机辅助制造（CAM）、网络协同制造、制造执行系统（MES）等智能管控系统在生产制造企业的推广应用。

（三）传感器、可编程逻辑控制器（PLC）、综合自动化系统等智能部件和产品在工程机械、城市轨道交通领域的推广应用。

（四）机床伺服驱动系统、电主轴、精密齿盘、数字化工具系统及量仪等关键部件的改进；精密和柔性数控系统、集成制造系统在机床企业的规模应用。

（五）自动化在线测控在分布式发电中的应用，自动化生产线在新能源装备企业生产环节中的推广应用。

（六）食品生产中计量器向可传输、可存储方向转化的智能化改造，基于智能计量器具的能源管控平台应用改造。

（七）工业喷漆、加工等生产环节的“机器换人”技术改造。

（八）供应链配套企业之间推进设计、库存、物流等信息共享的信息化集成应用改造。

（九）自动化控制技术在菌种培养、发酵、分离纯化等生物工程类产品规模化生产过程中的推广应用。

二、节能降耗

（十）生产制造企业的能源管控中心改造建设。

（十一）生产制造企业的煤改电、煤改气、增加太阳能换热系统等燃煤锅炉改造。

（十二）生产制造企业的照明系统节能改造；燃气锅炉余热回收利用、生产线加热设备热能回收系统建设；光伏屋顶和侧光伏系统应用改造。

（十三）利用先进的变频电机技术，减少电机启停和空运转消耗电能的电机变频改造。

三、降污减排

（十四）生产制造企业以加快源头减量、减排以及过程控制为目标的装备和工艺升级改造。

（十五）生产制造企业开展的余热余压回收、水循环利用、重金属污染减量化、有毒有害原料替代、废渣资源化、脱硫脱硝除尘、挥发性有机化合物（VOC）处理等设备更新改造。

（十六）石化生产企业炼厂饱和气体回收装置改造、三废处理联合装置改造、脱硝治理和清洁能源改造等。

（十七）印刷生产企业胶印机废润版液、废显影液的净化处理设施建设和更新改造。

（十八）汽车整车及零部件生产企业涂装生产线挥发性有机化合物（VOC）处理设施升级改造；采用干式喷漆技术的节水节能设施改造。

（十九）发动机工厂生产线废切削液、清洗液、研磨油等废液处理设施升级改造。

（二十）微量润滑（MQL）金属切削技术等消除或减少机械加工过程中乳化液使用的新型技术在汽车、装备等生产企业的推广应用。

（二十一）生产制造企业在厂房集约化、原料无害化、生产洁净化、废物资源化、能源低碳化等方面的工艺优化和设备升级。

（二十二）集成电路、平板显示领域生产企业水蓄冷系统、自由冷却系统升级改造。

（二十三）中药生产制造企业以减少溶剂等原材料的使用为目标的工艺优化改造。

四、质量提升

（二十四）生产制造企业以实现产品设计、制造、测试等环节的自动化，提高产品稳定性和生产效率为目标，对制造过程信息处理、生产控制、资源管理、质量检测、环保处理等典型环节的流程化再造。

（二十五）生产制造企业检验检测设备升级改造。

（二十六）在线监测、在线控制、产品全生命周期管理、质量自我声明、质量追溯等先进技术在食品、医药等行业的推广应用。

（二十七）传统汽车制造企业利用现有能力改造生产新能源汽车的生产线改造。

（二十八）汽车整车制造企业为采用汽车轻量化、模块化、智能化、电动化等技术所进行的技术改造。

（二十九）石化企业进行技术升级，提升油品质量。

（三十）采用基于系统工程学、系统药理学等形成的现代技术和方法，加强中药品种的二次开发与生产的设备升级与工艺品质提升。

（三十一）中药生产企业为提升中药生产的精确化和标准化，开展的中药数字化提取车间建设和升级改造。

（三十二）层析、色谱、超临界萃取等现代分离技术在中药生产环节的推广应用。

五、服务型制造

（三十三）生产制造企业延伸服务链条，发展个性化定制服务、全生命周期管理、网络精准营销和在线支持服务等。

（三十四）医药生产制造企业延伸发展标准化、规范化的健康服务产业。

（三十五）包装企业为拓展服务型业务而实施的基于物联网的供应链可移动资产运营服务平台建设。

（三十六）生产制造企业为推进研发设计、生产制造、企业管理、供应链配套等关键环节智能化升级而开展的云服务和大数据平台建设。

北京市经济和信息化委员会关于发布《北京市产业创新中心实施方案》的通知

京经信委发〔2016〕48 号

各相关单位：

为贯彻落实《〈中国制造 2025〉北京行动纲要》（京政发〔2015〕10 号），对接“国家制造业创新中心建设工程”，切实发挥产业创新中心对首都制造业转型升级的引领和支撑作用，提升我市产业创新能力，加快全国科技创新中心建设，经市政府批准，我委将开展北京市产业创新中心建设工作，并制订了《北京市产业创新中心实施方案》。现予发布，自发布之日起实施。

附件：《北京市产业创新中心实施方案》

北京市经济和信息化委员会

二〇一六年八月二十五日

附件：

北京市产业创新中心实施方案

为贯彻落实《〈中国制造 2025〉北京行动纲要》（京政发〔2015〕10 号），按照“创新、协调、绿色、开放、共享”的发展理念，加快建设新一代创新载体，促进首都制造业向高精尖产业转型，培育发展新动能，市经济信息化委拟组织开展产业创新中心（以下简称“创新中心”）建设，特制订工作方案如下：

一、总体思路

（一）指导思想

立足首都城市战略定位，紧扣“在北京制造”向“由北京创造”发展主线，以增强产业技术创新能力为目标，以传统产业转型和新兴产业培育的共性技术需求为导向，以企业为主体整合行业优势资源和多元化创新资源，探索建立面向高精尖产业自主创新、协同创新、开放创新的新机制，贯通创新链、产业链和服务链，构建高精尖产业创新生态网络，努力成为国家新型制造业创新体系建设的引领者。

（二）建设目标

到 2020 年，建设 10~20 个覆盖重点领域的创新中心，积极争取其中模式先进、辐射面广、影响力大的成为国家制造业创新中心。通过创新中心建设，解决一批制约行业发展的共性关键技术瓶颈，推广一批驱动行业创新发展的新型通用技术，创制一批核心技术知识产权和标准，取得一批服务传统产业改造升级的系统解决方案，为企业实现“四新”发展（新技术、新工艺、新模式、新业态）提供成熟可靠的技术和服务支撑，在提高产业创新资源配置效率、推进两化深度融合发展、商业化转化先进技术、培养技术创新领军人才等方面取得较为成熟、可推广复制的成功经验。

（三）布局领域

按照《中国制造 2025》确定的产业发展领域和《〈中国制造 2025〉北京行动纲要》细化的高精尖产业发展方向，创新中心主要围绕新能源智能汽车、集成电路、智能制造系统和服务、自主可控信息系统、云计算与大数据、新一代移动互联网、新一代健康诊疗与服务、通用航空与卫星应用等八大专项的重要创新领域和企业绿色化、智能化、服务化、高端化转型发展的通用技术领域进行布局。

二、实施要求

（一）功能定位

创新中心是产业创新体系的核心节点，是链接技术研发和产品开发、链接工程化生产与商业化应用的公共平台，是服务企业和政府的产业智库，致力于与产业界形成共赢、共生的合作伙伴关系，承担开发推广共性通用技术、推动先进技术跨界融合应用、提供产业公共技术服务和开展国际技术创新合作等功能。

（二）具体任务

一是围绕本市鼓励发展的高精尖产品和重点实施的八大专项，从事面向行业共性关键技术研究、产品样机制造、模拟试验、测试检验等的产品开发与优化设计等服务。

二是以智能制造、绿色制造、增材制造为主攻方向，进行高精尖制造领域新技术、新工艺的开发和优化，组织发展示范项目，促进产业链各方特别是京津冀区域开放共享基础设施，降低产业界投资发展的成本和风险。

三是面向个性化定制需求和云制造、分布式制造、生产外包等发展方向，推动以工业互联网为核心的新一代信息技术与制造业融合发展，开发推广适用不同行业应用的智能制造系统。

四是促进技术转移扩散和首次商业化应用，建立市场化机制为核心的成果转移扩散模式，通过孵化企业、种子项目融资等方式，将创新成果快速引入生产系统和市场。

五是建立产学研用联合人才培养机制，培育高水平领军人才与创新团队，广泛开展人才引进、国际交流合作等，为制造企业转型发展提供人才支持。

六是开展高精尖产业咨询研究，特别是面向中小企业，开展包括项目投资技术评估、技术市场调查、趋势分析报告等决策咨询服务。

（三）运行机制

创新中心是采取企业化运行的法人单位。创新中心需由注册在北京、在产业领域内有显著创新优势和竞争优势、有较大影响力和号召力、有较强投资实力和产业化能力的龙头型、平台型企业发起，联合若干个产业链上下游企业、科研院所和高校等机构采取联合投资方式合作组建。创新中心成员单位需按照约定，通过资金入股方式投入，企业制法人发起单位资金投入规模不低于 1000 万元，全部组建资金不低于 5000 万元。创新中心可以吸纳京外单位，形成跨区域强强联合、协同发展的组织。

创新中心要建立科学的决策机制和技术咨询体系，按照责权明确、科学管理的模式运行，自主决策、自我管理。鼓励创新中心采取“市场导向、企业主体、协同协作”的方针，以产业共性需求为导向，按照核心层、伙伴层、辐射层的不同层级整合资源，构建紧密高效的协同创新伙伴关系，通过合同研发、专利授权等多种方式开展业务。核心层是参与创新中心组建的股权投资主体单位，伙伴层是和创新中心开展项目、业务合作的非股权投资主体单位，辐射层是接受创新中心科技创新成果转化应用的成果受让主体单位。建设覆盖各层次的创新网络平台，充分发挥创新资源合理配置的协同优势，提升持续创新能力。

三、组织实施

（一）组织领导

创新中心建设工作在市制造业创新发展领导小组的统筹指导下，由市经济信息化委组织实施。市经济信息化委设立战略咨询委员会，提供决策咨询服务。

（二）实施推进

创新中心建设本着成熟一个，启动一个，一企一例、一例一策的原则，逐步推动。发起单位应与行业内相关企业、科研院所、高校等达成共建意向，签署共建协议，共同编制创新中心建设方案并提交市经济信息化委。市经济信息化委根据《北京行动纲要》的要求和部署，综合评估联合申报单位的资质条件，对建设方案进行论证，报请市制造业创新发展领导小组审定后确定。

建设方案编制要详细分析创新中心的建设基础条件，深入研判产业领域发展趋势，明确产业化技术发展方向，并结合产业领域细化确定创新中心的中长期目标、具体任务，明确清晰的运营模式，量化提出创新中心的预期成果以及其经济社会效益等内容。

（三）评估考核

创新中心应依据建设方案确定的目标、建设任务等内容，分解年度任务，明确责任分工，认真组织落实，按时按质按量完成工作。市经济信息化委将其纳入重点支持范围，并每年委托第三方对其规划实施和运行管理情况进行年度评估和考核。

四、配套政策

集成利用现有国家和市级各部门促进新兴产业、鼓励创新发展等相关政策，统筹利用现代服务业试点等全市产业促进政策资源，聚焦支持创新中心建设。

（一）支持先行先试改革

把创新中心列为“十三五”时期本市政府监管服务改革、人才管理改革、科技金融创新改革、知识产权经营、全面创新改革等任务中的先行试点，在体制机制创新方面加强先行先试。将创新中心作为北京市“新一代创新载体建设行动”重要建设内容，优先向国家有关部门推荐国家制造业创新中心。

（二）加大财税支持力度

支持创新中心能力建设和人才引进。通过股权投资、支持设立子基金、贷款贴息、政府购买服务、项目补助等方式，对创新中心符合条件的重大项目给予连续支持。对获得国家资金支持的项目酌情予以地方资金配套。鼓励各区支持创新中心建设。

对创新中心符合条件的首台（套）产品纳入政府采购的予以补贴。创新中心享受研发费用加计扣除、技术转让所得减免征企业所得税、固定资产加速折旧等税收优惠政策。

（三）引导社会资金投入

鼓励社会资本利用股权投资、项目投资等多种形式参与创新中心建设。鼓励和引导市中小创投基金和高精尖产业基金积极支持创新中心成果产业化。

（四）鼓励开放创新

支持创新中心与行业企业建立合同研发机制，承接或与企业共同开展行业重大技术项目。支持创新中心与大学、科研机构建立基于创新链的合作机制，共同承接实施重大创新项目。支持创新中心国际化布局，与境外合资或合作建立研发机构，开展国际合作研发项目。

（五）创新人才发展机制

支持创新中心建立市场化的灵活用人机制，一例一策，建立完善的人才体系。鼓励创新中心积极对接“千人计划”“海聚工程”等。对国有企业派驻创新中心任职的，参照国有人才管理相关办法实施特殊人才政策。支持民营企业委派技术骨干和管理团队到产业创新中心任职并保留原待遇和股权。鼓励创新中心聘用外籍人才，参照北京市支持创新发展的出入境政策给予支持。

（六）纳入京津冀一体化协调机制

将创新中心的资源配置纳入京津冀一体化协调机制。鼓励创新中心积极拓展面向京津冀产业发展的服务。强化区域产业合作，促进创新中心技术、产品、服务、品牌和模式输出，形成分工协作和优势互补的区域创新格局。支持京津冀区域产学研用协同发展，形成跨区域创新辐射中心。

北京市经济和信息化委员会关于印发《进一步加强北京市企业技术中心建设实施方案》的通知

京经信委发〔2016〕56号

各相关单位：

为贯彻落实全市科技创新大会精神和《〈中国制造2025〉北京行动纲要》（京政发〔2015〕10号），进一步改革企业技术中心工作机制，打造企业技术中心升级版，强化企业创新主体地位，提升产业创新能力，我委制订了《进一步加强北京市企业技术中心建设实施方案》，现印发你们，并请抓好贯彻落实。

二〇一六年九月十八日

附件：

进一步加强北京市企业技术中心建设实施方案

为贯彻落实《〈中国制造2025〉北京行动纲要》（以下简称《北京行动纲要》），按照“创新、协调、绿色、开放、共享”的发展理念，结合《国家认定企业技术中心管理办法》（2016年第34号令）要求，进一步推动建设以企业为主体、产学研用联动的新型产业创新体系，强化企业技术创新在促进产业发展、加快全国科技创新中心建设、引领京津冀协同发展中的重要作用，特制订本方案。

一、进一步明确建设思路

（一）背景和意义

企业技术中心是企业根据市场竞争需要设立的技术研发与创新机构，主要负责制定企业技术创新规划、开展产业技术研发、创造运用知识产权、建立技术标准体系、凝聚培养创新人才、构建协同创新网络、推进技术创新全过程实施。当前，以工业互联网、“互联网＋”、工业4.0、“中国制造2025”为代表的新一轮科技革命与产业变革正在给全球制造业带来颠覆性变革。《北京行动纲要》提出“新一代创新载体建设行动”，强化以企业技术中心为重要支撑的产业创新体系已成为首都经济发展的必然选择，是促进传统产业转型、培育新兴产业的必经之路。

（二）指导思想

立足首都战略定位，紧扣“在北京制造”向“由北京创造”发展主线，以强化企业创新主体地位和落实《北京行动纲要》、“互联网＋”战略为目标，以机制改革和创新为抓手，主动布局、精准服务、动态管理，推动企业内外部创新资源的有效整合，打造高标准、高层次的企业技术中心升级版，进一步聚焦主攻方向，强化五大创新能力，贯通企业内外创新链、产业链和服务链，将企业技术中心建设成为产业转型升级、创新驱动发展的新平台。

（三）建设目标

总体目标：2020年，建成一批高标准、高层次的升级版企业技术中心，在优势领域形成一批“由北京创造”创新标杆，促进传统产业转型升级。全市企业技术中心研发经费内部支出占主营业务收入比重达到2.5%，全市企业技术中心万人有效专利拥有数达到230件以上。

（四）推进原则

创新机制、强化企业创新主体。围绕《北京行动纲要》的要求，加强政府引导，创新政策体系。鼓励企业加大研发投入，完善研发环境，进一步整合内外部产学研创新资源，提升产业创新能力。

主动布局、聚焦产业发展重点。围绕《北京行动纲要》“八大专项”的产业短板，加大力度，支持重点领域龙头企业、国有企业、创新型企业，创建支持一批符合首都功能定位、具有引领辐射作用的企业技术中心，重点提升国有企业自主创新能力。

高端引领、坚持以产品为导向。围绕“高精尖”产品培育，在高端产品创制上有所突破，提升企业新产品、新工艺和新技术开发能力，做大做强新创产品，构建以智能产品为核心的开放创新生态体系。

注重实效、突出核心指标建设。围绕《北京行动纲要》创新驱动、高端发展等核心发展指标，加强评估和标准宣贯，促进企业技术中心升级核心能力，宁缺毋滥，全面提升全市企业技术中心整体水平。

二、打造企业技术中心升级版

（一）强化功能定位

企业技术中心是高精尖产业创新体系的重要组成，是整合企业内外部创新链、产业链、供应链、服务链的重要枢纽，是企业突破产业壁垒，赶超世界先进，促进产品和服务占据产业高端、树立产业标准的突击力量，是企业加大产业技术合作、区域协同发展和为中小企业提供公共服务的重要平台。

（二）聚焦主攻方向

按照《中国制造2025》确定的产业发展领域、《北京行动纲要》细化的高精尖产业发展方向，市企业技术中心重点发展以下领域。

八个产业领域：新能源智能汽车、集成电路、智能制造系统和服务、自主可控信息系统、云计算与大数据、新一代移动互联网、新一代健康诊疗与服务、通用航空与卫星应用等。

五类高精尖产品：创新前沿产品、关键核心产品、集成服务产品、设计创意产品、名优民生产品等。

核心前沿领域：智能机器人、智能交互技术、新材料、增材制造（3D打印）、虚拟现实、增强现实等。

传统产业升级改造：与生产、民生相关的智能制造、绿色制造以及传统服务业、建筑业升级改造等。

其他重点领域：生产性服务业等国家和本市部署的重点产业领域等。

（三）提升五大核心能力

标准和知识产权的创制运营能力。创制融入自主技术的企业标准和团体标准，积极开展国际标准化合作交流、参与国际标准制修订。积极申请PCT国际专利，开展专利运营、知识产权质押贷款，提升知识产权资本化运用能力。

高精尖产品创造能力。推动新一代信息技术与企业发展深度融合，围绕新技术、新材料、新工艺、新产品，推进智能制造、绿色制造、分布式制造，持续提供成熟配套的技术、工艺、装备，提升产品质量和品牌影响力。推进以产品为核心的服务型制造和个性化制造的解决方案，在重点产业领域培育新竞争优势。

协同创新能力。围绕企业产品和技术发展战略，加强京津冀产业合作。积极对接海外创新资源，制定和实施国际化创新发展战略。通过项目合作融，入全球创新网络，实现技术引进和集成。积极探索通过技术交易、资源并购等方式开展国际合作。

资源整合能力。加强企业自身资源整合力度，在企业内部形成以企业技术中心为核心的资源整合平台。积极开展与央院央所、大学科研机构、国有企业、外资企业、京外优势企业以及其他企业技术中心的合作，共享创新资源。建设技术创新、技术集成、工程实践等人才培育体系，与高校、科研院所开展人才交流、培养技能型人才。

机制创新能力。制定企业技术创新规划、主动调整适应北京市产业发展要求。加强企业技术中心组织建设，将企业技术中心建设成技术革新、工艺改进、产品升级的战略部门。建立高端人才引进机制、激励机制和绩效评价机制。加大研发投入，完善研发环境，加强技术的研发、储备、集成、供给。

三、推进措施

（一）加强工作统筹

进一步完善市企业技术中心工作统筹机制，强化市经济信息化委、市发展改革委、市财政局、市科委、市知识产权局、中关村管委会等部门的合作，加强顶层设计，形成协同推进的工作格局。

（二）加大政策支持

综合利用加计扣除、固定资产加速折旧、符合条件的技术转让所得减免征收企业所得税等优惠政策，加大对企业技术中心创新能力的支持。支持企业技术中心整合企业内外部资源建立公共服务平台，带动上下游中小企业发展。积极支持获得企业技术中心认定的企业申报国家级企业技术中心、国家知识产权标杆企业、国家技术创新示范企业、工业产品质量控制和技术评价实验室等。

（三）综合管理和动态服务

根据《北京行动纲要》要求，构建符合首都功能特点和高精尖产业要求的创新指标体系，推动企业技术中心标准化管理。每年市经济信息化委委托第三方机构对企业技术中心进行动态跟踪评价，对未达标的提出改进意见。企业技术中心每两年进行一次综合评价，不达标的企业将撤销市企业技术中心资格，并给予公示。进一步建设完善面向企业创新的技术创新服务平台，实现企业创新能力自我评估，实现产业创新全程信息化服务。全面加强政策宣导、企业诚信管理和社会监督，促进新技术、新产品、新标准对接，强化各类咨询服务引导。

（四）支持五大核心能力建设

企业技术中心应聚焦主攻方向，不断提升自身核心能力，每年制订建设计划，并按照《北京行动纲要》核心指标提出可考核的企业指标。进一步加大财政资金支持力度，对能力建设成效显著、核心指标提升较快的企业技术中心予以奖励，对企业技术中心重点项目予以持续支持。鼓励各区加大对企业技术中心重点项目的支持。

（五）促进协同发展

支持企业建立充分面向市场的内外部人才引进、选拔机制，积极吸引外籍优秀人才。支持企业技术中心加强与科研院所、大学开展成果转化及商业化应用。鼓励战略咨询、生产服务、金融资本等社会力量参与企业技术中心建设。推进创建北京企业技术中心创新服务联盟，持续开展产业政策、质量品牌、管理方法、标准体系和知识产权等系列培训，加强人才培养、产业技术交流与协同合作。

（六）鼓励机制创新

鼓励有条件的企业推动企业技术中心剥离为独立企业法人，为产业链提供基础性、先进性、新型通用技术服务和公共平台服务。支持龙头企业整合行业资源，积极创建或参与产业创新中心建设，探索建立面向高精尖产业的自主创新、协同创新、开放创新的新机制。

北京市经济和信息化委员会关于印发《关于进一步推进北京食品工业优化升级的意见》的通知

京经信委发〔2016〕66 号

各区工业和信息化主管部门、市属相关控股（集团）公司、市食品相关协会：

为全面落实《国务院办公厅关于开展消费品工业“三品”专项行动营造良好市场环境的若干意见》（国办发〔2016〕40 号）、《〈中国制造 2025〉北京行动纲要》（京政发〔2015〕60 号），切实提升首都食品工业发展水平，我委制定了《关于进一步推进北京食品工业优化升级的意见》，现印发给你们，请结合实际，认真贯彻落实。

特此通知。

二〇一六年十月二十六日

附件：

关于进一步推进北京食品工业优化升级的意见

食品工业既是国民经济的支柱产业，更是保障民生的基础产业。国家和北京市高度重视食品工业发展和食品质量安全保障工作。为全面落实《国务院办公厅关于开展消费品工业“三品”专项行动营造良好市场环境的若干意见》(国办发〔2016〕40 号)、《〈中国制造 2025〉北京行动纲要》(京政发〔2015〕60 号）等相关文件精神，积极构建具有首都特色的北京食品工业新型产业体系，推动北京食品工业在“增品种、提品质、创品牌”方面取得显著成效，进一步加强食品质量安全保障，现提出如下工作意见：

一、指导思想

深入贯彻党的十八大和十八届三中、四中、五中全会精神，全面落实习近平总书记对北京工作重要指示精神，牢固树立和贯彻落实创新、协调、绿色、开放、共享的发展理念，紧紧抓住国家实施制造强国战略的重大机遇，服务北京“高精尖”产业结构构建，依据首都城市战略定位，坚持高端化、服务化、集聚化、融合化、低碳化的发展方向，针对行业特点和突出问题，以改革创新和市场需求为导向，以企业为主体，大力实施“增品种、提品质、创品牌”的“三品”战略，更好满足人民群众对食品消费升级的需要，支持企业提升技术研发能力、品牌运作能力和市场服务能力，实现食品工业向高端化、服务化、集聚化、融合化、低碳化发展，不断提高北京食品工业的创新力、竞争力和辐射力。

二、重点任务

（一）推进京津冀协同发展，优化食品产业布局。依据《京津冀协同发展规划纲要》的总体要求，以打造京津冀都市圈食品工业的总部经济基地为抓手，充分发挥北京地区在资本、技术、信息、人才等现代生产要素聚集方面的优势，形成“高端研发、品牌服务和营销管理在京，加工制造在外”(即两端在内、中间在外）的发展模式。产业链上游企业，包括技术研发、产品设计、包装设计等主要布局于北京；产业链中游企业，如农副产品加工等，借助津冀地区丰厚的资源禀赋条件和相对低廉的生产要素，以区域合作的形式将原材料基地外迁；产业链下游企业，包括市场营销、现代物流等主要布局于北京；金融保险、信息咨询、检验检测等涉及到产业链各个环节的其他生产性服务业布局于北京。通过构建差异化发展格局，推动北京食品产业向价值链高端提升。

（二）实施“三品”战略，培育食品产业品牌。围绕满足多样化产品需求，创新一批品牌产品，培育一批品牌企业，提升一批集群品牌，打造一批区域品牌，树立一批示范典型。引导企业增强品牌意识，夯实品牌发展基础，提升产品附加值和软实力，提高品牌的影响力和在消费者心中的认知度、美誉度。支持重点企业完善大数据平台，推动大数据技术在企业品牌管理中的应用。支持品牌企业创新商业模式，与大型电商平台对接，与零售企业开展统一议价、集中采购，促进产销对接。鼓励企业积极参加北京产品万里行活动，大力开展知名品牌产品网上行活动，拓宽知名品牌流通渠道，减少流通环节。

（三）构建“高精尖”结构，推进食品产业提质升级。鼓励和支持食品加工企业采用新技术、新工艺、新设备对现有生产设施、工艺装备进行技术改造，优化生产流程、淘汰落后工艺和装备，实现技术进步和产业结构升级。发挥北京科研院所集中的优势，引导企业加强技术中心建设，加大产品创新力度，运用高新技术改造传统加工业，依托科技自主创新，打造“高精尖”经济结构。鼓励优势企业开发科技含量高、附加值高的特色产品、优质食品和保健食品，加快休闲型和营养型等高端食品的发展。重点支持农副产品精深加工，促进资源深度开发和综合利用，加快产业链向价值链高端转移。支持企业开发和引进西式食品种类，以满足世界城市多元化和多层次的消费需求。以优势产品为重点，开发一批具有“城市名片”潜质的名优特新系列产品。不断提高食品产业现代化、规模化、标准化水平。加大对食品企业技术进步和技术改造的支持力度，围绕改进管理、提高素质，实施以信息化和工业化融合为主要内容的企业技术改造，重点加强企业监（检）测能力建设。

（四）大力扶持“老字号”，焕发“老字号”传统品牌活力。促进“老字号”品牌传承升级，鼓励“老字号”食品企业升级成为集食品加工、美食、旅游、文化传承等为一体的都市型食品工业。将北京“老字号”食品工业和餐饮开发相结合，制作首都特色小吃、展示食品生产工艺、融入饮食文化习俗、销售旅游食品，满足消费者旅游、餐饮、购物、体验、娱乐等多方面需求，在发展特色食品工业的同时，弘扬旅游饮食文化。支持行业组织建立“老字号”商标注册和维权数据库，对被海外抢注的“老字号”企业预警，提供法律指导、案例参考和信息服务。

（五）配合食品监管部门，做好食品安全工作。认真落实国务院和北京市食品药品安全委员会一系列食品安全工作要求，配合食品监管部门做好食品安全相关工作。引导企业不断提高在原料基地、生产工艺、产品标准、质量控制等方面的市场准入条件。参与食品药品安全信息化平台顶层设计，引导企业参加信用评价活动，并通过“信用北京网”做好行业质量信用宣传，严格行业自律。督促和引导食品工业重点行业质量安全追溯体系建设，与市食品药品安全委员会成员单位共同推进全市统一的食品质量安全追溯信息归集和信用信息发布。鼓励和支持企业利用信息化技术加强对采购、生产、配送、库存、销售等环节的管控，确保食品安全。加快食品企业质量安全检测示范中心建设，提升产品质量安全水平。

三、保障措施

（一）做好食品产业京津冀协同发展顶层设计。充分发挥京津冀协同作用，加强产业合作，与津冀两地政府合作共建一批产业转移示范园区，实现资源优势互补，完善共建共享机制。鼓励北京食品产业在津冀地区建设产业基地，延伸产业链，推进加工环节向种植、养殖基地靠近，实现种植、养殖、加工一体化。发挥总部经济优势，带动京津冀食品工业协调发展。

（二）积极推进“两化融合”，提升信息化水平。积极推进食品工业信息化与工业化融合，坚持以企业为主体，加大政府的引导力度，重点提升食品工业企业信息化应用水平。积极引导骨干企业围绕产品研发设计、生产过程控制、企业管理、市场营销、人力资源开发等环节开展智能化、网络化、数字化和集成化的升级改造。推进物联网技术的示范应用、完善食品生产企业的信息化服务体系。支持中小企业信息化和电子商务应用，鼓励创建重点面向中小企业服务的公共质量检测区域性服务平台。引导企业运用“互联网＋”、现代传媒等手段掌握生产、管理和市场流通等关键环节。

（三）加大食品产业提质升级的政策支持。大力支持产业聚集区和重点企业发展，扶持一批技术装备改造升级和新产品产业化重大项目。支持两化融合、检验检测体系、食品质量安全追溯体系和供应保障能力提升等重点项目建设。加大支持力度，培育一批技术水平先进、核心竞争力强、规模效益明显、行业领军的骨干企业。集中资源支持“四高两低”（高辐射力、高附加值、高技术含量、高劳动效率，低能耗、低排放）产业发展。通过政策支持，多措并举，引导人才、技术和资金向食品产业聚集。

（四）围绕食品安全工作，推进质量检验检测和认证。加大对食品安全监测能力建设的支持，引导企业健全食品质量安全监管体系，完善食品质量安全追溯制度，加强食品标准体系建设。支持重点食品企业积极采用和参与制定国际质量检验检测标准。指导食品生产企业加强质量安全检测能力建设，推动现有食品质量安全检测技术示范中心开展改造提升工作，不断提升风险防控能力，进一步加大产业政策的支持力度。

（五）完善配套政策，实行分类指导。依据《〈中国制造2025〉北京行动纲要》和《北京市新增产业的禁止和限制目录（2015年版）》，针对不同细分行业进行分类指导和管理。对于符合产业发展目录要求、发展空间较大的行业，引导和推动优势企业实施强强联合，支持骨干企业做强、中型企业做大、小型企业做精；对于保障民生必需的行业，鼓励并支持企业进行技术改造，改善工艺，创新产品，提升价值；对于不符合产业发展目录要求、能耗水耗高、技术装备落后、环保不达标的行业，建立产业退出机制。坚持市场在资源配置中的决定性作用，积极引导市场行为主体，优化资源配置和发展环境。

北京市经济和信息化委员会关于印发《北京市空气重污染应急工业分预案（2016年修订）》的通知

京经信委发〔2016〕86号

各区工业主管部门，北京经济技术开发区企业服务局：

按照《北京市人民政府关于印发〈北京市空气重污染应急预案(2016年修订)〉的通知》(京政发〔2016〕49号)要求，我委制定了《北京市空气重污染应急工业分预案（2016年修订)》。现印发给你们，请结合本区应急工作要求认真组织实施。

二〇一六年十二月十三日

北京市空气重污染应急工业分预案

（2016年修订）

为做好工业领域空气重污染应急工作，减少工业在空气重污染期间的污染物排放，按照《北京市空气重污染应急预案（2016年修订)》(以下简称《应急预案》）有关要求，特制定本预案。

一、应急工作原则

快速响应。按照全市空气重污染应急预警要求，快速启动应急预案，确保相关工业企业停限产措施落实到位。

协同作战。在市政府的统一领导和安排下，协同各级相关部门落实应急措施。

属地负责。各区工业主管部门履行属地职责，督促落实本区工业应急措施。

二、应急响应措施

根据空气重污染预警级别，采取相应的倡议性减排和强制性减排措施。其中强制性减排措施分为停产和限产两类。

（一）蓝色预警和黄色预警响应

蓝色预警和黄色预警响应均采取倡议性减排措施。倡导排污工业企业加强管理，主动减排，在排放达标的基础上提高污染治理设施运行效率，调整有污染排放的生产工艺的生产时间。

（二）橙色预警响应

1．倡议性减排措施

倡导排污工业企业加强管理，主动减排，在排放达标的基础上提高污染治理设施运行效率，调整有污染排放的生产工艺的生产时间。

2．强制性减排措施

在保障城市正常运行的前提下，对纳入空气重污染橙色预警期间制造业企业停产限产名单的企业实施停产限产措施。

（三）红色预警响应

1．倡议性减排措施

倡导排污工业企业加强管理，主动减排，在排放达标的基础上提高污染治理设施运行效率，调整有污染排放的生产工艺的生产时间。

倡导工业企业根据空气重污染实际情况、应急强制响应措施，采取调休、错峰上下班、远程办公等弹性工作制。

2．强制性减排措施

在保障城市正常运行的前提下，对纳入空气重污染红色预警期间制造业企业停产限产名单的企业实施停产限产措施。

三、停产限产企业名单管理

（一）各区结合企业大气污染排放情况，并参照《北京市工业污染行业、生产工艺调整退出及设备淘汰目录(2014年版)》，制定本辖区橙色、红色预警期间制造业企业停产限产名单，市经济信息化委会同相关部门对名单制定工作予以指导。在空气重污染应急期间，停产类企业停止一切有大气污染排放的生产工序，限产类企业通过减产、部分生产工序和环节停产、降低锅炉负荷等方式，使企业日大气污染物排放比应急响应前减少30%以上。

（二）各区制造业企业停产限产名单确定后，报区空气重污染应急指挥部办公室（以下简称区指挥部办公室），并向社会公布，根据实际情况实施动态更新。各区停产限产名单抄送市经济信息化委，市经济信息化委统一报市空气重污染应急指挥部办公室（以下简称市指挥部办公室）备案。

（三）市经济信息化委根据停产限产名单，研究确定应急期间重点监控企业名单（市级名单）。

（四）列入停产限产名单的企业要制定本企业应急预案，预案要体现企业的主要生产流程，涉及污染排放的环节和生产工艺，以及停产限产具体措施。企业应急预案报本区工业主管部门和市经济信息化委备案。

四、应急响应流程

接到预警指令后，市经济信息化委在1小时内通过电话、短信平台、传真等方式通知各区工业主管部门，并向市指挥部办公室报告指令接收情况。各区工业主管部门1小时内反馈指令接收情况。

橙色预警和红色预警应对措施启动前，市经济信息化委召开工作部署会，对应急措施落实和督查检查工作提出具体要求。

市区两级工业主管部门分别派出督查组现场检查企业停产限产措施落实情况。区工业主管部门按照区应急指挥部统一部署，落实属地管理职责，每日检查本辖区内工业企业应急措施落实情况，并将检查情况报市经济信息化委；市经济信息化委对各区组织工业企业落实应急措施情况进行督查，现场督查检查相关企业停产限产情况，按指令要求向市指挥部办公室每日反馈工业系统应急措施落实情况。

接到预警解除指令后，市经济信息化委在1小时内通知各区工业主管部门，并向市空气重污染应急指挥部办公室回复报告。预警指令解除后24小时内，区工业主管部门将本区工业领域应急措施落实情况及评估效果报市经济信息化委。市经济信息化委按要求及时将工业领域应急工作总结报市指挥部办公室。

五、组织保障

（一）加强组织领导

市经济信息化委成立空气重污染应急工作领导小组，负责组织工业领域开展空气重污染应急工作，并对应急措施落实情况进行督查检查。委主要领导任组长，主管领导任副组长，成员单位由相关处室组成；应急工作领导小组办公室设在节能环保处。

各区工业主管部门应成立本区工业空气重污染应急工作小组，负责落实本区工业领域应急响应措施，并开展督查检查。

（二）完善配套措施

1．制定区级部门分预案

各区工业主管部门按要求制定部门应急分预案，细化工作措施和工作台账，完善工作流程，不断健全空气重污染应急工作制度。各区工业主管部门应急分预案报本区空气重污染应急指挥部核定后，报市经济信息化委备案。

2．制定制造业保障名单

市经济信息化委按照《应急预案》相关要求，制定保障民生、城市正常运行、重大活动的重点制造业企业名单。

（三）加强应急值守

工业领域进一步完善应急值守制度，保证应急值守系统信息畅通。黄色预警时，各单位保持备班备勤；橙色预警时各单位要加强在岗值守，确保24小时联络畅通；红色预警时，各单位全天（含节假日）值守。

（四）严格督查考核

市经济信息化委制定全市工业领域督查检查工作方案，督促各区工业主管部门落实工业应急措施，重点检查市级名单内企业停产限产落实情况，抽查各区停产限产制造业企业。各区工业主管部门制订本辖区工业领域督查检查工作方案，督促各街乡镇落实工业应急措施，对辖区内停产限产制造业企业进行督查检查。检查中发现问题及时督促整改，对拒不整改的企业及时报告区指挥部办公室，并报市经济信息化委。

附件：1．北京市经济和信息化委员会空气重污染应急工作领导小组成员名单（略）

2．制造业企业停产限产名单（略）

3．制造业保障企业名单（略）

北京市经济和信息化委员会　北京市环境保护局
关于确定第二批北京市生态工业园区名单及有关事项的通知

京经信委发〔2016〕94号

各区人民政府：

依据《北京市2013-2017年清洁空气行动计划》和《关于组织开展2016年度"北京市生态工业园区"评定工作的通知》要求，经评审和公示确定了第二批"北京市生态工业园区"名单，现将有关事项通知如下：

一、北京高端制造业基地、北京林河经济开发区、中关村通州金桥科技产业基地等9家开发区基本建成为生态工业园区（具体名单见附件）。

二、各生态工业园区要结合非首都功能疏解和京津冀协同发展机遇，将生态化建设作为园区长期工作，积极拓展思路，进一步挖掘生态化建设潜力，强化园区基础设施服务能力和生态化建设管理能力，有效提高能源资源利用效率和污染防治效率，为全市产业园区生态化和持续健康发展起到示范作用。

三、各区要继续调动本区相关部门，形成生态化建设合力，持续提高环境监测、污染防控、数据统计和分析等能力，充分发挥政策、资金的引导和拉动作用，加快推动全市经济转型和产业园区生态化发展步伐。

四、按照《北京市市级以上工业开发区生态化建设推进工作方案》，市经济信息化委、市环保局对生态工业园区实行动态管理，定期进行考核。

二〇一六年十二月三十日

附件：

第二批"北京市生态工业园区"名单

序号	所在区	开发区名称
1	房山	中关村房山园（北京高端制造业基地、北京良乡经济开发区、石化新材料科技产业基地）
2	顺义	北京林河经济开发区
3	通州区	中关村通州金桥科技产业基地
4		中关村通州园（东区、西区、南区）
5	怀柔	北京雁栖经济开发区
6	延庆	北京八达岭经济开发区
7	门头沟	北京石龙经济开发区
8	平谷	北京兴谷经济开发区
9		北京马坊工业园区

北京制造业创新发展领导小组
关于印发《北京绿色制造实施方案》的通知

京制创组发〔2016〕1 号

各区人民政府，市政府各委、办、局，各市属机构：为贯彻落实《〈中国制造 2025〉北京行动纲要》相关要求，加快本市制造业转型升级，提升绿色发展水平，我们编制了《北京绿色制造实施方案》，现印发给你们，请结合实际贯彻执行。

特此通知。

附件：《北京绿色制造实施方案》

北京制造业创新发展领导小组
二〇一六年十二月五日

附件：

北京绿色制造实施方案

绿色制造是制造强国的重要标志，也是生态文明建设的重要内容。为践行“创新、协调、绿色、开放、共享”发展理念，落实《〈中国制造 2025〉北京行动纲要》要求，引导工业企业按照全生命周期、资源环境优化、绿色创新的理念实施绿色制造，加快我市制造业转型升级，实现绿色发展，特制订如下实施方案。

一、背景意义

绿色制造是全球经济社会实现可持续发展的必然选择。当今世界，为了突破资源和环境承载力的瓶颈约束，谋求经济增长与资源环境消耗的和谐统一，实现经济发展与环境保护的双赢，各国都在积极追求绿色、智能、可持续的发展，绿色制造已经成为当前世界向前发展的潮流和趋势。

绿色制造将成为我国制造业强国战略的关键支撑。针对国际环境和国内形势的变化，《中国制造 2025》明确将绿色发展作为推动制造业由大变强、实现历史跨越的基本方向，“绿色制造工程”被列入重点实施的五大工程之一。全面推行绿色制造，努力构建高效、清洁、低碳、循环的绿色制造体系，将成为实现中国工业绿色转型的重要支撑。

绿色制造是北京工业发展的必然趋势。“十三五”时期，北京工业发展的内外部条件发生深刻变化，为落实首都城市战略定位，北京工业必须坚持高端化、服务化、集聚化、融合化、低碳化的发展方向，建立节能、清洁、循环、低碳的新型生产方式，以绿色制造推动产业转型升级，实现跨越式发展。

二、总体思路

（一）指导思想

深入贯彻落实党的十八大和十八届三中、四中、五中全会精神，牢固树立创新、协调、绿色、开放、共享的发展理念，瞄准全球制造业绿色发展制高点，以“产业绿色转型升级”为中心目标，以“提质增效、创新示范、产业培育”为行动路径，贯彻全生命周期、资源节约环境友好、绿色创新三大原则，抓住绿色设计、绿色生产、绿色包装、绿色回收四个切入点，将绿色理念和技术工艺贯串制造业全过程，推动绿色材料、绿色产品、绿色工厂、绿色园区和绿色产业链五大领域全面发展。把北京工业打造成为中国工业绿色转型升级、提升绿色发展水平的典范。

（二）发展目标

到 2020 年，绿色制造水平明显提升，企业绿色发展理念显著增强，与 2015 年相比，全市制造业物耗、能耗、水耗、污染物排放显著下降。规模以上工业万元增加值能耗下降 15% 以上，万元工业增加值用水量下降到 10 立方米以下，重点行业主要污染物排放强度进一步降低。绿色制造能力稳步提高，形成一批具有核心竞争力的骨干企业，累计完成 500 项左右重点技术改造项目，建设 50 个左右能源管理中心，创建 50 家绿色示范工厂、10 家绿色工业园区、10 家生态(绿色)设计示范企业、1~2 家绿色制造领域的产业创新中心。

到 2025 年，制造业绿色发展和主要产品单耗、重点行业主要污染物排放强度达到世界先进水平，部分制造业领域绿色制造水平处于世界领先地位。形成创新驱动、集约高效、环境友好的产业发展新格局，成为全国绿色制造创新中心和示范应用中心。

表 1 “十三五”时期绿色制造主要指标

类别	序号	指标	目标
环境友好	1	规模以上单位工业增加值能耗（%）	比 2015 年下降 15%
	2	万元工业增加值用水量（立方米）	<10
示范创建	3	重点技术改造项目（个）	500
	4	能源管理中心数量（个）	50
	5	绿色工厂数量（个）	50
	6	绿色园区数量（个）	10
	7	生态(绿色)设计示范企业数量（个）	10
	8	产业创新中心数量（个）	1~2

三、贯彻三大原则，转变传统生产方式

（一）全生命周期

在保证产品的功能、质量、成本的前提下，综合考虑环境影响和资源利用效率，通过开展技术创新及系统优化，使产品在设计、制造、物流、使用、回收、拆解与再利用等全生命周期过程中，对环境影响最小、资源能源利用率最高，对人体健康与社会危害最小。

（二）资源节约环境友好

贯彻减量化、再利用、再循环的原则，研发和应用先进技术，提高资源利用效率，降低制造业能源消耗强度，降低废水、废气排放，减少固体废弃物的产生，形成高效、节能、环保和可循环的新型制造工艺，在生产制造过程中以最少的资源消耗获得最大的经济和社会收益，最大限度降低工业生产对生态环境的影响。

（三）绿色创新

把创新理念渗透到绿色发展的每一个环节，通过创新促进制造业绿色转型升级。发展先进绿色制造技术，突破绿色产品设计、绿色回收处理等关键技术，提升工艺水平。创新发展模式，培育绿色发展新业态。使创新成为推动绿色制造快速发展的动力和源泉。

四、抓住四个切入点，促进制造业转型

（一）重点培育工业产品的绿色设计能力

在产品设计源头就力求考虑到产品整个生命周期中从概念形成到产品报废处理的所有因素，包括质量、成本、进度计划、用户要求、环境影响、资源消耗状况等，以集成、并行的方式设计产品。加强绿色设计关键技术应用，提高企业绿色发展意识和生态(绿色)设计能力，推进生态(绿色)设计制度建设和技术进步，促进生态(绿色)设计与产品创新开发、技术工艺改进相结合。

（二）全面提升生产过程的绿色化水平

采用节能设备，开发节约能源及利用绿色能源工艺，提高能源利用效率；采用无污染、少污染的技术、新设备，消除减少废、污物的产生和排放，对排放的污染物进行“三废”综合治理；开展原材料的循环利用，减少生产活动对环境的影响。

（三）推进绿色包装的普及应用

鼓励企业优化包装结构设计，选择使用可再生利用或能够自然降解、对环境无污染、对人体无毒害的包装材料，合理包装产品，避免过度包装，优化产品包装方案，最大限度地减少包装废弃物，建立包装材料的回收、循环再利用体系。推广应用绿色包装印刷技术。

（四）完善绿色回收处理系统

围绕传统产品、机电设备、高端装备等重点领域，建立完善包括退役产品回收、拆解、分选、回收利用、再制造、废弃物处理在内的绿色回收处理系统。大力研发和推广再制造技术，引导再制造企业建立产品信息化管理平台，促进再制造过程规范化发展，提高产品回收利用率。

五、聚焦五大领域，提升绿色发展水平

（一）绿色材料

高度重视绿色材料发展，围绕产品轻量化、模块化、集成化和智能化等绿色设计技术需求，面向航空、航天、轨道交通等高端装备绿色发展，加大绿色新材料的应用力度，推广用量少、可回收、可再用、可降解、无毒害的绿色材料；重视新材料生产过程节能减排，优化生产工艺，完善生产装备；面向消费品绿色发展需求，加快推广安全、无公害材料的研发和推广力度，推进绿色材料的应用；依据标准，积极推进绿色材料第三方评价。

（二）绿色产品

按照产品全生命周期绿色管理理念，遵循能源资源消耗最低化、生态环境影响最小化原则，通过技术创新、优化设计等方式，以新能源汽车、集成电路、液晶显示器、电子元器件、绿色建材等产品为突破口，以保障食品、药品、婴童用品等重点消费品质量安全为基本要求，以点带面，开发推广绿色产品，显著提升产品节能环保低碳水平；积极推进绿色产品第三方评价和认证，制定评价管理办法，开展典型产品的评价，引导绿色生产，促进绿色消费；推动绿色标准制定，鼓励企业积极主导或参与国际和国内先进标准的制订修订工作，推进绿色设计标准国际互认，提升绿色产品国际化水平。

（三）绿色工厂

按照用地集约化、生产清洁化、废物资源化、能源低碳化原则，结合行业特点，分类创建绿色工厂。优化制造流程，应用绿色低碳技术建设改造厂房，集约利用厂区。采用无毒无害的原料替代有毒有害原料，选用先进适用的清洁生产工艺技术和高效末端治理装备，减少污染物排放，推动水、气、固体废弃物资源化和无害化利用。采用先进节水技术，实行清污分流、循环用水、循序用水以及废水回收利用。优化工厂用能结构，采用先进节能技术与装备，提高清洁和可再生能源的使用比例，建设厂区光伏电站、智能微电网和能源管理中心。推行资源能源环境数字化、智能化管理系统，实现资源能源及污染物动态监控和管理。

（四）绿色产业链

以汽车、集成电路、液晶面板、机器人等行业龙头企业为依托，以绿色供应标准和生产者责任延伸制度为支撑，带动上游零部件或元器件供应商和下游拆解回收处理企业，加快建立以资源节约、环境友好为导向的采购、生产、营销、物流、回收体系，将“绿色”发展理念从单体企业扩展到产业链上的每一个企业，实现整个生产链条的环保、低碳、可持续发展。鼓励生产企业树立绿色采购理念，提高对供应商绿色设计、清洁生产和绿色包装的要求，建立绿色原料及产品可追溯信息系统，积极应用物联网、大数据和云计算等信息技术，建立绿色产业链管理体系；引导生产企业承担产品废弃后的回收和资源化利用责任，推动信息技术在废旧产品回收体系中的应用，创新发展“互联网＋回收”模式。

（五）绿色园区

以绿色企业集聚化发展、绿色服务平台建设为重点，选择一批基础条件好、代表性强的工业园区，开展绿色工业园区创建示范工程。优化园区规划布局，合理控制园区的土地开发强度，提高土地节约集约利用水平；推行园区综合能源资源一体化解决方案，积极利用余热余压废热资源，推行热电联产和分布式能源，提高园区可再生能源使用比例；加强水资源循环利用，推动供水、污水等基础设施绿色化改造；完善绿色管理服务平台，发展园区信息、技术、商贸等公共服务平台。

六、实施八项工程，示范带动重点突破

（一）绿色设计示范试点工程

开展绿色设计试点示范企业建设。发挥北京设计服务等创新资源优势，创建绿色设计创意中心，在汽车、电子信息、航空航天、家具等重点领域开展工业企业绿色设计示范，建设一批设计提升产业发展水平的示范项目。重点突破轻量化、无害化、节能降噪、资源节约、易制造、易回收、高可靠性和长寿命等面向产品全生命周期的设计技术，开发应用生态（绿色）设计工具，建立生态（绿色）设计支撑数据库，应用生命周期评价方法优化原材料选择、产品设计和制造方案，探索建立产品的生态（绿色）设计评价体系。

（二）生产过程清洁化改造工程

实施制造业清洁生产改造。以源头削减污染物产生为切入点，围绕汽车及零部件、电子产品、石油化工、家具、印刷等重点行业，实施一批清洁生产技术改造项目。鼓励企业革新传统生产工艺装备，采用先进适用清洁生产工艺技术，选用绿色材料，替代有毒有害原料，鼓励家具、汽车涂装等行业推广水性、粉末涂装工艺，电子行业实施有毒有害物质控制和替代，印刷行业推广低挥发性有机溶剂工艺，从源头削减二氧化硫、氮氧化物、烟粉尘、化学需氧量、氨氮、挥发性有机物等污染物，降低末端治理或无组织排放控制压力。

（三）能源高效利用工程

加快提升能源利用效率。逐步淘汰高耗能通用设备，针对电机（水泵、风机、空压机）系统、变压器、锅炉、照明器具等重点通用设备，开展节能技术改造，实施升级替代，推广高能效产品和设备，将重点通用设备的运行能效指标提高至国内乃至国际先进水平。建设绿色数据中心，应用热场管理、余热利用、自然冷源、分布式供能、直流供电等技术和产品，大力提升数据中心能源使用效率。

（四）清洁能源替代工程

推广清洁能源及可再生能源应用。继续开展工业领域燃煤设施清洁能源替代工作，基本淘汰 10 蒸吨以下工业燃煤锅炉。推进工业用能低碳化，优化调整工业用能结构，鼓励企业提高可再生能源，扩大太阳能、地热、生物质等新能源应用比例，加快工业企业分布式能源中心建设，在具备条件的工业园区或企业实施可再生能源替代化石能源，在园区及企业开展光伏、光热、风能、热泵等分布式能源和智能微电网建设。

（五）水资源利用高效化改造示范应用工程

实施水资源利用高效化改造。以控制提高用水效率、保护水环境、工业新水零增长为目标，推广绿色节水工艺、设备和产品，强化用水监控管理，对食品饮料、电子、医药等主要耗水行业实施节水技术改造，大力推行合同节水管理，推进水资源循环利用和工业废水处理回用，推动工业园区建设市政供水、雨水、再生水等集成利用服务体系，提高工业用水重复利用率，推动工业清洁高效用水。

（六）循环利用示范应用工程

推进绿色包装，加强对包装印刷企业的环境整治力度，推动包装减量化、无害化，引导鼓励企业采用可降解、无污染、可循环利用的包装材料，加强包装印刷废物无害化处理处置力度。开展聚酯瓶、利乐包等包装废弃物回收示范，鼓励采用绿色包装材料的研发和生产。

完善绿色回收系统，加强企业间废物交换信息网络建设，推动废弃资源产生、废弃资源利用企业间的信息交流和物质流通。围绕电子产品、汽车、机电产品等领域，扶持典型示范企业，开展高效清洁回收与拆解、资源化再利用与再制造等关键技术研究，推广绿色化回收处理和再利用技术。

以水泥窑协同处置危废、飞灰等典型项目为示范，带动京津冀区域资源综合利用水平。推进工业固体废物综合利用产业区域协同发展，推动北京资源综合利用企业重新布局。探索区域产业对接、配套和示范应用的全方位合作体制机制，加快资源综合利用产业全产业链的集成协作。

（七）数字化智能化提升工程

推动数字化智能化与绿色制造融合发展。在重点用能单位推广能源管理中心建设，鼓励在中小企业利用云计算技术建设能源管控平台，对能源消耗情况特别是主要耗能设备，实施动态监测、控制和优化管理，提高企业能源管理精细化水平。选择部分工作基础好的园区，试点建设能源管理云端平台，为用能企业、园区、政府提供能源大数据增值服务。

发挥互联网、物联网、云计算、大数据等新一代信息技术综合优势，探索建立企业智能环境数据感知体系，推进生态环境保护信息化。

（八）绿色服务产业化工程

大力发展节能环保服务业。围绕机电设备改造提升、能源替代及高效利用、信息化提升、环境深度治理等领域，重点扶持一批资源整合能力强、提供系统解决方案的节能环保业服务机构，提高综合服务能力。培育一批科技创新能力强、具有核心技术、品牌优势的节能环保服务业龙头企业，提升北京节能服务产业竞争力及辐射带动作用。打造节能环保综合服务平台，推动节能环保服务公司与工业企业需求对接。建立北京绿色制造产业联盟，整合节能环保领域上下游资源，推动节能环保产业做大做强。

七、保障措施

（一）加大财政支持力度

加大对绿色制造的财政投入，统筹整合利用转型升级、节能减排、污染防治、产业退出等各类财政支出政策，重点向绿色制造技术改造倾斜。对接国家绿色制造工程实施，建立重点项目储备库，积极争取中央财政对本市绿色制造重大项目的支持。通过贷款贴息、补助和奖励等方式，加大对绿色制造重点领域技术创新和技术改造的支持。完善绿色产品政府采购等支持政策，落实相关节能减排税收优惠政策。

（二）提供绿色金融支撑

以市场化手段引导工业企业绿色转型升级，创新金融产品和服务，以绿色金融支持工业绿色发展，不断扩大工业绿色信贷和绿色债券规模。鼓励金融资本、民间资本、创业与私募股权基金等设立绿色发展产业投资基金，引导社会资本投入绿色制造业。鼓励金融机构为中小企业绿色转型提供便捷、优惠的担保服务和信贷支持，积极发展融资租赁、知识产权质押贷款、信用保险保单质押贷款。

（三）建立健全标准体系

建立绿色制造标准体系。对既有标准进行全面清查和评价，制（修）订重点行业单位产品能耗限额、产品能效、污染物排放、清洁生产等标准，严格标准管理。组织制定绿色产品、绿色工厂、绿色园区等建设实施指南和评价认定标准，为全面推行绿色制造创造管理基础。

（四）强化监督管理

积极推进完善绿色制造相关法律法规，构建绿色制造管理体系。发挥环保执法、节能监察、清洁生产强制审核和生产者责任延伸等监督管理手段，强化制度约束，为实施绿色制造提供制度保障。

（五）加强宣传引导

多层次、多形式地开展宣传教育活动，大力传播绿色发展理念。提高企业认识，引导企业自觉践行绿色制造。提高用户认识，引导绿色消费理念，为绿色制造营造有力的舆论氛围。

北京制造业创新发展领导小组办公室

二〇一六年十二月五日印发

工业数据

综 述

本栏目资料反映了年度内北京工业经济方面的基本情况，主要包括规模以上工业企业的主要经济指标数据，还包括国有控股工业企业、股份制工业企业、港澳台及外商投资工业企业、大中型工业企业的主要经济指标数据，以及高技术制造业主要经济指标、能源消费总量和主要能源品种消费量，区规模以上工业企业产值、主要财务情况，镇村工业企业主要经济指标。具体指标包括单位数、工业总产值、工业增加值、资产总计、负债合计、主营业务收入、主营业务成本、主营业务税金及附加、利润总额、应交增值税、总资产贡献率、资产负债率、成本费用利润率、主要工业产品产量、生产能力等。 本栏目工业企业统计数据主要来源于北京市统计局、北京市经济和信息化委员会镇村企业处。

2016 年北京市规模以上

项目	企业单位个数（个）	#亏损企业	工业总产值（当年价格）	工业增加值	工业销售产值（当年价格）	#出口交货值
合计	3340	636	180872720	37486564	178374996	9568018
按隶属关系分组						
中央企业	219	34	58161978	12943242	57898807	287898
地方企业	3121	602	122710742	24543322	120476189	9280120
按登记注册类型分组						
内资企业	2594	465	108071575	22457719	106709424	3094469
国有企业	62	10	33658576	6241773	33663750	13263
集体企业	29	9	213801	58795	213519	3872
股份合作企业	49	8	666237	152171	599576	12632
有限责任公司	1157	243	41486285	8449533	40930108	1797564
股份有限公司	249	38	22336948	5251156	21864149	832194
私营企业	1047	157	9707793	2303983	9436242	434945
其他企业	1		***	***	***	***
港澳台商投资企业	181	48	16802997	1646995	16508798	2073284
港澳台合资经营	83	18	4023387	1103383	3948935	634237
港澳台合作经营	3		***	***	***	***
港澳台商独资企业	84	29	12226789	654775	12029416	1374289
港澳台商投资股份有限公司	11	1	534383	-120893	509522	64759
外商投资企业	565	123	55998148	13381850	55156774	4400265
中外合资经营	213	36	37339241	9566393	36552257	2233063
中外合作经营	8	3	211098	103449	209651	13841
外资（独资）企业	331	82	18000184	3664049	17929033	2107840
外商投资股份有限公司	12	2	423204	38745	441778	45367
按城乡分组						
#农村企业	21	6	181745	33883	179714	435
按控股类型分组						
#国有控股	697	140	107041993	23778616	105896130	2401046
集体控股	92	19	3207092	637306	3081833	131126
私人控股	1887	318	26215217	5511594	25430595	1098573
港澳台控股	136	39	14596651	1056102	14352684	1667327
外商控股	490	111	28521318	6201254	28344371	4222244
按轻重工业分组						
轻工业	1163	234	27315733	8106706	26699678	1404988
重工业	2177	402	153556988	29379858	151675317	8163030
按规模分组						
#大中型企业	676	111	150532406	31009228	148568616	8032114

工业企业主要经济指标

单位：万元

平均用工人数（人）	资产负债						
	资产总计	流动资产合计	#存货	#产成品	#应收账款	固定资产合计	固定资产原价
1044464	430936843	166431586	23494977	8008211	43925283	68330561	129779692
181035	200006375	41503770	4129499	971540	7873948	28291034	64658352
863429	230930468	124927816	19365478	7036671	36051335	40039527	65121340
705390	345051761	114505963	15346226	5093234	29624424	54080328	102342763
41185	164270214	26135533	1047456	171486	2843110	19213261	41271568
4908	353434	245679	62196	35125	40025	59128	129397
6336	545156	434434	122258	61270	120440	81859	136674
356515	104078537	47141318	7545615	2526019	14867168	27245031	47097452
157752	60353813	29661162	3993731	1317276	7975627	5534167	10597016
138664	15447187	10886321	2574173	981975	3777823	1944982	3108616
***	***	***	***	***	***	***	***
84534	24428253	15171577	2171898	763193	4272111	3201283	6545239
33880	5724683	3793294	460054	174851	1267682	1089843	3266135
***	***	***	***	***	***	***	***
44965	14833192	9223405	1298098	524794	2221277	2030294	3082434
5318	3835527	2123977	409940	61151	765103	78444	189461
254540	61456829	36754046	5976853	2151784	10028748	11048951	20891691
131730	37318708	21500185	3249987	1185686	4856778	7209167	11652057
5621	296034	242536	-13396	2450	42202	47842	135869
110487	19292137	13816034	2679250	940956	5000855	3535300	8408602
6617	4534963	1184617	57989	22366	124309	254871	691202
3499	396461	354980	70082	31781	77085	37447	74633
453629	314811115	92382040	10264820	3323591	20004099	54542152	104410451
22349	4010383	2943084	607451	197796	1089957	354807	639475
310853	58793660	35938941	6841182	2489208	11547501	5057702	8147052
65114	19886022	12605055	1796793	670973	3436602	2424743	3953347
182401	31145735	20876756	3816404	1276468	7153522	5768563	12326463
323275	43944384	26334732	5856808	2501802	5836202	7949885	13755179
721189	386992459	140096855	17638170	5506408	38089081	60380677	116024514
741043	368912813	128926836	15835100	5332020	31706454	60490908	116099257

2016 年北京市规模以上

项目	资产负债					
	负债合计	#流动负债合计	#应付账款	所有者权益合计	#实收资本	营业收入
合计	197981343	140505878	45118348	232724512	136610708	202138149
按隶属关系分组						
中央企业	75344736	40485166	9694606	124661639	89575796	60216365
地方企业	122636607	100020712	35423741	108062873	47034912	141921784
按登记注册类型分组						
内资企业	150923957	98793034	27287186	193916491	118428794	118155516
国有企业	55989334	24513177	3776304	108182233	79814562	33937185
集体企业	196232	162083	40961	157171	26951	220986
股份合作企业	333936	314884	150254	211160	82031	747381
有限责任公司	60812310	46723241	14847485	43198067	25502189	46924084
股份有限公司	25337996	19508396	5453471	35015817	9876661	25777946
私营企业	8252132	7569866	3018367	7150641	3126106	10545645
其他企业	***	***	***	***	***	***
港澳台商投资企业	14384832	12873478	5355853	10043125	4140201	23952381
港澳台合资经营	2577746	2476572	883871	3146938	1665075	4443323
港澳台合作经营	***	***	***	***	***	***
港澳台商独资企业	9426814	8904769	3860883	5406083	1531749	18733459
港澳台商投资股份有限公司	2376104	1487968	609980	1459423	936709	746702
外商投资企业	32672553	28839367	12475310	28764896	14041712	60030252
中外合资经营	20112246	17768106	7818893	17197982	8048783	37862595
中外合作经营	137302	127406	65695	158732	166065	382895
外资（独资）企业	10904775	9553911	4479618	8376463	4483500	21122834
外商投资股份有限公司	1511594	1383307	104882	3023369	1336886	620891
按城乡分组						
#农村企业	304306	118768	41487	92155	37750	192573
按控股类型分组						
#国有控股	136231832	87235623	24168208	178475871	114011349	113528698
集体控股	2197330	1836176	618659	1812894	517740	3169539
私人控股	28841616	24370533	8131938	29841629	10809172	29153156
港澳台控股	12451041	11278991	4825796	7434686	2868633	21544128
外商控股	16842658	14531177	6813662	14286371	8017624	33370397
按轻重工业分组						
轻工业	20400272	17348395	4149528	23532824	9728687	32256727
重工业	177581071	123157484	40968819	209191687	126882021	169881422
按规模分组						
#大中型企业	167689239	113745128	35740300	201223174	121999885	167025847

工业企业主要经济指标（续表）

单位：万元

损益							应交税金合计	#营业税金及附加		#应交增值税
#主营业务收入	营业成本	#主营业务成本	销售费用	管理费用	财务费用	利润总额			#主营业务税金及附加	
197469575	167507152	163956085	10249966	10444149	2153834	16082648	11956830	3221330	3198907	5667337
59354540	53482896	52776655	434795	1814071	604520	5578509	3809898	1270702	1258907	1735022
138115036	114024256	111179430	9815171	8630078	1549315	10504139	8146932	1950629	1940000	3932315
115494782	100649441	98559811	3878862	6723227	1541681	9438598	6641214	1759591	1741884	3342602
33829587	31016508	30951319	141308	314365	424122	4350229	1720690	373305	371860	824063
215245	195430	192266	9038	24330	−918	4586	13054	1369	1325	9664
734115	654311	652487	35365	32330	1670	27532	24849	2360	2360	15752
45891924	40886124	40093240	1591134	3248520	757357	1574399	2005546	220999	210185	1269551
24480271	19865284	18759646	1341204	2045208	279486	2690929	2330493	1113692	1108640	856641
10341351	8029787	7908856	760766	1058316	79934	790826	546520	47860	47509	366874
***	***	***	***	***	***	***	***	***	***	***
23323340	20663259	20302392	1677805	1032719	154565	1314963	672838	46792	46588	401827
4281361	3460946	3326783	243767	281281	1912	484815	272612	26718	26603	143251
***	***	***	***	***	***	***	***	***	***	***
18373320	16583093	16454219	1226567	655025	97283	748642	352861	13564	13476	228900
640056	600295	502727	206189	91619	55414	77786	44251	6254	6254	27501
58651453	46194452	45093882	4693299	2688203	457588	5329086	4642778	1414948	1410435	1922908
37235208	29018533	28521468	2415651	1559367	239457	3720369	3465058	1307749	1305556	1194490
378454	296520	292820	48133	19925	-2037	19835	28535	2153	2153	18712
20472059	16411262	15859015	2139439	1039343	166146	1331276	1104320	98861	98815	682467
525771	438635	391078	89653	65256	53504	251464	41210	5956	3683	25440
189641	175370	173009	2446	11475	1532	3368	7559	557	557	5836
111229887	96957102	95094140	3049032	4631979	1371339	10202731	7935842	2878942	2861062	3190817
3105482	2619734	2591892	145217	232364	7892	226217	118039	13606	13248	75253
28440115	22141001	21620442	2356439	2798656	370046	2366431	1449912	130684	128880	906735
21016636	18797499	18524850	1555350	847805	129310	781099	528149	30433	30346	327924
32380372	25991660	25160637	3028577	1779529	268916	2389335	1864079	161269	159116	1130844
31306351	21489015	20783520	4879858	2556482	260190	3062637	2759104	615607	611538	1539227
166163224	146018137	143172565	5370108	7887667	1893644	13020010	9197726	2605723	2587370	4128110
163561330	139702551	137042722	8170953	7331752	1835427	13650599	10104736	3049156	3034059	4501926

2016 年北京市规模以上

项　　目	企业单位个数(个)	#亏损企业	工业总产值(当年价格)	工业增加值	工业销售产值(当年价格)	#出口交货值	平均用工人数(人)
合计	3340	636	180872720	37486564	178374996	9568018	1044464
煤炭开采和洗选业	1		***	***	***	***	***
石油和天然气开采业	2		***	***	***	***	***
黑色金属矿采选业	7	6	726227	-166279	728089		18900
非金属矿采选业	2	1	***	***	***	***	***
开采辅助活动	6	4	1186103	583226	1186103	24617	19071
其他采矿业	1		***	***	***	***	***
农副食品加工业	133	32	3914735	503928	3842996	63502	31322
食品制造业	124	22	2935615	435229	2914982	132948	46569
酒、饮料和精制茶制造业	42	17	1656865	520998	1646141	18693	25007
烟草制品业	1		***	***	***	***	***
纺织业	19	4	116381	22791	121818	20092	3280
纺织服装、服饰业	117	31	1125851	460942	1022641	181974	35051
皮革、毛皮、羽毛及其制品和制鞋业	8	2	87532	18575	81121	11479	1592
木材加工和木、竹、藤、棕、草制品业	12	2	143469	23800	144023	2428	1766
家具制造业	60	12	786420	179995	771260	41920	13011
造纸和纸制品业	41	8	580145	194590	578764	47724	5147
印刷和记录媒介复制业	99	21	1115474	468085	1110545	4824	21288
文教、工美、体育和娱乐用品制造业	30	8	1378445	25903	1366527	49155	5736
石油加工、炼焦和核燃料加工业	16	1	4943850	1575454	4944220		9936
化学原料和化学制品制造业	184	34	3022624	778720	2943567	120191	30583
医药制造业	209	28	8143946	3361704	7850785	131712	74795
化学纤维制造业	3		***	***	***	***	***
橡胶和塑料制品业	108	26	828985	205805	843119	76969	14782
非金属矿物制品业	219	55	4320951	831298	4256791	73321	44024
黑色金属冶炼和压延加工业	20	5	1035339	47349	1042303	67583	4531
有色金属冶炼和压延加工业	35	6	723528	140050	707237	122113	5209
金属制品业	182	36	2801816	687433	2754234	130317	32549
通用设备制造业	213	52	4900143	1224225	4737960	801219	51505
专用设备制造业	287	42	5121326	1297891	4990914	688257	61641
汽车制造业	240	39	47715999	9494661	46784580	566154	151712
铁路、船舶、航空航天和其他运输设备制造业	78	13	3915137	1360543	3812294	54777	37418
电气机械和器材制造业	233	36	6786451	1184713	6698383	313287	46903
计算机、通信和其他电子设备制造业	284	43	20198717	1852496	19836241	5500967	106931
仪器仪表制造业	158	23	2549480	755098	2538299	126466	30475
其他制造业	24	6	672646	199499	663652	11432	6547
废弃资源综合利用业	9	3	60344	16297	59620	201	836
金属制品、机械和设备修理业	16	1	821637	343045	815251	46603	13803
电力、热力生产和供应业	74	14	41055448	7283035	41039606		57476
燃气生产和供应业	20	1	3823347	518372	3823339		12025
水的生产和供应业	23	2	752533	335065	751397		11919

工业企业主要经济指标（按行业分）

单位：万元

资产负债						
资产总计	流动资产合计	#存货	#产成品	#应收账款	固定资产合计	固定资产原价
430936843	166431586	23494977	8008211	43925283	68330561	129779692
***	***	***	***	***	***	***
***	***	***	***	***	***	***
24835519	8094588	229495	42506	1830143	3895578	5593901
***	***	***	***	***	***	***
4391549	1986852	193354	9100	792062	1077011	2639200
***	***	***	***	***	***	***
4712738	3092763	547622	315571	388488	611483	936370
4112470	2279438	420128	188569	561445	784410	1466650
4183459	1835129	243061	60120	192805	1439020	1345083
***	***	***	***	***	***	***
468381	284547	37842	18735	46012	82243	136462
1673197	1261283	557577	318225	225538	215223	378402
95897	81780	39656	27287	23617	8613	15278
118623	82000	16341	4777	21999	10994	17709
971581	692072	188224	67051	169115	143435	220626
541536	342141	89102	32840	97964	144249	361381
2106924	1309587	244746	94510	337285	563667	1480642
837636	668662	332051	194369	112075	62401	151508
2636509	1040127	491315	108732	196370	1075246	3239902
4428620	2871857	537852	196886	626774	858239	2378360
12901078	7881276	2071291	797729	2055067	1713576	2828245
***	***	***	***	***	***	***
1074817	723760	160022	74663	248119	239836	482951
10443676	7037211	997512	257067	3089622	893421	1924966
1106525	476034	183632	57735	160558	447306	808125
984031	624550	162946	67336	187725	85392	188370
6291409	3841945	675245	211226	979699	810924	1428747
11002013	7526702	1976098	511907	1676214	1146776	2107329
18326086	11653316	1785454	542096	3322487	1072952	1923717
46070264	26386042	3466631	1598483	8463242	8560320	13023056
6957857	5083963	1534582	263380	1696061	879839	1461009
11838439	8867884	1397513	412140	4202379	718485	1362494
39319148	23187171	3460561	1256348	6444524	4681375	10096155
5514047	4082049	859363	169040	1344194	441687	726142
1392316	819423	179995	50481	290759	289130	523621
222677	73707	3364	2163	31634	79847	107865
3364872	976683	152339	6950	264876	201483	789499
178545807	26516558	125680	11709	2949975	27482992	58745847
5500676	1242511	13663	6703	333035	1635132	2405673
10530233	2426072	13467	2987	486054	5330293	7379325

2016 年北京市规模以上

项　　目	资产负债						
	负　债合　计	# 流动负债合　　计	# 应　付账　款	所有者权　益合　计	# 实　收资　本	营　业收　入	# 主营业务收　　入
合计	197981343	140505878	45118348	232724512	136610708	202138149	197469575
煤炭开采和洗选业	***	***	***	***	***	***	***
石油和天然气开采业	***	***	***	***	***	***	***
黑色金属矿采选业	14752334	8644899	792253	10083186	2912404	2107219	2019294
非金属矿采选业	***	***	***	***	***	***	***
开采辅助活动	1266666	1188973	433720	3124883	2829484	1234060	1229609
其他采矿业	***	***	***	***	***	***	***
农副食品加工业	2547306	2088667	361499	2165432	970659	4578845	4539612
食品制造业	2118453	1940954	−320541	1994016	1233792	5236406	5110865
酒、饮料和精制茶制造业	1691297	1580269	405019	2492162	871745	1998203	1852154
烟草制品业	***	***	***	***	***	***	***
纺织业	231971	134247	26998	232192	183243	228211	219480
纺织服装、服饰业	954245	846005	277014	702457	277923	1240483	1195441
皮革、毛皮、羽毛及其制品和制鞋业	54282	52895	15601	41615	9642	110948	106437
木材加工和木、竹、藤、棕、草制品业	82136	81671	24766	36487	20081	194015	192642
家具制造业	518638	497526	112219	452943	232577	758247	742630
造纸和纸制品业	262282	237700	93762	279254	172675	654165	635343
印刷和记录媒介复制业	896383	764489	341025	1210541	706467	1368149	1291009
文教、工美、体育和娱乐用品制造业	516394	472617	192434	321243	229924	1507757	1480849
石油加工、炼焦和核燃料加工业	1302867	1251142	500623	1333642	44740	5475436	5268769
化学原料和化学制品制造业	2425721	2254206	584926	2002900	1758323	3418305	3282094
医药制造业	5360216	4572420	1479689	7540862	2195954	8354413	8090285
化学纤维制造业	***	***	***	***	***	***	***
橡胶和塑料制品业	556924	519747	204261	506851	292354	1088700	1031018
非金属矿物制品业	6271372	5551335	2326492	4132007	1914357	4774075	4627674
黑色金属冶炼和压延加工业	1079959	514998	335367	27369	337749	1113368	1101337
有色金属冶炼和压延加工业	480594	415833	148635	502530	169820	989093	761063
金属制品业	3235936	2678390	779753	3040443	1448575	3371537	3208088
通用设备制造业	5100732	4208476	1203426	5905057	2271752	5383310	5278214
专用设备制造业	9577290	7559912	2408617	8716249	3233070	6276168	6083462
汽车制造业	27640084	24547236	12180611	18421411	7651721	49431258	48019950
铁路、船舶、航空航天和其他运输设备制造业	4240267	3838918	1412341	2714917	1086969	4115960	4055436
电气机械和器材制造业	6980478	6379907	2697469	4853189	2890679	7603553	7387798
计算机、通信和其他电子设备制造业	20749008	17929819	7847144	18569844	8707351	27677109	27151370
仪器仪表制造业	2454343	2255798	937564	3059704	997675	3103576	3046281
其他制造业	567270	437860	176822	825046	380637	699275	694419
废弃资源综合利用业	151913	114588	10757	70893	55680	63333	62757
金属制品、机械和设备修理业	1031235	650858	97030	2333637	886778	922543	914563
电力、热力生产和供应业	64912199	31092142	5716247	113534961	83857686	41312811	41123363
燃气生产和供应业	1746881	1355330	269118	3753796	804248	3869689	3827087
水的生产和供应业	4826088	3351616	934261	5704144	4512573	948988	932445

工业企业主要经济指标（按行业分）（续表）

单位：万元

损益									
营业成本	#主营业务成本	销售费用	管理费用	财务费用	利润总额	应交税金合计	#营业税金及附加	#主营业务税金及附加	#应交增值税
167507152	163956085	10249966	10444149	2153834	16082648	11956830	3221330	3198907	5667337
***	***	***	***	***	***	***	***	***	***
***	***	***	***	***	***	***	***	***	***
2102350	1968127	2727	156888	348736	−216335	59641	13903	12432	39853
***	***	***	***	***	***	***	***	***	***
1183041	1181629	5035	64191	−17357	−18689	24015	7238	6814	12821
***	***	***	***	***	***	***	***	***	***
3795178	3777160	301781	203673	32835	221171	225816	124201	124188	61493
3306621	3194213	1272881	291330	11086	348439	412337	33180	33027	286456
1401922	1274101	326825	140946	1134	60035	205478	68312	68174	109229
***	***	***	***	***	***	***	***	***	***
179214	175534	5792	29801	3795	9134	10129	2116	1718	5035
833378	797105	214209	122264	9417	71813	87601	8587	8474	63140
94728	91269	4068	5233	378	6096	6386	478	478	4101
156563	155708	16490	12481	109	6932	8761	703	703	6859
600497	588878	51514	68284	5521	45542	40425	3016	3002	27856
510083	495550	19055	38373	380	60634	52533	3820	3757	27366
1070026	1017447	40700	159869	−22	92747	103749	10687	9414	68506
1416252	1408164	28305	46143	8422	9576	16338	2421	1954	10355
4168788	3954993	48947	226409	16472	204777	1060922	740119	739824	259050
2607226	2489649	289291	360937	48753	101369	215536	20688	20507	154932
4019550	3794932	2065128	806366	129639	1534829	927949	75361	74163	602633
***	***	***	***	***	***	***	***	***	***
939625	890726	38847	82014	8152	21277	44331	4382	4333	30851
4075897	3966029	200747	360099	60815	135836	199783	18046	17247	150776
1054467	1044147	41150	32956	15042	−19807	18448	2876	2843	8400
893247	674090	12095	53038	2821	28102	14950	1625	1524	8865
2761296	2639433	96336	294248	32458	234328	135864	15001	14397	78206
4155222	4099796	329493	483180	57124	679437	300617	28459	28148	163838
4436943	4336439	431312	742589	114345	810695	360607	33797	33684	216142
40978796	39779304	1904422	1776332	251630	3801345	3557736	1440544	1436021	1179473
3300570	3257368	72763	369739	32440	348013	214475	16284	15318	131171
5941612	5796915	586948	643930	50822	355851	413819	34726	34550	254989
24454334	24213536	1454079	1712368	188676	886452	525683	74789	73478	219224
2180155	2159743	232649	364942	12405	373719	217870	21008	20316	143329
518970	516438	23672	82550	3939	76618	36383	3985	3981	20987
52986	52796	513	9884	2170	507	3487	296	296	2584
759154	756701	9216	101758	31491	213640	58236	7775	7731	34915
38843914	38735284	12095	257962	609034	4905949	1798731	126720	121829	1066217
3525874	3500849	36629	156909	28189	388122	122709	3999	3586	79629
710826	704470	48677	75937	34597	210300	79140	9457	8870	29975

2016 年北京市规模以上

项目	工业经济效益综合指数	企业亏损面	总资产贡献率	资产保值增值率	资产负债率	流动资产周转率（次）
合计	313.42	19.04	6.19	113.63	45.94	1.21
按隶属关系分组						
中央企业	534.42	15.53	4.58	115.52	37.67	1.45
地方企业	267.44	19.29	7.58	111.53	53.11	1.14
按登记注册类型分组						
内资企业	283.96	17.93	4.63	114.24	43.74	1.03
国有企业	1030.67	16.13	3.61	116.72	34.08	1.30
集体企业	136.88	31.03	4.15	108.98	55.52	0.90
股份合作企业	227.99	16.33	8.67	80.49	61.26	1.72
有限责任公司	212.29	21.00	3.62	103.96	58.43	1.00
股份有限公司	310.33	15.26	8.17	122.27	41.98	0.87
私营企业	195.71	15.00	8.27	110.81	53.42	0.97
其他企业	155.85		5.57	189.64	59.01	1.51
港澳台商投资企业	208.67	26.52	7.52	109.05	58.89	1.58
港澳台合资经营	315.41	21.69	11.61	102.02	45.03	1.17
港澳台合作经营	298.72		17.53	105.70	11.96	0.94
港澳台商独资企业	176.86	34.52	6.70	116.40	63.55	2.03
港澳台商投资股份有限公司	−56.79	9.09	4.50	100.58	61.95	0.35
外商投资企业	439.10	21.77	14.45	111.28	53.16	1.63
中外合资经营	572.63	16.90	17.01	118.92	53.89	1.76
中外合作经营	212.40	37.50	13.57	103.60	46.38	1.58
外资（独资）企业	301.70	24.77	11.16	103.73	56.52	1.53
外商投资股份有限公司	239.87	16.67	7.34	95.67	33.33	0.52
按城乡分组						
#农村企业	114.65	28.57	2.83	99.52	76.76	0.54
按控股类型分组						
#国有控股	417.26	20.09	5.58	114.75	43.27	1.23
集体控股	264.56	20.65	8.09	93.95	54.79	1.08
私人控股	199.21	16.85	6.30	109.40	49.06	0.81
港澳台控股	180.22	28.68	5.89	111.85	62.61	1.71
外商控股	313.64	22.65	12.06	110.91	54.08	1.60
按轻重工业分组						
轻工业	266.10	20.12	12.21	108.30	46.42	1.22
重工业	340.24	18.47	5.51	114.27	45.89	1.21
按规模分组						
#大中型企业	351.38	16.42	6.14	114.79	45.45	1.30

工业企业主要经济效益指标

单位：%

成本费用利润率	全员劳动生产率（元／人）	产品销售率	增加值率	人均销售收入（元）	流动比率（倍）	速动比率（倍）
8.45	358907	98.62	20.73	1890631	1.18	1.02
9.90	714958	99.55	22.25	3278622	1.03	0.92
7.84	284254	98.18	20.00	1599611	1.25	1.06
8.37	318373	98.74	20.78	1637318	1.16	1.00
13.64	1515545	100.02	18.54	8214055	1.07	1.02
2.01	119795	99.87	27.50	438560	1.52	1.13
3.80	240169	89.99	22.84	1158640	1.38	0.99
3.39	237004	98.66	20.37	1287237	1.01	0.85
11.44	332874	97.88	23.51	1551820	1.52	1.32
7.96	166156	97.20	23.73	745785	1.44	1.10
4.36	102694	107.49	15.91	763333	1.09	0.52
5.59	194832	98.25	9.80	2759048	1.18	1.01
12.16	325674	98.15	27.42	1263684	1.53	1.35
14.91	262271	113.49	52.77	770978	7.41	6.50
4.03	145619	98.39	5.36	4086138	1.04	0.89
8.16	−227327	95.35	−22.62	1203565	1.43	1.15
9.86	525727	98.50	23.90	2304214	1.27	1.07
11.19	726212	97.89	25.62	2826631	1.21	1.03
5.47	184039	99.31	49.01	673286	1.90	2.01
6.74	331627	99.60	20.36	1852893	1.45	1.17
38.86	58553	104.39	9.16	794575	0.86	0.81
1.77	96837	98.88	18.64	541985	2.99	2.40
9.62	524186	98.93	22.21	2452001	1.06	0.94
7.53	285161	96.09	19.87	1389539	1.60	1.27
8.55	177305	97.01	21.02	914906	1.47	1.19
3.66	162193	98.33	7.24	3227668	1.12	0.96
7.69	339979	99.38	21.74	1775230	1.44	1.17
10.49	250768	97.74	29.68	968412	1.52	1.18
8.08	407381	98.77	19.13	2304018	1.14	0.99
8.69	418454	98.70	20.60	2207177	1.13	0.99

2016年北京市规模以上国有

项目	企业单位个数(个)	#亏损企业	工业总产值(当年价格)	工业增加值	工业销售产值(当年价格)	#出口交货值
合计	697	140	107041993	23778616	105896130	2401046
按隶属关系分组						
中央企业	215	34	58010651	12944844	57748299	272673
地方企业	482	106	49031343	10833772	48147830	2128373
按轻重工业分组						
轻工业	170	33	7080505	2437929	6966820	92928
重工业	527	107	99961488	21340687	98929309	2308118
按规模分组						
#大中型企业	254	55	98918477	22004223	97914268	2242409

2016年北京市规模以上国有

项目	资产负债					营业收入	#主营业务收入
	负债合计	#流动负债合计	#应付账款	所有者权益合计	#实收资本		
合计	136231832	87235623	24168208	178475871	114011349	113528698	111229887
按隶属关系分组							
中央企业	74686969	40156743	9583582	124301536	89491074	59912299	59089928
地方企业	61544864	47078880	14584626	54174335	24520275	53616399	52139960
按轻重工业分组							
轻工业	6342368	4634775	1121049	9657223	3492028	8208062	8011100
重工业	129889464	82600849	23047159	168818648	110519321	105320636	103218788
按规模分组							
#大中型企业	126634119	79043762	21326972	167791748	108615739	103609885	101836746

控股工业企业主要经济指标

单位：万元

平均用工人数（人）	资产负债						
	资产总计	流动资产合计	#存货	#产成品	#应收账款	固定资产合计	固定资产原价
453629	314811115	92382040	10264820	3323591	20004099	54542152	104410451
178640	198988505	41045852	4101344	954958	7777341	28254323	64579657
274989	115822611	51336188	6163476	2368632	12226758	26287828	39830794
80863	16003809	8428325	1697828	727273	1267370	3848833	6240832
372766	298807306	83953715	8566992	2596318	18736729	50693319	98169618
391593	294425867	82481829	8379644	2740912	17064376	50917994	98521202

控股工业企业主要经济指标（续表）

单位：万元

损益									
营业成本	#主营业务成本	销售费用	管理费用	财务费用	利润总额	应交税金合计	#营业税金及附加	#主营业务税金及附加	#应交增值税
96957102	95094140	3049032	4631979	1371339	10202731	7935842	2878942	2861062	3190817
53217607	52546900	427180	1789303	587367	5563317	3803116	1269782	1257988	1731771
43739495	42547240	2621852	2842676	783972	4639414	4132726	1609159	1603074	1459047
5873388	5752622	740175	677725	36999	697581	965128	459569	456336	368205
91083714	89341518	2308857	3954254	1334340	9505150	6970714	2419372	2404727	2822613
88786757	87312850	2732271	3801615	1244970	9186564	7376166	2823086	2811317	2856624

2016 年北京市规模以上国有控股

项　　目	企业单位个数（个）	#亏损企业	工业总产值（当年价格）	工业增加值	工业销售产值（当年价格）
合计	697	140	107041993	23778616	105896130
煤炭开采和洗选业	1		***	***	***
石油和天然气开采业	2		***	***	***
黑色金属矿采选业	4	3	698112	−176558	700976
非金属矿采选业	1	1	***	***	***
开采辅助活动	3	2	***	***	***
农副食品加工业	22	7	1957756	303140	1938374
食品制造业	15	2	566843	131828	592038
酒、饮料和精制茶制造业	9	6	527272	251681	514798
烟草制品业	1		***	***	***
纺织业	8	2	29779	3882	32039
纺织服装、服饰业	6		56185	8502	55477
皮革、毛皮、羽毛及其制品和制鞋业	1		***	***	***
木材加工和木、竹、藤、棕、草制品业					
家具制造业	2		***	***	***
造纸和纸制品业	2		***	***	***
印刷和记录媒介复制业	31	7	547728	261672	551141
文教、工美、体育和娱乐用品制造业	7	1	224334	12434	222821
石油加工、炼焦和核燃料加工业	6	1	4389432	1494236	4384448
化学原料和化学制品制造业	31	7	1127446	138849	1138553
医药制造业	30	2	1547441	738060	1437531
化学纤维制造业	2		***	***	***
橡胶和塑料制品业	7	2	57467	16354	60076
非金属矿物制品业	52	18	1441308	262056	1425234
黑色金属冶炼和压延加工业	3	2	***	***	***
有色金属冶炼和压延加工业	9		432544	95954	420257
金属制品业	27	6	1024153	223316	1003015
通用设备制造业	41	14	917329	193568	937913
专用设备制造业	55	10	1362210	279960	1284419
汽车制造业	43	4	34383837	7513530	33613022
铁路、船舶、航空航天和其他运输设备制造业	36	5	3320329	1129201	3223857
电气机械和器材制造业	25	5	1193694	155775	1201593
计算机、通信和其他电子设备制造业	68	12	4260665	926624	4128632
仪器仪表制造业	46	6	836838	210165	854840
其他制造业	10	1	589568	183969	585386
废弃资源综合利用业	1	1	***	***	***
金属制品、机械和设备修理业	5		749118	307972	743926
电力、热力生产和供应业	53	11	40817852	7253877	40817304
燃气生产和供应业	13	1	559216	105221	559216
水的生产和供应业	19	1	725641	327593	722060

工业企业主要经济指标（按行业分）

单位：万元

#出口交货值	平均用工人数（人）	资产负债 资产总计	流动资产合计	#存货	#产成品	#应收账款	固定资产合计	固定资产原价
2401046	453629	314811115	92382040	10264820	3323591	20004099	54542152	104410451
***	***	***	***	***	***	***	***	***
***	***	***	***	***	***	***	***	***
	18060	24768246	8062088	221732	39326	1824153	3865448	5537503
***	***	***	***	***	***	***	***	***
***	***	***	***	***	***	***	***	***
888	11984	2473919	1876887	282204	209447	119111	333408	457153
7383	8279	1054743	444826	50839	16940	128924	137440	244808
4307	11220	2556799	955929	121375	25295	32825	1063364	547386
***	***	***	***	***	***	***	***	***
2037	1699	339220	187471	17331	11353	9065	61947	83918
29974	1171	81144	58940	36361	15125	7282	15144	26509
***	***	***	***	***	***	***	***	***
***	***	***	***	***	***	***	***	***
***	***	***	***	***	***	***	***	***
	10353	1159589	736632	120577	56810	221679	289608	877973
4827	1775	406478	324156	196591	121280	78579	34403	61779
	8704	2412775	853056	441794	101690	147454	1047283	3187596
33037	9184	1741020	1005235	203997	62215	177667	432585	1554409
4228	17296	3424092	1831214	588228	210954	251294	422279	805380
***	***	***	***	***	***	***	***	***
23017	1975	174223	100424	14227	6965	25966	37171	65036
16127	15506	4040845	2489157	217028	84162	1095405	436329	921360
***	***	***	***	***	***	***	***	***
97758	3085	650710	423059	117368	37734	94993	52435	125776
58701	11582	2630141	1283735	195923	49415	283720	461620	748805
26362	13636	2641646	1891152	793886	108673	335191	251804	501129
43426	18917	3929565	2919075	734198	251886	1116669	446249	805209
360905	92721	35875439	19666611	2357679	1161451	5140892	6718828	9823685
46735	31030	5662675	4153827	1337991	207615	1359949	802261	1328669
8054	6189	2418972	1595591	179916	19913	832350	122969	244486
1368024	31709	13686596	7017895	998722	343784	1692216	1979784	4433820
7309	9105	1316752	1057584	261758	57093	298674	91434	191833
5	5346	1224691	721186	152730	34393	263219	270084	495066
***	***	***	***	***	***	***	***	***
44247	12912	3209058	856508	131585	255	224501	184567	755611
	53048	177989382	26255825	104101	8876	2911381	27295905	58458551
	3662	642438	367604	11209	6348	41663	238790	375246
	11532	10283137	2360608	8518	2572	468838	5311610	7357607

2016 年北京市规模以上国有控股

项目	资产负债						
	负债合计	#流动负债合计	#应付账款	所有者权益合计	#实收资本	营业收入	#主营业务收入
合计	136231832	87235623	24168208	178475871	114011349	113528698	111229887
煤炭开采和洗选业	***	***	***	***	***	***	***
石油和天然气开采业	***	***	***	***	***	***	***
黑色金属矿采选业	14711303	8606314	783594	10056943	2910339	2076890	1994030
非金属矿采选业	***	***	***	***	***	***	***
开采辅助活动	***	***	***	***	***	***	***
农副食品加工业	1464067	1149945	96570	1009852	249306	2408310	2398923
食品制造业	327557	288861	142426	727187	361405	708448	679527
酒、饮料和精制茶制造业	670084	587526	35576	1886715	152667	637411	599576
烟草制品业	***	***	***	***	***	***	***
纺织业	164876	67261	5170	170126	140624	100654	95476
纺织服装、服饰业	62790	48319	13350	18354	49305	98149	96905
皮革、毛皮、羽毛及其制品和制鞋业	***	***	***	***	***	***	***
木材加工和木、竹、藤、棕、草制品业							
家具制造业	***	***	***	***	***	***	***
造纸和纸制品业	***	***	***	***	***	***	***
印刷和记录媒介复制业	467730	405851	195945	691859	444860	749369	693968
文教、工美、体育和娱乐用品制造业	273621	246634	151195	132856	142821	238137	231096
石油加工、炼焦和核燃料加工业	1176259	1124638	469923	1236517	26669	4759629	4554163
化学原料和化学制品制造业	1202377	1111389	256818	538643	1123003	1264374	1211215
医药制造业	933673	653745	210843	2490419	655368	1516391	1496826
化学纤维制造业	***	***	***	***	***	***	***
橡胶和塑料制品业	49339	46924	12812	124884	42667	127903	114099
非金属矿物制品业	2135497	2037778	719141	1905348	880225	1605695	1535617
黑色金属冶炼和压延加工业	***	***	***	***	***	***	***
有色金属冶炼和压延加工业	250681	204629	50991	399181	102448	653065	435845
金属制品业	1254952	1095299	330989	1375189	609932	1332792	1275521
通用设备制造业	1600472	1496665	328172	1041174	589167	1088145	1063056
专用设备制造业	2619135	2194606	856727	1310430	793487	1752209	1722736
汽车制造业	21622434	19310888	8660389	14252504	6098196	34898881	33998987
铁路、船舶、航空航天和其他运输设备制造业	3689432	3342507	1187474	1973243	890649	3465943	3409925
电气机械和器材制造业	1645218	1525386	569766	773755	692512	1307683	1300948
计算机、通信和其他电子设备制造业	5166728	4243389	1373782	8519869	3799534	5013516	4893372
仪器仪表制造业	707597	607039	197640	609155	242185	973697	956851
其他制造业	458188	332335	151286	766503	344763	610898	606694
废弃资源综合利用业	***	***	***	***	***	***	***
金属制品、机械和设备修理业	994579	614548	83062	2214479	829645	839841	832446
电力、热力生产和供应业	64499581	30798791	5658919	113391154	83773370	41048253	40861237
燃气生产和供应业	321560	274271	40970	320877	194292	586232	557932
水的生产和供应业	4647640	3260726	886044	5635498	4456943	919360	903055

工业企业主要经济指标（按行业分）（续表）

单位：万元

损益									
营业成本	#主营业务成本	销售费用	管理费用	财务费用	利润总额	应交税金合计	#营业税金及附加	#主营业务税金及附加	#应交增值税
96957102	95094140	3049032	4631979	1371339	10202731	7935842	2878942	2861062	3190817
***	***	***	***	***	***	***	***	***	***
***	***	***	***	***	***	***	***	***	***
2075351	1946883	2508	150873	348285	−212504	56703	13089	11617	37837
***	***	***	***	***	***	***	***	***	***
***	***	***	***	***	***	***	***	***	***
1966625	1963945	178287	85387	12039	88317	193136	122117	122110	51042
514559	488847	119050	39275	−1402	44701	42863	4402	4344	28873
436479	409572	72022	44145	−6711	46554	105661	52194	52056	42358
***	***	***	***	***	***	***	***	***	***
74369	73116	1432	21338	2131	1115	4504	1558	1159	1665
89282	88815	2428	4274	1417	437	1119	410	403	493
***	***	***	***	***	***	***	***	***	***
***	***	***	***	***	***	***	***	***	***
***	***	***	***	***	***	***	***	***	***
566553	530770	13758	103401	−1444	63551	62960	7093	5832	38426
200834	198075	16681	14358	4636	927	6757	1084	919	4685
3536146	3323161	31445	213702	16148	155714	1028045	736639	736344	242393
1073549	1031258	28963	195896	30764	−61053	67747	3525	3373	55591
826394	819399	250750	168291	11581	318127	168985	16947	15879	105188
***	***	***	***	***	***	***	***	***	***
104922	94816	3542	12618	−453	6931	6576	644	644	3809
1367027	1314501	65631	145219	19026	60546	78686	10149	9352	61192
***	***	***	***	***	***	***	***	***	***
586153	376430	6461	32891	724	26077	10051	1188	1096	5243
1152712	1119484	22127	103362	6188	57964	30460	4084	3792	12202
902704	885681	34415	123646	5968	14311	47230	7304	7041	28665
1369629	1351780	73144	191811	15100	45592	81650	7979	7885	55072
27983952	27240946	1656777	1250994	154258	3112932	3032052	1406615	1404186	855891
2897734	2857723	33687	284963	27575	212567	152480	12078	11112	97457
1095919	1092267	73379	115193	17331	23919	64463	6775	6606	46503
4131741	4041338	185340	548624	35109	672353	235773	36635	35933	96818
768844	761565	40455	108271	2030	55685	55390	6442	6299	40210
454553	452445	16372	69712	266	76992	31603	3642	3638	17950
***	***	***	***	***	***	***	***	***	***
712040	709835	5299	86184	31538	193505	48317	6972	6927	28818
38604346	38497847	6574	231573	602166	4879888	1788526	125775	120884	1062107
536639	523273	8172	38298	−3011	40417	27872	2418	2092	16104
691893	685632	46273	70661	33645	208826	79752	9527	8940	30937

2016 年北京市规模以上股份制

项目	企业单位个数（个）	# 亏损企业	工业总产值（当年价格）	工业增加值	工业销售产值（当年价格）	# 出口交货值
合计	697	140	107041993	23778616	105896130	2401046
按隶属关系分组						
中央企业	215	34	58010651	12944844	57748299	272673
地方企业	482	106	49031343	10833772	48147830	2128373
按轻重工业分组						
轻工业	170	33	7080505	2437929	6966820	92928
重工业	527	107	99961488	21340687	98929309	2308118
按规模分组						
# 大中型企业	254	55	98918477	22004223	97914268	2242409

2016 年北京市规模以上股份制

项目	资产负债						
	负债合计	# 流动负债合计	# 应付账款	所有者权益合计	# 实收资本	营业收入	# 主营业务收入
合计	136231832	87235623	24168208	178475871	114011349	113528698	111229887
按隶属关系分组							
中央企业	74686969	40156743	9583582	124301536	89491074	59912299	59089928
地方企业	61544864	47078880	14584626	54174335	24520275	53616399	52139960
按轻重工业分组							
轻工业	6342368	4634775	1121049	9657223	3492028	8208062	8011100
重工业	129889464	82600849	23047159	168818648	110519321	105320636	103218788
按规模分组							
# 大中型企业	126634119	79043762	21326972	167791748	108615739	103609885	101836746

工业企业主要经济指标

单位：万元

平均用工人数（人）	资产负债						
	资产总计	流动资产合计	# 存货	# 产成品	# 应收账款	固定资产合计	固定资产原价
453629	314811115	92382040	10264820	3323591	20004099	54542152	104410451
178640	198988505	41045852	4101344	954958	7777341	28254323	64579657
274989	115822611	51336188	6163476	2368632	12226758	26287828	39830794
80863	16003809	8428325	1697828	727273	1267370	3848833	6240832
372766	298807306	83953715	8566992	2596318	18736729	50693319	98169618
391593	294425867	82481829	8379644	2740912	17064376	50917994	98521202

工业企业主要经济指标（续表）

单位：万元

损益									
营业成本	# 主营业务成本	销售费用	管理费用	财务费用	利润总额	应交税金合计	# 营业税金及附加	# 主营业务税金及附加	# 应交增值税
96957102	95094140	3049032	4631979	1371339	10202731	7935842	2878942	2861062	3190817
53217607	52546900	427180	1789303	587367	5563317	3803116	1269782	1257988	1731771
43739495	42547240	2621852	2842676	783972	4639414	4132726	1609159	1603074	1459047
5873388	5752622	740175	677725	36999	697581	965128	459569	456336	368205
91083714	89341518	2308857	3954254	1334340	9505150	6970714	2419372	2404727	2822613
88786757	87312850	2732271	3801615	1244970	9186564	7376166	2823086	2811317	2856624

2016年北京市规模以上股份制

项目	企业单位个数（个）	#亏损企业（个）	工业总产值（当年价格）	工业增加值	工业销售产值（当年价格）	#出口交货值
合计	697	140	107041993	23778616	105896130	2401046
煤炭开采和洗选业	1		***	***	***	***
石油和天然气开采业	2		***	***	***	***
黑色金属矿采选业	4	3	698112	−176558	700976	
非金属矿采选业	1	1	***	***	***	***
开采辅助活动	3	2	***	***	***	***
农副食品加工业	22	7	1957756	303140	1938374	888
食品制造业	15	2	566843	131828	592038	7383
酒、饮料和精制茶制造业	9	6	527272	251681	514798	4307
烟草制品业	1		***	***	***	***
纺织业	8	2	29779	3882	32039	2037
纺织服装、服饰业	6		56185	8502	55477	29974
皮革、毛皮、羽毛及其制品和制鞋业	1		***	***	***	***
木材加工和木、竹、藤、棕、草制品业						
家具制造业	2		***	***	***	***
造纸和纸制品业	2		***	***	***	***
印刷和记录媒介复制业	31	7	547728	261672	551141	
文教、工美、体育和娱乐用品制造业	7	1	224334	12434	222821	4827
石油加工、炼焦和核燃料加工业	6	1	4389432	1494236	4384448	
化学原料和化学制品制造业	31	7	1127446	138849	1138553	33037
医药制造业	30	2	1547441	738060	1437531	4228
化学纤维制造业	2		***	***	***	***
橡胶和塑料制品业	7	2	57467	16354	60076	23017
非金属矿物制品业	52	18	1441308	262056	1425234	16127
黑色金属冶炼和压延加工业	3	2	***	***	***	***
有色金属冶炼和压延加工业	9		432544	95954	420257	97758
金属制品业	27	6	1024153	223316	1003015	58701
通用设备制造业	41	14	917329	193568	937913	26362
专用设备制造业	55	10	1362210	279960	1284419	43426
汽车制造业	43	4	34383837	7513530	33613022	360905
铁路、船舶、航空航天和其他运输设备制造业	36	5	3320329	1129201	3223857	46735
电气机械和器材制造业	25	5	1193694	155775	1201593	8054
计算机、通信和其他电子设备制造业	68	12	4260665	926624	4128632	1368024
仪器仪表制造业	46	6	836838	210165	854840	7309
其他制造业	10	1	589568	183969	585386	5
废弃资源综合利用业	1	1	***	***	***	***
金属制品、机械和设备修理业	5		749118	307972	743926	44247
电力、热力生产和供应业	53	11	40817852	7253877	40817304	
燃气生产和供应业	13	1	559216	105221	559216	
水的生产和供应业	19	1	725641	327593	722060	

工业企业主要经济指标（按行业分）

单位：万元

平均用工人数（人）	资产负债						
	资产总计	流动资产合计	#存货	#产成品	#应收账款	固定资产合计	固定资产原价
453629	314811115	92382040	10264820	3323591	20004099	54542152	104410451
***	***	***	***	***	***	***	***
***	***	***	***	***	***	***	***
18060	24768246	8062088	221732	39326	1824153	3865448	5537503
***	***	***	***	***	***	***	***
***	***	***	***	***	***	***	***
11984	2473919	1876887	282204	209447	119111	333408	457153
8279	1054743	444826	50839	16940	128924	137440	244808
11220	2556799	955929	121375	25295	32825	1063364	547386
***	***	***	***	***	***	***	***
1699	339220	187471	17331	11353	9065	61947	83918
1171	81144	58940	36361	15125	7282	15144	26509
***	***	***	***	***	***	***	***
***	***	***	***	***	***	***	***
***	***	***	***	***	***	***	***
10353	1159589	736632	120577	56810	221679	289608	877973
1775	406478	324156	196591	121280	78579	34403	61779
8704	2412775	853056	441794	101690	147454	1047283	3187596
9184	1741020	1005235	203997	62215	177667	432585	1554409
17296	3424092	1831214	588228	210954	251294	422279	805380
***	***	***	***	***	***	***	***
1975	174223	100424	14227	6965	25966	37171	65036
15506	4040845	2489157	217028	84162	1095405	436329	921360
***	***	***	***	***	***	***	***
3085	650710	423059	117368	37734	94993	52435	125776
11582	2630141	1283735	195923	49415	283720	461620	748805
13636	2641646	1891152	793886	108673	335191	251804	501129
18917	3929565	2919075	734198	251886	1116669	446249	805209
92721	35875439	19666611	2357679	1161451	5140892	6718828	9823685
31030	5662675	4153827	1337991	207615	1359949	802261	1328669
6189	2418972	1595591	179916	19913	832350	122969	244486
31709	13686596	7017895	998722	343784	1692216	1979784	4433820
9105	1316752	1057584	261758	57093	298674	91434	191833
5346	1224691	721186	152730	34393	263219	270084	495066
***	***	***	***	***	***	***	***
12912	3209058	856508	131585	255	224501	184567	755611
53048	177989382	26255825	104101	8876	2911381	27295905	58458551
3662	642438	367604	11209	6348	41663	238790	375246
11532	10283137	2360608	8518	2572	468838	5311610	7357607

2016年北京市规模以上股份制

项目	资产负债					营业收入	
	负债合计	#流动负债合计	#应付账款	所有者权益合计	#实收资本	营业收入	#主营业务收入
合计	136231832	87235623	24168208	178475871	114011349	113528698	111229887
煤炭开采和洗选业	***	***	***	***	***	***	***
石油和天然气开采业	***	***	***	***	***	***	***
黑色金属矿采选业	14711303	8606314	783594	10056943	2910339	2076890	1994030
非金属矿采选业	***	***	***	***	***	***	***
开采辅助活动	***	***	***	***	***	***	***
农副食品加工业	1464067	1149945	96570	1009852	249306	2408310	2398923
食品制造业	327557	288861	142426	727187	361405	708448	679527
酒、饮料和精制茶制造业	670084	587526	35576	1886715	152667	637411	599576
烟草制品业	***	***	***	***	***	***	***
纺织业	164876	67261	5170	170126	140624	100654	95476
纺织服装、服饰业	62790	48319	13350	18354	49305	98149	96905
皮革、毛皮、羽毛及其制品和制鞋业	***	***	***	***	***	***	***
木材加工和木、竹、藤、棕、草制品业							
家具制造业	***	***	***	***	***	***	***
造纸和纸制品业	***	***	***	***	***	***	***
印刷和记录媒介复制业	467730	405851	195945	691859	444860	749369	693968
文教、工美、体育和娱乐用品制造业	273621	246634	151195	132856	142821	238137	231096
石油加工、炼焦和核燃料加工业	1176259	1124638	469923	1236517	26669	4759629	4554163
化学原料和化学制品制造业	1202377	1111389	256818	538643	1123003	1264374	1211215
医药制造业	933673	653745	210843	2490419	655368	1516391	1496826
化学纤维制造业	***	***	***	***	***	***	***
橡胶和塑料制品业	49339	46924	12812	124884	42667	127903	114099
非金属矿物制品业	2135497	2037778	719141	1905348	880225	1605695	1535617
黑色金属冶炼和压延加工业	***	***	***	***	***	***	***
有色金属冶炼和压延加工业	250681	204629	50991	399181	102448	653065	435845
金属制品业	1254952	1095299	330989	1375189	609932	1332792	1275521
通用设备制造业	1600472	1496665	328172	1041174	589167	1088145	1063056
专用设备制造业	2619135	2194606	856727	1310430	793487	1752209	1722736
汽车制造业	21622434	19310888	8660389	14252504	6098196	34898881	33998987
铁路、船舶、航空航天和其他运输设备制造业	3689432	3342507	1187474	1973243	890649	3465943	3409925
电气机械和器材制造业	1645218	1525386	569766	773755	692512	1307683	1300948
计算机、通信和其他电子设备制造业	5166728	4243389	1373782	8519869	3799534	5013516	4893372
仪器仪表制造业	707597	607039	197640	609155	242185	973697	956851
其他制造业	458188	332335	151286	766503	344763	610898	606694
废弃资源综合利用业	***	***	***	***	***	***	***
金属制品、机械和设备修理业	994579	614548	83062	2214479	829645	839841	832446
电力、热力生产和供应业	64499581	30798791	5658919	113391154	83773370	41048253	40861237
燃气生产和供应业	321560	274271	40970	320877	194292	586232	557932
水的生产和供应业	4647640	3260726	886044	5635498	4456943	919360	903055

工业企业主要经济指标（按行业分）（续表）

单位：万元

损益						应交税金合计	#营业税金及附加	#主营业务税金及附加	#应交增值税
营业成本	#主营业务成本	销售费用	管理费用	财务费用	利润总额				
96957102	95094140	3049032	4631979	1371339	10202731	7935842	2878942	2861062	3190817
***	***	***	***	***	***	***	***	***	***
***	***	***	***	***	***	***	***	***	***
2075351	1946883	2508	150873	348285	−212504	56703	13089	11617	37837
***	***	***	***	***	***	***	***	***	***
***	***	***	***	***	***	***	***	***	***
1966625	1963945	178287	85387	12039	88317	193136	122117	122110	51042
514559	488847	119050	39275	−1402	44701	42863	4402	4344	28873
436479	409572	72022	44145	−6711	46554	105661	52194	52056	42358
***	***	***	***	***	***	***	***	***	***
74369	73116	1432	21338	2131	1115	4504	1558	1159	1665
89282	88815	2428	4274	1417	437	1119	410	403	493
***	***	***	***	***	***	***	***	***	***
***	***	***	***	***	***	***	***	***	***
***	***	***	***	***	***	***	***	***	***
566553	530770	13758	103401	−1444	63551	62960	7093	5832	38426
200834	198075	16681	14358	4636	927	6757	1084	919	4685
3536146	3323161	31445	213702	16148	155714	1028045	736639	736344	242393
1073549	1031258	28963	195896	30764	−61053	67747	3525	3373	55591
826394	819399	250750	168291	11581	318127	168985	16947	15879	105188
***	***	***	***	***	***	***	***	***	***
104922	94816	3542	12618	−453	6931	6576	644	644	3809
1367027	1314501	65631	145219	19026	60546	78686	10149	9352	61192
***	***	***	***	***	***	***	***	***	***
586153	376430	6461	32891	724	26077	10051	1188	1096	5243
1152712	1119484	22127	103362	6188	57964	30460	4084	3792	12202
902704	885681	34415	123646	5968	14311	47230	7304	7041	28665
1369629	1351780	73144	191811	15100	45592	81650	7979	7885	55072
27983952	27240946	1656777	1250994	154258	3112932	3032052	1406615	1404186	855891
2897734	2857723	33687	284963	27575	212567	152480	12078	11112	97457
1095919	1092267	73379	115193	17331	23919	64463	6775	6606	46503
4131741	4041338	185340	548624	35109	672353	235773	36635	35933	96818
768844	761565	40455	108271	2030	55685	55390	6442	6299	40210
454553	452445	16372	69712	266	76992	31603	3642	3638	17950
***	***	***	***	***	***	***	***	***	***
712040	709835	5299	86184	31538	193505	48317	6972	6927	28818
38604346	38497847	6574	231573	602166	4879888	1788526	125775	120884	1062107
536639	523273	8172	38298	−3011	40417	27872	2418	2092	16104
691893	685632	46273	70661	33645	208826	79752	9527	8940	30937

2016 年北京市规模以上港澳台及

项目	企业单位个数（个）	#亏损企业	工业总产值（当年价格）	工业增加值	工业销售产值（当年价格）	#出口交货值
合计	746	171	72801145	15028845	71665571	6473549
按隶属关系分组						
中央企业	10	1	1327153	510873	1327180	58609
地方企业	736	170	71473992	14517972	70338391	6414940
按轻重工业分组						
轻工业	279	72	10921530	3083823	10760858	1017475
重工业	467	99	61879615	11945022	60904713	5456074
按规模分组						
#大中型企业	220	33	64048799	13262753.28	63046165	5617814

2016 年北京市规模以上港澳台及

项目	资产负债						营业收入	#主营业务收入
	固定资产原价	负债合计	#流动负债合计	#应付账款	所有者权益合计	#实收资本		
合计	27436929	47057385	41712844	17831162	38808021	18181914	83982634	81974793
按隶属关系分组								
中央企业	1839936	1197854	834698	196701	1708026	983002	1569022	1462796
地方企业	25596993	45859532	40878146	17634462	37099995	17198912	82413611	80511998
按轻重工业分组								
轻工业	4267127	7032370	6424788	2342135	7043393	3631470	14132022	13530592
重工业	23169802	40025015	35288056	15489027	31764627	14550444	69850612	68444201
按规模分组								
#大中型企业	23430389	39286445	34588712	15012206	30363829	13281464	73743754	72182684

外商投资工业企业主要经济指标

单位：万元

平均用工人数(人)	资产负债					
	资产总计	流动资产合计	#存货	#产成品	#应收账款	固定资产合计
339074	85885081	51925623	8148751	2914976	14300859	14250234
15987	2905880	1028789	161729	30005	390962	592043
323087	82979201	50896834	7987022	2884971	13909897	13658190
114252	14064605	9072940	2033846	875289	2410243	2046141
224822	71820477	42852683	6114905	2039688	11890616	12204093
271228	69650675	41434677	6350491	2306340	10962320	12444549

外商投资工业企业主要经济指标（续表）

单位：万元

损益						应交税金合计	#营业税金及附加	#主营业务税金及附加	#应交增值税
营业成本	#主营业务成本	销售费用	管理费用	财务费用	利润总额				
66857711	65396274	6371104	3720922	612153	6644049	5315616	1461739	1457023	2324735
1265939	1201951	16090	127783	24169	209186	108069	11737	9464	51490
65591772	64194323	6355014	3593140	587984	6434863	5207547	1450003	1447560	2273245
8703709	8210120	3059808	1009873	140012	1160401	1165565	107327	107203	764292
58154002	57186154	3311296	2711050	472142	5483648	4150051	1354413	1349820	1560443
58849728	57715298	5517890	2896980	495924	6000798	4715846	1411039	1408738	1954756

2016 年北京市规模以上港澳台及

项 目	企业单位个数(个)	#亏损企业	工业总产值(当年价格)	工业增加值	工业销售产值(当年价格)
合计	746	171	72801145	15028845	71665571
开采辅助活动	2	2	***	***	***
农副食品加工业	20	8	565294	71359	553626
食品制造业	41	10	1835466	105774	1879425
酒、饮料和精制茶制造业	25	10	1100243	263835	1101021
纺织业	2	1	***	***	***
纺织服装、服饰业	23	11	208690	67084	188199
皮革、毛皮、羽毛及其制品和制鞋业	3		***	***	***
木材加工和木、竹、藤、棕、草制品业					
家具制造业	9	3	290251	41625	282868
造纸和纸制品业	13	1	409478	166662	410422
印刷和记录媒介复制业	17	5	187774	77494	184414
文教、工美、体育和娱乐用品制造业	9	1	56163	19055	54344
石油加工、炼焦和核燃料加工业	2		***	***	***
化学原料和化学制品制造业	36	4	994605	374275	938219
医药制造业	39	8	3964825	1579235	3866620
橡胶和塑料制品业	21	6	352054	104755	360392
非金属矿物制品业	21	6	360287	153195	355582
黑色金属冶炼和压延加工业	3	1	***	***	***
有色金属冶炼和压延加工业	3	2	***	***	***
金属制品业	31	9	326829	82507	331238
通用设备制造业	70	19	2998201	698974	2984878
专用设备制造业	74	10	1479579	386656	1443621
汽车制造业	118	20	37127974	8223625	36406613
铁路、船舶、航空航天和其他运输设备制造业	7	4	193627	72285	192977
电气机械和器材制造业	38	10	1931598	333429	1949779
计算机、通信和其他电子设备制造业	63	13	12502977	1116751	12276622
仪器仪表制造业	33	4	684938	133674	676111
其他制造业	6	2	24758	9071	24254
废弃资源综合利用业	1	1	***	***	***
金属制品、机械和设备修理业	5		710220	326610	710220
电力、热力生产和供应业	5		542331	187996	532749
燃气生产和供应业	5		3257067	414824	3257059
水的生产和供应业	1		***	***	***

外商投资工业企业主要经济指标（按行业分）

单位：万元

#出口交货值	平均用工人数（人）	资产负债					
		资产总计	流动资产合计	#存货	#产成品	#应收账款	固定资产合计
6473549	339074	85885081	51925623	8148751	2914976	14300859	14250234
***	***	***	***	***	***	***	***
42717	6622	356482	213912	76424	21850	67348	99979
84544	26824	2640616	1402010	180543	100368	347984	545217
14386	13572	1554708	869102	103590	28725	149439	325676
***	***	***	***	***	***	***	***
111669	7241	264666	233177	106722	46641	50364	16793
***	***	***	***	***	***	***	***
21937	3408	270688	198401	71463	30376	56721	43127
42644	2514	355032	235127	57950	15786	72471	92369
4695	3700	294653	195834	31480	16436	42462	82611
34099	1556	120111	110929	41547	29414	13315	7083
***	***	***	***	***	***	***	***
45459	8598	1296580	761272	119676	45009	179845	331324
91549	27362	4526054	3077660	1010213	438018	870509	498971
39260	6102	413529	284960	52327	22563	112318	104998
23315	5652	458760	298472	48838	20771	128718	108966
***	***	***	***	***	***	***	***
***	***	***	***	***	***	***	***
42797	4909	663941	450856	111742	32973	145751	98692
668909	22776	5391698	3936962	1130812	213694	752932	530159
432938	16097	3944453	2505357	336365	88456	698969	239013
246970	86081	31535726	18215760	2254513	1074540	5023457	6251034
2323	830	151458	141049	21826	5378	46258	8066
276857	11554	2751788	2354382	367804	106229	982171	143531
4082720	50428	16785969	12364879	1594038	500486	3288280	2443003
81453	6773	1279459	1058337	179386	37375	403662	59883
11427	514	17307	14907	4643	2170	2146	1922
***	***	***	***	***	***	***	***
46351	11576	561159	376295	113144	3756	202501	169900
	1426	4273434	943781	9647	8321	106399	567665
	8241	4834776	867930	3575	230	290393	1391068
***	***	***	***	***	***	***	***

2016 年北京市规模以上港澳台及

项目	资产负债						
	固定资产原价	负债合计	#流动负债合计	#应付账款	所有者权益合计	#实收资本	营业收入
合计	27436929	47057385	41712844	17831162	38808021	18181914	83982634
开采辅助活动	***	***	***	***	***	***	***
农副食品加工业	210899	245684	216829	77077	110798	169774	666699
食品制造业	1073385	1239025	1178277	439663	1401591	882464	4060685
酒、饮料和精制茶制造业	746083	989144	960041	363678	565564	731691	1324665
纺织业	***	***	***	***	***	***	***
纺织服装、服饰业	55224	192377	189718	57401	71889	50599	247567
皮革、毛皮、羽毛及其制品和制鞋业	***	***	***	***	***	***	***
木材加工和木、竹、藤、棕、草制品业							
家具制造业	67849	169038	166430	25956	101650	29934	209364
造纸和纸制品业	271232	133178	129868	57977	221854	132130	469339
印刷和记录媒介复制业	217203	96712	84588	32830	197941	121914	221294
文教、工美、体育和娱乐用品制造业	14604	56243	56025	21451	63868	10975	54975
石油加工、炼焦和核燃料加工业	***	***	***	***	***	***	***
化学原料和化学制品制造业	690309	453072	402408	172344	843508	459117	1008506
医药制造业	846775	2300486	2014279	684407	2225568	741438	4213526
橡胶和塑料制品业	239730	191150	173260	91028	222379	121330	427782
非金属矿物制品业	322172	218248	214078	77448	240512	158820	387275
黑色金属冶炼和压延加工业	***	***	***	***	***	***	***
有色金属冶炼和压延加工业	***	***	***	***	***	***	***
金属制品业	265781	284796	254104	70876	379145	207472	457007
通用设备制造业	1117813	2463926	2072541	604765	2931707	890557	3322563
专用设备制造业	481700	2216615	1719105	558647	1717564	623585	1853932
汽车制造业	9931852	17969052	16067649	8173576	13561479	5167930	37216495
铁路、船舶、航空航天和其他运输设备制造业	21025	99160	82058	18987	49625	14507	205376
电气机械和器材制造业	432706	1707252	1428600	749129	1039764	920178	2371187
计算机、通信和其他电子设备制造业	5938923	11355191	10132405	4682766	5430483	4029215	18736583
仪器仪表制造业	157918	718551	682064	345144	560908	214054	1003403
其他制造业	5392	9379	9378	2710	7928	8848	25276
废弃资源综合利用业	***	***	***	***	***	***	***
金属制品、机械和设备修理业	349206	333347	305028	51136	227812	198163	716291
电力、热力生产和供应业	1711393	1473454	1399930	33513	2799980	1442199	608278
燃气生产和供应业	2023630	1418410	1074149	221801	3416367	599896	3273302
水的生产和供应业	***	***	***	***	***	***	***

外商投资工业企业主要经济指标（按行业分）（续表）

单位：万元

损益										
#主营业务	营业成本	#主营业务成本	销售费用	管理费用	财务费用	利润总额	应交税金合计	#营业税金及附加	#主营业务税金及附加	#应交增值税
81974793	66857711	65396274	6371104	3720922	612153	6644049	5315616	1461739	1457023	2324735
***	***	***	***	***	***	***	***	***	***	***
660498	578344	574944	44812	28379	4652	9449	11002	959	959	5157
3949936	2472939	2371641	1141203	210538	3796	222698	322985	26774	26774	231236
1221275	943375	845379	250335	91677	7691	4738	97833	16692	16692	65396
***	***	***	***	***	***	***	***	***	***	***
211220	204817	170999	25660	22690	2959	5043	8175	995	888	4751
***	***	***	***	***	***	***	***	***	***	***
197042	150595	140846	29438	23942	1868	3744	8111	580	580	6640
458104	345630	336372	14720	24916	−1284	59601	47522	3273	3273	23697
217358	174279	172905	11493	20375	−528	13548	17085	1479	1479	11910
54668	43781	43599	3601	4705	−175	2922	1951	357	357	1116
***	***	***	***	***	***	***	***	***	***	***
984795	647311	626007	168118	68687	10035	99137	97427	11990	11956	64488
4008012	1971830	1780741	1271460	314908	107380	544176	467469	37080	37068	308274
399311	351713	324466	20339	41385	4228	11850	26016	2376	2372	18290
379622	287590	283666	17083	32605	1658	47961	41918	3336	3336	28502
***	***	***	***	***	***	***	***	***	***	***
***	***	***	***	***	***	***	***	***	***	***
436580	381518	363927	28882	35512	4301	6674	21942	1970	1924	14370
3296033	2648658	2635340	183025	223878	38675	538731	171840	16669	16669	75866
1734990	1286557	1239158	137215	247013	33071	179947	107170	9691	9684	58995
36504075	30100825	29491007	1668661	1092234	206248	3274305	3119017	1267003	1264910	1006974
203657	146035	144986	8360	11718	524	37544	23448	1158	1158	10141
2273016	1784024	1695773	280879	157104	1892	50166	175510	11058	11058	93725
18368225	16785145	16649348	905670	718446	77287	653621	224377	24570	24530	109898
992097	747770	744676	98017	74192	9394	100188	59417	5019	5017	35801
25171	18278	18245	1833	3485	-29	1473	1670	210	210	861
***	***	***	***	***	***	***	***	***	***	***
711072	618331	616178	1628	69238	5793	22824	31953	4487	4487	18498
535950	418864	392753	30	37970	53924	364814	83284	7513	5240	38192
3257692	2980081	2967434	27276	118584	30793	348356	95026	1582	1485	63548
***	***	***	***	***	***	***	***	***	***	***

2016 年北京市大中型

项目	企业单位个数（个）	#亏损企业	工业总产值（当年价格）	工业增加值	工业销售产值（当年价格）
合计	676	111	150532406	31009228	148568616
按隶属关系分组					
中央工业	97	17	55889006	12318526	55691151
地方工业	579	94	94643401	18690703	92877465
按登记注册类型分组					
内资企业	456	78	86483608	17746475	85522451
国有企业	27	5	33323991	6100208	33336170
集体企业	4	1	61594	28658	61719
股份合作企业	2	1	***	***	***
有限责任公司	242	54	29926917	5940714	29553772
股份有限公司	98	10	20205263	4732911	19802828
私营企业	83	7	2848656	862924	2715761
港澳台商投资企业	54	8	14752039	1373106	14500705
港澳台合资经营	27	3	3091789	807850	3035091
港澳台合作经营					
港澳台商独资企业	22	5	11307769	531107	11124391
港澳台商投资股份有限公司	5		352481	34149	341223
外商投资企业	166	25	49296760	11889647	48545460
中外合资经营	70	7	35012440	8968056	34229257
中外合作经营	4	2	195647	97772	193293
外资（独资）企业	89	15	13736845	2767631	13751455
外商投资股份有限公司	3	1	***	***	***
按城乡分组					
#农村企业	2		***	***	***
按轻重工业分组					
轻工业	251	43	18712303	6013233	18276632
重工业	425	68	131820103	24995995	130291985
按规模分组					
#大型企业	137	23	115988999	23698787	114594094

工业企业主要经济指标

单位：万元

#出口交货值	平均用工人数(人)	资产负债					
		资产总计	流动资产合计	#存货		#应收账款	固定资产合计
					#产成品		
8032114	741043	368912813	128926836	15835100	5332020	31706454	60490908
244280	163224	194975451	38568084	3328341	708557	7072592	27563303
7787835	577819	173937362	90358752	12506759	4623463	24633861	32927606
2414301	469815	299262139	87492159	9484609	3025680	20744134	48046359
10584	36096	163356565	25630818	953298	152271	2773817	19044631
	2503	97252	65154	19386	8828	8417	19737
***	***	***	***	***	***	***	***
1549354	249879	83210598	33839274	4593566	1509757	10320004	23170183
676088	133980	47508768	24737686	3201336	1065440	6592182	5050477
175211	45313	4940395	3101238	685467	263451	1034560	734909
1853719	67176	19487425	11268945	1591215	552119	2999943	2828173
523873	25699	3749371	2258246	270100	87655	860115	907127
1278867	37253	13175358	7903565	1074472	408674	1867282	1858762
50979	4224	2562696	1107133	246643	55790	272546	62284
3764094	204052	50163250	30165732	4759276	1754221	7962376	9616376
2119201	113106	34313237	19379201	2820754	1031971	4154024	6661700
8948	5251	274529	229357	−16897	271	39963	43059
1598616	80905	14747141	10289526	1921207	708317	3706005	2807231
***	***	***	***	***	***	***	***
***	***	***	***	***	***	***	***
870345	213107	29805600	16819932	3502937	1542739	3561060	5808147
7161769	527936	339107214	112106904	12332163	3789281	28145394	54682761
6048695	442535	306858286	91658217	9814362	3309924	19507404	51895283

2016 年北京市大中型

项目	资产负债						
	固定资产原价	负债合计	# 流动负债合计	# 应付账款	所有者权益合计	# 实收资本	营业收入
合计	116099257	167689239	113745128	35740300	201223174	121999885	167025847
按隶属关系分组							
中央工业	62994722	72868260	38303575	8927218	122107191	88091783	57207815
地方工业	53104535	94820979	75441553	26813082	79115983	33908103	109818032
按登记注册类型分组							
内资企业	92668868	128402794	79156417	20728094	170859345	108718422	93282093
国有企业	40916280	55597593	24297668	3723297	107758972	79667436	33546875
集体企业	64979	28785	26287	9258	68467	12880	63490
股份合作企业	***	***	***	***	***	***	***
有限责任公司	40766891	48149889	35733461	10499878	35060709	20412818	33568368
股份有限公司	9803864	22206281	17013623	5750683	25302486	7781476	22929359
私营企业	1075308	2362747	2031624	711066	2577648	829812	3097671
港澳台商投资企业	5750479	11855073	10639581	4370183	7632352	2655673	21315850
港澳台合资经营	2884101	1785766	1724483	666635	1963605	1314548	3432138
港澳台合作经营							
港澳台商独资企业	2717358	8642869	8146498	3533743	4532489	1081198	17377831
港澳台商投资股份有限公司	149020	1426438	768600	169806	1136258	259927	505880
外商投资企业	17679910	27431372	23949131	10642023	22731478	10625790	52427904
中外合资经营	10506129	18435934	16246176	7102975	15877303	7108885	35245058
中外合作经营	123173	130827	120931	63358	143702	157446	366938
外资（独资）企业	6830808	8656814	7422850	3392257	6089926	3163886	16365921
外商投资股份有限公司	***	***	***	***	***	***	***
按城乡分组							
# 农村企业	***	***	***	***	***	***	***
按轻重工业分组							
轻工业	9724248	13392172	10935579	3102380	16413027	5785885	22392217
重工业	106375008	154297066	102809549	32637920	184810147	116214000	144633629
按规模分组							
# 大型企业	99387744	135073904	87266982	25379932	171784382	109406952	126990262

工业企业主要经济指标（续表）

单位：万元

损益										
#主营业务收入	营业成本	#主营业务成本	销售费用	管理费用	财务费用	利润总额	应交税金合计	#营业税金及附加	#主营业务税金及附加	#应交增值税
163561330	139702551	137042722	8170953	7331752	1835427	13650599	10104736	3049156	3034059	4501926
56657814	51146936	50690411	325799	1518165	578001	5253470	3613847	1251236	1243983	1618607
106903516	88555614	86352311	7845154	5813587	1257426	8397129	6490889	1797920	1790076	2883320
91378646	80852822	79327424	2653063	4434772	1339503	7649801	5388890	1638117	1625321	2547170
33459930	30780383	30721057	98645	247374	424069	4298827	1686781	369867	368520	806358
61013	50842	48087	2381	12832	−396	−2231	6213	807	807	5057
***	***	***	***	***	***	***	***	***	***	***
32904233	30024148	29503154	1053848	2164577	652187	575936	1308938	154086	146682	839498
21860047	17764714	16859570	1158572	1666390	243655	2413707	2188975	1096956	1092925	767571
3017837	2193755	2156632	318112	334573	19426	357615	191881	15960	15945	124384
20802202	18732084	18460742	1224461	788619	142795	1368306	495988	31950	31758	285860
3308537	2743841	2641292	170335	180982	2939	334467	196814	20173	20068	98153
17040752	15596837	15475600	1035394	543298	88211	708096	269224	5977	5889	172822
452913	391405	343850	18732	64338	51644	325743	29950	5800	5800	14885
51380482	40117645	39254556	4293429	2108361	353129	4632492	4219858	1379089	1376980	1668896
34728318	26952565	26552636	2286244	1338136	214858	3552069	3294749	1294561	1292455	1089272
362497	284669	280969	47351	17023	−1970	19280	27266	2075	2075	17870
15860358	12534121	12093190	1878712	730865	139863	1054561	878017	79556	79554	548255
***	***	***	***	***	***	***	***	***	***	***
***	***	***	***	***	***	***	***	***	***	***
21628254	14239905	13661616	3942082	1668384	185293	2283554	2182046	560290	557645	1172328
141933076	125462645	123381106	4228871	5663369	1650134	11367045	7922690	2488866	2476413	3329598
124529151	107738630	105779668	5823539	4323910	1398650	10357573	7727618	2603395	2591429	3263349

2016 年北京市大中型工业

项　目	企业单位个数（个）	＃亏损企业	工业总产值（当年价格）	工业增加值	工业销售产值（当年价格）	＃出口交货值
合计	676	111	150532406	31009228	148568616	8032114
煤炭开采和洗选业	1		***	***	***	***
石油和天然气开采业	2		***	***	***	***
黑色金属矿采选业	5	4	705401	−174804	708022	
开采辅助活动	4	3	1171272	582772	1171272	24617
农副食品加工业	27	5	2470488	432265	2439733	24578
食品制造业	38	7	2084367	283957	2085873	88214
酒、饮料和精制茶制造业	13	7	1329117	413950	1331758	18470
烟草制品业	1		***	***	***	***
纺织业	3	1	***	***	***	***
纺织服装、服饰业	32	9	713173	369269	605605	94734
皮革、毛皮、羽毛及其制品和制鞋业	3		***	***	***	***
木材加工和木、竹、藤、棕、草制品业	1		***	***	***	***
家具制造业	8		480163	117354	473367	13154
造纸和纸制品业	6	1	344413	146078	343454	15531
印刷和记录媒介复制业	16	3	648234	288346	650575	2327
文教、工美、体育和娱乐用品制造业	3	1	***	***	***	***
石油加工、炼焦和核燃料加工业	4	1	4462340	1543776	4465012	
化学原料和化学制品制造业	19	4	1348345	386468	1290662	37819
医药制造业	54	4	6291016	2689097	6067944	95146
化学纤维制造业	1		***	***	***	***
橡胶和塑料制品业	6	2	238551	70231	247440	40833
非金属矿物制品业	31	8	2540275	481336	2488127	28637
黑色金属冶炼和压延加工业	5	2	651752	23109	654414	61574
有色金属冶炼和压延加工业	4		300002	80666	299224	89091
金属制品业	19	3	1398793	356034	1342341	81704
通用设备制造业	37	8	3344799	864346	3166071	639068
专用设备制造业	49	7	2984268	721645	2936184	473824
汽车制造业	73	8	43893479	8794627	43049657	498915
铁路、船舶、航空航天和其他运输设备制造业	25	5	3371090	1153085	3282705	42915
电气机械和器材制造业	39	2	4738811	967622	4640209	257300
计算机、通信和其他电子设备制造业	76	7	17184689	1140340	16956337	5154598
仪器仪表制造业	26	2	1095148	416057	1115898	50056
其他制造业	7	1	576722	182533	572662	
金属制品、机械和设备修理业	3		***	***	***	***
电力、热力生产和供应业	27	6	39320165	6901963	39314687	
燃气生产和供应业	3		***	***	***	***
水的生产和供应业	5		632496	279428	630954	

企业主要经济指标（按行业分）

单位：万元

平均用工人数(人)	资产负债						
	资产总计	流动资产合计	#存货	#产成品	#应收账款	固定资产合计	固定资产原价
741043	368912813	128926836	15835100	5332020	31706454	60490908	116099257
***	***	***	***	***	***	***	***
***	***	***	***	***	***	***	***
18435	24792331	8072486	224432	41087	1826735	3878409	5561487
18821	4344805	1968454	191535	7280	779068	1050921	2597516
19565	3690711	2404077	336959	234465	207991	424007	635633
34849	2654448	1338773	219480	108744	305837	586526	1048679
21176	3222062	1194328	148984	36705	120579	1275254	1019120
***	***	***	***	***	***	***	***
***	***	***	***	***	***	***	***
23909	945819	674007	261694	179088	129873	147984	230071
***	***	***	***	***	***	***	***
***	***	***	***	***	***	***	***
7405	537231	368009	83647	30098	89808	93508	136509
2341	257369	159493	52364	14265	43343	67705	204940
11768	1194341	764837	126065	54676	246787	307693	863768
***	***	***	***	***	***	***	***
9264	2485964	944952	422781	88034	185337	1044154	3191029
17375	2047343	1343797	214778	72215	211111	379669	1467741
52438	9697325	5868867	1655852	675269	1502024	1172307	1955492
***	***	***	***	***	***	***	***
4734	245188	164816	24337	8902	69391	66546	150379
25057	6838132	4305715	652263	113496	1664829	503667	1050942
3302	843474	240617	114358	45520	69588	434933	763238
2416	514217	316134	84329	30529	77936	31621	90330
14413	3701429	2070375	246958	45675	427996	475983	771664
30224	6638786	4486659	1351801	331628	909539	783015	1462967
34608	13106249	7743151	1029671	349312	1855889	656019	1253603
129729	42847474	23876510	3015398	1421079	7260973	8144778	12289415
30930	5547584	4051902	1333072	202631	1277628	778308	1282769
27708	6990329	5039465	610034	147816	2591604	450520	912632
81027	28120910	18661463	2566976	891795	5255161	4349070	9510697
13682	2254901	1686010	307145	75736	559266	166939	284049
5174	1213523	710943	150999	33839	260872	269271	492622
***	***	***	***	***	***	***	***
51693	172204899	25051201	93119	9836	2680991	25491744	55673411
***	***	***	***	***	***	***	***
9232	9839580	2150385	7607	2540	456608	5139960	7072877

2016 年北京市大中型工业

项目	资产负债						
	负债合计	# 流动负债合计	# 应付账款	所有者权益合计	# 实收资本	营业收入	# 主营业务收入
合计	167689239	113745128	35740300	201223174	121999885	167025847	163561330
煤炭开采和洗选业	***	***	***	***	***	***	***
石油和天然气开采业	***	***	***	***	***	***	***
黑色金属矿采选业	14725358	8617923	786950	10066973	2910689	2084974	2000370
开采辅助活动	1250485	1179169	430673	3094320	2791197	1218359	1214778
农副食品加工业	1853179	1445492	162587	1837532	777059	2950289	2924698
食品制造业	1269960	1198261	449312	1384488	698771	4170417	4051953
酒、饮料和精制茶制造业	1289752	1199205	303165	1932310	521245	1543783	1432696
烟草制品业	***	***	***	***	***	***	***
纺织业	***	***	***	***	***	***	***
纺织服装、服饰业	448499	396094	154428	496919	137883	747992	709699
皮革、毛皮、羽毛及其制品和制鞋业	***	***	***	***	***	***	***
木材加工和木、竹、藤、棕、草制品业	***	***	***	***	***	***	***
家具制造业	269553	263299	48615	267678	84592	396612	385732
造纸和纸制品业	123846	123202	53510	133523	52812	396688	382200
印刷和记录媒介复制业	458102	417979	213908	736240	416188	800548	762484
文教、工美、体育和娱乐用品制造业	***	***	***	***	***	***	***
石油加工、炼焦和核燃料加工业	1221431	1169810	477335	1264534	8776	4911102	4706247
化学原料和化学制品制造业	1346719	1256692	254115	700624	985055	1494237	1445681
医药制造业	4202202	3514090	1083890	5495123	1341039	6494151	6252698
化学纤维制造业	***	***	***	***	***	***	***
橡胶和塑料制品业	116913	96837	59893	128276	43288	294368	265509
非金属矿物制品业	3731277	3225609	1124592	3106854	1203982	2888463	2777507
黑色金属冶炼和压延加工业	924651	370026	241861	−81177	311352	707033	697067
有色金属冶炼和压延加工业	197162	155856	38165	317055	68916	324849	312629
金属制品业	1929276	1446557	372462	1772153	795734	1722723	1618033
通用设备制造业	2843612	2433900	687539	3795174	1206388	3458233	3397745
专用设备制造业	6636762	4968441	1416910	6469487	2082036	3650072	3506140
汽车制造业	25689370	22690491	10891206	17158104	7183647	45341010	44144259
铁路、船舶、航空航天和其他运输设备制造业	3650898	3300635	1120237	1896686	801513	3515425	3469495
电气机械和器材制造业	4049573	3772878	1408273	2940756	1276448	5137077	4988314
计算机、通信和其他电子设备制造业	17554707	15068929	6814287	10566203	7047072	23959161	23519552
仪器仪表制造业	876309	798198	336013	1378592	406459	1366651	1351689
其他制造业	453971	328117	151065	759552	342785	591234	587168
金属制品、机械和设备修理业	***	***	***	***	***	***	***
电力、热力生产和供应业	61936241	28784290	5362092	110268658	82107228	39502018	39389669
燃气生产和供应业	***	***	***	***	***	***	***
水的生产和供应业	4488951	3134575	860261	5350629	4298258	816123	803578

企业主要经济指标（按行业分）（续表）

单位：万元

损益						应交税金合计	#营业税金及附加	#主营业务税金及附加	#应交增值税
营业成本	#主营业务成本	销售费用	管理费用	财务费用	利润总额				
139702551	137042722	8170953	7331752	1835427	13650599	10104736	3049156	3034059	4501926
***	***	***	***	***	***	***	***	***	***
***	***	***	***	***	***	***	***	***	***
2082222	1951626	2597	154480	348482	−215310	57711	13378	11907	38507
1167846	1166434	4399	58213	−18101	−11521	22991	7202	6778	12980
2336848	2325080	224946	134067	24123	193434	209861	123003	122991	55221
2601661	2494110	1083144	208992	4726	267128	321676	25655	25561	224577
1081579	983424	286818	109320	−29	6286	167850	61530	61432	86521
***	***	***	***	***	***	***	***	***	***
***	***	***	***	***	***	***	***	***	***
426937	395727	165303	79586	4339	67414	68763	6224	6119	49845
***	***	***	***	***	***	***	***	***	***
***	***	***	***	***	***	***	***	***	***
298814	289044	33032	36077	2691	39135	25594	1864	1864	17296
281997	269417	13613	21472	−139	54390	44264	3067	3067	22612
632768	609789	17928	90103	−672	58538	62032	6599	5361	42524
***	***	***	***	***	***	***	***	***	***
3633696	3421418	43145	214898	15464	196415	1051437	737648	737352	254590
1089398	1047873	185880	216691	29845	−35962	111810	12127	12039	86546
2998440	2788452	1745992	562876	111216	1251704	753989	60385	60139	489484
***	***	***	***	***	***	***	***	***	***
244534	216756	10533	28170	2591	8377	16866	1610	1610	11993
2474816	2380544	107911	213438	37707	112063	111161	8708	8271	83742
672256	662500	36432	24052	14675	−42848	7471	2236	2216	3356
281229	270722	4583	19320	655	18472	6349	802	802	3295
1361086	1282766	38467	163645	21988	176443	67422	7725	7456	32755
2695150	2664611	197620	240294	38413	597775	181858	17627	17606	85368
2614171	2539592	243170	410172	91565	551901	201307	18150	18123	117316
37477744	36465767	1813969	1554753	227029	3554526	3380068	1428341	1423826	1069491
2911391	2879554	41567	281234	27860	243673	164667	12158	11378	100782
3948085	3861834	310893	402107	29214	483845	266269	23403	23396	148783
21538984	21351140	1296392	1293097	169723	561431	375730	57005	56299	137641
902128	895877	116801	147907	6303	229056	121120	11057	10588	77224
438498	436390	15606	67675	175	76445	31026	3581	3581	17596
***	***	***	***	***	***	***	***	***	***
37297337	37216633	8527	167591	527771	4357604	1634348	114490	112568	984749
***	***	***	***	***	***	***	***	***	***
610890	605981	41501	50982	35042	199228	74189	8886	8476	28254

2016年北京市规模以上高技术制造业主要经济指标

单位：亿元

项　　目	工业总产值	主营业务收入	利润总额	应交税金
合计	3563.6	4308.5	321.0	185.5
按登记注册类型分组				
内资	1679.2	1803.7	176.8	102.7
国有	61.6	60.8	5.8	3.0
集体	0.9	1.0	0.0	0.0
股份合作企业	1.6	2.3	0.1	0.2
有限责任公司	1011.5	1068.2	23.4	42.0
股份有限公司	368.7	420.9	114.0	40.9
私营企业	234.9	250.5	33.4	16.6
其他				
港澳台商投资	970.3	1543.6	65.1	23.2
外商投资	914.1	961.3	79.1	59.6
按高技术领域分组				
信息化学品制造	10.7	10.9	0.2	0.1
医药制造业	814.4	809.0	153.5	92.8
航空、航天器及设备制造业	288.4	284.2	16.9	7.5
电子及通信设备制造业	1743.8	2063.7	21.4	40.4
计算机及办公设备制造业	326.6	710.1	68.5	12.7
医疗仪器设备及仪器仪表制造业	379.8	430.6	60.5	31.8

2016年北京市主要工业产品产量

工业产品名称		本年产量	工业产品名称		本年产量
单晶硅	（千克）	85814.4	#基本型成用车（轿车）	（万辆）	120.7
中成药	（万吨）	4.2	运动型多用途乘用车(SUV)	（万辆）	72.8
沥青和改性沥青防水卷材	（万平方米）	3949.5	载货汽车	（万辆）	43.2
纤维增强塑料制品	（万吨）	9.5	改装汽车	（万辆）	1.0
耐火材料制品	（万吨）	44.8	风力发电机组	（万千瓦）	338.3
冷轧薄宽钢带	（万吨）	69.9	锂离子电池	（万只）	598.4
单一稀土金属	（千克）	151491.0	移动通信手持机（手机）	（万台）	6923.9
发动机	（万千瓦）	20001.8	微型计算机设备	（万台）	684.1
气动元件	（万件）	25662.5	服务器	（台）	214682
数控金属切削机床	（台）	12420	液晶显示模组	（万套）	12173.1
机床数控装置	（套）	54086	显示器	（万台）	503.5
工业电炉	（台）	192	集成电路	（亿块）	80.5
环境污染防治专用设备	（台套）	95343	彩色电视机	（万台）	304.6
汽　车	（万辆）	260.4			

2016年北京市能源消费总量和主要能源品种消费量（按行业分）

单位：万吨

项　　目	能源消费总量（万吨标准煤）	煤　炭	汽　油	煤　油	柴　油	燃料油	液化石油气	液化天然气	天然气（亿立方米）	热　力（万百万千焦）	电　力（亿千瓦时）
合　计	6961.70	847.62	470.37	594.27	172.69	4.64	49.47	14.60	160.30	16659.83	1020.25
农、林、牧、渔业	80.43	24.20	3.27		2.65		0.05				19.62
采矿业	14.60	1.43	0.09		0.93		0.01		0.01	11.98	4.18
煤炭开采和洗选业	3.78	0.44	0.01		0.03		0.01			2.96	1.17
石油和天然气开采业	0.02										0.01
黑色金属矿采选业	9.94	0.97	0.04		0.61				0.01	8.87	2.87
有色金属矿采选业	0.01										
非金属矿采选业	0.71	0.02			0.28						0.10
开采辅助活动	0.16		0.04		0.01					0.15	0.03
其他采矿业											
制造业	1197.35	110.26	16.64	0.05	13.98	2.03	1.85	0.68	10.44	3628.66	176.43
农副食品加工业	23.03	4.27	0.43		0.29		0.06	0.02	0.32	62.93	4.62
食品制造业	29.43	2.81	0.52		0.51		0.16	0.13	0.61	82.03	5.52
酒、饮料和精制茶制造业	25.35	9.52	0.26		0.25		0.02	0.01	0.40	52.20	4.02
烟草制品业	***								***		***
纺织业	3.61	1.13	0.15		0.02		0.02		0.03	3.00	0.76
纺织服装、服饰业	11.66	2.22	0.71		0.12		0.05	0.01	0.08	31.70	2.35
皮革、毛皮、羽毛及其制品和制鞋业	1.17	0.11	0.07		0.02		0.01			3.02	0.29
木材加工和木、竹、藤、棕、草制品业	2.44	0.18	0.22		0.07		0.02		0.01	0.09	0.64
家具制造业	7.47	0.63	0.54		0.10	0.01	0.03	0.01	0.04	9.40	1.86
造纸和纸制品业	10.02	1.72	0.34		0.18	0.01	0.03	0.09	0.13	6.65	2.13
印刷和记录媒介复制业	22.58	0.73	0.82		0.20		0.03		0.19	57.13	5.86
文教、工美、体育和娱乐用品制造业	3.73	0.19	0.21		0.05		0.02	0.02	0.02	15.59	0.84
石油加工、炼焦和核燃料加工业	414.30	0.17	0.08		0.12		0.17		2.27	1393.96	15.03
化学原料和化学制品制造业	89.98	2.09	0.78		0.65	0.03	0.12	0.09	0.22	835.29	13.70
医药制造业	35.61	2.74	0.49		0.23		0.05	0.03	0.56	162.23	7.39
化学纤维制造业	1.34	0.01	0.02						0.03		0.34
橡胶和塑料制品业	22.21	1.98	0.60		0.22		0.31	0.02	0.14	24.01	5.99
非金属矿物制品业	128.68	67.11	0.98		7.07	1.88	0.11	0.11	0.88	30.12	15.75
黑色金属冶炼及压延加工业	21.19	0.39	0.12		0.15	0.09	0.01	0.01	0.62	1.21	4.20
有色金属冶炼及压延加工业	5.44	0.08	0.10		0.04		0.03	0.04	0.03	10.60	1.56
金属制品业	29.69	2.13	1.46		0.38		0.22	0.02	0.30	56.98	7.03
通用设备制造业	28.30	1.24	1.30	0.01	0.45		0.13	0.01	0.19	115.34	6.51
专用设备制造业	21.69	1.45	1.26		0.21		0.05	0.02	0.10	113.71	4.79
汽车制造业	115.98	0.43	2.33		1.53		0.09	0.02	2.37	115.46	27.63
铁路、船舶、航空航天和其他运输设备制造业	15.99	2.25	0.23		0.14				0.18	106.13	2.90
电气机械和器材制造业	21.20	0.63	1.03		0.11		0.06	0.02	0.14	83.67	4.90

2016年北京市能源消费总量和主要能源品种消费量（按行业分）（续表）

单位：万元

项目	能源消费总量（万吨标准煤）	煤炭	汽油	煤油	柴油	燃料油	液化石油气	液化天然气	天然气（亿立方米）	热力（万百万千焦）	电力（亿千瓦时）
计算机、通讯和其他电子设备制造业	82.89	0.30	0.67		0.48		0.01		0.23	172.85	26.13
仪器仪表制造业	7.96	0.21	0.62		0.03	0.01	0.01		0.06	53.81	1.53
其他制造业	6.79	3.15	0.11		0.11		0.01		0.04	25.41	0.88
废弃资源综合利用业	1.40	0.36	0.03		0.03		0.01		0.01	0.84	0.31
金属制品、机械和设备修理业	4.30	0.03	0.16	0.04	0.23		0.01		0.14	3.30	0.69
电力、燃气及水的生产和供应业	539.38	340.55	1.00		1.21	0.86	1.20	0.19	106.32	168.20	120.03
电力、热力生产和供应业	388.49	340.33	0.58		1.05	0.86	1.17	0.17	97.39	131.50	103.55
燃气生产和供应业	104.62	0.01	0.24		0.07		0.01	0.02	8.84	6.81	0.91
水的生产和供应业	46.27	0.21	0.18		0.09		0.02		0.09	29.89	15.58
建筑业	119.47	3.00	8.38		22.62		0.41		0.69	109.28	21.35
批发和零售业	211.77	6.42	28.45		4.66	0.01	0.68		0.97	679.38	44.24
交通运输、仓储和邮政业	1312.69	7.99	41.62	593.66	109.92	1.49	0.28	13.73	1.99	538.60	50.61
住宿和餐饮业	279.58	15.45	1.41		0.45	0.02	15.60		5.66	569.02	53.44
信息传输、软件和信息技术服务业	181.05	0.58	4.56		0.17		0.05		0.24	281.37	57.97
金融业	64.52	0.61	2.24		0.16		0.03		0.14	299.23	17.54
房地产业	384.41	29.28	4.62		0.83	0.05	0.19		8.86	1220.25	73.41
租赁和商务服务业	205.51	20.93	15.21		5.64	0.04	0.59		2.43	773.35	36.61
科学研究和技术服务业	191.55	8.67	13.49	0.55	1.35	0.12	0.34		2.81	753.92	36.86
水利、环境和公共设施管理业	62.55	4.93	1.94		4.27		0.18		0.48	46.50	15.04
居民服务、修理和其他服务业	31.34	8.04	1.86		0.77		0.10		0.41	63.27	5.19
教育	218.55	9.27	2.93		1.58		0.50		3.73	1515.03	35.56
卫生和社会工作	84.89	6.47	0.96		0.25		0.32		1.02	418.53	17.41
文化、体育和娱乐业	75.56	1.01	2.17		0.35		0.13		0.52	360.52	18.66
公共管理、社会保障和社会组织	110.42	7.92	5.12		0.91	0.01	0.62		0.74	746.25	20.67
生活消费	1596.08	240.61	314.41				26.33		12.82	4476.48	195.43
城镇	1341.34	91.72	314.41				15.88		12.82	4476.48	166.45
乡村	254.74	148.89					10.45				28.98

注：1. 各行业能源消费总量为各行业终端消费量与各行业分摊的损失量和加工转换损失量之和，不等于分品种能源消费量（标准煤）的合计。

2. *** 表示为使个体数据得以保密，该数据不予公布。

3. 合计数或分项数由于计量单位取舍不同而产生的计算误差，均未作机械调整。

2016年北京市区域规模以上工业企业产值情况

单位：万元

各　　区	工业总产值（当年价格）		工业总产值			工业销售产值（当年价格）	
		# 国有控股	# 内　资	# 港澳台商投资企业	# 外商投资企业		# 出口交货值
全市	180872720	107041993	108071575	16802997	55998148	178374996	9568018
首都功能核心区	12918793	8232702	9421697	3280422	216675	12866923	85242
东城区	1959076	676554	1714193	58266	186617	1912188	39700
西城区	10959718	7556148	7707505	3222155	30058	10954735	45542
城市功能拓展区	35849815	17357979	25357742	7747625	2744449	35228544	1487753
朝阳区	8162953	4140023	6355091	775419	1032443	8138047	269639
丰台区	4465387	3245229	4163878	54228	247281	4403267	80028
石景山区	2135464	1783761	1735765	20718	378981	2132536	55666
海淀区	21086012	8188966	13103008	6897260	1085745	20554693	1082420
城市发展新区	89093252	48136446	36472563	5128594	47492095	87421347	7261592
房山区	7511739	5623617	7050342	48693	412704	7467109	110455
通州区	6439694	1903424	4540069	271499	1628127	6359365	302372
顺义区	30086019	17717383	6288622	605452	23191945	29884217	2145264
昌平区	8912468	5090914	6760807	328459	1823201	8775764	465994
大兴区	7718270	3063002	5687108	641520	1389642	7486394	132400
北京经济技术开发区	28425063	14738107	6145616	3232971	19046476	27448499	4105108
生态涵养发展区	12189792	2493799	5998505	646357	5544930	12037114	733431
门头沟区	769684	248303	759107	4465	6112	700535	159242
怀柔区	4919425	389904	1837581	137031	2944813	4901326	214326
平谷区	2467785	69132	717844	123687	1626255	2456043	65783
密云区	3318238	1327751	2069288	329503	919448	3308571	245412
延庆区	714660	458709	614686	51672	48302	670639	48668

注：根据有关规定，国家电网公司、国网冀北电力有限公司的工业总产值（当年价格）由市统计局统一核算，故表中工业总产值（当年价格）指标分区数据之和不等于全市合计。

2016 年北京市区域规模以上工业企业产值情况（续表）

单位：万元

各　区	工业总产值			工业总产值	
	# 大型企业	# 中型企业	# 小型企业	轻工业	重工业
全市	112838621	37693785	29646385	27315733	153556988
首都功能核心区	10488796	1782521	624865	2208448	10710345
东城区	456227	1322795	175883	1414227	544849
西城区	10032569	459726	448982	794221	10165497
城市功能拓展区	16808352	10301683	8665125	4050249	31799566
朝阳区	2636115	3243546	2259475	1527617	6635337
丰台区	1770559	1143438	1549260	810940	3654447
石景山区	967062	631888	536514	39203	2096261
海淀区	11434617	5282811	4319877	1672490	19413522
城市发展新区	50921753	20629190	17025657	18125424	70967829
房山区	4760780	1006470	1697345	638809	6872930
通州区	819681	2718045	2748905	2778127	3661567
顺义区	22029854	3693809	4255513	3531883	26554137
昌平区	1712560	4686276	2488265	2010780	6901687
大兴区	1405226	3252014	3002008	2811234	4907036
北京经济技术开发区	20193653	5272576	2833622	6354591	22070472
生态涵养发展区	3798652	4980392	3330739	2931612	9258180
门头沟区	511330	25419	229310	83576	686108
怀柔区	2287152	1207235	1410838	1516473	3402953
平谷区	371000	1307324	757022	529567	1938219
密云区	629171	1907632	762100	614999	2703239
延庆区	0	532782	171470	186997	527663

2016年北京市区域规模以上工业企业主要财务指标

单位：个

各　区	企业单位个数	在2016年企业单位个数中				从业人员年平均人数（人）
		#国有控股	#内　资	#港澳台商投资	#外商投资	
全市	3340	697	2594	181	565	1044464
首都功能核心区	83	42	71	4	8	70860
东城区	31	12	26	1	4	12480
西城区	52	30	45	3	4	58380
城市功能拓展区	903	287	766	49	88	289847
朝阳区	261	94	206	20	35	84325
丰台区	168	61	153	3	12	53104
石景山区	41	17	34	3	4	29258
海淀区	433	115	373	23	37	123160
城市发展新区	1857	298	1397	96	364	558518
房山区	164	32	148	3	13	41904
通州区	427	50	344	13	70	75701
顺义区	346	55	218	22	106	145298
昌平区	298	61	250	13	35	87754
大兴区	346	52	304	11	31	70442
北京经济技术开发区	276	48	133	34	109	137419
生态涵养发展区	497	70	360	32	105	125239
门头沟区	33	5	30	2	1	14613
怀柔区	170	18	121	12	37	39793
平谷区	117	9	72	7	38	27695
密云区	138	27	105	10	23	34285
延庆区	39	11	32	1	6	8853

2016年北京市区域规模以上工业企业主要财务指标（续表）

单位：万元

各　区	资产总计	负债合计	所有者权益合计	营业收入	主营业务收入	利润总额	利税总额	应交税金合计	#应交增值税
全市	430936843	197981343	232724512	202138149	197469575	16082648	25215765	11956830	5667337
首都功能核心区	182546824	64721935	117824889	44507227	44318733	4913089	6164052	1832148	1114042
东城区	2203389	912439	1290949	2237316	2179660	172250	247815	105736	62355
西城区	180343435	63809496	116533939	42269911	42139073	4740839	5916237	1726413	1051687
城市功能拓展区	106804886	56306617	50447621	46943774	45898223	2769994	4246398	2065360	1108642
朝阳区	21170437	11473245	9675214	9423221	9186710	−21557	299078	484409	240713
丰台区	9006564	5171893	3825762	5084334	4978215	310242	509486	262444	167732
石景山区	30621475	17253081	13368394	3727788	3626565	189396	331013	166466	109030
海淀区	46006410	22408398	23578251	28708432	28106733	2291913	3106821	1152041	591167
城市发展新区	121949348	65941366	55835175	96289079	93517830	7549809	13365966	7335978	2983294
房山区	8450868	4976866	3474002	8193648	7835492	235545	1326406	1162700	332547
通州区	9099161	5412653	3663336	8138051	7977901	619190	1188899	663668	284481
顺义区	32911056	18155989	14748050	31231786	30748264	1964336	3503123	1987187	623982
昌平区	19985510	10229775	9749577	10699404	10123192	1055082	1471461	509768	336801
大兴区	11440274	6568059	4738429	8687925	8174691	621212	932330	435724	260096
北京经济技术开发区	40062480	20598023	19461783	29338265	28658291	3054445	4943747	2576930	1145388
生态涵养发展区	19635785	11011425	8616826	14398069	13734789	849756	1439348	723344	461360
门头沟区	2479370	1280232	1196094	777623	737404	76343	141693	76856	51126
怀柔区	6064645	3559130	2505643	6000714	5847370	343912	596916	304307	206347
平谷区	2578441	1604566	969657	3004046	2793193	102528	197294	124494	79974
密云区	4657956	2711758	1945797	3817484	3627642	116182	261767	179412	97996
延庆区	3855374	1855739	1999635	798202	729181	210791	241678	38275	25916

2016年北京市镇村工业企业主要经济指标

单位：万元

地　区	企业个数（个）	从业人员年末数（个）	增加值	总产值	营业收入	资产总额	负债总额	利润总额	上交税金	从业人员工资总额
合计	7680	317956	4676587	21642783	24260589	34890021	20941659	1681473	1158260	2005669
朝阳区	39	2551	25946	88138	90812	207027	57237	5937	6470	10800
丰台区	37	2945	16630	81170	88259	332945	262773	1228	4485	170212
海淀区	176	4859	43305	142696	155885	176414	110848	10404	5503	20098
门头沟区	27	654	3145	13540	25149	21257	9637	346	837	1795
房山区	351	19057	308670	1353999	1794306	2600665	1603937	135862	68315	111912
昌平区	430	31747	607692	2122129	2411011	8610425	4460477	551333	94714	208613
顺义区	2213	79653	1354529	7743510	8162822	9874761	7027906	430208	393925	483992
通州区	2566	96028	1242163	5202434	6147633	5748020	3645893	298856	326209	465283
大兴区	393	32264	611798	2751864	3036297	4037305	1811233	175260	148488	282835
平谷区	705	20318	148907	794730	787828	1361746	785814	14907	30831	77857
怀柔区	178	13573	209744	864782	1069114	1100329	624935	49130	55596	112956
密云区	456	12358	91528	433257	436001	761507	509124	5034	20563	52281
延庆区	109	1949	12530	50534	55472	57621	31846	2968	2323	7035

2016年北京市规模以上工业企业水和主要能源实物量消耗情况

名称	计算单位	本年消耗量	上年消耗量
水	吨	24921866	26394905
原煤	吨	369451	627695
焦炭	吨	698	3512
汽油	吨	340015	299763
煤油	吨	394	1261
柴油	吨	314944	1271005
液化石油气	吨	227081	131814
天然气	立方米	202354868	159922748
电	千瓦小时	2020604277	2216770068

2016 年北京市乡镇规模以上工业企业生产销售情况（按行业分）

单位：万元

行业分类	企业个数（个）	从业人员年平均数（人）	工业增加值	现价总产值	现价销售产值	营业收入	利润总额	上交税金	从业人员工资总额
总计	1156	203893	3901287	18462449	18124666	20920052	1502415	952038	1495706
煤炭采选业									
黑色金属矿采选业	3	893	7482	28397	27354	28430		1863	3324
有色金属矿采选业									
非金属矿采选业	1	220		3443	3526	3526	51	13	63
其他采矿业									
农副食品加工业	67	13623	194342	1575771	1499845	1867907	34409	17583	70283
谷物磨制	4	287	11793	160172	160813	220514	4118	2101	2926
饲料加工	23	2837	40197	241309	242644	259331	9188	2827	17274
植物油加工									
制糖	1	650	7245	34139	34139	34139	1985	1685	1524
屠宰及肉类加工	24	7416	111251	1010129	937144	1224037	11589	4649	37371
水产品加工业	1	220		3433	3526	3526	51	13	63
蔬菜、水果和坚果加工	7	1021	10737	67024	65538	71356	2550	3135	5313
其他农副食品加工	7	1192	13119	59565	56041	55004	4928	3172	5812
食品制造业	57	18081	409798	1064371	1085623	1952449	55749	92258	166722
焙烤食品制造	12	5476	65326	216125	213354	220443	7107	19712	41318
糕点、巧克力及蜜饯制造	6	412	6033	17638	17367	20158	183	1364	3550
方便食品制造	10	3543	83114	159468	158626	172149	5227	11864	40479
液体乳及乳制品制造	5	3966	176289	423476	443717	1232374	25484	39536	49445
罐头制造业	2	80	554	1915	1933	1959	24	23	288
调味品、发酵制品制造业	5	935	11713	52482	55818	50869		2344	6594
其他食品制造	17	3669	66769	193267	194808	254497	19689	17415	25048
酒、饮料和精制茶制造业	13	5531	89102	354088	340100	498599	7799	37606	59699
酒精制造业	1		3384	6691	7142	7142	209	2019	294
酒的制造	8	3675	57392	240266	229217	373527	16014	24755	41445
软饮料制造	3	1461	25921	73848	71146	89915		6023	12742
精制茶加工	1	395	2405	33283	32595	28015		4809	
烟草制造业									
纺织业	28	3215	13830	122135	117017	153886	2240	9667	19167
服装、鞋、帽制造业	42	7748	41671	165025	162903	181336		7690	34329
皮革、毛皮、羽毛及其制品业	6	882	4805	18327	17320	20823		1291	4523
木材加工和木、竹、藤、棕、草制品业	8	1429	12079	70101	70421	76001	3517	3099	4229
家具制造业	40	8439	173002	749836	736105	684529	44185	35770	63956
木质家具制造	25	5835	73616	426132	415166	362517	16544	12059	36147
竹、藤家具制造									
造纸和纸制品业	21	3004	23615	115777	122092	131032	2028	4769	11114
印刷业、记录媒介的复制	28	4272	57551	216257	214425	227239	16435	13985	28038

2016年北京市乡镇规模以上工业企业生产销售情况（按行业分）（续表）

单位：万元

行业分类	企业个数（个）	从业人员年平均数（人）	工业增加值	现价总产值	现价销售产值	营业收入	利润总额	上交税金	从业人员工资总额
文教体育用品制造业	10	2423	15871	77198	77148	74983	3805	2085	10267
石油加工、炼焦及核燃料加工业	9	1236	75839	249824	252039	343540	47184	28726	16510
化学原料及化学制品制造业	61	4512	92981	449030	462830	517613	24921	29443	34901
医药制造业	59	9202	205928	798868	772693	782467	102559	74327	66289
中药饮片加工	23	2075	70050	273977	262522	277108	9879	7400	13541
中成药制造	7	2235	29802	80506	80619	75845	8971	7648	9940
生物、生化制品的制造	12	2379	54673	154701	136841	136407	24458	12544	16027
化学纤维制造业	2	340	975	35139	32798	34334	2897	75	2929
橡胶制品业	18	1239	20471	94236	93692	96054	3362	3673	8183
塑料制品业	59	6465	123747	1031996	1034995	1036669	33033	30353	68196
非金属矿物制品业	46	5362	88535	501331	500351	522725	16484	27470	35893
黑色金属冶炼及压延加工业	5	521	3768	30072	29758	60299	625	886	3730
有色金属冶炼及压延加工业	31	7294	96442	914727	909851	947983	34040	22826	42871
金属制品业	104	12393	365382	999719	998497	1159442	218525	47483	73565
通用设备制造业	106	15654	283527	1024905	965617	1124161	355660	55162	127355
专用设备制造业	98	14728	389970	2180496	2140239	2237281	170656	91712	122993
交通运输设备制造业	95	30238	709368	3729280	3657639	3898238	254413	193435	205503
电气机械及器材制造业	50	9180	129057	769177	740114	803144	38479	47695	81505
通信设备、计算机及其他电子设备制造业	22	3458	71472	224833	217707	252562	27555	18287	28971
仪器仪表及文化、办公用机械制造业	11	2107	27782	103159	101472	110135	6891	4512	12960
工艺品及其他制造业	43	8141	139344	591485	567093	912451	1601	37275	67493
废弃资源和废旧材料回收加工业	3	336	6294	12493	12670	14094		837	4151
电力、热力的生产和供应业	7	1600	25327	152297	152172	157560	5597	9839	15052
燃气生产和供应业	2	47	759	4511	4415	4415	578	76	320
水的生产和供应业	1	80	1171	4145	4145	4145	217	268	622

北京市第三十一届企业管理现代化创新成果获奖名单（286 项）

编号	成果名称	企业名称
	一等奖 91 项	
1	基于大数据分析的质量管理创新与实施	北京巴布科克·威尔科克斯有限公司
2	首都出租车客运业态转型管理体制的构建	北京首汽（集团）股份有限公司
3	国有企业懋隆珠宝品牌 O2O 商业模式的构建与实施	北京市圣雅诗进出口有限责任公司
4	以提升汽车集团整体创新力为核心的“5 合管理体系”的构建与实施	北京汽车集团有限公司
5	大型汽车集团以提高资源整合能力为引领的信息化管理体系建设	北京汽车集团有限公司
6	大型企业集团法律事务管控模式建设与实施	北京汽车集团有限公司
7	大型车企覆盖运营全价值链的“问题点管控体系”建立与实践	北京汽车股份有限公司
8	大型车企闭环式流程优化与管理	北京汽车股份有限公司
9	汽车行业发动机工厂三维立体式日常管理体系的建立与实施	北京奔驰汽车有限公司
10	新能源汽车企业“三位一体”全面营销能力提升体系创新与实施	北京新能源汽车营销有限公司
11	流域水电站安全生产应急管理体系建设及实践	大唐国际发电股份有限公司
12	以市场煤竞价采购为手段的火电厂燃料成本管理实践	大唐国际发电股份有限公司张家口发电厂
13	大型发电企业法律风险防控体系的创建及应用	大唐国际发电股份有限公司张家口发电厂
14	创新首席专家机制　拓宽职业发展通道	天津大唐国际盘山发电有限责任公司
15	效益导向性煤化工企业生产优化体系构建与实践	大唐能源化工有限责任公司
16	发电企业大用户直接交易规范化管理体系的建立与实践	山西大唐国际云冈热电有限责任公司
17	大型电网企业基于卓越运营的供电保障模式实践	国网北京市电力公司怀柔供电公司
18	基于政企协作的电力投资管理创新与实践	国网北京市电力公司海淀供电公司
19	电网企业基建投资预算管理模式的构建与应用	国网北京市电力公司

续表

编号	成果名称	企业名称
20	基于新媒体的“国家电网”品牌维护与传播创新实践	国网北京市电力公司
21	管理经营型电网企业组织和人才培养模式优化与实践	国网北京市电力公司
22	工程项目全过程精益化管理的创新与实践	国网北京市电力公司顺义供电公司
23	首都主网检修企业输电“运检合一”的管理实践	国网北京市电力公司检修分公司
24	高可靠性城市配电网供电管理	国网北京市电力公司城区供电公司
25	大型供电企业财务管控的实践	国网北京市电力公司通州供电公司
26	电力物资供应“项目经理制”管理模式实践	国网北京市电力公司物资分公司
27	支撑智能配电网建设的信息化管理实践	国网北京市电力公司信息通信分公司
28	基于营配调贯通和配电自动化的“主动抢修”模式构建	国网北京市电力公司亦庄供电公司
29	政府和社会资本合作模式（PPP）在高速公路领域的应用	北京市首都公路发展集团有限公司
30	首都高速公路运营企业“五位一体”文明创建体系的构建与实施	北京市首都公路发展集团有限公司八达岭高速公路管理分公司
31	以安全文化驱动安全管理体系的建设与实践	北京市首都公路发展集团有限公司八达岭高速公路管理分公司
32	以品牌文化为核心的高速公路企业文化管理体系的构建与实施	北京市首都公路发展集团有限公司京沈高速公路分公司
33	以人为本的高速公路欠费管理创新	北京市首都公路发展集团有限公司京开高速公路分公司
34	首都高速公路路产管理体系的构建与实施	北京市首都公路发展集团有限公司安畅高速公路管理分公司
35	基于转型发展的学习型企业建设与实施	北京市首发天人生态景观有限公司
36	高速公路养护精细化管理创新与实践	北京首发公路养护工程有限公司
37	北京同仁堂中医大师工作室建设的实践	北京同仁堂中医医院
38	构建以风险管理为导向的内部控制体系　为企业发展夯实基础	北京市建筑设计研究院有限公司
39	政府放心　百姓满意的定向安置房跨区集中建设模式的创新	北京华融金晖置业有限公司
40	以创新的方式进行旧城改造规划实践——以北京白塔寺历史风貌保护区规划为例	北京华融金盈投资发展有限公司
41	以社会责任为己任的水泥企业绿色发展管理机制的探索与实践	河北金隅鼎鑫水泥有限公司
42	火电企业全员培训体系的构建与实施	山西漳山发电有限责任公司
43	集团化管理模式下的小型水电企业“标杆环”内部对标体系的构建与实施	四川大川电力有限公司　四川众能电力有限公司
44	大型能源投资集团财务公司利率定价机制的构建与实施	京能集团财务有限责任公司
45	大型供热企业安全管理体系的构建与实施	北京市热力集团有限责任公司
46	煤电企业部门管理信息化平台的建设	内蒙古京泰发电有限责任公司
47	以大数据分析为核心的发电厂　一体化管控平台的构建与应用	北京京能高安屯燃气热电有限责任公司
48	大型火电企业基于全方位对标的绩效管理体系构建与实施	宁夏京能宁东发电有限责任公司
49	新能源企业安全生产管理数字化系统的开发与应用	北京京能新能源有限公司
50	风光储输“四位一体”大规模新能源管控体系的构建与实施	国网冀北电力有限公司
51	大型国有企业实施精准化干部培训的创新与实践	国网冀北电力有限公司

续表

编号	成果名称	企业名称
52	基于资产全寿命周期管理的合规性评价的创新与实践	国网冀北电力有限公司
53	基于数据资产挖掘的电网企业运营分析管理体系构建与实施	国网冀北电力有限公司
54	电网企业智能化资金监控全闭环管理创新与实践	国网冀北电力有限公司
55	电能替代高效协同机制的创新与实践	国网冀北电力有限公司
56	基于“五位一体”新机制的技能人才队伍建设	国网冀北电力有限公司廊坊供电公司
57	电网调控业务集约交互管理体系建设与实施	国网冀北电力有限公司廊坊供电公司
58	基于角色模型的管理人员学习地图设计与实践	国网冀北电力有限公司管理培训中心
59	牵引站对地区电网影响的全面质量控制	国网冀北电力有限公司秦皇岛供电公司
60	供电企业新员工培养体系的创新与实践	国网冀北电力有限公司承德供电公司
61	多元化集团以强化战略管控效能为导向的内控体系建设	北京首都创业集团有限公司
62	以聚合产业互动效能为中心的集团战略协同管理体系的构建与实施	北京首都创业集团有限公司
63	集团化水务企业供水管网主动漏损控制体系的构建与实施	北京首创股份有限公司
64	供水企业“风险—应急一体化”抗震减灾体系的建设	北京市自来水集团有限责任公司
65	国有企业退休职工集中管理服务的创新与实践	北京易亨电子集团有限责任公司
66	面向移动智能终端的企业移动管理系统的构建与实施	北京益泰电子集团有限责任公司
67	基于“职责、制度、内控、流程”的四位一体高效业务流程管理体系的构建	中国石化集团北京燕山石化公司
68	分布式经营管理模式的构建与实施	北京城市机扫服务有限公司
69	城市道路地下风险检测评价管理系统创新与实践	北京公联洁达公路养护工程有限公司中国矿业大学（北京）
70	全面构建 SAP 系统　强化集团业务管控	北京燕京啤酒股份有限公司
71	生活垃圾焚烧发电企业运营管理标准化体系文件的构建	北京北控环保工程技术有限公司
72	燃气集团多层次工资总额管控模型的创新与实践	北京市燃气集团有限责任公司人力资源部
73	创建基层单位消隐数据库平台　创新燃气企业安全隐患管理	北京市燃气集团有限责任公司第五分公司
74	地面公共交通服务企业经营管理体系的构建与实施	北京公共交通控股（集团）有限公司
75	以“首都公交代表队”为目标的“四优”服务品牌文化管理实践	北京公共交通控股（集团）有限公司原第六客运分公司
76	基于京津冀协同发展的铁路客运立体经营管理体系的构建与实施	北京铁路局
77	以工匠精神为导向的铁路技能人才队伍建设体系构建与实施	北京铁路局劳动工资处
78	平台型农村电商综合服务体系的建设	中国邮政集团公司北京市邮政电子商务局
79	以信息化与专业化融合再造的科研单位行政管理体系的构建	中国石油化工股份有限公司石油勘探开发研究院
80	集约化城市地下综合管廊运营管理体系的构建	北京新奥通城房地产开发有限公司
81	规划设计对土地一级开发项目“全生命周期”的指导实践	北京新奥集团有限公司
82	构建通信行业电子渠道管理体系	中国移动通信集团北京有限公司
83	大数据环境下电信行业审计全生命周期管理创新	中国移动通信集团北京有限公司

续表

编号	成果名称	企业名称
84	加油站便利店业务专业化与信息化“两化”融合的管理实践	中国石化销售有限公司北京石油分公司
85	大型国有企业领导干部薪酬分配制度改革的创新与实践	首钢总公司人力资源部
86	构建精简、高效、规范的冶金职称评审管理平台	首钢总公司人事服务中心
87	首钢落实京津冀协同发展战略的创新与实践	首钢总公司战略发展部
88	构建首钢环境产业发展体系的路径与实践	首钢环境产业有限公司
89	构建工程技术企业差异化市场竞争体系的创新与实践	北京首钢国际工程技术有限公司
90	钢铁企业跨境融资租赁体系的构建与实践	首钢总公司国际业务部
91	基于员工能力提升的岗位嵌入式培训体系构建与实践	首钢京唐钢铁联合有限责任公司
二等奖 195 项		
1	工业基础件企业“劳模创见工作站”的建立与管理	北京京城华德液压工业有限责任公司
2	信息化在生产管理中的创新应用	北京京城华德液压工业有限责任公司
3	加强核安全文化建设　全面提升公司核电产品管理创新水平	北京京城压缩机有限公司
4	国内民宿酒店品牌经营策略的管理实践	北京首旅寒舍酒店管理有限公司
5	引领游览市场需求　创建一流野生动物园	北京绿野晴川动物园有限公司
6	以经济效益为中心的组织绩效管理优化与实施	北京汽车集团有限公司
7	以集团战略为导向的大型汽车集团对标管理体系建设与实施	北京汽车集团有限公司
8	基于大数据安全体系下的移动综合管理平台实现企业卓越绩效	北京汽车集团有限公司
9	大型汽车企业客户满意度质量管理系统的建立与应用	北京汽车集团有限公司
10	自主品牌汽车以边际驱动“成本快速优化”管理体系的构建与实施	北京汽车股份有限公司
11	大型汽车企业客户满意度质量管理系统的建立与应用	北京汽车股份有限公司
12	大型汽车企业以运营质量为核心的“卓越绩效管理”模式的导入与实施	北京汽车股份有限公司
13	大型汽车企业“产研联动”创新平台的构建与实施	北京汽车股份有限公司
14	基于互联网的汽车行业供应链管理平台的创新与实施	北京汽车股份有限公司
15	大型整车工厂“目标导向、项目驱动”的精益制造体系建设	北汽福田汽车股份有限公司北京多功能汽车厂
16	以提升执行力为核心的企业制度管理机制建设	北京北汽鹏龙汽车服务贸易股份有限公司
17	汽车服务贸易集团运营效益“五维即时诊断法”的构建与应用	北京北汽鹏龙汽车服务贸易股份有限公司
18	大型汽车集团财务公司汽车金融产品管理创新与实践	北京汽车集团财务有限公司
19	以区域党建助推混合所有制条件下中小企业管理提升	北京海纳川汽车部件股份有限公司
20	办新型农民工夜校　育时代建筑业工人	北京建工土木工程有限公司
21	建筑业新生代员工的多元化管理	北京建工四建工程建设有限公司
22	有效实施企业研发费用加计扣除的项目会计核算方法	大唐国际化工技术研究院有限公司
23	水电站“机电水航”一体化全能值班制度的管理与运行	重庆大唐国际彭水水电开发有限公司
24	“机组达设计值管理平台”创新与实践	内蒙古大唐国际托克托发电有限责任公司

续表

编号	成果名称	企业名称
25	大型火力发电企业量化业绩考核体系的创新与实践	内蒙古大唐国际托克托发电有限责任公司
26	大型火力发电企业技能人才金字塔的构建与实施	内蒙古大唐国际托克托发电有限责任公司
27	多元化发展“两个三”的创新与实践	大唐国际发电股份有限公司
28	大型燃气发电厂保电标准化管理的构建与实施	大唐国际发电股份有限公司北京高井热电厂
29	“5+2”特色廉洁文化体系的构建与实施	大唐国际发电股份有限公司北京高井热电厂
30	提高企业员工职业素养的探索与实践	大唐国际发电股份有限公司陡河发电厂
31	发电企业大6S管理体系构建与创新	大唐国际发电股份有限公司陡河发电厂
32	“六最”项目的创新与实践	天津大唐国际盘山发电有限责任公司
33	机组检修操作组在火力发电厂的创新应用	江苏大唐国际吕四港发电有限责任公司
34	“点维一体化”管理体制在燃机电厂成功实施	浙江大唐国际江山新城热电有限责任公司
35	“大运行”体系下调度自动化系统数据管理	国网北京市电力公司海淀供电公司
36	以促进职工岗位成才为核心的劳动竞赛平台建设	国网北京市电力公司
37	配网故障抢修指挥业务流程优化与实践	国网北京市电力公司
38	省级电网企业运营成本管理机制	国网北京市电力公司
39	“五位一体”审计管理框架的构建与实施	国网北京市电力公司
40	变电站智能机器人巡检体系构建	国网北京市电力公司
41	员工岗位制度体系构建与实践	国网北京市电力公司
42	电网建设项目造价全过程管控后评价体系构建	国网北京市电力公司
43	业扩报装领域廉政风险防控与实践	国网北京市电力公司
44	电力企业“网格化”政工管理体系的构建与创新	国网北京市电力公司
45	电网企业固定资产投资全过程管控创新与实践	国网北京市电力公司
46	基于市场导向的电力工程公司核心能力建设实践	国网北京市电力公司门头沟供电公司
47	基于关键因素法降低配网故障率的管理实践	国网北京市电力公司门头沟供电公司
48	首都供电企业高压用户预付费方式实践	国网北京市电力公司顺义供电公司
49	智能变电站运维管理创新与实践	国网北京市电力公司检修分公司
50	以“大计划”管理为核心的供电企业精益管理实践	国网北京市电力公司城区供电公司
51	基于绩效导向的薪酬体系构建实践	国网北京市电力公司大兴供电公司
52	业务与财务收支一体化管控体系构建实践	北京电力经济技术研究院
53	员工价值观培育体系构建	国网北京市电力公司朝阳供电公司
54	首都电网企业重点客户工程差异化管控	国网北京市电力公司客户服务中心
55	首都远郊区县供电应急体系构建	国网北京平谷供电公司　国网北京怀柔供电公司
56	配电网规划落地机制的创新与实践	国网北京市电力公司房山供电公司
57	首都高速公路青年技能人才管理创新	北京市首都公路发展集团有限公司

续表

编号	成果名称	企业名称
58	高速公路企业收费运营信息化管理体系的实践	北京市首都公路发展集团有限公司八达岭高速公路管理分公司
59	高速公路“零缺陷”管理体系的构建与实施	北京市首都公路发展集团有限公司八达岭高速公路管理分公司
60	高速公路收费运营企业创新激励机制的构建与实施	北京市首都公路发展集团有限公司京沈高速公路分公司
61	“京津冀一体化”高速公路运营管理的创新与实践	北京市首都公路发展集团有限公司京沈高速公路分公司
62	高速公路运营企业基于信息化财务管理内控系统的建立与实现	北京市首都公路发展集团有限公司京开高速公路分公司
63	挖掘有限资源　拓宽服务空间	北京市首都公路发展集团有限公司京开高速公路分公司
64	互联网 +ETC　融合创新促发展	北京速通科技有限公司
65	首都高速公路交通安全设施工程项目精细化管理创新与实践	北京市高速公路交通工程有限公司
66	“工程管理状态即时监控系统”在首都高速公路建设项目代建管理中的应用	北京市首发高速公路建设管理有限责任公司
67	民营医院以人性化服务为目标的三维立体化管理模式创新与实践	北京同仁堂中医医院
68	以技术创颗粒工艺新高　以科学铸工装生产辉煌	北京同仁堂科技发展股份有限公司
69	五位一体的互联网房产营销平台管理创新	金融街控股股份有限公司
70	房地产公司项目全周期工作指引的建立及应用	金融街（北京）置业有限公司
71	自建商业项目新媒体的营销管理转型实践	北京金融街购物中心有限公司
72	房地产公司售楼处收银业务外包的实践创新	金融街广州置业有限公司
73	以国际一流为目标——慕田峪长城景区服务质量管理体系的建立及运行	北京市慕田峪长城旅游服务有限公司
74	金融街首发 15 亿境外人民币债　迈出国际化战略第一步	金融街控股股份有限公司
75	基于信托融资的项目运营过程管理	金融街（天津）置业有限公司
76	保险销售人才“跃层型”三大训练体系的构建与实施	长城人寿保险股份有限公司
77	在工程招投标阶段实施有效审计方法	北京华融基础设施投资有限责任公司
78	政府代建项目目标成本管理机制的构建与实施	北京华融基础设施投资有限责任公司
79	综合大型集团借助信息化实现量化管理的蜕变	北京金融街投资（集团）有限公司
80	以能源精细化管控为目标的信息化管理	沁阳市金隅水泥有限公司
81	以信息化支撑的企业两化融合管理	广灵金隅水泥有限公司
82	以精细化管理为核心的“两翼带一体”现代涂料企业转型升级的实践	北京金隅涂料有限责任公司
83	精细化核算在物流企业中的应用与实践	北京市五环顺通物流中心
84	以信息化管理为驱动　助推企业突破发展瓶颈	中车北京南口机械有限公司
85	基于转型期勘察设计企业全员绩效考核体系的构建	中国五洲工程设计集团有限公司
86	发电企业“五位一体”机组精益检修管理模式的构建和应用	山西漳山发电有限责任公司
87	小水电企业权变预算管理体系的构建和实施	四川大川电力有限公司　四川众能电力有限公司
88	大型能源企业财务公司风险导向型后督管理体系的构建与实施	京能集团财务有限责任公司
89	基层供热企业最后一公里服务体系的构建与实施	北京市热力集团有限责任公司丰台分公司

续表

编号	成果名称	企业名称
90	基层单位模块化合同管理的构建与实施	北京市热力集团有限责任公司西城分公司
91	发电企业外委维护班组标准化建设的实施	内蒙古京泰发电有限责任公司
92	发电企业现代物资管理体系的构建与实施	北京京能高安屯燃气热电有限责任公司
93	光伏发电企业节能增效管理模式的建立与实施	北京京能新能源有限公司
94	发电企业流程优化再造与持续改进实践	深圳钰湖电力有限公司
95	大型火力发电企业信息安全集中管理体系实践	内蒙古岱海发电有限责任公司
96	发电企业“三级监管”企业管理体系建设	内蒙古岱海发电有限责任公司
97	燃气发电企业积分式培训系统建设	北京京桥热电有限责任公司
98	区域能源企业促进运行班组建设的综合绩效管理	北京京能未来燃气热电有限公司
99	发电企业实效型培训体系建立与实施	内蒙古京能康巴什热电有限公司
100	发电老企业基于6S管理的燃机检修品牌创建	北京京丰燃气发电有限责任公司
101	火力发电厂节能降耗　增效管理模式的构建与实施	内蒙古华宁热电有限公司
102	发电集团电煤库存经济调节降低燃料成本管理	北京京能电力燃料有限公司
103	基层后勤服务岗位“四定”体系的构建与实施	京能电力后勤服务有限公司
104	水电企业基于“运检一体化”的生产组织管理模式构建与实施	北京京西发电有限责任公司
105	新能源电厂结算计量点管理机制实践	国网冀北电力有限公司
106	审计信息化建设与应用助力电网企业健康发展	国网冀北电力有限公司
107	“4321”防外力破坏管理提升　保障北京送电通道安全	国网冀北电力有限公司
108	以提升实用价值为导向的省级电力公司专利成果管理实践	国网冀北电力有限公司
109	构建外协管理新机制　促进环北京电力设施建设	国网冀北电力有限公司
110	大型供电企业“一核三维”人才竞争力评价创新与实践	国网冀北电力有限公司
111	国有大型电力企业基建工程投资预算管控体系建设	国网冀北电力有限公司
112	基于业务协同平台的调控安全管控模式的构建与实践	国网冀北电力有限公司
113	以卓越绩效管理提升企业竞争力	国网冀北电力有限公司唐山供电公司
114	新形势下业扩报装新模式管理体系的构建与实施	国网冀北电力有限公司唐山供电公司
115	以有效推动培训成果转化　促进学习落地为导向的6D学习模型	国网冀北电力有限公司唐山供电公司
116	政企联动“一网三规”电网项目前期创新管理模式的建立与应用	国网冀北电力有限公司张家口供电公司
117	“三维度”安全基础管理标准化　实现县级供电企业管理提升	国网冀北电力有限公司张家口供电公司
118	电力企业研究开发项目三级科目预算管控模式的构建与应用	国网冀北电力有限公司秦皇岛供电公司
119	以“一程三支”管理为基础提升员工培训效果	国网丰宁县供电分公司
120	企业补充医疗保险保障体系的创新与实践	国网冀北电力有限公司综合服务中心
121	构建合同能源管理模式　开展电能替代燃煤锅炉改造的实践	国网冀北节能服务有限公司
122	知识型电网企业新员工融职管理	国网冀北电力有限公司电力科学研究院
123	基于精细化实施的变压器大修现场管理	国网冀北电力有限公司检修分公司

续表

编号	成果名称	企业名称
124	基于物联网技术的特高压工程现场智慧管理系统	北京送变电公司
125	电力行业招标代理机构“四位一体”人才培养体系创新与实践	国网冀北电力有限公司物资分公司
126	电网公司省级信息通信调度集中监控运行实践	国网冀北电力有限公司信息通信分公司
127	对标管理在跨地域集团型水务环保企业中的应用	北京首创股份有限公司
128	大型房地产企业以信息化平台为依托的战略采购管理体系的构建与实施	首创置业股份有限公司
129	全业务流程支撑的新三板做市管理平台构建与实施	首创证券有限责任公司
130	农村生活垃圾管理实践	首创环境控股有限公司
131	北京市专项融资担保平台在扶持中小微企业发展中的实践与创新	北京首创融资担保有限公司
132	持有型物业风险管理体系的构建与实施	北京东环鑫融投资管理有限公司
133	城市供水全过程水质在线监测系统建设及应用	北京市自来水集团有限责任公司
134	提高柱塞泵类零组件加工效率	北京航科发动机控制系统科技有限公司
135	以精益提效和信息化为手段 提高客户满意度	北京航科发动机控制系统科技有限公司
136	管理创新做牵引　装调质量效率双提升	北京航科发动机控制系统科技有限公司
137	精益管理促创新　流程优化保节点	北京航科发动机控制系统科技有限公司
138	城市轨道交通联网收费系统标准体系构建与实施	北京轨道交通路网管理有限公司
139	城市轨道交通安全质量隐患排查信息系统的应用	北京城市快轨建设管理有限公司
140	以品牌塑造为核心的公共服务平台建设	北京798文化创意产业投资股份有限公司
141	电子企业老工业基地改造的创新实践	北京牡丹电子集团有限责任公司
142	大型石化企业基于库存管理创新的智能供应链的构建与实施	中国石油化工股份有限公司北京燕山分公司物资装备中心
143	技能矩阵法在石化企业员工能力管理中的应用	中国石油化工股份有限公司北京燕山分公司橡胶厂
144	创新多维度系统化管理模式 实现中华老字号持续健康发展	北京二商王致和食品有限公司
145	基于供应链协同的食品综合供应平台构建	北京市东方友谊食品配送公司
146	小型海水淡化系统创新管理实践报告	北控水务集团有限公司
147	创新经营管理　助力酒店发展	北京京仪大酒店有限责任公司
148	一线员工培训管理信息系统的构建与应用	北京市燃气集团有限责任公司人力资源部
149	燃气企业工程项目结算评审的构建	北京市燃气集团有限责任公司法律审计部
150	劳务派遣员工管理中的心理契约理论的应用与实践	北京市燃气集团有限责任公司运营调度中心96777热线服务部
151	差异化组织绩效考核PDCA管理循环的应用与实践	北京市燃气集团有限责任公司第四分公司
152	应用微型压力能发电节能技术　提升燃气管网智能化水平	北京市燃气集团有限责任公司高压管网分公司
153	应用云存储　实现企业文档管理方式创新	北京市煤气热力工程设计院有限公司
154	企业内控管理在清洁能源领域的构建与实施	北京燃气绿源达清洁燃料有限公司
155	燃气企业计量仪表防偷盗气措施改进	北京市燃气集团有限责任公司销售服务部
156	国有特大型公益性企业建立区企战略合作关系的创新与实践	北京公共交通控股（集团）有限公司

续表

编号	成果名称	企业名称
157	公交集团市民意见管理体系创新实践	北京公共交通控股（集团）有限公司
158	公交车实时到站预报在北京出行服务领域的创新与实践	北京公共交通控股（集团）有限公司
159	基于公交车辆 CAN 数据综合应用平台的车辆安全与技术管理	北京公共交通控股（集团）有限公司
160	信息技术再造合同管理系统的构建与创新	北京公共交通控股（集团）有限公司
161	首都公交车辆维修企业岗位技能等级制度的构建与创新	北京公共交通控股（集团）有限公司保修分公司
162	以跨境电商企业需求为导向的邮政服务平台建设	中国邮政集团公司北京市国际邮电局
163	“理实一体化”新入职员工培训体系建设	中国邮政集团公司北京市邮政教育培训中心
164	北京通州商务服务中心基础设施项目立项流程优化管理的实践	北京新奥通城房地产开发有限公司
165	多项目、短周期条件下基础设施建设项目结算组织创新与实践	北京新奥通城房地产开发有限公司
166	以“和谐共赢”为目标的棚户区改造法务管理工作实践	北京新奥集团有限公司
167	以品牌引领为核心 创新城市功能区管理	北京市新奥物业管理有限公司
168	以融合式人才体系建设 推动企业转型升级	北京市新奥物业管理有限公司
169	综合激励原理在公司新生代员工绩效管理中的应用	北京丽泽金都置业有限公司
170	以风险防范为导向的定向安置房项目内部控制管理创新与实践	北京丽泽金都置业有限公司
171	大型综合园区建设主体可视化信息管理实践	北京新奥置业有限公司
172	提速降费背景下的流量价值经营	中国移动通信集团北京有限公司
173	精细管理提升 4G 客户规模	中国移动通信集团北京有限公司
174	探索 O2O 互联网校园迎新模式 开拓北京移动用户增长新领域	中国移动通信集团北京有限公司
175	构建代维费用体系智能化平台 助力代维工作精细化管理	中国移动通信集团北京有限公司
176	基于大数据运营的网络市场协同模式管理创新	中国移动通信集团北京有限公司
177	搭建 RDAP 客户管理模型 聚焦重点客户 构建集团客户特色管理模式	中国移动通信集团北京有限公司
178	深入挖掘客户价值全面发挥 4G 优势构建以 4G 高驻留为导向的网络管理创新体系	中国移动通信集团北京有限公司
179	电梯应急解困救援体系的构建与实施	北京市地铁运营有限公司机电分公司
180	智能 App 在地铁网络化抢险中的应用	北京市地铁运营有限公司机电分公司
181	车辆智能检修系统	北京市地铁运营有限公司运营三分公司
182	“微行动、V 影响”的管理思想建立与实施	北京市地铁运营有限公司运营四分公司
183	世锦赛运输保障体系在北京地铁大运输工作的推广和应用	北京市地铁运营有限公司运营四分公司
184	“碎片时间”培训管理法在站区应用的管理创新	北京市地铁运营有限公司运营四分公司
185	运用信息化管理提高运营效率	北京地下铁道通成广告有限公司
186	大型石油销售企业以会员为中心的“人、车、生活生态圈”商业模式创新	中国石化销售有限公司北京石油分公司
187	构建生态化的故障管理新体系	中国联合网络通信有限公司北京市分公司
188	首钢职工健康管理体系的构建	首钢总公司系统优化部
189	依据铁矿石市场演变规律创新铁矿石销售模式	中国首钢国际贸易工程公司

续表

编号	成果名称	企业名称
190	引入流程管理系统 丰富企业档案综合服务功能	首钢总公司行政管理中心
191	钢铁电商助力新型营销模式创新	首钢总公司销售公司
192	混合所有制企业监管模式的构建与实践	首钢总公司监事会工作办公室
193	基于绿色高效的能源管理信息系统的构建与实践	秦皇岛首秦金属材料有限公司
194	运用PDCA管理方法 全面深化医疗质量与安全管理持续改进	北京大学首钢医院
195	基于幼教延伸领域 拓展教育培训市场	北京首钢实业有限公司

注：同等级排名不分先后

北京市第三十一届企业管理现代化创新成果优秀组织单位名单（6家）

序号	企业名称	序号	企业名称
1	北京市首都公路发展集团有限公司	4	国网冀北电力有限公司
2	北京汽车集团有限公司	5	北京能源集团有限责任公司
3	国网北京市电力公司	6	北京首都创业集团有限公司

注：同等级排名不分先后

北京市第十九批企业技术中心认定名单

根据《进一步加强北京市企业技术中心建设实施方案》，结合企业的综合实力、技术创新体系建设与运行机制、技术中心基本条件、技术创新活动成果等，经专家评估，同意北京凯普林光电科技股份有限公司等75家企业的技术中心为北京市第十九批企业技术中心（排名不分先后）。

序号	企业名称	序号	企业名称
1	北京凯普林光电科技股份有限公司	11	精进电动科技（北京）有限公司
2	圣邦微电子（北京）股份有限公司	12	中信国安盟固利动力科技有限公司
3	北京新联铁集团股份有限公司	13	暴风集团股份有限公司
4	北京航天希尔测试技术有限公司	14	北京中交兴路信息科技有限公司
5	北京航星机器制造有限公司	15	中国建筑设计院有限公司
6	北京七维航测科技股份有限公司	16	中国建材检验认证集团股份有限公司
7	中国中药公司	17	北京华大九天软件有限公司
8	北京百迈客生物科技有限公司	18	北京德鑫泉物联网科技股份有限公司
9	中国食品发酵工业研究院	19	北京中讯四方科技股份有限公司
10	北京佩特来电器有限公司	20	北京北电科林电子有限公司

续表

序号	企业名称	序号	企业名称
21	北京京天威科技发展有限公司	49	长安通信科技有限责任公司
22	通号工程局集团有限公司	50	联动优势科技有限公司
23	北京京仪集团有限责任公司	51	中文在线数字出版集团股份有限公司
24	北京南瑞电研华源电力技术有限公司	52	北京信安世纪科技有限公司
25	中海阳能源集团股份有限公司	53	大唐融合通信股份有限公司
26	北矿机电科技有限责任公司	54	北京慧聪国际资讯有限公司
27	中交机电工程局有限公司	55	中化岩土工程股份有限公司
28	中节能太阳能科技有限公司	56	北京万兴建筑集团有限公司
29	北京优利康达科技股份有限公司	57	中交一公局桥隧工程有限公司
30	北京潞电电气设备有限公司	58	中国葛洲坝集团国际工程有限公司
31	北京华电瑞通电力工程技术有限公司	59	中建一局集团第二建筑有限公司
32	北京卓立汉光仪器有限公司	60	中建二局第一建筑工程有限公司
33	北京德威特继保自动化科技股份有限公司	61	中交一公局第一工程有限公司
34	恒信大友（北京）科技有限公司	62	中建一局集团第三建筑有限公司
35	北京纳通科技集团有限公司	63	北京城建北方建设有限责任公司
36	拜西欧斯（北京）生物技术有限公司	64	中交一公局第五工程有限公司
37	舒泰神（北京）生物制药股份有限公司	65	中建一局集团第五建筑有限公司
38	北京黎马敦太平洋包装有限公司	66	北京矿建建设集团有限公司
39	北京国能中电节能环保技术股份有限公司	67	中铁十六局集团第四工程有限公司
40	北京科净源科技股份有限公司	68	中石化石油工程地球物理有限公司
41	北京无线天利移动信息技术股份有限公司	69	北京能高自动化技术股份有限公司
42	北京慧点科技有限公司	70	北京城市网邻信息技术有限公司
43	大唐网络有限公司	71	天闻数媒科技（北京）有限公司
44	恒安嘉新（北京）科技有限公司	72	北京墨迹风云科技股份有限公司
45	北京元年科技股份有限公司	73	北京森华易腾通信技术有限公司
46	北京星通联华科技发展股份有限公司	74	北京亿华通科技股份有限公司
47	中科创达软件股份有限公司	75	探路者控股集团股份有限公司
48	北京北信源软件股份有限公司		

北京市工业企业部分发明授权专利

申请号	IPC 分类标引	专利权人名称	专利权人地址
CN2016102425486	热工过程和器具	普瑞森能源科技（北京）股份有限公司	海淀区知春路6号（锦秋国际大厦）23层A03
CN2016102421269	热工过程和器具	普瑞森能源科技（北京）股份有限公司	海淀区知春路6号（锦秋国际大厦）23层A03
CN2016102386091	机器零件	北京航天凌云波纹管有限公司	丰台区西四环南路19号9号楼246
CN2016101691218	药品（含中药）	北京慧宝源生物技术有限公司	海淀区上地开拓路5号A408
CN2016101654844	机器工具	北京金宇顺达科技有限公司	丰台区汽车博物馆东路1号院3号楼16层1613（园区）
CN201610094893X	计算机技术	京东方科技集团股份有限公司	朝阳区酒仙桥路10号
CN2016100798059	医学技术	北京正齐口腔医疗技术有限公司	海淀区大柳树富海中心2号楼1103
CN2016100705459	医学技术	北京正齐口腔医疗技术有限公司	海淀区北京市海淀区大柳树富海中心2号楼1103
CN2016100701072	医学技术	北京正齐口腔医疗技术有限公司	海淀区北京市海淀区大柳树富海中心2号楼1103
CN2016100468612	医学技术	北京东博气动工具有限公司	顺义区天竺空港工业区B区安庆大街9号4幢201
CN2016100291754	热工过程和器具	北京金泽环境能源技术研究有限公司	朝阳区大屯路风林绿洲西奥中心A座9层
CN201610022059X	医学技术	北京东博气动工具有限公司	顺义区天竺空港工业区B区安庆大街9号4幢201
CN2016100036021	医学技术	京东方科技集团股份有限公司	朝阳区酒仙桥路10号
CN2015800000288	基础材料化学	北京欣奕华科技有限公司	北京经济技术开发区科创九街32号1号楼2层201
CN2015110294909	医学技术	北京倍舒特妇幼用品有限公司	密云区经济开发区远光街1号
CN2015108838613	电机、电气装置、电能	北京玻钢院复合材料有限公司	延庆区八达岭经济开发区康西路261号
CN2015108816563	其他消费品	北京百乐途户外用品有限公司	丰台区横七条16号院正邦嘉园1号楼504
CN2015108310513	食品化学	北京德元顺生物科技有限公司	通州区通胡大街78号5003C
CN2015108271928	生物技术	北京正旦国际科技有限责任公司	昌平区科学园路33号
CN2015108270179	医学技术	北京清源伟业生物组织工程科技有限公司	海淀区西三环北路91号国图文化大厦6层F30
CN2015108070026	生物材料分析	北京博奥医学检验所有限公司	北京经济技术开发区科创六街88号院9号楼2单元
CN2015107905254	计算机技术	百度在线网络技术（北京）有限公司	海淀区上地十街10号百度大厦
CN201510778873X	化学工程	北京金泽环境能源技术研究有限公司	朝阳区大屯路风林绿洲西奥中心A座9层
CN2015107757356	生物技术	北京博奥医学检验所有限公司	北京经济技术开发区科创六街88号院9号楼2单元
CN2015107486180	生物技术	北京博奥医学检验所有限公司	北京经济技术开发区科创六街88号院9号楼2单元
CN2015107450352	半导体	京东方科技集团股份有限公司	朝阳区酒仙桥路10号
CN2015107408336	药品（含中药）	北京凯因科技股份有限公司	北京经济技术开发区荣京东街6号

续表

申请号	IPC 分类标引	专利权人名称	专利权人地址
CN2015107319239	生物技术	北京博奥医学检验所有限公司	北京经济技术开发区科创六街 88 号院 9 号楼 2 单元
CN2015107313586	生物技术	北京中科紫鑫科技有限责任公司	北京经济技术开发区科创六街 88 号亦庄生物医药园 3 号楼 608
CN201510726384X	生物技术	艾吉泰康生物科技（北京）有限公司	朝阳区大屯路甲 21 号天创世缘 D1 座 315 楼 0906 室
CN2015107061941	生物技术	北京中科紫鑫科技有限责任公司	北京经济技术开发区科创六街 88 号亦庄生物医药园 3 号楼 608
CN2015107007650	生物技术	北京中科紫鑫科技有限责任公司	北京经济技术开发区科创六街 88 号亦庄生物医药园 3 号楼 608
CN2015106710263	基础材料化学	北京石油化工工程有限公司	朝阳区奥运媒体村天居园 7 号楼
CN2015106622671	半导体	京东方科技集团股份有限公司	朝阳区酒仙桥路 10 号
CN2015106569561	材料、冶金	北京东泰富博新材料科技股份有限公司	海淀区三里河路 39 号 10 号楼 4 层 A4001
CN2015106496787	高分子化学、聚合物	北京东泰富博新材料科技股份有限公司	海淀区三里河路 39 号 10 号楼 4 层 A4001
CN2015106442236	机器工具	南车二七车辆有限公司	丰台区张郭庄甲 1 号
CN2015106437859	医学技术	北京博奥医学检验所有限公司	北京经济技术开发区科创六街 88 号院 9 号楼 2 单元
CN2015106376520	发动机、泵、涡轮机	京蓝能科技术有限公司	海淀区上地东路 25 号 4 层 6 单元 402
CN2015106239010	发动机、泵、涡轮机	北京图正实验室科技有限公司	朝阳区光华路泰达时代中心 1 号楼 17 层
CN2015106161938	机器工具	北京达博创新科技开发有限公司	昌平区北七家镇定泗路雅安商厦 C 座 403
CN201510616143X	机器工具	北京达博创新科技开发有限公司	昌平区北七家镇定泗路雅安商厦 C 座 403
CN201510601653X	生物技术	北京博奥医学检验所有限公司	北京经济技术开发区科创六街 88 号院 9 号楼 2 单元
CN201510598718X	生物材料分析	北京勤邦生物技术有限公司	昌平区回龙观国际信息产业基地高新四街 8 号
CN2015105937689	材料、冶金	北新集团建材股份有限公司	海淀区三路河路甲 11 号
CN2015105934820	材料、冶金	北新集团建材股份有限公司	海淀区三路河路甲 11 号
CN2015105715541	医学技术	京东方科技集团股份有限公司	朝阳区酒仙桥路 10 号
CN2015105637716	表面加工技术、涂层	京东方科技集团股份有限公司	朝阳区酒仙桥路 10 号
CN2015105628492	机器零件	北京航天凯恩化工科技有限公司	丰台区西四环南路 89 号 A401 室
CN2015105612719	机器工具	北京中电华强焊接工程技术有限公司	大兴区瀛海镇经二路 6 号焊接工业园
CN2015105609720	发动机、泵、涡轮机	华北电力科学研究院有限责任公司	西城区复兴门外地藏庵南巷 1 号
CN2015105513944	半导体	北京铂阳顶荣光伏科技有限公司	北京经济技术开发区康定街 11 号 11 楼 3 层
CN2015105495734	发动机、泵、涡轮机	华能国际电力股份有限公司	西城区复兴门南大街丙 2 号
CN2015105495626	材料、冶金	北京东泰富博新材料科技股份有限公司	海淀区三里河路 39 号 10 号楼 4 层 A4001
CN2015105488800	材料、冶金	北京东泰富博新材料科技股份有限公司	海淀区三里河路 39 号 10 号楼 4 层 A4001
CN2015105359119	其他特殊机械	北新集团建材股份有限公司	海淀区三路河路甲 11 号
CN2015105132586	材料、冶金	北京立化科技有限公司	海淀区清华大学学研综合楼 B 座 4 层 406

续表

申请号	IPC 分类标引	专利权人名称	专利权人地址
CN2015105025264	基础材料化学	北京宝塔三聚能源科技有限公司	朝阳区惠新东街 11 号紫光发展大厦 A 座 12 层
CN2015105019969	纺织和造纸机器	京东方科技集团股份有限公司	朝阳区酒仙桥路 10 号
CN2015104968694	机器工具	南车二七车辆有限公司	丰台区张郭庄甲 1 号
CN2015104910299	纺织和造纸机器	北京派和科技股份有限公司	海淀区清华东路 16 号艺海大厦 1406
CN201510489943X	有机精细化学	北京科尔帝美工程技术有限公司	石景山区实兴大街 30 号院 3 号楼 2 层 D-0104
CN2015104872954	半导体	京东方科技集团股份有限公司	朝阳区酒仙桥路 10 号
CN2015104849977	有机精细化学	北京神雾环境能源科技集团股份有限公司	昌平区马池口镇神牛路 18 号
CN2015104844314	机器工具	京东方科技集团股份有限公司	朝阳区酒仙桥路 10 号
CN2015104726619	装卸	北京进化者机器人科技有限公司	海淀区信息路 22 号 B 座 2 层 02-A426
CN2015104634369	基础材料化学	神华集团有限责任公司	东城区安外西滨河路 22 号神华大厦
CN201510463219X	其他消费品	小米科技有限责任公司	海淀区清河中街 68 号华润五彩城购物中心二期 13 层
CN2015104626926	材料、冶金	万信方达科技发展（北京）有限责任公司	西城区月坛北街 25 号 1115
CN2015104614859	机器工具	北京航天光华电子技术有限公司	海淀区永定路 50 号
CN2015104606621	食品化学	北京旗舰食品集团有限公司	海淀区西小营中关村中医药园甲 1 号
CN2015104417352	材料、冶金	北京东泰富博新材料科技股份有限公司	海淀区三里河路 39 号 10 号楼 4 层 A4001
CN2015104409727	生物技术	北京鼎成肽源生物技术有限公司	昌平区生命园路 29 号 1 幢 B 座 316-26
CN2015104380803	生物材料分析	北京中企卓创科技发展有限公司	朝阳区首都机场五纬路 02 号科研基地
CN2015104340308	基础材料化学	北京信汇生物能源科技有限公司	海淀区西小口路 66 号东升科技园 C-1 307A、307B
CN2015104315378	基础材料化学	京东方科技集团股份有限公司	朝阳区酒仙桥路 10 号
CN2015104255930	生物技术	北京中科紫鑫科技有限责任公司	北京经济技术开发区科创六街 88 号亦庄生物医药园 3 号楼 608
CN2015104249639	生物技术	北京中科紫鑫科技有限责任公司	北京经济技术开发区科创六街 88 号亦庄生物医药园 3 号楼 608
CN2015104218293	测量	北京洛奇临床检验所股份有限公司	昌平区生命园路 29 号 D 座 101-A107
CN2015104167268	生物技术	北京中科紫鑫科技有限责任公司	北京经济技术开发区科创六街 88 号亦庄生物医药园 3 号楼 608
CN2015104164927	材料、冶金	北京新怡源环保科技有限公司	丰台区南四环西路 128 号院 3 号楼 5 层 601-2（园区）
CN2015104157247	生物技术	北京四正柏生物科技有限公司	北京经济技术开发区科创六街 88 号院 3 号楼 801、802
CN2015104143988	生物技术	北京中科紫鑫科技有限责任公司	北京经济技术开发区科创六街 88 号亦庄生物医药园 3 号楼 608
CN2015104143969	生物技术	北京中科紫鑫科技有限责任公司	北京经济技术开发区科创六街 88 号亦庄生物医药园 3 号楼 608
CN2015104093160	生物技术	北京医研伙伴医学研究所有限公司	昌平区回龙观镇中关村生命科学园 8 号院 1 区 1 号楼 1 层 116
CN2015104090675	材料、冶金	首钢总公司	石景山区石景山路 68 号
CN2015104006247	基础材料化学	北京石油化工工程有限公司	朝阳区奥运媒体村天居园 7 号楼
CN2015103983220	生物技术	同昕生物技术（北京）有限公司	昌平区生命园路 29 号创新大厦 A 座 211

续表

申请号	IPC 分类标引	专利权人名称	专利权人地址
CN2015103860305	纺织和造纸机器	北京恒博山科技发展有限责任公司	海淀区增光路37号中海馥园3号楼1单元302
CN2015103824012	机器工具	首钢总公司	石景山区石景山路68号
CN2015103819476	发动机、泵、涡轮机	摩尔动力(北京)技术股份有限公司	朝阳区北苑路168号中安盛业大厦24层
CN2015103723721	测量	北京中科科仪股份有限公司	海淀区中关村北二条13号
CN2015103702689	半导体	京东方科技集团股份有限公司	朝阳区酒仙桥路10号
CN2015103700240	其他特殊机械	北京勤达远致新材料科技股份有限公司	昌平区科技园区创新路7号2号楼2222号
CN2015103698109	其他消费品	京东方科技集团股份有限公司	朝阳区酒仙桥路10号
CN2015103644518	纺织和造纸机器	京东方科技集团股份有限公司	朝阳区酒仙桥路10号
CN2015103590293	生物技术	北京嘉宝仁和医疗科技有限公司	海淀区厂洼街3号2号楼1层1038号
CN2015103465999	机器工具	北京新联铁科技股份有限公司	海淀区高粱桥斜街59号院2号楼3层2-305-18
CN2015103449638	装卸	北京云迹科技有限公司	朝阳区北苑路13号甲北辰购物中心710
CN2015103425703	有机精细化学	北京康立生医药技术开发有限公司	大兴区北京经济技术开发区中和街22号2号楼5层
CN2015103420644	生物材料分析	北京勤邦生物技术有限公司	昌平区回龙观国际信息产业基地高新四街8号
CN2015103411096	生物材料分析	北京勤邦生物技术有限公司	昌平区回龙观国际信息产业基地高新四街8号
CN2015103307919	热工过程和器具	北京朗博科科技发展有限公司	海淀区羊坊店15勘D楼1层
CN2015103250643	装卸	华电重工股份有限公司	丰台区汽车博物馆东路华电产业园B座10层
CN2015103246205	药品（含中药）	北京康舟润发高科技有限公司	海淀区增光路甲34号1幢8层807
CN2015103241517	药品（含中药）	北京康舟润发高科技有限公司	海淀区增光路甲34号1幢8层807
CN2015103237475	其他消费品	北京我爱刷牙科技有限公司	海淀区高里掌路1号院15号楼3层2单元
CN2015103235022	药品（含中药）	北京康舟润发高科技有限公司	海淀区增光路甲34号1幢8层807
CN2015103160191	纺织和造纸机器	北京博大格林高科技有限公司	海淀区上地信息路15号11层1105
CN2015103129108	生物技术	北京东方百泰生物科技有限公司	北京经济技术开发区荣京东街2号1幢406
CN2015103032808	热工过程和器具	北京中煤矿山工程有限公司	朝阳区和平里青年沟路5号
CN201510301586X	机器工具	北京安达维尔科技股份有限公司	海淀区知春路1号学院国际大厦11层1112
CN2015103002554	生物技术	北京中科紫鑫科技有限责任公司	北京经济技术开发区科创六街88号亦庄生物医药园3号楼608
CN2015103002520	生物技术	北京中科紫鑫科技有限责任公司	北京经济技术开发区科创六街88号亦庄生物医药园3号楼608
CN2015102946879	测量	北京航天易联科技发展有限公司	北京市经济技术开发区科创十三街18号院24号楼
CN2015102924920	热工过程和器具	北京中科诚毅科技发展有限公司	海淀区大钟寺13号院1号楼华杰大厦B219
CN2015102902828	生物技术	北京中科紫鑫科技有限责任公司	北京经济技术开发区科创六街88号
CN2015102902813	生物技术	北京中科紫鑫科技有限责任公司	北京经济技术开发区科创六街88号
CN2015102900095	机器工具	北京林克曼数控技术股份有限公司	海淀区小南庄怡秀园4-5055
CN2015102848024	医学技术	京东方科技集团股份有限公司	朝阳区酒仙桥路10号

续表

申请号	IPC分类标引	专利权人名称	专利权人地址
CN2015102847680	食品化学	北京康百世科技发展有限公司	北京经济技术开发区经海四路2号BDA国际港3-4-101
CN2015102844485	食品化学	北京康百世科技发展有限公司	北京经济技术开发区经海四路2号BDA国际港3-4-101
CN2015102701072	发动机、泵、涡轮机	摩尔动力（北京）技术股份有限公司	朝阳区北苑路168号中安盛业大厦24层
CN2015102692868	其他消费品	北京爱慕内衣有限公司	朝阳区望京开发区利泽中园二区218、219号爱慕大厦
CN2015102688203	医学技术	北京爱康宜诚医疗器材股份有限公司	昌平区科技园区白浮泉路10号
CN2015102687963	医学技术	北京爱康宜诚医疗器材股份有限公司	昌平区科技园区白浮泉路10号
CN201510267020X	医学技术	北京爱康宜诚医疗器材股份有限公司	昌平区科技园区白浮泉路10号
CN2015102594263	纺织和造纸机器	北京赛欧兰阻燃纤维有限公司	北京经济技术开发区地盛中路3号B座510
CN2015102593966	生物技术	北京大北农科技集团股份有限公司	海淀区中关村大街27号14层
CN2015102580773	纺织和造纸机器	北京赛欧兰阻燃纤维有限公司	北京经济技术开发区地盛中路3号B座510
CN2015102579808	发动机、泵、涡轮机	摩尔动力（北京）技术股份有限公司	朝阳区北苑路168号中安盛业大厦24层
CN2015102557118	生物技术	北京东方百泰生物科技有限公司	北京经济技术开发区荣京东街2号1幢406
CN2015102506775	有机精细化学	北京神雾环境能源科技集团股份有限公司	昌平区马池口镇神牛路18号
CN2015102467499	机器工具	北京现代汽车有限公司	顺义区顺通路18号
CN201510241587X	高分子化学、聚合物	北京中科紫鑫科技有限责任公司	北京经济技术开发区科创六街88号
CN2015102394661	计算机技术	北京奇虎科技有限公司	西城区新街口外大街28号D座112（德胜园区）
CN2015102349647	食品化学	北京嘉捷美锦科技发展有限公司	北京经济技术开发区科创十四街20号院4号楼102
CN2015102327934	半导体	京东方科技集团股份有限公司	朝阳区酒仙桥路10号
CN2015102323365	生物材料分析	博乐宝科技有限公司	海淀区中关村南大街甲18号北京国际大厦B座7层
CN201510229329X	医学技术	京东方科技集团股份有限公司	朝阳区酒仙桥路10号
CN2015102268669	电机、电气装置、电能	北京人民电器厂有限公司	大兴区大兴工业开发区金苑路29号
CN2015102251422	食品化学	德御坊创新食品（北京）有限公司	朝阳区科荟前街1号院5号楼奥林佳泰大厦9层
CN2015102249390	电机、电气装置、电能	首瑞（北京）投资管理集团有限公司	大兴区工业开发区金苑路29号
CN2015102224976	材料、冶金	北京易博三维科技有限公司	丰台区张仪村路99号中宏新宇北楼251-256
CN201510221425X	热工过程和器具	北京佰能电气技术有限公司	海淀区西三旗建材城东路18号
CN2015102175147	材料、冶金	北京中远通科技有限公司	昌平区回龙观镇国际信息产业基地立业路11号
CN2015102096395	装卸	北京首钢国际工程技术有限公司	石景山区石景山路60号
CN2015102094845	电机、电气装置、电能	北京铂阳顶荣光伏科技有限公司	北京经济技术开发区康定街11号11楼3层
CN2015102044282	生物技术	北京中科紫鑫科技有限责任公司	北京经济技术开发区科创六街88号
CN2015102044278	化学工程	北京中科紫鑫科技有限责任公司	北京经济技术开发区科创六街88号

续表

申请号	IPC 分类标引	专利权人名称	专利权人地址
CN2015102044263	高分子化学、聚合物	北京中科紫鑫科技有限责任公司	北京经济技术开发区科创六街 88 号
CN2015102044121	生物技术	北京中科紫鑫科技有限责任公司	北京经济技术开发区科创六街 88 号
CN2015102026462	材料、冶金	北京首钢国际工程技术有限公司	石景山区石景山路 60 号
CN2015102016795	表面加工技术、涂层	京东方科技集团股份有限公司	朝阳区酒仙桥路 10 号
CN2015102000068	材料、冶金	北京金恒博远冶金技术发展有限公司	海淀区学院路 30 号科群大厦 3 层 311
CN2015101979822	半导体	京东方科技集团股份有限公司	朝阳区酒仙桥路 10 号
CN2015101958050	机器工具	艾美特焊接自动化技术（北京）有限公司	昌平区南口镇东大街 4 号院 39 号（门牌号）
CN2015101948699	纺织和造纸机器	京东方科技集团股份有限公司	朝阳区酒仙桥路 10 号
CN2015101944908	机器工具	首钢总公司	石景山区石景山路 68 号
CN2015101919639	纺织和造纸机器	京东方科技集团股份有限公司	朝阳区酒仙桥路 10 号
CN2015101918392	机器零件	北汽福田汽车股份有限公司	昌平区沙河镇沙阳路
CN2015101898971	热工过程和器具	北京建筑材料科学研究总院有限公司	石景山区金顶北路 69 号
CN2015101891351	基础材料化学	神华集团有限责任公司	东城区安外西滨河路 22 号
CN2015101890876	半导体	京东方科技集团股份有限公司	朝阳区酒仙桥路 10 号
CN2015101890236	纺织和造纸机器	京东方科技集团股份有限公司	朝阳区酒仙桥路 10 号
CN201510187808X	机器工具	京东方科技集团股份有限公司	朝阳区酒仙桥路 10 号
CN2015101876366	半导体	京东方科技集团股份有限公司	朝阳区酒仙桥路 10 号
CN2015101853985	发动机、泵、涡轮机	摩尔动力（北京）技术股份有限公司	朝阳区北苑路 168 号中安盛业大厦 24 层
CN2015101849458	发动机、泵、涡轮机	摩尔动力（北京）技术股份有限公司	朝阳区北苑路 168 号中安盛业大厦 24 层
CN2015101821842	半导体	京东方科技集团股份有限公司	朝阳区酒仙桥路 10 号
CN2015101819363	测量	北京科莱博医药开发有限责任公司	大兴区工业开发区金苑路 26 号金日科技园 2 号楼 4 层
CN2015101816083	电机、电气装置、电能	赛诺威盛科技（北京）有限公司	北京经济技术开发区永昌北路 13 号 1 层
CN2015101814656	半导体	京东方科技集团股份有限公司	朝阳区酒仙桥路 10 号
CN2015101812580	半导体	京东方科技集团股份有限公司	朝阳区酒仙桥路 10 号
CN2015101808848	生物材料分析	京东方科技集团股份有限公司	朝阳区酒仙桥路 10 号
CN2015101794934	机器工具	天地融科技股份有限公司	海淀区学清路 38 号 B 座 1810
CN2015101783658	装卸	北京和利康源医疗科技有限公司	北京经济技术开发区地盛中路 2 号院
CN2015101767956	生物材料分析	北京勤邦生物技术有限公司	昌平区回龙观国际信息产业基地高新四街 8 号
CN2015101766169	机器工具	北京楷博节能科技有限公司	北京经济技术开发区景园北街 2 号 2 号楼 2 层 2 号
CN2015101756881	生物材料分析	北京勤邦生物技术有限公司	昌平区回龙观国际信息产业基地高新四街 8 号
CN2015101749430	材料、冶金	北京中铁隧建筑有限公司	朝阳区广渠门外大街九号院 3 号楼东裙房
CN2015101740313	半导体	京东方科技集团股份有限公司	朝阳区酒仙桥路 10 号
CN2015101712690	机器工具	首钢总公司	石景山区石景山路 68 号

续表

申请号	IPC 分类标引	专利权人名称	专利权人地址
CN2015101712544	半导体	京东方科技集团股份有限公司	朝阳区酒仙桥路 10 号
CN2015101712224	机器工具	北京首钢股份有限公司	石景山区石景山路 68 号
CN2015101703422	材料、冶金	北京首钢股份有限公司	石景山区石景山路 68 号
CN2015101702519	生物材料分析	北京汽车股份有限公司	顺义区仁和镇双河大街 99 号北京汽车产业研发基地 B5–015
CN201510166992X	半导体	京东方科技集团股份有限公司	朝阳区酒仙桥路 10 号
CN2015101668626	有机精细化学	北京理工阻燃科技有限公司	海淀区中关村南大街 5 号 2 区 683 栋 3 层 307
CN2015101668062	热工过程和器具	北京首钢冷轧薄板有限公司	顺义区李桥镇任李路 200 号
CN2015101666781	机器零件	普力恒升（北京）深冷设备有限公司	北京经济技术开发区经海三路 29 号 1 幢 D201
CN2015101640847	半导体	京东方科技集团股份有限公司	朝阳区酒仙桥路 10 号
CN2015101631265	机器工具	首钢总公司	石景山区石景山路 68 号
CN2015101623150	纺织和造纸机器	北京硕方电子科技有限公司	昌平区回龙观高新三街 1 号 1 幢 1 层 1001
CN2015101621456	测量	北京润东仪器厂	朝阳区望京东路 8 号院锐创国际 2 号楼 1612
CN2015101611488	机器工具	首钢总公司	石景山区石景山路 68 号
CN2015101610771	机器工具	首钢总公司	石景山区石景山路 68 号
CN2015101570492	材料、冶金	北京龙阳伟业科技股份有限公司	大兴区榆垡镇榆恒路 6 号（印刷材料厂内）
CN2015101562373	半导体	京东方科技集团股份有限公司	朝阳区酒仙桥路 10 号
CN2015101560819	有机精细化学	北京宇极科技发展有限公司	海淀区中关村南大街 5 号二区 683 号理工科技大厦 808
CN2015101527030	机器工具	北京奥美泰克科技发展有限公司	海淀区中关村东路 89 号恒兴大厦 22A
CN2015101504912	计算机技术	北京奇虎科技有限公司	西城区新街口外大街 28 号 D 座 112（德胜园区）
CN2015101503873	热工过程和器具	阿尔西制冷工程技术（北京）有限公司	石景山区鲁谷东街 28 号
CN2015101461461	材料、冶金	北京中科普金特种材料技术发展有限公司	海淀区中关村南三街 6 号中科资源大厦 521
CN201510144872X	基础材料化学	北京世纪金道石油技术开发有限公司	海淀区花园路 2 号牡丹创业楼 118
CN2015101423224	半导体	京东方科技集团股份有限公司	朝阳区酒仙桥路 10 号
CN2015101423101	机器零件	华电重工股份有限公司	丰台区科学城海鹰路 9 号 2 号楼
CN2015101368509	生物材料分析	北京乐普医疗科技有限责任公司	昌平区科技园区超前路 37 号 7 号楼
CN2015101363632	食品化学	北京凯宾鸿生物医药科技有限公司	海淀区北四环西路 9 号 8 层 817
CN2015101308705	机器零件	北京福田戴姆勒汽车有限公司	怀柔区红螺东路 21 号
CN2015101279990	材料、冶金	北京科技大学	海淀区学院路 30 号
CN2015101278682	装卸	京东方科技集团股份有限公司	朝阳区酒仙桥路 10 号
CN2015101258848	其他特殊机械	北京勤达远致新材料科技股份有限公司	昌平区科技园区创新路 7 号 2 号楼 2222
CN2015101255182	测量	煤炭科学技术研究院有限公司	朝阳区和平里青年沟东路 5 号
CN2015101227017	电机、电气装置、电能	京东方科技集团股份有限公司	朝阳区酒仙桥路 10 号
CN2015101193576	运输	北京北方华德尼奥普兰客车股份有限公司	丰台区朱家坟五里 5 号
CN2015101191782	热工过程和器具	北京石油化工工程有限公司	朝阳区奥运媒体村天居园 7 号楼

续表

申请号	IPC 分类标引	专利权人名称	专利权人地址
CN2015101176975	发动机、泵、涡轮机	摩尔动力（北京）技术股份有限公司	朝阳区北苑路 168 号中安盛业大厦 24 层
CN2015101176655	材料、冶金	北京首钢建设集团有限公司	石景山区苹果园路 15 号
CN2015101169721	半导体	京东方科技集团股份有限公司	朝阳区酒仙桥路 10 号
CN201510116951X	材料、冶金	北京迪百斯特科技发展有限公司	通州区张家湾镇西定福庄村 11 号
CN2015101168362	医学技术	北京聚精瑞生医疗科技有限公司	海淀区中关村北大街 127–1 号
CN2015101154425	有机精细化学	北京阳光基业药业有限公司	昌平区回龙观镇中关村生命科学园生命园路 8 号院一区 15 号楼 3 层
CN2015101146537	材料、冶金	通达耐火技术股份有限公司	海淀区清河安宁庄东路 1 号
CN2015101144495	材料、冶金	通达耐火技术股份有限公司	海淀区清河安宁庄东路 1 号
CN201510112900X	热工过程和器具	北京中竞同创能源环境技术股份有限公司	海淀区中关村南大街 18 号 8 层 803—808 号
CN2015101127606	表面加工技术、涂层	京东方科技集团股份有限公司	朝阳区酒仙桥路 10 号
CN2015101090917	材料、冶金	北京元泰达环保科技有限公司	昌平区阳坊镇史家桥村四史路 603 号
CN2015101079975	高分子化学、聚合物	北京阳光基业药业有限公司	昌平区回龙观镇中关村生命科学园生命园路 8 号院一区 15 号楼 3 层
CN2015101079015	材料、冶金	北京元泰达环保科技有限公司	昌平区阳坊镇史家桥村四史路 603 号
CN2015101077541	材料、冶金	北京元泰达环保科技有限公司	昌平区阳坊镇史家桥村四史路 603 号
CN2015101074416	生物材料分析	德迈基生物技术（北京）有限公司	丰台区中关村科技园丰台园海鹰路 8 号 2 号楼 105
CN2015101070449	热工过程和器具	北京中电科荟热力技术有限公司	朝阳区利泽西园 201 号楼 3 单元 902
CN2015101070326	医学技术	北京蒙博润生物科技有限公司	大兴区中关村科技园区大兴生物医药产业基地永兴路 29 号 2 幢 2 层
CN2015101070167	生物技术	中蔬种业科技（北京）有限公司	海淀区中关村南大街 12 号
CN2015101066960	机器工具	多维联合集团有限公司	房山区长阳环岛西北角
CN2015101044904	基础材料化学	国澔（北京）新能源科技发展有限公司	昌平区科技园区火炬街 10 号 2 幢 105
CN2015101044139	半导体	京东方科技集团股份有限公司	朝阳区酒仙桥路 10 号
CN2015101040049	有机精细化学	北京民康百草医药科技有限公司	海淀区西北旺镇永丰屯佃工业园区 9 号院 1 号楼
CN201510103383X	有机精细化学	北京颖泰嘉和生物科技股份有限公司	海淀区西小口路 66 号中关村东升科技园北领地 D–1 号楼
CN2015101023109	药品（含中药）	北京红太阳药业有限公司	朝阳区安翔北里甲 11 号院 1 号楼 5 层 508、509 和 6 层 603
CN2015100989795	材料、冶金	北京绿洁美科技有限公司	海淀区西三环北路 11 号海通时代商务中心 A3 座 4 层
CN2015100982813	药品（含中药）	北京东方红航天生物技术股份有限公司	海淀区知春路 6 号院康拓科技 3 层东区 309
CN2015100965983	生物技术	北京大北农科技集团股份有限公司	海淀区中关村大街 27 号 14 层
CN2015100932212	表面加工技术、涂层	北京东方雨虹防水技术股份有限公司	顺义区顺平路沙岭段甲 2 号
CN2015100922831	半导体	京东方科技集团股份有限公司	朝阳区酒仙桥路 10 号
CN2015100917941	材料、冶金	中国石油天然气股份有限公司	东城区东直门北大街 9 号
CN2015100914144	生物技术	北京爱必信生物技术有限公司	北京经济技术开发区科创六街 88 号院 3 号楼 5 层

续表

申请号	IPC 分类标引	专利权人名称	专利权人地址
CN2015100897717	发动机、泵、涡轮机	北京全四维动力科技有限公司	海淀区上地三街 9 号嘉华大厦 D-912
CN2015100883502	材料、冶金	北京龙阳伟业科技股份有限公司	大兴区榆垡镇榆恒路 6 号（印刷材料厂内）
CN2015100880383	医学技术	爱芽（北京）科技有限公司	朝阳区三间房张西柳村中街（三间房动漫集中办公区 3045 号）
CN2015100852970	运输	北京新能源汽车股份有限公司	大兴区采育经济开发区采和路 1 号
CN2015100849639	高分子化学、聚合物	北京北方恒利科技发展有限公司	海淀区紫竹院路 81 号 2 号楼 801B
CN2015100840314	基础材料化学	北京卓越金控高科技有限公司	通州区漷县工业区北京卓越金控高科技有限公司
CN2015100812920	有机精细化学	北京宝塔三聚能源科技有限公司	朝阳区惠新东街 11 号紫光发展大厦 A 座 12 层
CN2015100804290	材料、冶金	北京神雾环境能源科技集团股份有限公司	昌平区马池口镇神牛路 18 号
CN2015100772410	电机、电气装置、电能	北京四方继保自动化股份有限公司	海淀区上地信息产业基地四街 9 号
CN2015100770260	纺织和造纸机器	京东方科技集团股份有限公司	朝阳区酒仙桥路 10 号
CN2015100769742	纺织和造纸机器	京东方科技集团股份有限公司	朝阳区酒仙桥路 10 号
CN2015100766814	机器工具	京东方科技集团股份有限公司	朝阳区酒仙桥路 10 号
CN2015100766570	运输	北京汽车研究总院有限公司	顺义区仁和镇双河大街 99 号
CN2015100759223	机器工具	北京市燃气集团有限责任公司	西城区西直门南小街 22 号
CN2015100759204	生物技术	北京泱深生物信息技术有限公司	海淀区善缘街 1 号立方庭大厦 3103
CN2015100754338	生物材料分析	首钢总公司	石景山区石景山路 68 号
CN2015100753373	纺织和造纸机器	北京邦维高科特种纺织品有限责任公司	海淀区首体南路 9 号主语商务中心 4 号楼 0601
CN2015100748093	医学技术	北京麦迪声医疗技术有限公司	海淀区中关村大街 18 号 8 层 05-571
CN2015100739681	生物技术	北京华安科创生物技术有限公司	海淀区上地开拓路 5 号 A409
CN2015100711722	电机、电气装置、电能	北京普瑞斯玛电气技术有限公司	通州区张家湾镇光华路东侧（北京市正华铜业有限公司院内）
CN2015100707337	高分子化学、聚合物	北京燕山石化高科技术有限责任公司	房山区燕山燕东路 8 号
CN201510070488X	有机精细化学	北京拓彩光电科技有限公司	海淀区中关村南大街乙 12 号院 1 号楼 21 层 2506
CN2015100700126	机器零件	北京长征火箭装备科技有限公司	丰台区东高地 36 栋小白楼
CN2015100683192	光学	京东方科技集团股份有限公司	朝阳区酒仙桥路 10 号
CN201510067818X	生物材料分析	北京利德曼生化股份有限公司	北京经济技术开发区兴海路 5 号
CN2015100675196	机器工具	北京长征火箭装备科技有限公司	丰台区南大红门路 1 号
CN2015100669994	电机、电气装置、电能	芯创力源（北京）科技发展有限公司	海淀区中关村南大街甲 6 号铸成大厦 A 座 516
CN2015100665762	医学技术	北京闪星世纪医疗科技有限公司	海淀区太平路 48 号院 15 号楼 501
CN2015100651539	有机精细化学	北京八亿时空液晶科技股份有限公司	房山区燕山东风街道石化新材料科技产业基地核心区 B2-36-01 地块
CN2015100635004	机器零件	北京石油化工工程有限公司	朝阳区奥运媒体村天居园 7 号楼
CN2015100613560	机器工具	北京和合谷餐饮管理有限公司	西城区阜成门外大街 22 号 3 层 302-303

续表

申请号	IPC 分类标引	专利权人名称	专利权人地址
CN2015100610064	表面加工技术、涂层	北京国科华仪科技有限公司	海淀区蓝靛厂东路2号院2号楼3单元(C座)9E
CN201510060925X	有机精细化学	北京颖泰嘉和生物科技股份有限公司	海淀区西小口路66号中关村东升科技园北领地D-1号楼
CN2015100608793	有机精细化学	北京颖泰嘉和生物科技股份有限公司	海淀区西小口路66号中关村东升科技园北领地D-1号楼
CN2015100595685	基础材料化学	北京八亿时空液晶科技股份有限公司	房山区燕山东风街道石化新材料科技产业基地核心区东区B2-36-01地块
CN201510058660X	基础材料化学	北京八亿时空液晶科技股份有限公司	房山区燕山东风街道石化新材料科技产业基地核心区东区B2-36-01地块
CN2015100585880	半导体	京东方科技集团股份有限公司	朝阳区酒仙桥路10号
CN2015100581288	电机、电气装置、电能	华北电力科学研究院有限责任公司	西城区复兴门外地藏庵南巷1号
CN2015100575658	电机、电气装置、电能	北京市重型电缆厂	房山区房山工业园区东区阎富路1-6号
CN2015100573281	基础材料化学	北京泛博化学股份有限公司	北京经济技术开发区荣华中路7号院3幢
CN2015100570141	热工过程和器具	北京七星华创电子股份有限公司	朝阳区酒仙桥东路1号
CN2015100557664	机器零件	北京金风科创风电设备有限公司	北京经济技术开发区博兴一路8号
CN201510053373X	环境技术	北京碧水源净水科技有限公司	怀柔区雁栖经济开发区乐园南二街4号
CN201510052524X	热工过程和器具	华北电力科学研究院有限责任公司	西城区复兴门外地藏庵南巷1号
CN2015100525220	电机、电气装置、电能	北京四方继保自动化股份有限公司	海淀区上地信息产业基地四街9号
CN2015100515197	测量	北京赛升药业股份有限公司	北京经济技术开发区兴盛街8号
CN2015100487214	材料、冶金	北京航天中孚企业管理有限公司	海淀区阜成路46号
CN2015100483497	医学技术	北京互邦之家爬楼车技术开发有限公司	西城区陶然亭路东口太平街17号院1号楼底商
CN2015100482827	环境技术	北京众鑫兴业大气污染治理有限公司	石景山区古城西街21号研发生产楼C座四层413、415
CN2015100467812	高分子化学、聚合物	北京科方创业科技企业孵化器有限公司	海淀区中关村北大街123号64号楼2509
CN2015100465554	机器工具	北京洁绿科技发展有限公司	昌平区何营路8号院企业墅21号楼
CN2015100440913	测量	中牧实业股份有限公司	丰台区南四环西路188号总部基地八区16-19号楼
CN2015100435205	药品（含中药）	华润双鹤药业股份有限公司	朝阳区望京利泽东二路1号
CN2015100418178	基础材料化学	北京天山新材料技术有限公司	石景山区八大处高科技园区双园路5号
CN2015100413047	高分子化学、聚合物	京东方科技集团股份有限公司	朝阳区酒仙桥路10号
CN2015100383018	装卸	北京诺安舟应急缓降机械装置有限公司	丰台区张郭庄甲1号
CN2015100381968	医学技术	北京迪玛克医药科技有限公司	通州区中关村科技园区通州园金桥科技产业基地景盛南四街甲13号7号厂房
CN2015100380575	发动机、泵、涡轮机	鼎立实创智能控制技术（北京）有限公司	海淀区阜成路115号B座138
CN2015100375420	医学技术	北京迪玛克医药科技有限公司	通州区中关村科技园区通州园金桥科技产业基地景盛南四街甲13号7号厂房
CN2015100375149	化学工程	北京碧水源净水科技有限公司	怀柔区雁栖经济开发区乐园南二街4号

续表

申请号	IPC 分类标引	专利权人名称	专利权人地址
CN2015100371063	化学工程	北京百康芯生物科技有限公司	海淀区上地十街1号院4号楼10层1014
CN2015100369453	发动机、泵、涡轮机	鼎立实创智能控制技术（北京）有限公司	海淀区阜成路115号B座138
CN2015100356913	有机精细化学	北京鼎材科技有限公司	海淀区西小口路66号中关村东升科技园北领地D区2号楼3层
CN2015100353050	电机、电气装置、电能	北京东方雨虹防水技术股份有限公司	朝阳区高碑店北路康家园4号楼
CN2015100333536	生物技术	北京嘉宝仁和医疗科技有限公司	海淀区厂洼街3号丹龙大厦B座1038
CN2015100332285	有机精细化学	神华集团有限责任公司	东城区安定门西滨河路22号神华大厦
CN2015100331333	其他特殊机械	北京金风科创风电设备有限公司	北京经济技术开发区博兴一路8号
CN2015100317020	机器工具	首钢总公司	石景山区石景山路68号
CN2015100316225	机器工具	首钢总公司	石景山区石景山路68号
CN2015100315970	材料、冶金	首钢总公司	石景山区石景山路68号
CN201510031207X	材料、冶金	首钢总公司	石景山区石景山路68号
CN2015100305822	基础材料化学	北京八亿时空液晶科技股份有限公司	房山区燕山东风街道石化新材料科技产业基地核心区东区B2-36-01地块
CN2015100294692	基础材料化学	北京大北农科技集团股份有限公司	海淀区中关村大街27号14层
CN2015100290812	食品化学	北京东方兴企食品工业技术有限公司	海淀区西三环北路27号1区理化测试中心516
CN2015100289336	化学工程	北矿机电科技有限责任公司	丰台区南四环西路188号总部基地十八区23号楼
CN2015100288297	机器零件	三一石油智能装备有限公司	昌平区科技园区南口李流路三一北京制造中心
CN2015100278416	其他特殊机械	延锋伟世通（北京）汽车饰件系统有限公司	顺义区林河工业开发区顺通路55号
CN2015100265416	表面加工技术、涂层	北京金风科创风电设备有限公司	北京经济技术开发区博兴一路8号
CN2015100261773	电机、电气装置、电能	北京四方继保自动化股份有限公司	海淀区上地信息产业基地四街9号
CN2015100241286	运输	阿尔特汽车技术股份有限公司	北京经济技术开发区西环南路18号A座336
CN2015100235181	医学技术	丝科普乐（北京）生物科技有限公司	海淀区志新东路5号鸿基世业商务酒店A座317
CN2015100220044	纺织和造纸机器	北京印钞有限公司	西城区白纸坊街23号
CN2015100215811	基础材料化学	北京天山新材料技术有限公司	石景山区八大处高科技园区双园路5号
CN201510020630X	基础材料化学	北京燕化永乐生物科技股份有限公司	房山区天星街1号院绿地启航国际16号楼8层
CN201510017580X	化学工程	安得膜分离技术工程（北京）有限公司	顺义区空港工业区B区科技孵化园10号楼西侧1层
CN201510017118X	运输	北京汽车研究总院有限公司	顺义区仁和镇双河大街99号
CN201510016717X	半导体	京东方科技集团股份有限公司	朝阳区酒仙桥路10号
CN2015100166463	测量	基康仪器股份有限公司	房山区良乡凯旋大街滨河西街3号
CN2015100163249	基础材料化学	北京康得新功能材料有限公司	昌平区振兴路26号
CN2015100163200	基础材料化学	北京培康佳业技术发展有限公司	海淀区学清路甲38号金码大厦A座1016

续表

申请号	IPC 分类标引	专利权人名称	专利权人地址
CN201510015576X	热工过程和器具	控软自动化技术（北京）有限公司	海淀区北三环西路 48 号
CN2015100154324	高分子化学、聚合物	富思特新材料科技发展股份有限公司	大兴区安定镇安定南街 4 号
CN2015100154112	有机精细化学	北京赛特明强医药科技有限公司	顺义区林河北大街 10 号
CN2015100153853	发动机、泵、涡轮机	北京博华信智科技股份有限公司	朝阳区樱花园东街 5 号新化信大厦 3 层
CN2015100152884	食品化学	康美（北京）药物研究院有限公司	大兴区生物医药基地永旺路 31 号
CN2015100152865	其他特殊机械	北京同方生物芯片技术有限公司	密云区密云经济开发区水源路 4 号清华同方软件信息综合楼西 2 层 202
CN2015100152600	基础材料化学	北京昊峰节能环保科技有限公司	朝阳区西坝河南路 3 号浩鸿园怡园 12E
CN2015100147585	纺织和造纸机器	北京格宇布特科技有限公司	海淀区海淀镇西草场 1 号 8 层 8001B
CN2015100146690	运输	北京汽车研究总院有限公司	顺义区仁和镇双河大街 99 号
CN2015100135766	材料、冶金	北京京奥泰尔新材料科技有限公司	密云区西大桥 69 号密云区投资促进局办公楼 305—461
CN2015100133506	有机精细化学	北京六合宁远科技有限公司	顺义区南彩镇彩达三街 1 号
CN2015100109742	材料、冶金	北京龙阳伟业科技股份有限公司	大兴区榆垡镇榆恒路 6 号（印刷材料厂内）
CN2015100100485	有机精细化学	北京普瑞东方化学技术有限公司	海淀区西三环北路 50 号院 6 号楼豪柏大厦 C1 座 1708
CN2015100100269	医学技术	爱博诺德（北京）医疗科技有限公司	昌平区超前路 37 号 6 号楼 1 层北区
CN2015100095400	装卸	北京七星华创电子股份有限公司	朝阳区酒仙桥东路 1 号
CN2015100069923	生物材料分析	北京北检·新创源生物技术有限公司	大兴区工业开发区科苑路 18 号 1 栋 1 至 2 层
CN2015100067580	医学技术	北京爱康宜诚医疗器材有限公司	昌平区科技园区白浮泉路 10 号兴业大厦 2 层
CN2015100053516	生物材料分析	通标标准技术服务有限公司	海淀区阜成路 73 号世纪裕惠大厦 A—16 层
CN2015100052975	机器零件	北京石油化工工程有限公司	朝阳区奥运媒体村天居园 7 号楼
CN201510005097X	生物材料分析	同昕生物技术（北京）有限公司	昌平区生命园路 29 号 A 座 211 室
CN2015100049968	食品化学	康美（北京）药物研究院有限公司	大兴区生物医药基地永旺路 31 号
CN201510004953X	有机精细化学	康美（北京）药物研究院有限公司	大兴区生物医药基地永旺路 31 号
CN2015100028054	有机精细化学	康美（北京）药物研究院有限公司	大兴区生物医药基地永旺路 31 号
CN2015100027600	环境技术	北京中卓时代消防装备科技有限公司	顺义区马坡镇聚源中路 18 号
CN2015100018391	机器工具	京东方科技集团股份有限公司	朝阳区酒仙桥路 10 号
CN2014800001549	有机精细化学	北京英力科技发展有限公司	海淀区知春路 1 号学院国际大厦 807
CN2014108558872	医学技术	北京康康盛世信息技术有限公司	朝阳区东四环中路 78 号大成国际 A2 座 10A09
CN2014108557155	测量	同方威视技术股份有限公司	海淀区双清路同方大厦 A 座 2 层
CN2014108550461	材料、冶金	北京钢研高纳科技股份有限公司	海淀区学院南路 76 号
CN201410854208X	基础材料化学	北京培康佳业技术发展有限公司	海淀区学清路甲 38 号金码大厦 A 座 1016
CN2014108532571	热工过程和器具	北京京诚科林环保科技有限公司	北京经济技术开发区建安街 7 号 402
CN2014108531780	测量	北京三元食品股份有限公司	大兴区瀛海瀛昌街 8 号
CN2014108527075	热工过程和器具	北京京诚科林环保科技有限公司	北京经济技术开发区建安街 7 号 402
CN2014108524734	测量	万华普曼生物工程有限公司	朝阳区金盏乡楼梓庄中心街 2 号

续表

申请号	IPC 分类标引	专利权人名称	专利权人地址
CN2014108522743	机器零件	北京市三一重机有限公司	昌平区南口镇李流路三一产业园桩机研究本院
CN2014108513871	计算机技术	北京天云融创软件技术有限公司	北京经济技术开发区地盛北街 1 号 18 号楼 604
CN2014108509429	材料、冶金	北京天维宝辰化学产品有限公司	房山区科技园区超前路 9 号 B 座 2162
CN2014108505305	装卸	北京欣奕华科技有限公司	北京经济技术开发区科创九街 32 号 1 号楼 201
CN2014108466936	生物技术	北京望升伟业科技发展有限公司	海淀区太平路 48 号综合楼 2–202 号
CN2014108448355	半导体	北京达博有色金属焊料有限责任公司	朝阳区北苑路 40 号
CN2014108437435	热工过程和器具	北京北方节能环保有限公司	海淀区紫竹院路 81 号院 3 号楼 10 层 1005 号
CN2014108427344	材料、冶金	北京安泰钢研超硬材料制品有限责任公司	昌平区创新路 29 号
CN2014108426873	材料、冶金	北京利尔高温材料股份有限公司	昌平区小汤山工业园北京利尔
CN2014108423381	电机、电气装置、电能	安泰南瑞非晶科技有限责任公司	海淀区学院南路 76 号 63 幢 2 层 212 房间
CN2014108416814	有机精细化学	京东方科技集团股份有限公司	朝阳区酒仙桥路 10 号
CN2014108399861	运输	北京现代汽车有限公司	顺义区顺通路 18 号
CN2014108388180	食品化学	北京绿山谷芽菜有限责任公司	丰台区太子峪村西长兴路环岛西
CN2014108382752	测量	北京中研同仁堂医药研发有限公司	丰台区南三环中路 20 号
CN2014108375481	装卸	北京中车重工机械有限公司	昌平区昌平火车站西 500 米
CN2014108373467	电机、电气装置、电能	北京 ABB 低压电器有限公司	北京经济技术开发区康定街 17 号
CN2014108362890	运输	北京汽车股份有限公司	顺义区仁和镇双河大街 99 号
CN2014108361633	材料、冶金	首钢总公司	石景山区石景山路 68 号
CN2014108361050	材料、冶金	首钢总公司	石景山区石景山路 69 号
CN2014108351167	测量	北京兴华机械厂	海淀区北京永定路 50 号
CN2014108339733	基础材料化学	北京神雾环境能源科技集团股份有限公司	昌平区马池口镇神牛路 18 号
CN2014108322094	材料、冶金	首钢总公司	石景山区石景山路 68 号
CN2014108322022	材料、冶金	首钢总公司	石景山区石景山路 69 号
CN2014108319072	半导体	京东方科技集团股份有限公司	朝阳区酒仙桥路 10 号
CN2014108301416	高分子化学、聚合物	京东方科技集团股份有限公司	朝阳区酒仙桥路 10 号
CN2014108298339	热工过程和器具	北京京诚凤凰工业炉工程技术有限公司	北京经济技术开发区建安街乙 6 号
CN2014108297904	材料、冶金	北京神雾环境能源科技集团股份有限公司	昌平区马池口镇神牛路 18 号
CN2014108297389	食品化学	康美（北京）药物研究院有限公司	大兴区生物医药基地永旺路 31 号
CN2014108278903	测量	北京凌云光技术有限责任公司	海淀区杏石口路益园文化创意产业基地 C 区 2 号楼
CN2014108278640	机器工具	北京世东凌云科技有限公司	怀柔区杨宋镇北京凤翔科技开发区
CN2014108267294	机器工具	北京北方红旗精密机械制造有限公司	通州区佟麟阁大街 9 号
CN2014108249811	材料、冶金	北京金恒博远冶金技术发展有限公司	海淀区学院路 30 号科群大厦 311
CN2014108249760	材料、冶金	北京金恒博远冶金技术发展有限公司	海淀区学院路 30 号科群大厦 311
CN2014108229911	有机精细化学	北京泛博化学股份有限公司	北京经济技术开发区荣华中路 7 号院 3 幢

续表

申请号	IPC 分类标引	专利权人名称	专利权人地址
CN2014108229803	电机、电气装置、电能	华威博奥电力设备有限公司	通州区中关村科技园区通州园金桥科技产业基地环景路 11 号
CN2014108224123	有机精细化学	康美（北京）药物研究院有限公司	大兴区生物医药基地永旺路 31 号
CN2014108222753	机器工具	京东方科技集团股份有限公司	朝阳区酒仙桥路 10 号
CN2014108214136	高分子化学、聚合物	北京聚丽威科技有限公司	密云区经济开发区 A 区锦程路 8 号
CN2014108203841	材料、冶金	美巢集团股份公司	大兴区瀛元街 6 号
CN2014108185580	有机精细化学	北京八亿时空液晶科技股份有限公司	房山区燕山东风街道石化新材料科技产业基地核心区东区 B2–36–01 地块
CN2014108177940	材料、冶金	首钢总公司	石景山区石景山路 68 号
CN2014108176280	高分子化学、聚合物	北京彤程创展科技有限公司	北京经济技术开发区科创十四街 20 号院 10 号楼
CN2014108175540	机器工具	北京首钢股份有限公司	石景山区石景山路 68 号
CN2014108162678	表面加工技术、涂层	北京东方雨虹防水工程有限公司	顺义区顺平路沙岭段甲 2 号
CN2014108159919	电机、电气装置、电能	北京兴华机械厂	海淀区永定路 50 号
CN2014108159656	显微结构和纳米技术	北京时代民芯科技有限公司	丰台区东高地四营门北路 2 号
CN201410815358X	机器工具	北京首钢股份有限公司	石景山区石景山路 68 号
CN2014108152286	机器工具	北京垠海工程技术研究有限责任公司	海淀区上地开拓路 5 号生物医药园 B 区 102
CN2014108151692	电机、电气装置、电能	北京清大科越科技有限公司	海淀区农大南路一号硅谷亮城 2 号楼 B401
CN2014108146730	材料、冶金	中冶京诚工程技术有限公司	北京经济技术开发区建安街 7 号
CN2014108110917	基础材料化学	北京东方雨虹防水技术股份有限公司	顺义区顺平路沙岭段甲 2 号
CN2014108096483	测量	北京金风科创风电设备有限公司	北京经济技术开发区博兴一路 8 号
CN2014108069433	基础材料化学	北京大北农科技集团股份有限公司	海淀区中关村大街 27 号 14 层
CN2014108069414	发动机、泵、涡轮机	北汽福田汽车股份有限公司	昌平区沙河镇沙阳路
CN2014108068021	机器零件	北京航天测控技术有限公司	石景山区实兴东街 3 号
CN2014108067071	电机、电气装置、电能	北京中科信电子装备有限公司	通州区光机电一体化产业基地兴光二街 6 号
CN2014108065733	基础材料化学	北京大北农科技集团股份有限公司	海淀区中关村大街 27 号 14 层
CN2014108062985	机器零件	北京京诚之星科技开发有限公司	北京经济技术开发区建安街 7 号
CN2014108057402	基础材料化学	京东方科技集团股份有限公司	朝阳区酒仙桥路 10 号
CN2014108057192	机器工具	北汽福田汽车股份有限公司	昌平区沙河镇沙阳路
CN2014108054014	热工过程和器具	北京龙源冷却技术有限公司	北京经济技术开发区同济南路 11 号
CN2014108033164	化学工程	北京碧水源膜科技有限公司	怀柔区雁栖经济开发区乐园南二街 4 号
CN2014108027089	机器工具	北京星通浩宇科技发展有限公司	海淀区北京市海淀区知春路 63 号
CN2014108022719	电机、电气装置、电能	北京合立星源光电科技有限公司	海淀区交大东路 66 号院 2 号楼 1025
CN2014107996795	有机精细化学	北京宝塔三聚能源科技有限公司	朝阳区惠新东街 11 号紫光发展大厦 A 座 12 层

续表

申请号	IPC分类标引	专利权人名称	专利权人地址
CN2014107988905	热工过程和器具	北京龙源冷却技术有限公司	北京经济技术开发区同济南路11号
CN2014107987847	热工过程和器具	北京龙源冷却技术有限公司	北京经济技术开发区同济南路11号
CN2014107985095	材料、冶金	北京鸿锐嘉科技发展有限公司	密云区经济开发区清源路2号
CN2014107984054	材料、冶金	北京中晶佳镁环境科技股份有限公司	北京经济技术开发区地盛北街1号北京工业大学软件园30–2号楼
CN2014107984020	材料、冶金	北京中晶环境科技股份有限公司	北京经济技术开发区荣华南路10号荣华国际3号楼20层2008
CN2014107971482	半导体	北京中科信电子装备有限公司	通州区光机电一体化产业基地兴光二街6号
CN2014107910845	表面加工技术、涂层	北京卫星制造厂	海淀区知春路63号
CN2014107910099	光学	北京首量科技股份有限公司	通州区次渠光机电一体化产业基地兴光四街5号2号楼304
CN2014107877353	基础材料化学	北京天山新材料技术有限公司	石景山区八大处高科技园区双园路5号
CN2014107875201	机器零件	南车二七车辆有限公司	丰台区张郭庄甲1号
CN2014107870405	基础材料化学	北京天山新材料技术有限公司	石景山区八大处高科技园区双园路5号
CN2014107856268	电机、电气装置、电能	北京京仪椿树整流器有限责任公司	西城区北新华街68号
CN2014107848666	电机、电气装置、电能	北京四方继保自动化股份有限公司	海淀区上地信息产业基地四街9号
CN2014107844519	机器工具	北京航天新风机械设备有限责任公司	海淀区永定路52号
CN2014107843535	医学技术	北京瑞克斡医疗科技有限公司	北京经济技术开发区经海二路13号
CN2014107843501	运输	北京长安汽车工程技术研究有限责任公司	海淀区中关村南大街5号9区685栋7层
CN201410784153X	热工过程和器具	北京汉能清源科技有限公司	丰台区南四环西路188号10区2号楼
CN2014107816769	运输	南车二七车辆有限公司	丰台区张郭庄甲1号
CN2014107797359	其他特殊机械	北京航天新风机械设备有限责任公司	海淀区永定路52号
CN2014107797109	运输	南车二七车辆有限公司	丰台区张郭庄甲1号
CN2014107795936	基础材料化学	京东方科技集团股份有限公司	朝阳区酒仙桥路10号
CN2014107778305	其他消费品	北京五木服装有限责任公司	通州区张家湾镇北大化118号
CN2014107763687	机器工具	南车二七车辆有限公司	丰台区张郭庄甲1号
CN2014107763117	其他消费品	北京五木服装有限责任公司	通州区张家湾镇北大化118号
CN2014107758674	纺织和造纸机器	北京五木服装有限责任公司	通州区张家湾镇北大化118号
CN201410775753X	有机精细化学	北京悦康科创医药科技有限公司	朝阳区北京市亦庄经济技术开发区景园街6号
CN2014107738242	基础材料化学	北京八亿时空液晶科技股份有限公司	房山区燕山东风街道石化新材料科技产业基地核心区东区B2–36–01地块
CN2014107736393	装卸	北京航天斯达科技有限公司	丰台区北大街甲3号（园区）
CN2014107706843	装卸	同方威视技术股份有限公司	海淀区双清路同方大厦A座2层
CN2014107705588	材料、冶金	北京首钢自动化信息技术有限公司	石景山区石门路1号
CN2014107690525	纺织和造纸机器	北京美科艺数码科技发展有限公司	海淀区花园东路11号泰兴大厦1层、2层
CN2014107685175	热工过程和器具	北京卫星制造厂	海淀区知春路63号
CN2014107634169	基础材料化学	北京天山新材料技术有限公司	石景山区八大处高科技园区双园路5号

续表

申请号	IPC 分类标引	专利权人名称	专利权人地址
CN2014107581852	运输	南车二七车辆有限公司	丰台区张郭庄甲 1 号
CN2014107565027	有机精细化学	北京天弘天达医药科技有限公司	大兴区中关村科技园区大兴生物医药产业基地天华街 21 号院 7 幢
CN2014107517625	基础材料化学	北京燕化永乐生物科技股份有限公司	房山区天星街 1 号院绿地启航国际 16 号楼 8 层
CN2014107463216	电机、电气装置、电能	北京兴华机械厂	海淀区永定路 50 号
CN2014107462707	半导体	京东方科技集团股份有限公司	朝阳区酒仙桥路 10 号
CN2014107462321	机器零件	南车二七车辆有限公司	丰台区张郭庄甲 1 号
CN2014107461210	纺织和造纸机器	北京光华纺织集团有限公司	朝阳区光华路 8 号光华大厦
CN2014107438178	其他消费品	北京光华纺织集团有限公司	朝阳区光华路 8 号光华大厦
CN2014107437349	半导体	京东方科技集团股份有限公司	朝阳区酒仙桥路 10 号
CN2014107435644	电机、电气装置、电能	北京京仪敬业电工科技有限公司	丰台区右安门外东滨河路 2 号院 6 号楼
CN201410743073X	有机精细化学	北京阿格蕾雅科技发展有限公司	海淀区上地信息路 26 号 820
CN2014107430655	基础材料化学	京东方科技集团股份有限公司	朝阳区酒仙桥路 10 号
CN2014107429268	机器工具	北京康普锡威科技有限公司	怀柔区雁栖开发区乐园大街 6 号
CN2014107428922	其他消费品	北京光华纺织集团有限公司	朝阳区光华路 8 号光华大厦
CN2014107426448	基础材料化学	有研稀土新材料股份有限公司	西城区新街口外大街 2 号
CN2014107421425	机器工具	北京首钢冷轧薄板有限公司	顺义区李桥镇任李路 200 号
CN2014107413537	基础材料化学	北京石油化工工程有限公司	朝阳区奥运媒体村天居园 7 号楼
CN2014107408685	医学技术	京东方科技集团股份有限公司	朝阳区酒仙桥路 10 号
CN2014107378088	材料、冶金	北京佰能电气技术有限公司	海淀区西三旗建材城东路 18 号
CN2014107365800	化学工程	北京碧水源净水科技有限公司	怀柔区雁栖经济开发区乐园南二街 4 号
CN2014107362840	有机精细化学	北京蓝海黑石科技有限公司	通州区工业开发区张辛庄工业大院
CN2014107362200	基础材料化学	北京天山新材料技术有限公司	石景山区八大处高科技园区双园路 5 号
CN2014107341562	半导体	京东方科技集团股份有限公司	朝阳区酒仙桥路 10 号
CN2014107334003	表面加工技术、涂层	北京蓝星清洗有限公司	顺义区天竺空港工业区 B 区安详路 5 号
CN2014107303715	装卸	北京七星华创电子股份有限公司	朝阳区酒仙桥东路 1 号
CN2014107302040	材料、冶金	北京首钢股份有限公司	石景山区石景山路 68 号
CN2014107299762	材料、冶金	北京京诚凤凰工业炉工程技术有限公司	北京经济技术开发区建安街乙 6 号
CN2014107297540	基础材料化学	北京燕化永乐生物科技股份有限公司	房山区天星街 1 号院绿地启航国际 16 号楼 8 层
CN2014107277848	热工过程和器具	北京中科华誉能源技术发展有限责任公司	海淀区中关村 333 号楼 2 层
CN2014107255783	电机、电气装置、电能	北京神州普惠科技股份有限公司	海淀区上地东路 1 号院 3 号楼华控大厦 9 层

北京市部分工业企业名录

单位名称	办公地点	邮编	联系电话	主要产品
北京方略信息科技有限公司	东城区北河沿大街79号	100010	64007711	多媒体设计、展览展示、视频影视、平面杂志、产业咨询
北京远东仪表有限公司	东城区和平里北街6号	100013	64513807	温压物流现场仪表、自动化控制系统、系统集成、解决方案、物联网等
北京市三露厂	东城区幸福大街永生巷4号	100061	87550910	车辆出租
北京北科合作仪器厂	东城区北池子大街49号	100006	63810135	料位仪、X射线测厚仪
北京同仁堂股份有限公司	东城区崇外大街42号	100062	67179817	同仁牛黄清心丸、同仁乌鸡白凤丸、同仁大活络丸、安宫牛黄丸、坤宝丸等
北京民福实业总公司	西城区教子胡同65号	100053	83511764	日用化工用品、装潢印刷、五金、造型工艺品、纸制品、电子材料等
北京华世天际科贸有限责任公司	西城区月坛南街79号	100035	62217535	仪器仪表及成套仪表设备、无线远程智能采集器、冷轨管道测温显示系统、机电电器产品等
京东方科技集团股份有限公司	朝阳区酒仙桥路10号	100016	64318888	IT与电视用TFT-LCD业务、移动与应用产品用TFT-LCD业务、显示光源产品业务、显示系统和解决方案、其他显示器件及配套产品
北京兆维电子（集团）有限责任公司	朝阳区酒仙桥路14号	100016	64361361	自服、安防与通信设备
北京七星华电科技集团有限责任公司	朝阳区酒仙桥东路1号	100016	64311193	气体质量流量计、高精密电容器、高精密电阻器、晶体器件、电子材料等
北京燕东微电子有限公司	朝阳区东直门外西八间房万红西街2号	100015	64320432	半导体集成电路和分立器件、微电路模块、传感器、中小规模CMOS集成电路、半导体芯片设计与制造等
北京易亨电子集团有限责任公司	朝阳区北三环东路28号易亨大厦	100013	64405566	智能物流设备、电力仪表与设备、自助服务终端、铁路控制设备及其他产品
北京飞宇微电子有限责任公司	朝阳区三里屯西五街5号	100027	64652346	薄、厚膜集成电路
北京瑞普三元仪表有限公司	朝阳区三元桥霞光里5号	100027	84512776	流量计、物位计、压力差压变送器、V锥流量计、雷达液位计、雷达料位计等
北京染料厂	朝阳区豆各庄1号院	100023	87392109	靛蓝
北京北搪化工设备厂	朝阳区豆各庄1号院	100023	52073557	化工设备
北京化工实验厂	朝阳区豆各庄1号院	100023	52073510	工业二氧化碳
北京市氧气厂	朝阳区豆各庄1号院	100023	52073529	氧气
北京普莱克斯实用气体有限公司	朝阳区大郊亭化工路6号	100022	67714766	氮气、氧气、氩气、二氧化碳
北京华腾旌凯经贸有限责任公司	朝阳区松榆南路54号	100021	67312276	精细化工材料进出口
北京华新发展公司	朝阳区垡头东里1号	100023	67374765	开发技术、发展化工产品
北京大有工贸公司	朝阳区大郊亭4号	100022	58076895	建筑黏合剂等
北京华腾通标检测与校准技术研究中心有限责任公司（北京市化工产品质量检测站）	朝阳区双井邮局239信箱	100124	67758350	化工产品检验、检测及标准化、培训服务

续表

单位名称	办公地点	邮编	联系电话	主要产品
北京布莱迪工程技术有限公司	朝阳区南三环成寿寺路甲135号	100164	67633541	全钢压力表、膜盒压力表、差压表、压力变送器、双金属温度计等
北京市大宝日用化学制品厂	朝阳区姚家园南路1号院4号楼	100025	52080389	五洁粉和"贝贝熊"系列洗涤用品
北京市亚美日化厂	朝阳区姚家园南路1号院4号楼	100021	52080385	化妆品
北京京海纸制品有限责任公司	朝阳区定福庄东路1号	100024	65469564	生产各种五裱、三裱、单裱、牛皮纸箱
北京市红叶齿科医用器材厂	朝阳区平房路240号	100025	85520688	粉状藻酸盐印模材
北京市民政房屋装饰公司	朝阳区定福庄东路1号	100024	65463363	室内外装饰装修业务
北京都安同信汽车租赁服务有限公司	朝阳区工人体育场21看台4084	100027	65529570	汽车租赁服务
北京中纺海天染织技术有限公司	朝阳区光华路8号	100026	65830839	纺织助剂
北京天彩纺织服装有限公司	朝阳区光华路8号光华大厦A座9层	100026	65815275	服装
北京京工雷蒙服装服饰有限公司	朝阳区松榆西里29号	100021	67336655	梭织服装
北京京工伊里兰服装服饰有限公司	朝阳区松榆西里29号	100021	87372863	羽绒服
北京石大中油油品销售有限责任公司	朝阳区大屯路甲21号	100012	64856566	销售成品油、零售油气、包装食品
北京牡丹电子集团有限责任公司	海淀区花园路2号	100191	82284821	数字电视、电子元器件、光伏组件
北京市化学工业研究院	海淀区中关村北大街123号	100084	62567814	工程塑料合金材料、科研开发及服务
北京市化工职业病防治院	海淀区香山一棵松50号	100093	62591713	化工职业病预防、治疗、监测
北京华腾新材料股份有限公司	海淀区中关村北大街123号	100084	62551996	聚氨酯黏合剂
北京北分瑞利分析仪器（集团）有限责任公司	海淀区北清路160号	100095	62403048	原子吸收光谱系列、原子荧光光谱系列、气相色谱、高效液相色谱、原子发射光谱系列等
北京市火化设备厂	海淀区黑龙潭路58号	100094	62895122	火化设备及配套设施
北京市金百合食品厂	海淀区西北旺付家窑17号	100094	62895313	面包、糕点、粮油制品
北京启明峰科技有限公司	海淀区清河镇安宁庄东路18号12号楼	100026	62929294	燃烧器控制系统
北京大华天坛服装有限公司	海淀区中关村大街人民大学南路三义庙	100086	62612565	梭织服装
清华控股有限公司	海淀区清华科技园科技大厦A座25层	100084	82150088	企业收购、兼并、资产重组的策划；科技、经济及相关业务的咨询及人员培训等
清华大学出版社有限公司	海淀区双清路学研大厦A611	100084	62783933	图书、电子出版物、音像制品等
清华人居建设有限公司	海淀区中关村东路1号院8号楼七层A702	100084	82150989	工程勘察设计、技术开发、技术推广、承办展览展示活动、技术服务等
北京清能创新科技有限公司	海淀区清华大学能科楼A座301	100084	62792498	电子产品及通信设备、仪器仪表、机械化工产品等
清控资产管理有限公司	海淀区清华科技园科技大厦A座23层	100084	82150988	资产管理、股权投资、投资咨询等

续表

单位名称	办公地点	邮编	联系电话	主要产品
清华控股集团财务有限公司	海淀区清华科技园科技大厦A座10层	100084	82159898	资金集中管理、结算、信贷、中间业务等
清华核能技术研究(北京)有限公司	海淀区上地创业中路32号4层	100085		自然科学研究与试验发展;技术开发、技术推广、技术转让、技术咨询等
北京荷塘投资管理有限公司	海淀区中关村东路1号院3号楼6层607A	100084		投资管理,项目投资,资产管理
北大方正集团有限公司	海淀区成府路298号方正大厦	100871	82529988	计算机软硬件及相关设备、通信设备等
北京北大青鸟软件系统有限公司	海淀区海淀路5号燕园三区30号305	100871	82615888	计算机软硬件及外部设、智能化仪器设备技术开发
北京北大科技园有限公司	海淀区中关村北大街127−1号	100080	62769088	科技服务、园区运营
北大科技园建设开发有限公司	海淀区中关村北大街127−1号	100080	62769088	科技成果转化、企业孵化服务、创业培训与辅导、技术平台服务
北京北大宇环微电子系统有限公司	海淀区北大微电子所院内	100871	62751788	电子产品技术开发、制造、服务
北京开元数图科技有限公司	海淀区图书馆135−2	100871	62754701	数字图书技术、数据库
北京北大明德科技发展有限公司	海淀区成府路202号北京大学新化学楼中区	100871	56290018	水产养殖专用化学品、快速水质分析盒、化学试剂、医学与精细化工
北京燕园天地科技有限公司	海淀区北京大学逸夫楼7层3711−3712	100871	62752997	矿产品、建筑材料技术开发、销售、宝石加工
北京北医投资管理有限公司	海淀区学院路38号	100191	82801566	企业管理,技术开发、服务、转让、咨询
北京医大时代科技发展有限公司	海淀区学院路38号	100191	82802151	技术开发、服务、转让、咨询、培训
北京四方立德保护控制设备有限公司	海淀区上地创业中路32号	100085	62968260	电力系统继电保护和自动化装置、变电站综合自动化系统及故障录波装置
北京华电天仁电力控制技术有限公司	海淀区上地东路1号盈创动力E−201	100085	51975570	电力辅助设备、仪器仪表、电子装置及电子标签,系统集成及装置等
北京丹华昊博电力科技有限公司	海淀区上地信息路1号2号楼2205	100085	82896582	小电流接地电网单相接地故障选线装置、10千伏主从式自动调谐消弧线圈控制装置
北京华电辰能科技发展有限公司	海淀区中关村东路123号1号楼1701号	100086	62191930	销售开发后的产品、计算机软硬件及外围设备、电力发配电设备、环保节能设备
四方电气(集团)股份有限公司	海淀区上地信息产业基地四街9号	100085	62961515	变电站综合自动化系统等微机保护产品
北京华电大通环保科技有限公司	海淀区太平路甲18号西南写字楼311	100039	51953738	开发环保技术,研制、生产环保产品;提供技术咨询服务
北京中油石大技术有限责任公司	海淀区20号15楼125	100086	82387867	技术开发技术咨询、销售开发后的产品
北京石大油软技术有限公司	海淀区北四环中路229号海泰大厦1109	100088	82883190	技术开发技术咨询、销售开发后的产品
北京石大茁立石油技术有限公司	海淀区学清路8号科技财富中心A座307	100192	18001332751	技术开发技术咨询、销售开发后的产品
北京科大科技园有限公司	海淀区学院路30号北京科技大学科技园A座125室	100083	62318682	成果转化及平台建设
北京科大分析检验中心有限公司	海淀区学院路30号6区创业园A座一层	100083	62340208	钢铁材料性能的技术检测
北京科大方兴科技孵化器有限责任公司	海淀区学院路30号	100083	62313412	科技成果孵化

续表

单位名称	办公地点	邮编	联系电话	主要产品
北京科技大学设计研究院有限公司	海淀区学院路 30 号	100083	62332598	钢铁品种研发与钢材性能优化技术、轧制自动化控制技术、在线检测技术与装备、轧制工艺和设备等
北京科大永兴科技有限公司	海淀区学院路 30 号 1 区（北京科技大学科技楼 606 室）	100083	62334190	新材料制备与加工新技术新工艺开发
赛能杰高新技术股份有限公司	海淀区学院路 30 号北京科技大学会议中心 1 层	100083	82382250	高效燃烧技术和工程、高效余热回收技术和工程
北京科大中冶技术发展有限公司	海淀区学院路 30 号 1 区方兴大厦 603	100083	58773326	冶金工程方面的技术推广、服务、培训、咨询；技术进出口、货物进出口；销售机电产品、建筑装饰材料
时光科技有限公司	海淀区学院路 30 号北科大机器人研究所院内	100083	82913057	工业伺服控制器；电动车控制系统研究及产品开发
北京银河昊星置业投资有限公司	海淀区学院路 30 号 6 区北京科技大学科技园 7 号楼（A 座）219	100083	82844023	备品备件贸易
北京科大朗涤环保工程技术有限公司	海淀区学院路 30 号 6 区北京科技大学科技园 A 座 307—301	100083	62315257	除尘工程；环保科研、设计、制造、安装、调试
北京科大方兴高新技术有限公司	海淀区学院路 30 号 6 区北京科技大学科技园 A 座 128	100083	62335691	冶金渣料
北京科大机翔科技有限公司	海淀区学院路 30 号（零件轧制中心院内办公楼三层）	100083	62332331	楔横轧技术开发及生产相关产品
北京京仪敬业电工科技有限公司	丰台区右安门外东滨河路 2 号	100069	66175725	中低压成套配电设备、用电节能管理系统、控制电机、分马力电机、节能电机等
北京京仪椿树整流器有限责任公司	丰台区三顷地甲 3 号	100040	88680221	电解电镀电源、LED 用蓝宝石炉电源、电弧炉电源、中频感应加热电源、多晶硅还原炉电源等
北京京仪仪器仪表研究总院有限公司	丰台区苇子坑 2 号院兴东南大厦	100079	64045440	电力变流系统、激光检测系列装置、激光参量测试仪器、工业在线测试仪器、半导体自动化装备等系列产品
北京市非凡制药厂	丰台区岳各庄甲 371 号	100071	63804516	皮炎宁酊、醋酸氯已定溶液（0.02%~0.05%）、开塞露、复方白芷酊
北京同仁堂科技发展股份有限公司	丰台区南三环中路 20 号	100079	87632899	六味地黄丸系列产品、感冒清热颗粒、牛黄解毒片系列、生脉饮口服液等
北京华电杰德科技有限公司	丰台区科学城海鹰路 8 号 2 号楼 405 室（园区）	100070	63717721	电厂仿真系统、电厂自动控制设备
北京首科兴业工程技术有限公司	石景山区八大处高科技园区西井路 3 号 3 号楼 4345	100041	88292034	烟气脱硝工程；环保设备、备件、材料的经营
北京超羽纤维制品有限公司	房山区良乡工业开发区	102488	65080450	床上用品
北京东光实业总公司	通州区滨河路 143 号	101149	61561473	丙烯酸酯类、乳液、树酯产品
北京华腾橡塑乳胶制品有限公司	通州区光机电一体化基地兴光五街 6 号	101111	81501509	工业胶板、橡塑制品、医用及家用手套
北京瑞京乳胶制品有限公司	通州区次渠工业开发区	101111	81501309	乳胶手套
北京宜刚鞋业有限公司	通州区次渠工业开发区	101111	81501429	全胶鞋
北京华腾大搪设备有限公司	通州区光机电一体化基地嘉创二路 8 号	101111	81502146	大型搪玻璃设备、铆焊制品
北京华腾东光科技发展有限公司	通州区滨河路 143 号	101149	61505749	丙烯酸酯类、乳液、树脂产品

续表

单位名称	办公地点	邮编	联系电话	主要产品
北京北广科技股份有限公司	顺义区天竺空港工业区A区天柱路26号	101315	80489988	无线通信设备、微波传输设备、天线与铁塔设备、有线电视设备、音视频设备、射频电源等
北京佳泰新材料有限公司	顺义区高丽营镇金马工业园6号	100078	67662420	双轴向布、帐篷、充气产品
北京京澳毛纺有限公司	顺义区高丽营镇高泗路四村段30号	101303	69454140	毛纱、混纺纱
北京中石大化学制剂有限公司	顺义区牛栏山地区金牛工业开发区	101301	69411933	制造化学制剂及相关技术服务
北京贞玉民生药业有限公司	大兴区青云店镇工业区6号	102605	80283148	药品：川百止痒洗剂；保健食品：贞玉牌降脂康胶囊；药用辅料：乙醇；包装软管：药品、食品用包装软管；消毒剂等
北京维冠机电股份有限公司	大兴区采育镇北京采育经济开发区采伟路6号	102606	80278166	自动检票机、自动检票机、自动售票机、水电站控制柜、油气设备、通讯电源模块
北京人民电器厂有限公司	大兴区工业开发区金苑路29号	102600	15210073639	G系列智能型高性能小体积万能式断路器
北方华创科技集团股份有限公司	北京经济技术开发区文昌大道8号	100176	57840281	半导体工艺设备、太阳能电池设备、工业炉设备、绿色环保电池设备、TFT–LCD制造设备等
北京电控爱思开科技有限公司	北京经济技术开发区经海四路9号	102600	59290901	汽车用动力电池包
北京化学工业集团有限责任公司	北京经济技术开发区西环北路23号	100176	67864201	化工装备、工业及民用气体、电子化学品、新能源、新材料等
北京化工厂	大兴区安定镇安定北街58号	102607	80239216	502胶、化学试剂、环保试剂、彩色胶粉
北京化学试剂研究所	大兴区安定镇安定北街58号	102607	80239006	锂离子电池电解液、锂电池电解液、超净高纯试剂、高纯物质和其他精细化学品
北京华腾化工有限公司	大兴区安定镇安定北街58号	102607	80239083	化工集团大兴化工园区水、电、汽公用工程生产及管理、经营贸易
北京华腾天海环保科技有限公司	大兴区安定镇安定北街58号	102607	80239838-805	溶剂试剂回收精炼、甲醛
北京北仪创新真空技术有限责任公司	大兴区盛坊路2号院仪器仪表基地2号院	102600	60251210	真空镀膜设备、分子泵、真空仪表；机械泵TRP系列高速直联泵及各种金属加工
北京京仪北方仪器仪表有限公司	大兴区盛坊路2号工业开发区仪器仪表工业基地	102600	60257647	智能电表、水表、燃气表、热力计量等
北京燕阳新材料技术发展有限公司	大兴区瀛海镇黄亦路97号	100076	69276011	消防水带、软质输油管、软体油罐
北京雪莲羊绒有限公司	大兴区瀛海镇瀛海工业园区中路1号	100076	69285267	羊绒衫
北京同仁堂健康药业股份有限公司	大兴区亦庄经济技术开发区景园北街2号58幢同仁堂健康大厦	100176	81726688	保健食品、食品、中成药等
中国移动通信集团终端有限公司	昌平区沙河镇马满路甲一号	102206	13910254603	电子通信产品的研发、销售；电子产品的技术开发、技术维护、技术培训；通信设备、通信器材等
北汽福田汽车股份有限公司	昌平区沙河镇沙阳路老牛湾村北	102206	80708919	汽车整车及零部件研发、制造
神华销售集团华北能源贸易有限公司	昌平区科技园区超前路9号3号楼B座2310	102200	57337045	煤炭科技研发、煤炭销售

续表

单位名称	办公地点	邮编	联系电话	主要产品
中石油管道联合有限公司	昌平区科技园区创新路7号1号楼2052号	102200	59986228	石油天然气及其产品储运及相关技术装备研发
中国华能集团燃料有限公司	昌平区小汤山工业园区249号	100031	63226175	煤炭的批发经营
北京福田康明斯发动机有限公司	昌平区沙河镇沙阳路15—1号	102206	80736616	汽车发动机的研发
新时代健康产业（集团）有限公司	昌平区科学园路10号院1号楼	100101	64850599	松花粉
北京诺华制药有限公司	昌平区永安路31号	100004	85668973	新山地明、抚他林片剂来适可，疗雷舒等
国电燃料有限公司	昌平区科技园区中兴路10号	102209	56978665	电力煤炭促燃节煤添加剂
天翼电子商务有限公司	昌平区未来科技城南区中国电信集团公司院内	100031	58520458	第三方业务支付、电子金融、电子商务
中油测井技术服务有限责任公司	昌平区昌平镇创新路12号	100101	59285198	测井、录井、测试、射孔等石油勘探开发技术
全球能源互联网研究院	昌平区北七家镇未来科技城北区国网智能电网研究院院内	102200	66601035	电力技术研发
北京贝瑞和康生物技术有限公司	昌平区生命园路4号院5号楼8层801	100015	53259188	DNA二代测试服务、生物信息学分析服务
中海阳能源集团股份有限公司	昌平区科技园区超前路17号	102200	51294999-8110	太阳能路灯、太阳能发电站
北京诺和诺德医药科技有限公司	昌平区生命园29号B座一层	102206	53211022	生物医药技术
中国大唐集团科学技术研究院有限公司	昌平区科技园区超前路37号6号楼4层1096	102200	80732011	新技术开发、技术转让
北京低碳清洁能源研究所	昌平区振兴路18号中国石油大学	102293	57339833	开展煤清洁转化研究，氢能研究，二氧化碳捕获、封存与利用研究，可再生能源与节能、环保技术研究等业务
北京华电之星科学技术发展有限公司	昌平区朱辛庄北农路2号	102206	80798589	在电力、能源、环保、机械、建筑、计算机等工程技术领域从事科技开发、设计、加工制作、产品代理、销售和咨询等业务
北京华电天达科技有限责任公司	昌平区朱辛庄北农路2号华北电力大学	100220	80116875	门禁系列产品、停车场系列产品、读卡器系列产品、消费POS机系列产品
北京华电能达科技有限责任公司	昌平区科技园永安路47号	100220	80116875	计算机及配套产品、软件开发、环保节能产品的开发、销售
北京华电卓越国际技术培训有限责任公司	昌平区朱辛庄北农路2号华北电力大学	102206	51976811	国际电力仪器仪表技术开发、咨询、培训、服务、交流
北京华电纳鑫科技有限公司	昌平区马池口镇上念头村北	102200	80777884-608	微纳米表面技术开发、应用、生产，新型耐磨材料技术应用、生产
北京微肯佛莱科技有限公司	昌平区朱辛庄北农路2号华北电力大学	102206	80795843	电力基本建设管理系统软件、电力市场理论研究及相关技术支持系统、电力系统分析计算、电力企业ERP、电力系统监测和计量
北京华电天德科技园有限公司	昌平区朱辛庄华北电力大学教四楼	102206	61772235	技术开发、咨询、服务、电力技术培训；销售电力设备、电子设备
北京榕科电气有限公司	昌平区回龙观镇朱辛庄北农路2号主楼D座1423	102206	61771410	技术开发、技术转让、技术咨询、技术推广服务；销售仪器仪表、机械设备
北京中石大新元投资有限公司	昌平区府学路18号	102249	89733263	资产管理、投资管理、技术开发、技术转让、技术服务

续表

单位名称	办公地点	邮编	联系电话	主要产品
北京市昌平石大石油化工新技术开发研究所	昌平区振兴路 18 号	102200	13701288620	石油及电子产品技术开发、技术服务
北京北石新材料技术开发公司	昌平区府学路 18 号	102200	89733420	石油勘探技术开发、技术服务
北京石大石工油气化工技术有限公司	昌平区府学路 18 号	102200	69419241	仪器仪表设备及石油专用软件技术开发技术
北京石大中油石油化工技术有限公司	昌平区中国石油大学(北京)院内（基础楼）	102200	89733276	生产真空系列用油、润滑油及添加剂
北京中石大乾泰超临界技术有限公司	昌平区富康路 18 号科技园 301	102200	13901230736	技术推广、技术服务销售化工产品．机器设备
北京中石大节能科技发展责任公司	昌平区长陵镇泰胡路 2 号	102213	13301371315	技术开发、技术咨询、销售油田机械设备
北京油源恒业科技有限公司	昌平区振兴路 18 号	102200	89733117	技术开发咨询、销售开发后的产品
北京中石大友辉能源科技有限公司	昌平区振兴路 18 号	102249	58207410	销售化工产品、机械设备、石油天然气技术开发、转让
北京中石大格林催化科技有限公	昌平区科技园区富康路 18 号	102200	89733595	技术开发、技术咨询、技术转让、销售化工产品、石油机械设备
北京中石大新能源研究院有限公司	昌平区科技园区富康路 18 号 310	102200	13581700966	催化剂、净化剂、吸收剂、化工机械设备、环保机械设备
北京中石大能源技术服务有限公司	昌平区沙河镇北街家园五区二号楼二层四单元 242	102206	13810887537	油气井工程技术服务、油田地面工程、油田自动化工程技术服务、油田信息化工程技术服务
北京中石大澳达化工科技有限公司	昌平区科技园区创新路 7 号 2 号楼 2202 号	102200	13911664607	催化剂、分析仪器、化工设备的研发和销售
中石大（北京）能源技术投资发展有限公司	昌平区城区镇水库路石油大学院内北京石大翠宫会议中心 202	102249	89734007	能源投资、软件开发、石油、天然气工程装备、油田助剂研销
北京北科麦思科自动化工程技术有限公司	昌平区振兴路 5 号	102200	89715559	主要提供冶金、机械、石化等行业全面的自动化解决方案，变频伺服及数控产品的开发，销售及应用
北京雪莲同达制衣有限公司	平谷区滨河工业开发区 63 号	101200	69935637	毛针织品
北京京兰非织造布有限公司	平谷区马坊镇工业区西区 191 号	101204	89965194	无纺布
北京科兴源热电有限公司	平谷区马坊工业开发区西区 189 号	101204	60999728	热力生产及供应
北京福田戴姆勒汽车有限公司	怀柔区红螺东路 21 号	101400	60678738	“福田欧曼”品牌中重卡产品
北京碧水源膜科技有限公司	怀柔区雁栖经济开发区乐园南二街 4 号	101400	60689200	超 / 微滤膜
雷诺丽特朗活医药耗材（北京）有限公司	怀柔区雁栖经济开发区雁栖河西路 3 号	101407	61669540	新型药包装材料、输液膜及导管
北京东方红航天生物技术股份有限公司	怀柔区北房经纬工业区裕华路 9 号	101400	61683671	片剂、胶囊剂、口服液、粉剂等剂型的系列航天高科技保健食品
东明兴业科技股份有限公司	怀柔区雁栖经济开发区雁栖大街 41 号	101407	61665518	精密模具
北京御食园食品股份有限公司	怀柔区雁栖经济开发区乐园大街 31 号	101407	61668198	果脯系列、大小黑豆产品、冻干烤鸭、茯苓夹饼等休闲食品
北京红螺食品有限公司	怀柔区庙城镇郑重庄村 631 号	101401	60692542	果脯系列、羊羹、茯苓饼、烤鸭、老北京十三绝系列等休闲系列食品

续表

单位名称	办公地点	邮编	联系电话	主要产品
北京博萨汽车配件有限公司	怀柔区雁栖经济开发区雁栖东二路 43 号	101407	61668566-833	汽车配件：围栏、轮罩、顶盖、侧围、蒙皮
北京金田麦国际食品有限公司	怀柔区雁栖经济开发区雁栖北二街 12 号	101407	61668620	水煮型速食面系列、水煮型速食米制品系列、速冻面系列、半干面系列、鲜切面系列
奥瑞金包装股份有限公司	怀柔区雁栖经济开发区乐园南一街 7 号	101407	61666999	食品包装用覆膜铁
北京福斯汽车电线有限公司	怀柔区雁栖经济开发区雁栖大街 39 号	101407	61667841-804	汽车电线
北京广振商工汽车部件有限公司	怀柔区杨宋镇凤翔开发区安平一园 2 号	101400	61675334-222	汽车车门玻璃升降器总成
北京红星股份有限公司	怀柔区红星路 1 号	101400	51202573	红星蓝瓶二锅头
北京世东凌云科技有限公司	怀柔区杨宋镇凤翔科技开发区二园 11 号	101400	61677911	主要产品为车身装饰材料及配件，如三角板、防擦条、车门窗密封条、光亮饰条等车体内外装饰件
北京统一饮品有限公司	怀柔区开放路 70 号	101400	89681966-601	红茶、绿茶、阿萨姆、老坛酸菜牛肉面、小浣熊干脆面
红牛维他命饮料有限公司	怀柔雁栖开发区 88 号	101407	61669833	红牛维他命系列饮料
玛氏食品（中国）有限公司	怀柔区雁栖北二街 9 号	101407	61667410	德芙、M&M's、士力架、脆香米
有研粉末新材料（北京）有限公司	怀柔区雁栖南四街 12 号	101400	61667638	铜基粉末系列、锡基焊粉系列、铁基粉末系列、铝基粉末系列、特种丝材系列、粉末冶金制品系列
北京科高大北农饲料有限公司	怀柔区雁栖经济开发区北三街 8 号	101407	61666666	饲料
北京罗麦科技有限公司	怀柔区雁栖经济开发区雁栖大街 16 号	101400	61669281	蒜素片、番红素软胶囊
北京丘比食品有限公司	怀柔区雁栖开发区北一街 3 号	101407	61668660-153	沙拉酱、果酱
北京铜牛服装有限公司	密云区工业开发区科技路 31 号	101500	51279898	梭织服装
北京京仪绿能电力系统工程有限公司	延庆区八达岭经济技术开发区西康路 22 号 4 幢	102101	61165988	500 千瓦光伏逆变器、100 千瓦光伏逆变器、30 千瓦光伏逆变器、5 千瓦光伏逆变器、各种型号汇流箱

北京市政府相关部门通信指南

单位名称	地　址	网　址	邮　编	电　话
北京市经济和信息化委员会	朝阳区惠新东街 6 号	www.bjeit.gov.cn	100029	57587000
北京市发展和改革委员会	西城区复兴门南大街丁 2 号	www.bjpc.gov.cn	100031	66415588
北京市科学技术委员会	海淀区四季青路 7 号院 2 号楼	www.bjkw.gov.cn	100195	66153395
北京市财政局	海淀区阜成路 15 号	www.bjcz.gov.cn	100048	88549114
北京市规划和国土资源管理委员会	西城区南礼士路 60 号	www.bjgtj.gov.cn	100045	68056699
	东城区和平里北街 2 号		100013	64409669
北京市环境保护局	海淀区车公庄西路 14 号	www.bjepb.gov.cn	100048	68461267

续表

单位名称	地 址	网 址	邮 编	电 话
北京市交通管理委员会	丰台区六里桥南里甲9号B座	www.bjjtw.gov.cn	100073	12328
北京市商务委员会	丰台区横道沟西街2号院6号楼	www.bjcoc.gov.cn	100164	65248780
北京市人民政府国有资产监督管理委员会	西城区枣林前街70号	www.bjgzw.gov.cn	100053	83560755
北京市工商行政管理局	海淀区苏州街36号	www.baic.gov.cn	100080	82691919
北京市质量技术监督局	朝阳区育慧南路3号	www.bjtsb.gov.cn	100029	57520000
北京市安全生产监督管理局	西城区槐柏树街2号院3号楼	www.bjsafety.gov.cn	100053	65023616
北京市食品药品监督管理局	西城区枣林前街70号中环广场A座12-14层	www.bjda.gov.cn	100053	12331
北京市统计局	西城区广安门南街36号	www.bjstats.gov.cn	100054	63021094
北京市知识产权局	西城区德胜门东大街8号东联大厦2层	www.bjipo.gov.cn	100009	84080086
北京市东城区产业和投资促进局	东城区金宝街52号	www.bjdch.gov.cn	100005	65259078
北京市西城区科技和信息化委员会	西城区广安门南街68号	www.bjxchst.gov.cn	100054	83976211
北京市朝阳区发展和改革委员会	朝阳区百子湾西里303号	fagaiwei.bjchy.gov.cn	100124	65090600
北京市海淀区经济和信息化办公室	海淀区四季青路6号海淀招商大厦	www.zhsp.gov.cn	100195	88498231
北京市丰台区经济和信息化委员会	丰台镇文体路2号	www.bjft.gov.cn	100071	83656305
北京市石景山区经济和信息化委员会	石景山区石景山路18号	—	100043	88699891
北京市门头沟区经济和信息化委员会	门头沟区新桥南大街46号	www.bjmtg.gov.cn	102300	69864977
北京市房山区经济和信息化委员会	房山区长阳镇昊天北大街38号	jxw.bjfsh.gov.cn	102445	81312717
北京市通州区经济和信息化委员会	通州新华东街256号	jxw.bjtzh.gov.cn	101100	69546274
北京市顺义区经济和信息化委员会	顺义区建新西街3号	www.jxw.bjshy.gov.cn	101300	69441064
北京市大兴区经济和信息化委员会	大兴区兴丰大街三段138号	www.bjdxgy.gov.cn	102600	69243537
北京市昌平区经济和信息化委员会	昌平区西环路15号	cpjxw.bjchp.gov.cn	102200	69742365
北京市平谷区经济和信息化委员会	平谷区府前西街17号社会服务中心15层	www.bjpg.gov.cn	101200	69988495
北京市怀柔区经济和信息化委员会	怀柔区青春路42号	www.hrjxw.gov.cn	101400	69644413
北京市密云区经济和信息化委员会	密云区鼓楼东大街8号	jingxw.bjmy.gov.cn	101500	69055880
北京市延庆区经济和信息化委员会	延庆区东外大街建业胡同2号	—	102100	69103310
中关村科技园区管理委员会	海淀区阜成路73号裕惠大厦	www.zgc.gov.cn	100080	68709990
北京经济技术开发区管理委员会	北京经济技术开发区荣华中路15号博大大厦	www.bda.gov.cn	100176	67881207
北京市民政工业总公司	朝阳区华严北里2号	www.bjflqy.com.cn	100029	62012857
北京市工商业联合会	东城区广渠门内白桥大街22号	www.bjgsl.org.cn	100062	67123591
北京工业经济联合会	西城区槐柏树街2号3号楼	www.bfie.org.cn	100053	63187806
北京校办产业管理中心	朝阳区安华西里一区13号楼	www.best-info.cn	100011	64206229
北京市产业经济研究中心	朝阳区工体北路6号凯富大厦5层	www.rc.ac.cn	100027	85235624

北京市辖区内国有控股工业企业通信指南

单位名称	地 址	网 址	邮 编	电 话
北京一轻控股集团有限责任公司	朝阳区广渠路38号	www.bjyq.com.cn	100022	87529807
北京隆达轻工控股有限责任公司	西城区德胜门东滨河路5号	www.elongda.com	100120	82259651
北京时尚控股有限责任公司	东城区东单三条33号	www.bthc.com.cn	100005	65127929
北京工美集团有限责任公司	东城区王府井大街200号	www.gongmeigroup.com.cn	100005	65288866
中国石化集团北京燕山石油化工有限公司	房山区燕山岗南路1号	bypc.sinopec.com	102500	69346978
北京化学工业集团有限责任公司	北京经济技术开发区西环北路23号华腾发展大厦	www.bjhgjt.com.cn	100176	67864201
北京金隅集团有限责任公司	东城区北三环东路36号北京环球贸易中心D座	www.bbmg.com.cn	100013	66411587
北京能源集团有限责任公司	朝阳区永安东里16号CBD国际大厦A区	www.powerbeijing.com	100022	85218888
国网北京市电力公司	西城区前门西大街41号	www.bj.sgcc.com.cn	100031	63128201
北京电子控股有限责任公司	朝阳区三里屯西六街6号	www.behc.com.cn	100027	84545438
北京京城机电控股有限责任公司	朝阳区东三环中路59号京城机电大厦18层	www.jcmeh.com	100022	87707100
北京京仪集团有限责任公司	朝阳区建国路93号院9号楼16—19层	www.biichg.com	100022	58204466
华润医药集团有限公司	朝阳区曙光西里甲5号凤凰置地广场A座27层	www.crpharm.com	100028	57985000
中国北京同仁堂集团有限责任公司	东城区东兴隆街52号	www.tongrentang.com	100062	67015895
首钢总公司	石景山区石景山路厂东门	www.shougang.com.cn	100041	88291114
北京汽车集团有限公司	顺义区仁和镇双河大街99号	www.baicgroup.com.cn	101300	87664009
中车北京二七机车有限公司	丰台区长辛店杨公庄1号	www.27rail.com.cn	100072	83306001
中车北京二七车辆有限公司	丰台区张郭庄甲1号	www.crrcjc.cc	100072	83876250
中车北京南口机械有限公司	昌平区南口镇道北	www.crrcgc.cc/nk	102202	51013561

索 引

本索引采取主题索引也称内容分析索引法编纂。主题词（标目）主要以《北京工业年鉴》（2017）版正文中出现的专业名词、名词性词组、地名、机构名、人名为主。

特载、大事记、工业数据、附录等栏目内容不在标引范围内。

本索引基本按汉语拼音音序排列，汉字打头的标目按首字的音序音调依次排列，首字相同时则以第二字排序，依次类推；以阿拉伯数字打头的主题词，排在最前面；以英文字母打头的主题词，列于其后。

本索引的文字部分为标目，标目之后的阿拉伯数字表示该标目所在正文中的页码（地址页），其后的小写英文字母（a、b）表示正文中的栏别（从左至右）。部分标目后面有若干个页码或栏别，则表示该标目均在这些地方出现。

A

B

C

D

E

F

G

H

J

N

O

P

Q

R

S

T

W

X

Y

Z